《最高人民法院关于适用〈中华人民共和国民法典〉合同编通则若干问题的解释》

条文释解与审判实务

李 明／著

中国法制出版社
CHINA LEGAL PUBLISHING HOUSE

序 言

2023年12月4日,最高人民法院发布了《关于适用〈中华人民共和国民法典〉合同编通则若干问题的解释》(法释〔2023〕13号,以下简称《通则司法解释》),自2023年12月5日起施行。《通则司法解释》是贯彻落实《中华人民共和国民法典》(以下简称《民法典》)又一项重要积极举措。

众所周知,《民法典》是依法治国的基本遵循,体现了民法在我国法律体系中具有的基础性和根本性作用。习近平总书记十分重视民法典的贯彻实施工作,并指出"民法典实施水平和效果,是衡量各级党和国家机关履行为人民服务宗旨的重要尺度""要及时完善相关民事司法解释,使之同民法典及有关法律规定和精神保持一致,统一民事法律适用标准"。[①] 正是为了保障《民法典》的正确实施,非常迫切需要从民法体系的全局性、整体性和规范性角度出发,分析和探讨新发布的《通则司法解释》的条文原意,特别是要在充分尊重意思自治、促进民商事交易发展、坚持主体平等保护、维护公开公平公正的基础上,确保民事裁判规则发挥实实在在的价值引导作用,保障法律正确适用,落实国家治理的基本理念,从而保障实现立法者编纂《民法典》的指导思想和立法目的。

"理论服务实践"是我国应用法学理论研究的基石,也是我国应用法学发展的核心动力,更是贯穿全书的指导思想。本书旨在通过初步剖析法条原意的方式来探讨相关制度的价值取向,使"上位规范与生活事实间来回穿梭观察",将据以判断案例事实的法律规范于经认定的事实上予以具体化。[②] 正是基于此,本书基本理念、研究思路和总体框架旨在:

第一,条文主旨。此部分主要是针对《通则司法解释》中所规定的"一般规定""合同的订立""合同的效力""合同的履行""合同的保全""合同的变更和转让""合同的权利义务终止""违约责任""附则"九部分内容,鉴于每一个条文都有其相应的实践性

[①] 《习近平主持中央政治局第二十次集体学习并讲话》,载中国政府网,https://www.gov.cn/xinwen/2020-05/29/content_5516059.htm?ivk_sa=1023197a,最后访问时间:2023年12月14日。

[②] 王泽鉴:《民法思维——请求权基础理论体系》,北京大学出版社2018年版,第30页。

功用，因此，需要进行简要的基本理论梳理，探寻背后的法理依据和权源基础，力求简明扼要，点到为止。

第二，司法适用。本部分的主要目标在于框定每个解释条文的设计理念、背后逻辑和基本定位，有针对性地就民商事案件中如何准确适用解释条文进行重点描述，并对每个解释所涉及的民法体系问题、条文协商问题、理论争鸣问题进行初步整理和归纳，以期通过每个解释条文发挥裁判规则的评价功能，分析我国民商事审判实践中具有一定普遍性和多发性的法律适用问题。

第三，法律适用分歧。司法正义的一个基本要求就是，同类案件能够得到同样处理，彰显司法权威、维护法的安定性；本部分旨在梳理审判实践中"同案不同判"所引发的法律适用分歧问题，试图通过审判实务这样的问答形式来解决目前制约民商事审判实践中的突出问题，并提出切实可行的实践解决方案，以期为相类似案件提供一种理论性指引和参考。

第四，典型案例。问题是科学发展和应用法学研究发展的动力源泉。本书拟结合《民法典》等立法及《通则司法解释》，简要回答在审判实践中的一些热点、焦点和难点问题，特别是通过与每个法条在具体的司法适用中展现出来的相关案例，生动地了解该条在司法适用过程中的具体应用场景。需要特别说明的是，本部分引用的案例重点侧重于对裁判规则和裁判观点的总结和提炼，列出审理法院和案号，供读者进一步地参考和学习使用。

第五，相关规定。在每一条规定的后面，简要列举了与本《通则司法解释》所涉及的相关法律条文规定，主要是该法条的来源和衔接相关的规定，以便掌握该条规定的来龙去脉。

"实践没有止境，理论创新也没有止境"[①]，同样，审判实践没有止境，应用法学理论研究也没有止境。鉴于本《通则司法解释》刚刚通过和施行，审判实践中许多具体的问题还没有完全展现出来，考虑到本解释涉及整个民商事基础理论，民商事审判实践的复杂性和多样性，加之撰稿时间紧张，成稿匆匆，尽管笔者希望能够尽可能竭尽所能设想全面介绍，奈何学术无边，个人能力、见识有限，肯定会存在挂一漏万，百密一疏，难免舛误。

非常感谢广大读者朋友对本书的高度信任，也特别感谢广大读者朋友在百忙之中，抽出您宝贵的时间和精力来审读本书的观点和内容。衷心希望广大读者、专家学者以及

---

① 参见习近平于2017年10月18日在中国共产党第十九次全国代表大会上作题为《决胜全面建成小康社会　夺取新时代中国特色社会主义伟大胜利》的报告。

法律同仁，不吝赐正，提出宝贵的批评指正意见，以匡不逮，共同将有关合同的应用法学理论与审判实践研究一路走下去，只要方向是对的，就不怕路远，以期能够看到更多更好的沿途美景。

笔者将一如既往认真听取您的想法、建议和意见，诚恳吸纳错漏之处，必将及时查缺补漏、仔细修正，从而能够进一步地全面提高本书整体质量和研究水平，并在您的帮助和支持下，今后将以更多、更好、更加丰富地应用法学理论研究作品来回馈广大读者朋友。书中任何问题请发邮箱 limingpeking@163.com 进行交流。

本书在撰稿过程中，中国法制出版社的黄会丽编辑在百忙之中为本书总体框架、内容组织和文字表述的斟酌、锤炼和打磨，付出了辛勤的劳动，特此一并谢忱。

李　明

2023 年 12 月 5 日

北　京

编写说明

一、法律、法规、规章和规范性文件名称中的"中华人民共和国"省略。

二、叙述法律、法规、规章和规范性文件，没有特别说明的，一般为制定法的最新版本。

三、引用法律条文时，条文的款、项之间不另分行、分段。

四、为了节省主文篇幅，本书对于具体法律条文将采取"引注"的方式。本书中的"引注"主要包括：

（一）有关法律规定、行政法规、司法解释的条文；

（二）有关专家学者的有关理解和解读；

（三）最高人民法院的判决内容；

（四）域外国家的法典和立法例，等等。

五、本书出现的部分法律文件，使用如下简称：

序号	文件全称	本书简称	日期
1	《最高人民法院关于适用〈中华人民共和国民法典〉合同编通则若干问题的解释》	《通则司法解释》	2023年12月5日[1]
2	《最高人民法院关于适用〈中华人民共和国民法典〉总则编若干问题的解释》	《总则编司法解释》	2022年3月1日
3	《最高人民法院关于适用〈中华人民共和国民法典〉物权编的解释（一）》	《物权编司法解释一》	2021年1月1日
4	《最高人民法院关于适用〈中华人民共和国民法典〉有关担保制度的解释》	《民法典担保制度司法解释》	2021年1月1日
5	《最高人民法院关于适用〈中华人民共和国民法典〉时间效力的若干规定》	《民法典时间效力司法解释》	2021年1月1日

---

[1] 所标法律文件的日期为该文件的通过、发布、修订后公布、实施日期之一，以下不再标注。

续表

序号	文件全称	本书简称	日期
6	《最高人民法院关于适用〈中华人民共和国担保法〉若干问题的解释》	《担保法司法解释》	2000年12月13日
7	《最高人民法院关于适用〈中华人民共和国民事诉讼法〉的解释》	《民诉法司法解释》	2022年4月10日
8	《最高人民法院关于审理买卖合同纠纷案件适用法律问题的解释》	《买卖合同司法解释》	2021年1月1日
9	《最高人民法院关于审理商品房买卖合同纠纷案件适用法律若干问题的解释》	《商品房买卖合同司法解释》	2021年1月1日
10	《最高人民法院关于审理民间借贷案件适用法律若干问题的规定》	《民间借贷司法解释》	2021年1月1日
11	《最高人民法院关于审理民事案件适用诉讼时效制度若干问题的规定》	《诉讼时效司法解释》	2021年1月1日
12	《最高人民法院关于适用〈中华人民共和国仲裁法〉若干问题的解释》	《仲裁法司法解释》	2008年12月31日
13	《最高人民法院关于审理建设工程施工合同纠纷案件适用法律问题的解释》	《建设工程司法解释》	2005年1月1日
14	《最高人民法院关于审理建设工程施工合同纠纷案件适用法律问题的解释（一）》	《建设工程司法解释一》	2020年12月29日
15	《最高人民法院关于人民法院办理执行异议和复议案件若干问题的规定》	《执行异议和复议司法解释》	2021年1月1日
16	《最高人民法院关于审理矿业权纠纷案件适用法律若干问题的解释》	《矿业权司法解释》	2021年1月1日
17	《最高人民法院关于适用〈中华人民共和国企业破产法〉若干问题的规定（二）》	《企业破产法司法解释二》	2021年1月1日
18	《最高人民法院关于审理人身损害赔偿案件适用法律若干问题的解释》	《人身损害赔偿司法解释》	2022年5月1日
19	《最高人民法院关于审理外商投资企业纠纷案件若干问题的规定（一）》	《外商投资企业纠纷司法解释》	2021年1月1日
20	《最高人民法院关于审理融资租赁合同纠纷案件适用法律问题的解释》	《融资租赁司法解释》	2021年1月1日
21	《最高人民法院关于适用〈中华人民共和国合同法〉若干问题的解释（一）》	原《合同法司法解释一》	1999年12月29日

续表

序号	文件全称	本书简称	日期
22	《最高人民法院关于适用〈中华人民共和国合同法〉若干问题的解释（二）》	原《合同法司法解释二》	2009年5月13日
23	《最高人民法院关于贯彻执行〈中华人民共和国民法通则〉若干问题的意见（试行）》	《民法通则意见（试行）》	1988年4月2日
24	《最高人民法院关于民事诉讼证据的若干规定》	《民事证据规定》	2020年5月1日
25	《最高人民法院关于人民法院执行工作若干问题的规定（试行）》	《执行工作规定》	2021年1月1日
26	《全国法院贯彻实施民法典工作会议纪要》	《民法典会议纪要》	2021年4月6日
27	《第八次全国法院民事商事审判工作会议（民事部分）纪要》	《八民会议纪要》	2016年11月21日
28	《全国法院民商事审判工作会议纪要》	《九民会议纪要》	2019年11月8日
29	《最高人民法院关于当前形势下审理民商事合同纠纷案件若干问题的指导意见》	《民商事合同指导意见》	2009年7月7日

目 录

一、一般规定

第 一 条 【合同条款的解释规则】 …… 002
第 二 条 【交易习惯的认定】 …… 013

二、合同的订立

第 三 条 【合同成立与合同内容】 …… 026
第 四 条 【以竞价方式订立合同】 …… 038
第 五 条 【合同订立中的第三人责任】 …… 047
第 六 条 【预约合同的认定】 …… 057
第 七 条 【违反预约合同的认定】 …… 066
第 八 条 【违反预约合同的违约责任】 …… 071
第 九 条 【格式条款的认定】 …… 079
第 十 条 【格式条款订入合同】 …… 092

三、合同的效力

第十一条 【缺乏判断能力的认定】 …… 107
第十二条 【批准生效合同的法律适用】 …… 112
第十三条 【备案合同或者已批准合同等的效力认定】 …… 125
第十四条 【多份合同的效力认定】 …… 131
第十五条 【名实不符与合同效力】 …… 140
第十六条 【民法典第153条第1款但书的适用】 …… 148
第十七条 【民法典第153条第2款的适用】 …… 157
第十八条 【不适用民法典第153条第1款的情形】 …… 164
第十九条 【无权处分的合同效力】 …… 171

第二十条	【越权代表的合同效力】	183
第二十一条	【职务代理与合同效力】	189
第二十二条	【印章与合同效力】	198
第二十三条	【代表人或者代理人与相对人恶意串通的合同效力】	213
第二十四条	【合同不成立、无效、被撤销或者确定不发生效力的法律后果】	221
第二十五条	【价款返还及其利息计算】	231

四、合同的履行

第二十六条	【从给付义务的履行与救济】	244
第二十七条	【债务履行期限届满后达成的以物抵债协议】	257
第二十八条	【债务履行期届满前达成的以物抵债协议】	266
第二十九条	【向第三人履行的合同】	276
第三十条	【第三人代为清偿规则的适用】	283
第三十一条	【同时履行抗辩权与先履行抗辩权】	291
第三十二条	【情势变更制度的适用】	299

五、合同的保全

第三十三条	【怠于行使权利影响到期债权实现的认定】	314
第三十四条	【专属于债务人自身的权利】	324
第三十五条	【代位权诉讼的管辖】	330
第三十六条	【代位权诉讼与仲裁协议】	336
第三十七条	【代位权诉讼中债务人、相对人的诉讼地位及合并审理】	344
第三十八条	【起诉债务人后又提起代位权诉讼】	352
第三十九条	【代位权诉讼中债务人起诉相对人】	356
第四十条	【代位权不成立的处理】	363
第四十一条	【代位权诉讼中债务人处分行为的限制】	370
第四十二条	【债权人撤销权诉讼中明显不合理低价或者高价的认定】	376
第四十三条	【其他不合理交易行为的认定】	381
第四十四条	【债权人撤销权诉讼的当事人、管辖和合并审理】	389
第四十五条	【债权人撤销权的效力范围及"必要费用"的认定】	395
第四十六条	【撤销权行使的法律效果】	402

六、合同的变更和转让

第四十七条　【债权债务转让纠纷的诉讼第三人】……………… 414
第四十八条　【债权转让通知】………………………………… 422
第四十九条　【表见让与、债务人确认债权存在】…………… 430
第 五 十 条　【债权的多重转让】……………………………… 434
第五十一条　【债务加入人的追偿权及其他权利】…………… 442

七、合同的权利义务终止

第五十二条　【协商解除的法律适用】………………………… 454
第五十三条　【通知解除合同的审查】………………………… 459
第五十四条　【撤诉后再次起诉解除时合同解除时间的认定】…… 466
第五十五条　【抵销权行使的效力】…………………………… 470
第五十六条　【抵销参照适用抵充规则】……………………… 477
第五十七条　【侵权行为不得主张抵销的情形】……………… 482
第五十八条　【已过诉讼时效债权的抵销】…………………… 488

八、违约责任

第五十九条　【合同终止的时间】……………………………… 494
第 六 十 条　【可得利益损失的计算】………………………… 501
第六十一条　【持续性定期合同中可得利益的赔偿】………… 510
第六十二条　【无法确定可得利益时的赔偿】………………… 516
第六十三条　【违约损害赔偿数额的确定】…………………… 521
第六十四条　【请求调整违约金的方式和举证责任】………… 528
第六十五条　【违约金的司法酌减】…………………………… 536
第六十六条　【违约金调整的释明与改判】…………………… 542
第六十七条　【定金规则】……………………………………… 548
第六十八条　【定金罚则的法律适用】………………………… 555

九、附　则

第六十九条　【司法解释生效时间和溯及力】………………… 561

一、一般规定

根据《民法典》合同编中的第一分编"通则"下的第一章"一般规定"部分（第463条至第468条），本《通则司法解释》关于"一、一般规定"部分，共有两条规定，分别是：

1. 第一条："合同条款的解释规则。"本条是关于合同条款解释规则的补充和强化规定，涉及的基础理论主要包括合同解释理论、误载无害真意规则等。

2. 第二条："交易习惯的认定。"本条是关于如何认定交易习惯的规定，涉及的基础理论主要包括交易习惯、知道或者应当知道理论等。

> **第一条　【合同条款的解释规则】**
> 人民法院依据民法典第一百四十二条第一款、第四百六十六条第一款的规定解释合同条款时，应当以词句的通常含义为基础，结合相关条款、合同的性质和目的、习惯以及诚信原则，参考缔约背景、磋商过程、履行行为等因素确定争议条款的含义。
> 有证据证明当事人之间对合同条款有不同于词句的通常含义的其他共同理解，一方主张按照词句的通常含义理解合同条款的，人民法院不予支持。
> 对合同条款有两种以上解释，可能影响该条款效力的，人民法院应当选择有利于该条款有效的解释；属于无偿合同的，应当选择对债务人负担较轻的解释。

【条文主旨】

本条是关于合同条款的解释规则的细化规则。

【司法适用】

本条规定是在《民法典》第142条和第466条的基础上，进一步对合同解释进行的细化、完善和补充，并进一步明确了相应的裁判规则。本条是对《民法典》合同编中的"尽可能使合同有效"立法宗旨的再强调和再落实，并对《民法典》中的有关双方当事人意思表示一致作了进一步强调，并明确了其法律效力，从而保障了私法自治，维护了诚实信用和交易秩序安全，推进了便利交易。

1. 本条第1款中规定的："以词句的通常含义"，借鉴参考了《民法典会议纪要》第7条规定中的"按照对方的要求以常人能够理解的方式"。

2. 本条第1款中规定的："结合相关条款、合同的性质和目的、习惯以及诚信原则"，借鉴参考了《九民会议纪要》中"三、关于合同纠纷案件的审理"中的"要根据诚实信用原则，合理解释合同条款、确定履行内容，合理确定当事人的权利义务关系"。

3. 本条第3款中规定的："人民法院应当选择有利于该条款有效的解释"，借鉴参考了《九民会议纪要》中"三、关于合同纠纷案件的审理"中的"人民法院在审理合同纠纷案件时，要坚持鼓励交易原则，充分尊重当事人的意思自治。要依法审慎认定合同效力"。

一、关于确定争议条款的含义

（一）关于"语句含义"

语句，指的是"合同的文义解释"。① 以语句含义为基础，即合同解释的方法。

其一，意思表示的解释，就是指因意思表示不清楚或者不明确发生争议时，由人民法院或者仲裁机构对意思表示进行的解释。解释的目的就是明确意思表示的真实含义。②

其二，首先要以文义解释为基础性作用，为前提、前置条件，不可以不优先考虑文义解释，而去优先考虑目的解释、历史解释、体系解释等，即首先需要考虑合同的文义。广义解释，是指通过合同所使用的文字词句的含义的解释，以探求合同所表达的当事人的真实意思。在进行合同解释时，应优先从合同文本入手。③ 在这一点上，是区别于原《合同法》④ 第125条中的："当事人对合同条款的理解有争议的，应当按照合同所使用的词句、合同的有关条款、合同的目的、交易习惯以及诚实信用原则，确定该条款的真实意思"文义解释与其他解释是"并列"关系的。从意思表示解释的顺序来看，在有相对人的意思表示的场合，如果意思表示需要解释，那么首先是按照所使用的词句进行解释。如果通过此种方法意思表示已经清楚，则不需要往下进行。如果通过此种方法意思表示还不清楚，则要结合相关条款进行解释。⑤ 合同的解释顺序，以此类推。

其三，建立在文义解释的基础上，才能涉及后面的目的解释（合同目的）、历史解释（交易习惯）、诚信解释、体系解释等。即首先需要考虑合同的文义。广义解释，是指通过合同所使用的文字词句的含义的解释，以探求合同所表达的当事人的真实意思。在进行合同解释时，应优先从合同文本入手。⑥

---

① 谢鸿飞、朱广新主编：《民法典评注：合同编 通则》（第1册），中国法制出版社2020年版，第25页。
② 石宏主编：《〈中华人民共和国民法典〉释解与适用》（总则编），人民法院出版社2020年版，第262页。
③ 最高人民法院民法典贯彻实施工作领导小组编著：《中国民法典适用大全》（合同卷一），人民法院出版社2022年版，第41页。
④ 《合同法》已被《民法典》废止，下文不再提示。
⑤ 最高人民法院民法典贯彻实施工作领导小组主编：《中华人民共和国民法典总则编理解与适用》（下），人民法院出版社2020年版，第718页。
⑥ 最高人民法院民法典贯彻实施工作领导小组编著：《中国民法典适用大全》（合同卷一），人民法院出版社2022年版，第41页。

(二) 关于"以词句的通常含义"

1. "常人"

"常人",即"合理人"①"普通人"②,即合理的人在通常情况下,对有争议的意思表示用语所能理解的含义,作为解释词句含义的标准。③ 如何判断在不同的商业行为、市场行为和日常生活中的交易行为中的"以常人在相同情况下理解的词句含义",就是指按照一个普通人的标准来进行解释。既不能根据任何一方当事人的"理解"来解释合同中的意思表示,也不能由任何草拟合同的一方所作的"理解"来解释双方的意思表示,法官"一般以普通字面含义解释合同条款的含义,即以一般公众理解的含义和价值作为判断标准"④,不能抛开常人和普通人的一般判断标准,以自己的"生活日常经验"取代或变相取代常人对词句含义的理解。

之所以采用"常人"作为理解词句的"主体标准",其背后的法理依据在于,合同中的意思表示是由词句构成的,这些词句是由表意人和相对人双方形成的,有相对人意思表示的解释,又涉及对相对人信赖利益的保护,因此,绝不能抛开词句对意思表示进行完全的主观解释。对词句的解释应当考虑一个合理的人通常的理解来进行。也就是说,法官应当考虑一个合理的人在通常情况下对有争议的意思表示用语所能理解的含义作为解释词句含义的标准。对于何谓"合理人"应当结合具体情况判断,如果是一般的民事活动,则"合理人"就是社会一般的人;如果是某种特殊交易,则"合理人"就是该领域的人。⑤

2. 避免机械僵化理解"常人"

由于社会关系的复杂性、社会交易环节的多样化、社会行业的多元化、人们知识水平的差异化、不同国家不同地域不同地区的人们的生活方式、当地习惯的不同,决定了"常人"在不同合同纠纷的环境下是不同的,应当实事求是,因地制宜,结合具体的案情来进行判断,避免"机械地""僵化地""绝对地""形式主义地"把不同合同纠纷下的"常人",一律以"泛指的""一般意义上""口语化"的常人作为判断的依据,从表面上来看,似乎是符合本条"常人"的标准,而实际审判结果上容易造成"失之毫厘,差之千里",表面上似乎是遵守了法条原意,实际上都是有意或者无意地违反了《民法典》第142条、第466条和本条的真正含义。例如,一个人去买瓶矿泉

---

① 黄薇主编:《中华人民共和国民法典释义》(上),法律出版社2020年版,第279页。
② 王利明主编:《中国民法典释评》(总则编),中国人民大学出版社2020年版,第337页。
③ 黄薇主编:《中华人民共和国民法典释义》(上),法律出版社2020年版,第279页。
④ 何志:《合同法原理与审判实务》,法律出版社2002年版,第31页。
⑤ 黄薇主编:《中华人民共和国民法典释义》(上),法律出版社2020年版,第279页。

水，可以按照一个普通人的理解进行解释。

二、关于"选择有利于该条款有效的解释"

(一)《民法典》合同编的立法宗旨：鼓励交易

1.《民法典》合同编的立法宗旨是鼓励交易。"在《民法典》合同编中体现出的526个条文，均始终贯彻鼓励交易为立法宗旨。"《九民会议纪要》认为，合同是市场化配置资源的主要方式，合同纠纷也是民商事纠纷的主要类型。人民法院在审理合同纠纷案件时，要坚持鼓励交易原则，充分尊重当事人的意思自治。要依法审慎认定合同效力。

在《民法典》的合同编中主要体现为所有的规则设计都应当尽可能地促成合同关系的成立；都应该让成立的合同尽可能地成为生效的合同；都应该让生效合同中的债权尽可能得以圆满实现。如果这样的目标实现了，交易便利才能成为现实，鼓励交易的宗旨才能真正得到实现。

《民法典》是一部体现对生命健康、财产安全、交易便利、生活幸福、人格尊严等各方面权利平等保护的法律。其中的"交易便利"就是我国《民法典》合同编的立法宗旨。所言交易便利，换一种表达方法就是鼓励交易。在《民法典》合同编中主要体现为所有的规则设计都尽可能地促成合同关系的成立；都应该让成立的合同尽可能地成为生效的合同；都应该让生效合同中的债权尽可能地得以圆满实现。如果这样的目标实现了，交易便利才能成为现实，鼓励交易的宗旨干脆利落能真正得到实现。①

2. 鼓励交易在《民法典》中的具体体现

鼓励交易在《民法典》中主要体现在以下几个方面：(1) 促使合同成立。根据《民法典》第489条规定，采纳了实质性变更原则，认为除非承诺构成对要约的实质性变更，否则，承诺并非对要约的拒绝，双方可以形成合同关系；(2) 尽量促成合同有效。根据《民法典》第153条规定，严格限定合同无效的法定事由，只有违反了效力性强制性规定的情形，合同才能被认定为无效；合同有效与无效存疑时原则上解释为有效；(3) 严格限制违约解除的条件。根据《民法典》第563条第1款第4项规定，采纳了根本违约的规则，在违约行为没有构成根本违约，也不满足合同解除或约定解除的情况下，当事人不能解除合同；(4) 明确了合同不因无权处分而无效。根据《民法典》第597条的规定，对无权处分采纳了"有效说"；(5) 确立了合同成立要件的补正规则。根据《民法典》第490条规定的履行治愈规则，合同一方当事人履行其主要

---

① 王轶：《民法典合同编理解与适用的重点问题》，载最高人民法院政治部编：《人民法院大讲堂：民法典重点问题解读》，人民法院出版社2021年版，第156页。

义务，另一方接受的，则可以补正合同形式上的瑕疵；(6) 确认了未生效合同可以生效的规则。根据《民法典》第 502 条第 2 款规定，在当事人未办理批准手续的情况下，报批义务条款仍然有效，其效力不受合同整体不生效的影响，另一方当事人可以请求负有报批义务的一方当事人继续履行报批义务；(7) 对超越经营范围从事经营活动的合同不能仅因此而确定无效。根据《民法典》第 505 条规定，即使当事人订立的合同超过了其经营范围，也不会因此导致其订立的合同无效；(8) 明确规定了合同的解释制度和填补漏洞制度。从实践来看，当事人订立合同时可能因为意思表示不清晰，或者意思表示有疏漏，从而使合同内容模糊或者存在漏洞。在此情形下，不能随意否定合同的效力，我国《民法典》合同编规定了合同解释规则和合同漏洞填补规则，专门用于解决上述问题，这就有利于尽量维持合同的效力，是符合鼓励交易原则的。①

3. 合同解释应当贯彻鼓励交易原则

为了尽可能地实现鼓励交易原则，对合同条款有两种以上解释，可能影响该条款效力的，人民法院应当选择有利于该条款有效的解释；属于无偿合同的，应当选择对债务人负担较轻的解释。

(二) 坚持"主客观相结合解释主义②"

无论是狭义的合同解释，还是漏洞填补，我国《合同法》并没有明确规定究竟是采纳"意思主义"，还是"表示主义"。③ 关于意思主义，根据《民法典》第 510 条规定④，合同各条款都是当事人协商一致的结果，体现了当事人的真实意愿。合同条款与条款之间在表达上往往存在一定的关联，在合同欠缺有关内容或者对有关条款约定不明确时，可以结合相关条款探寻当事人真实的意图，进而补充所欠缺的内容或者将不明确的内容予以明确。⑤ 关于表示主义，根据《民法典》第 142 条第 1 款规定"应当按照所使用的词句，结合相关条款、行为的性质和目的、习惯以及诚信原则，确定意思表示的含义"，实际上是"要求在探求当事人真意时不得仅仅考虑当事人的内心意思，而忽略当事人的外部表示行为"。⑥ 所谓主客观相结合解释主义，或者说合同解释的"折衷主义"，既要在主观方面考虑到行为人的真实意思，又要在客观方面考虑到外部的表示行为或者相对人的信赖利益。

---

① 王利明：《合同法通则》，北京大学出版社 2022 年版，第 87~89 页。
② 黄薇主编：《中华人民共和国民法典释义》(上)，法律出版社 2020 年版，第 280 页。
③ 王利明：《民商法研究》(第五辑，修订版)，中国人民大学出版社 2020 年版，第 492 页。
④ 《民法典》第 510 条规定："合同生效后，当事人就质量、价款或者报酬、履行地点等内容没有约定或者约定不明确的，可以协议补充；不能达成补充协议的，按照合同相关条款或者交易习惯确定。"
⑤ 黄薇主编：《中华人民共和国民法典合同编释义》，法律出版社 2020 年版，第 110 页。
⑥ 王利明：《民商法研究》(第五辑，修订版)，中国人民大学出版社 2020 年版，第 493 页。

第一，要注重当事人的意思表示，即合同解释要确定意思表示的含义及行为人的真实意思，《民法典》要求解释合同应当努力探求当事人的真意，不得由法官自由行使裁量权，而忽视表意人的真实意图。特别是在表意人作出表示以后，尽管其表示的内容与真实的意图不符，相对人可能已经知悉表意人的真实意图，或者根据交易习惯以及订约的目的等考虑，能够确定表意人的真实意图。在此情况下，并不能完全忽略表意人的真实意图，而仅仅以外部的表示为主。[1]

第二，要注重外部的表示行为或者相对人的信赖利益。根据《民法典》第142条第1款规定："有相对人的意思表示的解释，应当按照所使用的词句，结合相关条款、行为的性质和目的、习惯以及诚信原则，确定意思表示的含义。"该款首先强调的是"要按照意思表示所使用的语句进行解释，只有在按照所使用的语句进行解释还很困难时，才可以使用其他解释规则，实际上要以客观情况为主"[2]，否则，仅仅片面的、单纯的、绝对的仅以"意思表示"作为合同解释的依据，"仅仅考虑表意人的内心意思，而忽略参考相对人的信赖利益的保护，将会危害交易的安全性和确定性，而且表意人的内心意思往往是深藏于内的，他人可能难以知晓"[3]。基于《民法典》第142条第1款的立法考量与定位，本条规定，要首先按照合同的词句含义进行解释，即"解释合同条款必须首先从词句的含义入手，[4]"词句含义是一个合同解释的基石，合同解释必须首先建立在这个基石的基础上，在词句含义看不懂、无法解释、解释困难、解释存疑、解释两难等无法确定词句含义情形下，才要考虑结合合同的相关条款、合同性质和目的、习惯、诚信原则，以及双方当事人签订合同的缔约背景、磋商过程、履行行为等外部的表示行为来确定争议条款的含义。

正是依据主客观相结合解释主义，意思主义与表示主义并不是水火不容、非此即彼、根本对立的，而是相互融合、相互渗透和相辅相成的。基于以上的考虑，要防止两种片面的做法，即要么是完全孤立地、静止地、局部地单纯依赖合同的"意思表示"作出解释，要么是完全孤立地、静止地、局部地单纯依赖外部的表示行为作出解释。否则"完全采用主观方法，将会严重影响甚至毁损法律的确定性和商业安全，而完全采纳客观方法，则无异于否定合同自由的基础地位，因此，现代国家的法律制度，通

---

[1] 王利明：《合同法通则》，北京大学出版社2022年版，第194页。
[2] 黄薇主编：《中华人民共和国民法典释义》（上），法律出版社2020年版，第280页。
[3] 王利明：《合同法通则》，北京大学出版社2022年版，第195页。
[4] 郭锋、陈龙业、周伦军等编著：《中华人民共和国民法典条文精释与实务指南》（合同编·上册），中国法制出版社2021年版，第33页。

常多在这两种方法之间寻找合适的平衡点"①,采用在解释合同时,"既不能采纳绝对的意思主义,片面强调内心的意思,也不能采纳绝对的表示主义,片面强调表示主义,而应当将内心的意思和外在的表示结合起来考虑,从而确定当事人的真实意思"。② 即合同需进行解释时,应当将意思主义与表示主义结合起来考虑。

(三) 关于探求真实意思表示

合同解释的目的,在于探究当事人的真实意思表示。对于有相对人意思表示的解释除应遵循文义外,还应探求当事人真意。

其一,尊重合同条文及其解释的原意。

其二,不应"僵化"和"绝对化"理解合同条文与文字,即不能片面、孤立地看待合同条文和文字,不应拘泥于文字本身的含义,而需要全面理解当事人达到合同或协议时的真实本意、真实意思表示。

其三,综合利用文义解释、目的解释、体系解释和诚信解释等解释方法来探查双方当事人的合同本意。例如,从合同目的来看,双方当事人签订合同的真实目的是借款,还是合同文本上写的"房屋买卖合同"。

其四,由于社会生活的复杂性、多样性,在遇到合同条款必须进行解释时,应当综合考察,而非单一、孤立、片面,应当尽可能地在"现有条件"下探求当事人的意思表示真意。这些"现有条件"包括:(1) 以词句的通常含义为基础;(2) 结合相关条款、合同的性质和目的、习惯以及诚信原则;(3) 参考缔约背景、磋商过程、履行行为等因素。因此,需要对这些"现有条件"进行综合、全面、立体考察,不能单一性、孤立性、片面性过度强调上述某一种因素来进行解释合同本意。

三、关于合同解释的规则

(一) 条款有效的解释优先

对合同条款有两种以上解释,可能影响该条款的效力的,以何者为先,涉及合同解释的选择问题。

1. 域外经验。从世界范围来看,合同条款有两种以上的解释时,对于可能影响该条款效力的,有些国家选择有利于该条款有效的解释。《意大利民法典》第1367条规定:"在有疑问场合,契约或者各项约款,不应以没有任何效果意义解释,而应以得有某种效果意义的解释"③。《西班牙民法典》第1284条规定:"若可参考合同文字作多种

---

① 朱广新:《合同法总则研究》(下册),中国人民大学出版社2018年版,第783~784页。
② 王利明:《合同法通则》,北京大学出版社2022年版,第195页。
③ 《意大利民法典》,陈国柱译,中国人民大学出版社2010年版,第251页。

解释，选择最合理的解释生效"①。

2. 立法旨意。根据《民法典会议纪要》第 6 条所规定的"当事人对于合同是否成立发生争议，人民法院应当本着尊重合同自由，鼓励和促进交易的精神依法处理"，鼓励和促进交易也是《民法典》的核心宗旨之一。

3. 符合当事人的订约意图。根据《民法典》第 142 条第 1 款规定，双方当事人订立合同的目的是从事交易行为所希望达到的目的，合同本身只不过是当事人实现其目的的手段。根据合同目的解释原则的法理，应当坚持尽量做有效解释规则，亦称促进合同有效原则，即对合同的解释要以最大限度地促进合同的成立为解释方向，促成合同的实际履行，尽量避免宣告合同不成立或无效。② 因此，本条中亦应贯彻这一原则，规定对合同条款有两种以上解释，可能影响该条款的效力的，人民法院应当选择有利于该条款有效的解释。当然，依照法律、行政法规规定应当认定该条款无效的除外。

（二）关于推定不违法的解释规则

本条第 3 款规定，"对合同条款有两种以上解释，可能影响该条款效力的，人民法院应当选择有利于该条款有效的解释"，在中国立法史上首次确立了推定不违法的解释规则。

推定不违法的解释规则主要要义包括：（1）该项规则适用于某个合同条款有两种以下解释的场合，不适用于仅有一种解释的领域；（2）合同条款违反了《民法典》第 144 条，第 146 条第 1 款，第 153 条第 1 款所指代的"法律、行政法规的强制性规定"和第 2 款，第 154 条以及第 156 条的规定，就应当是绝对无效的，不允许作出合同条款有效的解释；（3）如果某合同条款可能有两种合理解释，其中一种解释不违反《民法典》第 144 条，第 146 条第 1 款，第 153 条第 1 款所指代的"法律、行政法规的强制性规定"和第 2 款，第 154 条及第 506 条的规定，另一种解释则相反，那么，宜用使之合法的方式解释合同或其条款。③

（三）负担较轻优先规则

合同是当事人双方创立的规范，来源于当事人的意思自治，目的在于满足当事人双方的不同目的。在合同订立过程中，歧义在所难免，这使得合同解释在审判实践中非常必要。关于合同解释的方法有多种，其中，依诚实信用原则进行解释是一种重要的方法和依据。这一方法，也为域外国家所采纳。《德国民法典》第 157 条规定，契约

---

① 《西班牙民法典》，潘灯、马琴译，中国政法大学出版社 2013 年版，第 331 页。
② 王利明：《合同法通则》，北京大学出版社 2022 年版，第 197~198 页。
③ 崔建远：《合同解释与合同订立之司法解释及其评论》，载《中国法律评论》2023 年第 6 期，第 9 页。

之解释,应斟酌交易习惯,依诚实信用原则为之;《意大利民法典》第 1375 条规定:"契约应依诚实原则履行"①;这是因为:诚实信用原则本身就具有解释、评价和补充法律行为的功能,其在合同解释中的主要作用在于衡平当事人之间的利益关系,合理地确定当事人之间的权利义务关系。② 依诚实信用原则解释合同,应当遵循以下规则:第一,如果当事人对合同的履行时间、地点等约定不明确的,应当作有利于合同履行的解释;第二,对债务人的义务应当作减轻的解释。例如,对于无偿合同,应按对债务人义务较轻的含义进行解释,对有偿合同则应按对双方都较为公平的含义进行解释;第三,应当认定当事人有相互协作、忠诚等义务;第四,填补合同漏洞。③ 正是基于诚实信用原则的解释原则,因此,对合同条款有两种以上解释,可能影响该条款的效力的,属于无偿合同的,应当选择对债务人负担较轻的解释。

四、关于"对合同条款有不同于词句的通常含义的其他共同理解"

根据意思自治原则,双方当事人对合同条款有不同于词句含义的其他共同理解的,应当认为这种意思表示为双方所受领,并对此产生合理信赖。"受利益驱动,每一方当事人都希望并坚持依其期待的含义来确定合同词句之意。鉴于合同系各方当事人达成的合意,只有他们赋予合同词句的含义不违反强制性规范,解释合同词句就应从探求各方当事人赋予或期待词句的含义入手,而不是囿于一方当事人所期待的合同词句含义将单方的私下意图强加给对方当事人,违反合同的本质,并造成不公平。④"尽管会存在合同条款的字面意思与词句含义的其他共同理解上的差异,也应当保护相对人的信赖利益和保护表意的内心真实意思。实际上,双方当事人对合同条款的"其他共同理解",是意思一致的,是当事人内心的真实意思表示;而如果主张一方当事人"僵化地"拘泥于"根据词句含义理解合同条款的",实际上是背离双方真实意思表示的,背离了意思自治与公序良俗的相互关系,因此,不应予以支持。

根据《民法典》第 466 条第 2 款规定:"合同文本采用两种以上文字订立并约定具有同等效力的,对各文本使用的词句推定具有相同含义。各文本使用的词句不一致的,应当根据合同的相关条款、性质、目的以及诚信原则等予以解释。"但在各文本使用的词句不一致的情况下,如何对文本进行解释?在这种情况下,原《合同法》第 125 条

---

① 《意大利民法典》,陈国柱译,中国人民大学出版社 2010 年版,第 252 页。
② 马强:《合同法新问题判解研究》,人民法院出版社 2005 年版,第 8 页。
③ 王利明:《合同法通则》,北京大学出版社 2022 年版,第 199 页。
④ 崔建远:《合同解释与合同订立之司法解释及其评论》,载《中国法律评论》2023 年第 6 期,第 2 页。

第 2 款规定"应当根据合同目的予以解释"，即根据当事人订立合同的目的予以解释①，在《民法典》合同编修改过程中，根据有关建议，将"订立合同的目的"修改为"应当根据合同的相关条款、性质、目的以及诚信原则等予以解释"，根据《民事诉讼法》第 67 条和《民诉法司法解释》第 90 条、第 91 条的关于举证责任的基本原理，如同"在运用交易习惯进行解释时，双方当事人应当对运用的交易习惯是否存在以及内容进行举证证明②"主张对合同条款有不同于词句含义的其他共同理解的，当事人应当提供证据予以证明；能够证明的，"合同条款有不同于词句含义的其他共同理解的"有关主张成立，因此，对于"主张根据词句含义理解合同条款的"另一方，人民法院则不予支持。当然，如果"当事人未能提供证据或者证据不足以证明其事实主张的，由负有举证证明责任的当事人承担不利的后果"。

【法律适用分歧】

判断合同当事人真实意思表示的首要方法是文义解释

对合同条文的解释，必须探究合同当事人内在的、真实的意思表示，而判断合同当事人真实意思表示的首要方法，就是判断合同条文的字面意思表示，即文义解释。根据《民法典》第 142 条规定，这是我国《民法典》关于意思表示的一般规定。而第 142 条中规定的"按照所使用的词句"确定该条款的真实意思即对文义解释的规定。

关于文义解释的适用。第一，文义解释应当是合同解释的首要方法，因为意思表示是由词句构成的，所以对意思表示的解释必须首先从词句的含义入手，合同条款是当事人意思表示最直接的表示方法，是当事人意思自治的重要体现，一般情况下，最接近于当事人的真实意思，故当事人就合同条款发生争议时，应当首先判断合同条文字面的意思表示，即采文义解释的方法进行解释。只有在文义解释不能确定合同条文的准确含义时，或者根据字面意思解释合同将导致冲突时，才能运用整体解释、目的解释、习惯解释、诚信解释等其他解释方法。

第二，根据《民法典》第 498 条规定③，该条尽管主要适用于格式合同，实际上对一般条款而言，如果双方对合同的理解发生争议，且根据双方当事人的交易习惯，或

---

① 黄薇主编：《中华人民共和国民法典释义》（中），法律出版社 2020 年版，第 895 页。
② 黄薇主编：《中华人民共和国民法典释义》（中），法律出版社 2020 年版，第 895 页。
③ 《民法典》第 498 条规定："对格式条款的理解发生争议的，应当按照通常理解予以解释。对格式条款有两种以上解释的，应当作出不利于提供格式条款一方的解释。格式条款和非格式条款不一致的，应当采用非格式条款。"

者双方明知或应知的地区习惯、行业习惯均不能合理解释合同条款时，也应按照词句通常理解进行解释。

第三，根据《民法典》第142条规定，有相对人的意思表示一旦为相对人所受领，相对人就会对此产生合理信赖。如果出现表意人的内心真实意思和外在表示出来的意思表示不一致的情形时，就需要对保护相对人的信赖利益与保护表意人的内心真实意思表示进行平衡，在此种情况下，还需要考虑对相对人的意思表示的理解水平；而在无相对人的意思表示下，因无受领人，对无相对人的意思表示的理解就主要探究表意人的内心真实意思。①

【典型案例】②

一、裁判规则：是否属于合同范围的理解不应机械、静态地分析，而应该综合考虑涉案合同的目的以及合同履行情况

【法院】

最高人民法院

【案号】

（2019）最高法知民终694号

【当事人】

上诉人（原审原告）：宁波睿某威信息科技有限公司

被上诉人（原审被告）：浙江快某科技有限公司等

【案由】

侵害计算机软件著作权纠纷

【裁判观点】

法院认为，对于被控侵权软件是否属于合同范围的理解不应机械、静态地分析其是否属于线上还是线下软件，特别是考虑到合同履行过程中，当事人根据业务需求以及软件开发的进程亦有可能对开发范围进行调整。故应该综合考虑涉案合同的目的、被控侵权软件与合同软件的功能配套性以及合同履行情况。

---

① 江必新、何东宁等：《最高人民法院指导性案例裁判规则理解与适用》（合同卷二，第二版），中国法制出版社2018年版，第207~217页。

② 需要特别说明的是，本部分引用的案例重点侧重于对裁判规则和裁判观点的总结和提炼，列出审理法院和案号，供读者进一步地参考和学习使用。

二、裁判规则：对合同进行目的解释，应基于合同载明的条款进行解释，确定其真实意思

【法院】

最高人民法院

【案号】

（2019）最高法民申 3892 号

【当事人】

再审申请人（一审原告、二审上诉人）：上海陆某城建开发有限责任公司

被申请人（一审被告、二审被上诉人）：某电气（集团）总公司

【案由】

房屋买卖合同纠纷

【裁判观点】

合同是当事人协商一致后，对其之间权利义务进行的约定，主要通过合同条款来体现和表达。合同当事人履行合同应当以合同明确载明的条款为准，而不能以其他因素来推断当事人之间的权利义务。根据《合同法》第 125 条的规定，即使是对合同进行目的解释，也应当基于合同条款，对合同载明的条款进行解释，确定其真实意思。

【相关规定】

《民法典》第 142 条、第 466 条、第 496 条、第 510 条；《民法典会议纪要》第 6 条、第 7 条；《九民会议纪要》"三、关于合同纠纷案件的审理"

第二条 【交易习惯的认定】

下列情形，不违反法律、行政法规的强制性规定且不违背公序良俗的，人民法院可以认定为民法典所称的"交易习惯"：

（一）当事人之间在交易活动中的惯常做法；

（二）在交易行为当地或者某一领域、某一行业通常采用并为交易对方订立合同时所知道或者应当知道的做法。

对于交易习惯，由提出主张的当事人一方承担举证责任。

【条文主旨】

本条是对《民法典》中有关交易习惯[①]认定的解释。

【司法适用】

本条是在原《合同法司法解释二》[②] 第 7 条的基础上,又参考《民法典总则编司法解释》第 2 条表述,进行个别文字微调后形成的,主条文未作大的变动。本条分为两款:第 1 款主要是"细化"交易习惯的认定标准;第 2 款主要是明确由哪一方承担举证责任。通过司法解释对交易习惯概念进行准确界定,对于正确理解和适用交易习惯具有重要意义。

一、确定交易习惯的适用前提

交易习惯,是指在当时、当地或者某一行业、某一类交易关系中,为人民所普遍采纳的且不违背公序良俗的习惯做法。交易习惯,可以分为一般的交易习惯、特定的交易习惯、特殊行业的交易习惯和当事人之间长期从事某种交易所形成的习惯。[③]《民法典》针对"交易习惯"问题作出相关规定,其意旨在通过在司法实践中广泛存在的交易习惯,纳入了法律规范的体系,及时确定当事人的真实意思表示和民事法律行为的法律效力,完善和补充当事人权利义务的内容,增强当事人合同权利义务的确定性,从而避免法律适用分歧,保证全国法律适用的严肃性、统一性和稳定性。

关于"交易习惯"的前提条件,主要包括:

(一)关于"不违反法律、行政法规的强制性规定"

1. 关于行使民事权利的限制。根据《民法典》第 130 条[④]规定,民事权利的行使不得违反法律、行政法规的强制性规定。作为私权的民事权利,遵从"法无禁止即自由"的原则。民事权利在范围上,不仅包括现行法律明文规定的权利,还包括人的尊严、自由等所蕴含的不为法律明文禁止的权利。所谓依法行使,即权利的行为不得违反法律、行政法规的强制性规定,受到实证法否定的权利行使行为,不能依权利人意思发生法律效果。其具体意旨在于限制私法自由,即法律、行政法规上禁止性规定不

[①] 《民法典》第 10 条规定:"处理民事纠纷,应当依照法律;法律没有规定的,可以适用习惯,但是不得违背公序良俗。"《总则编司法解释》第 2 条规定:"在一定地域、行业范围内长期为一般人从事民事活动时普遍遵守的民间习俗、惯常做法等,可以认定为民法典第十条规定的习惯。当事人主张适用习惯的,应当就习惯及其具体内容提供相应证据;必要时,人民法院可以依职权查明。适用习惯,不得违背社会主义核心价值观,不得违背公序良俗。"

[②] 此文件已失效,下文不再提示。

[③] 王利明:《民商法研究》(第五辑,修订版),中国人民大学出版社 2020 年版,第 498 页。

[④] 《民法典》第 130 条规定:"民事主体按照自己的意愿依法行使民事权利,不受干涉。"

得为当事人任意处分。当然，并非所有违反法律、行政法规强制性规定的民事法律行为均为无效，只有违反了效力性强制性规定的民事法律行为才能够认定为无效。①

2. 关于民事法律行为的法律后果。根据《民法典》第133条②关于民事法律行为的规定，民事法律行为作为民法中的一项重要法律制度，广泛适用于《民法典》中的合同行为、商事领域、婚姻遗嘱收养等身份关系以及部分物权领域，因此，"交易行为""交易活动"等作为民事法律行为的重要组成部分，亦应受民事法律行为制度的约束；合法有效的民事法律行为能产生民事主体所期望发生的法律效果，非法的民事法律行为虽可能不能实现民事主体意欲实现的法律效果，但是都可能产生一定的法律后果。《民法典》第143条规定了民事法律行为应当具备的有效条件，体现了《民法典》所倡导的尊重意思自治、鼓励交易自由的精神；反过来，如果上述三项条件中的某一项不具备或违反，则民事法律行为的效力就可能会受到影响。民事法律行为如果违反法律、行政法规的效力性强制性规定，或违背公序良俗，则不能产生当事人预期的私法上的效果，但会产生法律规定的效果，如《民法典》第153条，不"违反法律、行政法规的强制性规定"，即要求"交易习惯必须适法"③。反过来说，违反法律强制性规范的习惯不能作为漏洞填补的依据。例如，在我国，法院不得运用习惯来填补法律漏洞从而将典权和居住权认定为物权。原因是我国《物权法》明确规定了物权法定原则，物权的种类和内容由法律规定，这一规定属于强行性规范。法官如果依据习惯将典权和居住权认定为物权，就违反了这一强制性规定。④

有关于法律、行政法规的强制性规定的内容，可参见本解释第16条、第17条、第18条的规定，此处不再作过多赘述。

（二）关于"不违背公序良俗"

原《合同法》第52条第4项规定了损害"社会公共利益"的合同无效，为了使概念更加周延，《民法典》采用"公序良俗"代替了"社会公共利益"。

1. 关于"不违反法律、行政法规的强制性规定"与"不违背公序良俗"的关系。违背公序良俗与违反法律之间不是并列关系，而应该是补充关系；只有在没有违反法律和行政法规而又确有必要认定民事法律行为无效的情况下，才适用违背公序良俗的

---

① 最高人民法院民法典贯彻实施工作领导小组主编：《中华人民共和国民法典总则编理解与适用》（下），人民法院出版社2020年版，第674页。
② 《民法典》第133条规定："民事法律行为是民事主体通过意思表示设立、变更、终止民事法律关系的行为。"
③ 最高人民法院研究室编著：《〈全国法院贯彻实施民法典工作会议纪要〉条文及适用说明》，人民法院出版社2021年版，第42页。
④ 王利明：《民商法研究》（第八辑，修订版），中国人民大学出版社2020年版，第74页。

规定。即在法律适用时，应首先考察是否违反了强制性规范，只有在不存在强制性规范时，才能适用违背公序良俗无效原则；违背公序良俗无效作为违反法律、行政法规强制性规定无效的补充，可以有效弥补现行法律和行政法规规定的不足，解决法律和行政法规可能存在的不完善和不周延问题，为填补法律漏洞和法官的自由裁量权预留必要的空间。

2. 关于违背公序良俗原则的法律后果。在合同法领域，不得违背公序良俗的本质，"体现为对契约自由进行限制，意在为契约自由划定界限，逾越界限从事的法律行为将不能达到预期的法律效果"。[1]

根据《民法典会议纪要》第7条等有关合同适用的相关精神，原《合同法司法解释二》第7条关于交易习惯的规定，对于准确适用《民法典》关于合同订立的规定，也有重要参考价值。具体适用思路是：以下情形，不违反法律、行政法规的强制性规定和不违背公序良俗的，人民法院可以认定为《民法典》合同编所称的"交易习惯"：一是在交易行为当地或者某一领域、某一行业通常采用并为交易对方订立合同时所知道或者应当知道的做法；二是当事人双方经常使用的习惯做法。对于交易习惯，由提出主张的一方当事人承担举证责任。在理解与适用时要特别注意，原《合同法司法解释二》第7条只强调了确定交易习惯的前提条件是该交易习惯不违反法律、行政法规强制性规定，即交易习惯必须适法，这里的适法性在理解上应当包括不得违背公序良俗，在《民法典》施行中也应当遵循，而且这一结论可以从《民法典》第10条习惯不得违背公序良俗的精神中得出。[2]

二、关于确定交易习惯的规则

（一）关于"惯常做法"

可以从以下几个不同层面来理解：

其一，意思表示。事实行为，可以直接证明双方的意思表示。或者说，"双方的实际履行行为直接表明了他们对合同含义的真实理解"。[3]

其二，非意思表示。例如，政府机关公布的具有公示意义的指导性文件，且其内容并未规范当地或者某一领域、行业的通常做法，故其不宜作为交易习惯予以认定。

---

[1] 最高人民法院民法典贯彻实施工作领导小组主编：《中华人民共和国民法典总则编理解与适用》（下），人民法院出版社2020年版，第760~761页。

[2] 最高人民法院研究室编著：《〈全国法院贯彻实施民法典工作会议纪要〉条文及适用说明》，人民法院出版社2021年版，第41~42页。

[3] 最高人民法院研究室编著：《最高人民法院关于合同法司法解释（二）理解与适用》，人民法院出版社2009年版，第69页。

（二）关于"惯常做法"与"某一领域、某一行业做法"的关系

1. 二者区别

（1）二者适用广度不同。从社会生活的一般意义上来说，"当事人之间在交易活动中经常使用的惯常做法"的适用广度，要高于"在交易行为当地或者某一领域、某一行业通常采用并为交易对方订立合同时所知道或者应当知道的做法"。因此，将其排序在前，更能适应普通人群的生活需要，更符合现代合同在司法实践中的需要。

（2）二者可能会存在一致，也可能会存在不一致的情况。主要原因是"某一领域、某一行业"所知道或应当知道的"行规""做法"，未必是普通人所能理解、掌握的。

2. 关于交易习惯的适用规则

习惯解释，是指在意思表示发生争议以后或者对合同条款的理解发生歧义时，应当根据当事人所熟悉的生活和交易习惯对意思表示或者合同条款进行解释。具体而言，应当遵循以下规则：

（1）当事人之间的习惯优先于地区习惯与行业习惯。当事人之间的习惯必须是当事人通过多次合作所形成的习惯，否则，不能视为交易习惯。交易习惯本身表明当事人之间惯常的交易模式，在合同所使用的词句没有明确对相关内容进行约定的情况下，可以认定当事人之间认可一直以来的交易方式，故交易习惯比地区习惯、行业习惯更能表现当事人的真实意思表示；

（2）交易习惯必须客观存在。主张存在交易习惯的一方当事人，必须对交易习惯的客观存在承担举证责任；

（3）交易习惯必须合法。如果交易习惯本身违反法律、行政法规的强制性规定，则不得依据该交易习惯对合同进行解释，当事人也不得依据交易习惯履行合同；

（4）交易习惯必须为对方当事人知道或者应当知道。一般而言，交易习惯必须是对方当事人在订立合同时知道或者应当知道的交易习惯，如果合同订立后，对方才知道交易习惯的存在，但其未表示反对，还依照交易习惯履行合同，则该习惯可以作为解释合同的依据。[①]

3. 存在冲突时的选择

如果本条规定的第1项"惯常做法"与第2项"某一领域、某一行业做法"存在适用冲突时，一般认为，如果地区和行业习惯与当事人之间的交易习惯发生冲突，应以当事人之间的交易习惯为准；如果对某一款发生争议，一方是按照一般的或者特殊

[①] 江必新、何东宁等：《最高人民法院指导性案例裁判规则理解与适用》（合同卷二，第二版），中国法制出版社2018年版，第216页。

的以及行业的习惯进行解释的,而另一方是按照当事人过去从事系列交易时所形成的习惯来进行解释的,则应当按照系列交易的习惯进行解释。这主要是因为交易形成的习惯更接近当事人的意思。因为系列交易是当事人多次交易行为的总结,可以视为当事人默示的意思。①

三、关于"对于交易习惯,由提出主张的当事人一方承担举证责任"

人民法院应查清双方当事人之间交易习惯或者合作惯例的具体形式,才能以"交易惯例"判断各方的行为是否构成违约。

(一) 主张者承担

本条第2款规定:"对于交易习惯,由提出主张的当事人一方承担举证责任",这是《民事诉讼法》第67条和《民诉法司法解释》第90条和第91条在本解释中的再落实和再强调。按照本条的意旨,一方当事人主张与对方当事人存在"某种"交易习惯的,应当根据本条第2款的规定:"对于交易习惯,由提出主张的当事人一方承担举证责任"进行处理。即应当由主张一方的当事人应对其主张双方之间形成了交易习惯承担举证责任。

(二) 非主张者不承担

不能认为"非主张一方"的当事人提出了反驳意见,就应当由"提出反驳的一方当事人"提供反驳证据,这种想法和做法违背了我国《民事诉讼法》和《民诉法司法解释》有关举证责任的基本原理。反驳者,无须提供证据,只需提出异议即可,无须对于自己的反驳意见提供证据,除非反驳一方当事人的反驳观点构成了某一事实主张,如"已偿还了款项"时,才对"偿还事实"承担举证责任,而无须对主张者所主张的存在"借款事实"承担举证责任。

(三) 不宜擅用"排除合理怀疑"的证明标准来"倒推"交易习惯

在审判实践中,对于双方当事人明显不符合合同"交易习惯"的行为,应当根据《民事诉讼法》第67条,《民诉法司法解释》第90条、第91条关于举证责任的基本原理和第108条以及第109条关于证明标准的基本原则进行处理,即根据《民诉法司法解释》第108条的规定,主张者的举证应当足以使人民法院确信该待证事实的存在具有高度可能性。如果未能达到相应的证明标准,则人民法院应当根据《民诉法司法解释》第90条第2款规定,而不能违反法条规定和违反逻辑三段论,"借用""擅用"排除合理怀疑的证明标准,来"倒推"认定并非基础性法律关系,或者"倒推"认定属于其他法律关系的认定结论,这种认定既没有充分的事实及法律依据,也不符合本条司法

---

① 王利明:《民商法研究》(第五辑,修订版),中国人民大学出版社2020年版,第499页。

解释的规定精神。

（四）交易习惯的举证责任

1. 实体法规定

本条第 2 款是一条对举证责任分配的民事实体法规定，由于该举证责任分配具有法定性，并不能由法官进行分配，只能按照本条实体法规定的权利发生规范举证责任分配规则适用法律，而不允许利用自由裁量对该举证责任分配进行"变通"或"转移分配"处理。

2. 举证要求

第一，关于"（一）当事人之间在交易活动中经常使用的惯常做法"的举证要求。根据《民事诉讼法》第 67 条，《民诉法司法解释》第 90 条和第 91 条规定，主张在双方当事人之间存在"在交易活动中经常使用的惯常做法"的，应当承担举证责任。同时，当事人在诉讼中提供的证据，应当达到证明待证事实的程度，即能够证明"在交易活动中经常使用的惯常做法"是存在的，如果不能使这一事实得到证明，则当事人应当承担相应的不利后果。

第二，关于"（二）在交易行为当地或者某一领域、某一行业通常采用并为交易对方订立合同时所知道或者应当知道的做法"的举证要求。当事人需要提供证据证明：（1）客观要件。"交易行为当地或者某一领域、某一行业通常采用"，即要证明地方习惯或行业习惯的存在；（2）主观要件。"交易对方订立合同时所知道或者应当知道"。未能证明的，可根据《民事诉讼法》第 67 条，《民诉法司法解释》第 90 条和第 91 条规定处理。

（五）关于"知道或者应当知道"的证明

1. 本条所规定的"为交易对方订立合同时所知道或者应当知道"，与日常生活中的人们之间所说的交易习惯是不一样的；这里的"交易习惯"的效力基础在于当事人意思表示。

2. "交易习惯"本身存在不同层次，如一般的交易习惯、特定区域的交易习惯、特殊行业的交易习惯、当事人长期从事某种交易所形成的习惯、某一领域、某一行业"通常采用"习惯，因此需要对证明对象予以区分，不能绝对地、单一地、僵化地理解"交易习惯"。

3. 要求"知道或者应当知道"旨在"加强对不了解当地习惯或者缺乏业内经验的相对人的保护，更体现了对当事人意思的尊重和私法自治的要求"。[1] 因此，需要考虑

---

[1] 最高人民法院研究室编著：《最高人民法院关于合同法司法解释（二）理解与适用》，人民法院出版社 2009 年版，第 68 页。

相对人的认知能力和水平。将某一方当事人在同类交易中的通常做法适用于相对人时，应考虑相对人是否具有同等的谈判能力，对于与该相对人处于同一处境的一般社会公众对该交易的可认识度和可接受度。①

4. "知道或者应当知道"的证明问题。在审判实践中，存在"知道或者应当知道"的主观性相对较大，意思表示的表意人一般很难证明相对人是否知道或者应当知道。这时存在一个平衡表意人与相对人利益的问题。

（1）仅要求证明"为交易对方订立合同时所知道或者应当知道的做法"，不能将证明标准擅自提高至"双方同意""双方认可"的高度；

（2）根据《民法典》第140条②，"知道或者应当知道"可以采取明示意思表示以外的其他方式来确定，如果交易一方在签订合同时书面告知对方合同解释及附随义务的确定应当采取某种习惯做法，而交易对方并对此表示反对，则应当认为此种习惯做法属于"交易习惯"③；

（3）根据《民法典》第480条规定，在商业活动中还存在一些交易习惯，根据这些交易习惯，承诺也可以通过行为作出。这些交易习惯一般为从事该项交易的当事人所知晓，通过行为作出承诺的方式在要约人的预期之内，不会损害要约人的得益④；尤其是在长期的、继续性的合同关系中，双方当事人形成一定的交易习惯，即在合同到期后，只要一方向对方交货，另一方没有及时表示退货，则视为合同成立。⑤

（4）关于主张"沉默"属于"知道或者应当知道"的问题。审判实践中，当事人主张自己或者对方的"沉默"属于"知道或者应当知道"交易习惯，即负有举证责任的当事人要证明"沉默"在当事人之间的交易中反复、多次适用，而对方当事人予以认可。至于对方予以认可的沉默适用多少次，才构成当事人之间的交易习惯，则要结合当事人之间的交易类型、时间长短、熟悉程度、行业惯例等因素综合考虑，负有举证责任的当事人相对方，在符合举证责任转移的情况下，也应就争议中的沉默不构成双方当事人之间的交易习惯进行举证，这样更便于法庭正确认定争议中的沉默是否构

---

① 谢鸿飞、朱广新主编：《民法典评注：合同编 通则》（第1册），中国法制出版社2020年版，第365页。
② 《民法典》第140条规定："行为人可以明示或者默示作出意思表示。沉默只有在有法律规定、当事人约定或者符合当事人之间的交易习惯时，才可以视为意思表示。"
③ 最高人民法院研究室编著：《最高人民法院关于合同法司法解释（二）理解与适用》，人民法院出版社2009年版，第68页。
④ 黄薇主编：《中华人民共和国民法典合同编释义》，法律出版社2020年版，第51~52页。
⑤ 王利明主编：《中国民法典释评》（合同编·通则），中国人民大学出版社2020年版，第95页。

成当事人之间的交易习惯。①

（5）关于未能举证证明"交易习惯"的处理。如果主张一方当事人虽提出了主张，但对方当事人对主张一方当事人的该主张提出异议，而根据案件事实主张一方当事人的提供的证据仅仅只能证明存在"一次""偶发""个别"情况，并不属于"多次""常态"，尚不能够构成"交易惯例"的，为保护交易相对方的利益，充分体现对交易各方当事人意思自治的尊重，对判定交易相对方"知道或者应当知道"交易习惯的存在应严格把握，否则将损害交易相对方自主公平交易的权利。此时，如果主张一方当事人提供的现有证据尚不足以证明对方当事人知晓或应当知晓双方当事人之间的交易行业存在"常态""多次成熟"等做法的存在的，亦不能证明双方之间经常使用该习惯做法的，对主张一方当事人关于双方之间存在"某种交易惯例"这一主张，不应予以支持。

四、适用本条需要考虑的因素

（一）"完善"和"补充"合同约定

《民法典》注重用"交易习惯"来填补合同漏洞，实际上也是用交易习惯在最大限度上确定合同当事人的真实意思表示②，并且增强当事人合同权利义务的确定性。而如果在司法适用过程中，并不涉及运用交易习惯弥补当事人合同约定不明确、不完整所导致的权利义务确定性不足时，则不能适用本条。主要包括：其一，本条适用必须符合立法旨意；其二，不宜将本条适用进行"扩大化"，本条属于合同约定之外的一种"特殊认定"或"例外认定"，不能将本条扩大到与"合同约定"同等的地位。特别是在运用"交易习惯"认定当事人交易行为之"可疑性"，应格外谨慎。（1）应当考虑是否存在适用本条的空间环境，即有无必要适用本条；（2）应当考虑是否存在明确的合同约定；（3）当事人之间的行为是否属于合同变更行为；（4）对于当事人一方主张的"交易习惯"本身而言，应当考虑同类一般交易判断是否已经形成普遍共识，是否存在较大疑问；（5）适用交易习惯，是否违反逻辑法则和经验法则。例如，不能通过先行开具购房款收据、违背房屋买卖所谓"交易习惯"，并"进而得出"当事人之间不存在房屋买卖法律关系的结论，显然，这种"推理"是违反逻辑法则和经验法则的。

（二）正确区分"交易习惯"与"合同约定"

本条所规定的"交易习惯"是指在交易行为当地或者某一领域、某一行业通常采

---

① 最高人民法院民法典贯彻实施工作领导小组主编：《中华人民共和国民法典总则编理解与适用》（下），人民法院出版社2020年版，第709页。

② 最高人民法院民法典贯彻实施工作领导小组主编：《中华人民共和国民法典合同编理解与适用》（一），人民法院出版社2020年版，第349页。

用并为交易对方订立合同时所知道或者应当知道的做法，或者指当事人双方经常使用的习惯做法。

应当正确区分"交易习惯"与"合同约定"。一般情况下，"交易习惯"是指在合同约定没有明确或约定不明的情况下，通过双方当事人正常情况下的商业交往行为，来判断双方当事人的合同履行行为。而如果双方当事人的合同约定中，已经明确了某一合同义务的，则不能适用本条，即不能以"适用本条"为名义，而否定双方当事人的合同义务。对于一方当事人违反合同义务的，要按照《民法典》的相关规定，承担相应的违约责任。例如，双方共签订了 5 份合同，其中有 2 份合同约定了运费由乙方公司承担，同期签订的其他 3 份合同并没有约定由谁承担，但从合同约定的其他条款中，特别是合同费用承担条款约定中，可以判断为甲方承担该运费的，此时，应当遵照合同依约执行，而非"交易习惯"。如果双方当事人在长期的交易中从未发生过在没有合同约定的情况下就由乙方主动默认承担运费的先例时，如果"借用"本条来"否定"双方当事人的合同中明确的约定来判定双方关于费用承担的约定，属于"交易习惯"法律规定的适用错误。

【法律适用分歧】

一、"交易习惯"属于判决基础条件的，必须予以查明，否则，属于"事实不清"

审判实务中，当事人一方往往主张对方当事人的"做法"或者"合同行为"不符合双方以往"合作惯例"，从而构成根本违约，应当向对方承担违约责任。此时，"交易习惯"就成为案件事实必须查明的一个焦点问题，或者说是属于事实问题，人民法院查清双方当事人之间数年合作的"交易习惯"是什么。根据本条规定，人民法院应查清双方当事人之间交易习惯或者合作惯例的具体形式，才能以"交易惯例"判断各方的行为是否构成违约。如果未能查清该事实的，应当依据《民事诉讼法》第 177 条[①]的规定，发回重审。

二、国家政策不作为司法裁判依据

根据《民法典》第 10 条规定，没有将国家政策作为民法法源。与此同时，国家政

[①] 《民事诉讼法》第 177 条规定："第二审人民法院对上诉案件，经过审理，按照下列情形，分别处理：（一）原判决、裁定认定事实清楚，适用法律正确的，以判决、裁定方式驳回上诉，维持原判决、裁定；（二）原判决、裁定认定事实错误或者适用法律错误的，以判决、裁定方式依法改判、撤销或者变更；（三）原判决认定基本事实不清的，裁定撤销原判决，发回原审人民法院重审，或者查清事实后改判；（四）原判决遗漏当事人或者违法缺席判决等严重违反法定程序的，裁定撤销原判决，发回原审人民法院重审。原审人民法院对发回重审的案件作出判决后，当事人提起上诉的，第二审人民法院不得再次发回重审。"

策不作为民法法源，并不等于说国家政策在调整民事法律关系和民事司法裁判中不发挥作用。在审判实践中，国家政策可以通过民法中引致条款发挥作用，如认定不可抗力、情势变更、社会公共利益等情形，或者作为诚信原则、公序良俗原则的新内涵平衡当事人的利益以及个人利益与社会利益，国家政策的目的同样可以实现；同时国家政策可以作为裁判说理的依据。[1]

【典型案例】

一、裁判规则：对于交易习惯，由提出主张的一方当事人承担举证责任

【法院】

最高人民法院

【案号】

（2017）最高法民申 3709 号

【当事人】

再审申请人（一审被告、二审上诉人）：内蒙古凯某矿业有限公司（以下简称凯某公司）

再审被申请人（一审原告、二审被上诉人）：大名县金某商贸有限公司

【案由】

借款合同纠纷

【裁判观点】

凯某公司提供付款明细主张林某江与崔某对汇入凯某公司账户的款项系双方个人借款已形成交易习惯的问题，依据《合同法司法解释二》第 7 条规定，对于交易习惯，由提出主张的一方当事人承担举证责任。

二、裁判规则：未提供证据证明双方当事人办理结算是双方经常使用的习惯做法的，不予支持

【法院】

最高人民法院

【案号】

（2018）最高法民申 3497 号

---

[1] 最高人民法院民法典贯彻实施工作领导小组编著：《最高人民法院民法典总则编司法解释理解与适用》，人民法院出版社 2022 年版，第 79~80 页。

【当事人】

再审申请人（一审原告、二审被上诉人）：江西祥某贸易有限公司（以下简称祥某公司）

被申请人（一审被告、二审上诉人）：南通长某建设集团有限公司（以下简称长某公司）等

【案由】

买卖合同纠纷

【裁判观点】

周甲虽系长某公司南昌分公司的员工，但既非长某公司法定代表人，也非长某公司南昌分公司负责人，其出具的计算清单既无长某公司法定代表人或长某公司南昌分公司负责人签字认可，也无公司或分公司加盖公章确认，且祥某公司未提供证据证明周甲已取得公司或分公司的授权与其办理结算，同时也未提供证据证明周甲与祥某公司办理结算是当事人双方经常使用的习惯做法，故二审法院在长某公司及长某公司南昌分公司对周甲出具的计算清单不予认可的情况下，认定周甲出具的计算清单对长某公司及长某公司南昌分公司不具有约束力，并无不当。

【相关规定】

《民法典》第10条、第140条、第321条、第480条、第484条、第510条、第511条、第515条、第518条、第558条、第599条、第622条、第680条；《总则编司法解释》第2条；2019年《民事证据规定》第53条；原《合同法司法解释二》第7条

二、合同的订立

根据《民法典》合同编中的第一分编"通则"下的第二章"合同的订立"部分（第469条至第501条），本《通则司法解释》关于"二、合同的订立"部分，共有八条规定，分别是：

1. 第三条："合同成立与合同内容。"本条的主要内容是关于合同内容与合同成立与否的规定，涉及的基础理论包括合同的实质性内容、合意的认定标准等。

2. 第四条："以竞价方式订立合同。"本条主要内容是关于招标投标、拍卖竞价方式订立的合同成立时间及法律责任的规定，涉及的主要基础理论包括合同成立理论、中标通知书的法律性质等。

3. 第五条："合同订立中的第三人责任。"本条主要内容是关于第三人实施欺诈、胁迫行为，使当事人在违背真实意思下订立合同时，受损的当事人请求该第三人承担赔偿责任的规定，涉及的基础理论包括欺诈行为、胁迫行为、第三人缔约过失理论等。

4. 第六条："预约合同的认定。"本条主要内容是关于预约合同的认定，涉及的基础理论包括预约合同、本约、要物合同等。

5. 第七条："违约预约合同的认定。"本条是关于如何认定违约预约合同的规定，涉及的基础理论包括诚信信用原则、缔约过失理论等。

6. 第八条："违反预约合同的违约责任。"本条是关于如何认定违反预约合同的违约责任，涉及的基础理论包括强制缔约理论、信赖利益理论、违约责任理论等。

7. 第九条："格式条款的认定。"本条是关于如何认定属于法定的格式条款的规定，涉及的基础理论包括契约自由理论等。

8. 第十条："格式条款订入合同。"本条是关于如何认定提供格式条款的一方已经履行了提示义务、说明义务的规定，涉及的基础理论包括异常条款、提示义务、说明义务等。

> **第三条 【合同成立与合同内容】**
> 当事人对合同是否成立存在争议,人民法院能够确定当事人姓名或者名称、标的和数量的,一般应当认定合同成立。但是,法律另有规定或者当事人另有约定的除外。
> 根据前款规定能够认定合同已经成立的,对合同欠缺的内容,人民法院应当依据民法典第五百一十条、第五百一十一条等规定予以确定。
> 当事人主张合同无效或者请求撤销、解除合同等,人民法院认为合同不成立的,应当依据《最高人民法院关于民事诉讼证据的若干规定》第五十三条的规定将合同是否成立作为焦点问题进行审理,并可以根据案件的具体情况重新指定举证期限。

【条文主旨】

本条是关于合同成立与合同内容的规定。

【司法适用】

本条是关于认定合同成立、哪些情况下合同不成立、合同已成立但对欠缺内容以及当事人主张合同无效与法院认定不成立时如何处理的规定。本条规定有利于指导当事人签订合同时减少合同漏洞的发生,为法官确定合同成立和填补合同漏洞提供了方法和途径,对完善《民法典》合同编的相关制度具有积极意义。

一、关于合同成立

(一) 关于合同自由与鼓励交易

1. 关于合同成立的规定

合同成立,是指当事人就合同的主要条款经过协商,意思表示达成一致的情形,即通常所称的达成合意。① 根据《民法典会议纪要》第6条第1款的规定:"当事人对于合同是否成立发生争议,人民法院应当本着尊重合同自由,鼓励和促进交易的精神依法处理。能够确定当事人名称或者姓名、标的和数量的,人民法院一般应当认定合

---

① 最高人民法院民法典贯彻实施工作领导小组主编:《中华人民共和国民法典合同编理解与适用》(一),人民法院出版社2020年版,第122页。

同成立，但法律另有规定或者当事人另有约定的除外。"合同在性质上属于当事人之间的协议，双方当事人就合同的主要条款完成要约承诺的过程，就意味着双方当事人达成了合意，合同也就应当随即宣告成立。①

2. 磋商性文件对当事人不具有法律效力

根据《民法典》第471条②、第483条③、第465条④规定，合同是否成立取决于双方当事人对合同的主要条款是否经过要约和承诺两个阶段并最终达成合意。双方当事人对合同的主要条款达成合意，意思表示一致时，合同即告成立。而"磋商性协议"或"意向合同"，并非按照合同性质所做的分类，在不同的诉讼案件中可能被认定为磋商性文件、预约合同或者本约合同等，而磋商性文件对当事人来说，并不具有法律约束力，原因在于双方当事人实质上并未就合同标的、合同价款等主要条款达成合意的，根据《民法典》第465条等规定，合同未成立，对当事人不产生律约束力。

(二) 关于合同未成立

承诺是受要约人同意要约的意思表示。根据《民法典》第470条⑤，合同条款是当事人合意的产物。合同的性质和类型决定了合同的主要条款，尽管不同类型的合同，其主要条款也存在一定的差异，但一般认为，"当事人的姓名或者名称、标的、数量为买卖合同的必备条款，当合同没有这三项条款之一时，合同不成立"⑥。同理，当事人未就价款或者报酬进行协商，且在没有约定的情况下又无法通过合同内容补充（《民法典》第510条⑦）

---

① 王利明主编：《中国民法典释评》（总则编），中国人民大学出版社2020年版，第104页。
② 《民法典》第471条规定："当事人订立合同，可以采取要约、承诺方式或者其他方式。"
③ 《民法典》第483条规定："承诺生效时合同成立，但是法律另有规定或者当事人另有约定的除外。"
④ 《民法典》第465条规定："依法成立的合同，受法律保护。依法成立的合同，仅对当事人具有法律约束力，但是法律另有规定的除外。"
⑤ 《民法典》第470条规定："合同的内容由当事人约定，一般包括下列条款：（一）当事人的姓名或者名称和住所；（二）标的；（三）数量；（四）质量；（五）价款或者报酬；（六）履行期限、地点和方式；（七）违约责任；（八）解决争议的方法。当事人可以参照各类合同的示范文本订立合同。"
⑥ 最高人民法院民法典贯彻实施工作领导小组主编：《中华人民共和国民法典合同编理解与适用》（一），人民法院出版社2020年版，第57页。
⑦ 《民法典》第510条规定："合同生效后，当事人就质量、价款或者报酬、履行地点等内容没有约定或者约定不明确的，可以协议补充；不能达成补充协议的，按照合同相关条款或者交易习惯确定。"

或合同约定不明时履约规则（《民法典》第511条①）确定合同内容的，在缺乏双方法律行为的两个意思表示或两个意思表示不一致的，合同不成立。例如，当事人对于价款或者报酬没有进行约定，又无法达成补充协议，按照合同相关条款或者交易习惯也无法确定，且不存在订立合同履行地的市场价格以及政府定价或者政府指导价，无法依据《民法典》第142条予以确定。此时，如果当事人之间关系价款或者报酬存在争议且无法通过上述途径予以解决，则只能认为当事人未能达成合意，因此，合同不成立。②

（三）关于"一般应当认定"

根据《民法典》第470条规定："合同的内容由当事人约定，一般包括下列条款：（一）当事人的姓名或者名称和住所；（二）标的；（三）数量；（四）质量；（五）价款或者报酬；（六）履行期限、地点和方式；（七）违约责任；（八）解决争议的方法。当事人可以参照各类合同的示范文本订立合同"中的"一般包括"，并非指所有的本条中列出的条款都是在社会生活中当事人之间签订的合同所必备的主要条款。所谓合同的主要条款，又称必要条款，是指根据特定合同的性质所应当具备的合同条款；既然是必备条款，那么，如果缺少必备条款，则合同不能成立。根据现代社会所倡导的合同自由、鼓励交易和尽可能使合同有效原则，各国都尽可能地减少在合同必备条款方面对于合同成立的限制或制约，如合同当事人已就主要条款达成合意，纵使尚未就非必要条款形成合意，通则不影响合同的成立。③

如何判断合同的主要条款，其一，法律上很难对所有类型合同的主要条款作出抽象的规定，而应当根据合同的性质和类型具体确定；当事人名称或者姓名、标的和数量这三个条款只是买卖合同的主要条款④；其二，《民法典》第470条所规定的8类主

---

① 《民法典》第511条规定："当事人就有关合同内容约定不明确，依据前条规定仍不能确定的，适用下列规定：（一）质量要求不明确的，按照强制性国家标准履行；没有强制性国家标准的，按照推荐性国家标准履行；没有推荐性国家标准的，按照行业标准履行；没有国家标准、行业标准的，按照通常标准或者符合合同目的的特定标准履行。（二）价款或者报酬不明确的，按照订立合同时履行地的市场价格履行；依法应当执行政府定价或者政府指导价的，依照规定履行。（三）履行地点不明确，给付货币的，在接受货币一方所在地履行；交付不动产的，在不动产所在地履行；其他标的，在履行义务一方所在地履行。（四）履行期限不明确的，债务人可以随时履行，债权人也可以随时请求履行，但是应当给对方必要的准备时间。（五）履行方式不明确的，按照有利于实现合同目的的方式履行。（六）履行费用的负担不明确的，由履行义务一方负担；因债权人原因增加的履行费用，由债权人负担。"

② 刘贵祥：《关于合同成立的几个问题》，载《商事审判指导》（总第54辑），人民法院出版社2022年版，第69页。

③ 韩世远：《合同法总论》（第四版），法律出版社2018年版，第103页。

④ 王利明：《合同法通则》，北京大学出版社2022年版，第116页。

要条款，仅仅具有提示性和示范性；不同的合同，由于其不同的类型与性质，其主要条款或必备条款可能是不同的，例如，买卖合同中有价格条款，而在无偿合同如赠与合同中就没有此项①；其三，基于前述理由，"确定当事人姓名或者名称、标的和数量的"规定，除仅仅具有提示性和示范性外，对于某类合同中当事人姓名或者名称、标的和数量正恰好是必备条款的，一般应当认定合同成立；对于不需要具备这三类中某个条款的，如数量条款在提供服务合同中往往并不需要，欠缺"数量条款"并不意味着合同无法有效成立，具体提供服务合同需要哪些必备条款，需要根据该类合同的性质和内容来确定。也就是说，"一般应当认定"的表述，表明当事人名称或者姓名、标的和数量仅仅是合同的一般性要素，不包括某一合同类型区别于其他类型的个别性要求。② 更何况，即使合同具备当事人姓名或者名称、标的和数量，合同也未必当然成立。

（四）关于"法律另有规定"

"法律另有规定"主要包括两大类：一是法律关于要式合同、实践合同等的规定；例如，根据《民法典》第736条第2款规定"融资租赁合同应当采用书面形式"，因融资租赁合同应当采用书面形式订立，融资租赁合同自双方当事人在合同书上签字或盖章时成立；当事人采用信件、数据电文等形式订立合同，并要求在合同成立之前签订确认书的，合同自签订确认书时成立。③ 二是特别法对合同成立条件的特别规定。例如，实践性合同自实际交付标的物时成立。《民法典》合同编第586条第1款规定："当事人可以约定一方向对方给付定金作为债权的担保。定金合同自实际交付定金时成立。"《民法典》第679条规定："自然人之间的借款合同，自贷款人提供借款时成立。"《民法典》第905条规定："仓储合同自保管人和存货人意思表示一致时成立。"

（五）关于"当事人另有约定的"

当事人对合同成立条款另有约定，或者说，当事人也可以特别约定合同的成立条件，要约人与受要约人可以对合同成立时间作出另外约定。例如，要约人与受要约人约定，承诺生效后还要制作专门的合同书，当事人均需要签名、盖章时合同始成立。在这种情况下，就不能将承诺生效时间直接作为合同成立时间，而是应当尊重当事人

---

① 黄薇主编：《中华人民共和国民法典合同编释义》，法律出版社2020年版，第27页。
② 刘贵祥：《关于合同成立的几个问题》，载《商事审判指导》（总第54辑），人民法院出版社2022年版，第69页。
③ 最高人民法院民法典贯彻实施工作领导小组编著：《中国民法典适用大全》（合同卷三），人民法院出版社2022年版，第2239页。

之间的约定，以当事人签名、盖章时作为合同成立时间。①

二、关于合同实质性条款

合同的订立是要约人与承诺人意思表示一致的合意结果。关于合同的内容，根据《民法典》第470条列举了合同中一般包括的条款，具备了这些条款，才算是完成了要约承诺的问题。

（一）承诺是受要约人同意要约的意思表示

《国际商事合同通则》第2.1.1条规定："合同可通过对要约的承诺或通过能充分表明合意的当事人各方的行为而订立"，原则上如果当事人已就相关类型交易的主要条款达成了协议，合同即告成立；尚未确定的次要条款可在随后以事实上的默示或法律上的默示加以补充②；《民法典》第479条规定："承诺是受要约人同意要约的意思表示。"根据该条规定，承诺的内容须与要约的内容保持一致，否则要约人有可能拒绝受要约人而使合同不能成立。需要说明的是：需内容实质一致，而非"流于表面""流于字面"。即不能简单地、片面地、静止地仅仅以回答同意作为唯一的判断标准。内容实质一致，是指受要约人承诺的内容与要约人的要约内容在实质上是一致的，并非只是文字表述上的"完全一致"。其原理是：根据《民法典》第471条所规定的订立合同的要约承诺方式、《民法典》第472条所规定的要约是希望与他人订立合同的意思表示，该意思表示应当符合下列条件"（二）表明经受要约人承诺，要约人即受该意思表示约束"和《民法典》第143条所规定的具备下列条件的民事法律行为有效"（二）意思表示真实"的要求，承诺是受要约人愿意按照要约人发出的要约的内容与要约人订立合同的意思表示。承诺同意要约，则双方达成订立合同的合意；不同意，则合意不成，合同不能成立。

（二）受要约人对要约的内容作出实质性变更的，为新要约

根据《国际商事合同通则》（2016）第2.1.11条规定："对要约意在表示承诺但载有添加、限制或其他变更的答复，即为对要约的拒绝，并构成反要约"；原则上这种所谓的承诺被视为对要约的拒绝，并构成受要约人的反要约，要约人对此可以明示或默示（如履行行为）接受或不接受；③根据《民法典》第488条，如果是从实质上改变了要约的内容，则不应认为是一项承诺，而构成了一项新要约。

---

① 黄薇主编：《中华人民共和国民法典合同编释义》，法律出版社2020年版，第57页。
② 张玉卿主编：《国际统一私法协会国际商事合同通则2016》，中国商务出版社2019年版，第109页。
③ 张玉卿主编：《国际统一私法协会国际商事合同通则2016》，中国商务出版社2019年版，第101页。

1. 关于什么是实质性。《国际商事合同通则》第 2.1.11 条并未明确什么是"实质性"变更,并认为"实质性"变更无法抽象确定,必须视个案的具体情况而定。如果添加或不同条款的内容涉及价格或支付方式、非金钱债务的履行地点和时间、一方当事人对对方当事人承担责任的限度或争议的解决方式等,则通常(但不必然)构成对要约的实质性变更。①

2. 实质性条款和非实质性条款,并没有绝对的界限。其一,根据《民法典》第 488 条所列举的"有关合同标的、数量、质量、价款或者报酬、履行期限、履行地点和方式、违约责任和解决争议方法",该列举"名单"仅具有提示性质,实质性条款并非仅限于这些"名单项目",在实际交易的具体合同中,哪些条款内容的变更构成实质性变更,还需就个案具体问题具体分析;其二,当要约人将某种"非必要条款"作为合同成立的先决条件的,那么该先决条件条款就成为要约的实质性条款,对该条款的变更就构成了实质性变更;其三,承诺对要约中明确指出不得变更的条款进行变更就是实质性变更;如果要约明确指出其所有条款均不得变更,则承诺参考要约的任何变更,均构成实质性变更。②

3. 承诺对要约的内容作出非实质性变更的,一般为有效。《合同法》本身虽不能创造社会财富,但可以通过鼓励交易而促进社会财富的增长。③ 因此,为体现鼓励交易原则,应当适时对交易原则作出适当的修正,若承诺改变了非实质内容的,要约人未及时表示反对的情况下,应认为合同成立。《国际商事合同通则》(2016)第 2.1.11 条规定:"对要约意在表示承诺但载有添加、限制或其他变更的答复,即为对要约的拒绝,并构成反要约";如果承诺所添加或变更条款没有对要约做"实质性"的变更,则合同按变更后的内容成立,除非要约人毫不迟延地拒绝;《国际商事合同通则》(2016)第 2.1.12 条规定:"在合同订立后一段时间内发出的、意在确认合同的书面文件,如果载有添加或不同的条款,除非这些添加或不同条款实质性地变更了合同,或者接收方毫不迟延地拒绝了这些不符,则这些条款应构成合同的一个组成部分";根据《民法典》第 489 条规定,承诺并非合同内容与表述是绝对地、静止地、一字不改的完全同意。必须要对受要约人的承诺进行分析。如果仅仅是表述的形式不同,而不是实质的不一致,则不应当否定承诺的效力。如果承诺中提出了一些新的条件,就要分析这些新的条件,

---

① 张玉卿主编:《国际统一私法协会国际商事合同通则 2016》,中国商务出版社 2019 年版,第 101 页。
② 最高人民法院民法典贯彻实施工作领导小组编著:《中国民法典适用大全》(合同卷一),人民法院出版社 2022 年版,第 250 页。
③ 王利明:《民商法研究》(第三辑,修订版),中国人民大学出版社 2020 年版,第 385 页。

是否从实质上改变了要约的内容。如果没有从实质上改变要约的内容，则应当认为是对要约的承诺。①

三、合同条款的补充

（一）合意的意义

根据《民法典》第464条第1款规定，"合同是民事主体之间设立、变更、终止民事法律关系的协议"和《民法典》第488条规定，"承诺的内容应当与要约的内容一致"规定，可知合同是当事人意思自治的产物，本质上是一种合意，该合意是当事人对合同必要条款达成的一致意见。意思自治的核心，在于民事主体能够依照自己的意思引起私法上的权利义务变动。②

（二）补充协议

根据《民法典》第466条、第510条和第511条规定，对合同条款的补充，应当遵循相关的解释规则：其一，首先由当事人协议补充；其二，不能达成补充协议的，按照合同有关条款或交易习惯确定；其三，根据法定的推定规则进行补充确定；其四，利用合同解释方式进行确定。

（三）关于对合同欠缺的内容

1. 关于合同漏洞

合同漏洞，是指对于已经生效的合同，当事人对其非主要条款没有约定或约定不明的情形。其一，合同漏洞以合同生效为前提。如果合同无效、被撤销或者不生效，则不发生履行的效力，也没有必要填补合同的漏洞，确定合同权利义务。其二，合同漏洞应当是合同中非主要条款的欠缺或者约定不明。如果欠缺主要条款，则合同不能成立，自然谈不上漏洞补充的问题。其三，合同漏洞包括非主要条款的欠缺以及非主要条款的约定不明。所谓欠缺，即合同中对于某些非主要条款没有约定，换言之，当事人在缔约时完全忽略了该事项，或者寄希望于相关漏洞补充规则而未予规定。所谓约定不明，是指对于非主要条款虽然有约定，但含糊其词、无法通过合同解释来确定其意旨，或者虽然有约定，但前后矛盾。③根据《民法典》第510条规定，在当事人没有约定或约定不明的情况下，首先，应当由当事人通过补充协议来加以明确；其次，根据合同相关条款补充或根据交易习惯补充；最后，应当先按照合同相关条款、合同性质、合同目的填补合同，然后才能以交易习惯填补合同。

---

① 黄薇主编：《中华人民共和国民法典释义》（中），法律出版社2020年版，第924页。
② 最高人民法院民法典贯彻实施工作领导小组编著：《中国民法典适用大全》（合同卷一），人民法院出版社2022年版，第14页。
③ 王利明主编：《中国民法典释评》（合同编·通则），中国人民大学出版社2020年版，第220页。

2. 关于依据《民法典》第510条、第511条等规定予以确定

对于根据前款规定能够认定合同已经成立的，对合同欠缺的内容，人民法院应当依据《民法典》第510条、第511条等规定予以确定。对于"合同欠缺的内容"的认定，依据《民法典》第510条、第511条的规定：

(1) 关于《民法典》第510条的适用

其一，"可以协议补充"。这里的补充，是指合同生效后发现的上述合同漏洞，当事人重新进行协商，对没有约定的内容重新进行约定，对约定不明的继续协商予以明确，使合同能够尽快得到履行。① 这里的补充协议相对于后面的条款来说，是首位的补救措施，即应当先借助补充协议解决，再考虑后续的合同相关条款或交易习惯。

其二，"按照合同相关条款或者交易习惯确定"。首先，根据合同自由和意思自治原则的要求，可结合相关条款探寻当事人的真实意思表示，并进而对所欠缺的内容予以填补相关的内容；没有明确的意思表示的，可以结合上下文的合同表述，推定当事人在签订合同时没有约定清楚或约定不明确的内心真意。

其三，根据交易习惯确定合同没有约定或约定不明确的内容。

(2) 关于《民法典》第511条的适用

其一，《民法典》第511条是对《民法典》第510条的补充，只有根据《民法典》第510条仍然无法确定合同内容时，方可适用《民法典》第511条的规定，来明确当事人之间的权利义务关系。②

其二，如按照《民法典》第510条仍然不能确定的，就需要按照《民法典》第511条规定的规则继续履行；之所以有《民法典》第510条到第511条这样的层层推进来确定合同履行的内容，其立法目的还是在于民法典所坚持的鼓励交易原则，尽可能促成已成立的合同履行下去。

四、关于合同不成立与合同无效、请求撤销、解释的处理

(一) 关于当事人主张与法院认定不一致的处理

根据2019年《民事证据规定》第53条规定，在当事人主张的法律关系的性质或者民事行为效力与人民法院认定不一致时，不能简单驳回当事人的诉讼请求，以尽量避免裁判突袭的情况。同时，亦不应由人民法院根据自己的认识径行作出裁判，以致出现超出当事人诉讼请求的裁判。根据该条的规定，对于法律关系性质对裁判理由及

---

① 最高人民法院民法典贯彻实施工作领导小组编著：《中国民法典适用大全》（合同卷一），人民法院出版社2022年版，第435~436页。

② 谢鸿飞、朱广新主编：《民法典评注：合同编 通则》（第1册），中国法制出版社2020年版，第367页。

结果没有影响的情形，由于当事人的诉讼权利和实体权利并不因人民法院的认定受到影响，因此，也就没有让当事人对此问题进行辩论的必要，人民法院自然没有将此问题作为焦点问题审理的必要。而如果法律关系的性质或者民事行为的效力等问题是案件中双方当事人争议的焦点问题，已经由人民法院主持双方当事人进行了充分辩论，当事人的诉讼权利已经得到充分保障，也没有再次进行审理的必要，人民法院可以根据自己的认识对法律关系的性质和民事行为效力问题作出认定，并以此为基础进行裁判。[1] 即在审理合同纠纷时，当事人主张合同无效或者请求撤销、解除合同等，人民法院认为合同不成立的，就应当依据上述规定将合同是否成立作为焦点问题进行审理，并可以根据案件的具体情况重新指定举证期限。

（二）法官要进行释明

在双务合同中，原告起诉请求确认合同有效并请求继续履行合同，被告则主张合同无效，或者原告诉请确认合同无效并返还财产，而被告则主张合同有效，都要防止适用"不告不理"的原则，仅就当事人的诉讼请求进行审理，而应适度发挥司法的能动性，向原告释明变更或者追加诉讼请求，或者向被告释明提出抗辩或者反诉，尽可能一次性解决纠纷。例如，原告请求确认合同无效，但并未提出返还原物或者折价补偿、赔偿损失等请求的，人民法院应当向其释明，告知其一并提出相应请求；原告请求确认合同无效并要求被告返还原物或者赔偿损失，被告基于合同也有给付行为，在案件审理中被告认可合同无效的，人民法院同样应向其释明，告知其可根据恢复原状原则提出反诉或抗辩。当然，根据"举重以明轻"的原则，如果被告在案件审理中提出合同有效的抗辩，自然应理解为如果合同被认定无效则会主张相应的法律后果，故人民法院应依职权认定合同无效的相关事实以及法律后果，并在判项中就合同无效的法律后果作出裁判。一审法院未予释明，二审法院认为应当对合同不成立、无效或者被撤销的法律后果作出裁判的，可以直接释明并改判。[2] 即为保障当事人实体权利的真正实现，就要摒弃将审判程序理解为机械办案、"唯程序"办案的思维定式，避免程序空转，"走过场""走程序"式"程序正义"，尽可能用尽审判职权查清案件事实，善于依法行使释明权，促进当事人变更诉讼请求来解决纠纷，保障实体公正，让人民群众得到实体上公平公正的裁判结果。

---

[1] 最高人民法院民事审判第一庭编著：《最高人民法院新民事诉讼证据规定理解与适用》（下），人民法院出版社2022年版，第502~503页。

[2] 刘贵祥：《在全国法院民商事审判工作会议上的讲话》，载《商事审判指导》2019年第1期（总第48辑），人民法院出版社2020年版，第19页。

根据《九民会议纪要》第36条的规定①，在合同纠纷案件中，原告起诉请求继续履行合同，人民法院认为合同无效的，应当向原告释明变更诉讼请求。第一审人民法院未予释明，第二审人民法院认为应当对合同不成立、无效或者被撤销的法律后果作出判决的，可以直接释明并改判。当然，如果返还财产或者赔偿损失的范围确实难以确定或者双方争议较大的，也可以告知当事人通过另行起诉等方式解决，并在裁判文书中予以明确。如果人民法院在第一审、第二审程序中没有释明并直接驳回原告诉讼请求，原告申请再审的，本着如有其他途径对原告的权利进行救济，尽可能的不对生效裁判进行再审以维护生效裁判权威的理念，应当驳回再审申请，并告知当事人另行依法主张返还财产或者折价补偿、赔偿损失等。

所以，如果说二审法院没有就合同无效的法律后果向当事人释明，机械地、僵化地适用"不告不理"原则，直接作出驳回原告诉讼请求的判决，不符合《九民会议纪要》第36条规定的精神，没有达到尽可能一次性解决纠纷的目的，增加了当事人的诉累，属于存在重大瑕疵，当然，由于该做法并不属于《民事诉讼法》第211条第6项规定的情形，因此，当事人以此理由主张再审的，不能成立。

【法律适用分歧】

一、民事法律行为的有效要件与生效要件的区别

民事法律行为的有效要件与生效要件有实质的不同，实质区别主要体现在：

1. 是否要由当事人约定方面，存在差异。《民法典》第143条所规定的民事法律行为的有效要件不属于当事人自由约定的范围；而生效要件，当事人可以约定由生效要件控制民事法律行为的生效时间，从而排除不确定的风险。

---

① 《九民会议纪要》第36条规定："在双务合同中，原告起诉请求确认合同有效并请求继续履行合同，被告主张合同无效的，或者原告起诉请求确认合同无效并返还财产，而被告主张合同有效的，都要防止机械适用'不告不理'原则，仅就当事人的诉讼请求进行审理，而应向原告释明变更或者增加诉讼请求，或者向被告释明提出同时履行抗辩，尽可能一次性解决纠纷。例如，基于合同有给付行为的原告请求确认合同无效，但并未提出返还原物或者折价补偿、赔偿损失等请求的，人民法院应当向其释明，告知其一并提出相应诉讼请求；原告请求确认合同无效并要求被告返还原物或者赔偿损失，被告基于合同也有给付行为的，人民法院同样应当向被告释明，告知其也可以提出返还请求；人民法院经审理认定合同无效的，除了要在判决书'本院认为'部分对同时返还作出认定外，还应当在判项中作出明确表述，避免因判令单方返还而出现不公平的结果。第一审人民法院未予释明，第二审人民法院认为应当对合同不成立、无效或者被撤销的法律后果作出判决的，可以直接释明并改判。当然，如果返还财产或者赔偿损失的范围确实难以确定或者双方争议较大的，也可以告知当事人通过另行起诉等方式解决，并在裁判文书中予以明确。当事人按照释明变更诉讼请求或者提出抗辩的，人民法院应当将其归纳为案件争议焦点，组织当事人充分举证、质证、辩论。"

2. 是否可依法院判决补正不同。根据《九民会议纪要》第 39 条规定，须经行政机关批准生效的合同，当事人可以诉请对方当事人履行报批义务，也即生效条件可由法院判决完成；而民事法律行为的有效要件的欠缺，则无法借此途径补正。

3. 法律效果不同。附生效条件的民事法律行为在生效条件成就前，仍然具有一定的法律效力；而无效合同自始无效，不存在解除的问题，也不具有形式上的拘束力。①

二、关于《民法典》第 142 条第 1 款规定的合同解释方法是否优先于《民法典》第 510 条、第 511 条所规定的填补漏洞的任意性规则的适用问题

一般认为，在选择填补合同漏洞的方法时，首先应当使用填补合同漏洞的任意性规则，即《民法典》第 511 条对合同漏洞已经规定了特殊的方法的，就应当首先采纳法律的特殊规定，只有在不能适用法律规定的填补漏洞的特殊方法的情况下，才能用其他方法。其原因在于：

第一，法律关于填补漏洞的任意性规定是专门为合同漏洞的填补而设立的，具有很强的针对性，而合同解释的方法在适用方面极为广泛，它不仅可以用于合同漏洞的填补，而且可以用于对合同是否成立、生效问题的判断。

第二，法律关于填补漏洞的任意性规定，在一定程度上体现了立法者的意思，同时也符合当事人的意愿。

第三，如果能够适用《民法典》第 511 条规定，就应当适用该规则，而不能直接采用合同解释规则，否则，不仅可能赋予法官享有过度解释合同和填补漏洞的权限，造成解释者的恣意现象，也会造成"同案不同判、同法不同解"。因此，解释合同也应遵循《民法典》合同编关于合同解释的相关规定。②

【典型案例】

一、裁判规则：双方当事人实质上并未就合同标的、合同价款等主要条款达成合意，合同未成立，对当事人不产生法律约束力

【法院】

最高人民法院

【案号】

（2022）最高法知民终 1572 号

---

① 最高人民法院民法典贯彻实施工作领导小组编著：《中国民法典适用大全》（总则卷三），人民法院出版社 2022 年版，第 1231~1232 页。

② 王利明：《合同法通则》，北京大学出版社 2022 年版，第 204 页。

【当事人】

上诉人（原审原告）：广东星某众谱仪器有限公司（以下简称星某众谱公司）

被上诉人（原审被告）：广州蓝某物业管理有限责任公司（以下简称蓝某公司）

【案由】

计算机软件开发合同纠纷

【裁判观点】

涉案合同不仅未确定合同价款，涉及合同标的的标准某菜市场肉菜追溯节点子系统的建设方案实际上也未确定。即双方当事人实质上并未就合同标的、合同价款等主要条款达成合意，涉案合同未成立，对当事人不产生法律约束力。星某众谱公司主张涉案合同成立且生效，蓝某公司应承担违约责任的上诉主张不能成立，法院不予支持。

二、裁判规则：合同履行过程中，第三方实际加入并成为合同的实际履行者和实际受益人，根据民事权利义务相一致原则，应受合同约束

【法院】

最高人民法院

【案号】

（2021）最高法民申6476号

【当事人】

再审申请人（一审被告、二审上诉人）：荣某房地产发展股份有限公司（以下简称荣某公司）等

被申请人（一审原告、二审被上诉人）：青岛海某阳光文化传媒有限公司等

【案由】

居间合同纠纷

【裁判观点】

《服务合同》的一方主体虽仅标注为临沂荣某公司，但在青岛海某公司居间服务履行过程中，荣某公司和荣某徐州公司先后参与到居间服务标的的实际履行中来，并在母公司荣某公司的统一安排下，最终由其全资子公司荣某徐州公司通过签订股权转让协议的形式实际完成了对涉案地块的收购。荣某公司和荣某徐州公司均系该居间服务合同的实际履行者和实际受益人，原审判决根据民事权利义务相一致的原则，认定荣某公司应与荣某徐州公司一同受居间合同的约束，并与临沂荣某公司共同承担该合同的义务，并无不当。

【相关规定】

《民法典》第466条、第483条、第490条、第491条、第510条、第511条;《诉讼时效司法解释》第4条;原《合同法司法解释二》;《民法典会议纪要》第6条;2019年《民事证据规定》第53条

> **第四条 【以竞价方式订立合同】**
>
> 采取招标方式订立合同,当事人请求确认合同自中标通知书到达中标人时成立的,人民法院应予支持。合同成立后,当事人拒绝签订书面合同的,人民法院应当依据招标文件、投标文件和中标通知书等确定合同内容。
>
> 采取现场拍卖、网络拍卖等公开竞价方式订立合同,当事人请求确认合同自拍卖师落槌、电子交易系统确认成交时成立的,人民法院应予支持。合同成立后,当事人拒绝签订成交确认书的,人民法院应当依据拍卖公告、竞买人的报价等确定合同内容。
>
> 产权交易所等机构主持拍卖、挂牌交易,其公布的拍卖公告、交易规则等文件公开确定了合同成立需要具备的条件,当事人请求确认合同自该条件具备时成立的,人民法院应予支持。

【条文主旨】

本条是关于以竞价方式订立合同的规定。

【司法适用】

本条第1款的规定是对《民法典》第644条和《招标投标法》第45条、第46条的进一步细化,确定了公开竞价方式订立合同的合同成立时间,拍卖、挂牌交易方式交易的合同成立时间。

一、关于中标通知书发出后合同是否成立与生效的法律分歧

(一)不同观点

根据《招标投标法》第46条第1款规定,由于存在中标通知书与签订合同之间的一段时间差,"承诺生效的时间似乎又变成了发出中标通知书的时间时,因此,就产生

了法律之间的冲突"①，在此"时间差"期间，招标人与中标人之间是否成立合同关系②及合同是否生效，存在法律适用分歧：

1. 第一种观点认为，合同未成立。该观点认为，在一般情况下，承诺通知到达要约人时合同成立。但由于合同法规定，当事人采用合同书形式订立合同的，自双方当事人签字或者盖章时合同成立，而招标人和中标人应当自中标通知书发出之后依法订立书面合同。所以，在招标人向中标人发出中标通知书并且该中标通知书送达中标人后、依法订立书面合同以前，合同还未成立。中标通知书仅具有程序上的效力，并不具有实体上的约束力，中标通知书到达后，双方当事人之间尚未签订书面的建设工程施工合同，因此，并不能视为建设工程施工合同成立。其主要理由是，根据《招标投标法》第46条之规定，招标人和中标人应当根据招标文件和投标文件订立书面合同。招标人发出中标通知书后，中标通知书虽然到达中标人，双方并未直接签订合同，存在一段"时间差"，该"时间差"结束后，并不想当然认为合同已经成立，因为双方还没有订立合同，双方之间的合同关系尚未成立，因此，并不当然意味着招标人和投标人之间的合同关系已经成立，自然也就不具有合同的约束力。

2. 第二种观点认为，合同效力待定。该观点认为，中标通知书发出后合同效力成立，但是未生效，理由是双方当事人还没有签订书面的合同，根据《民法典》第135条、第789条，法律既然规定合同应当采用书面形式，因此，中标通知书发出后双方当事人尚未签订书面合同的，应当认为合同成立但未生效。

3. 第三种观点认为，成立预约合同，但不成立本约。该观点认为，发包人发出中标通知书后，发包人与承包人之间的合同关系为预约合同关系，并不是本约合同关系；如果在发出中标通知书与双方当事人签订合同之间"时间差"结束后，双方当事人签订了合同的，则构成本约。成立预约的例子，可以参见《买卖合同司法解释》第2条规定。

4. 第四种观点认为，中标通知书成立本约且有效。该观点认为，中标通知书本身即具有本约性质，在招标人发出中标通知书后，招标人与中标人之间的合同依法成立，采承诺生效时间的"发信主义"，承诺一经发出即产生效力，招标人和中标人有义务按照招投标文件签订书面的建设工程施工合同。主要理由是：《招标投标法》第46条的法律性质是管理性效力性强制性规定；招投标文件与中标通知书已具备建设工程施工合同主要内容，且不得作实质性变更，即使未订立书面合同，本约亦成立；中标通知

---

① 何红锋：《工程建设中的合同法与招标投标法》（第三版），中国计划出版社2014年版，第77页。
② 为方便说明，合同关系以建设工程施工合同为例。

书发出后双方当事人签订书面合同仅是对招标文件、投标文件、中标通知书的确定内容的"再次"确定和确认；招标人向中标人发出中标通知书后，一方未依照《招标投标法》第46条第1款的规定履行订立书面合同义务，对方请求其承担预约合同违约责任或者要求解除预约合同并主张损害赔偿的，人民法院应予支持。

5. 第五种观点认为，中标通知到达中标人时合同成立并生效。该观点认为，招投标的过程实际上就是合同的订立过程。招标人进行招标应视为要约邀请，投标人发出投标函则为要约，而招标人向中标人发出中标通知书则为承诺。当中标通知书到达中标人时，采承诺生效的"到达主义"，承诺的通知应当在到达要约人时生效，到达中标人后，合同成立并生效。

6. 第六种观点认为，签订合同时生效。该观点认为，根据《民法典》第135条、第789条和《招标投标法》第46条，我国《招标投标法》对合同生效问题，"采取的是中标人在符合其投标的书面采购合同上签字时合同生效"。[①]

7. 第七种观点认为，中标通知发出后，即"产生在招标人、中标人之间成立书面合同的效力"。主要理由是，根据《招标投标法》第45条的规定，中标通知书是对招标投标文件的确认，同时，《招标投标法》第46条规定，按照招标文件和中标人的投标文件订立书面合同，也是对中标通知书的确认和肯定。

（二）关于中标通知书的法律性质

关于合同成立时间问题，围绕《民法典》与《招标投标法》第46条规定，对中标通知书发出后合同成立生效时间，尽管存在不同的观点，但根据《招标投标法》第10条规定，招标是指招标人采取招标通知书或者招标公告的方式邀请不特定的法人或者其他组织投标的活动，属于"希望他人向自己发出要约的意思表示"的要约邀请行为。

根据我国《民法典》的规定，订立合同采取要约和承诺的方式进行。要约是希望和他人订立合同的意思表示，该意思表示内容具体，且表明经受要约人承诺，要约人将受该意思表示的约束；承诺是受要约人同意要约的意思表示，应当以通知的方式作出，但根据交易习惯或者要约表明可以通过行为作出承诺的除外。据此可知，投标人提交的投标文件（俗称标书）属于一种要约，招标人的中标通知书则是对投标人要约的承诺。因此，投标是投标人响应招标而向招标人发出的要约。招标人在确定中标人以后，向中标人发出中标通知书，即对中标人的承诺。中标通知书的法律性质，应当

---

① 王俊安主编：《工程招标投标与合同管理》，机械工业出版社2021年版，第179页。

属于承诺,即"对中标的人承诺。在一般情况下,承诺通知到达要约人时合同成立"。①

(三) 关于合同成立时间

招投标活动是招标人与投标人为缔结合同而进行的活动。根据《招标投标法》第45条和第46条第1款规定,招标人发出招标通告或投标邀请书是一种要约邀请,投标人进行投标是一种要约,而招标人确定中标人的行为则是承诺。承诺生效时合同成立。

根据《民法典》第484条第2款规定,"承诺不需要通知的,根据交易习惯或者要约的要求作出承诺的行为时生效"以及第483条"承诺生效时合同成立"的规定,在招标活动中,当中标人确定中标通知书到达中标人时,招标人与中标人之间以招标文件和中标人的投标文件为内容的合同已经成立。《招标投标法》第46条和涉案招标文件、投标文件要求双方按照招标文件和投标文件订立书面合同的规定和约定,是招标人和中标人继中标通知书到达中标人之后,也就是涉案合同成立之后,应再履行的法定义务和合同义务,该义务没有履行并不影响涉案合同经过招投标程序已成立的事实。因此,签订书面合同,只是对招标人与中标人之间的业已成立的合同关系的一种书面细化和确认,其目的是履约以及对招投标进行行政管理的方便,不是合同成立的实质要件。同理,如果招标人未向投标人发出中标通知书,双方未就此达成合意,因此以投标价格为基础的合同并未成立,也就不能作为判定双方权利义务的依据。

从实践情况来看,招标人和中标人依据本条规定自中标通知书发出之日起30日内按照招标文件和中标人的投标文件订立的书面合同,实际是根据招标文件和中标人的投标文件订立的合同书。因此,在当事人通过招标投标方式订立建设工程施工合同的情况下,招标文件、中标人的投标文件以及中标通知书本身就是合同文本的组成部分。

二、关于承诺"到达"

(一) 关于"到达主义"

根据《民法典》第484条,关于承诺生效的时间,分为以通知方式和不需要通知方式两类。关于以通知方式作为承诺生效的时间,大陆法系国家和地区在承诺何时生效的问题上采用"到达主义",或称为"送达主义"。即承诺的意思表示到达要约人时生效,合同成立。

我国《民法典》第137条对以非对话方式作出的意思表示的生效时间采用了"到达主义",即以非对话方式作出的意思表示,到达相对人时生效。基于此,以非对话方

---

① 全国人大法工委研究室编著:《中华人民共和国招标投标法释义》,人民法院出版社1999年版,第88页。

式作出的承诺的生效时间应当为"到达要约人时"。① 即承诺应于送达要约人时生效，承诺的意思表示于到达要约人支配的范围内生效。②

（二）到达生效

根据《民法典》第481条，结合《民法典》第486条③和第487条④，一般而言，"在承诺期限内到达要约人的承诺，才是一项有效的承诺"⑤，而根据《民法典》第483条规定，承诺生效时合同成立，但是法律另有规定或者当事人另有约定的除外。即根据《民法典》第134条⑥，民事法律行为可以基于双方意思表示一致成立，要约人发出要约，承诺人作出承诺，承诺生效时，双方的意思表示达成一致。因此，原则上，承诺生效时，也就是合同成立之时。

三、中标通知书的合同效力

事实上，根据《民法典》合同编整体体系及《招标投标法》第45条的立法本意来看，中标通知书具有书面合同效力，更有法理依据，即采"招投标程序中，中标通知书送达后，一方当事人不履行订立书面合同的义务，相对方请求确认合同自中标通知书到达中标人时成立的，人民法院应予支持"⑦。主要理由是：

第一，招标文件、投标文件和中标通知书构成当事人之间的书面合同。中标通知书发出后，确定当事人权利义务依据的应当是招标文件、投标文件以及中标通知书，这些文件构成当事人之间的书面合同，而《招标投标法》第46条规定的书面合同只是对招标投标文件以及中标通知书的进一步确认、明确和规范化。招标人、中标人通过招标投标过程成立并生效的合同与《招标投标法》第46条规定的书面合同可以并行，

---

① 黄薇主编：《中华人民共和国民法典释义》（中），法律出版社2020年版，第930~932页。
② 王家福主编：《民法债权》，中国社会科学出版社2015年版，第268页。
③ 《民法典》第486条规定："受要约人超过承诺期限发出承诺，或者在承诺期限内发出承诺，按照通常情形不能及时到达要约人的，为新要约；但是，要约人及时通知受要约人该承诺有效的除外。"
④ 《民法典》第487条规定："受要约人在承诺期限内发出承诺，按照通常情形能够及时到达要约人，但是因其他原因使承诺到达要约人时超过承诺期限的，除要约人及时通知受要约人因承诺超过期限不接受该承诺外，该承诺有效。"
⑤ 黄薇主编：《中华人民共和国民法典释义》（中），法律出版社2020年版，第928页。
⑥ 《民法典》第134条规定："民事法律行为可以基于双方或者多方的意思表示一致成立，也可以基于单方的意思表示成立。法人、非法人组织依照法律或者章程规定的议事方式和表决程序作出决议的，该决议行为成立。"
⑦ 最高人民法院发布《关于适用〈中华人民共和国民法典〉合同编通则若干问题的解释》相关典型案例，载最高人民法院网，https://www.court.gov.cn/zixun/xiangqing/419392.html，最后访问时间：2023年12月5日。

两者从《招标投标法》的立法旨意上并不矛盾。[1]

1. 中标通知书符合民事法律行为有效的构成要件。合同生效要件是判断合同是否具有法律效力的标准[2]。根据《民法典》第143条，结合中标通知书并无《民法典》第146条、第153条合同无效的法定理由；并且，从招标文件和投标文件中的要约和承诺来看，中标通知书可以构成本约合同关系，"将招标投标过程认定为在当事人之间成立本约，则一旦与招标投标文件相背离，完全可以根据招投标文件确定当事人之间的权利义务关系，当事人之间的权利义务就不会存在真空地带"。[3]

2. 中标通知书并不属于"法律另有规定"的情形，《民法典》第502条第1款"法律另有规定"一般是指"附生效条件和附生效期限的合同"和其第2款规定的："依照法律、行政法规的规定，合同应当办理批准等手续的"情形，而《招标投标法》第46条并未规定中标通知书为"附生效条件和附生效期限"及"依照法律、行政法规的规定，合同应当办理批准等手续"的情形。

3. 非新的合同。中标通知书送达后签订的书面合同，按照上述法律规定其实质性内容应与招投标文件一致，因此应为租赁合同成立后法律要求的书面确认形式，而非新的合同。由于中标通知书送达后租赁合同法律关系已成立，故研究所不履行合同义务，应承担违约责任。[4]

4. 30日内签订合同属于管理性规定。要求"招标人和中标人应当自中标通知书发出之日起三十日内，按照招标文件和中标人的投标文件订立书面合同"，属于"管理性、倡导性规定"[5]，而且之所以要在其后再要求签订合同，主要原因是"招投标程序和合同履行过程比较长，合同内容比较复杂，往来文件较多，且招标投标过程中不允许招标人与投标人就实质性内容谈判，招标人和中标人需要通过签订书面合同确认合同内容，补充完善有关合同履行的细节"[6]，因此，并不属于效力性强制性规定。

---

[1] 最高人民法院民事审判第一庭编著：《最高人民法院新建设工程施工合同司法解释（一）理解与适用》，人民法院出版社2021年版，第226页。

[2] 王利明：《合同法通则》，北京大学出版社2022年版，第208页。

[3] 最高人民法院民事审判第一庭编著：《最高人民法院新建设工程施工合同司法解释（一）理解与适用》，人民法院出版社2021年版，第227页。

[4] 最高人民法院发布《关于适用〈中华人民共和国民法典〉合同编通则若干问题的解释》相关典型案例，载最高人民法院网，https：//www.court.gov.cn/zixun/xiangqing/419392.html，最后访问时间：2023年12月5日。

[5] 最高人民法院民事审判第一庭编著：《最高人民法院新建设工程施工合同司法解释（一）理解与适用》，人民法院出版社2021年版，第227页。

[6] 国家发展和改革委员会法规司、国务院法制办公室财金司、监察部执法监察司：《中华人民共和国招标投标法实施条例释义》，中国计划出版社2012年版，第143页。

第二,招标人与中标人应当订立符合法定内容的书面合同。根据《招标投标法》规定,中标通知书对招标人和中标人具有法律效力,即招标人应以中标通知书所通知的人为中标人,并依法与该中标人订立书面合同,而不得无正当理由改变中标结果,另选任何其他的人为中标人;中标人也应当依法同招标人订立书面合同,并依法履行合同,而不得以任何不正当的理由放弃中标项目,要求自己不再作为中标人。① 根据《招标投标法实施条例》第57条,按照招标文件和中标人的投标文件订立书面合同,包括两层含义:"一是招标人和中标人订立的合同主要条款,包括合同标的、价款、质量、履行期限等实质性内容,应当与招标文件和投标文件一致;二是招标人和中标人按照招标文件和中标人的投标文件签订合同后,不得再行订立背离合同实质性内容的其他协议。"②

第三,合同内容保持实质性内容一致。关于中标通知书中的内容与双方订立合同的内容是否必须一致的问题。

1. 实质性内容不能变更或改变。双方最后签订的书面建设工程施工合同,是"对招标文件和中标人的投标文件中所载内容的肯定"③,对于中标通知书和双方签订的中标合同的实质性内容来说,不允许出现不一致的内容。否则就等于违背了招标投标活动的目的,等于采取了"非竞争的方式"使招标投标活动流于形式,对其他竞标人产生不公平。

2. 对于中标通知书与双方签订的中标合同之间的"非实质性内容",《招标投标法》没有禁止,也未提出相关强制性的要求,因此,对于"工程范围、建设工期、工程质量、工程价款等实质性内容"以外的"项目"或"内容",应当允许适当调整或发生变动,当然,这些变更以不影响或左右合同实质性内容为前提,"对于可以细化或补充的非实质性内容,在签订合同时,允许招标人和中标人对其补充和更正"。④

---

① 全国人大法工委研究室编:《中华人民共和国招标投标法释义》,人民法院出版社1999年版,第88页。
② 国家发展和改革委员会法规司、国务院法制办公室财金司、监察部执法监察司:《中华人民共和国招标投标法实施条例释义》,中国计划出版社2012年版,第144页。
③ 全国人大法工委研究室编:《中华人民共和国招标投标法释义》,人民法院出版社1999年版,第90页。
④ 刘营:《中华人民共和国招标投标法实施条例实务指南与操作技巧》(第三版),法律出版社2018年版,第173页。

四、关于采取现场拍卖、网络拍卖等公开竞价方式订立合同

（一）关于要约对待

根据《民法典》第491条①规定，如果当事人发布的商品或服务信息的信息网络系统，相对方不仅可以浏览商品或服务的价格、规格等具体信息，还可以在直接选择交易标的、提交订单，这种情况下，当事人通知信息网络发布商品或服务的行为，就不能简单地认为是要约邀请，该行为如果根据《民法典》第472条②的规定，"符合要约要件的，应当作为要约对待"③。关于符合要约条件，即指符合《民法典》第472条。

（二）关于合同成立

同时，根据《民法典》第137条，当事人请求确认合同自拍卖师落槌、电子交易系统确认成交时成立的，人民法院应予支持。合同成立后，当事人拒绝签署成交确认书的，"由于相对方选择该商品或者服务并成功提交订单，即属于作出承诺。订单一旦提交成功，合同即成立，订单提交成功的时间，即为合同成立的时间。合同成立后，对双方当事人均产生了法律约束力，发布商品或者服务的当事人应当按时提供商品或者服务"④，即人民法院应当依据拍卖公告、竞买人的报价等确定合同内容。

五、关于国有土地招标拍卖挂牌出让的合同成立时间

根据《招标拍卖挂牌出让国有建设用地使用权规定》，我国国有土地出让分三种形式：招标出让、拍卖出让和挂牌出让。通过这三种形式确定中标人和竞标人后，根据《国有土地出让规定》第20条和第21条的规定，出让人应当与中标人或竞标人签订成交确认书，并按照成交确认书约定的时间，与出让人签订《国有土地使用权出让合同》。

可以看出，国有土地使用权的招标、拍卖、挂牌出让公告在内的出让文件是向不特定的公众发出，其目的在于说明出让人的名称和地址，出让宗地的位置、现状、面积、使用年限、用途、规划设计要求等事项，吸引他人参与投标、竞拍、报价，并最终根据招标文件拟定的规则选择中标人，签订出让合同，而不是直接与参与投标、拍卖、报价的任何人签订合同，更不是经由不特定人报价即成立合同。故招标、拍卖、挂牌出让公告的性质应为要约邀请，而不是要约，投标人、竞买人或者报价的行为为

---

① 《民法典》第491条规定："当事人采用信件、数据电文等形式订立合同要求签订确认书的，签订确认书时合同成立。当事人一方通过互联网等信息网络发布的商品或者服务信息符合要约条件的，对方选择该商品或者服务并提交订单成功时合同成立，但是当事人另有约定的除外。"
② 《民法典》第472条规定："要约是希望与他人订立合同的意思表示，该意思表示应当符合下列条件：（一）内容具体确定；（二）表明经受要约人承诺，要约人即受该意思表示约束。"
③ 黄薇主编：《中华人民共和国民法典释义》（中），法律出版社2020年版，第941页。
④ 黄薇主编：《中华人民共和国民法典释义》（中），法律出版社2020年版，第942页。

要约，出让人选中中标人、竞标人的行为则为承诺，此时合同成立，签订书面合同的行为是对双方合同内容的确认。①

【法律适用分歧】

关于当事人参考合同约定不完备时，能否因此认定合同未生效

根据《民法典》第470条，合同的条款是否齐备，决定了合同能否成立、生效，以及能否顺利地履行、实现订立合同的目的。上述规定规定了合同的主要条款，"但是，并不是说当事人签订的合同缺了其中任何一项就会导致合同的不成立或者无效。主要条款的规定只具有提示性与示范性。合同的主要条款或者合同的内容由当事人约定，一般包括这些条款，但不限于这些条款"。② 原《合同法司法解释二》第1条，在当事人对合同的必要条款达成意思一致的情形下，应认定已依法成立了合同，除了法定情形或约定的情形以外，依法成立的合同，一经成立即生效。

【典型案例】

裁判规则：经过招投标的合同，中标通知书生效后，双方的合同权利义务关系已经明确，合同的主要条款已经确定

【法院】

最高人民法院

【案号】

（2016）最高法民再11号

【当事人】

再审申请人（一审被告、二审上诉人）：新疆中某资源有限公司

被申请人（一审原告、二审被上诉人）：大某油田工程有限公司

【案由】

委托设计合同纠纷

【裁判观点】

按照《招标投标法》第19条、第27条、第46条的规定，招标文件中应当包括拟签订合同的主要条款，投标文件应当对招标文件提出的实质性要求和条件作出响应。双方应当按照招标文件和中标人的投标文件订立书面合同。从上述法律规定中可以看

---

① 江必新、何东宁等：《最高人民法院指导性案例裁判规则理解与适用》（合同卷二，第二版），中国法制出版社2018年版，第5~6页。

② 胡康生主编：《中华人民共和国合同法释义》（第三版），法律出版社2013年版，第29页。

出，经过招投标的合同，中标通知书生效后，双方的合同权利义务关系已经明确，合同的主要条款已经确定。

【相关规定】

《民法典》第471条、第473条、第483条、第490条、第644条；《招标投标法》第45条、第46条；《九民会议纪要》；原《合同法司法解释二》第1条；2020年《建设工程司法解释一》第22条

> **第五条　【合同订立中的第三人责任】**
>
> 第三人实施欺诈、胁迫行为，使当事人在违背真实意思的情况下订立合同，受到损失的当事人请求第三人承担赔偿责任的，人民法院依法予以支持；当事人亦有违背诚信原则的行为的，人民法院应当根据各自的过错确定相应的责任。但是，法律、司法解释对当事人与第三人的民事责任另有规定的，依照其规定。

【条文主旨】

本条关于合同订立中的第三人责任的相关规定。

【司法适用】

对于因第三人欺诈行为而订立的合同，被欺诈方是否可以请求撤销，原《合同法》没有明确规定。2017年3月15日公布的《民法总则》在承继原《合同法》之时，作出的重要创新之一就是新增了第三人欺诈、胁迫的相关规定。

一、关于"第三人实施欺诈、胁迫行为"

（一）"欺诈""胁迫"的构成要件

民法中的欺诈，一般是指行为人故意欺骗他人，使对方陷入错误判断，并基于此错误判断作出意思表示的行为。[①] 典型的一方欺诈，应当满足以下要件：（1）须有欺诈之故意，即有使被欺诈人陷入错误判断并基于该错误判断作出意思表示目的；即因他人之欺骗行为陷入错误而为之意思表示；[②]（2）须有欺诈行为，即有实施欺诈之故意的

[①] 黄薇主编：《中华人民共和国民法典总则释义》，法律出版社2020年版，第391页。

[②] 史尚宽：《民法总论》，中国政法大学出版社2000年版，第381页。

行为,包括虚构事实和隐瞒真相两种情形;(3)须被欺诈人因受欺诈陷于错误判断,即强调欺诈行为与错误判断具有因果关系;(4)须被欺诈人基于错误判断作出意思表示,即强调错误判断与意思表示亦有因果关系。①《民法典会议纪要》认为,欺诈,是因他人虚构事实、隐瞒真相等原因陷入错误认识,此处的"错误"即与当事人的真实意思相悖。②

所谓胁迫,是指行为人向被胁迫人预先告知某种不利情况,在后者看来,如果不发出前者所希望发出的表示,行为人一定会使这种不利情况发生。③胁迫的构成要件,主要包括:(1)须有胁迫行为,即以将要实施某种加害行为为要挟,迫使胁迫对象产生恐惧心理;通常表现为以给民事主体造成某种损害为要挟,迫使其作出意思表示;(2)须有胁迫的故意,即故意以对胁迫对象的合法权益造成损害为要挟;有使被胁迫人产生恐惧心理并基于恐惧心理作出意思表示的目的;(3)胁迫具有非法性,包括手段和目的的不合法,没有法律依据;(4)受胁迫人作出了不真实的意思表示,即须被胁迫人受胁迫产生恐惧心理,并基于恐惧心理作出意思表示;虽然有胁迫行为,但受胁迫人并未因此作出不真实的意思表示,不构成民法典所说的胁迫;(5)须有因果关系,即受胁迫人作出的不真实的意思表示是基于行为人的要挟而产生恐惧心理所致④。

(二) 第三人实施欺诈

1. 第三人实施欺诈的构成要件

因第三人实施欺诈而实施的民事法律行为,是指因第三人实施欺诈使当事人一方在违背真实意思的情况下实施的民事法律行为。⑤第三人实施欺诈的民事法律行为为2017年《民法总则》的新设条款(第149条);后为《民法典》吸收。根据《民法典》第149条规定:"第三人实施欺诈行为,使一方在违背真实意思的情况下实施的民事法律行为,对方知道或者应当知道该欺诈行为的,受欺诈方有权请求人民法院或者仲裁机构予以撤销。"这里的第三人,"一般是指民事法律行为的双方当事人之外、与一方

---

① 最高人民法院民法典贯彻实施工作领导小组编著:《最高人民法院民法典总则编司法解释理解与适用》,人民法院出版社2022年版,第318页。
② 最高人民法院研究室编著:《〈全国法院贯彻实施民法典工作会议纪要〉条文及适用说明》,人民法院出版社2021年版,第24页。
③ [德] 卡尔·拉伦茨:《德国民法通论》,王晓晔译,法律出版社2003年版,第546页。
④ 最高人民法院民法典贯彻实施工作领导小组编著:《最高人民法院民法典总则编司法解释理解与适用》,人民法院出版社2022年版,第330页;最高人民法院研究室编著:《〈全国法院贯彻实施民法典工作会议纪要〉条文及适用说明》,人民法院出版社2021年版,第24页。
⑤ 郭锋、陈龙业、周伦军等编著:《中华人民共和国民法典条文精释与实务指南》(总则编),中国法制出版社2021年版,第552页。

存在某种关系的特定人①"；第三人实施欺诈行为的效力，涉及两方利益的博弈和两种价值的平衡，即行为人利益和相对人利益之间的博弈，以及意思自治和交易安全的平衡。对于第三人实施欺诈行为，可以从以下几个方面进行理解：

第一，第三人有欺诈行为。包括故意隐瞒重要事实和虚构重要事实的行为；当事人以外的第三人对一方当事人实施了欺诈行为，并致使当事人陷入错误判断，且据此作出了意思表示。而这里的第三人，并非民事法律行为当事人之外的所有人，其至少排除代理人、受雇人、缔约辅助人（没有代理权但也受委托参与谈判的助手）等相对人应为其行为负责的人；如果相对人应为第三人的行为负责，则第三人实施的欺诈行为应视为相对人自己的行为。

第二，第三人有欺诈的故意。第三人明知其故意隐瞒重要事实和虚构重要事实的情况；欺诈故意应包含两层意思：一是告知行为人虚假情况和隐瞒真实情况之故意；二是使行为人陷入错误判断并基于错误判断而作出意思表示之故意。

第三，行为人因第三人欺诈而陷入错误认知，并基于错误认知作出意思表示。

第四，行为人陷入错误与第三人实施欺诈具有相当的因果关系；这一要件要求两种因果关系：一是欺诈行为与错误行为认知之间的因果关系；二是错误认知和意思表示之间的因果关系。两种因果关系，缺一不可；如无因果关系，则不构成第三人实施欺诈行为。

第五，相对人知道或者应当知道第三人所实施的欺诈行为。对于第三人的欺诈行为，受欺诈人既可能知道，也可能不知道，法律仅赋予了相对方不知情时受欺诈人撤销民事法律行为的权利；对于明知与否的判断，属于对客观事实的判断；而应知与否的判断，属于法律推定，应综合考虑案件因素予以认定。

第六，受欺诈人享有对民事法律行为的撤销权；撤销权必须通过人民法院或者仲裁机构行使。②

2. 第三人实施欺诈与相对人实施欺诈的区别。两者的主要区别在于：第一，第三人实施欺诈中的"第三人"，应当是当事人以外的第三人；如果是当事人的代理人实施欺诈，应当构成相对人实施欺诈，而不成立第三人实施欺诈。第二，在第三人实施欺诈的情况下，需要受欺诈的相对方知道或者应当知道该欺诈行为。只有在受欺诈人的相对方非属于善意时，受欺诈人才能行使撤销权；如果对方当事人不知道第三人实施

---

① 黄薇主编：《中华人民共和国民法典总则编释义》，法律出版社2020年版，第394页。
② 江必新、何东宁等：《最高人民法院指导性案例裁判规则理解与适用》（合同卷二，第二版），中国法制出版社2018年版，第114页；郭锋、陈龙业、周伦军等编著：《中华人民共和国民法典条文精释与实务指南》（总则编），中国法制出版社2021年版，第553页。

了欺诈行为，允许受欺诈方撤销合同，就会损害善意相对人的利益。①

（三）第三人实施胁迫

第三人实施胁迫，是指被胁迫人因第三人的胁迫行为作出不自由的意思表示。② 根据《民法典》第150条规定："一方或者第三人以胁迫手段，使对方在违背真实意思的情况下实施的民事法律行为，受胁迫方有权请求人民法院或者仲裁机构予以撤销。"由于该条并未将当事人一方与第三人实施胁迫予以严格区分；而是规定以胁迫手段使行为人在违背真实意思的情况下实施的民事法律行为，行为人一概有权请求人民法院或者仲裁机构予以撤销；主要原因是胁迫较欺诈对意思表示自由的侵害更甚，在受胁迫的情形下，行为并未陷入错误认知，其所为的民事法律行为违背真实意思的原因并不基于认知的判断错误，而是在于因受胁迫不得不表达胁迫人希望其表达的意思；只有违背受胁迫人真实意思的民事法律行为，方有被撤销的可能。在我国第三人实施胁迫在构成要件上并不要求当事人一方（非被胁迫人）知道或者应当知道第三人实施胁迫行为；从保护对象的立法目的来说，我国立法更注重保护被胁迫人作为表意人的合法权益。③

关于第三人实施胁迫行为，既可以是对受威胁人本人的人身权益或财产造成损害为要挟，也可以是对受威胁人的亲友的人身或财产造成损害为要挟。具体哪些"行为"构成"胁迫行为"，《民法典》没有具体明确化，为司法实践的"行为"发展留出了立法空间。

二、关于"合同订立中的第三人责任"

（一）关于缔约过失责任与先合同责任的关系

关于缔约过失责任与先合同责任的关系，存在不同的观点，主要包括：

1. 先合同责任的范围大于缔约过失责任。其理由是缔约过失责任，仅解决"合同成立前的合同缔约过程中"的损害赔偿问题，而无法处理合同成立后至生效前这一阶段，因当事人拒不办理登记而导致合同不生效所产生的责任，而因此所产生的损害赔偿责任并不属于我国《合同法》上所规定的缔约过失责任。④

---

① 最高人民法院民法典贯彻实施工作领导小组编著：《最高人民法院民法典总则编司法解释理解与适用》，人民法院出版社2022年版，第320页。
② 最高人民法院民法典贯彻实施工作领导小组编著：《最高人民法院民法典总则编司法解释理解与适用》，人民法院出版社2022年版，第334页。
③ 最高人民法院民法典贯彻实施工作领导小组编著：《最高人民法院民法典总则编司法解释理解与适用》，人民法院出版社2022年版，第334页。
④ 王丽玲：《论先合同责任》，载《社会科学家》2005年第6期，第103页。

2. 前合同责任是缔约过失责任的"上位"概念。前契约责任作为一个概况契约订立过程中产生的一切损害赔偿责任的概念，缔约过失责任与信赖责任均为前契约责任的下位概念。

3. 缔约过失是先合同责任的一种类型。先合同义务包括狭义、广义和最广义三种类型。狭义的先合同义务，仅指未缔结合同时，因合同磋商阶段的不当行为（包括疏忽行为）所产生的责任，即中断磋商责任；广义的先合同义务通常是指缔约过失责任；最广义的先合同责任，涵盖所有当事人在合同缔结阶段因发展合同关系时经由彼此接触而产生的责任，即缔约之际所产生的责任的总称。①

4. 多数学者认为，缔约上的过失责任或缔约过失责任，可称为先合同责任或先契约责任。"以诚实信用这项一般契约义务为基础而引入的缔约过失责任，又被称为先契约责任，即在合同尚未成立、无效或被撤销的情形下，因缔约中当事人一方或双方过错致使对方当事人遭受损害时所要承担的赔偿责任。"②

(二) 关于第三人缔约过失责任

德国学者耶林于1861年在其论文《缔约上过失、契约无效与不成立时之损害赔偿》中首次阐述了缔约过失理论。随着时代发展，《德国民法典》对于第三人缔约过失的发展引人注目。《德国民法典》第311条第3款规定，含有第二百四十一条第二款③所定义务之债务关系，亦得对非成为契约当事人之人发生效力。该债之关系，特别发生于第三人享有特别之信赖，且其因而重大影响契约磋商或契约制定者。突破了缔约过失责任的承担主体仅限于双方当事人的传统观念，或者说，突破了合同相对性原理，构成了合同相对性原理的"例外情形"；依该条的规定来看，缔约过失责任原则上仅涉及被磋商合同的当事人。代理人和磋商辅助人通常仅能够因侵权行为而承担责任。但依第3款，以代理人和磋商辅助人特别地引起信赖，并因此显著影响合同磋商或者订约为限，其亦例外地因缔约过失而负责任，此系以判例上发展出来的原则（第三人责任）为连接点。④ 传统上，只有合同当事人才会引发缔约过失，而发展而来的第三人责任，则是扩展到了合同之外的其他人，如果合同之外的第三人在缔约过程中，以自己的行为取得了当事人的信赖，依贯穿民法体系的诚实信用原则，该第三人应当对缔约当事

---

① 邱雪梅：《先合同责任研究》，暨南大学出版社2016年版，第1~2页。
② 魏青松：《从缔约过失责任谈我国合同法的完善》，载《政治与法律》1998年第5期。
③ 《德国民法典》第241条第1款规定："债权人基于债之关系，得向债务人请求给付。不作为亦得为给付。"第2款规定："债之关系按其内容，得使一方当事人对他方负有考虑他方之权利、法益及利益之义务。"
④ 杜景林、卢谌：《德国民法典——全条文注释》，中国政法大学出版社2015年版，第217页。

人承担保护的义务,即第三人缔约过失责任。

(三) 关于第三人缔约责任的法律性质

关于第三人缔约责任的请求权基础的性质,存在不同的观点:

1. 有的观点认为,第三人缔约责任的请求权基础源于《民法典》所规定的侵权责任,即"对第三人缔约过失行为的调整,主要是通过《民法典》第1165条第1款所规定的侵权责任以及其他特别法规范实现"。[1]

2. 有的观点认为,侵权责任法无法调整第三人缔约责任。主要原因有:(1) 信赖利益这处期待利益是否属于侵权责任法的保护范围是存在争议的;(2) 第三人侵害缔约关系时的主观状态可能是过失;而侵权责任要求是构成"过错";(3) 缔约阶段尚未形成正式有效的合同关系,也未最终形成债权债务关系。[2]

(四) 第三人缔约责任与过错的关系

通说认为,缔约过失责任,是指在合同订立过程中,一方因违背其依据诚实信用原则所产生的义务,而致另一方信赖利益的损失,并应承担的责任。契约过失责任是以当事人在缔结契约过程中的过错为基础。这个过错不以侵权法来衡量,而是以契约法所要求的缔约过程中的诚实信用义务来衡量。凡在缔约过程中违反诚信义务而给对方造成损害的,均应负损害赔偿责任。[3] 也即如果当事人一方基于疏忽或欺诈致使合同未成立、无效或被撤销,给相对方造成损失,便构成过错,而过错是追究当事人缔约过失责任的前提条件和适用基础。

第三人缔约过失责任的构成要件,主要包括:(1) 第三人以自己的行为获得缔约当事人的信赖;(2) 第三人违反了上述保护义务;(3) 缔约当事人一方或双方的合法利益受到损害;(4) 第三人具有主观过错。第三人缔约过失责任是过错责任。只有第三人已经知道或者应当知道自己违反保护义务的行为会给当事人造成损失,第三人才对该损害承担责任。如果第三人没有预见到,也不应预见到自己的行为会使当事人产生错误的信赖,或会给当事人造成不应有的损害,那么,当事人对第三人的信赖就是不合理的,让第三人承担责任也是不公平的。但是,为了保护当事人在缔约中的合法利益,使第三人自觉地履行其诚实信用义务,第三人缔约过失责任也应该同传统缔约过失责任相同,采过错推定原则,即只要第三人违反了对缔约当事人的保护义务,就

---

[1] 孙娟:《第三人缔约过失的责任性质及规则适用》,载《财经法学》2023年第5期。
[2] 李文玉:《论第三人缔约过失责任的制度构建》,载《黑龙江省政法管理干部学院学报》2014年第6期,第69页。
[3] 李霖:《缔约过失责任制度研究——兼评我国〈合同法〉中相关制度之完善》,载《华东政法学院学报》1999年第5期,第63页。

推定其主观上有过错，除非他能证明相反的事实。①

（五）第三人缔约过失的加害行为

第三人缔约过失责任的构成要件要求第三人违反了保护义务，给缔约当事人一方或双方造成了损害事实，且第三人实施的加害行为与缔约当事人的受损事实之间存在因果关系。第三人的加害行为，包括但不限于以下情形：（1）欺诈行为；第三人故意向缔约当事人散布虚假不实信息等欺诈行为，以此来达到干预、破坏当事人之间缔约关系的目的；（2）胁迫行为；（3）暴力行为。通过实施暴力，威胁或限制人身自由或破坏缔约标的物的行为对缔约关系进行破坏；（4）非法引诱行为。主要表现形式包括：高价、佣金、回扣、赠与等形式来引诱一方当事人终止或中断缔约活动，侵害另一方当事人的信赖得益②，等等。

（六）第三人承担赔偿责任的法理依据

在第三人缔约责任下，第三人承担赔偿责任的法理依据，"按照过错责任原则、自己责任原则，实施欺诈、胁迫之人天然地应对欺诈、胁迫的不法行为的后果负责，无辜的缔约人因第三人的不法行为遭受的损失应当得到填补，而不应自吞苦果。③" 主要包括以下理由：（1）诚实信用原则。根据先合同义务的基本原理，合同当事人或者第三人应当遵守民事法律行为的诚实信用原则，违反者应当承担相应的法律后果；（2）信赖利益。合同相对人的信赖给予了第三人而非合同另一方，因第三人的过错导致合同相对人的合法权益的损失，应由第三人承担，而非合同另一方，否则，对非合同另一方是不公平的；（3）保护义务。"从保护相对人合理信赖的角度来看，这种信赖是由另一方当事人自身引起，还是第三人通过直接参加磋商或间接磋商引起并无本质区别"，第三人通过自身的某些关键行为（如以其个人名义"担保"、出示鉴定证明等）同样在其自身与相对人之间建立了这种信赖关系，相对人同样基于这种信赖关系将其法益置于第三人的侵害危险之下，因此，同样没有理由让相对人成为第三人疏忽或不注意的牺牲品。④

三、第三人责任的法律后果

关于第三人实施违背诚信原则的行为或者对合同不成立、无效、被撤销或者确定

---

① 郭晓霞：《论第三人缔约过失责任》，载《长沙铁道学院学报》（社会科学版）2006年第12期，第64页。
② 李文玉：《论第三人缔约过失责任的制度构建》，载《黑龙江省政法管理干部学院学报》2014年第6期，第70页。
③ 崔建远：《合同解释与合同订立之司法解释及其评释》，载《中国法律评论》2023年第6期，第15页。
④ 丁勇：《论德国法中的第三人缔约过失责任》，载《法律科学》（西北政法学院学报）2004年第3期。

不发生效力有过错。根据《民法典》第157条和《九民会议纪要》第32条规定①，关于合同不成立、无效或者被撤销的，发生以下法律后果、赔偿责任的性质和赔偿范围：

（一）法律后果

1. 返还财产。指的是民事法律行为被确认无效、被撤销或者确定不发生效力后，行为人因民事法律行为所取得的财产应当予以返还，相对人亦享有对已交付财产的返还请求权；一方存在错过的，相对方可以通过主张损失的赔偿来维护其权益。

2. 折价补偿。对于不能返还，或者没有返还必要的，应当折价补偿。

3. 赔偿损失。有过错的一方应当赔偿对方因此所受到的损失；各方都有过错的，应当各自承担相应的责任。如果因无效、被撤销以及确定不发生效力而给对方造成损失，主观上有故意或者过失的当事人应当赔偿对方的损失；双方都有过错的，应当各自承担相应的赔偿责任。这里规定的损失赔偿是一种过错责任，行为人只有主观上对民事法律行为无效、被撤销以及确定不发生效力的情形存在过错时，才予以承担。②

（二）关于法律性质及赔偿范围

1. 法律性质。关于合同不成立、无效或者被撤销时，有过错的一方承担的损害赔偿责任性质上属于缔约过失责任。

2. 赔偿范围。在此缔约过失责任项下的赔偿范围为信赖利益损失。主要包括：第一，信赖利益损失限于直接损失；第二，不能参照合同约定来确定信赖利益的范围；第三，信赖利益不得超过履行利益；第四，信赖利益损失属于财产损失，不包括人身损害或者精神损害。③

（三）确立本条规则的意义

第一，缔约人固有利益未因第三人的有关行为受到侵害时，依传统侵权法学说，缔约人很难成功地请求第三人承担侵权赔偿责任，而本条规定则可以很好地解决这一

---

① 《九民会议纪要》第32条规定："【合同不成立、无效或者被撤销的法律后果】《合同法》第58条就合同无效或者被撤销时的财产返还责任和损害赔偿责任作了规定，但未规定合同不成立的法律后果。考虑到合同不成立时也可能发生财产返还和损害赔偿责任问题，故应当参照适用该条的规定。在确定合同不成立、无效或者被撤销后财产返还或者折价补偿范围时，要根据诚实信用原则的要求，在当事人之间合理分配，不能使不诚信的当事人因合同不成立、无效或者被撤销而获益。合同不成立、无效或者被撤销情况下，当事人所承担的缔约过失责任不应超过合同履行利益。比如，依据《最高人民法院关于审理建设工程施工合同纠纷案件适用法律问题的解释》第2条规定，建设工程施工合同无效，在建设工程经竣工验收合格情况下，可以参照合同约定支付工程款，但除非增加了合同约定之外新的工程项目，一般不应超出合同约定支付工程款。"

② 黄薇主编：《中华人民共和国民法典总则编释义》，法律出版社2020年版，第415~417页。

③ 最高人民法院民事审判第二庭编著：《〈全国法院民商事审判工作会议纪要〉理解与适用》，人民法院出版社2019年版，第260~261页。

问题；第二，完全依赖侵权法律规定、受案由制度的限制，无法在同一诉讼中一并请求合同撤销和损害赔偿，而本条设置则解决了这一问题；第三，可使缔约人在个案中综合考量证据、责任构成要件和赔偿数额等因素，既可选择《民法典》第七编"侵权责任编"之第1165条，也可以选择本条作为请求权基础。[①]

【法律适用分歧】

一、关于缔约过失与侵权责任的关系

关于缔约过失责任（《民法典》第500条）与民事法律行为无效、被撤销或者确定不发生效力中的损害赔偿关系，存在不同看法，有的观点认为，缔约过失责任，并不包括合同无效或被撤销情形的缔约过失责任；也有的观点认为，缔约过失责任包括合同无效或被撤销情形的缔约过失责任；还有的观点认为，合同无效或被撤销情形的缔约过失责任是缔约过失责任（一般法）的特别法。我国主流的学术观点认为，"缔约过失责任既不属于违约责任，也不属于侵权责任，而是一种独立的民事责任形式"。[②] 我国的审判实务中，"多数意见也认为缔约过失责任是一种独立的责任形式"。[③]

二、损害结果是否成为因欺诈而订立合同的构成要件

根据《民法典》第148条、第149条规定，从字面意思来看，强调"受欺诈的一方有权请求人民法院或者仲裁机构撤销"，似乎表明，只有欺诈行为损害了他人利益，合同才可以撤销，因为只有欺诈行为损害了他人的利益，才可能产生"受损害方"。对此，一般认为，对于因欺诈而订立的无效合同而言，欺诈应当具备损害国家利益的后果，而对于因欺诈而订立的可撤销的合同而言，并不要求损害被欺诈一方的实体权利的后果。

【典型案例】

一、裁判规则：符合欺诈要件的，可以行使撤销权

【法院】

最高人民法院

【案号】

（2018）最高法民再190号

[①] 崔建远：《合同解释与合同订立之司法解释及其评论》，载《中国法律评论》2023年第6期，第15页。
[②] 韩世远：《合同法总论》（第四版），法律出版社2018年版，第170页。
[③] 最高人民法院民法典贯彻实施工作领导小组主编：《中华人民共和国民法典合同编理解与适用》（一），人民法院出版社2020年版，第254页。

【当事人】

再审申请人（一审被告、二审上诉人）：中某银行股份有限公司上海浦电路支行

再审申请人（原审被告）：张某

【案由】

借款合同纠纷

【裁判观点】

上述行为结合在一起，足以使人陷入错误认识。根据《民法通则（试行）》第68条的规定，原审认定涉案《借款合同》签订过程中存在欺诈情形，符合法定撤销要件并无不当，法院予以维持。

二、裁判规则：侵权责任与合同纠纷中的违约责任同时符合了两种以上民事责任构成要件的情形，构成了侵权责任与合同责任的竞合

【法院】

最高人民法院

【案号】

（2017）最高法民辖终224号

【当事人】

上诉人（原审被告）：贵州安某再生资源科技有限公司等

被上诉人（原审原告）：某电冰箱有限公司

【案由】

侵权责任纠纷

【裁判观点】

原审所主张的部分侵权行为以签订、履行合同形式体现，侵权责任与合同纠纷中的违约责任、缔约过失责任等合同责任，存在基于相同行为事实，在相同的当事人之间发生同一给付内容，同时符合两种以上民事责任构成要件的情形，构成了侵权责任与合同责任的竞合。

【相关规定】

《民法典》第148条、第149条、第150条、第152条、第155条、第157条；《总则编司法解释》第21条、第22条；《民法典会议纪要》第3条、第4条；《九民会议纪要》

第六条 【预约合同的认定】

当事人以认购书、订购书、预订书等形式约定在将来一定期限内订立合同，或者为担保在将来一定期限内订立合同交付了定金，能够确定将来所要订立合同的主体、标的等内容的，人民法院应当认定预约合同成立。

当事人通过签订意向书或者备忘录等方式，仅表达交易的意向，未约定在将来一定期限内订立合同，或者虽然有约定但是难以确定将来所要订立合同的主体、标的等内容，一方主张预约合同成立的，人民法院不予支持。

当事人订立的认购书、订购书、预订书等已就合同标的、数量、价款或者报酬等主要内容达成合意，符合本解释第三条第一款规定的合同成立条件，未明确约定在将来一定期限内另行订立合同，或者虽然有约定但是当事人一方已实施履行行为且对方接受的，人民法院应当认定本约合同成立。

【条文主旨】

本条是关于预约合同认定的规定。

【司法适用】

针对审判实践中出现的新情况和新形式，本条在《民法典》第495条规定的基础上，对预约合同的类型在本《通则司法解释》中进行了进一步细化和完善补充。从本条规定来看，成立预约合同需要具备如下两个条件：一是当事人有在将来一定期限内订立合同的意图；二是能够确定将来所要订立合同的主体、标的等内容。

一、关于预约与本约

预约（Preliminary Contract），又称之为预备性契约，乃约定将来成立一定契约之契约，① 或者说，为将来订立本约合同达成的允诺或协议。

（一）关于预约内容

1. 预约之内容乃使当事人负有成立本契约之债务。此项债务，如为当事人双方所

---

① 史尚宽：《债法总论》，中国政法大学出版社2000年版，第12页。

负担时，则谓之双方预约或双务预约；如仅为当事人一方负担时，则谓之一方预约或片务预约①。

2. 关于预约合同的法律性质。尽管关于预约合同的法律性质，存在"前契约说""从合同说""附停止条件说""独立契约说"等不同的观点。一般认为，预约合同是一种独立的合同，或者说，其法律性质为"独立契约说"，"既有预设的本约合同中的权利义务关系，同时也有预约合同本身中的标的即双方负有订立本约合同的权利义务。虽系无名合同，但完全符合合同法的规范并受其调整，故预约合同和本约合同均为各具有效力之独立契约"②，即预约合同不同于本约合同。

3. 关于判断标准。关于符合合同成立要件。预约合同是一项独立的合同，故应符合合同成立的基本要求，双方（或多方）当事人应就预约合同的必要之点（要素）达成合意；预约的必要之点或者要素，可以理解为预约标的，也就是说，要在将来达成本约。③

原 2012 年《买卖合同司法解释》第 2 条对预约的效力、违反预约的违约责任和违约救济进行了规定，也是我国法律上首次正式承认预约；为回应司法现实的需要，《民法典》第 495 条在吸收该条解释的基础上，明确将预约合同作为一项基本的民事制度予以规定，以适用于各种民商事交易活动。本条及后面的两条也是《民法典》鼓励交易原则的生动体现。

（二）判断预约合同与本约合同的区别

预约，是指将来订立一定契约的契约。预约合同，是当事人约定将来订立一定合同的合同。本约合同，是为了履行预约合同而订立的合同。预约合同当事人的义务是订立本合同。预约合同的形态多种多样，有的预约合同条款非常简略，仅表达了当事人之间有将来订立本约的意思，至于本约规定什么内容留待以后磋商决定；有的预约合同条款则非常详尽，将未来本约应该规定的内容几乎都在预约中作了明确约定。

预约合同与本约合同的区别，主要体现在以下几个方面：

其一，订约时间不同。预约合同属于前契约阶段合同，所承担的民事责任属缔约的过失责任范畴；而本约是在民事合同权利义务关系全部定型后签订的，双方应承担的义务是合同义务。

其二，要物不同。预约合同是诺成合同，不受要物约束，强调当事人主观意志在

---

① 郑玉波：《民法债编总论》（修订二版），陈荣隆修订，中国政法大学出版社 2004 年版，第 30 页。
② 最高人民法院民事审判第二庭编：《合同案件审判指导》（修订版，上），法律出版社 2018 年版，第 50 页。
③ 韩世远：《合同法学》（第二版），高等教育出版社 2022 年版，第 31 页。

合同成立中的作用；而本约一般则要受要物约束，交付是合同履行的重要内容。

其三，目的不同。预约与本约的区别，是以手段与目的的关系为标准作出的划分；预约，是指约定将来订立一定合同的合同；嗣后履行预约而订立的合同称为本约；预约是一种债权合同，以订立本约为其债务的内容；[①] 预约合同的目的在于订立本约；而本约所约定的义务是合同义务，直接具备履行内容。[②]

预约合同与本约合同具有不同的性质和法律效力。两者最显著的区别就在于：当事人的意思表示是否需要另行订立合同。判断当事人之间订立的合同是本约还是预约的根本标准应当是当事人是否有意在将来另行订立一个新的合同，以最终明确双方之间的权利义务关系。即使当事人对标的、数量以及价款等内容进行了约定，但如果约定将来一定期间仍须另行订立合同，就应认定该约定是预约而非本约。当事人在签订预约合同后，已经实施交付标的物或者支付价款等履行行为，应当认定当事人以行为的方式订立了本约合同。[③] 在审判实践中，对于正确认定是否构成预约和本约关系，应当避免走向两个极端。

一方面，要根据当事人合意内容和意思表示上判断当事人之间订立的合同系本约还是预约。如果双方当事人虽然约定了合同标的物的大概内容，但仍一致认为在付款方式等关键方面，双方约定需要日后进一步磋商，或者说，双方进一步明确约定，在将来订立一个新的合同或协议，并约定以最终确定的合同版本为准的，该约定的性质为预约合同，而不是本约。

另一方面，预约与本约的区别不是绝对地、刚性地、非黑即白；如果预约的内容与本约已经十分接近，即便通过合同解释，从预约中可以推导出本约的全部内容，也应当尊重当事人的意思表示。例如，根据《商品房买卖司法解释》第5条[④]的规定，判断商品房买卖中的认购、订购、预订等协议究竟是预约合同还是本约合同，最主要的是看此类协议是否具备《商品房销售管理办法》第16条规定的商品房买卖合同的主要内容。只要具备了该条规定的条件，同时出卖人已经按照约定收受购房款的，就可以

[①] 韩世远：《合同法学》（第二版），高等教育出版社2022年版，第30页。

[②] 最高人民法院民事审判第一庭编著：《最高人民法院关于审理商品房买卖合同纠纷案件司法解释的理解与适用》，人民法院出版社2015年版，第67~68页。

[③] 最高人民法院发布《关于适用〈中华人民共和国民法典〉合同编通则若干问题的解释》相关典型案例，载最高人民法院网，https：//www.court.gov.cn/zixun/xiangqing/419392.html，最后访问时间：2023年12月5日。

[④] 《商品房买卖司法解释》第5条规定："商品房的认购、订购、预订等协议具备《商品房销售管理办法》第十六条规定的商品房买卖合同的主要内容，并且出卖人已经按照约定收受购房款的，该协议应当认定为商品房买卖合同。"

认定此类协议已经具备了商品房买卖合同本约的条件；反之，则应认定为预约合同。如果双方当事人在协议中明确约定在具备商品房预售条件时还需重新签订商品房买卖合同的，该协议应认定为预约合同。本案合同双方当事人在多处明确表示将来需要签订正式的合同。

二、对于预约合同的不同形态

（一）不同形态的实质

关于预约合同，包括哪些具体的形态和类型，《民法典》第495条仅在形式列举了认购书、订购书、预订书，并用"等"字作为抽象的立法形式，为今后的审判实践留出空间。一般认为，当事人以认购书、订购书、预订书、意向书、备忘录等形式约定将来一定期限内订立合同，均属于预约合同的形态之一。要在审判实践中判断这些类型是否构成预约，主要还是看真实意思表示，"关键是考察其是双方意思表示，还是单方意思表示。若是前者，则为预约；若是后者，则为要约。若双方意思表示或单方意思表示均不明确，则既不构成预约，也不构成要约"。[①] 从预约合同的形式来看，应当结合文件名称、约定内容、法律规定、履行情况等综合分析，综合运用广义解释、体系解释、目的解释、诚信解释等合同解释方法，努力探究当事人的真实意思，最终确定性质。[②]

（二）预约合同不成立的

因合同是民事行为，民法的基本原则是意思自治原则，故应当尊重当事人的意思自由。根据《民法典》第490条和第493条有关合同书认定的实质性标准，审判实践中，虽然有些"文件名称"并不是"合同""协议"，但内容涉及当事人之间设立、变更或终止民事权利义务，包括了构成某种合同的必要条款，应当认定为合同书。反之，文件虽然具有"合同书"或"协议书"之名，但缺乏记载合同内容的条款或者内容，则不能认定为合同书。例如，会议纪要（座谈会纪要）是记录会议或磋商谈判的过程和所达成的原则性意见，通常不能认定为合同。

在《民法典》立法过程中，有的学者提出，"意向书"与预约合同的性质不符，建议删去[③]；《民法典》第495条相对于原《买卖合同司法解释》第2条规定，删除了

---

① 最高人民法院民事审判第二庭编著：《最高人民法院关于买卖合同司法解释理解与适用》，人民法院出版社2018年版，第51页。
② 最高人民法院民法典贯彻实施工作领导小组主编：《中华人民共和国民法典合同编理解与适用》（一），人民法院出版社2020年版，第235页。
③ 《民法典立法背景与观点全集》编写组编：《民法典立法背景与观点全集》，法律出版社2020年版，第367页。

"意向书""备忘录"这两种预约合同形式;"本条最终删除'意向书',只是不把其作为预约合同的典型表现形式,但并没有否定'意向书'也有构成预约合同的可能"①,但如果"意向书""备忘录"仅仅表达订约意向,不构成预约合同。未约定在将来一定期限内订立合同,或者虽有约定但难以确定将来所要订立合同的主体和标的,不能成立预约合同。因此,当事人通过签订意向书或者备忘录等方式,仅表达交易的意向,未约定在将来一定期限内订立合同,或者虽然有约定但是难以确定将来所要订立合同的主体、标的等内容,一方主张预约合同成立的,人民法院不予支持。

(三) 实质性标准

根据《民法典》第495条和本解释第7条规定,判断当事人订立的合同系本约还是预约的根本标准,应当是当事人的意思表示,也就是说,当事人是否有意在将来订立一个新的合同,以最终明确在双方之间形成某种法律关系的具体内容。对于当事人之间存在预约还是本约关系,不仅仅孤立地以当事人之间签订的协议之约定为依据,而是应当综合审查相关协议的内容,以及当事人嗣后为达成交易进行的磋商和有关的履行行为等事实,从中探寻当事人的真实意思,并据此对当事人之间法律关系的性质作出准确界定。②

根据《民法典》第490条和第493条规定,判断预约合同应坚持本质内涵或"实质性判断标准",不应拘泥于名称,而应当根据内容综合认定。审判实践中,当事人在缔约过程中形成的各种文件,如意向书、议事录、备忘录等,如果其内容足以构成合同,则应认定为合同书③;在审判实践中,当事人在缔约过程中形成的各种文件,如意向书、议事录、备忘录等,如果其内容足以构成合同,则应认定为合同书④。据对本条第2款进行反向解释,如果具备了预约合同内容,则可扩大种类的范围,即除"认购书、订购书、预订书"典型表现形式外,在一定情形下认可"意向书、备忘录"这两种典型表现形式类型,事实上,在审判实践中还存在"定金收据""原则性协议""框架性协议""谅解备忘录""缔约纪要""会议纪要""临时协议"等不同叫法或形式的预约合同类型。

---

① 黄薇主编:《中华人民共和国民法典合同编释义》,法律出版社2020年版,第79页。
② 参见《最高人民法院公报》2015年第1期案例:《成都讯捷通信连锁有限公司与四川蜀都实业有限公司等房屋买卖合同纠纷案》,最高人民法院(2013)民提字第90号民事判决书。
③ 最高人民法院民事审判第一庭编著:《最高人民法院关于审理商品房买卖合同纠纷案件司法解释的理解与适用》,人民法院出版社2015年版,第221页。
④ 最高人民法院民法典贯彻实施工作领导小组编著:《中华人民共和国民法典合同编理解与适用》(一),人民法院出版社2020年版,第221页。

（四）约定排除本约的认定

需要说明的是，如果双方当事人在上述的"预约合同"中，明确约定该文件不具有法律约束力的，或者说，双方意图是需要进一步进行磋商，即应当认为双方对于排除了成立预约合同的约定，由于缺乏了成立预约合同的意思表示，因此，不能认为成立预约合同。

（五）关于"等"

如何理解《民法典》第495条规定中规定的"认购书、订购书、预订书等"和本条解释中规定的"认购书、订购书、预订书等"中的"等"的含义。

其一，不必然构成预约合同

《民法典》第495条中的"认购书、订购书、预订书等"和本条解释中的"认购书、订购书、预订书等"，并不等于说，只要具备"名义上"的认购书、订购书、预订书、意向书、备忘录等，就想当然是或构成预约合同。这些"名义上"的认购书、订购书、预订书等是否构成预约合同，关键是要看当事人是否对在将来一定期限内订立本约合同达成合意。即重实质要件（合意），而非形式要件（认购书等）。如果"认购书、订购书、预订书、意向书、备忘录等"并不符合预约合同的本质内涵，则不能构成预约合同。

其二，"等"具有空间上的包容性

除《民法典》第495条中所规定的"认购书、订购书、预订书"这些形式要件外，对于"意向书"是否为预约合同的常见表现形式，曾存在争议。立法机关认为，"即使属于本条没有列举的其他形式，如意向书，只要其符合预约合同的这一本质内涵，也属于预约合同"，虽然"本条最终删去了'意向书'，只是不把其作为预约合同的典型表现形式，但并没有否定'意向书'也有构成预约合同的可能"。① 对于其他形式的"定金收据""原则性协议""框架性协议""谅解备忘录""缔约纪要""会议纪要""临时协议"等形式的预约合同类型也是一样。事实上，如果当事人在协议中明确约定不受意思表示的约束，或者明确约定该文件不具有法律约束力，则即使当事人意思表示的内容具体确定，也不能认为构成预约合同。从实践的情况来看，意向书、备忘录等通常情形下仅仅表明当事人有订立合同的意向，不构成预约合同。但是，如果意向书、备忘录等具备前述预约合同的成立要件，也应认定构成预约合同。此外，当事人虽然没有签订认购书、订购书、预订书、意向书、备忘录等书面文件，但为将来订立

---

① 黄薇主编：《中华人民共和国民法典合同编释义》，法律出版社2020年版，第79页。

合同交付了定金,也应认为当事人之间已经成立预约合同关系。①

(六) 关于立约定金

立约定金,是指当事人约定以交付定金作为将来订立合同的担保;对于立法定金,《商品房买卖司法解释》第4条②有规定,考虑到这些司法解释的规定与《民法典》关于定金的规定并无冲突,因而在《民法典》施行后仍应有承认的必要。③ 根据预约合同的实质性判断标准,为担保将来一定期限内订立合同交付了定金,能够确定将来所要订立合同的主体、标的等内容的,事实上具备合同成立的双方意思表示,"是否构成预约合同,关键还是要看当事人是否对在将来一定期限内订立本约合同达成合意"④,亦即"应视当事人之意思是否确定以为断"⑤,根据《民法典》第129条⑥、第133条⑦和第135条⑧规定,结合原《合同法司法解释二》第1条的规定:"当事人对合同是否成立存在争议,人民法院能够确定当事人名称或者姓名、标的和数量的,一般应当认定合同成立。但法律另有规定或者当事人另有约定的除外。对合同欠缺的前款规定以外的其他内容,当事人达不成协议的,人民法院依照合同法第六十一条、第六十二条、第一百二十五条等有关规定予以确定。"事实上具备了民事法律行为成立的要件的,人民法院应当认定预约合同成立。

---

① 参见《准确适用民法典合同编通则 确保裁判尺度统一》——最高人民法院民二庭、研究室负责人就《最高人民法院关于适用〈中华人民共和国民法典〉合同编通则若干问题的解释》答记者问,载《人民法院报》2023年12月6日。
② 《商品房买卖司法解释》第4条规定:"出卖人通过认购、订购、预订等方式向买受人收受定金作为订立商品房买卖合同担保的,如果因当事人一方原因未能订立商品房买卖合同,应当按照法律关于定金的规定处理;因不可归责于当事人双方的事由,导致商品房买卖合同未能订立的,出卖人应当将定金返还买受人。"
③ 刘贵祥:《民法典关于担保的几个重大问题》,载最高人民法院政治部编:《人民法院大讲堂:民法典重点问题解读》,人民法院出版社2021年版,第130页。
④ 黄薇主编:《中华人民共和国民法典合同编释义》,法律出版社2020年版,第79页。
⑤ 郑玉波:《民法债编总论》(修订二版),陈荣隆修订,中国政法大学出版社2004年版,第31页。
⑥ 《民法典》第129条规定:"民事权利可以依据民事法律行为、事实行为、法律规定的事件或者法律规定的其他方式取得。"
⑦ 《民法典》第133条规定:"民事法律行为是民事主体通过意思表示设立、变更、终止民事法律关系的行为。"
⑧ 《民法典》第135条规定:"民事法律行为可以采用书面形式、口头形式或者其他形式;法律、行政法规规定或者当事人约定采用特定形式的,应当采用特定形式。"

【法律适用分歧】

"预约合同的违约责任"中,是否可以请求违约方承担"继续履行"(强制缔约)的问题

此问题存在一定的争议,"反对说""支持说"各自提出了自己的观点和理由:

"反对说"的主要理由有:其一,要求强制缔约违反了民法自愿原则;其二,订立本约需要双方配合,法律无法强制当事人作出意思表示;其三,法律上有拒绝履行法定情形(《民法典》第580条);其四,强制缔约不符合尊重人格的价值取向;其五,有其他的救济方式作为替代方式予以救济。

"支持说"的主要理由有:其一,是民法自愿原则的体现;其二,其后承担继续履行是可以实现的;其三,非违约方并非愿意接受其他救济方式(如赔偿损失),也不能取代继续履行这种责任形式。

关于能否强制缔约的问题,原2012年《买卖合同司法解释》和《民法典》均未予以明确。如何看待这一问题,可以认为,"预约合同具有同其他合同一样的效力,在违约的情况下,违约责任形态既然包括了实际履行,就可以适用。督促当事人实际履行有利于最大限度地实现预约制度价值,引导当事人谨慎从事缔约行为,保护对方合理信赖。同时,需要注意的是,允许实际履行并不等同于法院一律要求预约合同当事人必须订立本约,要根据具体情况考察能够订立本约以及是否适合强制缔约"。[①] 因此,总的来看,"应当区分事实,以探究当事人真意为出发点,既不能由当事人违反当初的完成交易之承诺,也不能施加经当事人未允诺的强制缔约责任"。[②]

【典型案例】

一、裁判规则:审查预约还是本约关系,应当综合审查相关协议的内容和当事人为达成交易进行的磋商及具体的履行行为等事实,探寻当事人的真实意思并据此对当事人之间法律关系的性质作出准确的界定

【法院】

最高人民法院

【案号】

(2013)民提字第90号

---

① 江必新编著:《民法典若干争议问题实录》,人民法院出版社2021年版,第144~145页。
② 最高人民法院民法典贯彻实施工作领导小组主编:《中华人民共和国民法典合同编理解与适用》(一),人民法院出版社2020年版,第254页。

【当事人】

申请再审人（一审原告、反诉被告、二审被上诉人）：成都讯某通讯连锁有限公司

申请再审人（一审被告、反诉原告、二审上诉人）：四川蜀某实业有限责任公司等

【案由】

房屋买卖合同纠纷

【裁判观点】

关于当事人之间存在预约关系还是本约关系，不能仅凭一份孤立的协议就简单地加以认定，而是应当综合审查相关协议的内容以及当事人嗣后为达成交易进行的磋商甚至具体的履行行为等事实，从中探寻当事人的真实意思，并据此对当事人之间法律关系的性质作出准确的界定。

二、裁判规则：名为预约，但从实质内容以及实际履行情况来看双方契约要素业已明确合致，是否另行签订正式协议已不影响其构成本约

【法院】

最高人民法院

【案号】

（2015）民提字第 156 号

【当事人】

再审申请人（一审原告、二审被上诉人）：戚某某

被申请人（一审被告、二审上诉人）：金塔县万某矿业有限责任公司

【案由】

合作纠纷

【裁判观点】

虽《合作协议要点》中有"此合作协议要点，在乙方选矿设备到位之前双方不负任何法律责任，只作为合作议项""正式合作合同，待乙方选矿设备全部运输安装到位后，再签订具有法律责任的正式合同"之约定，但从实质内容以及实际履行情况来看，《合作协议要点》系双方当事人的真实意思表示，契约要素业已明确合致，仅需在其基础之上进一步明确双方具体权利义务即可，是否另行签订正式协议已不影响其构成本约。二审判决有关《合作协议要点》属于意向性协议、具有预约合同性质的认定错误，法院予以纠正。

【相关规定】

《民法典》第 490 条、第 495 条；原 2012 年《买卖合同司法解释》第 2 条；《商品

房买卖合同司法解释》第 5 条

> **第七条　【违反预约合同的认定】**
> 　　预约合同生效后,当事人一方拒绝订立本约合同或者在磋商订立本约合同时违背诚信原则导致未能订立本约合同的,人民法院应当认定该当事人不履行预约合同约定的义务。
> 　　人民法院认定当事人一方在磋商订立本约合同时是否违背诚信原则,应当综合考虑该当事人在磋商时提出的条件是否明显背离预约合同约定的内容以及是否已尽合理努力进行协商等因素。

【条文主旨】

本条是关于违反预约合同的认定的规定。

【司法适用】

本条是对生效的预约合同约定义务的判定标准,特别是如何正确认识《民法典》第 495 条第 2 款所规定的"不履行预约合同约定的订立合同义务",以及如何判断违背诚信原则的判断因素。本条是对《民法典》第 495 条第 2 款的细化性规定,为正确判断是否违反预约合同,并承担违约责任提供了判断标准,有助于人民法院准确审查认定违反预约合同。

一、关于"不履行预约合同约定的义务"

(一) 预约源于合意

合同既是当事人合意之产生,也是基于对合同相对方的信赖而产生。在双方缔约预约后,当事人之间形成信赖,并因此对合同产生合理期待,法律无疑应当保护这种合理信赖和合理期待。① 是否构成预约合同,主要还是看当事人对在将来一定期限内订立本约合同达成合意作为判断标准。

在审判实践中,对于双方当事人达成的协议是本约性质和还是预约合同,需注意:(1) 如果合同条款确定性地表明已达成在将来订立本约的合意,而且愿意受其作出的将来订立本约的意思表示拘束,即不同于本约和未达成一致意见的订约意向,已具备

---

① 最高人民法院民事审判第二庭编著:《最高人民法院关于买卖合同司法解释理解与适用》,人民法院出版社 2018 年版,第 57 页。

预约合同的构成要件，这类合同应当的法律性质为预约合同；（2）如果双方当事人在合同中明确约定：逾期不签订正式合同的，承担相应的违约责任，根据合同诚实信用原则，双方当事人即应受这一约定的拘束。尽管当事人一方为达成本约合同进行过磋商，但正式合同并未订立，作为拒绝订立本约合同的行为人，应承担违约责任。

（二）预约效力期间的合同义务

预约合同是当事人以未来订立本约合同为内容的合意，旨在保障本约合同的订立，在性质上属于独立的合同，因此，违反预约合同，构成违约。预约合同生效后，当事人应当根据预约，必须达成本约合同，而非只要当事人依据诚实信用原则进行了磋商就履行了预约合同的义务。

在预约效力期间当事人的义务，主要包括：（1）实现交易义务。带有未决条款的预约，应当认为是一个有约束力的合同。如未决条款的签订条件成熟，即可通过协商将未决条款转变为已决条款，结合预约条款中的已决条款，促使本约成立，最终实现交易义务的实际全面履行。（2）双方当事人应遵循诚信原则，尽力完成协商和谈判义务。签订合同后，依照双方当事人在预约合同中体现出的真实意思，循着预约合同已确立的原则，完成填充缺失条款和明确不确定条款的义务，使预约合同确立的原则和计价标准、履约期间等核心条款得以全面、实际履行。[1]

（三）关于"不履行预约合同约定的义务"

预约合同的标的物是一种行为。"预约合同的目的在于订立本约合同"[2]，预约合同约定的权利义务是将来双方应当如何订立本约，因此，预约合同的标的物是一种行为。订立本约合同的作为与不作为，是违反预约合同、承担预约责任的主要依据。[3]

关于不履行预约合同约定的义务的具体形式，可以考虑从以下几个方面进行认定：（1）在预约合同生效后，当事人一方无正当理由拒绝订立本约合同的；（2）预约合同的债务人怠于按照预约合同约定的义务订立本约合同的；（3）预约债务人对于订立本约合同负迟延责任的；（4）在预约合同明确约定的缔结本约合同的期间内，预约债务人无正当理由阻却订立本约的；（5）预约债权人催告预约债务人于一定期间内订立本约合同，因预约债务人的原因未能实现的；（6）其他预约债务人在磋商订立本约合同时违反诚信原则导致未能订立本约合同的；等等。

---

[1] 最高人民法院民事审判第一庭编著：《最高人民法院关于审理商品房买卖合同纠纷案件司法解释的理解与适用》，人民法院出版社2015年版，第59~60页。

[2] 黄薇主编：《中华人民共和国民法典合同编释义》，法律出版社2020年版，第79页。

[3] 江必新、何东宁等：《最高人民法院指导性案例裁判规则理解与适用》（合同卷一，第二版），中国法制出版社2018年版，第312页。

当然，预约合同当事人未依约履行订立本约合同义务的，应当承担损害赔偿等违约责任。但预约合同的义务是订立本约合同，而本约合同成立与履行是两个不同的阶段，故违反预约合同所确立的订立本约之义务与违反本约自身所设定之义务自有不同，由此决定两者的损害赔偿范围亦当有所差别。

二、如何认定在磋商时是否违背诚信原则

（一）关于"在磋商订立本约合同时违背诚信原则"

诚实信用原则与公平原则是预约合同的理论基础。[①] 在缔结本约前，经过磋商，当事人对于预约合同中约定的缔结本约内容，往往有一个正常的合理期待，而如果违反诚信原则，在磋商订立本约时，提出的条件严重背离或者说严重"超越"了双方当事人前期预约合同中已约定或"确定"好的内容，则应当认定该当事人属于不履行预约合同约定的义务。

（二）关于"是否已尽合理努力进行磋商"

关于什么属于"已尽合理努力"，法律未予明确。事实上，由于语言词汇的局限性、人类认知的有限性、社会生活的多样性和事物变化的复杂性，也很难对各种类型的合同梳理、归纳和抽象出一种或几种具体形态，用具体形式表示和涵盖"已尽""合理""努力"这三种状态。如何判断已尽到了公平、诚信磋商的义务，一般从外观主义的角度来说，可以考虑以下几类具体判断标准：第一，当事人故意与订立合同有关的重要事实或者提供虚假情况的；第二，当事人无故拖延不参加磋商的；第三，在预约达成后、本约签署之前的磋商阶段，当事人又与第三人进行与预约合同相冲突的磋商的；第四，当事人故意磋商、签署预约，使对方丧失与第三人进行交易的机会的；[②] 等等。

【法律适用分歧】

关于预约合同与商品房预售合同的区分问题

预约合同与商品房预售合同之间存在一定的相似性，也容易在概念上混淆，有必要进行区分：

第一，合同签订时间不同。商品房预售合同必须是"按提供预售的商品房计算，投入开发建设的资金达到工程建设总投资的25%以上，并已经确定施工进度和竣工交

[①] 最高人民法院民事审判第一庭编著：《最高人民法院关于审理商品房买卖合同纠纷案件司法解释的理解与适用》，人民法院出版社2015年版，第59页。

[②] 刘承韪：《预约合同层次论》，载《法学论坛》2013年第6期（第28卷，总第150期），第37页。

付日期"的情况，即指商品房已经建到一定程度，但尚未建成的情况；如果没有达到上述投资情况，则无法取得预售许可证，更无从签订商品房预售合同。而预约合同没有上述限制，商品房的预约合同，既可以在取得预售许可证之后签订，也可以在商品房建成之后签订，还可以在取得预售许可证之前，甚至可以在规划设计的时候签订。

第二，标的物不同。商品房预售行为实际上就是一种商品房买卖行为，其标的物是商品房，只是该种行为必须受到法律、行政法规的相关限制；而预约合同，特别是商品房预约合同的标的物是将于某一时间签订商品房买卖合同（本约合同）的行为，标的物不是商品房。

第三，交易形式不同。商品房预售合同作为一种典型的交易形式，实行许可证制度，根据相关司法解释，未取得商品预售许可证明，预售合同无效；但商品房预约合同不是一种典型的交易形式，本质仍然是一般合同，适用一般合同的效力规则。[1]

【典型案例】

一、裁判规则：预约合同的目的在于订立本约，一方当事人违反合同约定不履行订立本约合同的义务，应当向对方承担违约责任

【法院】

最高人民法院

【案号】

（2018）最高法民终661号

【当事人】

上诉人（一审原告）：重庆薪某企业港投资有限公司

被上诉人（一审被告）：重庆蓝某房地产开发有限公司

【案由】

股权转让纠纷

【裁判观点】

意向性协议并非关于合同性质的分类。一般来说，意向性协议并无实质性内容，对协议双方缺乏明显的约束力。但本案双方所签订的"《框架协议》+《会议纪要》"已就股权转让的主要内容作出了约定，且明确约定在排他性谈判期满时签订正式的股权转让协议。该约定对协议双方均具有约束力，故被上诉人所主张的该"《框架协议》+《会议纪要》"属于意向性协议没有法律依据。结合该"《框架协议》+《会议

---

[1] 江必新、何东宁等：《最高人民法院指导性案例裁判规则理解与适用》（合同卷一，第二版），中国法制出版社2018年版，第458页。

纪要》"的主要内容分析，双方当事人通过签订"《框架协议》+《会议纪要》"，明确在将来确定的时间签订正式的股权转让协议，并就将来意欲签订的股权转让协议的主要内容达成了一致意思表示。2012年《买卖合同司法解释》第2条规定："当事人签订认购书、订购书、预订书、意向书、备忘录等预约合同，约定在将来一定期限内订立买卖合同，一方不履行订立买卖合同的义务，对方请求其承担预约合同违约责任或者要求解除预约合同并主张损害赔偿的，人民法院应予支持。"该"《框架协议》+《会议纪要》"所约定的主要内容符合上述法律规定的构成要件。《买卖合同司法解释》虽系规范买卖合同，根据《合同法》第174条"法律对其他有偿合同有规定的，依照其规定；没有规定的，参照买卖合同的有关规定"之规定，本案可以参照该解释第2条认定案涉"《框架协议》+《会议纪要》"属于预约合同。预约合同的目的在于订立本约，一方当事人违反合同约定不履行订立本约合同的义务，应当向对方承担违约责任。

二、裁判规则：预约合同的义务（订立本约的义务）已经履行完毕，双方之间的预约合同关系已经转化为事实上的本约合同关系

【法院】

湖南省高级人民法院

【案号】

(2020) 湘民终901号

【当事人】

上诉人（原审被告）：湖南神某高科技股份有限公司等

被上诉人（原审原告）：湖南省某海洋生物工程有限公司等

【案由】

合同纠纷

【裁判观点】

根据《买卖合同司法解释》第2条和《民法典》第495条的规定，预约合同是指约定于将来一定期限内订立本约合同的合同。预约合同的目的以及主要义务就是签订本约合同。本案中，《合作备忘录》第六条约定"各方一致同意，将本合作备忘录确立为合作的基本框架，各自尽快完成决策审批程序，待重整计划获得批准执行时，再正式签订合作协议，其他未尽事宜在正式签订相关协议时协商确定"。首先，该条有明显的在将来订立本约的意思表示及约定，因此《合作备忘录》只是一个预约合同，并不是本约合同。其次，双方既然预定将来订立本约，那在订立预约合同之时，当然也可

以同时对本约合同的部分条款甚至全部条款进行预先磋商。最后，如果此后本约合同虽未签订，但一方履行了合同的主要义务，且对方接受的，则应视为本约合同已经成立，预约合同的义务（订立本约的义务）已经履行完毕，双方之间的预约合同关系已经转化为事实上的本约合同关系。尽管本案中的《合作备忘录》是预约合同，双方之后也没有签订书面本约合同，但双方在订立该预约合同之时，对本约合同的部分条款进行了预先磋商，并履行了偿还贷款、持有股权、转让资产等合同主要义务。综上所述，应视为事实上的本约合同已经成立，预约合同的义务（订立本约的义务）已经履行完毕，双方之间的预约合同关系已经转化为本约合同关系，《合作备忘录》也不存在解除的问题。

【相关规定】

《民法典》第495条；原《买卖合同司法解释》第2条；《商品房买卖合同司法解释》第5条；《海商法》第231条

> **第八条 【违反预约合同的违约责任】**
> 预约合同生效后，当事人一方不履行订立本约合同的义务，对方请求其赔偿因此造成的损失的，人民法院依法予以支持。
> 前款规定的损失赔偿，当事人有约定的，按照约定；没有约定的，人民法院应当综合考虑预约合同在内容上的完备程度以及订立本约合同的条件的成就程度等因素酌定。

【条文主旨】

本条是关于违反预约合同的违约责任的规定。

【司法适用】

本条旨在认定违约合同和预约合同的违约责任、赔偿范围、赔偿数额等。

一、违反预约合同的法律责任

基于预约合同的独立性，预约合同的违约责任承担方式，"只能是继续履行、赔偿损失、支付违约金和适用定金罚则"。①

（一）关于违反预约合同的违约责任的性质

关于违反预约合同的违约责任，历来存在"应当磋商说"和"必须缔约说"两种不同的观点。前者旨在落实意思自治，认为预约合同仅产生继续磋商义务，不能强制当事人订立本约；后者则旨在防止不诚信行为，认为预约合同可产生意定强制缔约的效力，可由法院的判决代替当事人的意思表示，并赋予强制执行的效力。本解释仅规定当事人一方违反预约合同须承担损失赔偿的责任，没有规定当事人违反预约合同是否可以采取强制履行的救济方式，主要是考虑到《民事强制执行法》仍在起草过程中，现行法并无对意思表示进行强制执行的规定，且既然当事人在签订预约合同后仍然保留了对是否订立本约的决策权，从合同自由的原则出发，也不应以法院判决的方式来代替当事人的意思表示②。

（二）关于承担赔偿责任

1. 关于赔偿原则

违反预约合同的损害赔偿，应当遵循以下几个原则：

第一，完全赔偿原则。根据《民法典》第583条、第584条，损失赔偿额应当相当于违约所造成的损失，包括合同履行后可以获得的利益，这就是典型的完全赔偿原则，预约合同也应当遵循完全赔偿原则。

第二，可预见性规则。可预见性规则要求当事人提出的损害赔偿应当是违约方在订立合同时可预见到的对方的损失，只有这样才能认定损害后果与违约行为之间存在因果关系，违约方才应当对此负损害赔偿之责任。预约合同责任的可预见性规则，在于将违约当事人的责任限制在可预见的范围之内，使之对未来的风险和责任可以预测。

第三，补偿性原则。补偿性原则要求必须是实际发生的损害，对于尚未发生的损害，或者超出预约合同履行可预见之外的其他损失，则不予赔偿。由于预约合同的标的物是订立本约合同，不是依据本约合同约束合同双方，因此，预约合同的守约方只能请求对方赔偿违反预约合同而遭受的损害，而不能按照预定的本约合同内容，请求赔偿其可预期的利益。③

---

① 最高人民法院民事审判第二庭编著：《最高人民法院关于买卖合同司法解释理解与适用》，人民法院出版社2018年版，第58页。

② 参见《最高人民法院民二庭、研究室负责人就民法典合同编通则司法解释答记者问》，载最高人民法院网，https://www.court.gov.cn/zixun/xiangqing/419402.html，最后访问时间：2023年12月12日。

③ 江必新、何东宁等著：《最高人民法院指导性案例裁判规则理解与适用》（合同卷一，第二版），中国法制出版社2018年版，第315~316页。

2. 关于"在内容上的完备程度以及订立本约合同的条件的成就程度"

对于如何确定机会损失以及是否赔偿机会损失,在审判实务中颇难把握,争议较大。有观点主张,预约合同可能已经对本约的标的物、对价等作出明确的约定,当事人对本约的期待利益已经固化,违约方一旦违约,守约方的期待利益也随之丧失,而由于时间关系,守约方亦丧失了与他人订立同类本约合同的机会,从而导致机会损失可能变为现实损失。①

关于对"在内容上的完备程度以及订立本约合同的条件的成就程度"的理解问题,尽管对于预约合同的违约责任存在不同的观点和认识,但是,从《民法典》设立预约合同制度设立的基本原理来看,对于预约合同的违约责任及损失赔偿的认定,不能"只见树木,不见森林",不能孤立地、静态地、片面地仅仅依据字面意义的"预约合同"作出违约责任和损失赔偿的认定,"不能僵化适用某一解决思路"。②

(三)关于法律后果

其一,预约合同的违约责任不是缔约过失责任。预约合同独立于本约合同,是在本约合同的订立过程中发生的,但不应适用缔约过失责任;而且,缔约过失责任也无法替代违反预约合同的责任,如违反预约合同的责任首先是继续履行签订本约合同的义务,这种责任显然是缔结过失责任所无法包括的。③

两者存在很大的区别:首先,证明预约合同违约责任成立的主要条件是订立预约合同的合意的存在;而缔约过失责任的成立由法律直接规定,而非依赖于合同的成立有效;其次,违反预约合同的主要形式是不按照双方的预约约定订立本约合同;而缔约过失的表现形式则多样化;最后,预约合同违约损害赔偿的范围,可能不限于信赖利益的损失,或者还有部分履行利益的赔偿;而缔约过失责任的赔偿范围仅限于信赖利益。④

其二,不能以违反本约的违约责任代替违反预约的违约责任。

其三,预约合同的违约责任不是可得利益的损失赔偿。在违约责任方面,预约合同与本约合同的最大区别之一在于,预约合同违约没有可得利益损失,本约合同违约

---

① 最高人民法院民事审判第二庭编著:《最高人民法院关于买卖合同司法解释理解与适用》,人民法院出版社2018年版,第62页。
② 黄薇主编:《中华人民共和国民法典合同编释义》,法律出版社2020年版,第82页。
③ 王利明:《预约合同若干问题研究——我国司法解释相关规定评述》,载《法商研究》2014年第1期(总第159期),第60页。
④ 谢鸿飞、朱广新主编:《民法典评注:合同编 通则》(第1册),中国法制出版社2020年版,第229~230页。

责任可能存在可得利益损失。①

二、关于赔偿范围

（一）违反预约的赔偿范围的争议

从审判实践来看，对于违反预约的赔偿范围的争议主要分为三个层次展开。第一个层次，违反预约的赔偿范围是应当赔偿信赖利益，还是应当赔偿履行利益；第二个层次，在信赖利益的范围上是否应当包括机会利益损失，存在不予赔偿、酌情赔偿和全额赔偿的三种不同的做法；第三个层次，履行利益的赔偿范围，不予赔偿履行利益、酌情赔偿履行利益、参照本约赔偿履行利益还是可以直接按照本约合同的履行利益予以赔偿。

（二）关于如何认定

1. 有约定的。前款规定的损失赔偿，如果当事人有特别约定的，根据意思自治原则，应当按照约定处理，即"在违反预约合同的情况下，如果当事人有特别约定的，应当尊重其约定"。②

2. 没有约定的。由于预约合同的独立性，因此，违反预约合同造成损失的，应当赔偿损失。违反预约合同造成损害的，应当赔偿损失。

（1）赔偿范围区别于本约。总体来说，预约合同的损害赔偿范围不等同于本约合同的损害赔偿范围。原因是预约合同约定的义务是订立本约合同，而本约合同成立与本约合同履行是两个不同的阶段，因此，预约合同的履行利益与本约合同的履行利益是不同的。③在当事人违反本约的情形下，守约方有权主张履行利益的赔偿；而在违反预约合同的情形下，当事人是否可以主张履行利益赔偿存在争议。根据本条规定，赋予法官可以根据不同案件的不同情况一定的自由裁量权，人民法院应当综合考虑预约合同在内容上的完备程度以及订立本约合同的条件的成就程度等因素酌定。需要考察预约合同"内容上的完备程度"和"订立本约合同的条件的成就程度"是否具备以及具备多少"从量变到质变"；如果刚刚"量变"，则赔偿数额要低；如果量变"中等"，则数额稍高；如果接近"质变"，则赔偿数额会更高。

（2）违约损失的总体范围。关于违反预约合同的违约损失总体范围，笔者认为，以本约为参照，预约其实处于订立本约的先契约阶段；因此，相对于本约而言，违反

---

① 最高人民法院民事审判第二庭编著：《最高人民法院关于买卖合同司法解释理解与适用》，人民法院出版社2018年版，第62页。
② 王利明主编：《中国民法典释评》（合同编·通则），中国人民大学出版社2020年版，第610页。
③ 黄薇主编：《中华人民共和国民法典合同编释义》，法律出版社2020年版，第81页。

预约的行为既是预约违约行为，也可以视为本约之缔约过失行为，所以在理论上可以认为有可能发生违反预约之违约责任与本约的缔约过失责任之竞合。预约违约损失在总体上应相当于本约的缔约过失责任范围，因此，预约违约责任损失相当于本约的信赖利益损失。一般认为，依赖利益通常包括所受损失和所失利益。其中，所受损失包括：缔约费用、准备履行所需费用、已给付金钱的利息等，所失利益主要是失去另订约机会之损害。① 就赔偿损失的总体范围和额度来说，"预约违约的损失，在总体上应相当于本约的缔约过失责任范畴。质言之，预约违约损失相当于本约的信赖利益损失"。② 一般来说，信赖利益通则包括所受损失（直接损害）和所失利益（间接损害），所受损失，一般包括：缔约费用、准备履行所需费用、已给付金钱的利息，等等；所失利益，主要是指因为与本当事人之间的预约行为，错失的与其他当事人另行订立合同的机会，等等。但是，预约合同的违约损害赔偿范围，"不管是采取哪种方式计算，损害赔偿结果应当是一致的，并且以不超过履行利益为限"。③

（3）司法裁量的空间。由于对预约合同的法律效力总体上采取"区分说"，因此，在赔偿范围上也应当加以区分，由于违反预约合同的损害赔偿责任既不同于合同缔约过失的损害赔偿责任，又不同于违反合同约定的损害赔偿责任，总的来说，对于违约合同的违约责任的损失赔偿不应当孤立、静态、片面，而应当根据案件的性质和预约合同在整个交易链条中的地位和作用，结合案件的实际情况与预约合同在整个交易链条的地位与作用区别对待。

其一，本约缔约过失的赔偿损失范围。如果从低额度来讲，预约违约责任的损失在总体应相当于本约的缔约过失责任范围；即预约违约损失相当于本约的信赖利益损失。对信赖利益（本约的信赖利益）的赔偿以不超过履行利益为限。④ 例如，对于买卖预约合同的损害赔偿范围主要是指"所受损失"，主要应当包括四项内容：一是订立预约合同所支付的各项费用，如交通费、通信费等；二是准备为签订买卖合同所支付的费用，如考察费、餐饮住宿费等；三是已付款项的法定孳息；四是提供担保造成的损失。⑤

---

① 王闯：《最高人民法院关于审理买卖合同纠纷案件适用法律问题的解释的理解与适用》，载最高人民法院研究室编：《合同、侵权司法解释理解与适用》，法律出版社2014年版，第152页。
② 最高人民法院民事审判第二庭编著：《最高人民法院关于买卖合同司法解释理解与适用》，人民法院出版社2018年版，第61页。
③ 黄薇主编：《中华人民共和国民法典合同编释义》，法律出版社2020年版，第82页。
④ 最高人民法院民事审判第二庭编著：《最高人民法院关于买卖合同司法解释理解与适用》，人民法院出版社2018年版，第61页。
⑤ 王闯：《最高人民法院关于审理买卖合同纠纷案件适用法律问题的解释的理解与适用》，载最高人民法院研究室编：《合同、侵权司法解释理解与适用》，法律出版社2014年版，第152页。

1. 对于简单、典型预约，原则上赔偿范围应当以信赖利益为限。一般包括为订立合同所支付的各项费用、准备为签订合同所支付的费用、已付款项的法定孳息等。

2. 从实质上看，预约合同的履行利益损害应当基于公平原则，包括为签订合同而合理支出的实际费用，也可包括丧失与第三人另订合同的机会所产生的损失，即可酌情赔偿机会损失利益。

3. 由于预约合同毕竟不是本约，不能按照本约合同的标准，赔偿基于交易成功才可得到的利益，即预约的赔偿范围小于本约的赔偿范围，否则，预约与本约的差异无从体现。

4. 为鼓励交易和维护交易安全，如果预约合同已就本约合同的主体、标的、数量、质量、价款或者报酬、履行期限、履行地点和方式、违约责任和解决争议方法等影响当事人权利义务的实质性内容达成合意，此时，预约合同的订立及预约合同的履行就已完成整个交易的绝大部分，对预约合同的违约损害赔偿就可以很接近本约合同的违约损害赔偿范围。因此，根据预约合同阶段在整个交易环节中的位置、预约合同的订立及履行使整个交易所达到的成熟度，都应当在预约合同违约损害赔偿范围的计算中予以体现，而不能僵化适用某一种解决思路[1]，结合本解释第 63 条、第 66 条规定，当事人请求按照如本约合同成立并履行后可以获得的利益计算违反预约合同的损失赔偿额的，人民法院依法予以支持；当然，当事人另有约定的除外。

其二，本约合同的违约损害赔偿范围。如果从高额度来讲，如果从整个交易链条来看，预约合同的订立及预约合同的履行（预约合同的履行即本约合同的订立）就完成了整个交易的绝大部分，那么对预约合同的违约损失赔偿范围就可以很接近本约合同的违约损害赔偿范围。[2] 因此，应在缔约过失的损失赔偿额度与本约合同的违约损失赔偿额度之间进行考量，故对违约合同的违约责任没有约定的，人民法院应当综合考虑订立本约合同的条件的成就程度以及本约合同履行的可能性等因素，在依本解释第 5 条确定的损失赔偿额与依本解释第 63 条至第 66 条确定的损失赔偿额之间进行酌定。

【法律适用分歧】

关于缔约过失是否为一项独立的请求权及请求权基础问题

关于缔约过失是否为一项独立的请求权，以及该请求权基础是什么，学界存在不同的观点。一般来说，缔约过失是一项独立的请求权，但仍是辅助违约和侵权责任而创立的一种制度。如果能够适用合同上的请求权或侵权上的请求权，则不必适用缔约

---

[1] 黄薇主编：《中华人民共和国民法典合同编释义》，法律出版社 2020 年版，第 82 页。
[2] 黄薇主编：《中华人民共和国民法典合同编释义》，法律出版社 2020 年版，第 82 页。

过失请求权。

从损害赔偿的范围来看，缔约过失责任仅仅是赔偿信赖利益的损失，既不能包括履行利益的损失，也不能包括全部损失。其赔偿范围不及违约责任和侵权责任广泛，受害人从自身利益考虑，首先会提出合同上的请求权或侵权上的请求权，只有在上述两种请求权不成立或不能更有效保护其利益时，才应当采用缔约过失的请求权。①

【典型案例】

一、裁判规则：在依法认定预约合同的违约责任时，应将预约放在整个交易安排中，综合考虑预约合同在整个交易中的作用、交易的进展及实际履行等因素

【法院】

最高人民法院

【案号】

（2019）最高法民终861号

【当事人】

上诉人（一审原告）：艺某发展有限公司

上诉人（一审被告）：南京汤某建设投资发展有限公司（以下简称汤某建投公司）

【案由】

合同纠纷

【裁判观点】

预约合同虽然是独立的合同，但与本约存在紧密的内在联系，在依法认定预约合同的违约责任时，应将预约放在整个交易安排中，综合考虑预约合同在整个交易中的作用、交易的进展及实际履行等因素。就本案而言，一是《协议书》除载明要签订买卖本约合同外，亦约定了交易价格、租金折抵等本约合同应具备的部分内容，但该约定对于酒店物业这一大标的额不动产买卖而言并非完备，远未达到根据《协议书》的该约定即可实现酒店物业买卖交易之目的，尤其是在双方均明知该物业属于国有资产、物业转让尚需办理相关审批手续的情况下更是如此。可见，案涉酒店转让交易的完成在很大程度上依赖于作为本约之买卖合同的后续签订和履行。二是《协议书》签订后，当事人就案涉酒店物业的转让问题并未进行实质性的磋商和履行，亦即转让事宜还停留在预约阶段。三是从案涉交易的整体来看。艺某发展公司与汤某建投公司签订《协议书》之目的首先在于租赁经营酒店，其次则是购买酒店物业，其二者均系整个案涉

---

① 胡康生主编：《合同法实用问答》，第137页，转引自王利明：《合同法研究》（第一卷），中国人民大学出版社2002年版，第323页。

交易的组成部分。艺某发展公司通过其关联方的租赁经营，已经部分地实现了整体交易之目的；同时其在案涉酒店租赁过程中逾期支付租金的违约行为对整个交易的后续展开亦不无影响。综上分析，从案涉酒店物业转让的实际情况出发，法院认为艺某发展公司因汤某建投公司违反《协议书》项下订立买卖合同本约之义务所遭受的损失范围，仍应当以信赖利益为先。综上，一审法院从诚实信用以及公平原则等角度出发，结合本案实际情况尤其是预约合同的相关约定以及当事人对相关条款的信赖，综合考量双方当事人的履约情况、过错程度以及合理成本支出等因素以及可预见规则、损益相抵规则，在信赖利益损失的范围之内，参考《协议书》有关违约条款的约定，酌情认定艺某发展公司的损失为 216 万元，并无不当，亦符合艺某发展公司在订立《协议书》《补充协议》时对整个交易收益预测及风险评估后所形成的合理期待。艺某发展公司与汤某建投公司的上诉均缺乏事实根据和法律依据，依法不予支持。

二、裁判规则：预约合同的违约责任不能等同于本约合同违约责任

【法院】

最高人民法院

【案号】

（2019）最高法民申 2826 号

【当事人】

申请人（一审原告、二审上诉人）：黄某某

被申请人（一审被告、二审被上诉人）：北京宁某置业有限责任公司等

【案由】

房屋买卖合同纠纷

【裁判观点】

1. 预约合同以未来签订本约合同为目的，预约合同的意向购房人所支付款项的性质和数额均与商品房预售合同中的房屋交付的对价相去甚远，故基于预约合同与本约合同的合同目的和对待给付的内容不同，除非合同另有约定，根据权利义务对等的原则，预约合同的违约责任不能等同于本约合同的违约责任。本案中，黄某某原审诉讼和申请再审请求参照合同相对方所获房屋溢价（获益）确定损失数额，并无合同依据和法律依据，不予支持。

2. 签订预约合同并不等同于必然签订本约合同，本约合同的签订与否仍具有不确定性，双方当事人正是基于客观上签订条件、时机不具备或者主观上特殊的考虑，才签订预约合同而非直接签订本约合同，双方当事人对此均应有所预见。如因客观情况

发生变化不能签订本约合同,合同双方应遵循诚实信用原则,在明知或应知上述情形发生时应采取适当措施防止损失扩大,否则无权就扩大部分的损失主张赔偿。

【相关规定】

《民法典》第470条、第495条、第577条、第584条;原《买卖合同司法解释》第12条;2020年《商品房买卖司法解释》第5条

> **第九条 【格式条款的认定】**
>
> 合同条款符合民法典第四百九十六条第一款规定的情形,当事人仅以合同系依据合同示范文本制作或者双方已经明确约定合同条款不属于格式条款为由主张该条款不是格式条款的,人民法院不予支持。
>
> 从事经营活动的当事人一方仅以未实际重复使用为由主张其预先拟定且未与对方协商的合同条款不是格式条款的,人民法院不予支持。但是,有证据证明该条款不是为了重复使用而预先拟定的除外。

【条文主旨】

本条是有关格式条款认定的规定。

【司法适用】

本条第1款规范的是当事人以系合同示范文本或约定排除格式条款适用的如何进行认定;本条第2款规范的是当事人辩称非重复使用是否是认定格式条款的认定标准问题。

一、关于格式条款

(一)格式条款的界定

格式条款,是当事人为了重复使用而预先拟定,并在订立合同时未与对方协商的条款。格式条款,应同时具备三个特征:一是事先拟好;二是反复使用;三是未经协商。一般来说,一方单方制定、内容相对固定且反复适用于所有不特定的"客户",而且其与"所有"客户之间的合同或协议,在语言表述、约定内容、组织结构等方面均

相同的，符合法律规定的有关格式条款的构成要件的，该合同或协议中的相关条款就属于格式条款。

（二）关于"对方可以主张该条款不成为合同的内容"

其一，"不成为合同的内容"。

1. 关于"内容"。根据《民法典》第470条①规定，合同的内容源自要约，但合同是合同当事人的意思表示一致的产物。要约的内容须经有效承诺后才可以构成合同的内容，否则，仅是要约人的单方意思表示，根据《民法典》第489条规定，合同内容以承诺的内容为准。合同内容明确了当事人的权利义务，也是认定当事人权利义务的依据，进而决定了合同的类型，成为发生纠纷后适用法律的依据。② 也即格式首先是一方预先拟定的文本，在为订立合同而向对方出示时，还是其单方的意思表示；合同成立前的格式条款在性质上还不是合同，而被合同所采用的格式条款才是格式合同或者合同内容的一部分；在合同成立时，成为合同的条款。③ 依据这一原理，如果双方当事人依据合同示范文本已与对方协商，符合《民法典》第470条和第489条规定的，显然已构成合同内容。

2. 关于"订入合同"与"不产生效力"。订入合同成为合同条款是相关内容产生效力的前提，如果意思表示不能成为合同内容，则表明该内容仅是提供者单方的意思表示，尚未就此与对方达成一致，无从论及合同效力问题。成为合同内容必然不生效，但是成为合同内容后也不必然生效，是否成为合同内容与是否产生效力毕竟分属于合同订立和合同效力两个不同的领域。④

3. 关于法律规则的"法律后果"。原《合同法》第39条第1款⑤属于不完全法条，没有规定违反该义务的法律后果。《合同法司法解释二》对法律后果进行了规定：（1）第9条规定了撤销权后果，即对方当事人申请撤销该格式条款的，人民法院应当

---

① 《民法典》第470条规定："合同的内容由当事人约定，一般包括下列条款：（一）当事人的姓名或者名称和住所；（二）标的；（三）数量；（四）质量；（五）价款或者报酬；（六）履行期限、地点和方式；（七）违约责任；（八）解决争议的方法。当事人可以参照各类合同的示范文本订立合同。"

② 最高人民法院民法典贯彻实施工作领导小组办公室编著：《最高人民法院实施民法典清理司法解释修改条文（111件）理解与适用》（上册），人民法院出版社2022年版，第557页。

③ 最高人民法院研究室编著：《最高人民法院关于合同法司法解释（二）理解与适用》，人民法院出版社2009年版，第83页。

④ 最高人民法院民法典贯彻实施工作领导小组办公室编著：《最高人民法院实施民法典清理司法解释修改条文（111件）理解与适用》（上册），人民法院出版社2022年版，第557页。

⑤ 原《合同法》第39条第1款规定："采用格式条款订立合同的，提供格式条款的一方应当遵循公平原则确定当事人之间的权利和义务，并采取合理的方式提请对方注意免除或者限制其责任的条款，按照对方的要求，对该条款予以说明。"

支持；（2）第 10 条规定了无效后果，即人民法院应当认定该格式条款无效。《民法典》对此法律后果进行了调整。

根据《民法典》第 496 条规定，完善了格式条款效力的相关规定。实践中格式条款大量存在原《合同法》仅规定了格式条款的提示说明义务，未规定后果，即"（原《合同法》第 39 条）规定了格式条款提供人有提示和说明义务，但是并未规定对违反该规则的行为予以肯定还是否定评价，即未规定其法律后果。《合同法》的其他条文亦未对此作出规定。可以说，《合同法》中关于格式合同条款提供人的提示和说明义务的这一法律规则至少存在逻辑结构上的欠缺"。① 最高人民法院根据原《合同法》规定的精神，出台司法解释，规定提供格式条款的一方未尽说明提示义务、影响当事人主要权利的，格式条款无效②。《民法典》吸收了司法解释相关规定，进一步明确"提供格式条款的一方未履行提示或者说明义务，致使对方没有注意或者理解与其有重大利害关系的条款的，对方可以主张该条款不成为合同的内容"。未尽说明提示义务，格式条款并非无效，而是可以主张合同未成立。这是因为，若不提示，当事人根本不知道格式条款的存在，就不存在达成合意，因此可以主张该条款不成立。③

其二，格式条款提供方的提示、说明义务。

根据《民法典》第 496 条规定，为了保证双方当事人获得实质公平的交易，特别是保障非格式条款一方当事人在订立合同前知悉并了解所有与自身利益有重大利害关系的条款，采用格式条款订立合同的，提供格式条款的一方应当遵循公平原则确定当事人之间的权利和义务，并采取合理的方式提示对方注意免除或者减轻其责任等与对方有重大利害关系的条款，按照对方的要求，对该条款予以说明。根据《民诉法司法解释》第 31 条，如果经营者未采取合理方式提请消费者注意涉管辖格式条款的，该管辖协议可能无效。

---

① 最高人民法院民法典贯彻实施工作领导小组办公室编著：《最高人民法院实施民法典清理司法解释修改条文（111 件）理解与适用》（上册），人民法院出版社 2022 年版，第 554 页。

② 原《合同法司法解释二》第 9 条规定："提供格式条款的一方当事人违反合同法第三十九条第一款关于提示和说明义务的规定，导致对方没有注意免除或者限制其责任的条款，对方当事人申请撤销该格式条款的，人民法院应当支持。"根据该条规定，需要说明的是，第一，提供格式条款的一方，违反《合同法》第 39 条第 1 款规定的义务并不必然产生该格式合同无效的法律后果，格式条款相对方可通过向法院申请撤销的方式，来否定该格式合同条款的法律约束力。第二，提供格式条款的一方，违反《合同法》第 39 条规定的义务，并且该格式条款本身就属于《合同法》第 40 条、第 52 条、第 53 条规定的法定无效的情形的，人民法院应当直接认定该格式条款无效。参见最高人民法院研究室编著：《最高人民法院关于合同法司法解释（二）理解与适用》，人民法院出版社 2009 年版，第 89 页。

③ 贺荣：《司法实践中深刻认识把握民法典的中国特色实践特色时代特色》，载最高人民法院政治部编：《人民法院大讲堂：民法典重点问题解读》，人民法院出版社 2021 年版，第 42 页。

需要注意的是，内容上从原《合同法司法解释二》第9条的免责条款到《民法典》第496条的"重大利害关系的条款"，尽管在《民法典》立法征求意见时，一些地方、部门和单位提出，第1款中"与其有重大利害关系的条款"的表述内涵不清，导致格式条款规制过于宽泛，易被滥用，背离规制的目的，进行影响交易安排[1]，因此，"重大利害关系的条款"，一般来说主要包括但不限于格式条款提供方免除或者减轻其责任、加重对方责任、限制或者排除对方主要权利等的条款。"有重大利害关系的条款"的认定，要视格式合同的具体情况而定。[2]

其三，未提示、说明的法律后果。

关于未尽提示说明义务的法律后果。原《合同法》对格式条款使用者未尽说明义务之法律后果未有明确，理论上有三种不同观点：

（1）第一种观点是"未成立说"，该说认为，提供格式条款的一方未履行提示或者说明义务，该条款不成立，该条款不属于合同内容，即主张格式合同提供方未尽到《合同法》第39条第1款规定的义务的，该格式条款应当视为未订入合同，不是合同条款。

（2）第二种观点是"无效说"，该说认为，提供格式条款的一方未履行提示或者说明义务，该条款虽然成立，但是应当宣告无效，即主张格式合同已经订入合同，但无效。

（3）第三种观点是"撤销说"，该说认为，提供格式条款的一方未履行提示或者说明义务，对方可以在法院主张撤销。[3]

原《合同法司法解释二》第9条既没有采"未成立说"，也未采"无效说"，而持"撤销说"，该解释立足于充分保护格式条款接受一方的利益，赋予其决定该格式条款效力的选择权，既非一概认为不构成合同内容，也非一概认定为无效。这一解释具有开创性的贡献，特别是在处理原《合同法》第39条和第40条的关系上，提供了有意义的视角。[4]

立法机关在修订《民法典》第496条关于格式条款提供方未履行提示或者说明义务的法律后果时，立法目的主要也是考虑到第496条"旨在保护处于弱势的格式条款

---

[1]《民法典立法背景与观点全集》编写组编：《民法典立法背景与观点全集》，法律出版社2020年版，第230页。

[2] 黄薇主编：《中华人民共和国民法典合同编释义》，法律出版社2020年版，第85页。

[3] 王利明主编：《中国民法典释评》（合同编·通则），中国人民大学出版社2020年版，第149页。

[4] 江必新主编：《中华人民共和国民法典适用与实务讲座》（上册），人民法院出版社2020年版，第315~316页。

相对方利益,在提供格式条款的一方未履行提示或者说明义务的情形下,应当由格式条款相对方决定该条款是否成为合同的组成部分。"① 采纳"未成立说"的好处主要是:第一,相对人可以作出选择,如果其认可该格式条款纳入合同内容的,应当认定该条款的效力;第二,如果主张该条款不成立合同内容的,则该条款不成立,不必像无效那样,产生恢复原状的后果。可见,这一方式可以更好地保护接受格式条款的一方当事人的利益。② 与此同时,根据《民法典》第497条规定,提供格式条款的一方未履行提示或者说明义务,致使对方没有注意或者理解与其有重大利害关系的条款的,对方可以主张该条款不成为合同的内容。提供格式条款一方不合理地免除或者减轻其责任、加重对方责任、限制对方主要权利;提供格式条款一方排除对方主要权利等情形的,格式条款无效。

其四,关于"合同无效"与"未订入合同"的法律效果。

合同无效是指格式合同已经订入合同,成为合同条款,但是无效;未订入合同是指该格式合同条款不是合同条款。在原《合同法司法解释二》起草过程中,起草小组认为,"合同无效"与"未订入合同"两种观点虽有不同,但其最终法律效果并无实质差异。合同一经达成,就对双方产生法律约束力,如果按照未订入合同的观点,格式条款提供方未履行提示说明义务,不属于合同内容,但因为格式条款提供方违反了法律规定的提示说明的强制性义务,因而该条款对相对人不产生法律约束力,故当事人双方也不受该条款的约束。从这个意义上来说,两种观点的法律效果是一致的。③

二、关于"属于格式条款"的抗辩理由

格式条款效力审查,主要是围绕当事人之间权利义务是否均衡这一中心问题进行。可综合考量格式条款设立目的正当性、合同当事人类型、标的物性质、交易风险分配合理性、商业惯例等因素作出认定。

(一) 关于示范文本与格式合同

示范文本的性质是:"对各类经济合同的主要条款、式样等制定出规范的、指导性的文本,在全国范围内积极提倡、宣传,逐步引导当事人的签订经济合同时采用,以实现经济合同签订的规范化。"示范文本的主要目的是:"一方面有助于当事人了解、

---

① 《民法典立法背景与观点全集》编写组编:《民法典立法背景与观点全集》,法律出版社2020年版,第30页。
② 王利明主编:《中国民法典释评》(合同编·通则),中国人民大学出版社2020年版,第149页。
③ 最高人民法院民法典贯彻实施工作领导小组办公室编著:《最高人民法院实施民法典清理司法解释修改条文(111件)理解与适用》(上册),人民法院出版社2022年版,第554~555页。

掌握有关法律和法规，使经济合同的签订规范，避免缺款少项和当事人意思表示不真实、不确切，防止出现显失公平和违法条款；另一方面便于合同管理机关加强监督检查，有利于合同仲裁机关和人民法院及时解决合同纠纷，保护当事人的合法权益，保障国家和社会公共利益。"可以看出，示范文本对于规范合同当事人的签约行为和经营行为，保护其自身的合法权益，起到了积极作用。

"示范文本"，看起来似乎与格式条款"很像"，似乎可以将示范文本在种属关系上"纳入"格式条款，尽管格式条款不同于示范文本，两者在制定主体、对象、效力、法律特征等均不同，但"示范文本的主要作用不在于为当事人提供固定的合同条款，而在于提供一个可参照的模式，示范合同对双方当事人没有强制约束力，当事人可以参考，也可以不参考，还可以对示范合同的条款进行修改、增删"①，正是由于示范文本内容的"可选择性"，如果双方当事人都选择了示范文本的内容，不存在"未与对方协商"的行为和现象，即不存在"格式条款提供方没有就条款内容与相对方进行实质上的磋商，相对方对条款内容没有进行实际修改的余地"②，而是双方的真实意思的表达，或者说，双方在采用"示范文本"的过程中，实质上是双方意思自治的表现，符合《民法典》第 134 条、第 136 条和第 137 条的，除非法定理由外，则该"民事法律行为自成立时生效"，不能仅仅以"合同系依据合同示范文本"的理由，以示范文本"属于"格式条款为理由，来否定双方民事法律行为的效力。即示范合同只是当事人双方签约时的参考文件，对当事人无强制约束力，双方可以修改其条款形式和格式，也可以增减条款，因而其不是格式条款。格式条款是固定的，不能修改的，而示范合同只是订约的参考，因此，是可以协商修改的。反过来，《民法典》第 496 条最实质的特征在于"未与对方协商"，如果当事人提供的合同系依据合同示范文本制作，并"未与对方协商"的，符合第 2 款规定的法定要件的，应当认为属于格式条款。

（二）关于以双方已明确合同条款不属于格式条款，是否可以构成否定格式条款的理由

由于本条的前提条件是"合同条款符合民法典第 496 条第 1 款规定的情形"，即构成格式条款。尽管并不是所有的格式条款一律无效，如果双方当事人选择了格式条款作为双方合同内容，并进行协商，而同时又不存在法律规定的无效情形的，那么，格式条款与其他合同条款，并无实质上的差异，根据《民法典》第 465 条第 1 款规定，

---

① 最高人民法院研究室编著：《最高人民法院关于合同法司法解释（二）理解与适用》，人民法院出版社 2009 年版，第 83 页。

② 黄薇主编：《中华人民共和国民法典释义》（中），法律出版社 2020 年版，第 953 页。

对于双方当事人而言，都具有法律约束力。

另外，根据《民法典》第497条规定："有下列情形之一的，该格式条款无效：（一）具有本法第一编第六章第三节和本法第五百零六条规定的无效情形；（二）提供格式条款一方不合理地免除或者减轻其责任、加重对方责任、限制对方主要权利；（三）提供格式条款一方排除对方主要权利。""任何条款，只要符合本规定，无论其是否属于与对方有重大利害关系的条款，均属于无效条款"。①

（三）关于"双方已经明确约定合同条款不属于格式条款"

其一，约定排除强制性规范的无效。"法律规范的三分法，包括倡导性规范、授权第三人规范、强制性规定，需要注意的是，此处所言之强制性规范，一定是不能被约定排除其适用的强制性规范，不管是管理性强制性规范，还是效力性强制性规范，都要求当事人必须采用特定行为模式，禁止双方当事人约定排除其法律适用"②，是故，如果是想通过"双方已明确约定合同条款不属于格式条款"的方式，试图排除格式条款的认定和排除强制性规范的适用，显然无效。

其二，对于格式条款的提供方违背诚实信用原则，提供的不公平、不合理的条款，特别是如果条款中作出的"排除""限制""减轻""免除责任""加重（非提供格式条款一方）责任"等内容，也包括"双方已经明确约定合同条款不属于格式条款"。如果构成了《民法典》第497条"提供格式条款一方排除对方主要权利"等要件，双方约定排除强制性规定等上述情形的，违反了强制性规定，因此，该条款内容无效，也正是因为已经构成了已无法律效力的格式条款，再"主张该条款不是格式条款"，显然在法律上是站不住脚的，也不符合《民法典》第153条等有关民事法律行为无效的规定。

其三，在其他的法律规定中，也有类似的规定。例如，《消费者权益保护法》第26条规定："经营者在经营活动中使用格式条款的，应当以显著方式提请消费者注意商品或者服务的数量和质量、价款或者费用、履行期限和方式、安全注意事项和风险警示、售后服务、民事责任等与消费者有重大利害关系的内容，并按照消费者的要求予以说明。经营者不得以格式条款、通知、声明、店堂告示等方式，作出排除或者限制消费者权利、减轻或者免除经营者责任、加重消费者责任等对消费者不公平、不合理的规定，不得利用格式条款并借助技术手段强制交易。格式条款、通知、声明、店堂告示

---

① 最高人民法院民法典贯彻实施工作领导小组主编：《中华人民共和国民法典合同编理解与适用》（一），人民法院出版社2020年版，第254页。
② 王轶：《民法典合同编理解与适用的重点问题》，载最高人民法院政治部编：《人民法院大讲堂：民法典重点问题解读》，人民法院出版社2021年版，第165页。

等含有前款所列内容的，其内容无效。"其中，第 2 款是强制性规定，"违反本条第 2 款，则是因直接违反法律的强制性规定，性质上属于自始无效条款"①，第 3 款规定是违反强制性规定的法律后果。

（四）关于只能由相对方主张

平等保护是合同法的基本原则，但在缔约双方实力相差过大的场合，强势一方当事人可能借合同自由原则，压迫弱势一方，造成实质不公。因此，《民法典》合同编在坚持平等保护的同时，也注意加大了对弱势一方的倾斜保护。②《民法典》第 496 条第 2 款规定为"对方可以主张该条款不成为合同的内容"，总体上将该制度归属于合同订立的范畴。不同于《民法典》第 497 条规定的格式合同无效，第 497 条属于合同成立后的效力评价层面，属于合同效力制度。与此同时，需要注意的是，《民法典》第 496 条第 2 款规定为"对方可以主张该条款不成为合同的内容"，只能由格式合同的相对方主张，格式合同提供方无权主张，这也是从制度设计上对相对方所作的倾斜性保护。③

三、非重复使用是否是认定格式合同的法定标准

（一）"重复使用"是否为构成要件

在《民法典》立法时，对于"为了重复使用"是否构成格式条款的要件，存在不同看法，主要争议点在于：重复使用，"只是格式条款的通常表现形式，并不是其本质特征"④，立法机关在《民法典》草案征求部分声学学者意见时，有学者建议，格式条款的定义，应当加上为了重复使用，否则格式条款的范围会太宽。⑤ 但立法最终保留了"重复使用"作为格式条款认定的一个提法。与此同时，对于《民法典》第 496 条第 1 款规定中的"为了重复使用"与"未与对方协商"，需要同步并用，将外在的表现形式与内在的实质标准有机地统一起来，这样才有利于准确理解和运用。

关于"为了重复使用"的理解问题：

其一，如果将其作为格式条款的构成要件，那么当事人在主张某条款为格式条款时就负有这样的举证责任，需证明该条款已经被重复使用让当事人承担这样的举证责

---

① 李适时主编：《中华人民共和国消费者权益保护法释义》（最新修正版），法律出版社 2013 年版，第 115 页。
② 林文学：《民法典合同编新规定及其适用》，载最高人民法院政治部编：《人民法院大讲堂：民法典重点问题解读》，人民法院出版社 2021 年版，第 550 页。
③ 黄薇主编：《中华人民共和国民法典合同编释义》，法律出版社 2020 年版，第 86~87 页。
④ 黄薇主编：《中华人民共和国民法典释义》（中），法律出版社 2020 年版，第 953 页。
⑤ 《民法典立法背景与观点全集》编写组编：《民法典立法背景与观点全集》，法律出版社 2020 年版，第 367 页。

任,显然过于严苛,有违立法本意。①

其二,为了重复使用,不能作僵化理解。首先,从正向的角度来说,不能把"重复使用"作为格式合格的"标签""代名词",或者直接等同于格式合同;不是要当事人去证明真正使用了多少次,只要格式条款提供方具有重复使用的目的,不论使用的次数是多少,都可认为是为了重复使用。② 其次,从反面的角度来说,也不能说,只要不存在"实际重复使用"就绝对不是格式合同,将"不重复使用"等同于"不是格式合同",即从事经营活动的当事人一方仅以未实际重复使用为由主张其预先拟定且未与对方协商的合同条款不是格式条款的,从逻辑上和法理上来说,"未实际重复使用",并不代表其合同内容不是格式合同,"未重复使用"也可能存在"未与对方协商的条款"问题,因此,"仅以未实际重复使用"来抗辩或主张不是格式合同的,不应予以支持;当然,结合《民法典》第496条第1款规定,提供格式条款的一方能够提供同一时期就同类交易订立的不同合同文本,足以证明该合同条款不是为了重复使用的除外;也即具备"与对方协商"的实质特征,符合《民法典》第470条、第489条,成为"合同的内容"。

(二) 格式条款的判断标准

1. 格式条款的主要特点在于未与对方协商。《民法典》第496条第1款的规定应理解为格式条款是指在订立合同时不能与对方协商的条款。因为未与对方协商的条款,并不意味着条款不能与对方协商,某些条款是有可能协商确定的,但条款的制定人并没有与对方协商,而相对人也没有要求就这些条款进行协商,但这并不意味着这些条款便属于格式条款。格式条款只能是不能协商的条款,如果当事人一方在能够协商的情况下不与对方协商,或放弃协商的权利,则不能将这些未协商的条款直接确定为格式条款。③

其一,有的格式条款约定无效。对符合《民法典》第497条规定④的双方关于格式条款的约定,法律明确规定,这样的格式条款双方约定是无效的。

其二,"格式条款最实质的特征在于未与对方协商"⑤,在于法律规定和法律逻辑上,不在于是否属于"示范文本"制作或者"双方已经明确约定合同条款不属于格式

---

① 最高人民法院研究室编著:《最高人民法院关于合同法司法解释(二)理解与适用》,人民法院出版社2009年版,第82页。
② 黄薇主编:《中华人民共和国民法典释义》(中),法律出版社2020年版,第953页。
③ 王利明主编:《中国民法典释评》(合同编·通则),中国人民大学出版社2020年版,第145页。
④ 《民法典》第497条规定:"有下列情形之一的,该格式条款无效:(一)具有本法第一编第六章第三节和本法第五百零六条规定的无效情形;(二)提供格式条款一方不合理地免除或者减轻其责任、加重对方责任、限制对方主要权利;(三)提供格式条款一方排除对方主要权利。
⑤ 黄薇主编:《中华人民共和国民法典合同编释义》,法律出版社2020年版,第84页。

条款"这类形式标准,或者说,就是"合同系依据合同示范文本制作"或者"双方已经明确约定合同条款不属于格式条款"并不是《民法典》第 496 条认定格式条款的法定标准或识别"标签"。不能将"合同系依据合同示范文本制作"或者"双方已经明确约定合同条款不属于格式条款"与是否属于"格式条款"画等号,并将其绝对化。

(1)需要以是否与对方协商作为实质判断标准,"否认是由占有优势的一方自行拟定或由某行业协会撰写,无论是以合同书形式、票证形式或者其他形式,甚至其条款在书面记载,只要一方提出后,相对方对条款内容就没有进行实质磋商或是修改的余地。如果当事人在能够协商的情况下不与对方协商,或放弃协商的权利,则不能将这些未协商的条款直接确定为格式条款,"[①] 而不仅仅是形式上的"合同系依据合同示范文本制作"或者"双方已经明确约定合同条款不属于格式条款"作为认定是否属于格式条款判断依据。

(2)在意思自治情况下完全可以进行协商修改相关条款而不去修改的,则不能适用格式条款,或者说并不符合适用格式条款的条件,亦不应以"格式条款"作为规避责任的理由。

(3)如果双方已经充分协商。即提供格式条款的一方就条款内容与相对方进行了实质上的磋商,相对方进行了修改并达成一致的,该条款内容已不属于"格式条款"所要约束的范畴。

(4)需要同时符合《民法典》第 496 条第 2 款所规定"采取合理的方式提示对方注意免除或者减轻其责任等与对方有重大利害关系的条款"要件。

(5)不符合格式合同的,不能适用格式条款进行判断。格式条款强调的是当事人为了重复使用而预先拟定,并在订立合同时未与对方协商的条款,如果案涉合同的内容与特征均不符合格式合同的法律定义、产生条件以及法律特征,当事人主张要求按照格式合同的要求,应作出有利于提供格式合同相对方的解释的理由,是不能成立的。

2. 关于格式条款的审查判断,要避免审判实践中的两个"极端",一个是只要在形式上具备提前拟定、重复使用、未经协商的,不再考虑其他任何因素,不作任何的考虑,都一律认定为格式条款;另一个是对"表面上"形式不同,但实质上为格式条款的,当事人主张格式条款的,一律予以驳回。

3. 关于格式合同的认定,不应简单地、孤立地、片面地仅以合同条款是否由一方提前拟写为标准,而应以合同条款的最终拟定或者合同的最终签署是否体现了"与对

[①] 最高人民法院民法典贯彻实施工作领导小组编著:《中国民法典适用大全》(合同卷一),人民法院出版社 2022 年版,第 309 页。

方协商"和合同双方的真实意思为标准。即便合同条款由一方提前拟定，只要另一方充分知情并同意，亦不应认定其构成格式合同。如果当事人对于合同的内容及相关条款有充分了解，合同或协议是在双方协商一致的情况下签订的，系双方的真实意思表示，且不违反法律、行政法规的强制性规定，应属有效。当事人一方如果以"格式条款"提出抗辩的，认为相关条款应属无效的，缺乏法律依据，不能成立。

【法律适用分歧】

一、关于担保合同是否属于格式合同的问题

在司法实践中，担保人与债权人签订《保证合同》，约定为债权人与债务人签订的《主协议》项下产生的全部债权提供连带责任保证，并明确了被担保主债权的种类、金额、发生期间等。这类《保证合同》往往是担保人与债权双方当事人的真实意思表示，内容不违反法律、行政法规的强制性规定，作为保证人在合同上签字盖章，该合同依法成立并有效，双方应按约履行各自合同义务。如果《保证合同》所担保的《主协议》已经实际履行，无论是哪一方当事人是否持有该文本均不影响其按约承担保证责任。根据《民法典》第496条第1款规定："格式条款是当事人为了重复使用而预先拟定，并在订立合同时未与对方协商的条款。"担保人就特定债务作出的担保承诺，并不符合法律规定的格式条款的构成要件，当事人如果主张关于《保证合同》中的条款属于格式条款，其不应受不利条款约束的主张，是缺乏事实和法律依据的。

对于与多个当事人存在有"内容一致"的条款，是否等于格式条款。司法实践中，当事人一方为了证明对方当事人提供的合同属于"格式条款"，往往提供对方当事人与其他法律关系中的多名案外人之间存在与本案协议"内容一致"的条款，并据此主张对方当事人提供的合同属于"格式条款"。

事实上，识别格式条款，其"主要特征在未与对方协商"[1]，而不仅仅是在于"内容一致"或者"重复使用"，虽然当事人一方提供了对方当事人与多名案外人签订的"同类"协议，也仅仅是证明了其与本案协议有内容一致的条款，但是，并不能证明在"本案中"存在订立协议时未在当事人之间进行协商的事实，更不能证明在"他案中"订立协议时，未在其他案外人之间进行协商的事实。与此同时，"单方事先拟定好条款内容"这一行为，并不能等同于各方当事人之间存在"未经协商"即订立协议，如果当事人一方并无证据证明涉案协议未经当事人协商同意而订立，则其主张构成格式条款的主张，不能成立。

---

[1] 最高人民法院民法典贯彻实施工作领导小组主编：《中华人民共和国民法典合同编理解与适用》（一），人民法院出版社2020年版，第245页。

二、经营者使用格式合同与消费者订立管辖协议，消费者接受的，应予尊重

根据《民诉法司法解释》第31条规定："经营者使用格式条款与消费者订立管辖协议，未采取合理方式提请消费者注意，消费者主张管辖协议无效的，人民法院应予支持。"是否主张管辖协议无效，由消费者决定。管辖协议排除了相对方依法选择管辖法院的权利，也容易造成相对方诉讼明显不便，但如果经营者已经采取了合理方式提请消费者注意，即使造成消费者明显不便，因为消费者已经被告知不利的后果，仍然选择协议管辖，这一意思表示应当得到尊重，不能再认定管辖协议无效。只有当经营者未采取合理的方式，提请消费者注意时，消费者主张管辖协议无效，才能得到法院支持。当然，在这种情况下，也可以不主张管辖协议无效，而接受管辖协议的约束，法院不应依职权介入审查，这也是尊重当事人权利的体现。①

【典型案例】

一、裁判规则：非重复使用、单方预先拟定、向不特定多数人发出的格式合同，不属于格式合同

【法院】

最高人民法院

【案号】

（2018）最高法民辖终136号

【当事人】

上诉人（原审被告）：重庆银某智业（集团）有限公司

被上诉人（原审原告）：中某信托有限责任公司等

【案由】

金融借款合同纠纷

【裁判观点】

根据《担保合同司法解释》第129条规定，本案中，《经营收益权转让合同》是主合同，《股权质押合同》是从合同，本案的管辖权应根据主合同《经营收益权转让合同》确定。从具体条款的约定来看，《经营收益权转让合同》并非中某信托有限责任公司在经营业务中重复使用、单方预先拟定、向不特定多数人发出的格式合同，而是当事人针对双方交易的具体情形磋商后形成的合同。合同中约定管辖权的条款是当事人

---

① 最高人民法院民法典贯彻实施工作领导小组编著：《最高人民法院新民事诉讼法司法解释理解与适用》（上），人民法院出版社2022年版，第140页。

对自身民事权利的处分，应对当事人有约束力。重庆银某智业（集团）有限公司认为约定管辖权条款属于格式条款且限制了其合法诉权的上诉理由，缺乏事实和法律依据，法院不予支持。

二、裁判规则：提供格式条款一方免除其责任、加重对方责任、排除对方主要权利的，该条款无效

【法院】

最高人民法院

【案号】

（2019）最高法民再245号

【当事人】

再审申请人（一审被告、二审被上诉人）：王某某等

被申请人（一审原告、二审上诉人）：某银行有限公司青海省分行（以下简称某银行青海分行）

【案由】

金融借款合同纠纷

【裁判观点】

案涉借款合同第19条载明："贷款人与借款人的借贷关系解除的，借款人应当立即返还其所欠贷款的本金、利息、罚息及实现债权的费用，或委托售房人直接将上述款项归还贷款人。"该条款系某银行青海分行为重复使用而提前拟定的格式条款。在司法解释已经明确规定，商品房买卖合同和商品房担保贷款合同解除后，出卖人将收取的购房贷款的本金及利息直接返还给贷款人而非购房人（借款人）的情况下，某银行青海分行拟定该条内容，意味着要求王某某等三人在既未取得所购房屋亦未实际占有购房贷款的情况下归还贷款，明显不合理地加重了王某某等三人的责任，根据《合同法》第40条"……提供格式条款一方免除其责任、加重对方责任、排除对方主要权利的，该条款无效"之规定，该条款对王某某等三人不具有拘束力。

【相关规定】

《民法典》第470条、第489条、第496条；《消费者权益保护法》第26条；《保险法》第17条；《民诉法司法解释》第31条；《保险法司法解释二》第9条、第10条、第11条、第12条、第13条；原《合同法司法解释二》第6条、第9条；《民法典会议纪要》第7条；《九民会议纪要》

> **第十条 【格式条款订入合同】**
>
> 提供格式条款的一方在合同订立时采用通常足以引起对方注意的文字、符号、字体等明显标识,提示对方注意免除或者减轻其责任、排除或者限制对方权利等与对方有重大利害关系的异常条款的,人民法院可以认定其已经履行民法典第四百九十六条第二款规定的提示义务。
>
> 提供格式条款的一方按照对方的要求,就与对方有重大利害关系的异常条款的概念、内容及其法律后果以书面或者口头形式向对方作出通常能够理解的解释说明的,人民法院可以认定其已经履行民法典第四百九十六条第二款规定的说明义务。
>
> 提供格式条款的一方对其已经尽到提示义务或者说明义务承担举证责任。对于通过互联网等信息网络订立的电子合同,提供格式条款的一方仅以采取了设置勾选、弹窗等方式为由主张其已经履行提示义务或者说明义务的,人民法院不予支持,但是其举证符合前两款规定的除外。

【条文主旨】

本条是关于格式条款订入合同的规定。

【司法适用】

一、关于格式条款的来源与发展

本条是《民法典》有关格式条款的具体适用:本条第1款和第3款的条文参考借鉴了原《合同法司法解释二》第6条和《民法典会议纪要》第7条;第2款是对《民法典》第496条第2款中的"说明"方式的细化规定。

(一)民法典中的格式合同条款

《民法典》第496条至第498条是关于格式合同条款的规定,相较于原《合同法》的规定,主要有两点变化:一是规定格式合同条款提供者未尽到提示、说明义务,对方可以主张这些与其有重大利害关系的条款不成立合同的内容;二是在"免除或减轻其责任、加重对方责任、限制对方主要权利"导致格式合同条款无效前加上限定词

"不合理地",这是对原《合同法》第 40 条规定的进一步完善,在认定格式合同条款无效时不再"一刀切",而是综合考虑交易性质、双方风险负担等情况①。主要包括但不限于以下具体方面:

1. 关于"对方可以主张该条款不成为合同的内容"。在原《合同法司法解释二》第 9 条②中的法律后果为"对方当事人申请撤销该格式条款的,人民法院应当支持"是作为可撤销事由规定的。可撤销权是形成权,所以享有撤销权的人就必须依法主动行使这个权利。此处还涉及除斥期间的限制,权利人必须在法定的除斥期间内主张权利,才有可能撤销对己不利的条款,不让其发生应有的合同效力。而《民法典》第 496 条规定的法律后果(调整为):"对方可以主张该条款不成为合同的内容。"

2. 关于增加"理解"。《民法典》第 496 条中的"致使对方没有注意或者理解与其有重大利害关系的条款的",在原《合同法司法解释二》第 9 条的"注意"基础上,同步增加了"理解",这一制度安排,对于接受一方相对来说,可能保护的力度会更大一些。

3. 关于增加"不合理地"文字表述。在原《合同法》第 40 条的基础上,调整为"提供格式条款一方不合理地免除或者减轻其责任、加重对方责任、限制对方主要权利",增加了"不合理地"的表述,意味着——在合理范围内的可以不认定为无效,但是"不合理地"范围应被认定为无效③。

(二)《民法典会议纪要》中的格式合同条款

《民法典会议纪要》第 7 条是对原《合同法司法解释二》第 6 条的相关调整。相较于原《合同法司法解释二》第 6 条规定,《民法典会议纪要》第 7 条进行了相应的文字调整:

其一,由于《民法典》第 496 条将原《合同法》第 39 条所规定的"提请对方注意免除或者限制其责任的条款",调整为"请示对方注意免除或者减轻其责任的条款",同时,又增加了"等与对方有重大利害关系的条款"。因此,《民法典会议纪要》第 7 条对标《民法典》第 496 条的上述修改,从原《合同法司法解释二》第 6 条中的"免除或者限制其责任的内容",调整为《民法典会议纪要》第 7 条,"免除或者减轻其责

---

① 刘贵祥:《民法典适用的几个重大问题》,载最高人民法院政治部编:《人民法院大讲堂:民法典重点问题解读》,人民法院出版社 2021 年版,第 83 页。

② 原《合同法司法解释二》第 9 条规定:"提供格式条款的一方当事人违反合同法第三十九条第一款关于提示和说明义务的规定,导致对方没有注意免除或者限制其责任的条款,对方当事人申请撤销该格式条款的,人民法院应当支持。"

③ 刘敏:《民法典总则编重点问题解读》,载最高人民法院政治部编:《人民法院大讲堂:民法典重点问题解读》,人民法院出版社 2021 年版,第 445~446 页。

任等与对方有重大利害关系的内容"的规定。

其二,《民法典会议纪要》第 7 条在原《合同法司法解释二》第 6 条的基础上,增加了"等与对方有重大利害关系的内容"。

其三,《民法典会议纪要》第 7 条在原《合同法司法解释二》第 6 条的基础上,增加"以常人能够理解的方式";即借鉴《保险法司法解释二》第 11 条[①]的表述,从"按照对方的要求对该格式条款予以说明的",调整"按照对方的要求以常人能够理解的方式对该格式条款予以说明的"。

二、关于对"采取合理的方式"的理解

(一) 关于"采取合理的方式"的含义

关于"合理的方式",就是"能够引起接受格式条款一方的注意"[②],有以下几层含义:第一,格式条款中需要以合理的方式作出特别提示或者说明的,是指格式合同的"免责条款"和"限责条款",或者说,"是指其中免除或者减轻格式条款提供方责任等与对方有重大利害关系的内容"[③];第二,关于"免责条款"和"限责条款"的"特别提示"或"说明"必须是在合同订立时作出;第三,这种特别提示或说明的具体方式包括文字、符号、字体等特别标识,以及在合同相对方要求的情况下所进行的特别说明;第四,所采取的特别标识必须足以引起对方注意;第五,格式条款提供方应当就自己已尽合理提示及说明义务承担举证责任;[④] 第六,合同订立后再进行提示说明的,不构成履行本条规定的提示说明义务[⑤];第七,以常人能够理解的方式。《最高人

[①] 《保险法司法解释二》第 11 条规定:"保险合同订立时,保险人在投保单或者保险单等其他保险凭证上,对保险合同中免除保险人责任的条款,以足以引起投保人注意的文字、字体、符号或者其他明显标志作出提示的,人民法院应当认定其履行了保险法第十七条第二款规定的提示义务。保险人对保险合同中有关免除保险人责任条款的概念、内容及其法律后果以书面或者口头形式向投保人作出常人能够理解的解释说明的,人民法院应当认定保险人履行了保险法第十七条第二款规定的明确说明义务。"

[②] 谢鸿飞、朱广新主编:《民法典评注:合同编 通则》(第 1 册),中国法制出版社 2020 年版,第 250 页。

[③] 最高人民法院研究室编著:《〈全国法院贯彻实施民法典工作会议纪要〉条文及适用说明》,人民法院出版社 2021 年版,第 27 页。

[④] 最高人民法院研究室编著:《最高人民法院关于合同法司法解释(二)理解与适用》,人民法院出版社 2009 年版,第 59 页。

[⑤] 最高人民法院研究室编著:《〈全国法院贯彻实施民法典工作会议纪要〉条文及适用说明》,人民法院出版社 2021 年版,第 27 页。

民法院关于适用〈中华人民共和国保险法〉若干问题的解释（二）》第 11 条[1]在此基础上进一步予以完善，要求说明达到常人能够理解的程度，该答复和司法解释解决的是明确说明的要求问题，对于我们界定如何履行说明义务有参照作用[2]。

（二）关于通过勾选、弹窗等特别方式

1. 关于特别方式

审判实践中，经常出现双方当事人争议的合同文本中有这样的内容，即"甲乙双方在履行本合同过程中所发生的争议，由双方协商解决；协商不成的，按下列第（3）项方式解决：（1）向……申请仲裁。（2）向……所在地人民法院提起诉讼。（3）向人民法院提起诉讼。"该条款中，"按下列第（3）项方式解决"的"（3）"系手写，前两处选项中的第（1）、（2）项空白处均已"手写"勾选。由此可见，该条款可由当事人自由选择管辖方式，并不属于格式条款，不应适用《民法典》第 496 条规定中"格式条款"相关法律否定其效力。与此同时，即便该条款系提供格式条款的一方当事人"预先填写"、未经双方协商，但因该条款所选择和排除的管辖方式均系手写，与合同其他文本有明显区别，足以引起当事人充分注意，无须特别提醒说明，无其他相反的证据证明的情况下，该约定本身也不存在显失公平之处。

2. 有关"显著方式"的判断标准

应当区分传统交易模式和新技术背景下的交易模式，如电子商务中的经营者故意将与消费者有重大利害关系的合同条款设置不方便链接，或者以技术手段隐藏该类内容，使消费者难以获取，也是对"显著方式"提示义务的违反[3]。

3. 关于"邮件"协商

在审判实践中，存在双方诉讼的合同（包括双方争议条款在内）均经双方当事人通过邮件往来协商，进行了特别约定。非提供格式条款的一方当事人，除个别文字补充外，当时并没有对（本案双方正在争议中的）"争议条款"提出异议，但是，并不能表明"争议条款"未经双方协商。是否构成"格式条款"，应当按照《民法典》第 496

---

[1] 《保险法司法解释二》第 11 条规定："保险合同订立时，保险人在投保单或者保险单等其他保险凭证上，对保险合同中免除保险人责任的条款，以足以引起投保人注意的文字、字体、符号或者其他明显标志作出提示的，人民法院应当认定其履行了保险法第十七条第二款规定的提示义务。保险人对保险合同有关免除保险人责任条款的概念、内容及其法律后果以书面或者口头形式向投保人作出常人能够理解的解释说明的，人民法院应当认定保险人履行了保险法第十七条第二款规定的明确说明义务。"

[2] 最高人民法院民法典贯彻实施工作领导小组主编：《中华人民共和国民法典合同编理解与适用》（一），人民法院出版社 2020 年版，第 247 页。

[3] 李适时主编：《中华人民共和国消费者权益保护法释义》，法律出版社 2013 年版，第 113 页。

条和本条规定的实质性标准进行判断。

（三）关于"采取合理的方式"的司法认定

1. 关于"属于采取合理的方式"的认定

认为属于"采取合理的方式"的提供格式条款的一方，除了"采用足以引起对方注意的文字、符号、字体等特别标识，并按照对方的要求对该格式条款予以说明的"，"通过勾选、弹窗等特别方式"，"以常人能够理解的方式对该格式条款予以说明的"，人民法院可以认定提供格式条款的一方的行为符合《民法典》第496条所称的采取了合理的方式的以外，包括但不限于以下形式：

第一，关于"您已经认真阅读"类型

（1）在双方当事人的合同或协议书中的有重要提示载明："您已经认真阅读并充分理解合同条款，并特别注意了其中有关责任承担、免除或限制当事人一方的责任"，并在合同文本中对相关条款加黑；（2）在案涉合同首页下方显著位置列有"声明"："（非提供格式条款的一方或多方当事人）已阅读本合同所有条款。应双方要求，甲方已经就本合同作了相应的说明。双方对本合同条款的含义及相应的法律后果已全部通晓并充分理解。"非提供格式条款的一方当事人签订该合同的同时，还分别签署了与主合同相关的其他合同或协议，可以佐证其签署的主合同系其真实意思表示的，一般可以认定提供格式条款一方已经尽到提示说明义务。非提供格式条款一方当事人如果以上述条款为"格式条款"为由，应认定无效的，理由不成立。

第二，关于"非格式条款"

虽然内容是当事人预先拟定的，但需要注意：（1）在双方当事人之间的合同协议中的"空白处"由非提供当事人一方誊写"已经认真阅读并充分理解合同条款，并特别注意了其中有关责任承担、免除或限制当事人一方的责任"的；（2）在双方争议的条款的表述内容上（如房屋的交付日为2023年10月18日）是"手写的"。那么根据《民法典》第498条规定："对格式条款的理解发生争议的，应当按照通常理解予以解释。对格式条款有两种以上解释的，应当作出不利于提供格式条款一方的解释。格式条款和非格式条款不一致的，应当采用非格式条款。"该项内容是经双方协商确定的，不属于格式条款，就符合合同解释规则。

第三，关于"补充条款"

由提供格式条款的一方当事人事先印制好的格式文本，绝大部分合同条款都属于格式条款。但双方当事人在签订本合同时，除在相关"空白处"填入相关内容外，另外，还存在"补充条款"约定，作为合同的"补充内容"增加到合同中的，有时这种情况是"临时增加"，有时这种情况是非提供格式条款一方或双方"手写"或同意采用打印体后采用"签字方式",在这类情况中,(绝大部分合同条款属于格式条款)这些"补充条款"是双方当事人在订立合同时"协商一致"约定的内容,并不属于预先拟定而未与非提供格式条款的另一方当事人协商的格式条款,而属于非格式条款,因此,当相关合同条款不一致时,应当按照《民法典》第498条规定,以作为非格式条款的内容为准。

2. 认为不属于"采取合理的方式"的根据

《民法典》第496条、《民法典会议纪要》第7条和《保险法》第17条"订立保险合同,采用保险人提供的格式条款的,保险人向投保人提供的投保单应当附格式条款,保险人应当向投保人说明合同的内容。对保险合同中免除保险人责任的条款,保险人在订立合同时应当在投保单、保险单或者其他保险凭证上作出足以引起投保人注意的提示,并对该条款的内容以书面或者口头形式向投保人作出明确说明;未作提示或者明确说明的,该条款不产生效力"的规定,如果保险公司无法说清承保过程,而且在电子保单上对该免责条款既未使用足以引起投保人注意的文字、字体、符号或者其他明显标志作出提示,也未提供其他证据证明其已对该免责条款予以提示和明确说明。因此,根据上述法律规定,该免责条款不产生效力。

三、关于说明义务

(一) 关于"说明义务"的原因

说明义务的发生,必须以对方要求为前提条件。如果对方没有提出要求,格式条款的提供者就只有提示义务。关于为何要求"说明"的原因。

其一,公平原则。民事活动应当遵循公平原则,为了防止格式条款提供方利用单方拟定格式条款的机会,设计不公平的条款内容。[1] "加大对弱势合同当事人一方的保护[2]",由于提供格式条款的一方常常居于优势地位,而相对人在订约过程中居于附从地位,为了保障交易的公平,法律要求提供格式条款的一方应当遵循公平原则确定当事人之间的权利和义务,在格式条款的制定中,不得利用其优势地位损害另一方权益,更不得利用对方的无经验或者是利用自己的优势地位导致民事主体之间利益关系失衡。[3]

其二,意思表示自由原则。不同的合同主体或商事行为人,基于自身的知识储备、

---

[1] 黄薇主编:《中华人民共和国民法典合同编释义》,法律出版社2020年版,第85页。
[2] 《民法典立法背景与观点全集》编写组编:《民法典立法背景与观点全集》,法律出版社2020年版,第24页。
[3] 王利明主编:《中国民法典释评》(合同编·通则),中国人民大学出版社2020年版,第147页。

专业领域等因素，对于格式条款的理解能力和水平，存在差异，如随着商品和服务的专业化，经营者采用的格式条款日益复杂冗长，晦涩难懂，使本就处于缔约劣势地位的消费者与经营者之间的信息不对称情形更加严重①，因此，非常有必要在客观上尽可能地"补足"合同背景和合同内容的要求。

其三，让合同相对人能够及时识别、注意、关注该格式条款及其内容的含义，让其能够在此基础上，根据意思自治原则，决定是否接受格式条款的约束，决定是否与提供格式条款的一方达成合意。

（二）关于"采取合理的方式"和"说明义务"

1. 提示义务

《民法典》和原合同法司法解释中没有明确规定提示义务的含义。《保险法司法解释二》第11条第1款规定："保险合同订立时，保险人在投保单或者保险单等其他保险凭证上，对保险合同中免除保险人责任的条款，以足以引起投保人注意的文字、字体、符号或者其他明显标志作出提示的，人民法院应当认定其履行了保险法第十七条第二款规定的提示义务。"关于提示的程度，存在客观说和主观说，客观说认为，提示能以足以引起一般投保人的注意，即以一般投保人的能否注意为判断标准。主观说认为，提示应以足以引起具体投保人的注意为目的，即应以具体订立保险合同的投保人能否注意为判断标准。当前，理论界采的是主客观相结合的判断标准，即原则上以理智正常的社会上一般人的认识水平为标准②，即"常人能够理解的解释说明的"。

2. 关于"提示""说明义务"的关系

原《合同法司法解释二》第9条规定"提供格式条款的一方当事人违反合同法第三十九条第一款关于提示和说明义务的规定"中，提示与说明义务的关系是"关于提示和说明义务的规定"；而根据《民法典》第496条的规定，其中的"提供格式条款的一方未履行提示或者说明义务"中的"提示""说明义务"是"或者关系"，即并列关系，并"和"的关系（提示和说明义务），也并非包含关系。远不同于《保险法》第17条中将"提示义务"列入"说明义务"。③

关于某些格式条款须向对方说明方可成为合同内容。《民法典》第496条第2款区分了提示注意和对格式条款说明，在这种框架下，提示注意为第一步，条款利用人使

---

① 李适时主编：《中华人民共和国消费者权益保护法释义》，法律出版社2013年版，第110页。
② 最高人民法院民事审判第二庭编著：《最高人民法院关于保险法司法解释（二）理解与适用》，人民法院出版社2015年版，第263页。
③ 最高人民法院保险法司法解释起草小组编著：《〈中华人民共和国保险法〉保险合同章条文理解与适用》，中国法制出版社2010年版，第100页。

相对人注意到格式条款的存在即可，至于使相对人理解格式条款的含义甚至是法律效果，将由条款利用人在格式条款说明这个环节完成。此处所谓说明，泛指就相对人问询的格式条款以语义解释、范围界定、目的揭示等行为。该项说明义务的产生以相对人提出要求为必要，除非法律另有规定；说明的对象为免除或减轻其责任等与相对人有重大利害关系的条款，并非漫无边际，否则，条款利用人的负担过重。①

3. 关于"合理的方式提示"

提示义务，格式条款提供方提请对方注意的义务。提请注意的义务履行到何种程度才算合理。为何要规定"合理的方式提示"，主要原因是格式条款未与相对方进行实际磋商，相对方对条款的内容并不充分了解，对与自己有重大利害关系的条款并不一定能注意到，即使注意到了，也不一定真正理解。为了让相对人在缔约时，能够充分注意并理解格式条款的内容，从而对合同的订立的效果作出合理的判断，因此，《民法典》第496条规定了格式条款提供方与对方有重大利害关系条款的提示、说明义务。②

原《合同法司法解释二》第6条规定："提供格式条款的一方对格式条款中免除或者限制其责任的内容，在合同订立时采用足以引起对方注意的文字、符号、字体等特别标识，并按照对方的要求对该格式条款予以说明的，人民法院应当认定符合合同法第三十九条所称'采取合理的方式'。"

（1）关于本条的内涵。主要包括五层含义：第一，格式条款中需要以合理的方式作出特别提示或说明的，是指格式条款的免责条款和限责条款；第二，关于免责条款和限责条款的特别提示或说明必须是在合同订立时作出；第三，这种特别提示或说明的具体方式包括文字、符号、字体等特别标识，以及在合同相对方要求的情况下所进行的特别说明；第四，所采取的特别标识必须足以引起对方注意；第五，格式条款提供方应当就自己已尽合理提示及说明义务承担举证责任。③

（2）所谓合理方式，主要是指能引起注意、提请强调和吸引对方注意的方式。"采用合理的方式，目的在于使相对方充分注意，如实践中一些格式条款采用特别的字体予以提示。对于合理的方式具体指什么方式，要视具体情况而定，应能引起相对方的注意"④，判断是否达到合理的程度时，应当依据以下四个方面的标准：第一，文件的

---

① 崔建远：《合同解释与合同订立之司法解释及其评论》，载《中国法律评论》2023年第6期，第15页。
② 黄薇主编：《中华人民共和国民法典合同编释义》，法律出版社2020年版，第85页。
③ 最高人民法院研究室编著：《最高人民法院关于合同法司法解释（二）理解与适用》，人民法院出版社2009年版，第59页。
④ 黄薇主编：《中华人民共和国民法典合同编释义》，法律出版社2020年版，第85页。

外形。从文件的外在表现形式来看，应当使相对人产生它是规定当事人权利义务关系的合同条款的印象。第二，提示注意的方法。根据特定交易的具体环境，提供格式条款的一方可以向相对人明示其条款或以其他方式如广播、张贴公告等形式提请相对人注意。第三，清晰明白的程度。提示相对人注意的文字或语言必须清楚明白。第四，提示注意的程度。必须能够引起一般人的注意。①

4. 关于说明义务

《民法典》和原《合同法司法解释》中没有明确"说明义务"。根据《保险法》第17条规定："订立保险合同，采用保险人提供的格式条款的，保险人向投保人提供的投保单应当附格式条款，保险人应当向投保人说明合同的内容。对保险合同中免除保险人责任的条款，保险人在订立合同时应当在投保单、保险单或者其他保险凭证上作出足以引起投保人注意的提示，并对该条款的内容以书面或者口头形式向投保人作出明确说明；未作提示或者明确说明的，该条款不产生效力。"其中，关于什么是"明确说明"问题，2000年《最高人民法院研究室关于对〈保险法〉第十七的"明确说明"应如何理解的问题的答复》（法研〔2000〕5号）认为，这里所规定的"明确说明"，是指保险人在与投保人签订保险合同之前或者签订保险合同之时，对于保险合同中所约定的免责条款，除在保险单上提示投保人注意外，还应当对有关免责条款的概念、内容及其法律后果等，以书面或者口头形式向投保人或其代理人作出解释，以使投保人明白该条款的真实含义和法律后果。从说明义务的性质和判断来说，存在"形式判断标准"和"实质判断标准"，"形式判断标准"是指以保险人说明义务的履行方式、形式进行判断；"实质判断标准"是指投保人以对免除责任条款真实含义的实际理解为基准进行判断。上述答复即采"实质判断标准"。根据该标准，保险人是否已经明确说明的判断标准在于能够达到使投保人明白该条款的真实含义和法律后果的说明效果。②

保险法司法解释规定了说明义务。《保险法司法解释二》第11条第2款规定："保险人对保险合同中有关免除保险人责任条款的概念、内容及其法律后果以书面或者口头形式向投保人作出常人能够理解的解释说明的，人民法院应当认定保险人履行了保险法第十七条第二款规定的明确说明义务。"从说明标准的角度来说，采"实质判断标准"。

实质判断标准的优势在于更加符合说明义务的立法意旨，也能更好地平衡各方当事人的利益关系。(1) 形式判断标准可能会导致说明义务形式化；(2) 说明义务不同

---

① 王利明主编：《中国民法典释评》（合同编·通则），中国人民大学出版社2020年版，第148页。

② 最高人民法院民事审判第二庭编著：《最高人民法院关于保险法司法解释（二）理解与适用》，人民法院出版社2015年版，第266页。

于告知义务和提供信息义务，说明义务是一项实质性义务；（3）实质判断标准更符合诚信原则；（4）实质判断标准能够更好地平衡当事人利益关系；（5）实质判断标准也是审判实践长期以来所坚持的做法，如前述的《答复》的规定。①

四、格式条款的举证责任

（一）承担举证责任

从举证责任的基本原理来看，根据《民事诉讼法》第67条和《民诉法司法解释》第90条、第91条规定，"主张法律关系存在的当事人，应当对产生该法律关系的基本事实承担举证证明责任"，主张已尽提示义务或者说明义务的，应当对存在这个行为的基本事实，承担举证责任。因此，"提供格式条款一方对已尽提示义务或者说明义务承担举证责任"。而且，从证据距离的角度考虑来说，"采取合理的方式"和"说明义务"都是格式条款提供方的义务和行为，其与相关证据的距离更近，更方便提供相关证据；从当事人双方的地位来说，"格式条款提供方处于强势地位，并且欲享受格式条款的便利之益，要求其承担举证责任自然也是十分合理的"。②

（二）未尽到举证责任的根据

本条第3款规定："提供格式条款一方对其已经尽到提示义务或者说明义务承担举证责任。"如果在庭审过程中，提供格式条款一方仅仅称通过口头方式提示告知过提示义务或口头说明过说明义务，但并未提供相应的证据予以佐证，则不能证明其已就免责条款尽到了合理的提示说明义务，或者说，格式合中的"免责条款"不发生法律效力。

【法律适用分歧】

关于合同中"专门空出数行"是否属于尽到说明义务

司法实践中，双方当事人对于格式合同中"免责条款"的效力问题存在争议。第一种情况：从文本形式看，虽然合同中记载内容系提供格式条款的一方当事人预先拟定，但合同条款中相关事项具体内容多处是空白项，"其他约定事项"则完全空白，供双方当事人协商填写。该合同文本中留白条款表明，对于提供格式条款的一方当事人预先拟定的条款，双方当事人可以协商变更约定，对于合同预先没有确定的内容，双方亦可以进行协商，即合同约定内容并非全部按照提供格式条款的一方当事人预先拟定且不能协商。第二种情况：如果合同或者协议书在"免责条款"与"下一条款"之

---

① 最高人民法院民事审判第二庭编著：《最高人民法院关于保险法司法解释（二）理解与适用》，人民法院出版社2015年版，第275~276页。

② 最高人民法院研究室编著：《最高人民法院关于合同法司法解释（二）理解与适用》，人民法院出版社2009年版，第64页。

间，专门空出数行，用于对"免责条款"进行特别说明与提示的，且如果当事人在此"专门空出数行"处单独加盖印章和签署姓名，表明双方签订协议时对该免责条款是意思表示一致，并无异议的，符合本条第 1 款所规定："提供格式条款的一方在合同订立时采用通常足以引起对方注意的文字、符号、字体等明显标识，提示对方注意免除或者减轻其责任、排除或者限制对方权利等与对方有重大利害关系的异常条款的，人民法院可以认定其已经履行民法典第四百九十六条第二款规定的提示义务"。因此，如果申请人提出"免责条款无效"的主张的，明显不符合上述法律规定，该项申请理由不能成立。

【典型案例】

一、裁判规则：提供格式条款一方不合理地免除或者减轻其责任、加重对方责任、限制对方主要权利的，该条款无效

【法院】

最高人民法院

【案号】

（2020）最高法民申 2963 号

【当事人】

再审申请人（一审原告、二审上诉人）：甘肃银行股份有限公司某分行（以下简称甘某银行某分行）

被申请人（一审被告、二审被上诉人）：甘肃增某房地产开发有限责任公司等

【案由】

追偿权纠纷

【裁判观点】

本案中，案涉《保证合同》系甘肃银行某分行提供的预先拟定的合同文本，在订立合同时，除了贷款数额、期限、用途等之外，其他格式条款均未与对方协商，其内容具有定型化特点，增某公司、富某公司基本上没有选择的余地，在订约时居于相对弱势地位，制定格式条款的甘肃银行某分行处于相对优势地位。该合同第 5 条第 1 款约定："如果乙方与债务人协议变更主合同条款……甲方同意对变更后的主合同项下债务承担连带保证责任。"该条款增加了保证人风险，甘肃银行某分行应尽提示和说明义务，但甘肃银行某分行在签订案涉《保证合同》时，没有以合理、适当的方式提示增某公司、富某公司注意免除、限制其责任的条款，没有将格式条款的基本含义、存在的风险以及风险的大小等予以解释。二审法院根据以上法律规定和事实认定增某公司、富某公司不应承担案涉贷款的连带清偿责任。

二、裁判规则：提供格式条款的一方对格式条款中免除或者减轻其责任等与对方有重大利害关系的内容，在合同订立时采用足以引起对方注意的文字、符号、字体等特别标识，并按照对方的要求以常人能够理解的方式对该格式条款予以说明的，人民法院应当认定符合《民法典》第496条所称"采取合理的方式"

【法院】

甘肃省高级人民法院

【案号】

（2021）甘民终734号

【当事人】

上诉人（原审被告）：华某包装彩印有限公司

被上诉人（原审原告）：甘肃某县农村商业银行股份有限公司等（以下简称某县农商行）

【案由】

金融借款合同纠纷

【裁判观点】

根据《民法典》第57条规定，华某公司作为一个法人，法律赋予其民事主体资格，其依法独立享有民事权利和承担民事义务。因此，其与某县农商行签订《流动资金借款合同》应当视为在其权利能力范畴之内，其自己在签订合同过程中，对合同内容尤其是对合同的实质性条款具有清楚的认识。根据《民法典》第496条规定，经核，《流动资金借款合同》属于格式条款，该合同首页特别加黑提示说明，为维护借款人的合法权益，贷款人特请借款人对有关双方权利义务的全部条款，特别是黑体部分予以充分注意，签约双方对本合同的含义认识一致。合同对违约责任中借款人违约，贷款人可采取的措施均已进行加黑提醒。《民法典会议纪要》第7条规定："提供格式条款的一方对格式条款中免除或者减轻其责任等与对方有重大利害关系的内容，在合同订立时采用足以引起对方注意的文字、符号、字体等特别标识，并按照对方的要求以常人能够理解的方式对该格式条款予以说明的，人民法院应当认定符合民法典第四百九十六条所称'采取合理的方式'。提供格式条款一方对已尽合理提示及说明义务承担举证责任。"案涉《流动资金借款合同》约定了借款利率，按季结息，结息日每季度末的20日，按合同约定及时、足额归还借款本息，合同第9条第2款第3项明确约定，借款人违约，贷款人可宣布合同和贷款人与借款人之间其他合同项下未偿还的借款和其他融资款项立即到期并立即收回未偿还款项。案涉合同虽然属于格式合同，但某县农商行在所提供的格式合同中，对合同的实质性条款及对华某公司有重大利害关系的内容，在合同订立时采用了足以引起华某公司注意的文字、符号、字体等标识，并以常人能够理解的方式对该格式条款予以说明。法院认定某县农商行的行为符合《民法典》第496条所称的采取了合理的方式。

三、裁判规则：对格式条款有两种以上解释的，应当作出不利于提供格式条款一方的解释；格式条款和非格式条款不一致的，应当采用非格式条款

【法院】

新疆维吾尔自治区高级人民法院

【案号】

（2023）新民申428号

【当事人】

再审申请人（一审被告）：王某某等

被申请人（一审原告）：新疆维吾尔自治区融资担保有限责任公司等

【案由】

追偿权纠纷

【裁判观点】

本案中，融资担保公司与王某某等共同签订的《保证反担保合同》明确约定王某某等提供反担保的内容，且首页标题即为"保证反担保合同"字样，其字体加黑、明显大于正文字体，足以起到了醒目、提示的作用。根据《合同法》第40条规定，格式条款具有本法第52条和第53条规定情形的，或者提供格式条款一方免除其责任、加重对方责任、排除对方主要权利的，该条款无效。第41条规定，对格式条款的理解发生争议的，应当按照通常理解予以解释。对格式条款有两种以上解释的，应当作出不利于提供格式条款一方的解释。格式条款和非格式条款不一致的，应当采用非格式条款。经审查，案涉《保证反担保合同》不存在《合同法》第52条和第53条规定的情形，且该反担保合同内容明确无争议，亦不能作出两种以上解释，故该反担保合同是各方真实意思表示，未违反法律、行政法规的禁止性规定，合法有效，依法成立的合同对双方当事人均具有约束力，各方均应按照合同的约定履行各自的义务。

【相关规定】

《民法典》第496条；《消费者权益保护法》第26条；《保险法》第17条；《民法典会议纪要》第7条；原《合同法司法解释二》第6条；《民诉法司法解释》第91条；《保险法司法解释二》第10条、第11条、第12条、第13条

三、合同的效力

根据《民法典》合同编中的第一分编"通则"下的第三章"合同的效力"部分（第502条至第508条），本《通则司法解释》关于"三、合同的效力"部分，共有15条规定，分别是：

1. 第十一条："缺乏判断能力的认定。"本条主要是关于如何认定构成民事法律行为显失公平的"缺乏判断能力"及相应标准的规定，涉及的基础理论主要包括显失公平、可撤销的民事法律行为等。

2. 第十二条："批准生效合同的法律适用。"本条主要是关于如何认定批准生效合同的效力，涉及的基础理论主要包括未报批合同的效力、未生效合同等。

3. 第十三条："备案合同或者已批准合同等的效力认定。"本条主要是关于如何认定备案、批准或登记不影响法院依据其他无效或者可撤销事由下认定合同无效或可撤销的规定，涉及的基础理论主要包括合法性审查、有效性审查等。

4. 第十四条："多份合同的效力认定。"本条主要是关于在当事人之间就同一交易订立多份合同时各合同效力认定问题，涉及的基础理论主要包括被隐藏的合同效力、黑白合同、合同变更理论等。

5. 第十五条："名实不符与合同效力。"本条主要是关于如何认定名实不符的合同，涉及的基础理论主要包括真实意思表示、实际民事法律关系等。

6. 第十六条："民法典第153条第1款但书的适用。"本条是关于违反强制性规定不影响合同效力的情形及法律后果，涉及的基础理论主要包括效力性强制性规定等。

7. 第十七条："民法典第153条第2款的适用。"本条主要是如何认定违背公序良俗导致合同无效的规定，涉及的基础理论主要包括公序良俗理论、社会公共利益等。

8. 第十八条："不适用民法典第153条第1款的情形。"本条主要是关于如何认定行为虽然违反强制性规定但不适用《民法典》第153条第1款的情形，涉及的基础理论主要包括赋予权性规定、权限性规定、倡导性规定等。

9. 第十九条："无权处分的合同效力。"本条主要是关于如何认定无权处分的合同效力下的法律后果，涉及的基础理论主要包括物权区分原则、善意取得理论等。

10. 第二十条："越权代表的合同效力。"本条主要是关于如何认定法定代表人或者负责人越权代表行为的效力问题，涉及的基础理论主要包括越权代表、无权代理等。

11. 第二十一条："职务代理与合同效力。"本条主要是关于职务代理下如何认定合同效力的问题，涉及的基础理论主要包括职务代理、表见代理等。

12. 第二十二条："印章与合同效力。"本条主要是关于如何认定在不同印章情况下的合同效力问题，涉及的基础理论主要包括人与章的关系、代表权、代理权等。

13. 第二十三条："代表人或者代理人与相对人恶意串通的合同效力。"本条主要是如何认定代表人或者代理人与相对人恶意串通下的合同效力问题，涉及的基础理论主要包括恶意串通、高度盖然性理论等。

14. 第二十四条："合同不成立、无效、被撤销或者确定不发生效力的法律后果。"本条主要是关于在合同不成立、无效、被撤销或者不发生效力的情形下，如何认定当事人承担的民事责任问题，涉及的基础理论主要包括返还财产请求权理论、折价补偿请求权理论等。

15. 第二十五条："价款返还及其利息计算。"本条主要是在合同不成立、无效、被撤销或者确定不发生效力时，如何认定有权请求返还价款或者报酬的一方请求对方支付资金占用费的问题，涉及的基础理论主要包括资金占用费、抵销理论等。

> **第十一条 【缺乏判断能力的认定】**
> 当事人一方是自然人,根据该当事人的年龄、智力、知识、经验并结合交易的复杂程度,能够认定其对合同的性质、合同订立的法律后果或者交易中存在的特定风险缺乏应有的认知能力的,人民法院可以认定该情形构成民法典第一百五十一条规定的"缺乏判断能力"。

【条文主旨】

本条是对《民法典》中有关缺乏判断能力认定的规定。

【司法适用】

相对于《通则司法解释》征求意见稿,本条为新增条文。《民法典》第151条未对该条中的"缺乏判断能力"作出明确规定。根据立法的目的、原则和原意,本条系《民法典》第151条的补充解释,明确对《民法典》第151条所规定的"一方利用对方处于危困状态、缺乏判断能力等情形"中的"缺乏判断能力"进行认定和把握,从而便于准确掌握可撤销制度。

一、关于"缺乏判断能力"的构成要件

(一)显失公平的主观要件

我国原《民法通则》和《合同法》对显失公平作了规定,原《民法通则》第59条第1款将显失公平列为可变更或者可撤销的事由,不过从该规定本身来看,似乎仅是从行为后果的角度界定了显失公平,并不强调传统理论中显失公平的主观要件或者产生显失公平后果的原因。[①] 后原《民法通则意见(试行)》[②] 第72条规定:"一方当事人利用优势或者利用对方没有经验,致使双方的权利与义务明显违反公平、等价有偿原则的,可以认定为显失公平。"该解释首次突出强调了对于显失公平的认定要认真考虑主观方面的原因。

根据《民法典》第151条所规定的显失公平的民事法律行为,显失公平往往包括客观要件和主观要件。就客观要件而言,当事人在交易中的利益失衡经常发生,而且此种失衡往往是当事人所应当承担的正常的交易风险。只有在利益失衡超出了社会公平观念所能容忍的界限和破坏了正常人所具有的道德标准时,法律才应当对其进行干

---

① 李适时主编:《中华人民共和国民法总则释义》,法律出版社2017年版,第473页。
② 此文件已失效,下文不再提示。

预。而主观要件,是指"这处权利义务失衡的状态系由于一方利用对方缺乏经验和判断能力、急迫、轻率等不利的情境所最终达成的结果"。① 此处的显失公平是指双方当事人在民事法律行为中的权利义务明显失衡、显著不相称。

1. 主观要件

缺乏判断能力,是指缺少基于理性考虑而实施民事法律行为或对民事法律行为的后果予以评估的能力。② 属于评判是否构成显失公平的主观要件的重要组成部分。即一方当事人主观上意识到对方当事人处于缺乏判断能力的不利情境,且有利用这一不利情境之故意。

2. 主体

本条规定的适用主体,仅限于自然人。法人和其他组织等主体不能适用本条之规定。需要注意的是,在商事案件适用显失公平原则时,由于不同于普通的民事主体,商事案件中的当事人双方作为成熟的商事主体,具有丰富的交易经验和足够的判断能力,适用显失公平条款要慎之又慎。除非涉及公共秩序和公共利益,否则,一般不得适用显失公平条款撤销商事行为。在审判实践中,应当对商事合同订立时主客观要件进行审查。相对于普通民事主体而言,商事主体应负有更高的审慎注意义务,只要能够证明双方签订合同是在平等协商的基础上进行的,不存在一方利用对方处于危困状态的情形,即使双方权利义务存在一定的失衡,也不宜认定为显失公平。③ 其背后的逻辑是,尊重当事人的意思自治,贯彻民法典所倡导的鼓励交易目的。

(二) 外在方面

关于自然人"缺乏判断能力"的外在方面,需要考虑以下几个方面的因素:

1. 关于年龄、智力、知识、经验

(1) 关于年龄。例如,对于已满15周岁的限制民事行为能力人,与房地产公司签订购房协议,其法定代理人代其签字并支付了购房款的情况,应当认为与其年龄、智力相适应的民事法律行为应受法律保护,且法律并不禁止限制民事行为能力人购置房屋的行为,因此,签订的购买商品房买卖合同应当有效,而不是无效或可撤销。

(2) 关于智力。例如,年仅12岁的未成年人连续使用法定代理人的账户进行充值,并用于网络消费打赏,消费金额达百万元,金额巨大,明显与年龄、智力不相适应,对于该未成年人超出其年龄智力水平进行充值并打赏消费长期而连续,应作为一

---

① 黄薇主编:《中华人民共和国民法典释义》(上),法律出版社2020年版,第299页。
② 黄薇主编:《中华人民共和国民法典总则编释义》,法律出版社2020年版,第402页。
③ 最高人民法院民法典贯彻实施工作领导小组编著:《中国民法典适用大全》(总则卷三),人民法院出版社2022年版,第1327页。

个整体进行评判。

（3）关于知识。比如，金融机构的从业人员向文化水平较低的老年人兜售收益率较低的理财产品，这些老年人以高昂价格购买了实际收益率较低的理财产品。①

（4）关于经验。对方没有经验，是指对方欠缺社会生活经验或生意上的知识，包括欠缺一般的经验和某一具体交易领域的经验。② 即所谓无经验，就是指欠缺一般的生活经验或交易经验。

2. 结合交易的复杂程度

一般情况下，常人能够按照社会上的一般标准来认识事物及发展规律，但如果遇到超出常人识别标准的特殊专业或行业领域的事物时，常人往往很难了解某类交易的复杂程度。例如，常人对于购买生活用品往往能够正常应对，但如果要求一个常人去理解国际贸易中的连环交易，一般情况下就会超出了常人对于交易的认识，尤其对于长期生活在闭塞环境的常人来说，一般很难了解"债转股"等类型交易行为。

（三）关于缺乏应有的认知能力

1. 对合同的性质缺乏应有的认知能力。在认定合同是否构成显失公平时，应采用主观要件和客观要件相结合。比如，某甲作为一个正常的成年人，购买某乙房地产公司的商品房，一般可以认定自然人对合同的性质具有应有的认知能力，而不能以自然人作为"弱势群体"认为其不具备购买商品房的认知能力而认定显失公平予以撤销；再如，作为公司的股东，应当知道诉争股权的价值。

2. 对合同订立的法律后果缺乏应有的认知能力。根据《民法典》第22条规定，民事行为能力制度在制度构造上优先保护的是限制行为能力人的利益，仅在法定情形下如限制民事行为能力人实施纯获利益的民事法律行为，从事与其智力、精神健康状况相适应的民事法律行为，或从事与其智力、精神健康状态不相适应之民事法律行为经法定代理人同意或追认等情形，才保护交易相对人的信赖利益。众所周知，限制民事行为能力人的认知能力受到限制，那么，限制民事行为能力人对担保5亿元本金及利息之巨额债务这一重大复杂的民事行为并无相应的认知能力，很明显，其签署案涉担保协议的民事行为与其智力、精神健康状况不相适应，就属于合同订立的法律后果缺乏应有的认知能力。

3. 交易中存在的特定风险缺乏应有的认知能力。例如，一个初来乍到的异乡人往往缺乏经验，一个普通人首次从事特殊领域的交易（如古玩交易），一家化工企业首先

---

① 黄薇主编：《中华人民共和国民法典释义》（上），法律出版社2020年版，第299页。
② 王利明：《合同法研究》卷1（第2版），中国人民大学出版社2015年版，第708页。

进行采矿业收购股权而且没有委托权威机构进行考察评估等。①

【法律适用分歧】

如何确定无民事行为能力人或者限制民事行为能力人证言的证明力

根据 2019 年《民事证据规定》第 90 条第 2 项规定，"下列证据不能单独作为认定案件事实的根据：……（二）无民事行为能力人或者限制行为能力人所作的与其年龄、智力状况或者精神健康状况不相当的证言"，认定无民事行为能力人或者限制民事行为能力人所作证言与其年龄、智力状况或者精神健康状况是否相当时，需要根据案件的复杂程度、对智力发育的要求程度，结合证人的年龄、生理、性格、习惯、受教育的条件和程度，需做证事物的客观环境、条件等综合认定。②

【典型案例】

一、裁判规则：当事人一方是自然人，根据该当事人的年龄、智力、知识、经验并结合交易的复杂程度，能够认定其对合同的性质、合同订立的法律后果或者交易中存在的特定风险缺乏应有的认知能力的，人民法院可以认定该情形构成《民法典》第 151 条规定的"缺乏判断能力"

【法院】

最高人民法院

【案号】

（2020）最高法民申 1231 号

【当事人】

再审申请人（一审被告、二审上诉人）：李某甲

被申请人（一审原告、二审上诉人）：李某乙等

【案由】

股权转让合同纠纷

【裁判观点】

李丙于 2015 年 2 月从学校毕业回国，在其父亲李某乙被羁押后，于同年 4 月开始参与伟某公司的经营管理。从原审查明的事实"2015 年 6 月 29 日伟某公司时任工作人员彭某丁通过电子邮件发送给李丙的股东决议；李丙定期参加公司股东会和重大事宜

---

① 杨代雄主编：《袖珍民法典评注》，中国民主法制出版社 2022 年版，第 116 页。
② 最高人民法院民事审判第一庭编著：《民事审判实务问答》，法律出版社 2022 年版，第 311~312 页。

决策会议,行使李某乙股东权益,李丙不参与项目具体事项处理,不涉及重大决策的相关事项确定由李某戊向李丙反馈信息"看,李丙参与伟某公司的管理,并没有深入了解伟某公司的情况,仅参加重大事宜决策会议,对伟某公司的具体管理、运营等均无具体参与。综合以上情形,李丙刚从学校毕业步入社会,其是在父亲李某乙被羁押,母亲田某外出躲避的情况下,才仓促代表李某乙参与伟某公司管理,其缺少对企业管理经营经验,且参与伟某公司管理时间短,对伟某公司的基本情况未全面摸清。在此情形下,原审法院认定李丙缺乏对李某乙持有伟某公司股权正确估值的判断能力,并无不当。李某甲、李某庚主张李丙具有完全民事行为能力和完整的判断能力,与李丙是否具备对李某乙持有伟某公司股权正确估值的判断能力,是两个不同的概念,李某甲、李某庚的该项主张不成立,法院不予支持。

二、裁判规则:作为对标的公司及相应行业进行充分了解的理性投资经营者,已经对标的公司进行了充分的背景调查、资料分析和调查分析,在此基础上作出的商业选择,并非缺乏判断能力

【法院】

最高人民法院

【案号】

(2020)最高法民申 4426 号

【当事人】

再审申请人(一审原告、反诉被告、二审上诉人):祝某民等

被申请人(一审被告、反诉原告、二审被上诉人):上海源某(集团)有限公司等

【案由】

合同纠纷

【裁判观点】

根据《民法总则》第 148 条规定,案涉股权转让价款涉及 1.5 亿元,作为理性投资经营者,祝某民等应当对标的公司及相应行业进行充分的了解,并且作出理性的选择。从案涉《股权转让协议书》的签订过程来看,祝某民、王某壮、郑甲实际上已经对标的公司进行了充分的背景调查及资料分析,亦聘请专业的机构进行了调查分析,甚至提前派驻王某壮担任标的公司顾问,故其在此基础上作出签订案涉协议的商业选择,并非缺乏判断能力而签订该协议。因此,祝某民、王某壮、郑甲主张其缺乏经验甚至处于危困状态,从而导致双方利益存在严重失衡,显然不能成立。对于标的公司的经营状态及价值考量,祝某民、王某壮、郑甲并未提交证据证明标的公司在股权转让前后具有重大的价值减

损,相关专利亦是在股权转让后由受让方申请被确认无效或不可实施。因此,案涉股权转让属于正常的商业经营决策,祝某民、王某壮、郑甲应当承担相应的商业风险,并无证据证明案涉《股权转让协议书》存在显失公平的情形。

【相关规定】

《民法典》第151条;《总则编司法解释》第5条;原《民法通则意见》第72条

第十二条　【批准生效合同的法律适用】

合同依法成立后,负有报批义务的当事人不履行报批义务或者履行报批义务不符合合同的约定或者法律、行政法规的规定,对方请求其继续履行报批义务的,人民法院应予支持;对方主张解除合同并请求其承担违反报批义务的赔偿责任的,人民法院应予支持。

人民法院判决当事人一方履行报批义务后,其仍不履行,对方主张解除合同并参照违反合同的违约责任请求其承担赔偿责任的,人民法院应予支持。

合同获得批准前,当事人一方起诉请求对方履行合同约定的主要义务,经释明后拒绝变更诉讼请求的,人民法院应当判决驳回其诉讼请求,但是不影响其另行提起诉讼。

负有报批义务的当事人已经办理申请批准等手续或者已经履行生效判决确定的报批义务,批准机关决定不予批准,对方请求其承担赔偿责任的,人民法院不予支持。但是,因迟延履行报批义务等可归责于当事人的原因导致合同未获批准,对方请求赔偿因此受到的损失的,人民法院应当依据民法典第一百五十七条的规定处理。

【条文主旨】

本条是关于批准生效合同的法律适用的规定。

【司法适用】

本条主要系对《民法典》第502条进一步的细化性规定。

1. 关于第1款规定中的"对方请求其继续履行报批义务的",主要是基于《民法典》第 502 条第 2 款规定,并参考借鉴《外商投资企业纠纷司法解释》第 6 条第 1 款规定和《九民会议纪要》第 40 条规定。

2. 关于第 2 款规定主要是参考借鉴了《外商投资企业纠纷司法解释》第 5 条、第 6 条第 2 款规定和《九民会议纪要》第 40 条规定。

3. 关于本条第 3 款主要是参考借鉴了《外商投资企业纠纷司法解释》第 7 条和《矿业权纠纷司法解释》第 10 条规定。

一、关于合同要件的法律性质

（一）关于合同的特别生效要件

合同制度既要体现意思自治原则、私法自治原则、契约自由原则,又要体现合同正义、国家利益和社会公共利益,是私法自治和国家干预共同作用的一个"综合场"。一般认为,合同的要件,可以分为:（1）合同的"成立要件";（2）合同的"积极生效要件";（3）合同的"消极生效要件"。对于上述三个要件来说,其一,作为民法对所有合同类型的基本要求,合同的"成立要件"具备了,双方当事人之间的合同便基本形成了;其二,合同的"积极生效要件",是指民法或者特别法对于特定行为,要求特定的主体从事一定的积极行为,或发生一定事实,才承认其具备相应的法律效力的,那么,这种积极行为或特定事实,就是合同的"积极生效要件",又由于在整个民商事领域中,要求需要具备这种"积极生效要件"的合同类型并不是太多,因此,亦可以称其为"特别生效要件";其三,合同的"消极生效要件",是指导致合同无效的效力性强制性规范,亦可称其为阻却生效要件。①

（二）关于报批义务的法律性质

根据《民法典》第 502 条第 2 款的规定,"未办理批准等手续影响合同生效",是指只有办理了批准等手续,合同才能生效;反之,未办理批准等手续,合同不生效。②《探矿权采矿权转让管理办法》第 10 条第 3 款规定:"批准转让的,转让合同自批准之日起生效。"

1. 关于报批义务条款的独立性。根据《民法典》第 502 条规定,明确将履行报批等义务条款以及相关条款作为一种特殊的条款予以独立对待,即使合同整体因未办理批准等手续不生效,也不影响合同中履行报批等义务条款以及相关条款的效力,也即合同履行报批等义务条款以及相关条款的效力,不受合同整体不生效的影响;负有报

---

① 苏永钦:《走入新世纪的私法自治》,中国政法大学出版社 2002 年版,第 25 页。
② 黄薇主编:《中华人民共和国民法典释义》（中）,法律出版社 2020 年版,第 962 页。

批义务的一方当事人未履行义务的，对方也可以单独就违反报批义务要求其承担责任。①

2. 关于合同义务。对于批准生效合同，合同的生效需要经过合同当事人向审批管理机关报请审批，相应地就产生了合同当事人的合同义务。即如果当事人在合同中明确约定了报批义务，则报批义务属于合同义务；即便合同没有约定报批义务，报批义务也属于基于诚信原则产生的可独立请求的附随义务，其主要功能在于促进主给付义务的实现，属于合同义务范畴②。根据《民法典》第577条规定，作为合同义务，对其违反的，应当承担违约责任。

3. 关于合同效力。其一，对当事人具有法律约束力。根据《民法典》第502条第1款规定的"依法成立的合同，自成立时生效"，未经批准的合同属于依法"成立"的合同，未生效合同，已具备合同的有效要件，只是欠缺法律规定或当事人约定的特别生效条件，该条件是否成就，未确定前不能产生当事人请求履行合同主要权利义务的法律效力，这种情况下，合同依法成立，对双方当事人均具有拘束力，任何一方不能随意撤回、解除、变更合同；③ 其二，在未办理批准等手续影响合同效力的情形下，如果当事人未办理批准等手续，则该合同不生效；其三，合同约定的报批条款当然具有法律约束力，根据《民法典》第502条第2款规定，"未办理批准等手续影响合同生效的，不影响合同中履行报批等义务条款以及相关条款的效力"，一方当事人有权请求有义务办理报批手续的另一方当事人履行该报批义务，人民法院应当予以支持；如《外商投资企业纠纷司法解释》第1条④规定，即依法应批准而未批准的合同，一方当事人请求对方履行报批义务的，人民法院应予支持。请求履行合同主要权利义务的，应向当事人释明，改变诉讼请求；其四，人民法院判决一方当事人履行报批义务后，该当事人拒绝履行，人民法院又无法强制执行的，对方可以另行向人民法院提起诉讼，请求其承担合同违约责任；其五，如果一方当事人依据判决履行报批义务，可能出现两

---

① 黄薇主编：《中华人民共和国民法典合同编释义》，法律出版社2020年版，第96页。
② 最高人民法院民事审判第二庭编著：《〈全国法院民商事审判工作会议纪要〉理解与适用》，人民法院出版社2019年版，第281~282页。
③ 最高人民法院民事审判第二庭编著：《〈全国法院民商事审判工作会议纪要〉理解与适用》，人民法院出版社2019年版，第74页。
④ 《外商投资企业纠纷司法解释》第1条规定："当事人在外商投资企业设立、变更等过程中订立的合同，依法律、行政法规的规定应当经外商投资企业审批机关批准后才生效的，自批准之日起生效；未经批准的，人民法院应当认定该合同未生效。当事人请求确认该合同无效的，人民法院不予支持。前款所述合同因未经批准而被认定未生效的，不影响合同中当事人履行报批义务条款及因该报批义务而设定的相关条款的效力。"

种情况：一是行政机关予以批准，合同发生完全的效力，当事人可以依此请求履行合同；二是行政机关不予批准，合同不具有法律上的可履行性，根据一方当事人的请求，人民法院可以判决解除合同。①

二、违反报批义务的违约责任

（一）关于未经批准的合同效力

关于要约拘束力。要约生效后，产生两种拘束力，一是实质拘束力；二是形式拘束力。所谓实质拘束力，是指要约一经相对人承诺，契约即为成立的效力，学说上称为要约的承诺能力或承诺适格，要约失去实质拘束力，不复存在；所谓要约形式拘束力，即"要约人因要约而受拘束"，是指要约生效后，在其存续期间，不得将要约扩张、限制、废止或变更的效力，学说上称要约不可撤销性。②我国《民法典》第465条③从合同效力的角度来说，就是关于形式拘束力的规定。

一般情况下，合同成立与有效，区别实质拘束力与形式拘束力的意义不大，主要原因是，在一般情况下，合同的形式拘束力和实际拘束力往往是同时产生，这种同时产生的现象占据民商事合同的比例相对较高，以至于造成人们很容易"忽略"这种区别。但在涉及未办理审批手续的合同成立但未生效的情形下，区别实质拘束力与形式拘束力有着积极意义。

其一，具有形式拘束力。未生效合同，即合同已成立但未产生应有的法律效力。在理论上，合同效力有形式拘束力和实质拘束力的区分。形式拘束力，旨在当事人不能任意变更、撤销、解除的效力。比如，《民法典》第465条规定："依法成立的合同，受法律保护。依法成立的合同，仅对当事人具有法律约束力，但是法律另有规定的除外"；而实质拘束力则根源于合同的生效。已成立但未批准的合同属于未生效的合同，非经双方当事人协商或者法定事由，不得任意撤销、变更或者解除。即"如果具有法定事由，另一方可以请求人民法院撤销或者变更"④。

其二，不具有实质效力。已成立但未批准的合同由于欠缺生效要件，"皮之不存，毛将焉附"，合同尚未生效，是无法谈及建立在有效合同之上的违约责任问题的。因

---

① 最高人民法院民事审判第二庭编著：《〈全国法院民商事审判工作会议纪要〉理解与适用》，人民法院出版社2019年版，第72页。
② 王泽鉴：《债法原理》（第二版），北京大学出版社2022年版，第159页。
③ 《民法典》第465条规定："依法成立的合同，受法律保护。依法成立的合同，仅对当事人具有法律约束力，但是法律另有规定的除外。"
④ 最高人民法院民事审判第一庭编：《最高人民法院民事审判第一庭裁判观点》（民事合同卷，下），人民法院出版社2023年版，第1313页。

此，有别于有效合同，一方当事人直接请求另一方当事人履行合同或者承担合同约定的违约责任的，不应予以支持。

其三，可以补正。已成立但未批准的合同仍然存在通过办理批准手续而获得生效的可能，故此类未生效的合同不同于无效合同，因为无效合同原则上是自始无效、绝对无效、全部无效，不存在补正的可能，而已成立但未批准的合同在获得批准前的合同效力处于不确定状态，可能有效，也可能无效，因此，当事人直接请求确认合同无效的，不应予以支持。当然，"如果当事人希望另一方继续履行合同，则应当请求另一方履行报批义务，进而通过报批义务的履行促进合同生效；反之，如果当事人不想继续履行合同，则应当请求解除合同"①。

(二) 关于未生效合同

未生效合同，是指已具备合同的有效要件，只是欠缺法律规定或当事人约定的特别生效条件，该条件是否成就，未确定前不能产生当事人请求履行合同主要权利义务的法律效力。例如，关于需要行政审批的合同，附件、附期限的合同的规定，这种情况下，合同依法成立，对双方当事人均具有拘束力，任何一方不能随意撤回、解除、变更合同。只是行政机关是否核准，条件是否成就尚未确定，合同当事人不能请求履行主要合同义务，实现合同目的。这也是《合同法司法解释一》② 第 8 条用 "未生效合同"的概念而未用 "无效合同" 概念的法律意义之所在。结合《合同法司法解释二》第 9 条和《外商投资司法解释》第 2 条、第 6 条等条款规定，可以认为：

第一，依法应批准而未批准的合同，一方当事人请求对方履行报批义务的，人民法院应予支持。请求履行合同主要权利义务的，应向当事人予以说明，改变诉讼请求。

第二，人民法院判决一方当事人履行报批义务后，该当事人拒绝履行，人民法院又无法强制执行的，对方可以另行向人民法院提起诉讼请求其承担合同违约责任，人民法院按照合同违约责任的思路处理。

第三，如果一方当事人依照判决履行报批义务，可能出现两种情况：一是行政机关予以批准，合同发生完全的法律效力，当事人可以依此请求履行合同；二是行政机关不予批准，合同不具有法律上的可履行性，根据一方当事人的请求，人民法院可以判断解除合同。③

---

① 最高人民法院民事审判第一庭编：《最高人民法院民事审判第一庭裁判观点》（民事合同卷，下），人民法院出版社2023年版，第1314~1325页。
② 此文件已失效，下文不再提示。
③ 刘贵祥：《在全国法院民商事审判工作会议上的讲话》，载《商事审判指导》2019 年第 1 期（总第48辑），人民法院出版社 2020 年版，第 19 页。

(三) 成立未生效的责任与违约责任的区别

其一，存在阶段不同。成立但未生效的合同存在于合同成立之后生效之前的阶段，违约责任存在于合同生效之后，双方当事人存在合同约定的权利义务关系。

其二，目的不同。成立但未生效合同的责任目的是维护诚实信用原则，弥补当事人的信赖利益损失；而违约责任是为了保证或促进合同约定的权利义务实现，在当事人未履行合同约定的义务时，为保障对方当事人的利益所承担的赔偿责任。

其三，归责原则不同。成立但未生效的合同责任承担的归责原则是过错责任，只有在当事人存在过错或者过失时才承担责任，无过错，无责任；而违约责任一般适用严格责任，只要发生违约责任，不管当事人主观上是否存在过错，均应承担违约责任。[①]

(四) "参照违反合同的违约责任"

根据《民法典》第502条第2款规定，该条中的"不影响合同中履行报批等义务条款以及相关条款的效力"，明确将履行报批等义务条款以及相关条款作为一种特殊的条款予以独立对待，即合同中履行报批等义务条款以及相关条款的效力，不受合同整体不生效的影响，也就是说，即使合同整体因未办理批准等手续不生效，也不影响合同中履行报批等义务条款以及相关条款的效力。负有报批义务的一方当事人未履行义务的，对方可单独就违反报批义务要求其承担责任；"违反该义务的责任"，可以参照合同违约责任，包括继续履行、赔偿损失等责任形式。[②] 也正是基于此，人民法院判决当事人一方履行报批义务后，其仍不履行，对方主张解除合同并参照违反合同的违约责任请求其承担赔偿责任的，人民法院应予支持。

三、关于合同成立与批准手续

(一) 关于合同成立

合同的成立，是指订约当事人就合同的主要条款达成合意。合同的生效，是指已经成立的合同在当事人之间产生了一定的法律拘束力。[③] 合同的成立与合同的生效是两个不同的概念，两者处于不同的合同阶段，特别是对于报批的合同而言，合同生效时间一般会晚于合同成立时间；且两者在构成要件、体现的国家干预程度等均存在差异。合同的生效要件，主要体现在《民法典》第143条规定："具备下列条件的民事法律行为有效：（一）行为人具有相应的民事行为能力；（二）意思表示真实；（三）不违反

---

① 江必新、何东宁等：《最高人民法院指导性案例裁判规则理解与适用》（合同卷三，第二版），中国法制出版社2018年版，第172~173页。
② 黄薇主编：《中华人民共和国民法典合同编释义》，法律出版社2020年版，第96页。
③ 王利明：《合同法研究》卷1（第3版），中国人民大学出版社2015年版，第535页。

法律、行政法规的强制性规定，不违背公序良俗。"

（二）关于"承担违反报批义务的赔偿责任"

其一，本条第 1 款所规定的"承担违反报批义务的赔偿责任"，不同于第 2 款规定的"参照违反合同的违约责任"。原因是两者的前提条件不同。前者是因为报批义务条款的独立性的原因，负有报批义务的当事人不履行报批义务，对方主张解除合同并请求其承担违反报批义务的赔偿责任；后者是人民法院判决当事人一方履行报批义务后，其仍不履行，参照违反合同的违约责任请求其承担赔偿责任。

其二，在直接请求解除合同场合，报批义务人所承担的责任，视合同是否专门针对报批义务约定，独立的违约责任，而有所不同。专门针对报批义务约定违约责任的，根据报批义务及相关条款独立生效的法理，此种违约责任独立生效；当事人在解除合同的同时，可以基于约定请求报批义务人承担违约责任。反之，合同未专门针对报批义务约定违约责任的，此时当事人只能请求报批义务人，承担缔约过失责任。最高人民法院《关于完整准确全面贯彻新发展理念　为积极稳妥推进碳达峰碳中和提供司法服务的意见》（法发〔2023〕5 号）第 14 条规定，"审理油气资源矿业权转让合同纠纷案件，依法确认合同中履行报批义务等条款的效力。负有报批义务的一方当事人未按照合同约定或者法律、行政法规规定办理申请批准等手续，合同相对方请求其履行报批义务的，依法予以支持，推动油气企业尽快释放产能"。

（三）关于批准手续与合同成立

根据《民法典》第 502 条第 2 款规定，"依照法律、行政法规的规定，合同应当办理批准等手续的，依照其规定"，是指"只有办理了批准等手续，合同才能生效；反之，未办理批准等手续，合同不生效"[①]，即对于未办理批准等手续影响合同生效的情形，当事人如果未办理该批准等手续，合同虽然成立，但是，并不生效。根据有关合同生效基本理论，而只有在"合同生效后，当事人才可以请求对方履行合同主要义务，而合同成立但未生效的，当事人不得请求对方履行合同主要义务"[②]。因此，对于"合同获得批准前，当事人一方起诉请求对方履行合同约定的主要义务"的，由于合同尚未生效，因此，不得请求对方履行合同义务。

（四）关于对于当事人"经释明后拒绝变更诉讼请求的"

根据诉讼标的旧实体法说，诉讼标的，是原告在诉讼中提出的一定的具体的实体法上的权利或者法律关系的主张。即以实体法中的请求权，作为识别诉讼标的的标准。

[①] 黄薇主编：《中华人民共和国民法典合同编释义》，法律出版社 2020 年版，第 95 页。
[②] 黄薇主编：《中华人民共和国民法典合同编释义》，法律出版社 2020 年版，第 94 页。

我国《民事诉讼法》有关诉讼标的理论（旧实体法说），从实体法上的请求权出发来界定诉讼标的，诉讼标的是原告在诉讼中所为一定具体实体法之权利主张。原告起诉时，在诉状中必须具体表明其所主张之实体权利或法律关系。而诉讼请求是建立在诉讼标的基础上的具体声明。① 人民法院围绕诉讼标的进行认定和处理的结果，是判决支持或者驳回当事人的诉讼请求。② 而对于"合同获得批准前，当事人一方起诉请求对方履行合同约定的主要义务"的，经过人民法院释明，当事人仍然拒绝变更诉讼请求的如何处理的问题。

其一，法律依据。此时，根据合同有效的基本理论，由于合同尚未生效，因此，不得请求对方履行合同义务。而当事人一再坚持要求对方履行合同约定的主要义务的诉讼请求，显然是缺乏法律依据。根据《民事诉讼法》第122条的规定，只有有法律依据的诉讼主张，人民法院才能予以保护；而没有法律依据的诉讼请求，由于缺乏法律上的支持，因此，人民法院必然是驳回原告的诉讼请求。

其二，意思自治。根据《民事诉讼法》第13条第2款规定："当事人有权在法律规定的范围内处分自己的民事权利和诉讼权利。"即民事诉讼法"应当贯彻民法自治的原则，在程序制度上充分尊重当事人的意思自治"③。根据处分原则，如果当事人坚持原来的主张，人民法院不得要求当事人必须变更诉讼请求，并且应当及时作出裁判，但这并不妨碍当事人今后再以人民法院认定的法律关系或者民事行为效力为基础另行起诉。④

其三，实体审理。在未生效合同中，一方直接请求另一方承担违约责任固然缺乏法律依据，但其起诉形式上是符合民事诉讼法规定的起诉条件的，驳回起诉缺乏依据。而且某一合同是否为批准生效合同、报批义务人应否履行报批义务等事实，只有在实体审理后才能确定，简单地驳回起诉难以解决实际问题。况且，驳回的是一方直接请求履行合同、承担违约责任的诉讼请求，而非继续履行报批义务的诉讼请求，故当事

---

① 最高人民法院民法典贯彻实施工作领导小组编著：《最高人民法院新民事诉讼法司法解释理解与适用》（上），人民法院出版社2022年版，第520~521页。
② 最高人民法院民事审判第一庭编著：《最高人民法院新民事诉讼证据规定理解与适用》（下），人民法院出版社2022年版，第498页。
③ 全国人大常委会法制工作委员会民法室编著：《〈中华人民共和国民事诉讼法〉释解与适用》，人民法院出版社2012年版，第15页。
④ 最高人民法院民事审判第一庭编著：《最高人民法院新民事诉讼证据规定理解与适用》（下），人民法院出版社2022年版，第500页。

人仍可另行提起诉讼，请求报批义务人履行报批义务。[1]

四、关于批准机关不予批准与承担赔偿责任

关于违反报批义务的责任性质及赔偿范围，似难一概而论，而应结合各个具体领域中行政审批的目的与性质、审批背后的政策考量、对合同效力的影响、报批义务实际履行的可能性、当事人信赖程度与缔约自由间的衡量等因素综合考虑。[2]

其一，法律、行政法规规定合同应当办理批准等手续，负有报批义务的当事人已办理申请批准等手续或者已履行生效判决确定的报批义务，批准机关决定不予批准的，属于客观原因导致不构成缔约过失。缔约过失责任是一种过错责任，只有严重的过错责任，才会产生缔约过失责任。所以，未办理批准或者登记手续的一方，除其负有此项义务外，其未履行此项义务非因客观原因即不可抗力理由时，才能认定其行为构成缔约过失，而如果当事人的报批行为未构成缔约过失的，对方请求其承担赔偿责任的，人民法院不予支持。

其二，根据《民法典》第500条[3]规定，依照缔结过失责任理论，当事人在订立合同过程中，违背诚实信用原则而给对方造成损失的，应当承担赔偿责任。在合同履行过程中，守约方基于对对方的信赖，为合同的成立做了一些前期准备工作，而对方却迟延履行报批义务等导致合同未获批准，损害了守约方当事人的信赖利益，应当予以赔偿。关于请求赔偿因此受到的损失的，根据《民法典》第157条[4]处理。

【法律适用分歧】

关于"以未办理审批手续为由请求确认建设工程施工合同无效的"法律适用分歧和司法认定

（一）法律适用分歧

对于司法实践中，当事人主动追求合同无效法律后果的，应当如何正确认定，根

---

[1] 最高人民法院民事审判第二庭编著：《〈全国法院民商事审判工作会议纪要〉理解与适用》，人民法院出版社2019年版，第285页。

[2] 最高人民法院环境资源审判庭编著：《最高人民法院矿业权司法解释理解与适用》，人民法院出版社2019年版，第135页。

[3] 《民法典》第500条规定："当事人在订立合同过程中有下列情形之一，造成对方损失的，应当承担赔偿责任：（一）假借订立合同，恶意进行磋商；（二）故意隐瞒与订立合同有关的重要事实或者提供虚假情况；（三）有其他违背诚信原则的行为。"

[4] 《民法典》第157条规定："民事法律行为无效、被撤销或者确定不发生效力后，行为人因该行为取得的财产，应当予以返还；不能返还或者没有必要返还的，应当折价补偿。有过错的一方应当赔偿对方由此所受到的损失；各方都有过错的，应当各自承担相应的责任。法律另有规定的，依照其规定。"

据 2020 年《建设工程司法解释一》第 3 条，对于发包人主动追求无效的法律后果的，或者说，对于"发包人能够办理审批手续而未办理，并以未办理审批手续为由请求确认建设工程施工合同无效的，人民法院不予支持"如何理解的问题，如"人民法院不予支持"，是否可以认为合同有效，或者无效；如果发包人"主动追求"这种合同无效的法律后果，是判决有效，还是无效。在司法实践中存在法律适用分歧：

第一种观点认为，合同无效。主要理由是：其一，应当坚持民法典中的诚实信用原则。《民法典》第 7 条规定："民事主体从事民事活动，应当遵循诚信原则，秉持诚实，恪守承诺。"《民事诉讼法》第 13 条第 1 款规定："民事诉讼应当遵循诚信原则。"诚实信用原则既是民商事活动的基本准则，亦是民事诉讼活动应当遵循的基本准则。合同约定应当严格遵守，不能恣意破坏合同有效性，当事人故意追求合同无效的法律后果，属于不讲诚信、为追求自身利益最大化而置他人利益于不顾的恶意抗辩行为。其二，目的不合法。当事人能够履行而不履行建设工程施工合同中的合同义务，在其认为合同有效所带来的利益小于合同无效所带来的利益时，故意追求不利的法律后果，其目的是规避应承担的付款义务，免除或者减轻一审判决确定由其承担的民事责任，目的不合法。其三，不正当地促进条件成就的，视为条件不成就。《民法典》第 159 条规定："附条件的民事法律行为，当事人为自己的利益不正当地阻止条件成就的，视为条件已经成就；不正当地促成条件成就的，视为条件不成就。"

第二种观点认为，合同有效。主要理由是：其一，效力性强制性规定。根据《民法典》第 153 条、《土地管理法》和《城乡规划法》的相关法律规定，未办理建设工程规划许可证，属于效力性强制性规定，其法律后果只能是无效。其二，法定无效。将"符合"合同无效法定事由的情形，"故意"认定为有效，属于"故意违法"行为。不能因为当事人追求这种法律后果，就把这种"道德性问题"与法定无效理由混为一谈。其三，不属于"条件"。发包人能办理规划许可证等审批程序的行为，不属于"附条件的民事法律行为"中的"条件"，不能适用《民法典》第 159 条来处理该类行为。其四，法律统一需要。如果将其认定为有效，将违反《民法典》第 153 条、《土地管理法》和《城乡规划法》中的效力性强制性规定，且破坏法律的统一性和严肃性；且与认定合同有效相比，这种由于其"道德性"原因而认定为合同有效所导致对法律秩序和法律规则的破坏，要比认定合同无效的法律后果，对法治秩序造成的冲击更大。

第三种观点认为，未明确合同有效或无效，仅是"不予支持"。主要理由是：其一，没有回答。该条并没有直接回答，在发包人能够办理而未办理的情形下，合同应当认定为有效，还是无效，因此，不能想当然地认定为合同有效或无效。其二，立法本意。该条的本意，仅指对于发包人的这种不诚信行为，在实体效果上，不予支持。

(二) 司法认定

根据 2020 年《建设工程司法解释一》第 3 条规定，可以认为，"发包人未取得建设工程规划许可证等规划审批手续，建设工程施工合同无效"①。合同无效是法定无效，无司法裁量权适用的余地。合同无效应当依法认定，而不能够以自由裁量为由等作为理由，在法律规定未作修改前，擅自将合同无效认定为合同有效。另外，需要说明的是，在法律未对强制性规定修改前，仅凭行政机关的部门政策作为判断合同效力的依据，显然没有法理基础，也不符合"以法律为准绳"的司法适用基本要求。

其一，"以法律为准绳"，核心是依法审判。②《民事诉讼法》第 7 条规定："人民法院审理民事案件，必须以事实为根据，以法律为准绳。"其中，"以法律为准绳"，包括如下要求：其一，"法律是人民法院作出正确裁判的唯一标准和依据"③。在司法裁判的逻辑三段论中，法律是大前提，是裁判依据，法官应当服从法律，"服从法律，是指司法者严格按照法律法规的规定来行使司法权。法律怎么规定的，司法权就怎么行使"④。最高人民法院《关于裁判文书引用法律、法规等规范性法律文件的规定》（法释〔2009〕14 号）第 1 条，"人民法院的裁判文书应当依法引用相关法律、法规等规范性法律文件作为裁判依据"。第 4 条，"民事裁判文书应当引用法律、法律解释或者司法解释"。在民事裁判的司法适用时，不能有法律而不依照，不能"废弃"法律规定而寻找以法律位阶较低的规定、规章。

其二，适用法律。首先，应当适用法律。即由全国人民代表大会及其常委会制定和颁布的民事法律；其次，应当适用具体的法律规范。《民法典》第 11 条规定："其他法律对民事关系有特别规定的，依照其规定。"该引致性规范"民法典与单行法有机联系起来，构成共同调整民事关系的法律整体"；最后，根据最高人民法院《关于裁判文书引用法律、法规等规范性法律文件的规定》第 2 条规定："并列引用多个规范性法律文件的，引用顺序如下：法律及法律解释、行政法规、地方性法规、自治条例或者单行条例、司法解释。同时引用两部以上法律的，应当先引用基本法律，后引用其他法律。引用包括实体法和程序法的，先引用实体法，后引用程序法。"

其三，按照规范效力等级确定适用法律。在民商事审判领域，法律适用应当遵循：（1）上位法优先于下位法原则；（2）新法优先于旧法原则；（3）特别法优先于普通法

---

① 最高人民法院民事审判第一庭编：《民事审判实务问题》，法律出版社 2021 年版，第 74 页。
② 江必新主编：《新民事诉讼法条文理解与适用》（上），人民法院出版社 2022 年版，第 28 页。
③ 江必新主编：《新民事诉讼法条文理解与适用》（上），人民法院出版社 2022 年版，第 28 页。
④ 喻中：《论授权规则》（第二版），法律出版社 2013 年版，第 182 页。

原则；(4) 强行法优于普通法原则；(5) 法律文本优先于法律解释原则。①

其四，不能"任意曲解法律为我所用"②。根据最高人民法院《关于裁判文书引用法律、法规等规范性法律文件的规定》第7条规定："人民法院制作裁判文书确需引用的规范性法律文件之间存在冲突，根据立法法等有关法律规定无法选择适用的，应当依法提请有决定权的机关做出裁决，不得自行在裁判文书中认定相关规范性法律文件的效力。"

根据2020年《建设工程司法解释一》第3条第1款的规定，可以看出，第1款规定实际上为第2款规定设定了无效合同的效力补正条件，即发生发包人在起诉前取得建设工程规划许可证等规划审批手续，应认为合同有效。

合同无效制度设立的重要目的在于防止因为无效合同的履行给国家、社会以及第三人利益带来损失，维护社会的法治秩序和公共道德。发包人能够办理而故意不去办理，故意违反导致合同无效的法定事由，人民法院如果支持其诉求，意味着体现双方真实意愿的合同约定不仅对其没有约束力，甚至可能使其获得不正当的利益，这将违背合同无效制度设立的宗旨，也将纵容违法行为人从事违法行为，使合同无效制度沦为违法行为人追求不正当甚至非法利益的手段。

【典型案例】

一、裁判规则：合同中关于报批义务的约定自合同成立后即对当事人具有法律约束力，当事人应按约履行报批义务，积极促成合同生效

【法院】

最高人民法院

【案号】

(2016) 最高法民终802号

【当事人】

上诉人（原审原告）：深圳市标某投资发展有限公司

上诉人（原审被告）：鞍某财政局

【案由】

股权转让纠纷

---

① 王利明：《法学方法论——以民法适用为视角》，中国人民大学出版社2021年版，第185~191页。
② 全国人大常委会法制工作委员会民法室编著：《〈中华人民共和国民事诉讼法〉释解与适用》，人民法院出版社2012年版，第8页。

【裁判观点】

1. 合同约定生效要件为报批允准，承担报批义务方不履行报批义务的，应当承担缔约过失责任；2. 缔约过失人获得利益以善意相对人丧失交易机会为代价，善意相对人要求缔约过失人赔偿的，人民法院应予支持；3. 除直接损失外，缔约过失人对善意相对人的交易机会损失等间接损失，应予赔偿。间接损失数额应考虑缔约过失人过错程度及获得利益情况、善意相对人成本支出及预期利益等，综合衡量确定。

二、裁判规则：促成合同生效的报批义务在合同成立时即产生

【法院】

最高人民法院

【案号】

（2009）民申字第1068号

【当事人】

再审申请人（一审被告、二审上诉人）：广东中某鑫投资策划有限公司

再审被申请人（一审原告、二审被上诉人）：广州市仙某房地产股份有限公司等

【案由】

股权（权益）转让纠纷

【裁判观点】

案涉合同未生效的原因是未经批准，而批准的前提是当事人报批，促成合同生效的报批义务在合同成立时即应产生，否则，当事人可肆意通过不办理或不协助办理报批手续而恶意阻止合同生效，显然违背诚实信用原则。人民法院可以判决相对人自己办理有关手续；对方当事人对由此产生的费用和给相对人造成的实际损失，应当承担损害赔偿责任。既然"相对人"可以自己办理有关手续，而"对方当事人"应对由此产生损失给予赔偿，那么，"相对人"自然也可以要求"对方当事人"办理申请批准手续。

三、裁判规则：在外商投资企业设立、变更等过程中订立的合同，未经批准的，人民法院应当认定该合同未生效

【法院】

最高人民法院

【案号】

（2013）民提字第239号

【当事人】

再审申请人（一审被告、反诉原告、二审上诉人）：湖南康某药业有限公司（以下

简称康某药业)

被申请人(一审原告、反诉被告、二审被上诉人):加拿大麦某公司(以下简称麦某公司)

【案由】

中外合作经营合同纠纷

【裁判观点】

案涉《合作协议》是各方当事人真实意思的一致表示,合同依法成立。本案当事人在签订《合作协议》后,未再就设立合作企业进一步签订合同、章程等,亦未将《合作协议》报审查批准机关审查批准。由于案涉《合作协议》未经审查批准机关审查批准,依据相关规定,该协议虽成立但未生效。一、二审判决认定该协议有效,属适用法律不当,法院予以纠正。麦某公司和康某药业公司均申请解除《合作协议》,且该《合作协议》已无实际履行的可能,一、二审判决解除《合作协议》并无不当,应予维持。

【相关规定】

《民法典》第143条、第157条、第179条、第500条、第502条、第564条、第577条;原《合同法司法解释一》第9条;原《合同法司法解释二》第8条;《外商投资企业纠纷司法解释》第1条、第6条、第7条;《矿业权司法解释》第6条、第7条、第8条、第9条、第10条;2019年《民事证据规定》第53条第1款;《九民会议纪要》第37条、第38条、第40条

第十三条 【备案合同或者已批准合同等的效力认定】

合同存在无效或者可撤销的情形,当事人以该合同已在有关行政管理部门办理备案、已经批准机关批准或者已依据该合同办理财产权利的变更登记、移转登记等为由主张合同有效的,人民法院不予支持。

【条文主旨】

本条是关于备案合同或者已批准合同的效力认定的规定。

【司法适用】

一、关于"合同存在无效"

意思自治的自由不是无限的,不是毫无约束的,不是可以随心所欲的。"这种自由必须限定在不损害国家、社会公共利益的范围之内。民事主体的民事法律行为一旦超越法律和道德所容许的限度,构成对国家利益、社会公共利益的侵害,其效力就必须被否定。"[①] 并且,强制性规范背后体现的是对国家利益、社会公共利益的维护,是国家对民事领域意思自治的一种限制,民事主体在实施民事法律行为时,必须服从这处对行为自由的限制,否则,会因对国家利益、社会公共利益的侵害而被判无效。[②]

关于效力性强制性规定的沿革。根据《民法典》第 153 条规定,违反法律、行政法规的强制性规定的民事法律行为无效。即当民事法律行为具有违反法律、行政法规强制性规定或者违背公序良俗情形的,法院和仲裁机构可以依据该条规定,确认该行为无效。关于效力性强制性规定的历史发展和目前存在的认定问题,2009 年《关于当前形势下审理民商事合同纠纷案件若干问题的指导意见》和《九民会议纪要》先后进行梳理和总结,其中,2009 年《关于当前形势下审理民商事合同纠纷案件若干问题的指导意见》第 15 条规定,正确理解、识别和适用《合同法》第 52 条第(5)项中的"违反法律、行政法规的强制性规定",关系到民商事合同的效力维护以及市场交易的安全和稳定。人民法院应当注意根据《合同法司法解释(二)》第 14 条之规定,注意区分效力性强制规定和管理性强制规定。违反效力性强制规定的,人民法院应当认定合同无效;违反管理性强制规定的,人民法院应当根据具体情形认定其效力。第 16 条规定,人民法院应当综合法律法规的意旨,权衡相互冲突的权益,诸如权益的种类、交易安全以及其所规制的对象等,综合认定强制性规定的类型。如果强制性规范规制的是合同行为本身即只要该合同行为发生即绝对地损害国家利益或者社会公共利益的,人民法院应当认定合同无效。如果强制性规定规制的是当事人的"市场准入"资格而非某种类型的合同行为,或者规制的是某种合同的履行行为而非某类合同行为,人民法院对于此类合同效力的认定,应当慎重把握,必要时应当征求相关立法部门的意见或者请示上级人民法院。《九民会议纪要》第 30 条规定,合同法施行后,针对一些人民法院动辄以违反法律、行政法规的强制性规定为由认定合同无效,不当扩大无效合同范围的情形,《合同法司法解释(二)》第 14 条将《合同法》第 52 条第 5 项规定的"强制性规定"明确限于"效力性强制性规定"。此后,《最高人民法院关于当前形势

[①] 黄薇主编:《中华人民共和国民法典总则编释义》,法律出版社 2020 年版,第 406 页。
[②] 黄薇主编:《中华人民共和国民法典总则编释义》,法律出版社 2020 年版,第 408 页。

下审理民商事合同纠纷案件若干问题的指导意见》进一步提出了"管理性强制性规定"的概念，指出违反管理性强制性规定的，人民法院应当根据具体情形认定合同效力。随着这一概念的提出，审判实践中又出现了另一种倾向，有的人民法院认为凡是行政管理性质的强制性规定都属于"管理性强制性规定"，不影响合同效力。这种望文生义的认定方法，应予纠正。人民法院在审理合同纠纷案件时，要依据《民法总则》第153条第1款和《合同法司法解释（二）》第14条的规定慎重判断"强制性规定"的性质，特别是要在考量强制性规定所保护的法益类型、违法行为的法律后果以及交易安全保护等因素的基础上认定其性质，并在裁判文书中充分说明理由。下列强制性规定，应当认定为"效力性强制性规定"：强制性规定涉及金融安全、市场秩序、国家宏观政策等公序良俗的；交易标的禁止买卖的，如禁止人体器官、毒品、枪支等买卖；违反特许经营规定的，如场外配资合同；交易方式严重违法的，如违反招投标等竞争性缔约方式订立的合同；交易场所违法的，如在批准的交易场所之外进行期货交易。关于经营范围、交易时间、交易数量等行政管理性质的强制性规定，一般应当认定为"管理性强制性规定"。关于法定无效。法定无效当然是自始无效、当然无效、绝对无效。"所谓当然无效，是指只要民事法律行为具备无效条件，其便当然产生无效的法律后果，无须经过特定程序的确认才无效；所谓绝对无效，是指这种民事法律行为的无效是绝对的而非相对的，包括对当事人在内的其他任何人而言均是无效的。"[①] 由于违反法律法规的强制性规定的合同无效，属于当然无效、绝对无效，不仅当事人可以主张，而且人民法院或者仲裁机构均可以主动行使国家公权力进行干预，认定合同无效。

关于这本《通则司法解释》对于"效力性强制性规定"的态度。本解释没有继续采用这一表述。一是虽然有的强制性规定究竟是效力性强制性规定还是管理性强制性规定十分清楚，但是有的强制性规定的性质却很难区分。问题出在区分的标准不清晰，没有形成共识，特别是没有形成简便易行、务实管用的可操作性标准，导致审判实践中有时裁判尺度不统一。二是在有的场合，合同有效还是无效，是裁判者根据一定的因素综合进行分析的结果，而不是其作出判决的原因。三是自效力性强制性规定的概念提出以来，审判实践中出现了望文生义的现象，即大量公法上的强制性规定被认为属于管理性强制性规定，不是效力性强制性规定。根据《民法典》第153条第1款的表述，我们没有采取原《合同法司法解释二》第14条将强制性规定区分为效力性强制性规定和管理性强制性规定的做法，而是采取了直接对《民法典》第153条第1款规

---

① 黄薇主编：《中华人民共和国民法典总则编释义》，法律出版社2020年版，第412页。

定的"但书"进行解释的思路,回应广大民商事法官的现实需求。①

需要特别说明的是,仅仅是在本司法解释的条文中,没有明确采纳或使用"效力性强制性规定"这一表述而已,并不能得出在审理民商事案件的过程中判断合同效力时,不使用效力性强制性规定的识别标准。原因是毕竟《民法典》第153条仍然在发挥作为判定行为效力的裁判规范的作用,世界各国和地区均将违反强制性规定确定为无效,理由就在于强制性规定作为维护国家利益和社会公共利益的重要抓手,来对私人意思自治领域所施加一种限制,作为国家干预民事主体的民事法律行为超越法律规定和道德容许限度的手段,正是通过民事法律行为一旦侵害国家利益和社会公共利益其效力就必须否定这样的制约机制,来维护整个国家和社会所需要的法秩序。

二、关于合同"可撤销的情形"

根据《民法典》第149条②、第150条③、第151条④等规定,民事法律行为可因不同事由而被撤销,撤销权属于形成权,行为人可以通过自己的行为直接行使权利,实现权利目的。撤销权的行使将使可撤销的民事法律行为效力终局性地归于无效。⑤ 根据《民法典》第155条的规定,无效的或者被撤销的民事法律行为自始没有法律约束力。"对符合无效情形以及被撤销的此类行为,仍坚持无效溯及既往的规定。"⑥ 民事法律行为撤销前属于有效行为,撤销以后则自始没有法律约束力。

我国立法就债权人撤销权的行使效力采取"折衷说"。债务人的行为被依法撤销的,自始无效。在"人的方面",我国法律实行绝对无效。在债务人作为撤销之诉的被告时,受益人或者受让人可作为诉讼第三人参与诉讼,且受判决既判力的约束,撤销权的效力可及于债权人、债务人、第三人(包括受益人、受让人、转让人),因而具有绝对的效力。⑦

---

① 参见《最高人民法院民二庭、研究室负责人就民法典合同编通则司法解释答记者问》,载最高人民法院网,https://www.court.gov.cn/zixun/xiangqing/419402.html,最后访问时间:2023年12月5日。
② 《民法典》第149条规定:"第三人实施欺诈行为,使一方在违背真实意思的情况下实施的民事法律行为,对方知道或者应当知道该欺诈行为的,受欺诈方有权请求人民法院或者仲裁机构予以撤销。"
③ 《民法典》第150条规定:"一方或者第三人以胁迫手段,使对方在违背真实意思的情况下实施的民事法律行为,受胁迫方有权请求人民法院或者仲裁机构予以撤销。"
④ 《民法典》第151条规定:"一方利用对方处于危困状态、缺乏判断能力等情形,致使民事法律行为成立时显失公平的,受损害方有权请求人民法院或者仲裁机构予以撤销。"
⑤ 黄薇主编:《中华人民共和国民法典总则编释义》,法律出版社2020年版,第403页。
⑥ 黄薇主编:《中华人民共和国民法典总则编释义》,法律出版社2020年版,第412页。
⑦ 江必新、何东宁等:《最高人民法院指导性案例裁判规则理解与适用》(合同卷二,第二版),中国法制出版社2018年版,第148页。

三、关于无效的或者被撤销的民事法律行为效力

1. 关于效力。由于《民法典》第153条属于可以直接判定民事法律行为效力的裁判性规范,即双方当事人只有具有违反法律、行政法规强制性规定或者违背公序良俗情形的,人民法院或者仲裁机构可以依据《民法典》第153条,直接确认该民事法律行为无效。

2. 关于无效或者被撤销的民事法律行为的法律后果。根据《民法典》第157条规定[1],民事法律行为无效、被撤销以及确定不发生效力后,意味着民事法律行为的目的不能实现,应当恢复到民事法律行为成立或者实施之前的状态,就如这一行为未曾发生一样。[2]

3. 关于溯及力。根据《民法典》第155条规定:"无效的或者被撤销的民事法律行为自始没有法律约束力。"这种自始无效意味着,民事法律行为一旦无效或者被撤销后,双方的权利义务状态应当恢复到这一行为实施之前的状态,已经履行的,应当恢复原状。根据该条的意旨,"无效和被撤销的民事法律行为是自始无效的,具有溯及力"[3]。

四、强制性规范不得约定进行排除

《民法典》第153条规定,"违反法律、行政法规的强制性规定的民事法律行为无效。但是,该强制性规定不导致该民事法律行为无效的除外。违背公序良俗的民事法律行为无效"。该条中的"强制性规定"在法律性质上属于强制性规范。所谓强制性规范,就是指"当事人不得约定进行排除的规范"。[4] 即当事人提出关于备案合同或者已批准合同的抗辩理由,包括当事人以合同已在有关行政管理部门办理备案、已经批准机关批准或者已办理财产权利变更登记为由主张有效的,其一,由于强制性规范不得约定进行排除;其二,即使存在"已办理备案""已批准""已变更登记"行为,也因与《民法典》第153条所规定的效力性强制性规定相冲突和矛盾,该抗辩理由不成立,人民法院应不予支持。因此,合同存在无效或者可撤销的情形,当事人以该合同已在有关行政管理部门办理备案、已经批准机关批准或者已依据该合同办理财产权利的变更登记、移转登记等为由主张合同有效的,人民法院不予支持。

---

[1] 《民法典》第157条规定:"民事法律行为无效、被撤销或者确定不发生效力后,行为人因该行为取得的财产,应当予以返还;不能返还或者没有必要返还的,应当折价补偿。有过错的一方应当赔偿对方由此所受到的损失;各方都有过错的,应当各自承担相应的责任。法律另有规定的,依照其规定。"
[2] 黄薇主编:《中华人民共和国民法典总则编释义》,法律出版社2020年版,第415页。
[3] 黄薇主编:《中华人民共和国民法典总则编释义》,法律出版社2020年版,第411页。
[4] 许中缘:《民事强行性规范研究》,法律出版社2010年版,第20~25页。

【法律适用分歧】

民事合同涉及犯罪的，合同是否无效

审判实践中，对于这一问题存在不同的观点和做法。第一种观点和做法是，为了保持法秩序的一致性，应当认定构成刑事犯罪的民事合同行为无效；也即只要作出刑事判决的，刑事判决所涉及的民事合同均判决无效。第二种观点和做法是，违法性程度考察仅仅是法益衡量的一个因素，但不是全部因素，在确定违法合同的效力时，还要兼顾考察交易安全保护、善意相对人保护等其他因素，如合同诈骗在《民法典》中规定的效力是可撤销，为充分保护受害人的合法权益，应赋予受害人以撤销权，并由其决定合同是否无效。例如，《民间借贷司法解释》第12条规定："借款人或者出借人的借贷行为涉嫌犯罪，或者已经生效的裁判认定构成犯罪，当事人提起民事诉讼的，民间借贷合同并不当然无效。人民法院应当依据民法典第一百四十四条、第一百四十六条、第一百五十三条、第一百五十四条以及本规定第十三条之规定，认定民间借贷合同的效力。担保人以借款人或者出借人的借贷行为涉嫌犯罪或者已经生效的裁判认定构成犯罪为由，主张不承担民事责任的，人民法院应当依据民间借贷合同与担保合同的效力、当事人的过错程度，依法确定担保人的民事责任。"[①]

【典型案例】

裁判规则：被撤销国有土地使用证的，即视为未批准办理土地使用权出让手续

【法院】
最高人民法院

【案号】
（2015）民申字第2677号

【当事人】
再审申请人（一审被告、二审上诉人）：武汉市某区村民委员会

再审申请人（一审原告、二审上诉人）：湖北金某房地产开发有限公司等

【案由】
合资、合作开发房地产合同纠纷

【裁判观点】
从本案的情况来看，尽管2000年金某公司取得了讼争土地的国有土地使用证，但

---

① 最高人民法院民法典贯彻实施工作领导小组编著：《中国民法典适用大全》（总则卷三），人民法院出版社2022年版，第1350~1351页。

这是金某公司原负责人陈某通过采用私刻公章伪造资料这一欺骗手段取得，且被武汉市人民政府于2004年6月8日以《撤销土地登记结果通知书》撤销了上述国有土地使用证，说明作为对讼争土地使用权转让有批准权的武汉市人民政府并不同意该土地由原使用权人变更为金某公司，这从武汉市国土资源和房产管理局于2008年5月12日给一审法院的回函也可以得到印证。因此，在金某公司提起本案诉讼前，讼争土地并未经有批准权的人民政府批准办理土地使用权出让手续，根据前述司法解释的规定，应当认定《联合开发合同书》无效。

【相关规定】

《民法典》第147条、第148条、第149条、第150条、第151条、第153条、第154条、第155条、第500条、第502条、第508条；2009年《民商事合同指导意见》第15条；《九民会议纪要》

第十四条 【多份合同的效力认定】

当事人之间就同一交易订立多份合同，人民法院应当认定其中以虚假意思表示订立的合同无效。当事人为规避法律、行政法规的强制性规定，以虚假意思表示隐藏真实意思表示的，人民法院应当依据民法典第一百五十三条第一款的规定认定被隐藏合同的效力；当事人为规避法律、行政法规关于合同应当办理批准等手续的规定，以虚假意思表示隐藏真实意思表示的，人民法院应当依据民法典第五百零二条第二款的规定认定被隐藏合同的效力。

依据前款规定认定被隐藏合同无效或者确定不发生效力的，人民法院应当以被隐藏合同为事实基础，依据民法典第一百五十七条的规定确定当事人的民事责任。但是，法律另有规定的除外。

当事人就同一交易订立的多份合同均系真实意思表示，且不存在其他影响合同效力情形的，人民法院应当在查明各合同成立先后顺序和实际履行情况的基础上，认定合同内容是否发生变更。法律、行政法规禁止变更合同内容的，人民法院应当认定合同的相应变更无效。

【条文主旨】

本条是关于多份合同的效力认定的规定。

【司法适用】

一、通谋虚伪行为的合同效力

（一）关于伪装行为无效

原《合同法》第52条①中的"（三）以合法形式掩盖非法目的"，由于并未区分合法形式的合同和体现非法目的的合同，其关于合同地的规定指向不明，"非法目的"系隐藏行为的合同效力应当依照法律规定处理，因此，《民法总则》第146条规定："行为人与相对人以虚假的意思表示实施的民事法律行为无效。以虚假的意思表示隐藏的民事法律行为的效力，依照有关法律规定处理。"后为《民法典》所吸收。

虚假的意思表示，又称虚伪表示，是指行为人与相对人都知道自己所表示的意思并非真意，通谋作出与真意不一致的意思表示，包括外部的表面行为即伪装行为和内部的隐藏行为即非伪装行为。②关于伪装行为无效，根据《民法典》第143条规定的民事法律行为有效的三要件（行为人具有相应的民事行为能力；意思表示真实；不违反法律、行政法规的强制性规定，不违背公序良俗）来说，行为人与相对人都非常清楚地知道，自己所表示的意思并不是双方的真实意思表示，民事法律行为欠缺效果意思，双方均不希望此行为能够真正发生法律上的效力，该虚假的意思表示，当事人对该意思表示并无信赖，法律自然没有必要通过意思表示产生约束力来保护其信赖，该无效是绝对的，不仅当事人可以主张，其他人亦可以主张。③

（二）被隐藏的合同并非无效

隐藏行为，又称隐匿行为，是指在虚伪表示掩盖下行为人与相对人真心所欲达成的民事法律行为。④

根据《民法典》第146条第2款规定："以虚假的意思表示隐藏的民事法律行为的效力，依照有关法律规定处理。"所谓的"有关法律规定"，系指《民法典》第一编"总则"第六章"民事法律行为"的相关规定，以及其他与法律行为有关之规定。"隐

---

① 原《合同法》第52条规定："有下列情形之一的，合同无效：（一）一方以欺诈、胁迫的手段订立合同，损害国家利益；（二）恶意串通，损害国家、集体或者第三人利益；（三）以合法形式掩盖非法目的；（四）损害社会公共利益；（五）违反法律、行政法规的强制性规定。"

② 刘敏：《民法典总则编重点问题解读》，载最高人民法院政治部编：《人民法院大讲堂：民法典重点问题解读》，人民法院出版社2021年版，第442页。

③ 王利明主编：《中国民法典释评》（总则编），中国人民大学出版社2020年版，第348页。

④ 黄薇主编：《中华人民共和国民法典总则编释义》，法律出版社2020年版，第386页。

藏行为"依其情形，可以呈现有效、无效、效力待定、可撤销等多种法律效力状态。对于隐藏行为法律效力的判断，与未被隐藏的民事法律行为效力的判断，别无二致。因此：

1. 如果隐藏行为本身有效，那么，按照有效处理；例如，《九民会议纪要》第69条①规定，"被隐藏的借款合同是当事人的真实意思表示，如不存在其他合同无效情形，应当认定有效"。在买卖当事人之间无真实交易关系的情况下，买方与卖方之间签订的买卖合同属于虚伪意思表示，应当认定无效；在没有真实交易关系的情况下，买方通过银行承兑汇票的方式向卖方支付的款项，通常以融资为目的，故可认定双方存在借款法律关系。该借款法律关系如不存在违反《民法总则》（现《民法典》）第153条、《合同法》第52条以及民间借贷司法解释第14条规定的情形，则不宜否认其效力。②

2. 如果隐藏行为本身无效，那么，按照无效处理。

3. 如果隐藏行为本身为可撤销的民事法律行为，那么，按照可撤销的民事法律行为处理，等等。③

（三）关于规避审批手续的通谋虚伪

根据《民法典》第146条第2款规定"以虚假的意思表示隐藏的民事法律行为的效力，依照有关法律规定处理"，虽然虚构行为无效，但是隐藏行为体现了当事人的真实意思表示。如果隐藏行为符合所有民事法律行为的有效要件，那么，它应当有效；如果隐藏行为违反法律的禁止性规定或者欠缺民事法律行为的法定要件，则该隐藏行为无效。因此，如果当事人为规避法律、行政法规关于合同应当办理批准等手续的规定，以虚假意思表示隐藏真实意思表示的，"依照有关法律规定处理"，可依《民法典》第502条第2款规定来认定被隐藏合同的效力，即"依照法律、行政法规的规定，合同应当办理批准等手续的，依照其规定。未办理批准等手续影响合同生效的，不影响合同中履行报批等义务条款以及相关条款的效力。应当办理申请批准等手续的当事人未履行义务的，对方可以请求其承担违反该义务的责任。"

---

① 《九民会议纪要》第69条规定："保兑仓交易以买卖双方有真实买卖关系为前提。双方无真实买卖关系的，该交易属于名为保兑仓交易实为借款合同，保兑仓交易因构成虚伪意思表示而无效，被隐藏的借款合同是当事人的真实意思表示，如不存在其他合同无效情形，应当认定有效。保兑仓交易认定为借款合同关系的，不影响卖方和银行之间担保关系的效力，卖方仍应当承担担保责任。"

② 最高人民法院民事审判第二庭编著：《〈全国法院民商事审判工作会议纪要〉理解与适用》，人民法院出版社2019年版，第399页。

③ 最高人民法院民法典贯彻实施工作领导小组主编：《中华人民共和国民法典总则编理解与适用》（下），人民法院出版社2020年版，第730页。

(四) 关于以规避法律为由而主张无效的

《民法典》第146条规定虚假行为无效是指在双方当事人之间无效，对第三人是否无效未作明确规定。"民法总则"草案删除了"但双方均不得以此对抗善意第三人"的表述，但"并非要否定对善意第三人的保护，而是为具体规则的制定留出空间"①。关于可否以伪装行为无效对抗善意第三人的问题：

1. 关于善意

所谓善意与恶意，即知与不知之谓，知其为虚伪表示者为恶意，不知其为虚伪表示者为善意。知与不知，应以第三人与其虚伪之表示之效力发生利害关系时决之。即虚伪表示之成立在第三人发生关系之先者，第三人只需于发生关系之时系属不知，即为善意。虚伪表示之成立在第三人发生关系之后者，第三人只需于虚伪表示时系属不知，即为善意。②

2. 不得对抗善意第三人

所谓"不得对抗"，即当事人不得对于第三人主张其为无效之谓，第三人之主张无效，则属自由，不受限制。③不得对抗善意第三人，是指善意第三人固得主张通谋虚伪表示无效，亦得主张其为有效；若主张其有效时，则表意人不得以无效加以对抗。④就是说，行为人与相对人不得以伪装行为之无效理由对抗善意第三人；同理，隐藏行为因为伪装行为所掩盖，行为人和参考人的真实合意并未表现于外，故其效力只应及于该行为的当事人之间。"行为人和相对人亦不能以隐藏行为的有效去对抗善意第三人"⑤，其目的主要是切实保护善意第三人的信赖利益，维护市场交易安全，实现鼓励交易的宗旨。

3. 虚假行为对第三人效力

虚假行为对第三人是否有效，应根据第三人是否善意作出判断，如果第三人是善意，其基于对虚假行为的有效外观的信任而行为，应当保护其信赖利益。否则，不利于信赖利益的保护和交易安全的维护，这与行为人与相对人不能以虚假行为的无效去

---

① 《〈最高人民法院民法总则〉条文理解与适用编委会》：《〈中华人民共和国民法总则〉条文理解与适用》（下），人民法院出版社2017年版，第978页。
② 胡长清：《中国民法总论》，中国政法大学出版社1997年版，第236页。
③ 胡长清：《中国民法总论》，中国政法大学出版社1997年版，第236页。
④ 王利明主编：《中国民法典释评》（总则编），中国人民大学出版社2020年版，第349页。
⑤ 《〈最高人民法院民法总则〉条文理解与适用编委会》：《〈中华人民共和国民法总则〉条文理解与适用》（下），人民法院出版社2017年版，第979页。

对抗善意第三人，无论在初衷上还是在效果上都是相通的。① 因此，当事人仅以被隐藏合同系为规避法律、行政法规而订立为由主张无效的，人民法院不予支持。

二、关于被隐藏合同无效或者确定不发生效力的

根据《民法典》第 146 条第 2 款所规定的"依照有关法律规定处理"。因此，依据前款规定认定被隐藏合同无效或者确定不发生效力的，依前所述，如果隐藏行为本身无效，那么，按照无效处理的原则，人民法院应当将被隐藏合同作为事实基础，依据《民法典》第 157 条确定当事人的民事责任。并可结合《九民会议纪要》第 32 条："《合同法》第 58 条就合同无效或者被撤销时的财产返还责任和损害赔偿责任作了规定，但未规定合同不成立的法律后果。考虑到合同不成立时也可能发生财产返还和损害赔偿责任问题，故应当参照适用该条的规定。在确定合同不成立、无效或者被撤销后财产返还或者折价补偿范围时，要根据诚实信用原则的要求，在当事人之间合理分配，不能使不诚信的当事人因合同不成立、无效或者被撤销而获益。合同不成立、无效或者被撤销情况下，当事人所承担的缔约过失责任不应超过合同履行利益。比如，依据《最高人民法院关于审理建设工程施工合同纠纷案件适用法律问题的解释》第 2 条规定，建设工程施工合同无效，在建设工程经竣工验收合格情况下，可以参照合同约定支付工程款，但除非增加了合同约定之外新的工程项目，一般不应超出合同约定支付工程款。"

三、关于合同变更

（一）合同变更的条件和方式

合同变更，是指"合同成立后，当事人对合同的内容进行修改或者补充"。根据《民法典》第 543 条规定："当事人协商一致，可以变更合同。"即在合同成立尚未履行前，双方当事人对原合同就合同内容进行调整、改变、修补或者补充。根据《民法典》第 5 条规定："民事主体从事民事活动，应当遵循自愿原则，按照自己的意思设立、变更、终止民事法律关系。"合同变更原则是民法自愿原则在合同法中的落实和体现。

关于合同变更的法律后果，就在于在双方当事人就变更事项达成了一项意见，变更后的内容就取代了原合同的内容，成为约束当事人合同履行的执行依据。合同当事人或者合同主体的改变，不属于合同变更制度的范畴，而属于债权转让、债务转移等制度的调整范畴。

---

① 江必新、夏道虎主编：《中华人民共和国民法典重点条文实务详解》（上），人民法院出版社 2020 年版，第 36 页。

1. 合同变更的方式

关于合同变更的方式，既可以采取明示方式，亦可以采用默示方式，根据《民法典》第140条规定："行为人可以明示或者默示作出意思表示。沉默只有在有法律规定、当事人约定或者符合当事人之间的交易习惯时，才可以视为意思表示。"采取默示方式的，双方当事人同意合同变更的意思表示必须是明确的、确定的、显而易见的，"如果一方当事人要求变更合同，对方虽然未反对，但也没有明确表示同意，或者没有以其行为表示同意的，则不能认定对方当事人同意该变更"。

2. 合同变更的条件

合同变更应当具备以下条件：第一，有效合同。要求存在的已成立的有效合同关系，这是合同变更的前提，无效、被撤销、确定不发生效力的合同不能被变更。因此，在因违反合同实质性内容而导致的合同无效案件中，不因此在同一合同被认定为无效时还有合同变更的存在的认定。

第二，合同变更是对原合同内容的调整或变更。"皮之不存，毛将焉附"，原合同是合同变更的基础和前提，没有原合同，不存在合同变更；即合同变更是建立在原合同约定的内容基础上的，不是对原合同内容的颠覆或"另起炉灶"，那就不是合同变更，而是成立了一个新的合同，即完全否定原合同内容的，不属于合同变更。合同变更是在保持原合同关系的基础上，吸收双方原先约定的合同内容上作某些适当的修改和补充，"变更后的内容就取代了原合同的内容，当事人就应当按照变更后的内容履行合同"。

第三，双方当事人协商一致。根据《民法典》第136条规定："民事法律行为自成立时生效，但是法律另有规定或者当事人另有约定的除外。行为人非依法律规定或者未经对方同意，不得擅自变更或者解除民事法律行为。"第143条规定："具备下列条件的民事法律行为有效：（一）行为人具有相应的民事行为能力；（二）意思表示真实；（三）不违反法律、行政法规的强制性规定，不违背公序良俗。"《民法典》第464条第1款规定："合同是民事主体之间设立、变更、终止民事法律关系的协议。"合同是当事人双方平等协商一致的产物，合同变更也必须经过法律规定的双方平等协商一致，即经过要约与承诺并符合民事法律行为的生效要件才能实现。任何一方未经对方同意，不能擅自变更合同内容。至于双方当事人是在事先约定合同变更，还是在合同履行过程中约定合同变更，在所不问。

第四，合同变更的意思表示是明确的。根据《民法典》第544条规定："当事人对合同变更的内容约定不明确的，推定为未变更。"其一，意思明确。即无论是明示，还是默示，变更的意思必须是明确的；既不肯定，也不否定地默示，既未反对，也没有以其行为表示同意的，不能认定为对方当事人同意合同变更。其二，双方在形式上虽然达到了合同变更的初步意向，但是具体的意思表示并不清晰、并不具有明确指示性内容的，应当推定为合同内容未变更，双方仍然需要按照原合同内容进行履行，任何一方当事人不得要求对方当事人履行"同意合同变更、但无具体指向性内容"的约定不明确的合同内容。其三，可以部分认定部分合同变更。如果当事人在约定合同变更时，对部分条款的变更的约定是明确的，但另一部分条款的变更约定是不明确的，若这两类条款的内容可以分开，则约定明确的部分有效，而约定不明确的部分推定为未变更；但如果这两类条款的内容是不可分割的，则应当认为，整个合同条款的变更约定不明确，应当推定为未变更。其四，主张合同内容已变更的当事人，承担相应的举证责任。主张合同内容已形成的变更的合意、发生了合同变更的，应当对双方变更的约定和事实，承担举证责任。

第五，合同变更必须遵守法定的形式。例如，《建筑法》第15条第1款规定："建筑工程的发包单位与承包单位应当依法订立书面合同，明确双方的权利和义务。"即《建设工程施工合同》属于《合同法》第10条规定的"法律、行政法规规定采用书面形式的，应当采用书面形式"的合同。

(二) 多份合同的变更认定

合同的变更有广义的和狭义的区分，广义的合同变更，包括合同内容的变更和合同主体的变更。狭义的合同变更，是指当事人不变，合同的内容予以改变的现象。由于通常情况下，合同主体的变更实际上是合同权利义务的转让，因此，一般情况所指的合同变更仅指狭义的合同变更，即合同内容的变更。合同的变更，是指"合同成立后，当事人对合同的内容进行修改或补充"①。关于合同变更后的效力：

1. 变更后的合同对于双方具有法律拘束力，原合同关系应归于消灭。这时，变更后的内容就取代了原合同的内容，当事人就应当按照变更后的内容履行合同。② 基于合同变更效力的这一要求，当事人之间就同一交易订立的多份合同均系当事人的真实意思表示，且不存在其他影响合同效力情形的，人民法院应当在认定各合同成立先后顺序的基础上认定合同内容是否发生变更。

2. 合同变更的效力或者变更后的合同效力的认定，要遵从合同生效、合同无效的一般规则判定。如果存在合同无效情形的，也应认定为无效。如果存在可撤销情形的，

---

① 黄薇主编：《中华人民共和国民法典合同编释义》，法律出版社2020年版，第184页。
② 最高人民法院民法典贯彻实施工作领导小组主编：《中华人民共和国民法典合同编理解与适用》(一)，人民法院出版社2020年版，第557页。

当事人可以依法予以撤销。基于这一效力要求，法律、行政法规禁止或者限制合同内容变更的，人民法院应当认定当事人对合同的相应变更无效。

【法律适用分歧】

关于伪装行为的"善意第三人"的认定

民法中"善意"的含义较为统一，其与道德标准无关，而仅指"不知道"，不同语境下"善意"的民事主体所"不知道"的对象不同。伪装行为中第三人的善意，应指不知道行为人和相对人系通谋表示虚假意思，即不知道伪装行为仅系伪装。

审判实践中，对于"善意"的认定，以法律推定为主要方式。一方面，"善意"即为"不知"，而"不知"是典型的消极事实，第三人无法自证不知；另一方面，善意第三人制度的初衷，就在于保护第三人的信赖利益。若要求第三人自证善意，无疑加重了其举证负担，不利于保护其利益。故如伪装行为的行为人和相对人不能证明第三人是"明知"或"应知"，就应推定该第三人构成"善意第三人"。①

【典型案例】

一、裁判规则："没有资质的实际施工人"作为行为人借用他人资质与相对人的签约行为，只有双方具有共同的虚假意思表示，所签协议才无效

【法院】

最高人民法院

【案号】

（2021）最高法民终 1287 号

【当事人】

上诉人（原审原告）：华某投集团股份有限公司

上诉人（原审被告）：中国中某股份有限公司

【案由】

建设工程分包合同纠纷

【裁判观点】

借用资质所签合同无效系针对"没有资质的实际施工人"借用资质行为的一种法律评价，并未涉及合同相对人的签约行为是否有效的问题。"没有资质的实际施工人"作为行为人借用他人资质与相对人的签约行为，只有双方具有共同的虚假意思表示，

---

① 《〈最高人民法院民法总则〉条文理解与适用编委会》：《〈中华人民共和国民法总则〉条文理解与适用》（下），人民法院出版社 2017 年版，第 978~979 页。

即相对人须明知或者应当知道实际施工人没有资质而借用他人资质与己签约，所签协议才属无效。就此而言，实际施工人与被借用资质的建筑施工企业之间就借用资质施工事宜签订的挂靠或类似性质的协议，即所谓的对内法律关系，依法应属无效。

二、裁判规则：故意以通谋虚伪意思表示订立案涉不良债权转让协议，规避法律禁止性规定，应确认无效

【法院】

最高人民法院

【案号】

（2021）最高法民申4861号

【当事人】

再审申请人（一审被告、二审上诉人）：昆明呈某工贸有限责任公司（以下简称呈某公司）等

被申请人（一审原告、二审上诉人）：中国华某资产管理股份有限公司云南省分公司（以下简称华某公司）等

【案由】

借款合同纠纷

【裁判观点】

行为人与相对人以虚假的意思表示实施的民事法律行为无效。以虚假的意思表示隐藏的民事法律行为的效力，依照有关法律规定处理。华某公司、中某公司、呈某公司故意以通谋虚伪意思表示订立案涉不良债权转让协议，规避法律禁止性规定，应确认无效。《债权转让协议》无效后，依据《合同法》第58条形成的债权债务为当事人明知的基础法律关系。为维护正常交易秩序和诚实信用原则，平衡当事人利害关系，原审认定各方当事人为实现真实发生的债权债务而订立的还款协议及担保协议等有效，并据此认定呈某公司构成债的加入及承担相应的担保责任，具有事实和法律依据。

【相关规定】

《民法典》第143条、第146条、第153条、第502条、第508条、第543条；2019年《民事证据规定》第53条；《九民会议纪要》

> **第十五条 【名实不符与合同效力】**
> 人民法院认定当事人之间的权利义务关系,不应当拘泥于合同使用的名称,而应当根据合同约定的内容。当事人主张的权利义务关系与根据合同内容认定的权利义务关系不一致的,人民法院应当结合缔约背景、交易目的、交易结构、履行行为以及当事人是否存在虚构交易标的等事实认定当事人之间的实际民事法律关系。

【条文主旨】

本条是关于名实不符与合同效力的规定。

【司法适用】

本条主要涉及如何识别合同内容、权利义务关系,并进而判定合同效力,以及人民法院应当甄别"虚构交易标的等事实",分清合同使用的名称与内容,从合同实际约定的法律关系实质,来确定双方的权利义务关系及法律适用。

一、合同名称与内容不符的认定

(一) 审查真实意思

根据《九民会议纪要》"引言",关于通过穿透式审判思维,查明当事人的真实意思,探求真实法律关系来说。关于审查双方当事人的真实意思表示:

1. 审查双方当事人的真实意思表示。根据《民法典》第133条、第140条等规定,特别是第142条①的规定,审查双方当事人的真实意思表示;有的当事人为了规避国家相关监管机构的监管、未取得相关资质证照等,故意采取"形式上合法"的合同名称;有的当事人试图通过层层套嵌的方式构成多层、多重的虚伪意思表示、"人为"延长交易链条,达到非正当目的。

2. 审查合同是否成立。合同条款是否齐备,决定了合同能否成立、生效和顺利履行。

3. 审查合同目的。合同目的,是当事人在合同订立时所期望实现的目标或结果,

---

① 《民法典》第142条规定:"有相对人的意思表示的解释,应当按照所使用的词句,结合相关条款、行为的性质和目的、习惯以及诚信原则,确定意思表示的含义。无相对人的意思表示的解释,不能完全拘泥于所使用的词句,而应当结合相关条款、行为的性质和目的、习惯以及诚信原则,确定行为人的真实意思。"

"合同目的是探明当事人真意所在的重要依据。在探究合同目的时,除合同当事人的叙述外,还应当结合合同文本、交易性质、合同当事人之间的关系等因素进行综合判断,继而确定合同的目的"①,通过审查合同目的,识别"黑白合同""阴阳合同",更能够识别当事人通过"合同形式"所追求的法律效果。

4. 正确的合同解释。根据《民法典》第466条②和本《通则司法解释》第1条的规定,正确地进行合同条款解释。

(二)关于"主张的权利义务关系与根据合同内容认定的权利义务关系不一致"

民事法律关系是民事法律规范调整社会关系过程中形成的民事主体之间的民事权利义务关系。"法律关系思维的核心在于确定权利义务内容,并据此确定法律关系的性质;③"除基于法律特别规定,民事法律关系的产生、变更、消灭,需要通过法律关系参与主体的意思表示一致才能形成。判断民事主体根据法律规范建立一定法律关系时所形成的一致意思表示,目的在于明晰当事人权利义务的边界、内容。一项民事交易特别是类似本案重大交易的达成,往往存在复杂的背景,并非一蹴而就且一成不变。当事人的意思表示于此间历经某种变化并最终明确的情况并不鲜见。有些已经通过合同确立的交易行为,恰恰也经历过当事人对法律关系性质的转换过程。而基于各自诉讼利益考量,当事人交易形成过程中的细节并不都能获得有效诉讼证据的支撑。④ 例如,案涉交易符合以票据贴现为手段的多链条融资交易的基本特征。案涉《回购协议》是双方的虚假意思表示,目的是借用银行承兑汇票买入返售的形式为某甲银行向实际用资人提供资金通道,真实合意是资金通道合同。⑤

根据2019年《民事证据规定》第53条第1款规定:"诉讼过程中,当事人主张的法律关系性质或者民事行为效力与人民法院根据案件事实作出的认定不一致的,人民

---

① 最高人民法院民法典贯彻实施工作领导小组主编:《中华人民共和国民法典合同编理解与适用》(一),人民法院出版社2020年版,第40页。
② 《民法典》第466条规定:"当事人对合同条款的理解有争议的,应当依据本法第一百四十二条第一款的规定,确定争议条款的含义。合同文本采用两种以上文字订立并约定具有同等效力的,对各文本使用的词句推定具有相同含义。各文本使用的词句不一致的,应当根据合同的相关条款、性质、目的以及诚信原则等予以解释。"
③ 最高人民法院民事审判第二庭编著:《〈全国法院民商事审判工作会议纪要〉理解与适用》,人民法院出版社2019年版,第69页。
④ 参见《最高人民法院公报》2016年第1期案例:《洪秀凤与被上诉人昆明安钡佳房地产开发有限公司房屋买卖合同纠纷案》,最高人民法院(2015)民一终字第78号民事判决书。
⑤ 最高人民法院发布《关于适用〈中华人民共和国民法典〉合同编通则若干问题的解释》相关典型案例,载最高人民法院网,https://www.court.gov.cn/zixun/xiangqing/419392.html,最后访问时间:2023年12月5日。

法院应当将法律关系性质或者民事行为效力作为焦点问题进行审理。但法律关系性质对裁判理由及结果没有影响，或者有关问题已经当事人充分辩论的除外。"根据该条规定，对于法律关系性质对裁判理由及结果没有影响的情形，由于当事人的诉讼权利和实体权利并不因人民法院的认定而受到影响，因此也就没有让当事人对此问题进行辩论的必要，人民法院自然没有将此问题作为焦点问题审理的必要。而如果法律关系的性质或者民事行为的效力等问题本来就是案件中双方当事人争议的焦点问题，已经由人民法院主持双方当事人进行了充分辩论，当事人的诉讼权利已经得到充分保障，也没有再次进行审理的必要，人民法院可以根据自己的认识对法律关系的性质和民事行为效力问题作出认定，并以此为基础进行裁判。① 基于此，即使当事人没有根据法庭辩论的情况申请变更诉讼请求，人民法院也应当在判决书中直接对当事人之间的法律关系及其效力作出认定。比如，本《通则司法解释》第3条第3款所规定的："当事人主张合同无效或者请求撤销、解除合同等，人民法院认为合同不成立的，应当依据《最高人民法院关于民事诉讼证据的若干规定》第五十三条的规定将合同是否成立作为焦点问题进行审理，并可以根据案件的具体情况重新指定举证期限。"

二、关于"不应拘泥于合同使用的名称"

（一）关于书面形式

根据《民法典》第469条规定："当事人订立合同，可以采用书面形式、口头形式或者其他形式。书面形式是合同书、信件、电报、电传、传真等可以有形地表现所载内容的形式。以电子数据交换、电子邮件等方式能够有形地表现所载内容，并可以随时调取查用的数据电文，视为书面形式。"关于"书面形式"，合同书是一份书面文件，判断一份文件是否为合同书，不可只看其名称，而应依据其内容。法律并未要求合同书须有名称，只要文件内容记载了当事人之间达成的合同事项，包括了构成一种合同的必要条款，就是合同书。②

（二）关于"其他形式"

所谓其他形式，是指推定形式、默示形式，是当事人未用语言、文字表达其意思表示，而仅用行为向对方发出要约，对方通过一定的行为作出承诺，从而使合同成立。这种订约方式，也被称为通过实际履行的方式订立合同。从鼓励交易的目的出发，它确立了合同不成立的补正规则，从而明确了以实际履行方式订约实际上是书面、口头

---

① 最高人民法院民事审判第一庭编著：《最高人民法院新民事诉讼证据规定理解与适用》（下），人民法院出版社2022年版，第502~503页。

② 最高人民法院民法典贯彻实施工作领导小组主编：《中华人民共和国民法典合同编理解与适用》（一），人民法院出版社2020年版，第193页。

形式之外的另一种订约形式。在审判实践中，当事人是否约定了合同采用书面形式，根据《民法典》第490条第2款规定，只要一方当事人已经履行主要义务，且对方当事人接受，合同就宣告成立。在合同是否成立的问题上，当事人无须就是否采用了书证进行举证，而只需要证明其已经实际履行主要义务，而对方当事人接受即可。①

(三) 关于"真实的法律关系"

为保障在民商事审判中尺度的统一，非常有必要培养正确的裁判理论和方法。

其一，合同成立的价值取向

通过解释确定争议法律关系的性质，应当秉持使争议法律关系项下之权利义务更加清楚，而不是更加模糊的基本价值取向。在没有充分证据佐证当事人之间存在隐藏法律关系且该隐藏法律关系真实并终局地对当事人产生约束力的场合，不宜简单否定既存外化法律关系对当事人真实意思的体现和反映，避免当事人一方不当摆脱既定权利义务约束的结果出现。此外，即便在两种解读结果具有同等合理性的场合，也应朝着有利于书面证据所代表法律关系成立的方向作出判定，借此传达和树立重诺守信的价值导向。②

其二，要树立法律关系思维

法律关系包括主体、内容以及客体三个方面的内容，法律关系思维的核心在于确定权利义务内容，并据此确定法律关系的性质。比如，明股实债中当事人享有的是股权还是债权，售后回租型融资租赁是企业间借贷，还是融资租赁；股权让与是股权转让、让与担保还是股权质押，都需要根据权利义务的内容来认定其性质并进而确定其效力。

其三，要树立穿透式审判思维

商事交易，如融资租赁、保理、信托等本来就涉及多方当事人的多个交易，再加上当事人有时为了规避监管，采取多层嵌套、循环交易、虚伪意思表示等模式，人为增加查明事实、认定真实法律关系的难度。妥善审理此类案件，要树立穿透式审判思维，在准确提示交易模式的基础上，探究当事人真实交易目的，根据真实的权利义务关系认定交易的性质与效力③。因此，人民法院认定当事人之间的权利义务关系不应拘

---

① 王利明主编：《中国民法典释评》（合同编·通则），中国人民大学出版社2020年版，第51页、第122页。
② 参见《最高人民法院公报》2016年第1期案例：《洪秀凤与被上诉人昆明安钡佳房地产开发有限公司房屋买卖合同纠纷案》，最高人民法院（2015）民一终字第78号民事判决书。
③ 最高人民法院民事审判第二庭编著：《〈全国法院民商事审判工作会议纪要〉理解与适用》，人民法院出版社2019年版，第68~69页。

泥于合同使用的名称，而应当根据合同约定的内容。当事人主张的权利义务关系与根据合同内容确立的权利义务关系不一致的，人民法院应当结合缔约背景、交易目的、交易结构、履行行为以及当事人是否存在虚构交易标的等事实认定当事人之间真实的法律关系，并据此认定合同效力。

（四）关于"主张的权利义务关系与根据合同内容认定的权利义务关系不一致"时合同效力的认定

对于名实不符时，特别是当事人主张的权利义务关系与人民法院根据合同内容认定的权利义务关系不一致时，应当如何认定，是否认定为无效、不成立等，取决于这样几个因素：（1）根据合同内容，实际构成的合同关系的类型；（2）此类"名义合同"或合同文本上"标明"的合同名称，是否具备《民法典》第153条、第154条和本《通则司法解释》第17条所规定的合同无效的情形。为了鼓励交易、促进交易关系的流转，尽可能减少无效合同，一般应当认定合同有效，即仅因实质上不构成"实际民事法律关系"，仅仅是不适用该实际民事法律关系的实体法依据，并不等于必然应当认定合同无效或不成立，除非法律有明文规定。

对于"实际民事法律关系"，可以按照合同约定或其实际构成的有名合同（如借款合同、抵押合同、建设工程施工合同等）所对应的法律规定认定合同的性质、效力及当事人之间的权利义务关系。

【法律适用分歧】

一、当事人诉讼请求所依据的事实处于真伪不明状态，人民法院能否既判决驳回其诉讼请求，又告知其就此另行主张权利的问题

人民法院不能既判决驳回当事人的诉讼请求，又告知其就此另行主张权利。主要理由是：

第一，除依法裁定驳回起诉外，对于当事人已经明确提出的诉讼请求，人民法院应当审理并作出实体判决。如果当事人提供的证据能够证明其主张，则应判决支持其诉讼请求；如不足以证明其主张，则应判决驳回其诉讼请求；如果当事人诉讼请求所依据的事实处于真伪不明状态，应当根据证明责任分配规则作出判决。要求当事人就此另行主张权利，本质上属于拒绝裁判。

第二，判决驳回诉讼请求与告知当事人另行主张权利互相矛盾。判决驳回诉讼请求表明人民法院对于当事人主张的实体权利已经作出了否定性判断，故当事人不能再就同一事实和理由重新起诉。即使当事人日后基于新证据而主张权利，由于其诉讼请求依据的仍然是同一事实，也只能依据《民事诉讼法》第207条第1项申请再审，而非重新起诉。

第三，为避免案件久拖不决。人民法院可就事实已经清楚的部分诉讼请求作出先行判决。《民事诉讼法》第156条规定："人民法院审理案件，其中一部分事实已经清楚，可以就该部分先行判决。"根据该规定，人民法院在对当事人提出的多个诉讼请求一并审理的情况下，如果其中一部分诉讼请求涉及的事实已经查明，但整个案件尚不能全部审结时，可以就已经查明的部分事实所对应的诉讼请求作出先行判决，待其他事实查明后，再就其他诉讼请求作出后续判决。需要注意的是，在作出先行判决时，不能判决驳回该先行判决未涉及的其他诉讼请求。①

二、举证责任分配是按照法律规定还是由法官自由裁量的问题

审判实践中，在涉及举证责任分配问题时，应当注意的是，举证责任的分配具有法定性，即举证责任是由法律分配，而在原则上并不能由法官来分配。根据《民诉法司法解释》第91条的规定，在对民事实体法规范进行类别分析的基础上，识别权利发生规范、权利消灭规范、权利限制规范和权利妨碍规范，并以此为基础确定举证责任的负担。法官在举证责任分配问题上是适用法律的过程，是通过对实体法规范的分析发现法律确定的举证责任分配规则的过程，而非创造举证责任分配规则。

《民诉法司法解释》第91条第2项系采取"法律关系变更"的表述，其在理解上可以与权利限制作同一理解。《民诉法司法解释》第91条的"基本事实"应当理解为要件事实，即实体法律关系或者权利构成要件所依赖的事实。在民事诉讼法上，在诉讼程序问题上有时基本事实也可能被解读为包括诉讼主体等程序事项的事实。但《民诉法司法解释》第91条是有关举证责任分配的规定，不涉及程序方面的事实，因此，在解读上应当完全立足于实体法规范。②

三、过错责任原则和过错推定举证责任分配规则

《民诉法司法解释》第90条关于举证责任分配是建立在法律要件分类说的基础上的。民事案件举证责任的分配，原则上应当以当事人主张的权利构成要件为标准，将权利构成要件事实的举证责任分配给权利主张方，对于妨碍权利成立或者消灭权利要件事实的举证责任分配给对方当事人。无论是物权纠纷、合同纠纷，还是侵权纠纷，在举证责任分配上，除非法律另有规定，都应当遵循举证责任分配的一般规则。具体

---

① 最高人民法院民事审判第一庭主编：《民事审判指导与参考》（总第87辑），人民法院出版社2022年版，第170~171页。

② 最高人民法院民法典贯彻实施工作领导小组编著：《最高人民法院新民事诉讼法司法解释理解与适用》（上），人民法院出版社2022年版，第255页。

分配上，应当首先确定案件中当事人主张的法律关系之要件事实，按照该条规定区分权利成立要件和权利消灭要件事实，应当依据民事实体法关于民事法律关系构成的要件予以判断。

在侵权案件中，就是要确定特定侵权责任的具体构成要件和抗辩事由。在过错侵权责任情形中，责任构成要件有四个：一是侵权人实施了侵权行为；二是侵权人实施侵权行为有过错；三是受害人受有损害；四是侵权行为与损害之间有因果关系。这四个方面的构成要件事实均须原告承担举证责任。

在过错推定侵权责任下，责任构成要件与过错侵权责任相同，但侵权行为人无过错是责任抗辩事由，如其不能证明自己没有过错，则直接认定过错存在，责任可以成立。在此应当注意的是，过错推定责任仅是对过错的推定，并不包括对因果关系的推定。也就是说，有关因果关系的举证责任实际上并未转移。但基于此类案件，原、被告双方举证能力的差异，基于分配风险以及维护公平正义，促进经济发展进步的考虑，在因果关系认定上，采用事实自证法则，或者举证责任缓和的规则，适当降低对因果关系认定的标准。①

【典型案例】

一、裁判规则：当事人以订立买卖合同作为民间借贷合同的担保，借款到期后借款人不能还款，出借人请求履行买卖合同的，人民法院应当按照民间借贷法律关系审理

【法院】

最高人民法院

【案号】

（2019）最高法民终 1948 号

【当事人】

上诉人（原审被告）：山东鲁某钢铁有限公司

被上诉人（原审原告）：浙江物某金属集团有限公司等

【案由】

合同纠纷

【裁判观点】

根据《民间借贷司法解释》第 24 条规定，当事人以签订买卖合同作为民间借贷合同的担保，借款到期后借款人不能还款，出借人请求履行买卖合同的，人民法院应当

---

① 最高人民法院民事审判第一庭编：《最高人民法院民事审判第一庭裁判观点》（侵权责任卷），人民法院出版社 2023 年版，第 16 页。

按照民间借贷法律关系审理。当事人根据法庭审理情况变更诉讼请求的，人民法院应当准许。根据《民事证据规定》第53条规定，诉讼过程中，当事人主张的法律关系性质或者民事行为效力与人民法院根据案件事实作出的认定不一致的，人民法院应当将法律关系性质或者民事行为效力作为焦点问题进行审理。一审法院在认定案涉《框架协议》及《补充协议》本质为企业间的借贷协议的情况下，围绕民间借贷进行审理并作出判决，符合法律规定。

二、裁判规则：名义合同是双方虚假合意的，应当按照双方基于该合同形成的真实法律关系进行认定

【法院】

最高人民法院

【案号】

（2021）最高法民申7956号

【当事人】

再审申请人（一审原告、二审上诉人）：中国民某银行股份有限公司宁波分行

被申请人（一审被告、二审被上诉人）：宁某银行股份有限公司杭州分行等

【案由】

合同纠纷

【裁判观点】

原审判决认定民某银行宁波分行与宁某银行股份有限公司杭州分行在本案中的真实意思表示是由宁某银行股份有限公司杭州分行为案涉票据的转贴现资金提供通道服务，案涉《商业承兑汇票转贴现合同》是双方虚假合意，双方基于该合同形成的真实法律关系为资金通道合同法律关系，有事实依据，并不缺乏证据证明。

【相关规定】

《民法典》第142条、第469条、第471条、第490条；《融资租赁司法解释》第1条；《九民会议纪要》

第十六条 【民法典第153条第1款但书的适用】

合同违反法律、行政法规的强制性规定，有下列情形之一，由行为人承担行政责任或者刑事责任能够实现强制性规定的立法目的的，人民法院可以依据民法典第一百五十三条第一款关于"该强制性规定不导致该民事法律行为无效的除外"的规定认定该合同不因违反强制性规定无效：

（一）强制性规定虽然旨在维护社会公共秩序，但是合同的实际履行对社会公共秩序造成的影响显著轻微，认定合同无效将导致案件处理结果有失公平公正；

（二）强制性规定旨在维护政府的税收、土地出让金等国家利益或者其他民事主体的合法利益而非合同当事人的民事权益，认定合同有效不会影响该规范目的的实现；

（三）强制性规定旨在要求当事人一方加强风险控制、内部管理等，对方无能力或者无义务审查合同是否违反强制性规定，认定合同无效将使其承担不利后果；

（四）当事人一方虽然在订立合同时违反强制性规定，但是在合同订立后其已经具备补正违反强制性规定的条件却违背诚信原则不予补正；

（五）法律、司法解释规定的其他情形。

法律、行政法规的强制性规定旨在规制合同订立后的履行行为，当事人以合同违反强制性规定为由请求认定合同无效的，人民法院不予支持。但是，合同履行必然导致违反强制性规定或者法律、司法解释另有规定的除外。

依据前两款认定合同有效，但是当事人的违法行为未经处理的，人民法院应当向有关行政管理部门提出司法建议。当事人的行为涉嫌犯罪的，应当将案件线索移送刑事侦查机关；属于刑事自诉案件的，应当告知当事人可以向有管辖权的人民法院另行提起诉讼。

【条文主旨】

本条是有关《民法典》第153条第1款但书适用的相关内容的规定。

【司法适用】

本条主要是在参考借鉴《合同法司法解释二》第14条、2009年《民商事合同指导意见》第15条和《九民会议纪要》第30条的基础上整理归纳而来。

一、效力性强制性规定的发展历程

(一) 概念提出与延续

1. "强制性规定"。1999年《合同法》第52条规定:"有下列情形之一的,合同无效……(五)违反法律、行政法规的强制性规定。"违反法律、行政法规的强制性规定的,合同无效,也就是说,"当事人订立合同时,一定要按照法律、行政法规的规定,尤其是强制性规定进行,因为强制性规定,是当事人的约定所不能改变的"[①]。

2. 对"法律、行政法规"的限缩性规定。因对所有的强制性规定,当事人是否均不得违反存在的争议,即由于法律明确规定民事行为违反法律强制性规定,将产生无效的法律后果;将强制性规定的违反与民事法律行为的效力相"挂钩",导致审判实践中大量的民事法律行为因违反强制性规定被认定为无效,影响了交易安全和经济秩序的直接进行。因此,对"法律、行政法规"进行了限缩,原《合同法司法解释一》第4条规定:"合同法实施以后,人民法院确认合同无效,应当以全国人大及其常委会制定的法律和国务院制定的行政法规为依据,不得以地方性法规、行政规章为依据。"

3. "效力性强制性规定"的概念提出。史尚宽先生将强制性规范分为效力规定与取缔规定:效力规定着重违反行为之法律行为价值,以否认其法律效力为目的,取缔规定着重违反行为之事实行为价值,以禁止其行为为目的。强行规定,是否为效力规定抑或为取缔规定,应探求其目的以定之。即可认为非以为违法行为之法律行为为无效,不能达其立法目的者,为效力规定,可认为仅在防止法律行为事实上之行为者,为取缔规定[②]。即史尚宽先生将强制性规定区分为效力性规定和取缔性规定的学说,对于违反效力性强制规定者,才施以无效之法律评价,对于违反取缔性强制规定者,仅得承担行政法或者其他公法上的后果,不影响法律行为的效力[③]。

---

① 全国人大常委会办公厅研究室经济室编著:《中华人民共和国合同法释义及实用指南》,中国民主法制出版社1999年版,第69页。
② 史尚宽:《民法总论》,中国政法大学出版社2000年版,第330页。
③ 江必新主编:《中华人民共和国民法典适用与实务讲座》(上册),人民法院出版社2020年版,第126页。

2009年原《合同法司法解释二》第14条规定："合同法第五十二条第（五）项规定的'强制性规定'，是指效力性强制性规定。"首次在我国的法律框架内对强制性规定进行了类型化划分，对认定合同无效的"强制性规定"，进一步限定和明确了效力性强制性规定，限缩了导致合同无效的强制性规定的范围；仅效力性强制性规定的违反，产生无效的法律后果；而非效力性强制性规定则不产生无效的法律后果。如2003年《商品房司法解释》第2条和2015年《民间借贷司法解释》第14条第5项规定。

4. "管理性强制性规定"的概念提出。2009年《民商事合同指导意见》第15条首次提出了"效力性强制性规定"与"管理性强制性规定"的概念，认为只有违反效力性强制性规定的合同，才是无效合同。而违反管理性强制性规定的合同，仍为有效合同，基于民法理论上的鼓励交易原则，这样的分类可以大大减少无效合同的数量，维护交易安全，保护债权人的合法权益。

5. 提出"两个强制性规定"的概念。原《民法总则》第153条并非吸收"效力性强制性规定"。"效力性强制性规范着重违反行为之法律行为价值，以否认其法律效力为目的；管理性强制性规定着重违反行为之法律行为价值，以禁止其行为为目的。"第一个强制性规定是指效力性强制性规定，违反的，当事人所预期的私法效力将会得到否定性评价；第二个强制性规定是指管理性强制性规定，当事人所预期的私法效力不一定受到否定性评价。后为《民法典》第153条所吸收。

关于原《合同法司法解释二》第14条"合同法第五十二条第（五）项规定的'强制性规定'，是指效力性强制性规定"与《民法典》第153条"违反法律、行政法规的强制性规定的民事法律行为无效。但是，该强制性规定不导致该民事法律行为无效的除外。违背公序良俗的民事法律行为无效"之间不同表述的意义。从立法技术上看，两者表述虽有不同，但实际操作上，两者并无分别，不存在价值取向和价值判断上的重大区别。从功能上，主要还是一种价值指引作用，并不具有实际的操作规则性质。立法机关在当时立法时之所以没有采纳"效力性强制性规定"，盖因该概念过于模糊，不具有实际操作规范作用。区分效力性强制性规定和非效力性强制性规定的实质在于明确：违反法律、行政法规的强制性规定，并不必然导致合同无效，只有违反了特定的以否定行为效力为目的的强制性规定，才可以认定为无效。①

6. 避免法律适用中的"两种倾向"。在适用效力性强制性规定和管理性强制性规定时，要避免两种倾向，即既要避免"凡是行政管理性质的强制性规定都属于'管理性

---

① 江必新主编：《中华人民共和国民法典适用与实务讲座》（上册），人民法院出版社2020年版，第127页。

强制性规定',不影响合同效力"的绝对化、单一化的适用倾向,应当避免望文生义的认定方法,也要避免应当适用效力性强制性规定时,走简单的、片面的、绝对的"两分法"做法。这是一种简单错误的理解:违反效力性强制性规定就无效,违反非效力性强制性规范为有效。这种简单的两分法是对效力性强制性规范和非效力性强制性规范违反后果区分的最常见的错误。正确的理解是:凡属于法律的强制性规定,都是强制适用的,当事人不得违反。一旦违反,将产生相应的否定性的法律后果,最严重的后果是行为无效,亦可能有其他行为不成立、不生效、效力待定、可撤销等法律后果,在有的情况下,发生行政法上的后果。① 《九民会议纪要》第30条指出,有的人民法院认为凡是行政管理性质的强制性规定都属于"管理性强制性规定",不影响合同效力。这种望文生义的认定方法,应予纠正。

(二)关于违约效力性强制性规定的效力

1. 违反效力性强制性规定的。根据《民法典》第153条规定,如果强制性规范规制的是合同行为本身,也就是说,只要该合同行为发生即绝对地损害国家利益或者社会公共利益的,人民法院应当认定合同无效;即合同违反法律、行政法规的效力性强制性规定的,人民法院应当依据《民法典》第153条第1款认定无效。

2. 并非违反效力性强制性规定的。如果强制性规定规制的是:(1)当事人的"市场准入"资格和相关的非强制性的资质条件;(2)某种合同的履行行为时,则人民法院对于此类合同效力的认定,应当慎重把握。与此同时,根据《九民会议纪要》第31条规定:"违反规章一般情况下不影响合同效力,但该规章的内容涉及金融安全、市场秩序、国家宏观政策等公序良俗的,应当认定合同无效。人民法院在认定规章是否涉及公序良俗时,要在考察规范对象基础上,兼顾监管强度、交易安全保护以及社会影响等方面进行慎重考量,并在裁判文书中进行充分说理。"

(三)关于认定效力性强制性规定的考察因素

1. 鼓励交易原则。合同效力体现国家强制与私法自治的关系。契约自由是基础,通过尊重契约自由,充分发挥市场主体的能动性,促进提升市场经济活力,增加社会财富。② 人民法院对审理合同纠纷案件、审查合同效力时所应坚持的基本原则,属于鼓励交易原则。"如无特别事由,一般应当维持合同的效力,使合同得到履行,使交易得

---

① 江必新主编:《中华人民共和国民法典适用与实务讲座》(上册),人民法院出版社2020年版,第127页。

② 杜万华主编:《第八次全国法院民事商事审判工作会议(民事部分)纪要理解与适用》,人民法院出版社2018年版,第471~472页。

以顺畅流转，使交易链条的完整性得到保护。"① 尽可能地限制无效合同的范围，在未生效合同问题上就要尽量通过让报批义务人履行报批义务，促成合同生效。以促进市场交易，维护交易安全和经济秩序的健康发展，非因违反国家法律、行政法规的效力性强制性规定，不必然导致合同无效。

2. 诚实信用原则。在当事人之间合理分配责任，避免使不诚信的当事人从其不诚信行为中获益，避免轻易解除合同。根据诚实信用原则，保护诚实守信的市场主体的合法权利。"《合同法》的基本目标是通过合同这一私人间的合意使人们能实现私人目的，从而鼓励交易。《合同法》第 52 条所反映出的合同效力制度的立法价值取向应当是，以《合同法》的基本目标为指导，在无碍社会基本秩序的前提下，尽可能维护合同效力，尊重当事人意思自治，实现社会效益最大化。"②

3. 意思表示。一切之法律效力，为法律所赋予。法律赋予法律行为以法律效力之理由，乃在于行为人于其意思表示亦欲如此之效力，即法律以行为人在心中有一定效力意思，而以之表现于外部，故容认其效力意思，而予以其相当内容之法律效力。③

4. 综合考察因素。关于我国有关的法律规定④是否属于效力性强制性规定，不能简单地以"禁止""不得"等否定性表达作为判断标准，而应根据相关法律、行政法规的立法目的，相关行为是否属于严重侵害国家、集体和社会公共利益，相关行为是否需要国家权力对当事人意思表示进行干预等标准进行判断。⑤ 人民法院在审理合同纠纷案件时，要依据《民法典》第 153 条第 1 款规定慎重判断"强制性规定"的性质，应当综合法律法规的意旨，权衡相互冲突的权益，诸如权益的种类、交易安全以及其所规制的对象等，综合认定强制性规定的类型，特别是要在考量强制性规定所保护的法益类型、违法行为的法律后果以及交易安全保护等因素的基础上认定其性质。

---

① 黄薇主编：《中华人民共和国民法典释义》（中），法律出版社 2020 年版，第 1480 页。
② 最高人民法院研究室编著：《最高人民法院关于合同法司法解释（二）理解与适用》，人民法院出版社 2009 年版，第 106 页。
③ 史尚宽：《民法总论》，中国政法大学出版社 2000 年版，第 307 页。
④ 例如，《土地管理法》第 43 条规定："任何单位和个人进行建设，需要使用土地的，必须依法申请使用国有土地；但是，兴办乡镇企业和村民建设住宅经依法批准使用本集体经济组织农民集体所有的土地的，或者乡（镇）村公共设施和公益事业建设经依法批准使用农民集体所有的土地的除外。前款所称依法申请使用的国有土地包括国家所有的土地和国家征收的原属于农民集体所有的土地。"《城乡规划法》第 39 条规定："规划条件未纳入国有土地使用权出让合同的，该国有土地使用权出让合同无效；对未取得建设用地规划许可证的建设单位批准用地的，由县级以上人民政府撤销有关批准文件；占用土地的，应当及时退回；给当事人造成损失的，应当依法给予赔偿。"
⑤ 最高人民法院民事审判第一庭编著：《最高人民法院建设工程施工合同司法解释（二）理解与适用》，人民法院出版社 2019 年版，第 66 页。

（四）关于未采纳"效力性强制性规定"表述

本次《通则司法解释》中没有采纳和使用"效力性强制性规定"的说法或表述，即根据《民法典》第 153 条第 1 款的表述，本《通则司法解释》没有采取原《合同法司法解释二》第 14 条将强制性规定区分为效力性强制性规定和管理性强制性规定的做法，有观点认为，这种不"采纳"是等于废止了"效力性强制性规定"，甚至是不再使用"效力性强制性规定"了，这种想法和观点是不正确的。之所以在本次司法解释中没有使用和采纳"效力性强制性规定"，主要的理由有以下几个：

1. 虽然有的强制性规定非常明确地规定了是效力性强制性规定还是管理性强制性规定，但仍然有部分强制性规定的性质很难区分。问题出在区分的标准不清晰，没有形成共识，特别是没有形成简便易行、务实管用的可操作性标准，导致在审判实践中裁判尺度出现不统一。

2. 合同有效还是无效，是裁判者根据一定的因素综合进行考虑的结果，而不是其作出判决的原因。

3. 自效力性强制性规定的概念提出以来，审判实践中出现了一些望文生义的现象，即部分公法上的强制性规定被认为属于管理性强制性规定，不是效力性强制性规定。

4. 可以继续对效力性强制性规定和管理性强制性规定区分标准进行研究。①

5. 《民法典》第 153 条规定："违反法律、行政法规的强制性规定的民事法律行为无效。但是，该强制性规定不导致该民事法律行为无效的除外。违背公序良俗的民事法律行为无效。"仍为有效的法律规定，仍然是作为民事法律行为是否有效的判断依据。

二、关于"不因违反强制性规定无效"的情形

根据《民法典》第 153 条第 1 款的表述，我们没有采取原《合同法司法解释二》第 14 条将强制性规定区分为效力性强制性规定和管理性强制性规定的做法，而是采取了直接对《民法典》第 153 条第 1 款规定的"但书"进行解释的思路，回应广大民商事法官的现实需求。②

其一，强制性规定虽然旨在维护社会公共秩序，但是合同的实际履行对社会公共

---

① 参见《准确适用民法典合同编通则 确保裁判尺度统一》——最高人民法院民二庭、研究室负责人就《最高人民法院关于适用〈中华人民共和国民法典〉合同编通则若干问题的解释》答记者问，载《人民法院报》2023 年 12 月 6 日。

② 参见《准确适用民法典合同编通则 确保裁判尺度统一》——最高人民法院民二庭、研究室负责人就《最高人民法院关于适用〈中华人民共和国民法典〉合同编通则若干问题的解释》答记者问，载《人民法院报》2023 年 12 月 6 日。

秩序造成的影响显著轻微，且认定合同无效将导致案件处理结果有失公平公正。这是比例原则在民法上的适用，也与《刑法》第 13 条关于"情节显著轻微危害不大的，不认为是犯罪"的规定具有内在的一致性。

其二，强制性规定旨在维护政府的税收、土地出让金等国家利益或者其他民事主体的合法利益而非合同当事人的民事权益，认定合同有效不会影响该规范目的实现。例如，开发商违反《城市房地产管理法》第 39 条第 1 款规定未按照出让合同约定已经支付全部土地使用权出让金即签订转让土地使用权的协议。该规定并非为了保护当事人的民事权益，而是为了维护政府的土地出让金利益，且即使认定合同有效，通常也不会影响这一规范目的的实现。

其三，强制性规定旨在要求当事人一方加强风险控制、内部管理等，对方无能力或者无义务就合同是否违反强制性规定进行审查，认定合同无效将使其承担不利后果。例如，银行违反《商业银行法》第 39 条规定的资产负债比例发放贷款，因该规定旨在要求银行加强内部管理和风险控制，借款人无从获知银行是否违反该规定，自然不应仅因银行违反该规定就认定合同无效，否则借款人的交易安全将无法获得有效保障。

其四，当事人一方虽然在订立合同时违反强制性规定，但是在合同订立后其已经具备补正违反强制性规定的条件却违背诚信原则不予补正。例如，开发商未取得预售许可证明即签订商品房买卖合同，但在合同订立后，其已经具备申请预售许可证明的条件却违背诚信原则不向行政管理部门提交申请，而是因房价上涨受利益的驱动主张合同无效，就不应获得支持。

其五，法律、司法解释规定的其他情形。例如，当事人订立房屋租赁合同后，未依法办理备案登记，依据《民法典》第 706 条的规定，不应影响房屋租赁合同的效力。①

三、关于多元纠纷解决

任何一个法条不可能解决所有的民商事法律问题，任何一部法律也不可能解决所有的社会矛盾纠纷，根据我国的法律规定，民事司法有其主管范围，并不涉及主管范围之外的社会角度。人民法院如果想更好地发挥审判机关在国家和社会治理中的重要作用，就需要积极参与健全共建共治共享的社会治理制度，提升社会治理效能，与各个部门明确各自的责任和职能，相互统筹协调，通过与其他部门的交流合作，达到国

---

① 《准确适用民法典合同编通则 确保裁判尺度统一》——最高人民法院民二庭、研究室负责人就《最高人民法院关于适用〈中华人民共和国民法典〉合同编通则若干问题的解释》答记者问，载《人民法院报》2023 年 12 月 6 日。

家治理的总体目标和任务，而不能越俎代庖。

(一) 司法建议书

根据最高人民法院《关于综合治理类司法建议工作若干问题的规定》（法释〔2023〕11号）第1条规定："人民法院在履行审判执行职责时发现社会治理领域中存在引起矛盾纠纷多发高发，影响经济社会发展和人民群众权益保护的突出问题，需要向有关主管机关或者其他有关单位提出改进工作、完善治理的司法建议的，适用本规定。"第3条规定："人民法院提出司法建议时，应当根据综合治理问题涉及的行业、领域等向相应的主管机关或者其他有关单位提出；向主管机关提出的，一般应当向本院辖区范围内的同级主管机关提出。发现的综合治理问题需要异地主管机关采取措施的，可以提出工作建议，层报相应的上级人民法院决定。"因此，人民法院在审理民商事案件过程中，如果发现当事人的违法行为未经处理的，人民法院应当向有关行政管理部门提出司法建议。

(二) 移送案件线索

关于在审理民商事案件过程中，涉及民事案件与刑事案件的交叉与衔接问题。根据《九民会议纪要》第129条规定"正在审理民商事案件的人民法院发现有上述涉众型经济犯罪线索的，应当及时将犯罪线索和有关材料移送侦查机关"，因此，当事人的行为涉嫌犯罪的，应当将案件线索移送刑事侦查机关；属于刑事自诉案件的，应当告知当事人可以向有管辖权的人民法院另行提起诉讼。

【法律适用分歧】

不具备《民法典》第143条要件的民事法律行为是否无效的问题

《民法典》第143条①规定的是民事法律行为的有效要件。即具备《民法典》第143条规定的三个要件，法律行为才有效。但是，是否可以从反面解释，不具备这三个要件的民事法律行为，就一定无效？行为人不具有相应的民事行为能力的，是否一概无效？应当这样认为：

第一，《民法典》第143条第1项规定的"（一）行为人具有相应的民事行为能力"要件是民事法律行为有效的主体要件。违反该要件的，除非无民事行为能力人实施的民事法律行为无效，其他的如限制民事行为能力人从事与其年龄、智力、精神健康状况不相适应的民事行为，其效力不是无效，而是效力待定，经法定代理人同意或追认后有效。

第二，意思表示不真实的民事法律行为的效力，如果认为一概无效，显然也是错

---

① 《民法典》第143条规定："具备下列条件的民事法律行为有效：（一）行为人具有相应的民事行为能力；（二）意思表示真实；（三）不违反法律、行政法规的强制性规定，不违背公序良俗。"

误的；对于意思表示不真实的行为，其效力虽然涉及无效的问题，如双方当事人的虚假意思表示无效，但该类意思表示主要涉及的还是可撤销的问题。

第三，《民法典》第143条第3项"（三）不违反法律、行政法规的强制性规定，不违背公序良俗"针对的才是法律行为的效力。《民法典》第153条①专门对违反法律、行政法规的强制性规定作出了规定。因此，审判实践中，对于违反法律、行政法规的强制性规定的民事法律行为需要认定无效的，其法律依据应当直接引用《民法典》第153条的规定，而不应当抛开第153条的规定，去专门引用《民法典》第143条有效要件的规定。即民事法律行为违反法律、行政法规的效力性强制性规定应当认定无效的，只能引用《民法典》第153条作为裁判依据，而不能引用《民法典》第143条作为裁判依据。②

【典型案例】

一、裁判规则：协议内容不存在违反法律、行政法规的强制性效力性规定的合同有效

【法院】

最高人民法院

【案号】

（2021）最高法民申4878号

【当事人】

再审申请人（一审被告、二审上诉人）：某市圣某伟业房地产开发有限公司（以下简称圣某公司）

被申请人（一审原告、二审被上诉人）：某市产业基金管理有限公司等（以下简称基金公司）

【案由】

借款合同纠纷

【裁判观点】

根据《民法总则》第153条第1款规定，基金公司的营业执照载明其经营范围包括：企业间资金融通业务等。基金公司与圣某公司签订的《借款合同》，主要约定由基金公司向圣某公司出借1000万元，用以支付圣某公司开发的青铜峡市某商业中心项目土地出让金，协议内容并不存在违反法律、行政法规的强制性效力性规定的情形，

---

① 《民法典》第153条规定："违反法律、行政法规的强制性规定的民事法律行为无效。但是，该强制性规定不导致该民事法律行为无效的除外。违背公序良俗的民事法律行为无效。"

② 最高人民法院民事审判第一庭编：《最高人民法院民事审判第一庭裁判观点》（民事合同卷·下），人民法院出版社2023年版，第879~880页。

一、二审判决认定《借款合同》有效并无不当。

二、裁判规则：未取得商品房预售许可证即出售房屋的行为，虽违反有关强制性规定，但未损害国家利益或者社会公共利益，也无其他无效的情形，协议有效

【法院】

最高人民法院

【案号】

（2019）最高法民申4974号

【当事人】

再审申请人（一审被告、二审上诉人）：张某士

被申请人（一审原告、二审被上诉人）：盖某华等

【案由】

第三人撤销之诉

【裁判观点】

商贸公司对案涉房屋的开发建设取得《建设用地规划许可证》《建设工程规划许可证》，未取得商品房预售许可证；盖某华与商贸公司自愿签订《购房协议》且已付清购房款，商贸公司已将案涉房屋交付使用。商贸公司未取得商品房预售许可证即出售房屋的行为，虽违反了"商品房预售应当取得商品房预售许可证"的强制性规定，但该房屋出售行为未损害国家利益或者社会公共利益，也无其他无效的情形。故原审法院认定盖某华与商贸公司签订的《购房协议》有效并无不当。

【相关规定】

《民法典》第153条、第502条；原《合同法司法解释二》第14条；《民商事合同指导意见》第15条、第16条；《九民会议纪要》

第十七条　【民法典第153条第2款的适用】

合同虽然不违反法律、行政法规的强制性规定，但是有下列情形之一，人民法院应当依据民法典第一百五十三条第二款的规定认定合同无效：

（一）合同影响政治安全、经济安全、军事安全等国家安全的；

> (二) 合同影响社会稳定、公平竞争秩序或者损害社会公共利益等违背社会公共秩序的;
>
> (三) 合同背离社会公德、家庭伦理或者有损人格尊严等违背善良风俗的。
>
> 人民法院在认定合同是否违背公序良俗时,应当以社会主义核心价值观为导向,综合考虑当事人的主观动机和交易目的、政府部门的监管强度、一定期限内当事人从事类似交易的频次、行为的社会后果等因素,并在裁判文书中充分说理。当事人确因生活需要进行交易,未给社会公共秩序造成重大影响,且不影响国家安全,也不违背善良风俗的,人民法院不应当认定合同无效。

【条文主旨】

本条是关于《民法典》第153条第2款适用的规定。

【司法适用】

本条第1款规定的是违反《民法典》第153条第2款"违背公序良俗的民事法律行为无效"的合同效力问题;本条第2款主要规定的是人民法院在判断是否违背公序良俗时所要综合考察的因素,从而坚持《民法典》所倡导的鼓励交易原则下的"尽可能使合同有效"原则。

一、关于公序良俗作为合同效力判断标准

(一) 关于作为合同无效的判断标准

公序良俗,是公共秩序和善良风俗的简称,是指社会公共利益或道德观念,为民法的基本原则之一。[1] 公序良俗主要是指社会公共利益和社会公共道德。[2] 作为评判民事法律行为效力的重要标准,除作为第1款规定违反法律、行政法规的强制性规定的民事法律行为无效之外的评价民事法律行为效力的重要标准外,还能够极大地填补法律漏洞和空白。由于立法不可能面面俱到,也无法将强制性规定涵盖所有行业、所有领域和生活的方方面面,因此,非常有必要在"法律、行政法规"强制性规范外,通过

---

[1] 王利明主编:《中国民法典释评》(合同编·通则),中国人民大学出版社2020年版,第371页。
[2] 史尚宽:《民法总则》,中国政法大学出版社2000年版,第334~335页。

公序良俗这一调控手段进行动态控制，特别是"对于那些表面上虽未违反现行立法的禁止性规定，但实质上损害了全体人员的共同利益，破坏了社会经济生活秩序和善良风俗的行为，都应认定是无效的，从而维护社会公共秩序和社会公共道德"①。

（二）关于公序良俗的法律意义

我国《民法典》总则编在第8条、第10条、第143条、第153条第2款的规定中都强调，民事活动不得违背公序良俗。根据《民法典》第153条第2款规定："违背公序良俗的民事法律行为无效。"公序良俗中的公共秩序，强调民事法律行为需要遵守社会公共道德，倡导优良社会风尚，抑制伤风败俗行为，建立和谐稳定社会秩序。公序良俗作为强行法的补充，具有配合各种具体的强行法规则，对民事活动起到调控的作用。其司法意见是对于习惯的调控、判断法律行为的法律效力。公序良俗作为意识形态的价值观演化为法律层面有约束力的条文规范后，就成为对民事法律行为进行效力判断的依据，并赋予法官自由裁量权，在遇到损害国家利益、社会公共利益和道德秩序的行为，而又缺乏相应的禁止性法律规定时，法官可以直接适用公序良俗原则判定该行为无效。②

二、违反公序良俗的类型

（一）导致认定合同无效的情形

在民商法领域，社会公共利益明确了国家和个人权利的行使边界，是判断法律行为正当性与合法性的标准。在立法上具体体现为两种形式：一是设定禁止性法律规范，通过明确规定违背社会公共利益的行为无效或者规定不得损害社会公共利益这个基本原则的方式否定当事人行为的效力；二是规定排除禁止性规定适用条款，规定凡是符合或者促进社会公共利益的，遵循禁止除外的原则。③为进一步发挥《民法典》保护国家利益和社会公共利益的功能，本条从两个层次三个方面对违背公序良俗进行了规范：

第一个层次：保护国家利益方面

1. 合同影响国家政治、经济、军事等国家安全的。国家的政治、经济和军事的稳定与安全事关国家的根本利益，国家安全代表着全社会成员的利益要求，只有国家安全得到保障和维护，才能使整个社会及个人的生存发展成为可能。民事法律行为虽然

---

① 王利明：《合同法通则》，北京大学出版社2022年版，第211页。
② 郭锋：《民法典总则编的体例结构、核心价值和重点条文解读》，载最高人民法院政治部编：《人民法院大讲堂：民法典重点问题解读》，人民法院出版社2021年版，第423页。
③ 张雪楳：《法律、行政法规没有效力性强制性规定的，可以是否损害社会公共利益为依据确认合同的效力》，载最高人民法院民事审判第二庭编：《合同案件审判指导》（修订版，上），法律出版社2018年版，第194页。

彰显意思自治、保障权利实现，但这种自由必须限定在不损害国家利益、社会公共利益的范围之内。民事主体的民事法律行为一旦超越法律和道德所容许的限度，就会构成对国家、社会公共利益的侵害，其效力就必须被否定。①

2. 合同影响社会稳定、公平竞争秩序或者损害社会公共利益等违背社会公共秩序的。社会公共秩序是社会全体或者大部分成员共同的整体和利益，在个人利益与社会公共秩序相吻合、相一致、相向而行时，对社会公共利益的保护，也就是对个体利益的保护；如果个人利益与社会公共利益的保护存在冲突、违反和侵犯时，则应当发挥民法保护社会公共利益的作用，对这类合同给予负面评价。

第二个层次：保护社会公共利益方面

本条提到的"合同背离社会公德、家庭伦理或者有损人格尊严等违背善良风俗的"，其中的善良风俗，也称为社会公共道德，是社会全体成员普遍认识、遵循的道德准则。实践中，违背善良风俗的民事法律行为主要包括：危害婚姻法、损害正常的家庭关系秩序的法律行为；违反有关收养关系的法律行为；以赌博为内容的法律行为；贬损人格尊严和限制人身自由的法律行为；限制职业选择自由的法律行为等②。

（二）不导致合同无效的情形

尽管本条第1款进一步细化了《民法典》第153条第2款规定："违背公序良俗的民事法律行为无效。"但这并不等于说，所有涉及社会公共利益的个人行为都作否定性或负面性评价。

其一，违背公序良俗无效的规定作为民事法律行为无效的补充性的兜底条款，只在不符合或不适用《民法典》第153条第1款规定或法律、行政法规都没有明确确定的情况下，才可以适用这一条款。

其二，坚持鼓励交易，尽可能使合同有效原则。在民商事领域，法无规定皆自由，只有民事法律行为造成或可能造成严重后果的情况下，才考虑适用第2款的规定；也正是基于鼓励交易原则，当事人确因生活需要进行交易，未给社会公共秩序造成重大影响，且不影响国家安全，也不违背善良风俗的，人民法院不应当认定合同无效。

其三，应当以社会主义核心价值观为导向。根据最高人民法院《关于加强和规范裁判文书释法说理的指导意见》第3条规定，"裁判文书释法说理，要立场正确、内容合法、程序正当，符合社会主义核心价值观的精神和要求"；根据最高人民法院《关于深入推进社会主义核心价值观融入裁判文书释法说理的指导意见》第6条规定："民商

---

① 黄薇主编：《中华人民共和国民法典总则编释义》，法律出版社2020年版，第406页。
② 王利明：《民法总则》，中国人民大学出版社2017年版，第327页。

事案件无规范性法律文件作为裁判直接依据的，除了可以适用习惯以外，法官还应当以社会主义核心价值观为指引，以最相类似的法律规定作为裁判依据；如无最相类似的法律规定，法官应当根据立法精神、立法目的和法律原则等作出司法裁判，并在裁判文书中充分运用社会主义核心价值观阐述裁判依据和裁判理由。"故人民法院在认定合同是否违背公序良俗时，应当以社会主义核心价值观为导向。

其四，加强裁判说理。根据最高人民法院《关于深入推进社会主义核心价值观融入裁判文书释法说理的指导意见》第7条规定："案件涉及多种价值取向的，法官应当依据立法精神、法律原则、法律规定以及社会主义核心价值观进行判断、权衡和选择，确定适用于个案的价值取向，并在裁判文书中详细阐明依据及其理由。"故应综合考虑当事人的主观动机和交易目的、政府部门的监管强度、一定期限内当事人从事类似交易的频次、行为的社会后果等因素，并在裁判文书中充分说理。

【法律适用分歧】

一、关于典当土地使用权的合同效力

根据当事人的营业执照、典当经营许可证所载经营范围和《典当管理办法》第25条第3项的规定，典当公司与合同相对人签订土地使用权抵押典当合同，由合同相对人将其名下土地使用权作为当物抵押，典当公司支付当金，并在相关机关办理土地他项权证，属于典当公司在其经营范围内进行的房地产抵押典当业务。房地产作为土地使用权和地上建筑物及其他附着物的总称，典当公司与当户签订抵押典当合同，对当户典当抵押的土地使用权办理他项权证未超出上述办法规定的典当业务范围。如果典当公司的注册资金未能满足《典当管理办法》第44条第5项"注册资本在1000万元以上的，房地产抵押典当单笔当金数额不得超过注册资本的10%"的规定，但《典当管理办法》系经商务部审议通过，并经公安部同意，予以公布施行的行政规章，不属于法律或行政法规，故涉案抵押典当合同违反行政规章规定，并不能认定为符合《民法典》第153条规定的"违反法律、行政法规的强制性规定"的情形，应当认定双方当事人之间的土地使用权抵押典当合同有效。

二、关于规章与合同效力

（一）总的原则：不影响合同效力

根据《民法典》第153条规定的精神，判定合同无效的限于法律、行政法规的强制规定，因此，违反规章原则上不影响合同效力，或者说，一般不宜认为违反规章的行为就是违背公序良俗的行为，进而认定合同无效，否则，会人为扩大合同无效的范围，违背《民法典》所倡导的鼓励交易原则。2009年《民商事合同指导意见》第16

条也规定,人民法院应当综合法律法规的意旨,权衡相互冲突的权益,诸如权益的种类、交易安全以及其所规制的对象等,综合认定强制性规定的类型。如果强制性规范规制的是合同行为本身即只要该合同行为发生即绝对地损害国家利益或者社会公共利益的,人民法院应当认定合同无效。如果强制性规定规制的是当事人的"市场准入"资格而非某种类型的合同行为,或者规制的是某种合同的履行行为而非某类合同行为,人民法院对于此类合同效力的认定,应当慎重把握,必要时应当征求相关立法部门的意见或者请示上级人民法院。

(二) 特殊情况:合同无效

如果规章同时构成了违背公序良俗,即规章的内容涉及金融安全、市场秩序、国家宏观政策等公序良俗的,此时,之所以认定合同无效,不是因为违反了规章,而是因为违背了公序良俗。在考察违反规章尤其是金融领域的规章是否违背公序良俗时,一般要考察以下几个方面:

一是要考察规范对象。即考察规章规范的对象究竟是交易行为本身,还是市场主体的准入条件,抑或对监管对象进行合规性监管。比如,《金融企业国有资产转让管理办法》规范的对象是金融企业的国有资产转让行为,是交易本身;而《金融许可证管理办法》[①]则是有关金融机构市场准入的规定;有的则纯粹是对监管对象在某一具体事务上进行规范,如《商业银行资本管理办法(试行)》有关资本充足率的要求,《商业银行杠杆率管理办法》有关杠杆率的要求,规范对象均是银行经营行为的合规性。一般来说,只有当规章的规范对象是交易行为本身,或者是市场主体的准入条件时,才可能影响合同效力。对监管对象的合规性要求,一般不影响合同效力。

二是要考察交易安全保护因素。主要是考察规章规范的是一方的行为,还是双方的行为。如果仅是规范一方的行为,在确定合同效力时,就要考虑交易相对人保护的问题。

三是要考察监管强度。即考察规章中有无刑事犯罪的规定。如果违反规章的后果仅仅是导致行政处罚的,说明监管强度较弱,一般不宜以违反规章为由否定合同效力。但是违反规章的行为可能构成犯罪的,表明监管强度较强,在认定合同效力时就要予以考虑。

四是要考察社会影响。只有当违反规章的行为可能造成严重的社会后果,如导致系统性金融风险时,才可以违背善良风俗为由认定合同无效。在考察社会后果是否严重时,要看某类违规现象是否普遍,肯定或否定某一类交易行为的效力对整个行业有何影响。一旦认定违反规章的行为同时构成违背公序良俗的,人民法院就要在裁判文

---

① 该文件已失效。

书中进行充分说理。①

【典型案例】

一、裁判规则：确认合同无效，应当以全国人大及其常委会制定的法律和国务院制定的行政法规为依据，不得以地方性法规、行政规章为依据

【法院】

最高人民法院

【案号】

（2015）民申字第3611号

【当事人】

再审申请人（一审被告、二审上诉人）：康县山某矿业开发有限公司

被申请人（一审原告、二审被上诉人）：季某涛

【案由】

中外合作勘探开发自然资源合同纠纷

【裁判观点】

根据《合同法》及相关司法解释的规定，依法成立的合同，自成立时生效。法律、行政法规规定应当办理批准、登记等手续生效的，依照其规定。在合同无效的法定情形中，其中违反法律、行政法规的强制性规定的，属于合同无效。确认合同无效，应当以全国人大及其常委会制定的法律和国务院制定的行政法规为依据，不得以地方性法规、行政规章为依据。因此，违反地方性法规、行政规章规定的情形，不应认定为合同无效。

二、裁判规则：双方当事人在合同中所约定的转让内容违反行政规章规定的，并不属于违反法律、行政法规的强制性规定而归于合同无效的情形

【法院】

最高人民法院

【案号】

（2011）民提字第307号

【当事人】

申请再审人（一审原告、二审上诉人）：海南康某元药业有限公司

---

① 最高人民法院民事审判第二庭编著：《〈全国法院民商事审判工作会议纪要〉理解与适用》，人民法院出版社2019年版，第256~257页。

申请再审人（一审原告、二审上诉人）：海南通用康某制药有限公司等

【案由】

技术转让合同纠纷

【裁判观点】

关于新药技术转让问题，《药品管理法》及其实施条例均没有具体的规定，此问题一直是由国家药监局以行政规章及规范性文件的方式来加以规范的。从本案当事人签订《转让合同》时的药品管理规定来看，法律和行政法规没有关于新药技术转让的强制性规定，虽然行政规章对于新药技术转让有具体规定，但依据《合同法》第52条第5项的规定，双方当事人在《转让合同》中所约定的新药技术转让内容违反行政规章规定的，并不属于违反法律、行政法规的强制性规定而归于合同无效的情形。因此，本案双方当事人关于新药技术转让的约定是有效的，双方均应依约履行。

【相关规定】

《民法典》第153条、第508条；《民商事合同指导意见》第16条；《九民会议纪要》

第十八条　【不适用民法典第153条第1款的情形】

法律、行政法规的规定虽然有"应当""必须"或者"不得"等表述，但是该规定旨在限制或者赋予民事权利，行为人违反该规定将构成无权处分、无权代理、越权代表等，或者导致合同相对人、第三人因此获得撤销权、解除权等民事权利的，人民法院应当依据法律、行政法规规定的关于违反该规定的民事法律后果认定合同效力。

【条文主旨】

本条是关于不适用《民法典》第153条第1款情形的规定。

【司法适用】

一、设置强制性规定的立法目的

设置强制性规定的立法目的在于鼓励交易，尽可能维持合同效力。民法的基本目标是通过合同这一私人间的合意使人们能实现私人目的，从而鼓励交易。在无碍社会

基本秩序的前提下，尽可能维护合同效力，尊重当事人意思自治，实现社会效益最大化；根据诚实信用原则，保护诚实守信的市场主体的合法权利。

其一，维护交易安全的需要。在现行法律框架下对强制性规定作进一步的类型化划分，对于妥善处理违反法律、行政法规强制性规定的合同的效力不但必要而且必须。将强制性规定进一步细分为取缔性或管理性规范和效力性规范，并认为只有违反效力性规定的合同才是无效合同，这种做法不仅可以使无效合同的数量大大减少，对保护债权人利益也极为有利，而且较好地维护了交易安全，避免交易秩序混乱。

其二，保证立法统一性的实现。为了保证法律适用的统一性，必须得保证法律、行政法规中的强制性规定得以普遍实施，"如果一项行为既为法律所禁止，同时却又可以成为合同约定的要求，那么这就会使法律制度变得自相矛盾，令人难以承受"。而不是限于某一个领域内有效，而另一个领域则无效，这样一来，在不同领域内，既可以有效，又可以无效的做法，等于实质上架空了法律行政法规，使其变得仅具有形式上的意义，而失去了实质上的意义。与此同时，也防止当事人、审判机关等诉讼主体试图规避法律适用的企图，保证法律行政法规在全国适用的统一性和严肃性。

其三，国家对经济生活的调控作用。通过设置强制性规定，"提供了一条使公法规范'进入'私法领域的管道"，旨在确保禁令得到遵守，可以使法律在全国范围内的各个领域都达到其立法者所设想的立法目的，也可以在全国一盘棋的范围内产生预防性和预警性作用，让人们遵守既有的社会秩序规范。

二、关于"应当""必须""不得"等识别标准

《民法典》第153条规定的"强制性规定"，是相对于任意性规定而言的，是不允许人们依自己的意思加以变更或排除适用的规定。强制性规定，要求当事人必须从事或者不从事某一种行为，属于行为规范的范畴，有别于纯粹约束法院的裁判规则。一般认为，不能简单地以"禁止""不得"等否定性表达作为判断标准，而应根据相关法律、行政法规的立法目的，相关行为是否属于严重侵害国家、集体和社会公共利益，相关行为是否需要国家权力对当事人意思表示进行干预等标准进行判断。

认定某一规定是否为强制性规范，可首先采取形式标准，看某一规范是否包含诸如"应当""必须""禁止"等字样来认定是否为强制性规定。具体来说：

1. 关于"应当"。带"应当"字样的规范，通常为强制性规定，但例外情况下，也包括裁判规范与倡导性规范，因此，不可简单的根据形式标准来认定某一规定就是

强制性规定。比如,《民法典》第498条①尽管用了"应当",但其属于纯粹的裁判规范,而非强制性规定;再如,《民法典》第707条②的意思是6个月以上的长期租赁"最好"采取书面形式,如果没有采取书面形式,无法确定租赁期限的,将被视为不定期租赁,该条性质上属于倡导性规范。

2. 关于"必须"。"必须"作为强化版的"应当",其表征的就是强制性规定。但有的法律条文中的"必须"并不具有表征规范性质的意义,如《民法典》物权编第291条③的"必须",是"不得不"的意思,不能作为规范形态的依据。鉴于合同法考察强制性规定的主要目的在于确定其是否影响合同效力,因此在难以确定某一规范是强制性规定还是任意性规范的情况下,不妨先将其纳入《民法典》第153条的考察范围,再根据相应的规则认定其是否为强制性规定,以及如果属于强制性规定的,根据其是否属于效力性强制性规定,来具体认定合同效力。④

3. 关于"不得"。带有"不得"字样的规定,通常是强制性规定,但也包括裁判规范与半强制性规范,因而不能简单地凭语义加以识别。比如,《民法典》第546条⑤为债权人设定了不得撤销通知的强制性义务,但也有例外情况,即受让人同意。可以看出,该规定性质上属于半强制性规定。可见,带"不得"字样的规范与违法无效规则还存在一定的区别。

4. 关于"禁止"。"禁止"在民商法中用得较少,意思是当事人"不得"为某一行为,是强化版的"不得"表征的都是强制性规定。

总之,凡带有"必须""禁止"这样的规范,均为强制性规范。带有"应当""不得"字样的规范通常为强制性规范,但要排除属于裁判规范、倡导性规范或半强制性规范的情形。没有形式标准可供识别的,再根据实质标准来判断,鉴于合同法考察强制性规定的主要目的在于确定其是否影响合同效力,因此,在难以确定某一规范是强制性规范,还是任意性规范的情况下,不妨先纳入《民法典》第153条规定的考察范

---

① 《民法典》第498条规定:"对格式条款的理解发生争议的,应当按照通常理解予以解释。对格式条款有两种以上解释的,应当作出不利于提供格式条款一方的解释。格式条款和非格式条款不一致的,应当采用非格式条款。"

② 《民法典》第707条规定:"租赁期限六个月以上的,应当采用书面形式。当事人未采用书面形式,无法确定租赁期限的,视为不定期租赁。"

③ 《民法典》第291条规定:"不动产权利人对相邻权利人因通行等必须利用其土地的,应当提供必要的便利。"

④ 最高人民法院民事审判第二庭编著:《〈全国法院民商事审判工作会议纪要〉理解与适用》,人民法院出版社2019年版,第261页。

⑤ 《民法典》第546条规定:"债权人转让债权,未通知债务人的,该转让对债务人不发生效力。债权转让的通知不得撤销,但是经受让人同意的除外。"

围，再根据相应的规则认定其是否为强制性规定，以及如果属于强制性规定的，根据其是否属于效力性强制性规定，来具体认定合同效力。① 综上，结合上述理解，可以认为，法律、行政法规的规定虽有"应当""必须"或者"不得"等表述，但该规定旨在赋予或者限制民事权利，行为人违反该规定将构成无权处分、无权代理、越权代表等，或者导致合同相对人、第三人因此获得撤销权、解除权等民事权利，人民法院应当依据法律、行政法规关于违反该规定的民事法律后果认定合同效力。

三、对违反该规定的民事法律后果认定合同效力

（一）关于无权处分的法律后果

原《合同法司法解释二》第15条规定："出卖人就同一标的物订立多重买卖合同，合同均不具有合同法第五十二条规定的无效情形，买受人因不能按照合同约定取得标的物所有权，请求追究出卖人违约责任的，人民法院应予支持。"原《买卖合同司法解释》第3条规定："当事人一方以出卖人在缔约时对标的物没有所有权或者处分权为由主张合同无效的，人民法院不予支持。出卖人因未取得所有权或者处分权致使标的物所有权不能转移，买受人要求出卖人承担违约责任或者要求解除合同并主张损害赔偿的，人民法院应予支持。"《民法典》第597条规定："因出卖人未取得处分权致使标的物所有权不能转移的，买受人可以解除合同并请求出卖人承担违约责任。法律、行政法规禁止或者限制转让的标的物，依照其规定。"由于缔约时没有所有权或者处分权的买卖合同被认定为有效，因此，一旦违约，则自然应当承担违约责任。②

（二）关于无权代理、越权代表的后果

由于本书在第19条和第20条处，已对无权代理和越权代理进行了阐述，本条在此不做赘述。

（三）关于合同相对人、第三人因此获得撤销权、解除权等民事权利的

由于《民法典》已对撤销权和解除权进行了明确的法律规定和相关认定标准，因此，人民法院应当依据法律、行政法规规定的关于违反该规定的民事法律后果认定合同效力。

---

① 最高人民法院民法典贯彻实施工作领导小组编著：《中国民法典适用大全》（总则卷三），人民法院出版社2022年版，第1350页。

② 最高人民法院民事审判第二庭编著：《最高人民法院关于买卖合同司法解释理解与适用》，人民法院出版社2018年版，第81页。

【法律适用分歧】

一、关于《九民会议纪要》第 30 条①在《民法典》施行后是否继续适用的问题

最高人民法院在制定该纪要时，对《民法总则》第 153 条第 1 款规定的"法律、行政法规的强制性规定"如何理解进行了充分研究。鉴于《民法典》完全吸收了《民法总则》该条规定的内容，因此，《九民会议纪要》第 30 条的精神，在《民法典》施行后应当继续适用。②

二、违反《刑法》强制性规定并不必然导致合同无效

根据《民法典》第 153 条和第 154 条的规定，有的观点认为，民间借贷违反我国《刑法》关于非法吸收公众存款罪这一强制性规定无效，这一观点是不合理的。根据原《合同法司法解释二》第 14 条规定："合同法第五十二条第（五）项规定的'强制性规定'，是指效力性强制性规定。"强制性规定分为效力性强制性规定和管理性强制性规定，前者指对违反强制性规范的私法上的行为，在效力后果上以私法的方式予以一定制裁的强制性规定；后者是指它被违反后，当事人所预期的私法上的效果不一定会受到私法上的制裁的强制性规定，但这不排除它可能受到刑事上或行政上的制裁。③ 根据 2009 年《民商事合同指导意见》第 15 条规定："正确理解、识别和适用合同法第五十二条第（五）项中的'违反法律、行政法规的强制性规定'，关系到民商事合同的效力维护以及市场交易的安全和稳定。人民法院应当注意根据《合同法司法解释（二）》

---

① 《九民会议纪要》第 30 条规定，合同法施行后，针对一些人民法院动辄以违反法律、行政法规的强制性规定为由认定合同无效，不当扩大无效合同范围的情形，合同法司法解释（二）第 14 条将《合同法》第 52 条第 5 项规定的"强制性规定"明确限于"效力性强制性规定"。此后，《最高人民法院关于当前形势下审理民商事合同纠纷案件若干问题的指导意见》进一步提出了"管理性强制性规定"的概念，指出违反管理性强制性规定的，人民法院应当根据具体情形认定合同效力。随着这一概念的提出，审判实践中又出现了另一种倾向，有的人民法院认为凡是行政管理性质的强制性规定都属于"管理性强制性规定"，不影响合同效力。这种望文生义的认定方法，应予纠正。人民法院在审理合同纠纷案件时，要依据《民法总则》第 153 条第 1 款和合同法司法解释（二）第 14 条的规定慎重判断"强制性规定"的性质，特别是要在考量强制性规定所保护的法益类型、违法行为的法律后果以及交易安全保护等因素的基础上认定其性质，并在裁判文书中充分说明理由。下列强制性规定，应当认定为"效力性强制性规定"：强制性规定涉及金融安全、市场秩序、国家宏观政策等公序良俗的；交易标的禁止买卖的，如禁止人体器官、毒品、枪支等买卖；违反特许经营规定的，如场外配资合同；交易方式严重违法的，如违反招投标等竞争性缔约方式订立的合同；交易场所违法的，如在批准的交易场所之外进行期货交易。关于经营范围、交易时间、交易数量等行政管理性质的强制性规定，一般应当认定为"管理性强制性规定"。

② 最高人民法院民事审判第一庭编：《最高人民法院民事审判第一庭裁判观点》（民事合同卷，上），人民法院出版社 2023 年版，第 9 页。

③ 崔建远：《合同法总论》（上卷），中国人民大学出版社 2008 年版，第 283 页。

第十四条之规定，注意区分效力性强制规定和管理性强制规定。违反效力性强制规定的，人民法院应当认定合同无效；违反管理性强制规定的，人民法院应当根据具体情形认定其效力。"根据《民法典》第153条规定，当事人违反刑法的强制性规定，涉嫌非法吸收公众存款罪，可能被判处刑事处罚，并不必然导致其所签订的民事借贷合同的无效，应根据具体情形加以判断。

因此，民间借贷涉嫌或构成非法吸收公众存款罪，合同一方可能被追究刑事责任的，并不必然影响民间借贷合同的效力。同样，对于借贷合同相对应的担保合同的效力，也不当然受到影响。主合同（借款合同）有效，在从合同（担保合同）本身无瑕疵的情况下，民间借贷中的担保合同也是有效的。从维护诚信原则和公平原则来分析，将与非法吸收公众存款罪交叉的民间借贷合同认定为无效，会造成实质意义上的不公，使得担保人以无效为由抗辩其担保责任，即把自己的担保错误作为自己不承担责任的抗辩理由，这更不利于保护不知情的债权人，维护诚信、公平无从体现[①]。对此，《民间借贷司法解释》第12条规定："借款人或者出借人的借贷行为涉嫌犯罪，或者已经生效的裁判认定构成犯罪，当事人提起民事诉讼的，民间借贷合同并不当然无效。人民法院应当依据民法典第一百四十四条、第一百四十六条、第一百五十三条、第一百五十四条以及本规定第十三条之规定，认定民间借贷合同的效力。担保人以借款人或者出借人的借贷行为涉嫌犯罪或者已经生效的裁判认定构成犯罪为由，主张不承担民事责任的，人民法院应当依据民间借贷合同与担保合同的效力、当事人的过错程度，依法确定担保人的民事责任。"担保合同可能会由于主合同无效而无效，也可能即使主合同有效但担保合同因为自身原因而无效，也就是说，应当依据《民法典》《民法典担保制度司法解释》等具体规定来认定担保合同的效力。[②]

【典型案例】

一、裁判规则：关于融资担保公司业务禁止范围的规定，属于管理性强制性规定

【法院】
最高人民法院

【案号】
（2019）最高法民申2172号

[①] 沈芳君：《构成非法吸收公众存款罪的民间借贷及其担保合同效力》，载《人民司法·案例》2010年第22期。

[②] 江必新、何东宁等：《最高人民法院指导性案例裁判规则理解与适用》（合同卷三，第二版），中国法制出版社2018年版，第387~388页。

【当事人】

再审申请人（一审被告、二审上诉人）：梁某某等

被申请人（一审原告、二审被上诉人）：乌鲁木齐经济技术开发区正某融资担保有限公司

【案由】

借款合同纠纷

【裁判观点】

根据《合同法司法解释二》第14条、《融资担保公司监督管理条例》第23条和《融资性担保公司管理暂行办法》第21条关于融资担保公司业务禁止范围的规定，属于管理性强制性规定。正某公司与昆某银行乌鲁木齐分行、瑞某公司签订《委托贷款借款合同》及《委托贷款展期协议》系三方当事人的真实意思表示，未违反法律、行政法规的效力性强制性规定，合法有效，对各方当事人均具有约束力。正某公司已经实际履行出借义务，瑞某公司应当按照合同约定归还借款。梁某某关于案涉借款合同无效，从而保证合同无效的主张不能成立。

二、裁判规则："建筑工程开工前，建设单位应当按照国家有关规定向工程所在地县级以上人民政府建设行政主管部门申请领取施工许可证"，属于管理性强制性规定

【法院】

最高人民法院

【案号】

（2015）民申字第1477号

【当事人】

再审申请人（一审原告、二审上诉人）：中某六局土木工程有限公司

被申请人（一审被告、二审被上诉人）：沈阳永某房地产有限公司

【案由】

建设工程施工合同纠纷

【裁判观点】

《建筑法》第7条属于管理性强制性规定，并非本院司法解释所规定的"效力性强制性规定"，即使被申请人永某房地产公司在涉案建筑工程开工前没有申请领取施工许可证，也不影响双方签订的建设工程施工合同的效力。因此，原判决认定双方合同有效，适用法律正确。至于中某六局公司在法院审查过程中提出的因没有施工许可证等而应该解除合同的问题，因双方当事人并没有在本案中提出解除合同的诉请，故原判

决没有判令解除合同并无不当,双方当事人可就此问题另行解决。

【相关规定】

《民法典》第143条、第146条、第153条、第154条、第508条;2009年《民商事合同指导意见》第15条;原《合同法司法解释二》第14条;《民间借贷司法解释》第12条;《九民会议纪要》

> **第十九条 【无权处分的合同效力】**
>
> 以转让或者设定财产权利为目的订立的合同,当事人或者真正权利人仅以让与人在订立合同时对标的物没有所有权或者处分权为由主张合同无效的,人民法院不予支持;因未取得真正权利人事后同意或者让与人事后未取得处分权导致合同不能履行,受让人主张解除合同并请求让与人承担违反合同的赔偿责任的,人民法院依法予以支持。
>
> 前款规定的合同被认定有效,且让与人已经将财产交付或者移转登记至受让人,真正权利人请求认定财产权利未发生变动或者请求返还财产的,人民法院应予支持。但是,受让人依据民法典第三百一十一条等规定善意取得财产权利的除外。

【条文主旨】

本条是关于无权处分的合同效力的规定。

【司法适用】

本条是民法典所规定的物权区分原则和善意取得制度在合同编中的具体落实与体现;在所有权取得方式上应正确区分债权意思主义与物权法律后果的关系;本条第1款是对《民法典》第311条第2款的细化规定;本条第2款是《民法典》第311条具体细化明确规定对用益物权、担保物权在无权处分合同中的适用。

一、关于物权区分原则

(一)物权区分原则的主要内容

物权区分原则,又称为"物权变动与其基础关系或原因关系的区分原则"①,是指

---

① 黄薇主编:《中华人民共和国民法典物权编释义》,法律出版社2020年版,第19页。

"在依据法律行为发生物权变动时，物权变动的原因与物权变动的结果作为两个法律事实，它们的成立生效依据不同的法律根据的原则"。① 根据《民法典》第215条等规定，"明确地表明我国立法已经接受'区分物权变动的原因与结果'的原则"。② 物权区分原则主要包括以下相关的内容：

1. 关于合同成立生效

区分债权（民事法律行为的成立与生效）与物权（物权的设立、变更、转让和消灭本身）。作为"发生特权变动为目的的基础关系（原因关系）"③ 的合同的成立与生效归属于债权法律关系和合同法（《民法典》合同编）调整，合同的成立与生效，应当依据民事法律行为有效要件和合同法进行判断；物权变动归属物权法（《民法典》物权编）判断；合同的成立与生效，与物权变动并不必然发生联系，合同的成立与生效可能发生物权变动的结果，也可能不发生物权变动的结果；根据《民法典》第208条，不动产物权的变动只能在登记时生效；物权登记指的是物权变动，并不是指合同效力，因此，不能把合同成立生效与物权发生变动"人为合并""人为捆绑"在一起、作"二合一"理解或者"划等号"将两者等同起来，也不能把物权登记理解为合同成立生效的前提条件、前置条件。从两者之间的关系来说，要注意区分开物权变动的原因与结果，注意区分开负担行为与处分行为，注意区分开合同效力与合同履行，注意区分开买卖合同与无权处分，不能把它们作"二合一"理解，既要明白它们涵义与意旨之间"泾渭分明"，又需要串联起它们之间的前后衔接关系。

关于合同成立，根据《民法典》第143条的规定，在法律没有另行规定或当事人无另外约定的情况下，当事人之间的合同符合第143条规定，合同有效；除法律另有规定外，登记只是物权变动的要件，其对合同效力不产生影响。即"如果当事人之间订立了以物权变动的合同，而没有办理登记的，合同仍然有效"。④ 首先，在《合同法》上，合同订立之后未履行之前，就应该马上生效，而不能等到合同履行才生效，这就是合同之债的理论；其次，因为合同应该履行不等于合同绝对履行，因此，不能把合同生效作为物权变动生效的充分依据；最后，因为物权的法律效果和债权本质不同，因此，应该在合同之外为物权变动重新建立符合其权利性质的法律依据。⑤ 如原《合同

---

① 孙宪忠等：《物权法的实施》（第一卷），社会科学文献出版社2013年版，第27页。
② 最高人民法院民法典贯彻实施工作领导小组主编：《中华人民共和国民法典合同编理解与适用》（二），人民法院出版社2020年版，第861页。
③ 黄薇主编：《中华人民共和国民法典物权编释义》，法律出版社2020年版，第19页。
④ 王利明：《民商法研究》（第五辑，修订版），中国人民大学出版社2020年版，第264页。
⑤ 孙宪忠：《民法典法理与实践逻辑》，中国社会科学出版社2022年版，第266页。

法司法解释一》第9条规定:"依照合同法第四十四条第二款的规定,法律、行政法规规定合同应当办理批准手续,或者办理批准、登记等手续才生效,在一审法庭辩论终结前当事人仍未办理批准手续的,或者仍未办理批准、登记等手续的,人民法院应当认定该合同未生效;法律、行政法规规定合同应当办理登记手续,但未规定登记后生效的,当事人未办理登记手续不影响合同的效力,合同标物的所有权及其他物权不能转移。合同法第七十七条第二款、第八十七条、第九十六条第二款所列合同变更、转让、解除等情形,依照前款规定处理。"

2. 关于物权登记与变动

我国法律采用的是债权形式主义的登记生效模式。根据《民法典》第209条规定,关于不动产登记对不动产特权变动的效力,我们采登记生效主义,即登记决定不动产物权设立、变更、转让和消灭是否生效,亦即不动产物权的各项变动都必须登记,不登记不生效。根据这种体例,不动产物权的各种变动不仅需要当事人的法律行为,也需要登记,法律行为和登记的双重法律事实决定不动产物权变动的效力。[①] 当然,也存在登记生效的例外,主要包括三类:一是"依法属于国家所有的自然资源,所有权可以不登记";二是《民法典》物权编第二章"物权的设立、变更、转让和消灭"中第三节"其他规定"第229条、第230条、第231条涉及的事由;三是考虑到我国现行法律规定及我国的实际情况,特别是农村的实际情况,《民法典》物权编并没有对不动产物权的设立、变更、转让和消灭一概规定必须经依法登记才发生效力的"特殊情形"(如土地承包经营权、地役权等)。

3. 不动产物权登记的派生效力——权利推定效力

权利推定效力,是指登记记载的权利应当被推定为法律上的权利人。在登记没有更正也没有异议的情况下,只能推定登记记载的权利人就是物权人。[②] 即不动产物权登记推定真实的效力,即除有相反证据证明外,法律认为记载于不动产登记簿的人是该不动产的权利人;对不动产登记簿的权利为正确权利,而取得该权利的第三人,法律认可其权利取得有效而予以保护,但对明知不动产登记簿记载的权利有瑕疵而取得该权利的人,法律则不予以保护。[③]

4. 保护善意第三人

公信原则,是指通过法定的公示方法所公示出来的权利状态,相对人有合理的理

[①] 胡康生主编:《中华人民共和国物权法释义》,法律出版社2007年版,第39页。
[②] 王利明:《民商法研究》(第五辑,修订版),中国人民大学出版社2020年版,第262页。
[③] 胡康生主编:《中华人民共和国物权法释义》,法律出版社2007年版,第40~41页。

由相信其为真实的权利状态,并与登记权利人进行了交易,对这种信赖法律就应予以保护。[1] 根据《民法典》第 208 条规定:"不动产物权的设立、变更、转让和消灭,应当依照法律规定登记。动产物权的设立和转让,应当依照法律规定交付。"第 216 条第 1 款规定:"不动产登记簿是物权归属和内容的根据。"第 217 条规定:"不动产权属证书是权利人享有该不动产物权的证明。不动产权属证书记载的事项,应当与不动产登记簿一致;记载不一致的,除有证据证明不动产登记簿确有错误外,以不动产登记簿为准。"《民法典》第 208 条所规定的公信原则表明,登记记载的权利人在法律上推定为真正的权利人;凡是信赖我国不动产登记所记载的事项而与权利人进行交易的行为,受到《民法典》物权编的保护,即保护善意第三人的信赖利益。

5. 是否办理物权登记,不影响合同效力

关于当事人未办理物权登记的,不影响合同效力的认定,具体包括以下几个方面:

其一,双方当事人之间订立的(以物权变动为合同目的)的合同,没有办理物权登记的,合同效力为有效;不是合同无效,不是合同未成立,也不是合同效力待定。即除法律另有明确规定外,登记只是物权变动的要件,是否登记,并不影响双方当事人订立(以物权变动为合同目的)的合同本身的效力;双方当事人订立房屋买卖合同后,符合《民法典》第 143 条有关民事法律行为要件的,并不构成《民法典》第 153 条、第 154 条所规定的合同无效情形的,房屋买卖合同有效;未办理登记手续的,房屋所有权尚未发生变动,但买受人基于房屋买卖合同的占有应当受法律保护。

其二,合同有效的衍生义务——请求履行登记的合同义务。如果当事人之间订立了物权变动合同,而没有办理登记,合同仍然有效。当事人负有依据有效的合同继续办理登记的义务。区分登记与合同效力,意味着在一方当事人未按照合同约定办理登记时,另一方有权请求其继续办理登记。例如,当事人双方订立房屋买卖合同后,合同就已生效,如果移交占有但没有办理登记手续,买受人可以根据合同约定请求继续履行合同。因此,除非法律有特别规定,登记的效力仅针对物权变动,而并不针对合同效力。

其三,合同有效的衍生违约责任——不影响解约、追责条款的效力。在登记之前,当事人就不动产特权的变动订立了合同,合同关系已经成立并生效,合同条款对双方当事人具有约束力,任何一方违反合同都应当承担违约责任。如果一方依据合同应负有办理登记的义务而未办理登记,构成根本违约,则另一方可以选择请求继续履行,也可以请求解除合同,要求对方承担违约责任。

---

[1] 谢在全:《民法物权论》(上册),中国政法大学出版社 2011 年版,第 85 页。

其四，已履行部分取得合法权益免予非法剥夺。在没有办理登记之前，不动产物权不能变动。但是，因为合同已经生效，所以依据有效合同而交付之后，买受人的占有仍然受到保护。针对第三人侵害不动产的行为，买受人可以基于不动产的占有提起占有之诉。①

(二) 物权区分原则的意义

物权区分原则的主要内容包括：第一，合同必须在履行之前生效，借助合同债权的约束力保障合同得到履行；第二，合同成立发生债权，不能把这一债权作为物权变动的充分根据，更不能把物权变动作为合同生效的根据；第三，物权的设立、变更和废止，以公示原则（不动产登记和动产交付）作为生效要件。

物权区分原则的意义，主要有以下几个方面：

第一，有利于保护买受人依据合同所享有的占有权。在不动产买卖合同成立以后，即使没有办理不动产权利移转的登记手续，但是，因为合同已经生效，所以，依据有效合同而交付之后，买受人因此享有的占有权仍然受到保护。即使买受人不享有物权，但是，可以享有合法的占有权，针对第三人侵害不动产的行为，可以提起占有之诉。

第二，有利于确立违约责任。如果一方当事人在合同成立之后没有办理登记，或者拒绝履行登记义务，由于合同已经成立并生效，此种拒不履行登记的行为构成违约，应当承担相应的违约责任。

第三，有利于保护无过错一方当事人。如果以登记为合同生效要件，则在因出卖人的原因而未办理登记手续的情况下，在房屋价格上涨之后，出卖人有可能以未办理登记将导致合同无效为理由，要求确认合同无效并返还房屋，这有可能鼓励一些不法行为人规避法律，甚至是利用房屋买卖欺诈他人，而损害的却是善意的买卖人的利益。②

(三) 关于"除法律另有规定或者当事人另有约定外"

《民法典》第215条规定："当事人之间订立有关设立、变更、转让和消灭不动产物权的合同，除法律另有规定或者当事人另有约定外，自合同成立时生效；未办理物权登记的，不影响合同效力"中的除法律另有规定外，是指某一部法律明确规定，设立、变更、转让和消灭不动产物权的合同，只有经过登记，合同才生效。如果法律没有明确这样规定，或者当事人没有明确这样约定，一般应该认为，设立、变更、转让

---

① 最高人民法院民法典贯彻实施工作领导小组主编：《中华人民共和国民法典物权编理解与适用》（上），人民法院出版社2020年版，第86页。

② 黄薇主编：《中华人民共和国民法典物权编释义》，法律出版社2020年版，第20页。

和消灭不动产物权的合同，自合同成立时生效。没有办理物权登记的，不影响合同效力。

二、关于无权处分的法律后果

（一）关于无权处分合同的合同效力

无权处分，即没有处分权而处分他人财产。① 在无权处分的情况下，行为人实施处分行为时与他人订立了合同，此种合同即我们所说的无权处分合同。② 根据原《合同法》第51条、第132条，《买卖合同司法解释》第3条，《民法典》第597条，关于处分他人之物情形下无权处分合同的效力，应当为有效合同。其主要理由是：（1）买卖合同当事人订立的合同只要不违反法律、行政法规的强制性规定也不违背公序良俗，原则上均属有效，有利于交易的正常开展；（2）为保护善意买受人的利益，应当认定处分他人之物所订立的合同有效，从而有利于交易的安全。从善意的受让人角度而言，认定合同有效，其可以追究相对人的违约责任，若不认为有效，则只能主张缔约过失责任，不符合公平原则；（3）根据《民法典》第215条，也显示出卖人对标的物没有所有权或者处分权时所订立的合同，原则上从合同的成立时生效；（4）国际惯例。《国际商事合同通则》《欧洲合同法》均有同样的规定。③

（二）关于"以让与人在订立合同时对标的物没有所有权或者处分权为由"

我国现行法律关于物权变动模式，采取的是债权形式主义的物权变动模式。④ 该模式的特点是：

第一，基于法律行为转移物权，事先征得当事人之意的合意，合意是依法律行为变动物权的基础。此种合意不是所谓的物权合同，而是债权合意。

第二，该模式区分为债权与物权变动的法律事实基础，认为当事人之间生效的债权合同仅能引起债权变动的法律效果。生效的债权合同结合交付或者登记手续的办理，方能发生物权变动的法律效果。因此，债权合同是独立的，是否登记或者交付，影响到物权变动的效果，但对债权合同的效力不产生影响，对债权合同效力判断的法律依据是《合同法》第52条（现《民法典》第153条、第154条）等相关规定。

第三，在该不动产物权变动的原因与结果的区分原则下，债权合同效力的发生并不直接引起物权变动的法律效果，物权变动法律效果的性质，须以生效的债权合同与交付或登记行为作为前提。反过来，没有登记或交付行为，只是不产生物权变动的法

---

① 韩世远：《合同法总论》（第四版），法律出版社2018年版，第308页。
② ［德］迪特尔·梅迪库斯：《德国民法总论》，邵建东译，法律出版社2000年版，第499页。
③ 黄薇主编：《中华人民共和国民法典合同编释义》，法律出版社2020年版，第325页。
④ 王利明：《物权法研究》，中国人民大学出版社2007年版，第255页。

律效果,并不影响合同的效力。①

正是基于上述法理依据,转让他人的不动产或者动产订立的合同,当事人或者真正权利人仅以让与人在订立合同时对标的物没有所有权或者处分权为由主张合同无效的,人民法院不予支持。

(三) 关于"真正权利人事后同意或者让与人事后取得处分权"

1. 关于物权变动的效力待定

根据《民法典》第646条规定:"法律对其他有偿合同有规定的,依照其规定;没有规定的,参照适用买卖合同的有关规定。"参照《民法典》第597条②规定,"在买卖合同关系中,买卖合同是物权变动的原因行为,所有权转移是物权变动的后果。出卖人在缔约时对标的物没有所有权或者处分权,并不影响作为原因的买卖合同的效力,但能否发生所有权转移的物权变动效果,则取决于出卖人嗣后能否取得所有权或者处分权,物权变动属于效力待定状态"。③ 因此,无权处分订立的合同被认定有效,除真正权利人事后同意或者让与人事后取得处分权外,受让人请求让与人履行合同的,人民法院不予支持。

关于"真正权利人事后同意"与"让与人事后取得处分权","应当将《合同法》第51条作如下限缩解释:《合同法》第51条规定中的'处分'和'合同',仅指处分行为,即标的物之物权的转移变更,而不包括负担行为即处分合同在内。在出卖他人之物情形中,处分合同的效力并非未定,而是确定有效的;真正效力未定的应当是处分人履行合同的行为以及履行合同的结果,即无权处分效力未定。"④ 法律上所有确认无权处分行为必须经权利人追认才能生效,是因为无权处分行为本质上是在没有获得他人授权的情况下处分他人的财产,因此,构成了对权利人权利的侵害。法律之所以允许权利人进行追认,是为了充分尊重权利人的意志和利益。如果权利人认为无权处分行为对其有利,可以对无权处分行为作出追认,如果认为该行为对其不利,便可以拒绝。⑤

---

① 最高人民法院研究室编著:《最高人民法院关于合同法司法解释(二)理解与适用》,人民法院出版社2009年版,第115页。
② 《民法典》第597条规定:"因出卖人未取得处分权致使标的物所有权不能转移的,买受人可以解除合同并请求出卖人承担违约责任。法律、行政法规禁止或者限制转让的标的物,依照其规定。"
③ 最高人民法院民事审判第二庭编著:《最高人民法院关于买卖合同司法解释理解与适用》,人民法院出版社2018年版,第69页。
④ 最高人民法院民事审判第二庭编著:《最高人民法院关于买卖合同司法解释理解与适用》,人民法院出版社2018年版,第79页。
⑤ 王利明:《合同法研究》卷1(第3版),中国人民大学出版社2015年版,第592页。

2. 关于无权处分合同项下的赔偿损失

"因无权处分致使标的物所有权不能转移的，处分人应当承担违约赔偿责任"① 因未取得真正权利人事后同意或者让与人事后未取得处分权导致合同不能履行，由受让人主张解除合同并请求让与人承担违反合同的赔偿责任的，人民法院依法予以支持。关于无权占有是否可以主张损害赔偿请求权，存在不同的观点。我国《民法典》虽未规定善意占有人的收益权，但善意占有人对权利人有必要费用的求偿权，对因使用造成占有物的损害，无须承担责任，说明其可以使用占有物。

侵害占有的行为导致善意占有人的财产权益受损，可以行使损害赔偿请求权。恶意占有人对占有物没有任何权益，其行使损害赔偿请求权，缺乏权益基础，故恶意占有人不能行使占有损害赔偿请求权。②

（四）关于"真正权利人请求认定财产权利未发生变动或者请求返还财产的"

同样，基于上述法理，无权处分订立的合同被认定有效后，让与人根据合同约定将动产交付给受让人或者将不动产变更登记至受让人，由于"但能否发生所有权转移的物权变动效果，则取决于出卖人嗣后能否取得所有权或者处分权，物权变动属于效力待定状态"，真正权利人请求认定财产权利未发生变动或者请求返还财产的，人民法院应予支持。

（五）关于"受让人依据民法典第311条等规定善意取得财产权利的除外"

《民法典》第311条规定："无处分权人将不动产或者动产转让给受让人的，所有权人有权追回；除法律另有规定外，符合下列情形的，受让人取得该不动产或者动产的所有权：（一）受让人受让该不动产或者动产时是善意；（二）以合理的价格转让；（三）转让的不动产或者动产依照法律规定应当登记的已经登记，不需要登记的已经交付给受让人。受让人依据前款规定取得不动产或者动产的所有权的，原所有权人有权向无处分权人请求损害赔偿。当事人善意取得其他物权的，参照适用前两款规定。"《物权编司法解释一》第17条规定："民法典第三百一十一条第一款第一项所称的'受让人受让该不动产或者动产时'，是指依法完成不动产物权转移登记或者动产交付之时。当事人以民法典第二百二十六条规定的方式交付动产的，转让动产民事法律行为生效时为动产交付之时；当事人以民法典第二百二十七条规定的方式交付动产的，转让人与受让人之间有关转让返还原物请求权的协议生效时为动产交付之时……"

---

① 最高人民法院民事审判第二庭编著：《最高人民法院关于买卖合同司法解释理解与适用》，人民法院出版社2018年版，第69页。

② 最高人民法院民事审判第一庭编著：《民事审判实务问答》，法律出版社2022年版，第188~189页。

公示是善意取得的必备条件，我国民法典确定了不动产物权的设立、变更、转让和消灭应当依照法律规定登记的物权公示原则。而如果并未完成权属登记，不符合适用善意取得的条件。例如，即使商品房买卖合同已经进行了合同备案，但该备案并不产生物权变动的法律效果。

善意取得，是指受让人以财产所有权转移为目的，善意、对价受让且占有该财产，即使出让人无转移所有权的权利，受让人仍取得其所有权。① 根据《民法典》第311条②，原所有权人会因为无权处分人的处分行为丧失不动产或动产的所有权。在善意取得的情况下，原权利人与受让人之间将确定物权变动。构成善意取得的，受让人因善意而即时取得标的物的所有权，原权利人的所有权将因此而消灭。受让人取得财产所有权是法律直接规定，而不是法律行为，具有确定性和终局性，善意取得行为自始有效，无须权利人追认。善意取得是财产所有权取得的一种方式，原权利人不能再向善意受让人主张返还原物。换言之，符合善意取得构成要件，原权利人向受让人请求返还原物的，人民法院不予支持。③

【法律适用分歧】

一、未办理完成房屋权属变更登记手续，能否构成善意取得的问题

审判实践中，当事人购买并占有的房屋，但没有办理不动产权属变更登记手续，是否能够基于《民法典》第311条的规定取得该房屋所有权的问题经常被问及，如何来看待这一问题。

对于善意取得所需满足的条件，根据《民法典》第311条规定："无处分权人将不动产或者动产转让给受让人的，所有权人有权追回；除法律另有规定外，符合下列情形的，受让人取得该不动产或者动产的所有权：（一）受让人受让该不动产或者动产时是善意；（二）以合理的价格转让；（三）转让的不动产或者动产依照法律规定应当登记的已经登记，不需要登记的已经交付给受让人。受让人依据前款规定取得不动产或者动产的所有权的，原所有权人有权向无处分权人请求损害赔偿。当事人善意取得其

---

① 黄薇主编：《中华人民共和国民法典物权编释义》，法律出版社2020年版，第259页。
② 《民法典》第311条规定："无处分权人将不动产或者动产转让给受让人的，所有权人有权追回；除法律另有规定外，符合下列情形的，受让人取得该不动产或者动产的所有权：（一）受让人受让该不动产或者动产时是善意；（二）以合理的价格转让；（三）转让的不动产或者动产依照法律规定应当登记的已经登记，不需要登记的已经交付给受让人。受让人依据前款规定取得不动产或者动产的所有权的，原所有权人有权向无处分权人请求损害赔偿。当事人善意取得其他物权的，参照适用前两款规定。"
③ 最高人民法院民法典贯彻实施工作领导小组主编：《中华人民共和国民法典物权编理解与适用》（上），人民法院出版社2020年版，第532页。

他物权的，参照适用前两款规定。"上述的三个条件，缺一不可。

因为根据《民法典》第209条规定："不动产物权的设立、变更、转让和消灭，经依法登记，发生效力；未经登记，不发生效力，但是法律另有规定的除外。依法属于国家所有的自然资源，所有权可以不登记。"而房屋属于不动产，善意取得某人的房屋，必须要满足《民法典》第311条"转让的不动产或者动产依照法律规定应当登记的已经登记"这个条件。

且根据《物权编司法解释一》第17条规定："民法典第三百一十一条第一款第一项所称的'受让人受让该不动产或者动产时'，是指依法完成不动产物权转移登记或者动产交付之时。当事人以民法典第二百二十六条规定的方式交付动产的，转让动产民事法律行为生效时为动产交付之时；当事人以民法典第二百二十七条规定的方式交付动产的，转让人与受让人之间有关转让返还原物请求权的协议生效时为动产交付之时。法律对不动产、动产物权的设立另有规定的，应当按照法律规定的时间认定权利人是否为善意。"因此，虽然当事人受让某人房屋的时候是善意的，价格是合理的，且已占有了房屋，但是，由于在受让房屋时，并没有办理不动产产权变更登记手续，故根据《民法典》第311条规定，不能取得该房屋的所有权。[①]

二、关于已办理物权登记的买卖合同是否必然有效的问题

未办理物权过户登记，不影响不动产买卖合同自成立时生效，但已办理物权登记的买卖合同，也不必然都有效。例如，根据《民法典》第154条规定："行为人与相对人恶意串通，损害他人合法权益的民事法律行为无效。"对于交易不真实，恶意串通损害他人合法权益的，即使办理了物权登记，亦应认定无效。

审判实践中，住房建设部门为对新建商品房的销售进行管理，完成宏观调控的任务，要求当事人对预售商品房买卖合同进行网签。需要注意的是，网签备案，并不是物权登记，也不是商品房买卖合同的生效要件，但明知不动产已网签备案给他人，虚构交易关系签订买卖合同的，不能认定该商品房买卖合同有效。[②] 不动产抵押合同意思表示真实，约定内容不违反法律法规的强制性规定，自成立时生效。用以抵押的财产应当办理抵押登记，双方没有办理登记的，抵押权未设立，但并不因此影响抵押合同的效力。[③]

---

① 最高人民法院民事审判第一庭编著：《民事审判实务问答》，法律出版社2022年版，第6~7页。
② 最高人民法院民事审判第一庭编著：《民事审判实务问答》，法律出版社2022年版，第135页。
③ 贺小荣主编：《最高人民法院民事审判第二庭法官会议纪要》，人民法院出版社2019年版，第245页。

三、不动产抵押未办理登记，抵押合同有效

根据《民法典》第402条规定："以本法第三百九十五条第一款第一项至第三项规定的财产或者第五项规定的正在建造的建筑物抵押的，应当办理抵押登记。抵押权自登记时设立。"抵押合同的订立，是发生物权变动的原因行为，属于债权关系范畴，其成立、生效应当依据合同法确定。抵押权的效力，除了要求抵押合同合法有效这一要件以外，还必须符合物权法的公示原则。将抵押合同的效力与抵押权的效力混为一谈不利于保护合同当事人的合法权益。① 即第一，根据物权区分原则，不动产抵押未进行抵押登记，不影响抵押合同效力，抵押合同有效，抵押合同对双方当事人具有约束力；第二，不动产抵押物未进行抵押登记，抵押权未设立，抵押人对抵押物不享有优先受偿权；第三，不动产抵押合同有效，抵押人应继续办理抵押登记，以及承担不能办理抵押登记情况下的损害赔偿责任；第四，抵押人依约负有办理抵押登记的义务，但因抵押物灭失或转让等原因不能办理抵押登记的，抵押人应承担相应的违约责任，一般以抵押物的价值为限赔偿债权人的损失；第五，根据《民法典》第178条第3款规定："连带责任，由法律规定或者当事人约定。"除非抵押合同明确约定抵押人承担连带责任，否则，抵押人仅在债务人不能清偿时承担补充责任；该补充责任是以抵押物价值为限，如果抵押合同约定的担保范围小于抵押物价值的，以约定的担保范围为限，不得超过抵押权有效设立时抵押人所应当承担的责任。②

【典型案例】

一、裁判规则：买卖不具有处分权的标的物的行为，对于负担行为即买卖合同仍然有效，只不过转移标的物权属的处分行为无效

【法院】

最高人民法院

【案号】

（2015）民申字第1342号

【当事人】

再审申请人（一审原告、二审被上诉人）：张某杰

被申请人（一审被告、二审上诉人）：中国某建设控股集团有限公司等

---

① 黄薇主编：《中华人民共和国民法典物权编释义》，法律出版社2020年版，第500页。
② 最高人民法院民事审判第一庭编著：《最高人民法院民事审判第一庭裁判观点》（民事诉讼卷），人民法院出版社2023年版，第368~369页。

【案由】

房屋买卖合同纠纷

【裁判观点】

即使张某杰对于案涉股权的共有权能够成立,参照《买卖合同司法解释》第 3 条的规定精神,买卖不具有处分权的标的物的行为,对于负担行为即买卖合同仍然有效,只不过转移标的物权属的处分行为无效,不发生股权变动的效力而已。股权虽非物权法意义上的物,但以股权为买卖标的的合同与受让物之所有权的合同在性质上相同,均以权属变动为合同目的。

二、裁判规则:法定条件必须同时具备,否则不构成善意取得

【法院】

最高人民法院

【案号】

(2017)最高法民申 2671 号

【当事人】

再审申请人(一审被告、二审上诉人):营口聚某集团有限公司等

被申请人(一审原告、二审被上诉人):中国某人寿保险股份有限公司大连分公司

【案由】

建设用地使用权合同纠纷

【裁判观点】

善意取得的条件:第一,受让人需是善意的,不知出让人是无处分权人;第二,受让人支付了合理的价款;第三,转让的财产应当登记的已经登记,不需要登记的已经交付给受让人。三项条件必须同时具备,否则不构成善意取得。

【相关规定】

《民法典》第 209 条、第 215 条、第 311 条、第 597 条、第 646 条;《民法典物权司法解释一》第 2 条、第 3 条、第 14 条、第 15 条、第 17 条;《担保制度司法解释》第 37 条;原《合同法司法解释一》第 9 条;原《最高人民法院关于贯彻执行民事政策法律若干问题的意见》第 56 条

第二十条 【越权代表的合同效力】

法律、行政法规为限制法人的法定代表人或者非法人组织的负责人的代表权,规定合同所涉事项应当由法人、非法人组织的权力机构或者决策机构决议,或者应当由法人、非法人组织的执行机构决定,法定代表人、负责人未取得授权而以法人、非法人组织的名义订立合同,未尽到合理审查义务的相对人主张该合同对法人、非法人组织发生效力并由其承担违约责任的,人民法院不予支持,但是法人、非法人组织有过错的,可以参照民法典第一百五十七条的规定判决其承担相应的赔偿责任。相对人已尽到合理审查义务,构成表见代表的,人民法院应当依据民法典第五百零四条的规定处理。

合同所涉事项未超越法律、行政法规规定的法定代表人或者负责人的代表权限,但是超越法人、非法人组织的章程或者权力机构等对代表权的限制,相对人主张该合同对法人、非法人组织发生效力并由其承担违约责任的,人民法院依法予以支持。但是,法人、非法人组织举证证明相对人知道或者应当知道该限制的除外。

法人、非法人组织承担民事责任后,向有过错的法定代表人、负责人追偿因越权代表行为造成的损失的,人民法院依法予以支持。法律、司法解释对法定代表人、负责人的民事责任另有规定的,依照其规定。

【条文主旨】

本条是关于越权代表的合同效力的规定。

【司法适用】

本条第1款是相对人在法定情形的越权代表时合同效力的规定;本条第2款是未超越代理权限,但超越章程等权限时合同发生法律效力的条件;本条第3款是对越权代表所造成的损失如何处理的规定。

一、关于法律规定的越权代表与相对人的合同效力

(一) 关于代表权

法定代表人以法人名义订立的合同效力归属于法人，是代表行为的性质所决定的。尽管对于代表行为存在"代表说"和"代理说"，但法定代表人以法人名义对外所实施法律行为的效力应归属于法人。《民法典》第61条第2款规定："法定代表人以法人名义从事的民事活动，其法律后果由法人承受。"

(二) 关于越权代表

当法定代表人、负责人所为的代表行为超出了代表权限，其所实施的法律行为的效力是否仍然归属于法人或非法人组织，涉及个人利益、企业利益和社会利益的平衡与秩序问题。

从法律后果来看，法定代表人、负责人超越权限订立的合同是否对法人、非法人组织发生效力是以交易的相对善意为前提条件的。在意定限制下，由于法定代表人、负责人的代表权的限制来源于组织体内部，其效力具有相对性，不能对抗善意第三人；在法定限制下，代理限制的事项属于法律的明确规定，相对人负有审查法定代表人是否取得公司机关决议的义务。如相对人无证据证明其履行了该项审查义务后并未发现存在越权情况，则推定相对人并非善意。[①] 因此，法律、行政法规为限制法人的法定代表人或者非法人组织的负责人的代表权，规定合同所涉事项应当由法人、非法人组织的权力机构或者决策机构决议，或者应当由法人、非法人组织的执行机构决定，法定代表人、负责人未取得授权而以法人、非法人组织的名义订立合同，未尽到合理审查义务的相对人主张该合同对法人、非法人组织发生效力并由其承担违约责任的，人民法院不予支持。

根据《公司法》第15条第1款、第2款规定："公司向其他企业投资或者为他人提供担保，按照公司章程的规定，由董事会或者股东会决议；公司章程对投资或者担保的总额及单项投资或者担保的数额有限额规定的，不得超过规定的限额。公司为公司股东或者实际控制人提供担保的，应当经股东会决议。"法定代表人未经授权擅自为他人提供担保的，构成越权代表。《民法典》第61条规定："依照法律或者法人章程的规定，代表法人从事民事活动的负责人，为法人的法定代表人。法定代表人以法人名义从事的民事活动，其法律后果由法人承受。法人章程或者法人权力机构对法定代表人代表权的限制，不得对抗善意相对人。"因此，区分订立合同时债权人是否为善意相

[①] 最高人民法院民法典贯彻实施工作领导小组编著：《中国民法典适用大全》（合同卷一），人民法院出版社2022年版，第388页。

对人是认定合同效力的前提：债权人为善意相对人的，合同有效；反之，合同无效。如果债权人能够证明其在订立担保合同时对董事会决议或者股东（大）会决议进行了审查，同意决议的人数及签字人员符合公司章程规定的，就应当认定其构成善意相对人，但公司能够证明债权人明知公司章程对决议机关有明确规定的除外。上市公司对外担保，不仅须依据《公司法》第15条由董事会或股东会决议，而且要对决议公开披露。如果当事人未提供证据证明其已对公司股东大会决议进行了审查，履行了审慎的注意义务，那么当事人在订立合同时为非善意相对人。而依据《公司法》第15条第2款的规定，必须经股东会决议。

二、关于强制性规定

根据《公司法》第15条规定："公司向其他企业投资或者为他人提供担保，按照公司章程的规定，由董事会或者股东会决议；公司章程对投资或者担保的总额及单项投资或者担保的数额有限额规定的，不得超过规定的限额。公司为公司股东或者实际控制人提供担保的，应当经股东会决议。前款规定的股东或者受前款规定的实际控制人支配的股东，不得参加前款规定事项的表决。该项表决由出席会议的其他股东所持表决权的过半数通过。"该规定在性质上属于强制性规范中的权限规范，不能将该规定视为管理性强制性规定。

根据该条规定，担保行为必须以公司股东会、董事会等公司机关的决议作为授权的基础和来源，行为人未经授权擅自为他人提供担保的，应根据代表或者代理的相关规则，区分订立合同时债权人是否善意分别认定合同效力。如系为公司股东或者实际控制人提供关联担保，必须由股东会决议，未经股东会决议，构成越权代表或越权代理，在此情况下，债权人主张担保合同有效，应当提供证据证明其在订立合同时对股东会决议进行了审查，决议的表决程序符合《公司法》第15条的规定，即在排除被担保股东表决权的情况下，该项表决由出席会议的其他股东所持表决权的过半数通过，签字人员也符合公司章程的规定；如公司为公司股东或者实际控制人以外的人提供非关联担保，此时由公司章程规定是由董事会决议还是股东会决议，在此情况下，只要债权人能够证明其在订立担保合同时对董事会决议或者股东会决议进行了审查，同意决议的人数及签字人员符合公司章程的规定，就应当认定其构成善意，但公司能够证明债权人明知公司章程对决议机关有明确规定的除外。

三、关于对公章的合理审查义务

公章和法定代表人名章是一个公司对外进行意思表示的重要工具，作为法定代表人，将正在使用的公章及其个人名章交由第三人保管和控制，无论出于何种原因，其都应当明知其已经赋予持有第三人在外使用公司公章及其个人名章,以及以公司名义对外订立合同的合法权利,其亦应当预见到相应的法律后果。

如果公司在相关部门已就其重新刻制的公章及法定代表人名章进行了备案,但并未向工商行政管理部门报备留存印模,故对于任何不知情的善意相对人而言,公司公章和法定代表人的个人名章,仍然具有对外公示的效力。如果相对人进行了必要的形式性审查,主观上属于善意,其有理由相信持有公司公章及法定代表人名章的第三人能够代表公司与之签订合同,第三人的行为构成表见代理。

四、因越权行为造成的损失承担问题

个人基于其法定代表人的身份,越权以公司的名义与相对人签订合同,根据《九民会议纪要》第 21 条"法定代表人的越权担保行为给公司造成损失,公司请求法定代表人承担赔偿责任的,人民法院依法予以支持。公司没有提起诉讼,股东依据《公司法》第 151 条①的规定请求法定代表人承担赔偿责任的,人民法院依法予以支持"及第 23 条"法定代表人以公司名义与债务人约定加入债务并通知债权人或者向债权人表示愿意加入债务,该约定的效力问题,参照本纪要关于公司为他人提供担保的有关规则处理"的规定,对公司造成的损失应由法定代表人个人承担赔偿责任。

【法律适用分歧】

关于过错责任原则与过错推定原则的举证责任分配

证据制度是现代民事诉讼制度的基石,举证责任是证据制度脊梁。根据《民事诉讼法》第 68 条规定:"当事人对自己提出的主张应当及时提供证据。人民法院根据当事人的主张和案件审理情况,确定当事人应当提供的证据及其期限。当事人在该期限内提供证据确有困难的,可以向人民法院申请延长期限,人民法院根据当事人的申请适当延长。当事人逾期提供证据的,人民法院应当责令其说明理由;拒不说明理由或者理由不成立的,人民法院根据不同情形可以不予采纳该证据,或者采纳该证据但予以训诫、罚款。"《民诉法司法解释》第 91 条规定:"人民法院应当依照下列原则确定举证证明责任的承担,但法律另有规定的除外:(一)主张法律关系存在的当事人,应当对产生该法律关系的基本事实承担举证证明责任;(二)主张法律关系变更、消灭或者权利受到妨害的当事人,应当对该法律关系变更、消灭或者权利受到妨害的基本事实承担举证证明责任。"我国的举证责任分配是建立在法律要件分类说基础上的。根据这一理论,民事案件举证责任的分配,原则上,应当以当事人主张的权利构成要件为

---

① 对应 2023 年 12 月修改的《公司法》第 189 条内容。

标准，将权利构成要件事实的举证责任分配给权利主张方，对于妨碍权利成立或者消灭权利要件事实的举证责任分配给对方当事人。无论是物权纠纷、合同纠纷案件，还是侵权纠纷案件，在举证责任分配上，除非法律另有规定，否则都应当遵循举证责任分配的一般规则。

具体分配上，应当首先确定案件中当事人主张的法律关系之要件事实，按照该条区分权利成立要件和权利消灭或者妨碍要件，在当事人之间进行分配。确定系争法律关系的要件事实，应当依据民事实体法关于民事法律关系构成的要件予以判断。在侵权案件中，就是要确定特定侵权责任的具体构成要件和抗辩事由。在过错侵权责任情形中，责任构成要件有四个：一是侵权人实施了侵权行为；二是侵权人实施侵权行为有过错；三是受害人受有损害；四是侵权行为与损害后果之间有因果关系。这四个方面的构成要件事实均须由原告方承担举证责任；在过错推定侵权责任下，责任构成要件与过错侵权责任相同，但侵权行为人无过错是责任抗辩事由，如其不能证明自己没有过错，则直接认定过错存在，责任可以成立。

在此应当注意的是，过错推定责任仅是对过错的推定，并不包括对因果关系的推定。也就是说，有关因果关系的举证责任实际上并未转移。但基于此类案件原、被告双方举证能力的差异，基于分担风险以及维护公平正义促进经济社会发展进步的考虑，在因果关系认定上，采用事实自证法则或者举证责任缓和的规则，适用降低对因果关系认定的标准。[①]

【典型案例】

一、裁判规则：债权人对公司机关决议内容的审查一般限于形式审查

【法院】

最高人民法院

【案号】

（2021）最高法民申 3819 号

【当事人】

再审申请人（一审被告、二审上诉人）：前郭县华某建设工程有限公司

被申请人（一审原告、二审被上诉人）：某投资集团有限公司

【案由】

保证合同纠纷

[①] 最高人民法院民事审判第一庭编著：《最高人民法院民事审判第一庭裁判观点——侵权责任编》，人民法院出版社 2023 年版。

【裁判观点】

依据《全国法院民商事审判工作会议纪要》（法〔2019〕254号）第18条规定，善意是指债权人不知道或者不应当知道法定代表人超越权限订立担保合同；债权人对公司机关决议内容的审查一般限于形式审查，只要求尽到必要的注意义务即可，标准不宜太过严苛。

二、裁判规则：人民法院应当根据法定代表人越权代表的规定，区分订立合同时债权人是否善意分别认定合同效力

【法院】

最高人民法院

【案号】

（2020）最高法民申4620号

【当事人】

再审申请人（一审原告、二审上诉人）：伍某鋐

被申请人（一审被告、二审上诉人）：柳州利某汽车配件制造有限公司等

【案由】

借款合同纠纷

【裁判观点】

根据《公司法》第16条[①]规定，担保行为不是法定代表人所能单独决定的事项，必须以公司股东（大）会、董事会等公司机关的决议作为授权的基础和来源。法定代表人未经授权擅自为他人提供担保的，构成越权代表，人民法院应当根据《合同法》第50条关于法定代表人越权代表的规定，区分订立合同时债权人是否善意分别认定合同效力，债权人善意的，合同有效；反之，合同无效。而善意是指债权人不知道或者不应当知道法定代表人超越权限订立担保合同。

【相关规定】

《民法典》第61条、第170条、第171条、第504条；2018年《公司法》第16条；《总则编司法解释》第27条；《民法典担保制度司法解释》第7条、第8条、第9条、第10条；《九民会议纪要》第17条、第18条、第19条、第20条

---

① 对应2023年12月修改的《公司法》第15条内容。

第二十一条 【职务代理与合同效力】

法人、非法人组织的工作人员就超越其职权范围的事项以法人、非法人组织的名义订立合同,相对人主张该合同对法人、非法人组织发生效力并由其承担违约责任的,人民法院不予支持。但是,法人、非法人组织有过错的,人民法院可以参照民法典第一百五十七条的规定判决其承担相应的赔偿责任。前述情形,构成表见代理的,人民法院应当依据民法典第一百七十二条的规定处理。

合同所涉事项有下列情形之一的,人民法院应当认定法人、非法人组织的工作人员在订立合同时超越其职权范围:

(一)依法应当由法人、非法人组织的权力机构或者决策机构决议的事项;

(二)依法应当由法人、非法人组织的执行机构决定的事项;

(三)依法应当由法定代表人、负责人代表法人、非法人组织实施的事项;

(四)不属于通常情形下依其职权可以处理的事项。

合同所涉事项未超越依据前款确定的职权范围,但是超越法人、非法人组织对工作人员职权范围的限制,相对人主张该合同对法人、非法人组织发生效力并由其承担违约责任的,人民法院应予支持。但是,法人、非法人组织举证证明相对人知道或者应当知道该限制的除外。

法人、非法人组织承担民事责任后,向故意或者有重大过失的工作人员追偿的,人民法院依法予以支持。

【条文主旨】

本条是关于职务代理与合同效力的规定。

【司法适用】

本条主要是关于超越职务代理的规定,是对《民法典》中有关代理的补充性规定;本条第 1 款是关于超越职务代理的合同效力及例外情形的规定;本条第 2 款是关于有关超越职务代理的认定情形；本条第3款是关于主张未超越有关法定职权范围但超越单位内部职权范围的效力认定；本条第4款是关于构成表见代理等情形时，法人、非法人组织的追偿权的规定。

鉴于《九民会议纪要》第17条、第18条和《担保制度司法解释》第7条对越权代表制度进行了规定，为填补立法漏洞，而本条是对"执行法人、非法人组织工作任务的人员"的代理行为进行规范。

一、关于超越职务代理的职权

（一）关于"执行法人、非法人组织工作任务的人员"

根据《民法典》第170条所规定的"执行法人、非法人组织工作任务的人员"，指的是法人或者非法人组织的机构（包括作为对外代表的法定代表人）之外的人员，其在职权范围内作出的代理行为，应由作为被代理人的法人或非法人组织承担法律后果，即"对法人或者非法人组织发生效力"。[1]

（二）关于超越职务代理的举证责任

当事人主张执行法人、非法人组织工作任务的人员就超越其职权范围的事项以法人、非法人组织的名义订立合同的，根据《民事诉讼法》第67条、《民诉法司法解释》第90条、第91条规定，应当承担相应的举证责任，即按照无权代理及表见代理的相关举证责任分配，被代理人应举证证明代理人属于无权代理、超越代理及代理权已丧失的无权代理[2]，法人、非法人组织主张该合同对其不发生效力的，人民法院应予支持，但是依据《民法典》第172条构成表见代理的除外。

（三）关于超越职务代理的法律效力

职务代理，是指根据代理人所担任的职务而产生的代理；即执行法人或者非法人组织工作任务的人员，就其职权范围内的事项，以法人或者非法人组织的名义实施的民事法律行为，无须法人或非法人组织的特别授权，对法人或非法人组织发生效力。[3] 从职务代理法律属性上来说，根据《民法典》第170条的立法旨意，"适当扩大委托代理的范围，将职务代理纳入委托代理的范畴加以规范"[4]，根据职务代理本身的要求，代理人的代理事项须是法人或者非法人组织所规定的职权范围内的事项，而如果超越了这个职权范围去实施民事法律行为的，就构成了无权代理。

---

[1] 王利明主编：《中国民法典释评》（总则编），中国人民大学出版社2020年版，第419~420页。
[2] 最高人民法院民法典贯彻实施工作领导小组编著：《最高人民法院民法典总则编司法解释理解与适用》，人民法院出版社2022年版，第379页。
[3] 黄薇主编：《中华人民共和国民法典总则编释义》：法律出版社2020年版，第446页。
[4] 黄薇主编：《中华人民共和国民法典总则编释义》：法律出版社2020年版，第447页。

如果以表象为标准，无权代理可以分为"狭义上的无权代理"和"表见代理"。根据《民法典》第171条第1款规定："行为人没有代理权、超越代理权或者代理权终止后，仍然实施代理行为，未经被代理人追认的，对被代理人不发生效力。"该条所规定的就是"狭义上的无权代理"，即"行为人没有代理权，也不具有使相对人有理由相信其有代理权的外部表象的代理"。①

关于职务代理超越其职权范围的，根据《民法典》第171条第1款的规定："行为人没有代理权、超越代理权或者代理权终止后，仍然实施代理行为，未经被代理人追认的，对被代理人不发生效力。"结合职务代理"纳入委托代理"的立法属性，因此，执行法人、非法人组织工作任务的人员就超越其职权范围的事项以法人、非法人组织的名义订立合同，法人、非法人组织主张该合同对其不发生效力的，人民法院应予支持。

（四）关于不得对抗善意第三人

根据《民法典》第170条第2款规定："法人或者非法人组织对执行其工作任务的人员职权范围的限制，不得对抗善意相对人。"由于法人或者非法人组织对执行其工作的人员都赋予一定的职权范围，有的情况下是对社会公开的，相对人可以知悉，但有的情况下，相对人难以知道该职权的具体范围，只能依据公开信息或者交易习惯来判断。如果相对人是善意的，即对法人或者非法人组织对执行其工作任务的人员职权范围的限制，不知道也不应当知道，那么，法律应当对这种合理信赖予以保护，以维护其合法权益。②

二、表见代理

表见代理，是指行为人虽无代理权而实施代理行为，如果相对人有理由相信其有代理权，该代理行为有效。③ 表见代理属于广义上的无权代理，因被代理人与无权代理人之间的关系具有授予代理权的外观，致使相对人相信无权代理人有代理权而与之产生法律行为，法律使之发生与有权代理同样的法律效果。

从立法目的解释表见代理的构成要件，应当包括代理人的无权代理行为在客观上形成具有代理权的表象，相对人在主观上善意且无过失地相信行为人有代理权。即表见代理的立法目的主要有两个：其一，为了保证正常商业交往和市场经济的安全，即"保护交易的安全性"④。其二，为了保障善意第三人对于社会交往的依赖，即"保护善

---

① 黄薇主编：《中华人民共和国民法典总则编释义》，法律出版社2020年版，第449页。
② 最高人民法院民法典贯彻实施工作领导小组编著：《最高人民法院民法典总则编司法解释理解与适用》，人民法院出版社2022年版，第448页。
③ 黄薇主编：《中华人民共和国民法典释义》（上），法律出版社2020年版，第340页。
④ 黄薇主编：《中华人民共和国民法典释义》（上），法律出版社2020年版，第340页。

意相对人"。① 即该条规定的目的是保护善意第三人的合法权益、促进市场交易安全。

表见代理要处理好外观主义的适用边界。《九民会议纪要》在"引言"部分指导的：特别注意外观主义系民商法上的学理概括，并非现行法律规定的原则，现行法律只是规定了体现外观主义的具体规则，审判实务中应当依据有关具体法律规则进行判断，类推适用亦应当以法律规则设定的情形、条件为基础，要准确把握外观主义的适用边界，避免泛化和滥用。

（一）构成要件

根据 2009 年《民商事合同指导意见》规定："合同法第四十九条规定的表见代理制度不仅要求代理人的无权代理行为在客观上形成具有代理权的表象，而且要求相对人在主观上善意且无过失地相信行为人有代理权。"一般认为，表见代理的构成要件有三个：

其一，要求代理人的无权代理行为在客观上具有代理权的表象；即行为人并没有获得被代理人的授权，就以被代理人的名义与相对人实施民事法律行为。

其二，要求相对人在主观上善意且无过失地相信行为人具有代理权：一是相对人相信代理人所进行的代理行为属于代理权限内的行为；二是相对人无过失，即相对人已尽了充分的注意，仍无法否认行为人的代理权。

其三，相对人应当举证证明其信赖行为人具有代理权是有理由的。

1. 关于"善意"

所谓善意，是指相对人不知道或者不应当知道行为为实际上无权代理②；相对人必须具备善意和无过失的要件，才能成立表见代理，其主要原因就在于，设立表见代理制度的初衷，就是"旨在保护善意无过失之第三人，倘第三人明知表见代理人为无代理权或可得而知者，其与之行为即出于恶意或有过失，而非源于'信赖保护原则'之正当依赖。于此情形，纵有表见代理之外观存在，亦无保护之必要"。③

2. 关于无过失

所谓无过失，是指相对人的这种不知道不是因为其大意造成的。④ 以下情况相对人不构成"善意且无过失"：

其一，如果相对人明知道对方没有代理权或者超越代理权，或者原先有代理权而进行行为时已不具有代理权时，仍然"假装"善意，故意"装作不知道"与行为人签

---

① 王利明主编：《中国民法典释评》（总则编），中国人民大学出版社 2020 年版，第 431 页。
② 黄薇主编：《中华人民共和国民法典释义》（上），法律出版社 2020 年版，第 340 页。
③ 王泽鉴：《民法总则》，北京大学出版社 2018 年版，第 452 页。
④ 黄薇主编：《中华人民共和国民法典释义》（上），法律出版社 2020 年版，第 340 页。

订合同、履行合同义务时，显然是不符合表见代理的构成要件的。

其二，相对人怠于履行注意义务，则在主观上存在重大过失。比如，在签订合同之前已经被明确告知行为人不具有代理权或者代理权终止，或者代理的公章是虚假的、伪造的、不真实的，相对人仍然继续与行为人签订与"被代理人"有关的合同、协议，这种签约行为本身就证明了其主观不具有"善意且无过失"，这种表见代理不能成立，也不能产生约束被代理人的法律后果。

（二）关于"正当理由"

相对人信赖行为人有代理权须基于"正当理由"。这种正当理由需要根据民事法律行为的具体情形进行判断，没有一个固定、划一、绝对的标准和公式。例如，无权代理人曾是被代理人的雇员，并在不久前曾作为被代理人的代理人同相对人订立合同，且相对人未得到该无权代理人已被解雇或撤销代理权的通知，或无权代理人持有证明代理权的证书而从该证书内容无法判定所订立的合同超越了代理权范围，或被代理人曾有授予该无权代理人代理权的表示，而相对人不可能知道被代理人实际上并未授予代理权，即应判定相对人的依赖有正当理由。①

（三）关于"有理由相信"

表见代理中的"有理由相信"行为人有代理权，主要包括：代理权外观存在、相对人善意和被代理人具有可归责性②。由于"有理由相信"属于一种主观事实、抽象事实，尤其是司法实践中无固定判断标准，因此，只能在个案中根据实施法律行为的具体情形进行判断。③

1. 关于有理由相信的举证责任

正是因为表见代理制度不仅要求代理人的无权代理行为在客观上形成具有代理权的表象，而且要求相对人在主观上善意且无过失地相信行为人有代理权。即考虑到交易行为的安全性与交易习惯，"有理由相信"的证明责任由相对人来负担，举证不足或不力的应当承担不具备表见代理效果的法律后果。就举证责任的一般规则来讲，合同相对人主张构成表见代理权的应当承担举证责任，不仅应当举证证明代理行为存在诸如合同书、公章、印鉴等有权代理的客观表象形式要素，而且应当证明其善意且无过失地相信行为人具有代理权。④而对于相对人非善意、明知而故意为之、应当知道、存

---

① 梁慧星：《民法总论》，法律出版社2018年版，第246页。
② 王利明主编：《中国民法典释评》（总则编），中国人民大学出版社2020年版，第431页。
③ 最高人民法院研究室编著：《中华人民共和国关于合同法司法解释（二）理解与适用》，人民法院出版社2009年版，第99~100页。
④ 最高人民法院民事审判第一庭编：《民事审判指导与参考》，法律出版社2009年版，第55页。

在过失等事实，由表见代理人负举证责任。

2. 关于相对人是否必须举证证明被代理人的过错

因为表见代理制度设计的初衷就是保护交易安全性，因此，"相对人只要证明自己和行为人实施民事法律行为时没有过失，至于被代理人在行为人实施民事法律行为时是否有过失，相对人有时难以证明"。①

三、关于"超越职权范围"的认定

根据《民法典》第170条等有关职务代理的规定，法人或者其他组织的法定代表人、负责人超越权限订立的合同，除相对人知道或者应当知道其超越权限的以外，该代表行为有效；行为人没有代理权或者超越代理权以被代理人名义订立的合同，未经被代理人追认，对被代理人不发生效力，由行为人承担责任；行为人没有代理权或者超越代理权以被代理人名义订立合同，相对人有理由相信行为人有代理权的，该代理行为有效。因此，执行法人、非法人组织工作任务的人员在订立合同时，应当根据自己的职权范围进行代理，否则，就会被认定为超越其职权范围。

四、关于"相对人知道或者应当知道该限制的"

（一）关于"法人或者非法人组织对执行其工作任务的人员职权范围的限制"

1. 善意。《民法典》第170条确立了"职权限制不得对抗善意相对人"的规则，也就是说，只要交易相对人对该职权限制不知情，即产生《民法典》第170条第1款规定的合同有效职务代理的法律后果；如果相对人是善意的，即对法人或者非法人组织对执行其工作任务的人员职权范围的限制，不知道也不应当知道，那么，法律应当对这种合理信赖予以保护，以维护其合法权益。②

2. 非善意。从《民法典》第171条的语义及上下文可知，善意，就是"不知道且不应当知道"，所谓"不应当知道"，即表明没有相应的注意义务；反之，有相应的义务，即为"应当知道"。违背该义务导致应当知道而不知的后果，就有过失③。结合《民法典》第172条规定："行为人没有代理权、超越代理权或者代理权终止后，仍然实施代理行为，相对人有理由相信行为人有代理权的，代理行为有效。"相对人知道或者应当知道合同所涉事项未超越依据前款确定的职权范围，但是超越法人、非法人组织对执行其工作任务的人员职权范围的限制的，则相对人在主观上是非善意的，"如果

---

① 贾东明主编：《中华人民共和国民法总则释解与适用》，人民法院出版社2017年版，第432页。
② 黄薇主编：《中华人民共和国民法典合同编释义》，法律出版社2020年版，第448页。
③ 最高人民法院民法典贯彻实施工作领导小组编著：《最高人民法院民法典总则编司法解释理解与适用》，人民法院出版社2022年版，第400页。

相对人明知行为人为无权代理，却与其成立法律行为，那就是明知故犯，对行为后果负责，与所谓的被代理人无关"①。因此，在订立合同的过程中，合同的相对人知道或者应当知道执行法人、非法人组织工作任务的人员的行为超越了职权范围，而仍与之订立合同，则具有恶意，那么合同就不具有效力。

（二）关于"相对人知道或者应当知道该限制"的举证责任分配

根据本条第 3 款所规定的，"合同所涉事项未超越依据前款确定的职权范围，但是超越法人、非法人组织对工作人员职权范围的限制，相对人主张该合同对法人、非法人组织发生效力并由其承担违约责任的，人民法院应予支持"。结合《总则编司法解释》第 27 条和第 28 条规定，一般认为，对于善意的认定，应当采取"善意推定规则"②，在我国《民法典》中，善意是指"不知道且不应当知道"，与善意相对的含义是"知道或者应当知道"。③

根据善意推定规则，一般情况下，善意无须证明，"善意、恶意应当对方证明，因为法律推定一切占有人都是善意的"。④ 而主张对方是"非善意"或者"恶意"的，试图推翻"善意推定规则"的，根据《民事诉讼法》第 67 条，《民诉法司法解释》第 90 条、第 91 条的规定，则需要提供证据予以证明对方是"非善意的"，即需要提供证据证明"相对人知道或者应当知道执行法人、非法人组织工作任务的人员的职权范围"这一要件事实，能够提供证据达到民事诉讼相应的证明标准的，其主张成立，则可以认定执行法人、非法人组织工作任务的人员就超越其职权范围的事项以法人、非法人组织的名义订立合同的，对法人、非法人组织不发生效力，或者说，根据《民法典》第 171 条第 4 款规定"相对人知道或者应当知道行为人无权代理的，相对人和行为人按

---

① 杨立新：《民法总则》，人民法院出版社 2009 年版，第 430~431 页。
② 如《物权编司法解释一》第 14 条规定："受让人受让不动产或者动产时，不知道转让人无处分权，且无重大过失的，应当认定受让人为善意。真实权利人主张受让人不构成善意的，应当承担举证证明责任。"《担保制度司法解释》第 7 条规定："公司的法定代表人违反公司法关于公司对外担保决议程序的规定，超越权限代表公司与相对人订立担保合同，人民法院应当依照民法典第六十一条和第五百零四条等规定处理：（一）相对人善意的，担保合同对公司发生效力；相对人请求公司承担担保责任的，人民法院应予支持。（二）相对人非善意的，担保合同对公司不发生效力；相对人请求公司承担赔偿责任的，参照适用本解释第十七条的有关规定。法定代表人超越权限提供担保造成公司损失，公司请求法定代表人承担赔偿责任的，人民法院应予支持。第一款所称善意，是指相对人在订立担保合同时不知道且不应当知道法定代表人超越权限。相对人有证据证明已对公司决议进行了合理审查，人民法院应当认定其构成善意，但是公司有证据证明相对人知道或者应当知道决议系伪造、变造的除外。"
③ 最高人民法院民法典贯彻实施工作领导小组编著：《最高人民法院民法典总则编司法解释理解与适用》，人民法院出版社 2022 年版，第 396 页。
④ 周枏：《罗马法原论》，商务印书馆 1994 年版，第 327 页。

照各自的过错承担责任"；而如果不能提供证据证明或举证不足的，则人民法院应当认定合同对法人、非法人组织发生效力。

【法律适用分歧】

法定代表在签订合同时已经被上级单位决定停止职务但未办理变更登记的合同效力问题

公司的法定代表人依法代表公司对外进行民事活动。法定代表人发生变更的，应当在工商管理部门变更登记。公司的法定代表人对外签订合同时已经被上级单位决定停止职务，但未办理变更登记，公司以此主张合同无效的，人民法院不予支持。

【典型案例】

一、裁判规则：写明"全权代理本人处理"，该授权应当理解为被代理人利益从事代理行为的授权，而不应包括可能损害被代理人利益的授权

【法院】

最高人民法院

【案号】

（2019）最高法民申 3556 号

【当事人】

再审申请人（一审被告、二审上诉人）：某古文化事业股份有限公司（以下简称某古公司）

被申请人（一审原告、二审被上诉人）：南某瑾等

【案由】

侵害著作财产权纠纷

【裁判观点】

根据《民法通则》第 66 条的规定，本案中，《许可使用证书》第 3 条约定将某古公司应当向南某瑾支付的版税权利金用于筹设及运营上海某古公司，但是南某瑾既未在上海某古公司持股，也未在上海某古公司任职，郭某晏作为上海某古公司的控制人，其代理南某瑾签署《许可使用证书》，将版税收益用于上海某古公司的筹建和运营，应当获得南某瑾的明确授权。《委托书》中虽然写明郭某晏"全权代理本人处理我所有的作品在大陆的全部著作权事项"，该授权应当理解为被代理人利益从事代理行为的授权，而不应包括可能损害被代理人利益的授权。《许可使用证书》第 3 条超出了《委托书》中对郭某晏的授权范围，并且没有证据表明南某瑾对此进行了追认，该条款对南某瑾及其继承人不发生法律效力。

二、裁判规则：构成表见代理需具备两个要件：一是客观上需具有代理权的客观表征；二是主观上需相对人善意且无过失

【法院】

最高人民法院

【案号】

（2018）最高法民申 3054 号

【当事人】

再审申请人（一审原告、二审上诉人）：平某银行股份有限公司济南分行

被申请人（一审被告、二审被上诉人）：华某电力物流（天津）有限公司等

【案由】

金融借款合同纠纷

【裁判观点】

根据《合同法》第 49 条规定，构成表见代理需具备两个要件：一是客观上需具有代理权的客观表征；二是主观上需相对人善意且无过失。华某公司对李某在案涉《应收账款转让通知确认书》上签字的行为不予认可，案涉《煤炭买卖合同》及《煤炭采购结算单》并非李某代表华某公司签订。平某银行济南分行虽主张李某曾代表华某公司与平某银行济南分行以及其他银行办理多笔保理业务，但未提交有效证据证实。平某银行济南分行主张，在案涉多笔资金的支付过程中华某公司知道李某的身份，后期也得知李某代表华某公司进行保理业务和进行煤炭结算有关的签字，每笔付款与李某的指令也一一对应，上述主张并无充分的证据予以证实。平某银行济南分行作为专业金融机构，在办理保理业务过程中，未尽到谨慎审查义务，自身存在一定过错。综上，李某在案涉《应收账款转让通知确认书》上签字的行为不符合表见代理的构成要件，对华某公司不发生法律效力，平某银行济南分行关于原审判决错误认定李某身份，混淆李某行为性质，适用法律确有错误的再审申请理由不能成立，法院依法不予支持。

【相关规定】

《民法典》第 61 条、第 170 条、第 171 条、第 172 条、第 504 条；《总则编司法解释》第 27 条、第 28 条；《民法典担保制度司法解释》第 7 条、第 8 条、第 9 条、第 10 条；《九民会议纪要》

第二十二条 【印章与合同效力】

法定代表人、负责人或者工作人员以法人、非法人组织的名义订立合同且未超越权限,法人、非法人组织仅以合同加盖的印章不是备案印章或者系伪造的印章为由主张该合同对其不发生效力的,人民法院不予支持。

合同系以法人、非法人组织的名义订立,但是仅有法定代表人、负责人或者工作人员签名或者按指印而未加盖法人、非法人组织的印章,相对人能够证明法定代表人、负责人或者工作人员在订立合同时未超越权限的,人民法院应当认定合同对法人、非法人组织发生效力。但是,当事人约定以加盖印章作为合同成立条件的除外。

合同仅加盖法人、非法人组织的印章而无人员签名或者按指印,相对人能够证明合同系法定代表人、负责人或者工作人员在其权限范围内订立的,人民法院应当认定该合同对法人、非法人组织发生效力。

在前三款规定的情形下,法定代表人、负责人或者工作人员在订立合同时虽然超越代表或者代理权限,但是依据民法典第五百零四条的规定构成表见代表,或者依据民法典第一百七十二条的规定构成表见代理的,人民法院应当认定合同对法人、非法人组织发生效力。

【条文主旨】

本条是关于印章与合同效力的规定。

【司法适用】

本条是关于"异常人章关系"及其效力的认定,即法人的法定代表人、非法人组织的负责人在执行公务时加盖不同印章、"有人无章""有章无人"时的代理、表见代理及其效力问题的规定。本条是在《民法典》第172条表见代理的基础上,结合2009年《民商事合同指导意见》第13条、第14条和《九民会议纪要》第41条的规定,在总结以往审判经验的前提下，为充分发挥表见代理保护善意相对人利益、维护交易安全的基本功能作用，对审判实践中有关印章与合同效力的相关规定进一步细化，从而引导市场经济中的民商事主体加强其公章保管的工作流程和管理规范，促进市场经济的平稳发展。

其中，第 1 款规定的内容，主要是源于《九民会议纪要》第 41 条第 2 款中的"法定代表人或者其授权之人在合同上加盖法人公章的行为，表明其是以法人名义签订合同，除《公司法》第 16 条[①]等法律对其职权有特别规定的情形外，应当由法人承担相应的法律后果。法人以法定代表人事后已无代表权、加盖的是假章、所盖之章与备案公章不一致等为由否定合同效力的，人民法院不予支持。代理人以被代理人名义签订合同，要取得合法授权。代理人取得合法授权后，以被代理人名义签订的合同，应当由被代理人承担责任。被代理人以代理人事后已无代理权、加盖的是假章、所盖之章与备案公章不一致等为由否定合同效力的，人民法院不予支持"。

第 2 款规定中的"有人无章"（仅有法定代表人、负责人或者工作人员签名或者按指印而未加盖法人、非法人组织的印章）和第 3 款规定中的"有章无人"（仅加盖法人、非法人组织的印章而无人员签名或者按指印）是结合《民法典》第 490 条规定"自当事人均签名、盖章或者按指印时合同成立"在表见代理制度中的具体应用规定。

第 4 款规定回答了表见代理和表见代表的效力问题。

一、关于表见代理下的公章认定

表见代理，是指行为人虽无代理权而实施代理行为，如果相对人有理由相信其有代理权，该代理行为有效。从法律后果的角度来看，法律赋予表见代理与有权代理同样的法律效果。从法律性质来看，表见代理是无权代理。因此，学理上，将无权代理与表见代理统称为广义上的无权代理，将无权代理称为狭义上的无权代理。表见代理对被代理人产生有权代理的效力，被代理人对无权代理行为的拒绝权失效。[②]

构成表见代理需要以下两个条件：一是行为并没有获得被代理人的授权就以被代理人的名义与相对人实施了民事法律行为；二是相对人在主观上必须是善意、无过失的。善意，是指相对人不知道或不应当知道行为人实际上是无权代理；无过失，是指相对人的这种不知道不是因为其大意造成的。[③] 反过来，如果相对人明明知道或者是应当知道行为人（表见代理人）并没有代理权、超越代理权或者代理权限已经终止的，

[①] 对应 2023 年 12 月修改的《公司法》第 15 条内容。
[②] 张鸣起主编：《民法总则专题讲义》，法律出版社 2019 年版，第 510 页。
[③] 黄薇主编：《中华人民共和国民法典总则编释义》，法律出版社 2020 年版，第 403 页。

但相对人仍然与行为人实施民事法律行为的,那么,就不构成表见代理,而是无权代理,则按照《民法典》的相关规定处理。我国《合同法》第49条①第一次在法律上规定了表见代理制度。在若干情形下,本人因其行为(作为或不作为)创造了代理要存在的表征(权利外观),引起善意相对人的信赖时,为维护交易安全,自应使本人负责任,因而产生表见代理制度;② 表见代理制度的立法目的在于保护相对人的利益,维护市场交易安全,同时兼顾被代理人本人的利益。

(一) 关于公章的法律效力

在我国法律中,印章的性质并没有明确规定。根据《民法典》第490条第1款规定:"当事人采用合同书形式订立合同的,自当事人均签名、盖章或者按指印时合同成立。在签名、盖章或者按指印之前,当事人一方已经履行主要义务,对方接受时,该合同成立。"该规定中的"或者"进一步表明,签字或盖章具有同等的法律效力,都是对书面形式的意思表示的确认,印章是意思自治表达的外在推定形式。可见,"盖章行为以有代表权或者代理权的行为签订的合同符合公司利益为前提,其性质与自然人在合同书上签字相同,即公司表达意思或者说将其意思外化的主要方式"。③

法律上之所以要求合同上必须签字、善意、按指印,主要原因有:一是表明当事人之间就合同内容形成了合意,证明当事人自愿接受合同条款的约束;二是能够表明文件的来源;三是合同应当自签字或盖章之时起生效;四是促使当事人慎重决定自己的权利义务关系,认真对待将签署记载权利义务的文件。④ 因此,其法律效果:一是公司作出的要约或者承诺等意思表示方式;公司以签章作出的承诺之时视为合同订立之时,盖章的地点视为合同成立的地点。二是作为确定合同当事人的依据。加盖公章表明公司是合同当事人,而不是代表或代理公司合同的行为是合同当事人。三是作为确定合同内容的依据。盖章行为同时还表明,公司对行为人经磋商确定的合同内容表示确认,进而作为自身享受权利和承担义务的依据。⑤

1987年《最高人民法院关于在审理经济合同纠纷案件中具体适用〈经济合同法〉

---

① 《合同法》第49条规定:"行为人没有代理权、超越代理权或者代理权终止后以被代理人名义订立合同,相对人有理由相信行为人有代理权的,该代理行为有效。"
② 王泽鉴:《债法原理》(第二版),北京大学出版社2022年版,第273页。
③ 贺小荣主编:《最高人民法院第二巡回法庭法官会议纪要》(第三辑),人民法院出版社2022年版,第149~150页。
④ 王利明主编:《中国民法典释评》(合同编·通则),中国人民大学出版社2020年版,第119~120页。
⑤ 贺小荣主编:《最高人民法院第二巡回法庭法官会议纪要》(第三辑),人民法院出版社2022年版,第150页。

的若干问题的解答》① 第 1 条规定,"(一)合同签订人用委托单位的合同专用章或者加盖公章的空白合同书签订合同的,应视为委托单位授予合同签订人代理权。委托单位对合同签订人签订的合同,应当承担责任"。2009 年《民商事合同指导意见》第 13 条规定的"合同相对人主张构成表见代理的,应当承担举证责任,不仅应当举证证明代理行为存在诸如合同书、公章、印鉴等有权代理的客观表象形式要素,而且应当证明其善意且无过失地相信行为人具有代理权"和《九民会议纪要》第 41 条第 2 款规定的"法人以法定代表人事后已无代表权、加盖的是假章、所盖之章与备案公章不一致等为由否定合同效力的,人民法院不予支持"即表见代理须有使相对人相信其行为具有代理权的情形。例如,"将具有代理权证明意义的文件或印鉴交给他人,或者允许他人作为自己的分支机构以其代理人名义活动"。

根据《民法典》第 172 条规定,表见代理的构成要件之一,是代理行为外观上存在命名相对人相信代理人具有代理权的理由,即权利外观。权利外观,是指本人的授权行为已经在外部形成了一种表象,即能够使第三人有合理的理由相信无权代理人获得了授权。② 关于公章是否具备权利外观的问题,即是否可以作为有代理权的根据,可以让第三人有理由相信其拥有代理权。如果无权代理人持有单位公章,只要不是伪造,第三人都有合理的理由相信其有代理权。盖章问题的本质,是代表权或者代理权的问题,关键要看盖章之人在盖章之时是否具有代表权或者代理权,从而根据代表或代理的相关规则来确定合同的效力,而不能将重点放在公章的真伪问题上。法定代表人或者代理人在合同上加盖法人公章的行为,表明其是以法人的名义从事行为,除《公司法》第 16 条③等法律对其职权有特别规定的情形外,应当由法人承担相应的法律后果。法人以法定代表人或者代理人事后丧失代表权或代理权、加盖的是假章、所盖之章不一致等为由否定合同效力的,人民法院不予支持。④

(二)涉及公章的表见代表与表见代理情形

审判实践中,关于涉及公章的表见代表或表见代理问题,包括但不限于以下情形:

1. "合同空白处盖章"。主要有两种表现形式:一是公司将加盖公章的空白合同书交给行为人,由行为人与相对人通过磋商确定合同内容。此时,应当视行为与公司之间是否存在代理权而确定法律后果;行为人有代理权的,视为公司给予行为人概括授

---

① 该文件已失效。
② 王泽鉴:《债法原理》(第二版),北京大学出版社 2022 年版,第 276 页。
③ 此处指的是 2018 年的《公司法》。
④ 刘贵祥:《在全国法院民商事审判工作会议上的讲话》,载《商事审判指导》2019 年第 1 期(总第 48 辑),人民法院出版社 2020 年版,第 18 页。

权,所签订的合同对公司生效。二是公司将加盖了公章的空白合同书直接交给相对人,由相对人确定合同内容,此时,相对人既是合同当事人,又是公司的代理人,依据《民法典》第168条规定处理。

2. "假人真章"。即公章是真的,但行为人却没有代表权或代理权。主要情形包括:其一,法定代表人的签字是假冒的,但发生纠纷时难以认定系由何人假冒。考虑到相对人有义务核实代表人或代理人的身份,因而相对人要举证证明何时地与何人进行缔约接触、何时签字盖章等事实;相对人未能举证证明的,要承担相应的不利后果。其二,他人以法定代表人名义代表公司缔约,纠纷发生时可以认定该他人系何人,根据《公司法》第16条①规定,他人确有代理权的,构成有权代理;反之,构成无权代理。其三,行为人没有代理权、超越代理权或者在代理权终止后仍以公司名义对外签订合同,应根据《民法典》第171条、第172条规定来认定公司应否以及如何承担责任。②

3. 单位将业务介绍信、合同专用章或者盖有公章的空白合同书出借给个人,个人以出借单位名义签订的合同。但有证据证明相对人明知或者应当知道行为人越权的除外。

4. 企业承包、租赁经营合同期满后,原企业承包人、租赁人用原承包、租赁企业的公章、业务介绍信、盖有公章的空白合同书签订的合同。但有证据证明企业法人采取了有效防范措施,相对人明知或者应当知道行为人越权的除外。

5. 单位聘用的人员利用单位对公章、介绍信、合同书保管不善,擅自使用单位公章、业务介绍信、盖有公章的空白合同书签订的合同。但有证据证明相对人明知或者应当知道行为人越权的除外。

6. 单位聘用人员被解聘后,行为人擅自利用保留的原单位公章签订的合同。但有证据证明单位履行了合理通知义务,相对人明知或者应当知道行为人越权的除外。

7. 非本单位人员利用单位管理不善,擅自使用单位公章、业务介绍信、盖有公章的空白合同书,在单位场所签订的合同。此种情形下,强调的是在单位场所,如办公室、会议室、会谈室等,足以造成相对人信赖其系单位聘用人员。

8. 行为人曾经是代理人,并且与相对人发生过订立合同行为,订立的合同上加盖有被代理人的公章或者合同专用章。

---

① 此处指的是2018年的《公司法》。
② 贺小荣主编:《最高人民法院第二巡回法庭法官会议纪要》(第三辑),人民法院出版社2022年版,第150~153页。

9. 行为人曾经是代理人，并且与相对人发生过订立合同行为，在订立合同过程中，提供了加盖有被代理人印鉴的介绍信。

10. 行为人持有盖有公章的证明代理权的证书，并且按照一般商业习惯和理性认识，无法从证书内容判定所订立的合同超越了代理权范围。

11. 被代理人曾有授予行为人代理权的表示，按照一般理性判断，该表示可以被相信；如果实际上没有授权，相对人难以知晓的。

12. 被代理人应当知道行为人以自己的名义订立合同，但不表示反对。如被代理人将介绍信、公章、合同书交给行为人，或者出借给行为人，就属于应当知道行为会以自己名义订立合同的情形，① 等等。

二、"异常人章关系"的司法认定

（一）关于"不是备案公章或者系伪造的公章"的主张

1. 关于"真人假章"

即《九民会议纪要》所规定的情形，尽管公章是假的，但行为人却是有代表权或代理权的，主要包括：一是法定代表人在合同书上签字；二是代理人以代理人身份签字；三是代理人尽管并未在合同书上签字，但能够证明其以代理人身份参与了缔约磋商。此时，行为人有代表权或代理权，且签订的合同体现了公司的意思，公司本应通过盖章行为予以确认。但其为逃避未来可能面临的责任，故意加盖假章，自然不应让其得逞，因此，即便是假意，也不影响公司承担责任。

2. 关于"非备案公章"或"伪造公章"的抗辩

根据《九民会议纪要》第41条的意旨，人民法院在审理案件时，人章关系的核心，应当主要审查签约人于盖章之时有无代表权或者代理权，着重考察盖章之人有无代表权或代理权来认定合同效力。可见，公章之于合同的效力，关键不在公章的真假，而在盖章之人有无代表权或代理权。盖章之人为法人的法定代表人、非法人组织的负责人或者执行法人、非法人组织任务的人员、有权代理人的，即便其未在合同上盖章甚至盖的是假章，只要其在合同书上的签字是真实的，或者能够证明该假章是其自己加盖或同意他人加盖的，仍应作为公司行为，由公司承担法律后果。②

换句话说，法人的法定代表人、非法人组织的负责人在订立合同时未超越权限，或者执行法人、非法人组织工作任务的人员在订立合同时未超越其职权范围，即使是

---

① 最高人民法院研究室编著：《最高人民法院关于合同法司法解释（二）理解与适用》，人民法院出版社2009年版，第101~104页。

② 最高人民法院民事审判第二庭编著：《〈全国法院民商事审判工作会议纪要〉理解与适用》，人民法院出版社2019年版，第290页。

他们使用"假章""伪造的公章""并非在相关国家行政机关备案公章"签订合同的，也应认定构成有权代表或者有权代理；也就是说，"法定代表人或者代理人在合同上加盖法人公章的行为，表明其是以法人名义从事行为，除《公司法》等法律对其职权有特别规定的情形外，应当由法人承担相应的法律后果。法人以法定代表人或者代理人事后丧失代表权或者代理权、加盖的是假章、所盖之章与备案公章不一致等为由否定合同效力的，人民法院不予支持"。① 因此，法人、非法人组织仅以合同加盖的公章不是备案公章或者系伪造的公章为由主张合同对其不发生效力的，人民法院不予支持。

3. 关于"先盖章后打印"

审判实践中，经常能够遇到"先盖章后打印"的情况，即当事人一方当时盖有公章的空白纸交给合同相对人，别人可以在这个盖章空白纸上任意填写合同的相关条款的现象。在发生纠纷后，当事人一方往往以"假印章""伪造印章、盗窃印章""存在多处不合常理之处"为由进行抗辩，如果经查实，公章为真实或同一，没有其他构成合同无效的理由的情况下，一般认为，"先盖章后打印"中的盖章行为具有概括性授权和追认属性，对公章所在单位具有约束力。

(二) 关于"异常人章关系"中的"有人无章"

"有人无章"，是指合同书上固然有签字，但并未加盖公章。此时，要综合考虑合同内容、行为人的身份及职权等因素，来确定行为人究竟是以个人名义签订合同，还是以法定代表人或代理人的身份签订合同，不能简单地以未加盖公章为由，就认定属于个人行为。在确定是以法定代表人或代理人的身份签订合同后，再根据其有无代表权或代理权，是否超越代表权或者代理权以及相对人是否善意等因素确定公司应否承担责任。②

1. 关于未超越权限的效力认定

根据《民法典》第172条规定，所谓代理行为有效，是指无权代理人实施的代理行为的后果直接归属于被代理人，即被代理人受无权代理人与相对人签订合同的约束，享有合同约定的权利，并向相对人承担合同约定的义务。即表见代理发生有权代理一样的法律后果。③ 因此，合同系法人、非法人组织的名义订立，但是仅有法定代表人、负责人或者工作人员或者按指印而未加盖法人、非法人组织的印章，相对人能够证明

---

① 最高人民法院民事审判第二庭编著：《〈全国法院民商事审判工作会议纪要〉理解与适用》，人民法院出版社2019年版，第72页。
② 贺小荣主编：《最高人民法院第二巡回法庭法官会议纪要》（第三辑），人民法院出版社2022年版，第153页。
③ 张鸣起主编：《民法总则专题讲义》，法律出版社2019年版，第513页。

法定代表人、负责人或者工作人员在订立合同时未超越权限的，人民法院应当认定合同对法人、非法人组织发生效力。

2. 关于"相对人能够证明法定代表人、负责人或者工作人员在订立合同时未超越权限的"

相对人负有核实行为人身份及权限的义务。一旦认定缔约当事人是法定代表人或者代理人，还应当进一步核实其有无代表权或者代理权。具体来说：（1）要核实行为人的身份，如核实行为人是否为委托代理人或者职务代理人。前者主要审查有无授权委托书，该项审查主要是形式审查；后者主要是审查行为人是否为法人或者非法人组织的工作人员以及是否享有法定职权，行为人的工作场所、工作时间乃至着装等可能给予相对人行使职权外观的因素，也是需要考虑的因素。（2）要核实行为人的代理权限。在委托代理中，主要考察授权委托书载明的授权范围、授权时间；在职务代理中，需要考察工作的职权，重大交易还需要了解作为被代理人的公章章程、机构设置、合同审批流程等。（3）要核实所盖公章的类型及真伪，进行形式审查。因此，笼统地说"认人不认章"是有所偏颇的。① 审判实践中，对于仅有法定代表人、负责人或者工作人员的签字，而没有公司加盖的公章的，相对人就要举证证明法定代表人签字时是履行公司的法定代表人、负责人或者工作人员职务的行为，而不是法定代表人的私下行为。如果相对人的举证没有达到让法院确信法定代表人、负责人或者工作人员在相关材料上的签字就是其履行公司的法定代表人职务或者代理人职务的行为，而不是其私下行为的程度，其举证责任没有完成，对该公司不发生法律效力，相对人该主张就不能得到法院的支持。

需要强调的是，相对人认为，只要在有关材料上法定代表人、负责人或者工作人员的签字是真实的，签字时工商登记上记载有法定代表人、负责人或者工作人员，那么即使该有关材料上没有加盖公章，法定代表人、负责人或者工作人员的签字行为也是履行公司法定代表人职务或者法定代理人的行为，"被代理人"公司就应当承担相应的后果，而不用考虑签字的地点、场合等因素。事实上，法定代表人、负责人或者工作人员既是自然人，同时按照相对人的观点，其在签字落款时也是法定代表人、负责人或者工作人员，那么，相对人必须证明法定代表人、负责人或者工作人员签字时是代表公司，而不是其私下签字，特别是在"被代理人"根本不知道有这回事或者根本不承认有此代表行为或代理行为时。实际上，为了保证法定代表人、负责人或者工作

---

① 麻锦亮：《民商事审判中的前沿疑难问题》，载最高人民法院政治部编：《审判实务前沿问题解读——人民法院大讲堂实录》，人民法院出版社2023年版，第31页。

人员签字时是代表公司的职务行为,在我国,在法定代表人、负责人或者工作人员签字的同时,特别是法定代表人签字时,往往要求公司加盖公司印章,以保证二者的统一,防止法定代表人在公司不知情的情况下代表公司做出意思表示。如果缺少"被代理人"盖章,那么相对人就有义务证明法定代表人、负责人或者工作人员的签字行为是代表公司的职务行为,而不是私人行为。如果相对人的举证没有达到这样的程度,其就应承担相应的不利后果。因此,我国的公司类市场主体,在签订合同时,不管是什么合同,都应当要求对方公司加盖公章。如果对方没有加盖公章,那么应当想方设法要求对方加盖,否则,宁愿相信签字人是个人行为,不能代表公司,因为这样的结果极易引发纠纷,而且在诉讼中处于很不利的地位。①

3. 关于约定加盖印章作为合同成立的

根据《民法典》第502条和第509条规定,合同依法成立后,即在当事人之间产生法律约束力;对合同生效时间,法律另有规定或者当事人另有约定的,依照法律规定或者当事人约定。例如,附生效条件或者附生效期限的合同,在合同成立时并不立即生效,只有在条件成就时或者期限届至时才生效。根据《民法典》第158条②规定,所谓生效条件,是指使民事法律行为效力发生或者不发生的条件。生效条件具备之前,民事法律行为虽已成立但未生效,其效力是否发生处于不确定状态;条件具备,民事法律行为生效;条件不具备,民事法律行为就不生效。③ 因此,双方约定"加盖印章作为合同成立的"属附条件民事法律行为中的"条件","加盖公章"具备的,民事法律行为生效;如果"加盖公章"不具备的,则民事法律行为不生效。

(三)关于"异常人章关系"中的"有章无人"

表见代理制度的意义,在于借由保护善意相对人的合理信赖,从而保护整个社会的交易安全和交易秩序,因此,相对人的合理信赖是表见代理最核心的要件。所谓合理信赖,是指相对人有正当理由相信行为有代理权,任何人站在相对人的立场上都会对代理权的外观以信赖;或者说,相对人不知道行为没有代理权,而对于"不知道"没有过失。④ "盖章问题的本质是代表权或者代理权的问题,关键是看盖章之人在盖章之时是否有代表权或代理权,从而根据代理或者代理的相关规则来确定合同的效力,

---

① 参见《天津置某投资发展有限公司与新疆保某天然投资有限公司等合资、合作开发房地产合同纠纷案》,最高人民法院(2018)最高法民再161号民事判决书。
② 《民法典》第158条规定:"民事法律行为可以附条件,但是根据其性质不得附条件的除外。附生效条件的民事法律行为,自条件成就时生效。附解除条件的民事法律行为,自条件成就时失效。"
③ 黄薇主编:《中华人民共和国民法典释义》(上),法律出版社2020年版,第313页。
④ 张鸣起主编:《民法总则专题讲义》,法律出版社2019年版,第511~512页。

而不能将重点放在公章的真伪问题上";① 在"真人假章"(有代表权或者代理权的人加盖假章),或者"假人真章"(无代表权或者代理权的人加盖真章)等"人章不一致"情况下,应当着重考察盖章之人有无代表权或者代理权来认定合同效力,有代表权或者代理权的人即便加盖的是假公章,也应认定其构成有权代表或者有权代理。② 因此,虽然合同仅加盖法人、非法人组织的印章而无人员签名或者按指印。但是,相对人能够证明合同系法定代表人、负责人或者工作人员在其权限范围内订立的,根据《民法典》第170条第1款"执行法人或者非法人组织工作任务的人员,就其职权范围内的事项,以法人或者非法人组织的名义实施的民事法律行为,对法人或者非法人组织发生效力"的规定,人民法院应当认定该合同对法人、非法人组织发生效力。

关于"有章无人",是指合同书上仅有盖章并无行为人的签字,且不能确定章系何人所盖,或者系与何人进行缔约接触。③ 而签字和盖章对相对人的信赖程度的影响是不一样的,通常从一般理性出发认为,相对人盖章合同的信赖程度要高于没有盖章的合同。④ 因此,(1)如果最终确定是假章,当然不能对公司发生效力;(2)如果最终确定是真章,即合同仅加盖法人、非法人组织的印章而无人员签名或者按指印,相对人能够证明合同系法定代表人、负责人或者工作人员在其权限范围内订立的,那么,根据上述表见代表和表见代理制度的基本原则,人民法院应当认定该合同对法人、非法人组织发生效力。

三、关于表见代理和表见代表的效力

(一)相对人的审核义务

相对人应当核实与其交易的对象究竟是自然人本人,还是其所代表或代理的公司,也即相对人有核实缔约当事人身份的义务。一旦认定缔约当事人是法定代表人或者代理人,还应当进一步核实其有无代表权或代理权。其一,要核实行为人的身份。要核实行为人是否是职务代理人或委托代理人;审核职务代理人主要是审查行为人是否为法定或者非法人组织的工作人员及是否享有法定职权,行为人的工作场所、工作时间

---

① 参见2019年7月3日,刘贵祥在全国法院民商事审判工作会议上的讲话,载最高人民法院民事审判第二庭编著:《〈全国法院民商事审判工作会议纪要〉理解与适用》,人民法院出版社2019年版,第72页。

② 最高人民法院民事审判第二庭编著:《〈全国法院民商事审判工作会议纪要〉理解与适用》,人民法院出版社2019年版,第289页。

③ 贺小荣主编:《最高人民法院第二巡回法庭法官会议纪要》(第三辑),人民法院出版社2022年版,第152页。

④ 最高人民法院研究室编著:《最高人民法院关于合同法司法解释(二)理解与适用》,人民法院出版社2009年版,第103页。

乃至着装等可能给相对人行使职权外观的因素，也是需要考虑的因素；审核职务代理人主要是审查有无授权委托书，该项审查为形式审查。其二，要核实行为人的代理权限，确定是否为无权代理。审查的对象既包括人，也包括公章。当然，为保障交易便捷和交易安全，相对人的审核义务是有限度的，在相对人已尽合理审核义务的前提下，公司的盖章行为给人以行为人有代理权外观的，使相对人成为"善意相对人"，一般可以认定构成表见代表或表见代理。①

（二）法律后果

根据《民法典》第61条②规定，公司是一个拟制的主体，法定代表人是公司的机关，法定代表人的意思就是公司的意思，法定代表人与公司合二为一。③ 法定代表人对外以法人名义进行民事活动时，其与法人之间并非代理关系，而是代表关系，且其代表职权来自法律的明确授权，故不需要有法人授权委托书。因此，法定代表人对外的职务行为即法人行为，其后果由法人承担。法人对法定代表人所负的责任，也包括越权行为的责任。④ 根据《民法典》第504条⑤规定，法定代表人、负责人超越权限订立的合同一般对法人或非法人组织发生效力的同时，排除了相对人知道或者应当知道其超越权限的情形。立法的目的主要还是保护善意相对人的利益，维护交易安全。因此，在前三款规定的情形下，法人、非法人组织的法定代表人、负责人或者工作人员在订立合同时虽然超越权限，但是依据《民法典》第172条构成表见代理，或者依据《民法典》第504条规定构成表见代表的，人民法院应当认定合同对法人、非法人组织发生效力。

【法律适用分歧】

合同上仅有法定代表人的签字，没有加盖单位公章，单位是否承担民事责任

审判实践中，一方当事人在签订合同时仅有法定代表人的签字，但没有加盖公章，

---

① 贺小荣主编：《最高人民法院第二巡回法庭法官会议纪要》（第三辑），人民法院出版社2022年版，第154~155页。

② 《民法典》第61条规定："依照法律或者法人章程的规定，代表法人从事民事活动的负责人，为法人的法定代表人。法定代表人以法人名义从事的民事活动，其法律后果由法人承受。法人章程或者法人权力机构对法定代表人代表权的限制，不得对抗善意相对人。"

③ 最高人民法院民事审判第二庭编著：《〈全国法院民商事审判工作会议纪要〉理解与适用》，人民法院出版社2019年版，第192页。

④ 黄薇主编：《中华人民共和国民法典释义》（上），法律出版社2020年版，第115页。

⑤ 《民法典》第504条规定："法人的法定代表人或者非法人组织的负责人超越权限订立的合同，除相对人知道或者应当知道其超越权限外，该代表行为有效，订立的合同对法人或者非法人组织发生效力。"

在诉讼中，是否可以未加盖单位公章为由进行抗辩，认为其不应当承担民事责任。

根据《民法典》第61条①、第490条②规定，法定代表人代表法人行使职权，其对外以法人名义从事的民事活动应由法人承担，而盖具公章并非合同有效的必备要件。

例外情况是，根据《民法典》第504条③规定，除在合同一方当事人知道或应当知道对方的法定代表人超越其权限而仍与其签订合同的情况下，只有法定代表人签名而没有加盖公章的合同对该法定代表人代表的法人没有约束力。

综上所述，在一方当事人是善意相对人的情况下，该法定代表人以法人的名义签订合同，其行为是法人的行为，该合同对该法人有约束力。④

【典型案例】

一、裁判规则：代理人取得合法授权后以被代理人名义签订合同，应当由被代理人承担责任，被代理人以代理人事后已无代理权、加盖的是假章、所盖公章与备案公章不一致等为由否定合同效力的，人民法院不予支持

【法院】

最高人民法院

【案号】

（2019）最高法民终1023号

【当事人】

上诉人（原审被告）：青岛秦某国际贸易有限责任公司（以下简称青岛秦某公司）

上诉人（原审原告）：某银行

【案由】

应收账款质权纠纷

---

① 《民法典》第61条规定："依照法律或者法人章程的规定，代表法人从事民事活动的负责人，为法人的法定代表人。法定代表人以法人名义从事的民事活动，其法律后果由法人承受。法人章程或者法人权力机构对法定代表人代表权的限制，不得对抗善意相对人。"

② 《民法典》第490条规定："当事人采用合同书形式订立合同的，自当事人均签名、盖章或者按指印时合同成立。在签名、盖章或者按指印之前，当事人一方已经履行主要义务，对方接受时，该合同成立。法律、行政法规规定或者当事人约定合同应当采用书面形式订立，当事人未采用书面形式但是一方已经履行主要义务，对方接受时，该合同成立。"

③ 《民法典》第504条规定："法人的法定代表人或者非法人组织的负责人超越权限订立的合同，除相对人知道或者应当知道其超越权限外，代表行为有效，订立的合同对法人或者非法人组织发生效力。"

④ 最高人民法院民事审判第一庭编著：《民事审判实务问答》，法律出版社2022年版，第21~22页。

【裁判观点】

青岛秦某公司主张《应收账款债务人确认函》上加盖的公司公章及委托代理人段某签字虚假，并申请对公章进行鉴定。虽然是否通知青岛秦某公司并不影响应收账款质权是否成立，但是如果认定本案所涉《购销合同》项下款项已经清偿，则本案中《应收账款债务人确认函》是否系青岛秦某公司真实意思表示即具有重要意义。结合国家开发银行陈述的该函签署过程，确有必要进一步审查《应收账款债务人确认函》上公章以及委托代理人段某签字是否真实，进而认定青岛秦某公司是否应当依据该函承担相应责任。审理时需注意，代理人取得合法授权后以被代理人名义签订合同，应当由被代理人承担责任，被代理人以代理人事后已无代理权、加盖的是假章、所盖公章与备案公章不一致等为由否定合同效力的，人民法院不予支持。

二、裁判规则：当事人所使用公章不具有唯一性，存在使用多枚公章的情形，故不能仅凭合同所加盖公章与样本上的公章不符即认定合同所加盖公章为伪造

【法院】

最高人民法院

【案号】

（2019）最高法民申 4929 号

【当事人】

再审申请人（一审被告、二审上诉人）：华某达智能装备集团股份有限公司（以下简称华某达公司）

被申请人（一审原告、二审被上诉人）：湖北天某资产管理有限公司等（以下简称天某公司）

【案由】

债权转让纠纷

【裁判观点】

颜某以华某达公司名义与天某公司签订《借款合同》以及《补充协议》，对案涉借款事宜及颜某对案涉借款提供连带保证等事项进行约定。《借款合同》及《补充协议》上加盖了"湖北华某达智能装备股份有限公司"字样公章以及"陈某"字样私章，双方约定收款账户为华某达公司账户。案件审理过程中，华某达公司申请对案涉合同所加盖印章的真伪进行鉴定。经一审法院委托鉴定，结论为：天某公司提交的上述证据上所盖的华某达公司及陈某的印章印文与样本上盖的印章印文均不是同一印章所盖。同时，该鉴定机构作出情况说明，两份样本上的印章印文之间存在明显的差异，不是

同一印章所盖印。据此，原审法院认定虽然案涉《借款合同》及《补充协议》上加盖的印章与样本上的印章不一致，但因鉴定机构从市工商行政管理局提取的作为样本的两枚华某达公司印章印文之间亦存在明显差异，不是同一印章所盖印，即华某达公司所使用公章不具有唯一性，存在使用多枚公章的情形，故不能仅凭合同所加盖公章与样本上的公章不符即认定合同所加盖公章为伪造，并无不当。

三、裁判规则：协议形成行为与印章加盖行为在性质上具有相对独立性，印章加盖行为是各方确认双方合意内容的方式，合同是否成立取决于双方当事人意思表示是否真实

【法院】

最高人民法院

【案号】

（2019）最高法民申 1614 号

【当事人】

再审申请人（一审被告、二审上诉人）：江苏大某建设工程有限公司等（以下简称大某公司）

被申请人：（一审原告、二审上诉人）：某建设集团有限公司等（以下简称某建设集团）

【案由】

建设工程施工合同纠纷

【裁判观点】

根据《合同法》第 49 条，2009 年《民商事合同指导意见》第 13 条、第 14 条规定，首先，根据原审法院查明，在本案合同缔约过程中，沙某博提供了大某公司的资质证书、营业执照、组织机构代码证、授权委托书等加盖大某公司印章的文件。在施工过程中，亦存在其他加盖大某公司印章的文件，如《关于成立大某公司长沙工程处的通知》《关于设立长沙恒某苑 54#-60# 项目经理部的通知》《内部承包经营合同书》《安全生产协议》以及认可恒某苑 54#-60# 项目部公章的授权书、朱乙所持的介绍信、在开立银行账户过程中留存的大某公司的开户资料等。双方最初签订的《联合施工协议》中也加盖了大某靖江分公司的印章。原审法院对双方存有争议的相关文件中的印章真实性问题进行了鉴定，形成鉴定文书。综合鉴定情况和全案所存的印章情况，虽然沙某博提供的资质文件、授权委托书中加盖的印章为吴甲私刻形成，但授权委托书中加盖的大某公司法定代表人签章未被鉴伪，上述其他多份从大某靖江分公司获得的

资料中的大某公司印章未被证实为私刻。同时，吴甲私刻的印章还被大某公司用在其他对外合同中，且效力未被否定。现大某公司以部分文件印章不真实为由主张其对涉案工程不知情、不应承担责任，理据不足，法院不予支持。其次，判断表见代理的过失，应以合同签订时为时间节点。沙某博在签订协议前先进场施工以及将合同签订时间倒签至 2011 年 2 月 1 日，并不构成某建设集团对判断授权正当性的过失。现实中，一个企业可能存在多枚印章，在民事交易中要求合同当事人审查对方公章与备案公章的一致性，过于严苛。本案中，在代理人持有资质文件及授权文书等法人身份证明文件的情况下，要求某建设集团承担公章审查不严的责任，有失公允。最后，协议形成行为与印章加盖行为在性质上具有相对独立性。协议内容是双方合意行为的表现形式，而印章加盖行为是各方确认双方合意内容的方式，二者相互关联又相对独立。即印章在证明真实性上尚属初步证据，合同是否成立取决于双方当事人意思表示是否真实。故依据上述沙某博所持的授权文件和大某公司资质文件，足以形成沙某博具有大某公司代理权的外观表象。在合同履行过程中，2011 年 6 月 8 日大某公司出具授权书承诺其认可"恒某苑 54#-60# 幢工程项目部公章"，2011 年 10 月大某公司向某建设长沙分公司出具介绍信，介绍其副总朱乙前往处理长沙恒某苑工程的相关事宜。上述行为亦足以证明大某公司参与案涉《联合施工协议》确系其真实意思表示，其对本案所涉项目经过亦知情并认可。

综上所述，某建设集团基于对加盖大某公司印章的一系列文书的信任，认定沙某博具有代理权，符合表见代理的客观表象。大某公司及其靖江分公司主张某建设集团存在主观过错、本案不构成表见代理，理据不足，法院不予支持。

【相关规定】

《民法典》第 61 条、第 105 条、第 137 条、第 145 条、第 170 条、第 171 条、第 172 条、第 490 条、第 493 条、第 504 条；《总则编司法解释》第 27 条、第 28 条；《民法典担保制度司法解释》第 7 条、第 8 条、第 9 条、第 10 条；原《合同法司法解释二》第 11 条；2009 年《民商事合同指导意见》第 13 条、第 14 条；《九民会议纪要》

第二十三条 【代表人或者代理人与相对人恶意串通的合同效力】

法定代表人、负责人或者代理人与相对人恶意串通,以法人、非法人组织的名义订立合同,损害法人、非法人组织的合法权益,法人、非法人组织主张不承担民事责任的,人民法院应予支持。法人、非法人组织请求法定代表人、负责人或者代理人与相对人对因此受到的损失承担连带赔偿责任的,人民法院应予支持。

根据法人、非法人组织的举证,综合考虑当事人之间的交易习惯、合同在订立时是否显失公平、相关人员是否获取了不正当利益、合同的履行情况等因素,人民法院能够认定法定代表人、负责人或者代理人与相对人存在恶意串通的高度可能性的,可以要求前述人员就合同订立、履行的过程等相关事实作出陈述或者提供相应的证据。其无正当理由拒绝作出陈述,或者所作陈述不具合理性又不能提供相应证据的,人民法院可以认定恶意串通的事实成立。

【条文主旨】

本条是关于代表人或者代理人与相对人恶意串通的规定。

【司法适用】

本条第1款规定,是《民法典》第154条规定的具体适用;本条第2款规定,部分是源于《民法典》第164条规定的适用;本条第2款规定中的"存在恶意串通的高度可能性",涉及《民诉法司法解释》第109条规定。

一、关于对因此受到的损失承担连带赔偿责任

(一)关于恶意串通

根据《民法典》第164条规定,恶意,是指双方都明知或者应知其实施的行为会造成被代理人合法权益的损害,还故意为之;串通,是指双方在主观上有共同的意思联络。此处的恶意串通就是双方串通在一起,共同实施某个行为来损害被代理人的合法权益。[①] 即指行为人与相对人互相勾结,为牟取私利而共同实施损害他人合法权益的行为。恶意串通在主观上要求双方有为满足私利而损害他人合法权益的目的,客观上

---

① 黄薇主编:《中华人民共和国民法典合同编释义》,法律出版社2020年版,第435页。

要求双方合谋串通，共同实施了损害他人合法权益的行为。如果经审查，该协议未增加或者减轻任何一方的债权债务负担，不存在恶意串通的利益基础，主张一方也未提供证据证明存在恶意串通的，该主张不予支持。根据《民法典》第 154 条规定："行为人与相对人恶意串通，损害他人合法权益的民事法律行为无效。"当事人主张确认合同无效的，应当举证证明对方当事人与第三方之间的行为存在恶意串通，且损害其合法利益，即"如果被代理人主张相对人和代理人应当承担连带赔偿责任，其必须证明相对人和代理人之间存在恶意串通"。①

（二）主体

根据《民法典》第 164 条的意旨及本解释第 21 条、第 22 条规定，本条将第 164 条中的"代理人和相对人"，扩展成"法人的法定代表人、非法人组织的负责人或者法人、非法人组织的代理人与相对人"。

（三）法律后果

1. 民事法律行为效力。根据《民法典》第 146 条规定："行为人与相对人以虚假的意思表示实施的民事法律行为无效"；法人、非法人组织主张合同对其不发生效力的，人民法院应予支持。

2. 关于连带责任。根据《民法典》第 178 条第 3 款规定："连带责任，由法律规定或者当事人约定。"根据连带责任法定原则，对连带责任的适用应当遵循严格的法定原则，必须具有充分的法律规定或明确的合同约定作为适用连带责任的前提基础。需要注意的是，连带责任是一种法定责任，法官不能通过自由裁量行使的方式任意以某种法律关系为连带责任，而必须依照《民事诉讼法》第 6 条所规定的"以法律为依据"，必须在有明确法律规定的情况下，或者是双方当事人合同有约定的情况下，才能适用连带责任。

《民法典》第 164 条第 2 款规定："代理人和相对人恶意串通，损害被代理人合法权益的，代理人和相对人应当承担连带责任。"就是人民法院认定代理人与相对人就恶意串通行为承担连带责任的法律依据；同理，结合第 164 条规定，依据本条第 1 款规定，法人、非法人组织请求法定代表人、负责人或者代理人与相对人对因此受到的损失承担连带赔偿责任的，人民法院应予支持。

二、关于可以要求"提供相应的证据"

（一）关于民诉法规定的责令提供证据

原 2001《民事证据规定》第 13 条规定："对双方当事人无争议但涉及国家利益、

---

① 最高人民法院民法典贯彻实施工作领导小组编著：《最高人民法院民法典总则编司法解释理解与适用》，人民法院出版社 2022 年版，第 379 页。

社会公共利益或者他人合法权益的事实，人民法院可以责令当事人提供有关证据。"2019年《民事证据规定》在该条基础上，修改为第18条："双方当事人无争议的事实符合《最高人民法院关于适用〈中华人民共和国民事诉讼法〉的解释》第九十六条第一款规定情形的，人民法院可以责令当事人提供有关证据。"

第一，需要人民法院调查的范围。《民事诉讼法》第112条增加的对恶意诉讼制裁的规定，本身也属于人民法院依职权调查的情形，因此，将"损害他人合法权益"修改为"当事人有恶意串通损害他人合法权益可能的"作为第4项。

第二，存在恶意串通的高度可能性属于人民法院调查的范围。在代表人或者代理人与相对人恶意串通的情况下，根据当事人之间的交易习惯、合同在订立时是否显失公平、相关人员是否获取了不正当利益、合同的履行情况等事实，人民法院认为法人、非法人组织的法定代表人或者负责人、代理人与相对人存在恶意串通的高度可能性，但是不能够排除合理怀疑的，符合适用人民法院调查收集证据的前提条件之下的"当事人有恶意串通损害他人合法权益可能的"。

第三，可以命令当事人提交。"如果与这些事实相关的证据属于人民法院认为审理需要，主动依职权调查收集的证据，则人民法院可以责令当事人提交。"[①] 因此，可以依职权或者根据法人、非法人组织的申请，责令相对人就订立、履行合同的过程等相关事实作出陈述或者提供其持有的相关证据。

第四，法律后果。根据《民诉法司法解释》第112条规定："书证在对方当事人控制之下的，承担举证证明责任的当事人可以在举证期限届满前书面申请人民法院责令对方当事人提交。申请理由成立的，人民法院应当责令对方当事人提交，因提交书证所产生的费用，由申请人负担。对方当事人无正当理由拒不提交的，人民法院可以认定申请人所主张的书证内容为真实。"2019年《民事证据规定》第95条规定："一方当事人控制证据无正当理由拒不提交，对待证事实负有举证责任的当事人主张该证据的内容不利于控制人的，人民法院可以认定该主张成立。"结合本条适用的前提条件，相对人无正当理由拒绝作出陈述或者拒绝提交相关证据的，人民法院可以认定恶意串通的事实成立。

（二）关于无争议的事实与责令提供证据

2019年《民事证据规定》第18条规定："双方当事人无争议的事实符合《最高人民法院关于适用〈中华人民共和国民事诉讼法〉的解释》第九十六条第一款规定情形

---

① 最高人民法院民事审判第一庭编著：《最高人民法院新民事诉讼证据规定理解与适用》（上），人民法院出版社2022年版，第212页。

的，人民法院可以责令当事人提供有关证据。"和《民诉法司法解释》第 96 条规定："民事诉讼法第六十七条第二款规定的人民法院认为审理案件需要的证据包括：（一）涉及可能损害国家利益、社会公共利益的；（二）涉及身份关系的；（三）涉及民事诉讼法第五十八条规定诉讼的；（四）当事人有恶意串通损害他人合法权益可能的；（五）涉及依职权追加当事人、中止诉讼、终结诉讼、回避等程序性事项的。除前款规定外，人民法院调查收集证据，应当依照当事人的申请进行。"

（三）关于"当事人有恶意串通损害他人合法权益可能的"可以要求提供相应的证据

1. 关于恶意串通的相关规定

2015 年《民诉法司法解释》结合 2012 年《民事诉讼法》修改和 2001 年《民事证据规定》，（1）将原 2001 年《民事证据规定》第 15 条第 1 项"（一）涉及可能有损国家利益、社会公共利益或者他人合法权益的事实"，调整为第 96 条第 1 款第 1 项"（一）涉及可能损害国家利益、社会公共利益的"；（2）根据 2021 年《民事诉讼法》第 115 条增加了对恶意诉讼的规定："当事人之间恶意串通，企图通过诉讼、调解等方式侵害他人合法权益的，人民法院应当驳回其请求，并根据情节轻重予以罚款、拘留；构成犯罪的，依法追究刑事责任"，因此，将原 2001 年《民事证据规定》第 15 条中的"或者他人合法权益"，修改为"（四）当事人有恶意串通损害他人合法权益可能的"。

《民诉法司法解释》第 109 条规定："当事人对欺诈、胁迫、恶意串通事实的证明，以及对口头遗嘱或者赠与事实的证明，人民法院确信该待证事实存在的可能性能够排除合理怀疑的，应当认定该事实存在。"2019 年《民事证据规定》第 86 条规定："当事人对于欺诈、胁迫、恶意串通事实的证明，以及对于口头遗嘱或赠与事实的证明，人民法院确信该待证事实存在的可能性能够排除合理怀疑的，应当认定该事实存在。与诉讼保全、回避等程序事项有关的事实，人民法院结合当事人的说明及相关证据，认为有关事实存在的可能性较大的，可以认定该事实存在。"

2. 关于本条恶意串通的规定

（1）关于真实义务与辩论主义

根据辩论主义的基本原理，其一，直接决定法律效果产生或消灭的必要事实必须在当事人的辩论中出现，没有在当事人的辩论中出现的事实不能作为判决的基础和依据；其二，法院应将当事人之间无争议的事实作为判决的事实依据；其三，法院对证据的调查仅限于当事人双方在辩论中说出来的事实。① 显然，如果按照辩论主义来理解的话，民事诉讼中的真实义务似乎就会与辩论主义存在一定层面上的"二律悖反"，两

---

① ［日］松岗义正：《民事证据论》（上下册），张知本译，中国政法大学 2004 年版，第 323 页。

者会存在一定的冲突和矛盾。

第一，真实义务是对辩论主义的修正。真实陈述义务是建立在辩论主义之上的。根据辩论主义和不告不理原则，当事人未主张的事实，法院没有审理的空间。①

第二，未主张的事实不属于真实的、完整的陈述范畴。真实的、完整的陈述仅限于当事人主张的案件来说，符合主观真实的要求，在主张事实的视野里是"全面的"，非"选择性的事实"，设置真实的、完整的陈述的目的在于保证主张事实的真实性，符合案件事实，对于当事人未主张的事实，"不能要求当事人忽略各自的主张和诉讼资料的提出及举证责任分配等规则，而陈述全部案件事实"。②

第三，真实义务不是追求绝对客观真实。诉讼真实是法律事实，由诉讼的本性和诉讼主体的主观性使然，而非绝对的客观事实，因此，不能将真实义务的设置作为追求绝对客观真实的方式。虽然当事人未主张的事实，确定存在背离"事实"的可能性，但在诉讼系属空间内，诉讼追求的是建立在证据基础上的法律真实，真实义务体现的是辩论主义和处分权原则下的自我责任。③

第四，真实义务是当事人协议促进诉讼的义务（对于事实的说明义务）。"其立法目的在于打击诉讼谎言。当事人的真实义务包括真实陈述的义务与完全陈述的义务，二者虽然独立且并列存在，但完全义务是为真实义务服务的。从真实义务规定的对象来看，真实义务只涉及当事人对真实情况的表示，不涉及当事人无须主张的法律引述。当事人的代理律师亦不能歪曲法律状态，只能在正当的法律框架内为当事人主张利益。负担真实义务的人，包括当事人及其诉讼代理人、辅佐人"。④

（2）关于可以"就相关事实作出陈述"

《民事诉讼法》第78条第1款规定："人民法院对当事人的陈述，应当结合本案的其他证据，审查确定能否作为认定事实的根据。当事人拒绝陈述的，不影响人民法院根据证据认定案件事实。"《民事证据规定》第90条规定："下列证据不能单独作为认定案件事实的根据：（一）当事人的陈述……"我国民事诉讼法没有明确规定当事人真实义务以及违反真实义务的法律后果。

《民事证据规定》第63条规定："当事人应当就案件事实作真实、完整的陈述。当

---

① 张卫平、齐树洁主编：《德国民事诉讼法》，丁启明译，厦门大学出版社2016年版，第36页。
② 最高人民法院民事审判第一庭编：《最高人民法院新民事诉讼证据规定理解与适用》（下），人民法院出版社2020年版，第581页。
③ 李明：《最高人民法院〈关于民事诉讼证据的若干规定〉适用与案解》（下），法律出版社2021年版，第694页。
④ 张卫平、齐树洁主编：《德国民事诉讼法》，丁启明译，厦门大学出版社2016年版，第36页。

事人的陈述与此前陈述不一致的，人民法院应当责令其说明理由，并结合当事人的诉讼能力、证据和案件具体情况进行审查认定。当事人故意作虚假陈述妨碍人民法院审理的，人民法院应当根据情节，依照民事诉讼法第一百一十一条的规定进行处罚。"即在《民事证据规定》中明确了当事人的真实陈述义务。本条所规定的"可以要求前述人员就合同订立、履行的过程等相关事实作出陈述"，正是这一当事人的真实陈述义务的体现。

（3）关于可以"提供相应的证据"

根据《民事诉讼法》第67条第1款规定："当事人对自己提出的主张，有责任提供证据。"《民事证据规定》第1条规定："原告向人民法院起诉或者被告提出反诉，应当提供符合起诉条件的相应的证据。"结合《民诉法司法解释》第90条、第91条规定，要求民事权益当事人在行使诉权时提供相应的证据，既符合我国民事诉讼立法的基本精神，也有明确的法律依据。我国《民事诉讼法》第122条第3项规定，起诉必须符合下列条件："（三）有具体的诉讼请求和事实、理由"；本条所规定的可以"提供相应的证据"，其一，目的在于"前述人员"认为自己对存在或不存在"恶意串通的高度可能性"的，提供证据予以证实自己的主张；其二，结合《民诉法司法解释》第90条、第91条的规定，未能提供证据证明自己主张，则要承担相应的法律后果。

（4）关于"可以认定恶意串通的事实成立"

根据《民诉法司法解释》第109条规定，对于恶意串通的证明标准，是采取了提高证明标准的方式，即第109条对恶意串通的证明标准作了特定规定，较之于第108条第1款所规定的"具有高度可能性"证明标准，该条适用更为严苛。根据该条规定可知，人民法院认定民事案件构成恶意串通事实的证明标准为排除合理怀疑，即要求当事人对其提出的存在恶意串通的事实主张，应当提供充分的证据以达到排除合理怀疑的目的。[①] 而事实上，对于恶意串通这一待证事实拔高证明标准的方式，在审判实践是较为难以证明的。

而在本条所规定代表人或者代理人与相对人恶意串通的合同效力方面，为了鼓励交易、反制这种恶意串通行为，减轻善意的一方当事人的证明难度，提升恶意串通证明标准对于此类行为的"普适性"和制约性，因此，规定在"无正当理由拒绝作出陈述"或者"所作陈述不具合理性又不能提供相应证据的"的这两种情况下，"人民法院可以认定恶意串通的事实成立"，有利于法官"根据法人、非法人组织的举证，综合考

---

① 李明：《最高人民法院〈关于民事诉讼证据的若干规定〉适用与案解》（下），法律出版社2021年版，第973页。

虑当事人之间的交易习惯、合同在订立时是否显失公平、相关人员是否获取了不正当利益、合同的履行情况等因素"，在一定情形下，对恶意串通的事实作出肯定或否定性评价，既有利于善意一方当事人为完成证明责任提供一种现实可行的方式，也有利于裁判者对恶意串通的待证事实是否存在形成内心确信。

【法律适用分歧】

证明妨害主体是否限于持有主体或直接实施证明妨碍的主体

根据2019年《民事证据规定》第95条规定，人民法院确定证明妨害主体时，需要注意：行为主体并不限于证据持有主体或者直接实施证明妨害行为的主体。

审判实践中，一方当事人虽未直接持有相关证据，但基于与证据持有主体存在特定的关系，对证据持有主体一方具有一定的掌控力，影响证据持有主体相关行为的实施。在此情况下，应将证据持有主体的妨害行为视为一方当事人的行为，由其承担相应的法律后果。例如，基于法律规定，一方当事人与证据持有者之间具有特殊关系，如诉讼代理人、被继承人等，其应对证据持有者实施的证明妨害行为负责。再如，一方当事人与证据持有者存在领导与被领导的行政法律关系，则证据持有者实施的证明妨害行为亦由其负责。在这些情况下，一方当事人虽非直接持有证据的主体，未直接实施证明妨害行为，但基于其与证据持有者之间的特定关系，仍可认定为证明妨害主体，经法院释明后，证据持有主体仍无正当理由拒不提交证据的，可以适用上述《民事证据规定》第95条规定，推定负有证明责任的当事人对该证据的内容不利于控制人的主张成立。[①]

【典型案例】

一、裁判规则：行为人与相对人恶意串通，损害他人合法权益的民事法律行为无效

【法院】

最高人民法院

【案号】

（2021）最高法民申4869号

【当事人】

再审申请人（一审被告、二审被上诉人）：桑某文

被申请人（一审原告、二审上诉人）：赖某超等

[①] 最高人民法院民事审判第一庭编：《民事审判实务问答》，法律出版社2022年版，第316页。

【案由】

损害公司利益责任纠纷

【裁判观点】

根据《民法总则》第 154 条规定，桑某文担任金某酒店公司法定代表人期间与安某科技公司恶意串通转让金某酒店公司所有的案涉五套房屋，损害了金某酒店公司对案涉五套房屋的所有权以及基于所有权应享有的拆迁安置利益，故二审判决认定桑某文担任金某酒店公司法定代表人期间与安某科技公司就案涉五套房屋转让签订的《房屋买卖协议书》《项目转让合同》《〈项目转让合同〉补充协议》无效，适用法律正确。

二、裁判规则：代理人和相对人恶意串通，损害被代理人合法权益的，代理人和相对人应当承担连带责任

【法院】

新疆维吾尔自治区高级人民法院

【案号】

（2019）新民申 1441 号

【当事人】

再审申请人（一审被告、二审上诉人）：新疆金某典当有限公司（以下简称金某公司）等

被申请人（一审原告、二审被上诉人）：辛某

【案由】

确认合同无效纠纷

【裁判观点】

根据《民法总则》第 171 条第 1 款和第 4 款规定，涉案公证的《委托书》中仅授权李某有代为签字、办理相关手续及代收售房款，并未授权李某可以制定涉案房屋的出售价款，且涉案房屋的购房款并未支付给李某，而是由金某公司直接代收。故涉案房屋的买卖行为并非李某代辛某作出的，实际是金某公司利用辛某前期出具的委托书自行指示员工作出，易某良作为公司的监事，对上述事实明知并参与其中。故，原审人民法院认定金某公司、易某良和李某之间存在恶意串通，涉案合同无效并无不当。

【相关规定】

《民法典》第 61 条、第 151 条、第 154 条、第 162 条、第 164 条、第 170 条、第 171 条、第 504 条；《总则编司法解释》第 27 条；《民法典担保制度司法解释》第 7 条、第 8 条、第 9 条、第 10 条；《民事诉讼法》第 67 条第 2 款；《民诉法司法解释》第 96

三、合同的效力 | 221

条、第108条、第109条;2019年《民事证据规定》第4条、第18条、第86条、第95条;《九民会议纪要》

> **第二十四条　【合同不成立、无效、被撤销或者确定不发生效力的法律后果】**
>
> 合同不成立、无效、被撤销或者确定不发生效力,当事人请求返还财产,经审查财产能够返还的,人民法院应当根据案件具体情况,单独或者合并适用返还占有的标的物、更正登记簿册记载等方式;经审查财产不能返还或者没有必要返还的,人民法院应当以认定合同不成立、无效、被撤销或者确定不发生效力之日该财产的市场价值或者以其他合理方式计算的价值为基准判决折价补偿。
>
> 除前款规定的情形外,当事人还请求赔偿损失的,人民法院应当结合财产返还或者折价补偿的情况,综合考虑财产增值收益和贬值损失、交易成本的支出等事实,按照双方当事人的过错程度及原因力大小,根据诚信原则和公平原则,合理确定损失赔偿额。
>
> 合同不成立、无效、被撤销或者确定不发生效力,当事人的行为涉嫌违法且未经处理,可能导致一方或者双方通过违法行为获得不当利益的,人民法院应当向有关行政管理部门提出司法建议。当事人的行为涉嫌犯罪的,应当将案件线索移送刑事侦查机关;属于刑事自诉案件的,应当告知当事人可以向有管辖权的人民法院另行提起诉讼。

【条文主旨】

本条是关于合同不成立、无效、被撤销或者确定不发生效力的法律后果的规定。

【司法适用】

本条主要是规定合同不成立、无效、被撤销或者确定不发生效力的法律后果,是《民法典》第157条等内容的细化性规定。第1款规定了折价补偿的计算标准;第2款规定如何合理确定损失赔偿额;第3款规定如果涉嫌违法且未经处理的程序流程;本条参考并吸收了《九民会议纪要》第32条、第33条、第35条等相关规定。

一、关于返还财产请求权

请求权,是指"根据权利的内容,得请求他人为一定行为或不为一定行为的权利"。① 由于不同于作为支配权、对世权的物权,请求权"这种权利的基本特征是通过请求他人为一定行为或者不为一定行为才能够实现,因此,得名请求权"。②

(一) 关于请求权与债权的关系

关于请求权与债权的关系,存在几种不同的观点:(1) 请求权与债权并非等同概念;(2) 请求权是债权的内容,但是债权的内容又不限于请求权;(3) 债权是请求权的一种,但请求权又不限于债权;(4) 请求权就是债权。③ 通说认为,债权是典型的请求权。④ 但不能将请求权与债权相等同或混同,原因是典型的请求权虽产生于债权,但并不仅仅限于债权;虽然债权主要表现为请求权,但债权绝不仅仅表现为请求权;债权为实体法上的概念,而请求权则为实体法和程序法上通用的概念。⑤ 在债权与请求权之间,"并不是谁包含谁的关系,而是一种权利的'交集'关系,亦是说,请求权与债权有某些共性,但它们又有各自不同的内容与特征"。⑥

关于请求权与债权的关系,请求权实为债权作用的表现,而非债权本身。可从历史沿革的角度来看,"请求权概念的产生,标志着早期罗马法中的诉权正式分裂为三种权利,一为实体权利中的基础权利,一为实体权利中的请求权,一为纯粹诉讼法意义上的诉权。基础权利是某种利益的体现,请求权则是法律上的力的体现,而纯粹诉讼法上的诉权,则是一种公权,是请求国家启动法律上的力来保护基础权利所代表的利益的权利"。⑦ 关于基础权利与债权请求权的关系,从逻辑上来说,"请求权系由基础权利而发生。依其所由发生基础权利的不同,可分为债权请求权、物上请求权、人格权请求权及身份权上的请求权等。由是可知,请求权乃权利的表现,而非与权利同属一物。此点于债权及于请求权最需明辨。债权的本质在于有效受领债务人的给付,请求权则为其作用"。⑧ 因此,从请求权与债权请求权的逻辑位阶关系来看,"请求权是债权

---

① 王家福主编:《民法债权》,中国社会科学出版社2015年版,第30页。
② 杨立新等:《请求权与民事裁判应用》,法律出版社2011年版,第43页。
③ 段厚省:《民法请求权论》,人民法院出版社2006年版,第26~31页。
④ 王家福主编:《民法债权》,中国社会科学出版社2015年版,第30页。
⑤ 张素华:《请求权与债权的关系及请求体系的重构——以债法总则存废为中心》,中国社会科学出版社2012年版,第30~31页。
⑥ 杨立新等:《请求权与民事裁判应用》,法律出版社2011年版,第66页。
⑦ 段厚省:《民法请求权论》,人民法院出版社2006年版,第26~31页。
⑧ 王泽鉴:《民法总则》,北京大学出版社2009年版,第102页。

请求权的上位概念"。①

(二) 关于请求权基础与民事法律关系的性质

请求权基础,是指"可供支持一方当事人得向他方当事人有所主张的法律规范,即请求权的法律根据,或请求权的规范基础"。② 关于请求权基础与我国民事法律关系的性质,在我国的民事诉讼中,主要是依照"民事法律关系的性质"来作为民事案由的标准,同时,"对少部分案由也依据请求权、形成权或者确认之诉、形成之诉等其他标准进行确定",③ 即人民法院在民事立案审查阶段,"可以根据原告诉讼请求涉及的法律关系的性质,确定相应的个案案由;人民法院受理案件后,经审理发现当事人起诉的法律关系与实际诉争的法律关系不一致的,人民法院结案时应当根据法庭查明的当事人之间的实际存在的法律关系的性质,相应变更个案案由。当事人在诉讼过程中增加或变更诉讼请求导致当事人诉讼诉争的法律关系发生变更的,人民法院应当相应变更个案案由"。④ 即民事诉讼中,主要是以法律关系的性质来确定当事人实体请求权的法律依据。

二、关于合同无效下返还财产、赔偿损失请求权的诉讼时效

根据《诉讼时效司法解释》第5条第2款规定:"合同被撤销,返还财产、赔偿损失请求权的诉讼时效期间从合同被撤销之日起计算。"有观点认为,合同无效的,返还财产、赔偿损失请求权的诉讼时效期间自被确认为无效之日计算。其主要理由是:

第一,合同无效制度的目的是保护国家利益、社会公共利益以及当事人的利益。如果合同在履行期限届满两年后才被确认无效,会使国家、集体或者当事人的返还财产、赔偿损失请求权因诉讼时效期间已经届满而无法实现,合同无效制度的目的将会落空。

第二,对无效合同的诉讼时效期间起算点作出统一规定,便于在司法实践中统一适用。

第三,合同被确认为无效后,权利人除享有赔偿损失请求权外,还享有返还财产请求权。⑤

三、关于合同不成立、无效、被撤销或者确定不发生效力下返还财产方式

(一) 财产返还请求权的性质

在合同无效或被撤销后,财产返还请求权的性质,存在争议。通说认为,在合同

---

① 王利明:《债法总则研究》(第二版),中国人民大学出版社2018年版,第26页。
② 杨立新等:《请求权与民事裁判应用》,法律出版社2011年版,第47页。
③ 最高人民法院研究室编著:《最高人民法院新民事案件案由规定理解与适用》(上),人民法院出版社2021年版,第13页。
④ 最高人民法院研究室编著:《最高人民法院新民事案件案由规定理解与适用》(上),人民法院出版社2021年版,第16页。
⑤ 张雪楳:《诉讼时效审判实务与疑难问题解析》,人民法院出版社2019年版,第242页。

无效或被撤销后，基于合同发生的物权变动也丧失了基础，自然产生物权回转的效果，转让人享有的是物权请求权性质的返还原物权。只有在原物不能返还或者没有必要返还的情况下，返还原物请求权才转变为不当得利请求权。①

（二）返还财产与折价补偿只能择一

合同不成立、无效或者被撤销的法律后果，包括返还财产、折价补偿以及损害赔偿。其中，返还财产性质上属于物权请求权。在财产不能返还或者当事人认为没有必要返还时，则转化为不当得利性质的折价补偿。可见，折价补偿，是返还财产的代替，二者只能择一行使，不能同时行使。②

（三）财产返还的具体方式

合同不成立、无效、被撤销或者确定不发生效力，当事人请求返还财产的，人民法院应当根据案件具体情况，以能否返还财产为标准区分两类不同的情况：（1）经审查财产能够返还的，人民法院应当根据案件具体情况，单独或者合并适用返还占有的标的物、更正登记簿册记载等；（2）经审查财产不能返还或者没有必要返还的，人民法院应当以认定合同不成立、无效、被撤销或者确定不发生效力之日该财产的市场价值或者以其他合理方式计算的价值为基准判决折价补偿。

1. 关于返还占有的标的物

我国现行的物权法采取的是以债权形式主义为原则、以债权意思主义为例外的物权变动模式，并未采纳物权行为理论，因而，返还原物的性质上为物上请求权；③民事法律行为无效、被撤销或者确定不发生效力后，行为人对所取得的财产已没有合法占有的根据。④从《民法典》第157条所规定的民事法律行为无效、被撤销或者确定不发生效力后的三种处理方式来看，首先要适用返还财产。因此，应当首先适用返还有标的物的处理方式。

2. 关于更正登记簿册记载等方式

返还财产的目的在于使双方的财产关系恢复到民事法律行为实施前的状态，⑤因此，为了进一步落实《民法典》第157条关于合同不成立、无效、被撤销或者确定不发生效力的法律后果的要求，特别是恢复到民事法律行为实施前的状态，根据《民法

---

① 最高人民法院民事审判第二庭编著：《〈全国法院民商事审判工作会议纪要〉理解与适用》，人民法院出版社2019年版，第263页。
② 最高人民法院民事审判第二庭编著：《〈全国法院民商事审判工作会议纪要〉理解与适用》，人民法院出版社2019年版，第269页。
③ 王利明主编：《中国民法典释评》（总则编），中国人民大学出版社2020年版，第383页。
④ 黄薇主编：《中华人民共和国民法典总则编释义》，法律出版社2020年版，第416页。
⑤ 黄薇主编：《中华人民共和国民法典总则编释义》，法律出版社2020年版，第416页。

典》第 209 条规定的物权公示原则，"不动产登记推定真实的效力，即除有相反证据证明外，法律认为记载于不动产登记簿的人，是该不动产的权利人"、第 214 条规定的不动产物权设立、变更、转让和消灭登记生效的时间"自记载于不动产登记簿时发生效力"和第 215 条规定的物权区分原则，"合同生效后，如果没有办理登记手续的，房屋所有权不能发生移转"的法律要求，"在给付物为不动产或者特殊动产的情形，如果已经办理了物权变动的登记手续，受领人负有将权属登记注销，并协助所有人恢复权属登记的义务，同时，应将给付物返还给所有人占有"；① 因此，为了真正实现"返还财产"，就必须返还权利证据、更正登记簿册等方式。例如，如果受让人手中有债权凭证，让与人可以基于其是债权人的身份，要求受让人返还债权凭证；再如，土地承包经营人将土地承包经营权采取转包、互换、转让等方式流转场合，如相应的合同无效或者被撤销，在法律上自始不发生权利流转的效果，土地承包经营权人可基于其土地承包经营权，请求更正登记、移转占有。对于其他用益物权的流转，同理。②

（四）折价补偿的计算时间基准

根据《九民会议纪要》第 33 条规定的"折价时，应当以当事人交易时约定的价款为基础"，即"将标的物按照市场价格进行计算，返还其价款。计算市场价格应当以返还时作为计算的时间点，因为返还义务是于返还时才负有的，而且以其为计算的时间点可以避免通货膨胀等因素对权利人产生不利影响"。③ 因此，财产不能返还或者没有必要返还的，人民法院应当以认定合同不成立、无效、被撤销或者确定不发生效力之日该财产的市场价值或者以其他合理方式计算的价值为基准判决折价补偿。

四、关于损失赔偿

（一）关于请求权的性质

"合同无效或者被撤销后，有过错的一方应当赔偿对方因此所受到的损失，这种赔偿责任的性质上属于缔约上过失责任"；④ 根据《九民会议纪要》第 32 条的规定，关于合同不成立、无效或者被撤销时，有过错的一方承担的损害赔偿责任在性质上属于缔约过失责任，其范围为信赖利益损失，主要是缔约费用损失。⑤ 根据《九民会议纪要》第 35 条规定："合同不成立、无效或者被撤销时，仅返还财产或者折价补偿不足以弥

---

① 王利明主编：《中国民法典释评》（总则编），中国人民大学出版社 2020 年版，第 383 页。
② 韩世远：《合同法总论》（第四版），法律出版社 2018 年版，第 321 页。
③ 王利明：《合同法研究》卷 1（第 2 版），中国人民大学出版社 2011 年版，第 724 页。
④ 韩世远：《合同法总论》（第四版），法律出版社 2018 年版，第 322 页。
⑤ 最高人民法院民事审判第二庭编著：《〈全国法院民商事审判工作会议纪要〉理解与适用》，人民法院出版社 2019 年版，第 260 页。

补损失，一方还可以向有过错的另一方请求损害赔偿。在确定损害赔偿范围时，既要根据当事人的过错程度合理确定责任，又要考虑在确定财产返还范围时已经考虑过的财产增值或者贬值因素，避免双重获利或者双重受损的现象发生。"因此，除前款规定的情形外，当事人还请求赔偿损失的，人民法院应当结合财产返还或者折价补偿的情况，综合考虑财产增值收益和贬值损失、交易成本的支出等事实，按照双方当事人的过错程度及原因力大小，根据诚信原则和公平原则，合理确定损失赔偿额。

（二）关于综合适用损害赔偿、返还财产和折价补偿

1. 返还财产性质是属于物权请求权。

2. 关于折价补偿。财产不能返还或者当事人认为没有必要返还时，返还财产转让了不当得利请求权性质的折价补偿。

3. 返还财产与折价补偿不能同时行使，可以选择其一行使。

4. 折价补偿的范围，不同于传统民法上的不当得利制度。

5. 当返还财产或者折价补偿不足弥补损失时，当事人可以请求损害赔偿。

6. 一方主张无效，另一方主张继续履行、未提出损害赔偿请求的，如果认定合同无效，则根据前述返还财产或折价补偿确定返还的范围。

7. 在财产增值的情况下，由于不存在损失，人民法院应当根据返还财产或折价补偿的规定，在当事人之间合理分配收益。

8. 在财产贬值的情况下，既可根据返还财产或者折价补偿规则在当事人之间分摊损失；也可以根据损害情况，支持当事人的损害赔偿请求。①

五、关于司法建议

根据《最高人民法院关于加强司法建议工作的意见》第7条规定，② 其中"（8）发

---

① 最高人民法院民事审判第二庭编著，《〈全国法院民商事审判工作会议纪要〉理解与适用》，人民法院出版社2019年版，第269页。

② 《最高人民法院关于加强司法建议工作的意见》第7条规定："对审判执行工作中发现的下列问题，人民法院可以向相关党政机关、企事业单位、社会团体及其他社会组织提出司法建议，必要时可以抄送该单位的上级机关或者主管部门：（1）涉及经济社会发展重大问题需要相关方面积极加以应对的；（2）相关行业或者部门工作中存在的普遍性问题，需要有关单位采取措施的；（3）相关单位的规章制度、工作管理中存在严重漏洞或者重大风险的；（4）国家利益、社会公共利益受到损害或者威胁，需要有关单位采取措施的；（5）涉及劳动者权益、消费者权益保护等民生问题，需要有关单位采取措施的；（6）法律规定的有义务协助调查、执行的单位拒绝或者妨碍人民法院调查、执行，需要有关单位对其依法进行处理的；（7）拒不履行人民法院生效的判决、裁定，需要有关单位对其依法进行处理的；（8）发现违法犯罪行为，需要有关单位对其依法进行处理的；（9）诉讼程序结束后，当事人之间的纠纷尚未彻底解决，或者有其他问题需要有关部门继续关注的；（10）其他确有必要提出司法建议的情形。"

现违法犯罪行为,需要有关单位对其依法进行处理的;"因此,合同不成立、无效、被撤销或者确定不发生效力,当事人的行为涉嫌违法且未经处理,可能导致一方或者双方通过违法行为获得不当利益的,人民法院应当向有关行政管理部门发出司法建议;涉嫌犯罪的,应当将案件线索移送刑事侦查机关。例如,《九民会议纪要》第87条规定,"配资案件审结后,我们倾向于向监管部门发出司法建议,对非法配资方进行行政处罚"。①

与此同时,根据刑事自诉的基本原理和相关法律规定,属于刑事自诉案件的,应当告知当事人可以向有管辖权的人民法院另行提起诉讼。

【法律适用分歧】

一、返还财产请求权性质的法律分歧

返还财产,是指:"合同当事人在合同被确认无效或者被撤销以后,对已交付给对方的财产享有返还请求权,而已接受该财产的当事人则有返还财产的义务"。② 关于合同无效后返还财产请求权的法律性质,"我国学界并没有进行正面论述,即没有将《合同法》第58条作为独立的请求权基础,而将其定位为不当得利请求权或物权请求权,并围绕二者进行论争",③ 这里的问题是:

1. 合同无效的法律后果,是否就仅仅有物权请求权与不当得利请求权这两种请求权,而没有或不可能存在第三种、第四种的请求权形式,如折价补偿请求权等,即请求权体系是"封闭的",还是"开放的"的问题。

2. 假使关于合同无效后返还财产的法律性质主要是围绕"物权请求权"还是"不当得利请求权"这两种不同的法律性质而展开,基于这两种不同的性质的分野,又可以细分为几种不同的学术观点,即"不当得利请求权说""物权请求权说""物权请求权说转化为并不当得利请求权说""不当得利请求权与物权请求权竞合说""独立的请求权基础"。

(1)关于"物权请求权说"。"以《法国民法典》为代表的否认物权行为无因性的国家立法和常理认为,当财产移转所赖以发生的原因——合同无效或被撤销后,合同标的物的所有权自始并没有有效移转,因此,物之所有人可基于物上请求权而请求对

---

① 最高人民法院民事审判第二庭编著:《〈全国法院民商事审判工作会议纪要〉理解与适用》,人民法院出版社2019年版,第459页。
② 胡康生主编:《中华人民共和国合同法释义》,法律出版社1999年版,第118页。
③ 丁宇翔:《返还原物请求权研究——一种失当物权关系矫正技术的阐释》,法律出版社2019年版,第240页。

方返还。"①

（2）关于"不当得利请求权说"。这一观点认为，"合同无效或被撤销后返还财产请求权应分具体情况确定。如果原物存在，且未转让给善意第三人，当事人可以依物权请求权主张返还原物。如果原物不存在，或虽存在但已被转让给善意第三人，当事人只能请求不当得利返还。涉及劳务之债的，不可能适用物权请求权，只能适用不当得利请求权"②。主要理由是："在采用物权行为理论的国家，此种返还财产属于不当得利请求权的范畴"③。即如果承认物权行为的独立性和无因性理论，民事法律行为无效、撤销或者确定不发生效力后，其所发生的债权债务关系归于消灭，但独立于债权行为的物权行为并不因为债权行为的无效而无效，即物权变动仍然发生效力，在这种情况下，给付人只能依据不当得利的规则要求受领人返还财产。

（3）关于"物权请求权说转化为不当得利请求权说"。该观点认为，合同无效情况下的财产返还请求权，其性质是物权性质的返还原物请求权，还是债权性质的不当得利请求权，"需要具体问题具体分析，不可一概而论"④。即如果不承认物权行为的独立性，民事法律行为在无效、被撤销或者确定不发生效力后，其所发生的债权债务关系归于消灭，基于该民事法律行为所发生的物权变动当然丧失基础，自然发生物权变动的回归，在这种情况下，返还财产的请求权属于物权性质的物上请求权。但是，如果原物已不存在，就转变为不当得利的返还，此时，返还原物便具有了债权的效力，而由于我国没有采用物权行为理论，并不认可物权行为的独立性和无因性，因此，"合同无效或者被撤销后，基于合同发生的物权变动也丧失了基础，自然产生物权回转的效果，转让人享有的是物权请求权的返还原物请求权。只有在原物不能返还或者没有必要返还的情况下，返还原物请求权才转变为不当得利请求权。"⑤

（4）关于"不当得利请求权与物权请求权竞合说"。债权之发生各有构成其发生要件之原因事实，同一事实亦可能具备不同债权之各个构成要件。⑥由于我国没有采用物权行为理论，因此，"在此情形下，如果合同被宣告无效或被撤销，则受领标的物的一方当事人也无法取得标的物的所有权，作出履行的一方可以基于所有物返还请求权向

---

① 李永军：《合同法》（第三版），法律出版社2010年版，第353页。
② 王利明：《合同法研究》卷1（第3版），中国人民大学出版社2015年版，第727页。
③ 王利明：《合同法研究》卷1（第3版），中国人民大学出版社2015年版，第725页。
④ 最高人民法院民事审判第二庭编著：《〈全国法院民商事审判工作会议纪要〉理解与适用》，人民法院出版社2019年版，第262页。
⑤ 最高人民法院民法典贯彻实施工作领导小组主编：《中华人民共和国民法典总则编理解与适用》（下），人民法院出版社2020年版，第785页。
⑥ 孙森焱：《民法债编总论》（上册），法律出版社2006年版，第161页。

对方当事人提出请求；同时，因为接受履行的一方占有该物，也构成不当得利，从而构成不当得利返还请求权与物权请求权的竞合"。①

（5）关于"独立的请求权基础"。该观点认为，根据《民法典》第 157 条规定的合同无效后的法律后果，应该认为该条具有"独立的请求权基础地位"。主要理由有：

其一，有明确的法律规定依据。即无论是返还财产，还是折价补偿，在《民法典》第 157 条②有明确的法律依据，无须使用引致方法，适用其他法律规定。返还财产的法律依据并不是源于《民法典》第 122 条："因他人没有法律根据，取得不当利益，受损失的人有权请求其返还不当利益"，而是源于《民法典》第 157 条。"在我国法上，合同无效情况下的合同上的返还财产请求权，并非基于合同，因为此时合同已经被确认无效。这种情况下的返还财产请求权直接来自我国《合同法》第 58 条的规定。当然，这里的返还财产请求权同时也可能与不当得利请求权发生竞合，但这是另一个问题，不能因此否定第 58 条作为独立的请求权基础的地位。"③ 否则，将导致不当得利制度适用的"泛化"，产生第 122 条直接"取代""覆盖"第 157 条适用空间的现象，导致为何不直接让第 122 条直接"替代"第 157 条的适用，或者在第 157 条中直接引致第 122 条的逻辑问题。

其二，从民法请求权的体系上看，请求权体系是开放的，并不是"僵化不变"的，不应将返还财产请求权与不当得利请求权这两处请求权等同于整个民法体系请求权的整体；另外，返还财产的物权请求权与不当得利的债权请求权，属于同一民法体系中的不同请求权，性质不同，但均具有独立性，不能互相取代、替代，也正是因为均具有独立性，在合同无效或解除时，才会发生请求权竞合，"占有返还这一个给付请求可以同时依据两个请求权规范而成立，这种情况显然成立请求权的竞合。而关于请求权竞合的处理规则依通说是由当事人选择行使，其中的一个请求权目的已达而归于消灭时，其他请求权也因目的已达而归于消灭"。④ 对于返还财产请求权与不当得利请求权存在竞合时，首先，应当区分不同情况，情况不同，请求权性不同，处理方式也不同；其次，可以由当事人选择行使。

---

① 王利明：《合同法研究》卷 1（第 3 版），中国人民大学出版社 2015 年版，第 725 页。
② 《民法典》第 157 条规定："民事法律行为无效、被撤销或者确定不发生效力后，行为人因该行为取得的财产，应当予以返还；不能返还或者没有必要返还的，应当折价补偿。有过错的一方应当赔偿对方由此所受到的损失；各方都有过错的，应当各自承担相应的责任。法律另有规定的，依照其规定。"
③ 丁宇翔：《返还原物请求权研究——一种失当物权关系矫正技术的阐释》，法律出版社 2019 年版，第 239~240 页。
④ 丁宇翔：《返还原物请求权研究——一种失当物权关系矫正技术的阐释》，法律出版社 2019 年版，第 236 页。

3. 从大陆法系的相关理论来看，《德国民法典》第 346 条第 1 款构成了自己的请求权基础，返还请求权根本不是不当得利（《德国民法典》第 812 条第 1 款）而产生的。①

二、关于配资方要求用资人支付资金占用期间法定利息的请求是否予以支持的问题

根据《九民会议纪要》第 87 条规定，场外配资合同被确认无效后，因未经许可从事场外配资业务属于非法行为，对于配资方要求用资人支付资金占有期间法定利息的请求，是否支持，存在不同的观点。

最高人民法院民二庭的倾向性意见是，这类案件无论如何特殊，但本质上仍是民事案件，既然如此，就应当按照无效合同处理的一般规则处理，支付配资方孳息。②

【典型案例】

一、裁判规则：不具有从事期货经纪业务的主体资格而导致案涉期货交易无效

【法院】

最高人民法院

【案号】

最高法民申 765 号

【当事人】

再审申请人（一审原告、二审上诉人）：王某键

被申请人（一审被告、二审被上诉人）：陕西某金属交易中心有限公司等

【案由】

期货交易纠纷

【裁判观点】

因金属交易中心不具有从事期货经纪业务的主体资格而导致案涉期货交易无效。

二、裁判规则：合同无效后，需综合考虑市场因素、受让人的经营或者添附等行为与财产增值或者贬值之间的关联性，在当事人之间合理分配或者分担

【法院】

北京市高级人民法院

【案号】

（2022）京民申 5517 号

---

① ［德］迪特尔·梅迪库斯：《德国债法总论》，杜景林、卢谌译，法律出版社 2004 年版，第 399 页。
② 最高人民法院民事审判第二庭编著：《〈全国法院民商事审判工作会议纪要〉理解与适用》，人民法院出版社 2019 年版，第 459 页。

【当事人】

再审申请人（一审被告、二审上诉人）：周某兰等

被申请人（一审原告、二审上诉人、反诉被告）：王某卉等

【案由】

财产损害赔偿纠纷

【裁判观点】

因拆迁利益系针对翻建后的房屋状况而补偿，综合考虑市场因素、受让人的经营或者添附等行为与财产增值或者贬值之间的关联性，在当事人之间合理分配或者分担，一、二审法院所作判决有事实及法律依据。

【相关规定】

《民法典》第157条；《总则编司法解释》第23条；《民诉法司法解释》第108条；《最高人民法院关于加强司法建议工作的意见》第7条；《九民会议纪要》

第二十五条　【价款返还及其利息计算】

合同不成立、无效、被撤销或者确定不发生效力，有权请求返还价款或者报酬的当事人一方请求对方支付资金占用费的，人民法院应当在当事人请求的范围内按照中国人民银行授权全国银行间同业拆借中心公布的一年期贷款市场报价利率（LPR）计算。但是，占用资金的当事人对于合同不成立、无效、被撤销或者确定不发生效力没有过错的，应当以中国人民银行公布的同期同类存款基准利率计算。

双方互负返还义务，当事人主张同时履行的，人民法院应予支持；占有标的物的一方对标的物存在使用或者依法可以使用的情形，对方请求将其应支付的资金占用费与应收取的标的物使用费相互抵销的，人民法院应予支持，但是法律另有规定的除外。

【条文主旨】

本条是关于价款返还及其利息计算的规定。

【司法适用】

本条第1款是有关合同不成立、无效、被撤销或者确定不发生效力时,价款返还及其利息计算的具体标准;本条第2款是有双方互有返还义务时资金占用费与标的物使用费之间有关费用相互抵销的规定。其中:

一、关于金钱债务的逾期付款损失

(一) 从历史发展的角度来看

1. 1994年3月12日公布的《最高人民法院关于逾期付款的违约金应依何种标准计算问题的复函》(法函〔1994〕10号)[①]:经济合同法及其有关条例中规定的逾期付款的违约金,应按逾期付款金额每日万分之三计算。

2. 1996年5月16日,《最高人民法院关于逾期付款违约金应当依据何种标准计算问题的批复》(法复〔1996〕7号)[②]:参照中国人民银行银发〔1994〕256号通知印发的修订后的《异地托收承付结算办法》[③] 和《异地托收承付结算会计核算手续》[④] 的有关规定,逾期付款违约金,应当按照逾期付款金额每日万分之五计算。

3. 《最高人民法院关于逾期付款违约金应当按照何种标准计算问题的批复》(法释〔1999〕8号) 规定,"对于合同当事人没有约定逾期付款违约金标准的,人民法院可以参照中国人民银行规定的金融机构计收逾期贷款利息的标准计算逾期付款违约金。中国人民银行调整金融机构计收逾期贷款利息的标准时,人民法院可以相应调整计算逾期付款违约金的计算标准。参照中国人民银行1996年4月30日发布的银发〔1996〕156号《关于降低金融机构存、贷款利率的通知》[⑤] 的规定,目前,逾期付款违约金标准可以按每日万分之四计算"。

4. 2000年11月21日施行的,最高人民法院关于修改《最高人民法院关于逾期付款违约金应当按照何种标准计算问题的批复》的批复:将最高人民法院(法释〔1999〕

[①] 该文件已失效。

[②] 《最高人民法院关于逾期付款违约金应当依据何种标准计算问题的批复》。黑龙江省高级人民法院:你院黑高法〔1996〕16号请示收悉。经研究,答复如下:本院曾于1994年3月12日以法函〔1994〕10号复函你:经济合同法及其有关条例中规定的逾期付款的违约金,应按逾期付款金额每日万分之三计算。该复函内容与实际情况现已不相适应。参照中国人民银行银发〔1994〕256号通知印发的修订后的《异地托收承付结算办法》和《异地托收承付结算会计核算手续》的有关规定,逾期付款违约金,应当按照逾期付款金额每日万分之五计算。但本批复下发前发生的逾期付款行为,其违约金的计算标准,则仍应按照本院〔1994〕10号复函处理。该文件已失效。

[③] 该文件已失效。

[④] 该文件已失效。

[⑤] 该文件已失效。

8号）批复中"参照中国人民银行1996年4月30日发布的银发（〔1996〕156号）《关于降低金融机构存、贷款利率的通知》的规定，目前（2000年），逾期付款违约金标准可以按每日万分之四计算"的内容删除。

5. 2004年1月1日起施行的《中国人民银行关于人民币贷款利率有关问题的通知》第3条规定："关于罚息利率问题。逾期贷款（借款人未按合同约定日期还款的借款）罚息利率由现行按日万分之二点一计收利息，改为在借款合同载明的贷款利率水平上加收30%-50%；借款人未按合同约定用途使用借款的罚息利率，由现行按日万分之五计收利息，改为在借款合同载明的贷款利率水平上加收50%-100%。对逾期或未按合同约定用途使用借款的贷款，从逾期或未按合同约定用途使用贷款之日起，按罚息利率计收利息，直至清偿本息为止。对不能按时支付的利息，按罚息利率计收复利。"逾期贷款罚息利率由"固定制"改为"浮动制"；由于上述《通知》的规定是针对银行贷款合同的，并非规范贷款合同之外的非借款合同案件。

6. 为了规范非借款合同案件中的逾期付款违约金问题，同时也为体现对违约方一定的惩戒性，借鉴2004年1月1日起施行的《中国人民银行关于人民币贷款利率有关问题的通知》第3条规定的精神，2012年《买卖合同司法解释》第24条第4款规定："买卖合同没有约定逾期付款违约金或者该违约金的计算方法，出卖人以买受人违约为由主张赔偿逾期付款损失的，人民法院可以中国人民银行同期同类人民币贷款基准利率为基础，参照逾期罚息利率标准计算。"即将"借款合同载明的贷款利率"这一上浮基础直接明确为中国人民银行制定的同期同类贷款基准利率，以此"作为人民法院逾期付款违约金逾期罚息利率上浮的基准"。[①]

7. 2015年《民间借贷司法解释》第26条规定："借贷双方约定的利率未超过年利率24%，出借人请求借款人按照约定的利率支付利息的，人民法院应予支持。借贷双方约定的利率超过年利率36%，超过部分的利息约定无效。借款人请求出借人返还已支付的超过年利率36%部分的利息的，人民法院应予支持。"

8. 关于同期同类贷款市场报价利率（LPR）。为了深化利率市场改革，推动降低实

[①] 最高人民法院民事审判第二庭编著：《最高人民法院关于买卖合同司法解释理解与适用》，人民法院出版社2018年版，第61页。

体经济融资成本，根据中国人民银行于 2019 年 8 月 17 日发布的"〔2019〕第 15 号公告"，① 决定改革完善贷款市场报价利率（Loan Prime Rate，LPR），即中国人民银行贷款基准利率这一标准已经取消，自 2019 年 8 月 20 日起，人民法院裁判贷款利息的基本标准，改为全国银行间同业拆借中心公布的贷款市场报价利率。

贷款市场报价利率（LPR）是由具有代表性的报价行，根据本行对最优质客户的贷款利率，以公开市场操作利率（主要指中期借贷便利利率）加点形成的方式报价，由中国人民银行授权全国银行间同业拆借中心计算并公布的基础性的贷款参考利率，各金融机构应主要参考 LPR 进行贷款定价，正因如此，LPR 应当作为民间借贷利率锚，民间借贷利率标准也应当统一调整为 LPR（贷款市场报价利率）定价方式。由于 LPR 市场化程度较高，能够充分反映信贷市场资金供求情况，使用 LPR 进行贷款定价可以促进形成市场化的贷款利率，提高市场利率向信贷利率的传导效率。正因如此，可一并发挥民间借贷为正规金融有益补充的作用。

9. 2019 年《九民会议纪要》指出，人民法院在审理借款合同纠纷案件过程中，要根据防范化解重大金融风险、金融服务实体经济、降低融资成本的精神，区别对待金融借贷与民间借贷，并适用不同规则与利率标准。要依法否定高利转贷行为、职业放贷行为的效力，充分发挥司法的示范、引导作用，促进金融服务实体经济。要注意到的是，为深化利率市场化改革，推动降低实体利率水平，自 2019 年 8 月 20 日起，中国人民银行已经授权全国银行间同业拆借中心于每月 20 日（遇节假日顺延）9 时 30 分公

---

① 中国人民银行公告 2019 年第 15 号：为深化利率市场化改革，提高利率传导效率，推动降低实体经济融资成本，中国人民银行决定改革完善贷款市场报价利率（LPR）形成机制，现就有关事宜公告如下：一、自 2019 年 8 月 20 日起，中国人民银行授权全国银行间同业拆借中心于每月 20 日（遇节假日顺延）9 时 30 分公布贷款市场报价利率，公众可在全国银行间同业拆借中心和中国人民银行网站查询。二、贷款市场报价利率报价行于每月 20 日（遇节假日顺延）9 时前，按公开市场操作利率（主要指中期借贷便利利率）加点形成的方式，向全国银行间同业拆借中心报价。全国银行间同业拆借中心按去掉最高和最低报价后算术平均的方式计算得出贷款市场报价利率。三、为提高贷款市场报价利率的代表性，贷款市场报价利率报价行类型在原有的全国性银行基础上增加城市商业银行、农村商业银行、外资银行和民营银行，此次由 10 家扩大至 18 家，今后定期评估调整。四、将贷款市场报价利率由原有 1 年期一个期限品种扩大至 1 年期和 5 年期以上两个期限品种。银行的 1 年期和 5 年期以上贷款参照相应期限的贷款市场报价利率定价，1 年期以内、1 年至 5 年期贷款利率由银行自主选择参考的期限品种定价。五、自即日起，各银行应在新发放的贷款中主要参考贷款市场报价利率定价，并在浮动利率贷款合同中采用贷款市场报价利率作为定价基准。存量贷款的利率仍按原合同约定执行。各银行不得通过协同行为以任何形式设定贷款利率定价的隐性下限。六、中国人民银行将指导市场利率定价自律机制加强对贷款市场报价利率的监督管理，对报价行的报价质量进行考核，督促各银行运用贷款市场报价利率定价，严肃处理银行协同设定贷款利率隐性下限等扰乱市场秩序的违规行为。中国人民银行将银行的贷款市场报价利率应用情况及贷款利率竞争行为纳入宏观审慎评估（MPA）。

布贷款市场报价利率（LPR），中国人民银行贷款基准利率这一标准已经取消。因此，自此之后人民法院裁判贷款利息的基本标准应改为全国银行间同业拆借中心公布的贷款市场报价利率。应予注意的是，贷款利率标准尽管发生了变化，但存款基准利率并未发生相应变化，相关标准仍可适用。

10. 2020年8月19日发布的《最高人民法院关于修改〈关于审理民间借贷案件适用法律若干问题的规定〉的决定》，自2020年8月20日起施行的《民间借贷司法解释》（法释〔2020〕6号，第一次修正）将第26条修改为："出借人请求借款人按照合同约定利率支付利息的，人民法院应予支持，但是双方约定的利率超过合同成立时一年期贷款市场报价利率四倍的除外。前款所称'一年期贷款市场报价利率'，是指中国人民银行授权全国银行间同业拆借中心自2019年8月20日起每月发布的一年期贷款市场报价利率。"

《民间借贷司法解释》第28条规定："借贷双方对逾期利率有约定的，从其约定，但是以不超过合同成立时一年期贷款市场报价利率四倍为限。未约定逾期利率或者约定不明的，人民法院可以区分不同情况处理：（一）既未约定借期内利率，也未约定逾期利率，出借人主张借款人自逾期还款之日起参照当时一年期贷款市场报价利率标准计算的利息承担逾期还款违约责任的，人民法院应予支持；（二）约定了借期内利率但是未约定逾期利率，出借人主张借款人自逾期还款之日起按照借期内利率支付资金占用期间利息的，人民法院应予支持。"

11. 根据2020年12月23日最高人民法院审判委员会第1823次会议通过的《最高人民法院关于修改〈最高人民法院关于在民事审判工作中适用《中华人民共和国工会法》若干问题的解释〉等二十七件民事类司法解释的决定》第二次修正时，2020年《民间借贷司法解释》将第一次修正时的第26条调整为第25条，内容未做变动。

12. 2020年《建设工程司法解释一》第26条规定："当事人对欠付工程价款利息计付标准有约定的，按照约定处理。没有约定的，按照同期同类贷款利率或者同期贷款市场报价利率计息。"

13. 2020年《商品房买卖合同司法解释》第14条第2款规定："合同没有约定违约金或者损失数额难以确定的，可以按照已付购房款总额，参照中国人民银行规定的金融机构计收逾期贷款利息的标准计算。"

14. 最高人民法院关于修改《最高人民法院关于在民事审判工作中适用〈中华人民共和国工会法〉若干问题的解释》等二十七件民事类司法解释的决定（法释〔2020〕17号），其中，"三、修改《最高人民法院关于审理买卖合同纠纷案件适用法律问题的解释》",对原 2012 年《买卖合同司法解释》第 24 条进行了修改,① 即将原第 24 条第 4 款规定:"买卖合同没有约定逾期付款违约金或者该违约金的计算方法,出卖人以买受人违约为由主张赔偿逾期付款损失的,人民法院可以中国人民银行同期同类人民币贷款基准利率为基础,参照逾期罚息利率标准计算。"修改为:"买卖合同没有约定逾期付款违约金或者该违约金的计算方法,出卖人以买受人违约为由主张赔偿逾期付款损失,违约行为发生在 2019 年 8 月 19 日之前的,人民法院可以中国人民银行同期同类人民币贷款基准利率为基础,参照逾期罚息利率标准计算;违约行为发生在 2019 年 8 月 20 日之后的,人民法院可以违约行为发生时中国人民银行授权全国银行间同业拆借中心公布的一年期贷款市场报价利率(LPR)标准为基础,加计 30—50% 计算逾期付款损失。"即在逾期付款违约金法定计算标准的规定中也引入了中国人民银行授权全国银行间同业拆借中心公布的一年期贷款市场报价利率(LPR)标准。

(二)贷款基准利率与存款基准利率

根据 2019 年 8 月 17 日发布的"〔2019〕第 15 号公告",自此之后人民法院裁判贷款利息的基本标准应改为全国银行间同业拆借中心公布的贷款市场报价利率。应予注意的是,贷款利率标准尽管发生了变化,但是,存款基准利率并未发生变化,相关标

---

① 原 2012 年《买卖合同司法解释》第 24 条规定:"买卖合同对付款期限作出的变更,不影响当事人关于逾期付款违约金的约定,但该违约金的起算点应当随之变更。买卖合同约定逾期付款违约金,买受人以出卖人接受价款时未主张逾期付款违约金为由拒绝支付该违约金的,人民法院不予支持。买卖合同约定逾期付款违约金,但对账单、还款协议等未涉及逾期付款责任,出卖人根据对账单、还款协议等主张欠款时请求买受人依约支付逾期付款违约金的,人民法院应予支持,但对账单、还款协议等明确载有本金及逾期付款利息数额或者已经变更买卖合同中关于本金、利息等约定内容的除外。买卖合同没有约定逾期付款违约金或者该违约金的计算方法,出卖人以买受人违约为由主张赔偿逾期付款损失的,人民法院可以中国人民银行同期同类人民币贷款基准利率为基础,参照逾期罚息利率标准计算。"最高人民法院关于修改《最高人民法院关于在民事审判工作中适用〈中华人民共和国工会法〉若干问题的解释》等二十七件民事类司法解释的决定(法释〔2020〕17 号),其中,"三、修改《最高人民法院关于审理买卖合同纠纷案件适用法律问题的解释》"中的第 14 条规定,将第二十四条修改为:"买卖合同对付款期限作出的变更,不影响当事人关于逾期付款违约金的约定,但该违约金的起算点应当之变更。买卖合同约定逾期付款违约金,买受人以出卖人接受价款时未主张逾期付款违约金为由拒绝支付该违约金的,人民法院不予支持。买卖合同约定逾期付款违约金,但对账单、还款协议等未涉及逾期付款责任,出卖人根据对账单、还款协议等主张欠款时请求买受人依约支付逾期付款违约金的,人民法院应予支持,但对账单、还款协议等明确载有本金及逾期付款利息数额或者已经变更买卖合同中关于本金、利息等约定内容的除外。买卖合同没有约定逾期付款违约金或者该违约金的计算方法,出卖人以买受人违约为由主张赔偿逾期付款损失,违约行为发生在 2019 年 8 月 19 日之前的,人民法院可以中国人民银行同期同类人民币贷款基准利率为基础,参照逾期罚息利率标准计算;违约行为发生在 2019 年 8 月 20 日之后的,人民法院可以违约行为发生时中国人民银行授权全国银行间同业拆借中心公布的一年期贷款市场报价利率(LPR)标准为基础,加计 30—50% 计算逾期付款损失。"

准仍可适用。①

(三) 对于金钱债务的逾期付款损失有约定的

1. 关于逾期付款利息

逾期付款是债务人未按照合同约定期限给付债权人款项的行为，其基础法律关系可能为任何合同法律关系，但基础法律关系所指向的是款项支付本身，并非资金利息。但对于债权人而言，延迟支付所导致的结果，是由于债务人延迟支付，其本应获得的延迟支付的资金、利息无法获得，将其认定为法定孳息有其合理性。② 或者，可以进一步说，"逾期付款利息属于逾期付款所造成的法定孳息损失。"③ 即逾期付款损失主要表现为债权人的利息损失，即当价款支付方按照约定的期限支付价款时，如因不履行租金、价款或者报酬等金钱债务，或者履行金钱债务不符合约定，债权人本可以获得由该金钱所产生的法定孳息，但由于价款支付方并未按期支付，由此给债权人造成了法定孳息的损失。

2. 逾期借款利息的性质取决于当事人合同中的约定

如果合同中对借款逾期后违约责任的形式进行了约定，无论违约金的金额是否明确，逾期利息则属违约金；反之，当事人对借款逾期后违约责任的形式没有约定或者只约定了损失赔偿的计算方式，则逾期利息的性质为损失赔偿或者继续履行。④

(四) 没有约定的，按照法定处理

关于逾期违约金的标准，在基本理念上，自公布《最高人民法院关于逾期付款违约金应当依据何种标准计算问题的批复》（法复〔1996〕7号）（已失效）以来，司法实践的基本做法是，当事人如约定了逾期付款违约金标准的，应从其约定；当事人没有约定的，可以参照法定标准，即中国人民银行规定的金融机构计收逾期贷款利息的计算标准。这一做法，一方面，坚持"有约定、依约定"的原则，充分体现市场经济形势下对契约自由原则的遵从；另一方面，在当事人未对逾期付款违约金或者该违约金的计算方法做出约定，以中国人民银行同期同类人民币贷款基准利率为基础计算违

---

① 最高人民法院民事审判第二庭编著：《〈全国法院民商事审判工作会议纪要〉理解与适用》，人民法院出版社2019年版，第331页。

② 最高人民法院民事审判第一庭编著：《最高人民法院新民间借贷司法解释理解与适用》，人民法院出版社2021年版，第405页。

③ 最高人民法院民事审判第二庭编著：《最高人民法院关于买卖合同司法解释理解与适用》，人民法院出版社2018年版，第390页。

④ 最高人民法院民事审判第一庭编著：《最高人民法院新民间借贷司法解释理解与适用》，人民法院出版社2021年版，第406页。

约金,也较好地契合了逾期付款违约金的基本原理。①

(五) 关于逾期付款损失之外的损失赔偿

逾期付款损失,主要表现为利息损失,但并不以利息损失为限,除当事人有证据证明利息损失外,还存在其他损失,如为追讨欠款而支出了合理的费用等,也可以主张赔偿。②

在民间借贷合同纠纷中,关于逾期付款损失之外的损失赔偿问题,根据《民间借贷司法解释》第29条③中的"其他费用",主要涉及的是出借人和借款人所约定的服务费、咨询费、管理费等,上述费用从性质上看,仍属于借款人为获得借款而支付的必要成本。当事人同时约定的逾期利息、违约金费用,性质上均与利率无异,分开约定仅是为了规避利率的上限。正是为了防止当事人通过变相的方式提高借款利率,司法解释才将包括服务费、咨询费、管理费等发生的其他费用的保护范围限定在超过合同成立时一年期贷款市场报价利率4倍之内。律师费用、诉讼费用等权利人为保护自己合法权益而发生费用,与借款人为获得借款而支付的成本之性质截然不同,不应将律师费用、诉讼保全费用等归入"其他费用"之范畴。④

二、关于互有返还义务问题

根据《民法典》第157条,《九民会议纪要》第32条、第34条规定,民事法律行为无效、被撤销以及确定不发生效力的法律后果之一,就是返还财产。也即,民事法律行为被确认无效、被撤销或者确定不发生效力后,行为人因民事法律行为所取得的财产应当予以返还,相对人亦享有对已交付财产的返还请求权;原因是行为人所取得的财产已没有合法占有的根据;结论是双方财产应当恢复到民事法律行为实际履行前的情况;关于对返还财产的当事人的要求是,无论双方是否存在过错,都负有返还财产的义务;返还财产分为单方返还和双方返还,双方返还适用于民事法律行为无效、被撤销或者确定不发生效力后,双方均已实际履行的,应当互负返还财产的义务。⑤ 因此,双方互有返还义务,当事人主张同时履行的,人民法院应予支持。

---

① 最高人民法院民法典贯彻实施工作领导小组办公室编著:《最高人民法院实施民法典清理司法解释修改条文(111件)理解与适用》(上册),人民法院出版社2022年版,第70页。
② 最高人民法院民事审判第二庭编著:《最高人民法院关于买卖合同司法解释理解与适用》,人民法院出版社2018年版,第393页。
③ 《民间借贷司法解释》第29条规定:"出借人与借款人既约定了逾期利率,又约定了违约金或者其他费用,出借人可以选择主张逾期利息、违约金或者其他费用,也可以一并主张,但是总计超过合同成立时一年期贷款市场报价利率四倍的部分,人民法院不予支持。"
④ 最高人民法院民事审判第一庭编著:《民事审判实务问答》,法律出版社2022年版,第46~47页。
⑤ 黄薇主编:《中华人民共和国民法典总则编释义》,法律出版社2020年版,第415~416页。

三、关于资金占有费的标准

（一）一般情形

专以金钱为标的的合同，如借贷合同无效时，资金占用方原则上应当支付利息。至于是按照贷款利率还是存款利率支付，存在不同观点。其中一种观点认为，贷款利率比存款利率高，所以，参照贷款利率显然较参照存款利率对权利人来说更有利。参照贷款利率的推理依据为：一方需要向银行贷款以获得同等资金，故应参照贷款利率。而参照存在利率的推理依据是：资金方并不需要向银行借钱，因此，其损失的不过是同期存在利息。笔者认为，在商事审判中，原则上，应当按照贷款利率。应予注意的是，为深化利率市场改革，自2019年8月20日起，中国人民银行已经授权全国银行间同业拆借中心于每月20日（遇节假日顺延）9时30分公布贷款市场报价利率（LPR），并且取消了中国人民贷款基准利率这一标准。在此情况下，今后利息要以全国银行间同业拆借中心公布的贷款市场报价利率为准。[①] 因此，合同不成立、无效、被撤销或者确定不发生效力，有权请求返还价款或者报酬的一方请求对方支付资金占用费的，人民法院应当按照中国人民银行授权全国银行间同业拆借中心公布的同期同类贷款市场报价利率（LPR）计算。

（二）例外情形

根据《九民会议纪要》第33条的意旨，关于合同不成立、无效或者被撤销后，返还财产的范围是否包括孳息的问题，笔者认为不论是善意占有，还是恶意占有，都是无权占有。既然是无权占有，不论是善意占有人，还是恶意占有人，均无权获得孳息。换言之，返还原先的范围都包括原物和孳息。所不同的是，善意占有毕竟不同于恶意占有，为与恶意占有区别，其可以向权利人请求支付因维护该不动产或动产所支出的必要费用。《民法典》第460条体现的就是这一精神；对于占用资金的当事人对于合同不成立、无效、被撤销或者确定不发生效力没有过错的，结合《九民会议纪要》第32条所规定的，依赖利益损失限于直接损失，因此，应当以中国人民银行公布的同期同类存款基准利率计算。

四、关于资金占有费与应收取的标的物使用进行相互抵销问题

根据《民法典》第568条规定，除借款合同之外的买卖、租赁等双务合同约定的情况下，买受人、承租人从合同订立时起至将标的物返还转让人、出租人，这期间的占有构成无权占有，理论上，应当向转让人、出租人支付标的物使用费。反之，转让

---

① 最高人民法院民事审判第二庭编著：《〈全国法院民商事审判工作会议纪要〉理解与适用》，人民法院出版社2019年版，第269页。

人、出租人也应当向买受人、承租人支付资金占用费。转让人、出租人应当支付的资金占用费和买受人、承租人应当支付的标的物使用费之间完全符合法定抵销条件，一经抵销，各自的债务均归于消灭。① 因此，占有标的物的一方对标的物存在使用情形，对方请求将其应支付的资金占用费与应收取的标的物使用费进行抵销的，人民法院依法予以支持。

当然，根据《民法典》第568条第1款的规定，抵销制度主要保护的是主动债权人的利益，并以促进市场交易、降低交易成本为制度目的，可以抵销制度追求的价值更倾向于"效率"，因此，在某些情形下，为"公平"起见，法律有必要限制抵销的适用，如《企业破产法》第40条、《企业破产法规定（二）》第44条、《信托法》第18条等规定，均对抵销制度予以限制。② 考虑到本条亦会涉及相关抵销制度的限制问题，故本条亦作此但书规定，即法律另有规定的除外。

本条第2款规定参考借鉴了《九民会议纪要》第34条规定："双务合同不成立、无效或者被撤销时，标的物返还与价款返还互为对待给付，双方应当同时返还。关于应否支付利息问题，只要一方对标的物有使用情形的，一般应当支付使用费，该费用可与占有价款一方应当支付的资金占用费相互抵销，故在一方返还原物前，另一方仅须支付本金，而无须支付利息。"在双务合同中，双方各自的给付构成对待给付，即在合同无效的情况下，双方负有的返还义务仍然构成对待给付。在当事未就返还事宜作出特别约定的情况下，应当同时履行，故在一方未提出给付前，另一方可以拒绝对方要求返还的请求。这也就是即便享有原物返还请求权的转让人在未返还价款前不能排除一般债权人执行的法理依据所在。也即合同不成立、无效、被撤销或者确定不发生效力，有权请求返还价款或者报酬的当事人一方请求对方支付资金占用费的，转让人应向买受人支付标的物的使用费，买受人应将标的物返还转让人，标的物使用费与资金占用费符合法定抵销条件，双方各自的债务在相应范围内归于消灭。因此，双方互负返还义务，当事人主张同时履行的，人民法院应予支持；占有标的物的一方对标的物存在使用或者依法可以使用的情形，对方请求将其应支付的资金占用费与应收取的标的物使用费相互抵销的，人民法院应予支持，但是法律另有规定的除外。

---

① 最高人民法院民事审判第一庭编：《最高人民法院民事审判第一庭裁判观点》（民事合同卷，下），人民法院出版社2023年版，第886页。

② 最高人民法院民法典贯彻实施工作领导小组主编：《中华人民共和国民法典合同编理解与适用》（一），人民法院出版社2020年版，第673~674页。

【法律适用分歧】

关于合同不成立的法律后果问题

《民法典》第157条中没有规定民事法律行为不成立的法律后果。根据《九民会议纪要》第32条第1款规定:"《合同法》第58条就合同无效或者被撤销时的财产返还责任和损害赔偿责任作了规定,但未规定合同不成立的法律后果。考虑到合同不成立时也可能发生财产返还和损害赔偿责任问题,故应当参照适用该条的规定。"考虑到民事法律行为不成立也可能发生财产返还和损害赔偿责任问题,与合同无效或者被撤销并无实质区别,故应当参照《民法典》第157条规定处理。①

【典型案例】

一、裁判规则:双方对无效均具有过错,应承担相应的责任

【法院】

最高人民法院

【案号】

(2021)最高法民申6479号

【当事人】

再审申请人(一审原告、二审上诉人):佳木斯恒某伟业房地产开发有限公司

被申请人(一审被告、二审上诉人):佳木斯广某房地产开发有限公司

【案由】

企业借贷纠纷

【裁判观点】

鉴于双方达成借款合意时明知出借资金来源于银行贷款,对借款关系无效均具有过错,应承担相应的责任。因此,二审法院判令按照中国人民银行同期贷款利率或全国银行间同业拆借中心公布的贷款市场报价利率标准计算资金占用费,并无不当。

---

① 最高人民法院民法典贯彻实施工作领导小组主编:《中华人民共和国民法典总则编理解与适用》(下),人民法院出版社2020年版,第787页。最高人民法院民事审判第二庭编著:《〈全国法院民商事审判工作会议纪要〉理解与适用》,人民法院出版社2019年版,第260页。

二、裁判规则：2019 年 8 月 20 日之前的利息按照中国人民银行同期同类贷款基准利率计算，2019 年 8 月 20 日之后的利息按照全国银行间同业拆借中心公布的贷款市场报价利率计算

【法院】

最高人民法院

【案号】

（2021）最高法民终 449 号

【当事人】

上诉人（一审原告）：北京城某五建设集团有限公司

被上诉人（一审被告）：运城林某房地产开发有限公司等

【案由】

合同纠纷

【裁判观点】

一审法院酌定以中国人民银行同期贷款利率和全国银行间同业拆借中心公布的贷款市场报价利率计算利息并无不当，但在表述时出现错误，因自 2019 年 8 月 20 日起，中国人民银行授权全国银行间同业拆借中心于每月公布贷款市场报价利率，中国人民银行贷款基准利率这一标准已经取消，故对于利息应当分段计算，2019 年 8 月 20 日之前的利息按照中国人民银行同期同类贷款基准利率计算，2019 年 8 月 20 日之后的利息按照全国银行间同业拆借中心公布的贷款市场报价利率计算。

【相关规定】

《民法典》第 157 条、第 568 条、第 569 条；《民间借贷司法解释》第 25 条、第 28 条；《买卖合同司法解释》第 18 条；《九民会议纪要》

四、合同的履行

根据《民法典》合同中编的第一分编"通则"下的第四章"合同的履行"部分（第509条至第534条），本《通则司法解释》关于"四、合同的履行"部分，共有7条规定，分别是：

1. 第二十六条："从给付义务的履行与救济。"本条是关于如何认定从给付义务的履行与救济，涉及的基础理论主要包括主给付义务、从给付义务、附随义务等。

2. 第二十七条："债务履行期限届满后达成的以物抵债协议。"本条是关于如何认定债务期限届满后达成的以物抵债协议的生效时间和法律后果，涉及的基础理论主要包括代物清偿、债务更新、诺成性合同等。

3. 第二十八条："债务履行期届满前达成的以物抵债协议。"本条是关于如何认定债务履行期限届满前达成的以物抵债协议的效力问题，涉及的基础理论主要包括期限利益、流质流押等。

4. 第二十九条："向第三人履行的合同。"本条是关于如何进一步认定向第三人履行合同的规定，涉及的基础理论主要包括不真正利益的第三人合同、真正利益的第三人合同等。

5. 第三十条："第三人代为清偿规则的适用。"本条是关于如何判定代为履行债务的第三人就履行债务是否享有合法利益及各方当事人的权利义务的规定，涉及的基础理论主要包括第三人代为履行制度、"合法利益"等。

6. 第三十一条："同时履行抗辩权与先履行抗辩权。"本条是关于如何认定同时履行抗辩权与先履行抗辩权在诉讼程序中的运用问题，涉及的基础理论主要包括对待给付判决理论、抗辩权理论等。

7. 第三十二条："情势变更制度的适用。"本条是关于如何认定情势变更的适用，涉及的基础理论主要包括情势变更理论、合同基础等。

> **第二十六条　【从给付义务的履行与救济】**
> 当事人一方未根据法律规定或者合同约定履行开具发票、提供证明文件等非主要债务,对方请求继续履行该债务并赔偿因怠于履行该债务造成的损失的,人民法院依法予以支持;对方请求解除合同的,人民法院不予支持,但是不履行该债务致使不能实现合同目的或者当事人另有约定的除外。

【条文主旨】

本条是关于从给付义务的履行与救济的规定。

【司法适用】

本条系在《民法典》第563条第1款第4项、《买卖合同司法解释》第19条和《九民会议纪要》第47条有关合同约定的解除条件规定的基础上,对违反非主要义务的情况分不同情形予以处理的规定,并在一定情形下,肯定了违反非主要义务可以导致合同解除的法律后果,完善了合同解除制度,对于统一司法尺度具有积极意义。

一、关于非主要义务

(一)关于"给付"与"履行"

给付,是债的标的。我国《民法典》没有使用"给付"这一概念,而是采取了"履行"这一概念。从学理上讲,"给付"和"履行"的概念是可以相互替代的,两者都可能是指债务人依据合同的规定为一定行为。"清偿与履行及给付三语,乃一事之三面,由债之消灭上言之,谓之清偿;由债之效力上言之,谓之履行;由债务人之行为上言之,谓之给付,名词虽殊,其事一也",[①] 本解释亦采取此做法。但严格来说,"履行"与"给付"也存在一定区别,主要表现在:

第一,内涵不同。给付,仅指称债的标的部分,主要是从债的标的意义上使用的,是从债的要素的角度进行描述的,是静态性和局部性的,"债之标的,谓构成债的关系之内容之债务人行为,即债权人所得为请求债务人所应实行者是也。自债务人方面言之,则为给付"。[②] 给付适用于合同和其他债的关系。我国《民法典》合同编没有采用"给付"这一概念,而是采用"履行"这一概念。合同编中的履行仅指履行合同的行

---

① 郑玉波:《民法债编总则》,中国政法大学出版社2004年版,第469页。
② 史尚宽:《债法总论》,中国政法大学出版社2000年版,第231页。

为,是债务人为满足债权人缔结合同的目的而进行交付等行为的过程,反映的是债的效果和拘束力的全过程,是动态性的。

第二,对象不同。给付通常主要针对主给付义务和从给付义务;而履行的对象不仅限于给付义务,除主给付义务和从给付义务外,还包括附随义务,因此,履行要比给付的外延更广。

第三,观察角度不同。给付通常是从债务人一方的角度来考察的,通常不涉及给付的顺序以及以对方为条件的问题;履行是指双方的行为,合同的履行与抗辩权的发生存在一定联系。①

(二) 关于非主要义务

合同义务可以分为主给付义务、从给付义务和附随义务。(1) 主给付义务,是指债的关系所固有的、必备并能决定债的关系类型的基本义务;它基于合同关系中的基本要素。在双务合同中,主给付义务构成对待给付义务,一方当事人未履行己方的主给付义务,对方当事人可以拒绝其相应的给付请求。(2) 从给付义务,是指主给付义务以外,债权人可独立诉请履行,以完全满足给付上利益的义务。② (3) 合同的附随义务,是在合同关系的发展过程中,依据诚实信用原则而附随产生的法定义务,是合同当事人按照约定全面履行主义务的同时,为协助实现主义务,遵循诚实信用原则,根据合同的性质、目的和交易习惯而履行的通知、协助、保密等义务;即包括当事人为缔结合同而接触、准备或者磋商过程中的说明、告知、保密、保护等先合同义务。附随义务的特性,决定了当事人必须遵守,不得违反,即使相对人不履行给付义务给自己造成了损害,当事人一方也不得以不遵守附随义务为由对抗违约方,否则,就违反了诚实信用原则。③ 同时,在当事人具体明确地将某种附随义务约定为主给付义务时,无疑应当尊重当事人的意思而将其认定为主给付义务。④

关于主给付义务以外的非主要义务,可能是源于当事人双方的约定,也可能来自法律的明文规定或者诚实信用原则。《民法典》第 509 条第 2 款规定:"当事人应当遵循诚信原则,根据合同的性质、目的和交易习惯履行通知、协助、保密等义务。"第 778 条规定:"承揽工作需要定作人协助的,定作人有协助的义务。定作人不履行协助义务致使承揽工作不能完成的,承揽人可以催告定作人在合理期限内履行义务,并可

---

① 王利明:《合同法研究》卷 2(第 3 版),中国人民大学出版社 2015 年版,第 9~11 页。
② 王家福主编:《民法债权》,中国社会科学出版社 2015 年版,第 141 页。
③ 崔建远:《合同法总论》(中卷,第二版),中国人民大学出版社 2016 年版,第 86~87 页。
④ 最高人民法院民法典贯彻实施工作领导小组主编:《中华人民共和国民法典合同编理解与适用》(一),人民法院出版社 2020 年版,第 429 页。

以顺延履行期限；定作人逾期不履行的，承揽人可以解除合同。"第808条规定："本章没有规定的，适用承揽合同的有关规定。"建设工程施工合同可适用该法关于承揽合同的规定。审判实践中，发包人的协助义务主要包括提供施工图纸、办理相关审批手续、提供适于施工的施工现场、防止承包人施工受到干扰等义务。

诚信履行原则，又道出履行的附随义务。当事人除应当按照合同约定履行自己的义务外，也要履行合同未作出规定但依照诚信原则应当履行的通知、协助、保密等义务，但附随义务的范围不局限于此。在具体的合同关系中，应当具体问题具体分析，以诚信原则为基准，根据合同性质、目的和一般交易原则等因素具体分析附随义务的内容：（1）通知义务。在合同履行过程中，依照诚信原则，当事人一方有必要在某些情况下向对方告知、报告有关信息。至于在哪些情况下负有通知义务，通知义务的范围有多大，需要具体情况具体判断；（2）协助义务。在合同履行过程中，依照诚信原则，当事人一方有必要在某些情况下为对方行使权利、履行义务提供必要的协助；附随义务中的协助义务不限于合同编的明文规定，也要在具体合同中依照诚信原则具体判断；（3）保密义务。依照诚信原则，当事人在合同履行中负有保密义务。一方当事人对在合同履行中知悉的商业秘密和其他应当保密的信息，不得泄露或者不正当使用；①（4）保护义务。指当事人应当确保合同相对方人身及财产的安全，不能造成合同另一方损害的义务；（5）照顾义务。区别于家庭成员的法定照顾义务，指合同附随义务所发生的照顾义务；（6）不作为义务。指债务人不得为某些有损债权人利益的行为。往往反映在合同履行完毕后所形成的后契约义务，表现为某种不得为的行为要求和状态。②

1. 关于附随义务与给付义务的区别

主要有：（1）主给付义务确定并决定债之关系的类型；附随义务是债的个别情况要求一方当事人有所作为或不作为；（2）在合同义务中，主给付义务是合同义务的核心，构成双务合同的对待给付，一方当事人在对方履行之前有权拒绝其履行要求。而附随义务原则上非属对待给付，不发生同时履行抗辩；（3）因给付义务的不履行，债权人得以解除契约；附随义务的不履行，原则上债权人不得解除契约。③

在法律上区分主给付义务、从给付义务和附随义务的意义在于：

第一，结合合同性质和目的的影响不同。主给付义务是确定合同性质和类型的基

---

① 黄薇主编：《中华人民共和国民法典释义》（中），法律出版社2020年版，第974~975页。
② 江必新、何东宁等：《最高人民法院指导性案例裁判规则理解与适用》（合同卷三，第二版），中国法制出版社2018年版，第132~133页。
③ 最高人民法院民法典贯彻实施工作领导小组主编：《中华人民共和国民法典合同编理解与适用》（一），人民法院出版社2020年版，第343页。

础，从给付义务只是为了实现主给付的目的；而附随义务主要是为了维护合同当事人的固有利益。

第二，对合同抗辩权的行使的影响不同。合同一方当事人违反主给付义务的，另一方当事人就可以行使同时履行抗辩权；而在违反从给付义务和附随义务的情况下，另一方当事人并不能行使同时履行抗辩权。

第三，解除合同的效果不同。违反主给付义务，都要产生违约责任且会导致合同的解除；而在违反从给付义务和附随义务的情况下，因为其往往不会构成根本违约，所以，通常不能解除合同。①

2. 关于主给付义务与附随义务是否适用同时履行抗辩权的问题

关于主给付义务与附随义务之间是否可以成立同时履行抗辩权，存在理论争议。有的持肯定意见，认为主给付义务与附随义务之间具有对价和牵连关系，可以适用同时履行抗辩权；有的则持反对意见。

所谓对价关系，是指双方当事人所为给付，在主观上互相依存，互为因果而有报偿的关系。② 但这种对价关系并非客观上的对价，不要求双方所负债务完全等值，当事人取得的财产权与其履行的财产义务之间在价值上大致相当，即可以视为"对价"。③ 从对价关系或牵连关系来看，债务人不履行给付义务侵犯的是债权人的期待利益或信赖利益；债务人违反附随义务侵犯的是债权人的固有利益，期待利益、信赖利益与固有利益不具有牵连关系，它们之间不成立同时履行抗辩权；④ 因此，一般来说，一方不履行主给付义务，另一方有权行使同时履行抗辩权即拒绝履行自己的义务；一方单纯违反附随义务，但已履行了主给付义务，另一方一般不得援用同时履行抗辩权。⑤ 除非，附随义务的履行与合同目的的实现具有密切关系。⑥

二、违反非主要义务的违约责任

（一）关于违反非主要义务是否也应当承担违约责任的问题

违约责任，是指合同当事人因违反合同义务所承担的责任。违约条件的构成要件之一，就是要求债务人履行合同义务或者履行合同义务不符合合同约定，包括了"履

---

① 王利明：《合同法研究》卷1（第3版），中国人民大学出版社2015年版，第396~397页。
② 孙森焱：《民法债编总论》（下册），法律出版社2006年版，第663~664页。
③ 最高人民法院民法典贯彻实施工作领导小组主编：《中华人民共和国民法典合同编理解与适用》（一），人民法院出版社2020年版，第429页。
④ 崔建远：《合同法总论》（中卷，第二版），中国人民大学出版社2016年版，第86页。
⑤ 最高人民法院民法典贯彻实施工作领导小组主编：《中华人民共和国民法典合同编理解与适用》（一），人民法院出版社2020年版，第372页。
⑥ 林诚二：《民法理论与问题研究》，中国政法大学出版社2000年版，第372页。

行不能、履行迟延和不完全履行，还包括瑕疵担保、违反附随义务和债权人迟延受领迟延等可能与合同不履行发生关联的制度"，① 也即，违约行为在性质上违反了合同义务，这既包括合同主要义务，也包括由诚信原则派生出来的附随义务。② 有些合同义务，特别是《民法典》第509条第2款规定的："当事人应当遵循诚信原则，根据合同的性质、目的和交易习惯履行通知、协助、保密等义务。" 当事人应当遵循诚信原则或者根据合同的性质、目的和交易习惯所履行的通知、协助、保密等义务（附随义务），义务发生或持续存在于合同履行过程中，义务的履行没有特别的时间要求，或者义务与履行行为持续相伴，是否违反合同义务，无法以时间为标准进行判断，只要债务人没有履行这种义务或履行义务不符合通常标准，即构成违约。③ 关于《民法典》第563条第1款第5项规定的"（五）法律规定的其他情形"的理解问题，即债务人不履行非合同主要债务的行为，只要满足能够认定违约方的行为构成根本违约之条件，严重影响债权订立合同所期望的经济利益，均可导致合同的解除；除了预期违约、迟延履行之外，还包括因违反法定或约定的义务以及依诚信原则产生的义务致使合同目的不能实现的情形，如拒绝履行、瑕疵履行、部分履行、加害履行以及根据诚信原则所应承担的注意、照顾、忠实等附随义务。④ 因此，结论就是，各种违约行为包括违反附随义务的行为，均可导致违约责任的产生。⑤

（二）关于违反非主要义务的承担违约责任的具体方式

而根据《民法典》第577条规定，由于根据合同约定或者法律规定履行开具发票、提供证明文件等非主要义务，也属于合同义务的范畴，由此，债务人也承担相应的违约责任。根据违约责任的基本原理，对方请求继续履行该义务或者赔偿因怠于履行该义务给自己造成的损失的，人民法院依法予以支持。

关于"继续履行""开具发票、提供证明文件"的非主要义务的问题。根据《民法典》第179条第1款第7项规定："（七）继续履行"和第577条规定的"应当承担继续履行"的要求，继续履行就是按照合同的约定继续履行义务。当事人订立合同都追求一定的目的，这一目的体现在对合同标的的履行，义务人只有按照合同约定的标

---

① 黄薇主编：《中华人民共和国民法典合同编释义》，法律出版社2020年版，第263页。
② 最高人民法院民法典贯彻实施工作领导小组主编：《中华人民共和国民法典合同编理解与适用》（二），人民法院出版社2020年版，第716页。
③ 谢鸿飞、朱广新主编：《民法典评注：合同编 通则》（第2册），中国法制出版社2020年版，第350页。
④ 最高人民法院民法典贯彻实施工作领导小组主编：《中华人民共和国民法典合同编理解与适用》（一），人民法院出版社2020年版，第643~644页。
⑤ 王利明：《合同法研究》卷2（第3版），中国人民大学出版社2015年版，第228页。

的履行，才能实现权利人订立合同的目的。所以，继续履行合同是当事人一方违反合同后应当承担的一项重要的民事责任。[1]

1. 请求继续履行

根据《民法典》第577条规定，继续履行，也称实际履行，是指按照合同约定继续履行义务。继续履行合同，是当事人一方违反合同后应当承担的一项重要的民事责任，具有国家强制性，不是单纯的合同义务的履行。[2] 由于"未根据合同约定或者法律规定履行开具发票、提供证明文件等非主要义务"属于违约行为，而根据《民法典》第179条第1款第7项"（七）继续履行"的规定，"继续履行的方式因债务具体内容的不同而有差异，常见的有给付金钱、财物、土地、房屋、票证等"，[3] 因此，要求继续履行开具发票、提供证明文件等非主要义务的，符合《民法典》第577条规定的有关继续履行义务的涵摄范围和内容，因此，当事人一方未根据合同约定或者法律规定履行开具发票、提供证明文件等非主要义务，对方请求继续履行该义务的，人民法院依法予以支持。

2. 赔偿损失

关于"怠于履行"未根据合同约定或者法律规定履行开具发票、提供证明文件等非主要义务，根据《民法典》第535条[4]中规定的"怠于行使"，是指债务人应当行使其权利，且能够行使而不行使。[5] 结合当事人在履行合同中的主观方面和客观方面，在本条中指当事人一方应当根据合同约定或者法律规定履行开具发票、提供证明文件等非主要义务，且能够履行而不履行，并给对方当事人造成了损失的违约行为。

根据《民法典》第584条规定，违约赔偿损失，又称损害赔偿，是指行为违反合同约定造成对方损失时，行为人向受害人支付一定数额的金钱以弥补其损失，是一种责任方式。是合同债务的转化，与合同债务具有同一性。承担违约赔偿损失的构成要件主要包括：一是有违约行为；二是违约行为造成了对方的损失；三是违约行为与对

---

[1] 黄薇主编：《中华人民共和国民法典总则编释义》，法律出版社2020年版，第471页。
[2] 黄薇主编：《中华人民共和国民法典释义》（中），法律出版社2020年版，第1115页。
[3] 最高人民法院民法典贯彻实施工作领导小组主编：《中华人民共和国民法典合同编理解与适用》（二），人民法院出版社2020年版，第719页。
[4] 《民法典》第535条规定："因债务人怠于行使其债权或者与该债权有关的从权利，影响债权人的到期债权实现的，债权人可以向人民法院请求以自己的名义代位行使债务人对相对人的权利，但是该权利专属于债务人自身的除外。代位权的行使范围以债权人的到期债权为限。债权人行使代位权的必要费用，由债务人负担。相对人对债务人的抗辩，可以向债权人主张。"
[5] 黄薇主编：《中华人民共和国民法典释义》（中），法律出版社2020年版，第1026页。

方损失之间有因果关系;四是无免责事由。①

我国民法对损害赔偿采金钱赔偿主义,赔偿的目的最基本的是补偿损害,使受到损害的权利得到救济,使受害人能恢复到未受到损害前的状态。② 由于"未根据合同约定或者法律规定履行开具发票、提供证明文件等非主要义务"属于违约行为,因此,根据《民法典》第179条第1款第8项规定:"承担民事责任的方式主要有:(八)赔偿损失;"第577条和第583条规定,当事人一方未根据合同约定或者法律规定履行开具发票、提供证明文件等非主要义务,对方请求赔偿因怠于履行该义务给自己造成的损失的,人民法院依法予以支持。

三、关于解除合同

诚实信用原则是民商法的基本原则,贯穿于整个民商事交易的始终,如在合同义务类型上,先契约义务、诚信义务以及后契约义务均来源于诚信原则;人民法院在解释合同条款、确定履行内容、决定合同应解除时,均应考虑诚实信用原则;在确定违约责任、缔约过失责任时,也要根据诚实信用原则,合理确定当事人的权利义务关系,强化对守法者诚信行为的保护,加大对违法违约行为的制裁和惩罚。③

(一) 严守合同原则

根据《民法典》第119条、第136条规定,合同成立生效后,双方当事人都应当依据合同约定,严格遵守合同、积极履行合同义务,除非当事人依法解除合同。由于合同解除将会必然导致已有效成立的合同关系提前消灭,这不单单关系到双方当事人交易关系的稳定性问题,更关涉到一个国家和一个社会整体的合同关系的稳定和交易秩序维护问题,因此,基于严格合同原则,应当严格限制合同解除,只有具备法定的特定条件时,才应允许解除。

根据《民法典》第563条、《买卖合同司法解释》第19条规定,关于合同解除的前提条件,"不能实现合同目的是合同法定解除的实质性条件"。④ 参考《九民会议纪要》第47条的相关规定,即使在约定解除的情况下,人民法院在认定合同解除时,不能完全根据合同文本机械地确定合同是否解除,而应根据诚实信用原则,考察违约方的过错程度、违约行为形态和违约行为后果,如果违约方的违约程度显著轻微,即便

---

① 黄薇主编:《中华人民共和国民法典释义》(中),法律出版社2020年版,第1125页。
② 黄薇主编:《中华人民共和国民法典总则编释义》,法律出版社2020年版,第471~472页。
③ 最高人民法院民事审判第二庭编著:《〈全国法院民商事审判工作会议纪要〉理解与适用》,人民法院出版社2019年版,第314页。
④ 最高人民法院民法典贯彻实施工作领导小组主编:《中华人民共和国民法典合同编理解与适用》(一),人民法院出版社2020年版,第638页。

违约也不影响合同目的实现，不能轻易根据合同约定认定解除合同已经成就。① 因此，一般情况下，附随义务不履行，并不产生解除权。② 在当事人一方未根据合同约定或者法律规定履行开具发票、提供证明文件等非主要义务的情况下，对方要求解除合同的，人民法院不予支持。

(二) 如何判断非主要义务的"不能实现合同目的"

关于在当事人一方未根据合同约定或者法律规定履行开具发票、提供证明文件等非主要义务的情况下，如何判断"不能实现合同目的"：

第一，履行利益。《民法典》第563条所规定的"不能实现合同目的"的判断标准是违约结果的客观严重性，即是否实际剥夺了债权人的履行利益，使得当事人订立合同所追求的履行利益不能实现。根本违约制度确立的意义，在于严格限制当事人滥用合同解除权，即只有合同的履行达致缔约目的不可能获得实现，方能发生法定解除权，从而杜绝合同被任意解除，维护"合同必须严守"这一合同法的基石。③

第二，契约目的。在审判实务中，当事人违反从给付义务主张合同解除时，人民法院是否支持，关键取决于对合同目的不能实现这一要件是否具备的判断。④

第三，违约后果。一般情况下，当事人一方未根据合同约定或者法律规定履行开具发票、提供证明文件等非主要义务，并不影响守约方根据合同有权所获得的东西能够实现，不至于出现根本违约或无法实现的违约后果，因此，并不符合《民法典》第563条第1款第4项和《买卖合同司法解释》第19条的意旨，对方请求解除合同的，人民法院不予支持。

(三) 非主要义务的合同解除

有原则，必有例外。在民商法中的原则与规则鲜见没有例外的情形，或者说，几乎不存在没有例外的原则与规则。根本违约作为解除合同的基本原则同样有例外，换言之，某些情形下，从给付义务与附随义务的违反，也可能构成解除合同的事由。⑤

1. 法理依据

(1) 合同目的不能实现。附随义务的违反，通常并不因此发生相对人的解除权。

---

① 最高人民法院民事审判第二庭编著：《〈全国法院民商事审判工作会议纪要〉理解与适用》，人民法院出版社2019年版，第315页。
② 王利明：《合同法研究》卷2（第3版），中国人民大学出版社2015年版，第349页。
③ 最高人民法院民法典贯彻实施工作领导小组主编：《中华人民共和国民法典合同编理解与适用》（一），人民法院出版社2020年版，第639~640页。
④ 最高人民法院民事审判第二庭编著：《最高人民法院关于买卖合同司法解释理解与适用》，人民法院出版社2018年版，第407页。
⑤ 刘凯湘：《民法典合同解除制度评析与完善建议》，载《清华法学》2020年第3期，第166页。

但如果附随义务成为合同的要素，其不履行会导致合同目的不能达到场合，要例外地承认解除权的发生。① 也就是说，尽管从给付义务与附随义务的违反通常不至于给对方以严重的损害后果，但如果此种给付义务对于债权人权利的实现、预期利益的实现、合同目的的实现具有与主给付义务同样的重要性和意义，则其纵然为从给付义务或附随义务，亦应当赋予其与违反主给付义务相同的法律效果，方能达到设置解除权制度的初衷；② 亦即，如果附随义务不履行致契约目的无法达成，也可以导致合同解除；③（2）避免更大损失。讨论违反从给付义务是否可以解除合同，应以违约后果为依据，非单纯地根据所违反条款性质和合同义务类型为标准，即使当事人所违反的合同义务是从给付义务，只要其导致守约方根据合同有权获得的东西落空，合同继续存续的基础已不复存在，通过合同解除使守约方及早从合同关系中解放出来，另觅其他替代性交易机会，避免因此造成更大的损失，无疑是具有正当性的制度选择；④（3）国际公约。《联合国国际货物销售公约》也规定了在主要合同义务以外的义务违反时，同样赋予一方当事人解除合同的权利。比如，在 FOB 条件下卖方装运货物后未及时通知买方以便其办理保险，在成套设备引进合同中卖方未履行技术转让、人员培训义务，在 DDP 条件下卖方不能直接或间接地取得货物进口许可证等，在此等情形下，卖方违反的均为从给付义务而非主给付义务，但买方有权宣告合同无效（解除合同）。⑤（4）我国有相关的立法和司法解释规定了违反从给付义务或附随义务可以成为解除合同的理由。

其一，《民法典》第 806 条第 2 款规定："发包人提供的主要建筑材料、建筑构配件和设备不符合强制性标准或者不履行协助义务，致使承包人无法施工，经催告后在合理期限内仍未履行相应义务的，承包人可以解除合同。"该条是在吸纳 2004 年《建设工程司法解释一》第 9 条⑥基础上完善而来，明确发包人提供的主要建筑材料、建筑构配件和设备不符合强制性标准或者不履行协助义务，致使承包人无法施工，经催告

---

① 韩世远：《合同法总论》（第四版），法律出版社 2018 年版，第 664 页。
② 刘凯湘：《民法典合同解除制度评析与完善建议》，载《清华法学》2020 年第 3 期，第 167 页。
③ 林诚二：《论附随义务之不履行与契约之解除》，载郑玉波主编：《民法债编论文选辑》（中册），五南图书出版公司 1984 年版，第 866~867 页。
④ 最高人民法院民事审判第二庭编著：《最高人民法院关于买卖合同司法解释理解与适用》，人民法院出版社 2018 年版，第 406 页。
⑤ 李巍：《联合国国际货物销售合同公约评注》，法律出版社 2009 年版，第 227 页。
⑥ 2004 年《建设工程司法解释一》第 9 条规定："发包人具有下列情形之一，致使承包人无法施工，且在催告的合理期限内仍未履行相应义务，承包人请求解除建设工程施工合同的，应予支持：（一）未按约定支付工程价款的；（二）提供的主要建筑材料、建筑构配件和设备不符合强制性标准的；（三）不履行合同约定的协助义务的。"

合理期限内未履行相应义务的，承包人可以解除合同。"协助义务"就是典型的从给付义务或附随义务，违反该义务同样可以成为对方解除合同的事由；"在合理期限内发包人仍未履行相应义务的，无法施工的状态将一直持续。虽然，此时承包给予发包人合理宽限期后，继续强制要求承包人维持履行无望的合同关系，使其不能从已无履行可能的合同中解脱出来，对承包人过于苛刻。因此，赋予承包人在此情形下的合同解除权"。①

其二，单行立法，如《保险法》第16条第1款、第2款，显然，如实告知义务并非保险合同中投保人的主给付义务，而是属从给付义务，但当投保人违反该义务时保险人享有解除权。这是因为该第1款所规定的告知事项对于保险人而言，是关乎合同预期利益和合同目的的重要事项，其违反会给保险人带来极为重要的损害。②

其三，相关司法解释，如《买卖合同司法解释》第19条。因此，当事人一方未根据合同约定或者法律规定履行开具发票、提供证明文件等非主要义务，不履行该义务致使不能实现合同目的的，对方请求解除合同的，人民法院不予支持。与该第19条所不同的是：（1）本条扩大的适用范围，即不仅仅限于买卖合同这一典型合同的范围，而是规定适用于所有的合同类型；（2）除了"法律规定"的法定解除，本条还对"合同约定"的合同解除作出了规定，即双方当事人可以将某一从给付义务作为双方合同解除的理由。

2. 当事人另有约定

约定解除权，是指当事人约定，合同履行过程中出现某种情况，当事人一方或者双方有解除合同的权利。③ 例如，根据《民法典》第562条第2款、《九民会议纪要》第47条规定，如果合同当事人双方约定，当事人一方未根据合同约定或者法律规定履行开具发票、提供证明文件等非主要义务，一方当事人或者双方当事人有权解除的，作为约定解除的前提条件的，由于"合同解除（法定解除与约定解除），仅仅具备解除的条件，还不能使合同当然且自动地消灭，必须有解除合同的意思表示（解除权的行使）才行，有时甚至还需要催告"。④ 因此，约定解除权所关注的是当事人解除权是否产生，故在解除合同的事由发生时，合同并未即时失去效力。倘若享有合同解除权的当事人不行使解除权，合同效力依然如故，不受影响。只有在解除权人向合同对方当事人发出解

---

① 黄薇主编：《中华人民共和国民法典合同编释义》，法律出版社2020年版，第691页。
② 刘凯湘：《民法典合同解除制度评析与完善建议》，载《清华法学》2020年第3期，第168页。
③ 黄薇主编：《中华人民共和国民法典合同编释义》，法律出版社2020年版，第221页。
④ 韩世远：《合同法总论》（第四版），法律出版社2018年版，第646页。

除合同的意思表示且到达对方当事人时，合同效力才能归于消灭。① 如果双方当事人约定的违约行为针对的是附随义务，则在认定解除条件是否成就时就要更加谨慎。②

3. 关于违约从给付义务的约定解除权予以审查

参照《九民会议纪要》第47条规定："合同约定的解除条件成就时，守约方以此为由请求解除合同的，人民法院应当审查违约方的违约程度是否显著轻微，是否影响守约方合同目的实现，根据诚实信用原则，确定合同应否解除。违约方的违约程度显著轻微，不影响守约方合同目的实现，守约方请求解除合同的，人民法院不予支持；反之，则依法予以支持。"当一方不履行或不完全履行合同约定的从给付义务时，人民法院应当对合同约定的解除权进行相应的审查，也即审查违约方的违约程度是轻微还是严重，是否已足够影响到合同目的实现；如果并不影响合同实现的，不宜动辄对其提出的合同解除予以同意。

【法律适用分歧】

一、当事人能否在合同中约定享有任意解除权的问题

关于当事人在合同中约定一方或双方享有任意权，笔者认为，除委托合同等基于人身信赖关系订立的合同，当事人可以约定任意解除权外，其他类型的合同，原则上不应允许当事人作出此类约定，否则，既容易造成社会资源的浪费，也不符合当事人缔约的真实目的。③

二、发包方能否以承包方未开具发票作为拒绝支付工程款的先履行抗辩权问题

根据我国《民法典》第526条规定："当事人互负债务，有先后履行顺序，应当先履行债务一方未履行的，后履行一方有权拒绝其履行请求。先履行一方履行债务不符合约定的，后履行一方有权拒绝其相应的履行请求。"先履行抗辩权，是指依照合同约定或者法律规定，负有先履行义务的一方当事人，届满未履行义务或者履行义务严重不符合约定条件时，相对方为保护自己的期限利益或为保证自己履行合同的条件而中止履行合同的权利。先履行抗辩权本质上是对违约的抗辩，在这个意义上，先履行抗辩权可以成为违约救济权。

---

① 最高人民法院民法典贯彻实施工作领导小组主编：《中华人民共和国民法典合同编理解与适用》（一），人民法院出版社2020年版，第634页。
② 最高人民法院民事审判第二庭编著：《〈全国法院民商事审判工作会议纪要〉理解与适用》，人民法院出版社2019年版，第315页。
③ 最高人民法院民事审判第二庭编著：《〈全国法院民商事审判工作会议纪要〉理解与适用》，人民法院出版社2019年版，第315页。

建设工程施工合同作为一种双务合同，依据其合同的本质，合同抗辩权仅限于对价义务，也就是说，一方不履行对价义务的，相对方才有抗辩权。支付工程款与开具发票是两种不同性质的义务，前者是合同的主要义务，后者并非合同的主要义务，两者不具有同等关系。只有对等关系的义务，才存在先履行抗辩权的适用条件。如果不是对等关系的义务，就不能适用先履行抗辩权。

所谓主要义务，一般是指根据合同性质而决定的直接影响合同的成立及当事人订约目的的义务。例如，在买卖合同中，主要义务是一方交付标的物，另一方支付价款。合同中主要义务的特点在于，主要义务与合同的成立或当事人的缔约目的紧密相连，对主要义务的不履行将会导致债权人订立合同目的无法实现，债务人的违约行为会构成根本违约，债权人有权解除合同。在双务合同中如果一方不履行其依据合同所负有的主要义务，另一方有权行使抗辩权。《民法典》第788条第1款规定："建设工程合同是承包人进行工程建设，发包人支付价款的合同"，由此可知，建设工程施工合同中的主要义务就是一方完成合同项下的建设工程，另一方依约支付工程款项。而开具发票的义务显然不属于建设工程施工合同中的主要义务，一方当事人违反该义务并不构成根本违约，另一方当事人不仅未及时出具相应发票而主张解除合同，也不能仅因此行使先履行抗辩权。

综上，在一方违反约定没有开具发票的情况下，另一方不能以此为由拒绝履行合同主要义务即支付工程款。除非当事人明确约定：一方不及时开具发票，另一方有权拒绝支付工程价款。这种情况就意味着双方将开具发票视为与支付工程价款同等的义务。①

【典型案例】

一、裁判规则：承包人的主要合同义务是交付建设成果，而开具发票仅是附随义务

【法院】

最高人民法院

【案号】

（2017）最高法民终242号

【当事人】

上诉人（原审被告、反诉原告）：某旅游（集团）有限公司（以下简称红旅集团）

被上诉人（原审原告、反诉被告）：湖南楚某园林建设有限公司等（以下简称楚某公司）

---

① 最高人民法院民事审判第一庭编著：《民事审判实务问答》，法律出版社2022年版，第79~80页。

【案由】

建设工程施工合同纠纷

【裁判观点】

仙某山公司与楚某公司之间系建设工程施工合同法律关系，仙某山公司作为发包人的主要合同义务就是支付工程款，楚某公司作为承包人的主要合同义务是交付建设成果，而开具发票仅是楚某公司的附随义务。在涉案工程经竣工验收后，仙某山公司即负有按《工程结算确认表》支付工程款的义务。在工程款的支付过程中，仙某山公司从未以对方未开具发票为由主张先履行抗辩权，楚某公司也未曾作出拒绝履行开具增值税发票义务的意思表示，仅抗辩仙某山公司应先支付工程欠款。仙某山公司迟延支付剩余 1948 万元工程款，楚某公司为避免垫付税款造成的损失，未开具全部工程款（包括部分已付款）增值税发票，也是合理行使抗辩权。故某旅游（集团）有限公司以楚某公司尚未足额开具已付工程款的发票为由拒付剩余工程欠款，理由不成立。

二、裁判规则：出卖人没有履行或者不当履行从给付义务，致使买受人不能实现合同目的，买受人主张解除合同的，人民法院应当根据相关规定予以支持

【法院】

最高人民法院

【案号】

（2017）最高法民申 3760 号

【当事人】

再审申请人（一审被告、反诉原告、二审被上诉人）：王某民等

被申请人（一审原告、反诉被告、二审上诉人）：新疆天某农机股份有限公司（以下简称农机公司）

【案由】

买卖合同纠纷

【裁判观点】

《买卖合同司法解释》第 25 条规定，出卖人没有履行或者不当履行从给付义务，致使买受人不能实现合同目的，买受人主张解除合同的，人民法院应当根据《合同法》第 94 条第 4 项的规定，予以支持。原审判决在农机公司已对错误发票及合格证进行了补正的前提下，认定农机公司已向王某民交付了符合约定的采棉机。王某民以农机公司向其开具的发票、产品合格证信息错误，导致合同目的不能实现，请求解除合同的事由缺乏法律依据。原审判决适用法律，并无不当。

【相关规定】

《民法典》第179条、第563条、第566条、第577条、第598条、第599条、第646条、第806条第2款;《保险法》第16条第1款和第2款;《买卖合同司法解释》第4条、第19条;《九民会议纪要》

第二十七条　【债务履行期限届满后达成的以物抵债协议】

债务人或者第三人与债权人在债务履行期限届满后达成以物抵债协议,不存在影响合同效力情形的,人民法院应当认定该协议自当事人意思表示一致时生效。

债务人或者第三人履行以物抵债协议后,人民法院应当认定相应的原债务同时消灭;债务人或者第三人未按照约定履行以物抵债协议,经催告后在合理期限内仍不履行,债权人选择请求履行原债务或者以物抵债协议的,人民法院应予支持,但是法律另有规定或者当事人另有约定的除外。

前款规定的以物抵债协议经人民法院确认或者人民法院根据当事人达成的以物抵债协议制作成调解书,债权人主张财产权利自确认书、调解书生效时发生变动或者具有对抗善意第三人效力的,人民法院不予支持。

债务人或者第三人以自己不享有所有权或者处分权的财产权利订立以物抵债协议的,依据本解释第十九条的规定处理。

【条文主旨】

本条主要是规定清偿型以物抵债的法律效力。

【司法适用】

本条的法条来源是《八民会议纪要》第17条和《九民会议纪要》第44条。主要解决的是审判实践中关于以物抵债(清偿型)的协议效力,以及不履行协议效力后的债权债务关系性质等问题。其中:

1. 本条第1款中规定的"债务人或者第三人与债权人在债务履行期限届满后达成

以物抵债协议,不存在影响合同效力情形的,人民法院应当认定该协议自当事人意思表示一致时生效",参考借鉴了《九民会议纪要》第44条第1款规定:"当事人在债务履行期限届满后达成以物抵债协议,抵债物尚未交付债权人,债权人请求债务人交付的,人民法院要着重审查以物抵债协议是否存在恶意损害第三人合法权益等情形,避免虚假诉讼的发生。经审查,不存在以上情况,且无其他无效事由的,人民法院依法予以支持。"

2. 本条第3款中规定的"前款规定的以物抵债协议经人民法院确认或者人民法院根据当事人达成的以物抵债协议制作成调解书,债权人主张财产权利自确认书、调解书生效时发生变动或者具有对抗善意第三人效力的,人民法院不予支持",主要涉及物权区分原则,《民法典》第215条规定:"当事人之间订立有关设立、变更、转让和消灭不动产物权的合同,除法律另有规定或者当事人另有约定外,自合同成立时生效;未办理物权登记的,不影响合同效力。"第229条规定:"因人民法院、仲裁机构的法律文书或者人民政府的征收决定等,导致物权设立、变更、转让或者消灭的,自法律文书或者征收决定等生效时发生效力。"

3. 本条第4款中规定的"债务人或者第三人以自己不享有所有权或者处分权的财产权利订立以物抵债协议的",主要涉及无权处分的合同效力与善意取得制度,《民法典》第311条规定:"无处分权人将不动产或者动产转让给受让人的,所有权人有权追回;除法律另有规定外,符合下列情形的,受让人取得该不动产或者动产的所有权:(一)受让人受让该不动产或者动产时是善意;(二)以合理的价格转让;(三)转让的不动产或者动产依照法律规定应当登记的已经登记,不需要登记的已经交付给受让人。受让人依据前款规定取得不动产或者动产的所有权的,原所有权人有权向无处分权人请求损害赔偿。当事人善意取得其他物权的,参照适用前两款规定",第597条规定:"因出卖人未取得处分权致使标的物所有权不能转移的,买受人可以解除合同并请求出卖人承担违约责任。法律、行政法规禁止或者限制转让的标的物,依照其规定。"

一、清偿型以物抵债的法律性质

(一)诺成性合同

以物抵债,并非严格的法律术语。我国《民法典》既没有规定代物清偿制度,也没有关于以房抵债协议是诺成性或实践性合同的规定。以物抵债,一般认为,系债务清偿的方式之一,是当事人之间对于如何清偿债务作出的安排,根据《民法典》第143条和第502条第1款规定,应以尊重当事人的意思自治为基本原则。一般而言,除当事人明确约定外,当事人于债务清偿期届满后签订的以物抵债协议,并不以债权人现实地受领抵债物,或取得抵债物所有权、使用权等财产权利为成立或生效要件。只要双方当事人的意思表示真实,合同内容不违反法律、行政法规的强制性规定,合同即为有效。

根据《八民会议纪要》第 17 条规定:"当事人在债务清偿期届满后达成以房抵债协议并已经办理了产权转移手续,一方要求确认以房抵债协议无效或者变更、撤销,经审查不属于合同法第五十二条、第五十四条规定情形的,对其主张不予支持。"《九民会议纪要》第 44 条第 1 款规定:"当事人在债务履行期限届满后达成以物抵债协议,抵债物尚未交付债权人,债权人请求债务人交付的,人民法院要着重审查以物抵债协议是否存在恶意损害第三人合法权益等情形,避免虚假诉讼的发生。经审查,不存在以上情况,且无其他无效事由的,人民法院依法予以支持。"对于清偿型以物抵债,或者说履行期限届满后达成的以物抵债协议,属于诺成合同。即,只要双方达成了以物抵债的合意,应以尊重当事人的意思自治,以物抵债协议就成立。并不以房屋过户或交付为生效条件。

(二) 关于意思表示一致时生效

根据《民法典》第 143 条规定所体现的民法尊重意思自治、鼓励交易自由的精神,① 法律必须保护行为人的意思自由,保护其行为自愿。② 以物抵债协议,系当事人之间就如何清偿债务作出的安排,应以尊重当事人的意思自治为基本原则。关于以物抵债协议是否以债权人受领抵债物作为其成立要件的问题,一般认为,《民法典》第 483 条规定:"承诺生效时合同成立,但是法律另有规定或者当事人另有约定的除外。"该条确立了以诺成合同为原则、以实践合同为例外的合同成立规则。就以物抵债协议而言,我国法律没有规定代物清偿制度,而当事人对合同成立又无特定约定的情况下,应当认定其系诺成合同,自双方意思表示一致时成立,不以债权人受领抵债物为合同成立要件。③

2015 年《最高人民法院关于当前商事审判工作中的若干具体问题》中"九、关于以物抵债合同纠纷案件的审理问题"中规定:"第二,关于债务履行期届满后约定的以物抵债。债务履行期届满后,债权的数额就得以确定,在此基础上达成的以物抵债协议,一般不会存在显失公平的问题。在以物抵债行为不存在违反法律、行政法规禁止

---

① 黄薇主编:《中华人民共和国民法典总则编释义》,法律出版社 2020 年版,第 378 页。
② 最高人民法院民法典贯彻实施工作领导小组主编:《中华人民共和国民法典总则编理解与适用》(下),人民法院出版社 2020 年版,第 721 页。
③ 贺小荣主编:《最高人民法院民事审判第二庭法官会议纪要》,人民法院出版社 2019 年版,第 3 页。

性规定的情形下,应当尊重当事人的意思自治。""此时因以物抵债约定系事后达成,所以不会对债务人造成不公平,故无须履行上述程序,债权人可以就抵债物直接受偿。"① 因此,债务人或者第三人与债权人在债务履行期限届满后达成以物抵债协议,如无法定无效或者未生效的情形,人民法院应当认定该协议自当事人意思表示一致时生效。债务人履行以物抵债协议后,人民法院应当认定相应的原债务同时消灭。

(三) 关于新债与旧债的关系

关于新债与旧债的关系,存在"债务更新说"和"新债清偿说"。"债务更新说"认为,以物抵债协议在成立新债的同时,旧债及其上的担保也随之消灭。"新债清偿说"认为,即以物抵债协议成立后,同时存在新旧两债,债务人不履行以物抵债协议的,债权人既可以请求继续履行以物抵债协议,也可以请求恢复履行旧债。② 双方当事人只另行增加一处清偿债务的履行方式,而非原债权债务的消灭。在新债清偿下,旧债务于新债务履行之前不消灭,旧债务和新债务处于衔接并存的状态,在新债务合法有效并得以履行完毕后,因完成了债务清偿义务,旧债务才归于消灭。若新债务届期不履行,致使以物抵债协议目的不能实现的,债权人有权请求债务人履行旧债务;而且,该请求权的行使,并不以以物抵债协议无效、被撤销或者被解除为前提。《九民会议纪要》第44条③采"新债清偿说"。

二、关于债权人选择债务人履行原债务或者以物抵债协议

(一) 关于选择债务人履行原债务

以物抵债,系债务清偿的方式之一,是当事人之间对于如何清偿债务作出的安排,故对以物抵债协议的效力、履行等问题的认定,应以尊重当事人的意思自治为基本原则。只要双方当事人的意思表示真实,合同内容不违反法律、行政法规的强制性规定,合同即为有效。当事人于债务清偿期间届满后达成的以物抵债协议,可能构成债务更

---

① 最高人民法院民事审判第一庭编:《民事审判指导与参考》(总第64辑),人民法院出版社2016年版,第83~84页。

② 最高人民法院民法典贯彻实施工作领导小组主编:《中华人民共和国民法典合同编理解与适用》(二),人民法院出版社2020年版,第734页。

③ 《九民会议纪要》第44条规定:"当事人在债务履行期限届满后达成以物抵债协议,抵债物尚未交付债权人,债权人请求债务人交付的,人民法院要着重审查以物抵债协议是否存在恶意损害第三人合法权益等情形,避免虚假诉讼的发生。经查,不存在以上情况,且无其他无效事由的,人民法院依法予以支持。当事人在一审程序中因达成以物抵债协议申请撤回起诉的,人民法院可予准许。当事人在二审程序中申请撤回上诉的,人民法院应当告知其申请撤回起诉。当事人申请撤回起诉,经审查不损害国家利益、社会公共利益、他人合法权益的,人民法院可予准许。当事人不申请撤回起诉,请求人民法院出具调解书对以物抵债协议予以确认的,因债务人完全可以立即履行该协议,没有必要由人民法院出具调解书,故人民法院不应准许,同时应当继续对原债权债务关系进行审理。"

新，即成立新债务，同时消灭旧债务；亦可能属于新债清偿，同时存在新旧两债。

从常理看，债权到期后，债权人能够接受额外增加一种新的清偿方式，但是以一个不确定的新的债权替代原到期债权，具有较大风险，债权人通常不会同意。另外，债务更新彻底消灭旧债，附属于旧债的担保也随之消灭，对债权人非常不利。因此，基于保护债权的理念，债务更新一般需要有当事人明确消灭旧债的合意，否则，当事人于债务清偿届满后达成的以物抵债协议，性质一般应为新债清偿。换言之，债务清偿期届满后，债权人与债务人所签订的以物抵债协议，如未约定消灭原有到期债务，则应认定系双方当事人另行增加一种清偿债务的履行方式，而非原债权债务的消灭。[①] 因此，可以说，债务人履行以物抵债协议后，人民法院应当认定相应的原债务同时消灭。债务人未按照约定履行以物抵债协议，债权人既可以选择请求债务人履行原债务，也可以选择请求债务人履行以物抵债协议。

（二）关于选择债务人履行以物抵债协议

在新债清偿下，旧债务于新债务履行之前不消灭，旧债务和新债务处于衔接并存的状态；在新债务合法有效并得以履行完毕后，因完成了债务清偿义务，旧债务才归于消灭。若新债务届期不履行，致使以物抵债协议目的不能实现的，债权人有权请求债务人履行旧债务；而且，该请求权的行使，并不以以物抵债协议无效、被撤销或者被解除为前提。[②] 因此，债务人未按照约定履行以物抵债协议，债权人选择请求债务人履行原债务或者以物抵债协议的，人民法院应予支持，但是法律另有规定或者当事人另有约定的除外。

（三）关于抵债物的"交付"与"未交付"

在债务履行期届满后，约定以物抵债的，可以分为两种情况：一种是抵债物已交付的；另一种是抵债物尚未交付的。

关于抵债物已交付债权人的，类似于传统民法的代物清偿，自以物抵债有效成立之日起，新旧两债均归于消灭，债权人取得抵债物的所有权。

对于抵债物尚未交付债权人的，应当履行以物抵债协议。但原债权是否因以物抵债协议的签订而消灭，存在不同的认识。有观点认为，鉴于以物抵债变更了债的标的，构成债的更新，原债已经消灭了。债务更新，又称债务更改，是指变更债的要素成立新的债权，并使旧债权消灭的一种协议。我国《民法典》并未规定债务更新，债务更新的特点是新债的成立和旧债的消灭互为因果，新债成立后原债权归于消灭，附属于

[①] 最高人民法院民事审判第一庭编著：《民事审判实务问答》，法律出版社2022年版，第14~15页。
[②] 最高人民法院民事审判第一庭编著：《民事审判实务问答》，法律出版社2022年版，第15页。

原债的担保等也一同归于消灭。从保护债权人利益出发，除非当事人有明确的债务更新的意思表示，否则，不应将以物抵债协议认定为债务更新，而应当认定为新债清偿。①

三、关于调解书与物权转移

（一）关于调解书是否导致物权变动

关于调解书是否属于《民法典》第229条②规定的能够直接导致物权变动的法律文书问题。

其一，标的是给付。以物抵债调解书的裁判基础是给付之诉，是责令债务人向债权人为某种给付。只不过在以物抵债的调解书中，给付的内容由原定给付变成了他种给付，但给付裁判的性质不变。③

其二，债的属性。以物抵债调解书虽有公权力的属性，但仍以意思自治为基础，是对调解协议的确认，而以物抵债协议本质属于债的范畴，其实质内容是债务人用以物抵债的方式来履行债务，而非对物权权属的变动。④

综上，笔者认为，鉴定调解书是对债权性质的以物抵债协议的确认，当事人据此仅享有请求另一方履行调解书确定的交付抵债物的权利。另一方不履行调解书确定义务的，当事人可以申请执行，但不能直接请求确认对抵债物享有所有权。可见，对以物抵债协议进行确认的调解书并非《物权法》第28条规定的能够直接导致物权变动的法律文书，不能直接发生特权变动的效果。⑤ 因此，前款规定的以物抵债协议经人民法院确认或者人民法院根据当事人达成的以物抵债协议制作成调解书，债权人主张财产权利自确认书或者调解书生效时移转至债权人的，人民法院不予支持。

（二）关于二审是否可以出具调解书

当事人在二审诉讼中达成以物抵债协议，鉴于法院难以审查该协议是否存在恶意串通损害他人合法权益的情形，为慎重起见，不宜出具调解书予以确认。

在一审程序中，债权人作为原告，可以根据双方达成的以物抵债协议为由向法院

---

① 贺小荣主编：《最高人民法院民事审判第二庭法官会议纪要》，人民法院出版社2019年版，第11页。
② 《民法典》第229条规定："因人民法院、仲裁机构的法律文书或者人民政府的征收决定等，导致物权设立、变更、转让或者消灭的，自法律文书或者征收决定等生效时发生效力。"
③ 汪志刚：《如何理解物权法第28条的"法律文书"》，载《西部法学评论》2011年第3期。
④ 陈龙业：《最高人民法院研究室关于以物抵债调解书是否具有发生物权变动效力的研究意见》，载张军主编：《司法研究与指导》，人民法院出版社2012年版，第141页。
⑤ 最高人民法院民事审判第二庭编著：《〈全国法院民商事审判工作会议纪要〉理解与适用》，人民法院出版社2019年版，第303~304页。

申请撤回起诉。在二审中，根据《民诉法司法解释》第 336 条规定，"在第二审程序中，原审原告申请撤回起诉，经其他当事人同意，且不损害国家利益、社会公共利益、他人合法权益的，人民法院可以准许。准许撤诉的，应当一并裁定撤销一审裁判。原审原告在第二审程序中撤回起诉后重复起诉的，人民法院不予受理"。据此，在符合相应情形下，债权人在二审也可以以物抵债协议为由请求撤回起诉。

在双方达成了以物抵债协议后，若债权人未申请撤回起诉，而是申请二审法院出具调解书，此时，因债务人完全可以立即履行该协议，没有必要由法院出具调解书，故法院不应准许，同时，应当继续对原债权债务关系进行审理。①

【法律适用分歧】

一、当事人是否办理物权登记，不影响合同的效力

所谓未办理物权登记，不影响合同的效力，具体包括以下几个方面的内容：

第一，不影响继续履行。如果当事人之间订立了物权变动合同，而没有办理登记，合同仍然有效。当事人负有依据有效的合同，继续办理登记的义务。区分登记与合同的效力，就意味着一方当事人未按照合同约定办理登记时，另一方有权请求其继续办理登记。例如，当事人双方订立了房屋买卖合同之后，合同就已生效，如果移交占有但没有办理登记手续，买受人可以根据合同约定请求继续履行合同。因此，除非法律有特别规定，登记的效力仅针对物权变动，而并不针对合同效力。

第二，不影响解约、追责条款的约束力。在登记之前，当事人就不动产物权的变动订立了合同，合同关系已经成立并生效，合同条款对双方当事人具有约束力，任何一方违反合同都应当承担违约责任。如果一方依据合同负有办理登记的义务而未办理登记构成根本违约，则另一方可以选择继续履行，也有权请求解除合同，要求对方承担违约责任。

第三，已履行部分取得的合法利益免予非法剥夺。在没有办理登记之前，不动产物权不能变动。但是因为合同已经生效，所以依据有效合同而交付之后，买受人的占有仍然受到保护。针对第三人的侵害不动产的行为，买受人可以基于不动产提出占有之诉。②

---

① 最高人民法院民事审判第一庭编著：《民事审判实务问答》，法律出版社 2022 年版，第 392 页。
② 最高人民法院民事审判第一庭编著：《最高人民法院民事审判第一庭裁判观点》（物权卷），人民法院出版社 2023 年版，第 96~97 页。

二、《执行异议和复议规定》第 28 条规定的"合法有效的书面买卖合同"是否包括以物抵债协议

《执行异议和复议规定》第 28 条[1]规定了无过错不动产买受人可以排除金钱债权人执行的四个条件，只要有一个要件不符合，则不能排除金钱债权的强制执行。以物抵债协议不同于买卖合同，其性质或者是新债清偿，或者是债务更新。在新债清偿的场合，同时存在新旧两种债，与单一之债性质的买卖合同判然有别；在债务更新的场合，债权人仅享有权利而无须履行付款义务，与需要支付对价的买卖合同亦不相同。因此，仅依据以物抵债协议，并不足以排除另一个金钱债权的执行。[2]

【典型案例】

一、裁判规则：以物抵债协议如未约定消灭原有的金钱给付债务，应认定系双方当事人另行增加一种清偿债务的方式，与旧债务并存

【法院】

最高人民法院

【案号】

（2021）最高法民申 1460 号

【当事人】

再审申请人（一审被告、二审被上诉人）：瑞某市宝某房地产开发经营有限公司（以下简称宝某公司）

被申请人（一审原告、二审上诉人）：云南天某房地产开发有限公司（以下简称天某公司）

【案由】

合同纠纷

【裁判观点】

当事人在债务履行期限届满后达成以物抵债协议，抵债物未交付债权人，债权人请求债务人交付的，经审查不存在恶意损害第三人合法权益等虚假诉讼情形，且无其

---

[1] 《执行异议与复议规定》第 28 条规定："金钱债权执行中，买受人对登记在被执行人名下的不动产提出异议，符合下列情形且其权利能够排除执行的，人民法院应予支持：（一）在人民法院查封之前已签订合法有效的书面买卖合同；（二）在人民法院查封之前已合法占有该不动产；（三）已支付全部价款，或者已按照合同约定支付部分价款且将剩余价款按照人民法院的要求交付执行；（四）非因买受人自身原因未办理过户登记。"

[2] 贺小荣主编：《最高人民法院第二巡回法庭法官会议纪要》（第三辑），人民法院出版社 2022 年版，第 17 页。

他无效事由的，依法应予以支持。上述以物抵债协议如未约定消灭原有的金钱给付债务，应认定系双方当事人另行增加一种清偿债务的方式，与旧债务并存，债权人既可以根据新债主张继续履行追究违约责任，也可以恢复旧债的履行。本案中，天某公司、宝某公司于2013年12月20日达成了以物抵债的合意并签订了《还款协议》《债务清偿协议》《房屋批量销售价格锁定合同》，综合约定了以物抵债的事项，虽然双方达成以物抵债协议的时间早于双方借款合同中本金3000万元经过展期后的还款日期即2013年12月28日，但该还款日期系天某公司对宝某公司履行还款义务给予的宽限期，而且达成以物抵债协议的时间与该还款日期非常接近，并不会导致双方利益失衡。另天某公司与宝某公司之间的债权债务关系真实存在，双方签订以物抵债协议的原因是宝某公司无法偿还借款，双方并无以合同为名损害第三人合法权益的恶意，加之宝某公司在一、二审中均未提出前述协议损害第三人合法权益的主张，而本案双方在以物抵债协议的履行过程中，对补充签订的61份《商品房购销合同》均办理了备案登记并予以公示，依据现有证据判断，前述以物抵债协议不存在恶意损害第三人合法权益的情形。前述《还款协议》《债务清偿协议》《房屋批量销售价格锁定合同》也不存在其他无效事由，二审法院依法予以支持并无不当。

因双方在《还款协议》中约定，在宝某公司未履行还款义务的情况下，天某公司可要求宝某公司履行还款义务，因此双方达成的以物抵债协议在性质上应属于新债清偿协议，系双方当事人另行增加一种清偿债务的方式，天某公司有权请求宝某公司交付案涉61套房屋并承担违约责任，原审以合同纠纷审理并无不当。

二、裁判规则：债务清偿期届满后，债权人与债务人所签订的以物抵债协议，如未约定消灭原有的金钱给付债务，应认定系双方当事人另行增加一种清偿债务的履行方式，而非原金钱给付债务的消灭

【法院】

最高人民法院

【案号】

（2016）最高法民终字第484号

【当事人】

上诉人（原审被告、反诉原告）：内蒙古兴某房地产有限责任公司

被上诉人（原审原告、反诉被告）：通州建某集团有限公司

【案由】

建设工程施工合同纠纷

【裁判观点】

以物抵债，系债务清偿的方式之一，是当事人之间对于如何清偿债务作出的安排，故对以物抵债协议的效力、履行等问题的认定，应以尊重当事人的意思自治为基本原则。一般而言，除当事人明确约定外，当事人于债务清偿期届满后签订的以物抵债协议，并不以债权人现实地受领抵债物，或取得抵债物所有权、使用权等财产权利为成立或生效要件。只要双方当事人的意思表示真实，合同内容不违反法律、行政法规的强制性规定，合同即为有效。

【相关规定】

《民法典》第143条、第215条、第229条、第502条、第597条；《八民会议纪要》第17条；《九民会议纪要》；2009年《民商事审判合同指导意见》第15条

第二十八条　【债务履行期届满前达成的以物抵债协议】

债务人或者第三人与债权人在债务履行期限届满前达成以物抵债协议的，人民法院应当在审理债权债务关系的基础上认定该协议的效力。

当事人约定债务人到期没有清偿债务，债权人可以对抵债财产拍卖、变卖、折价以实现债权的，人民法院应当认定该约定有效。当事人约定债务人到期没有清偿债务，抵债财产归债权人所有的，人民法院应当认定该约定无效，但是不影响其他部分的效力；债权人请求对抵债财产拍卖、变卖、折价以实现债权的，人民法院应予支持。

当事人订立前款规定的以物抵债协议后，债务人或者第三人未将财产权利转移至债权人名下，债权人主张优先受偿的，人民法院不予支持；债务人或者第三人已将财产权利转移至债权人名下的，依据《最高人民法院关于适用〈中华人民共和国民法典〉有关担保制度的解释》第六十八条的规定处理。

【条文主旨】

本条是关于担保型以物抵债的法律适用的规定。

【司法适用】

本条第1款规定，涉及《九民会议纪要》第45条规定："当事人在债务履行期届满前达成以物抵债协议，抵债物尚未交付债权人，债权人请求债务人交付的，因此种情况不同于本纪要第71条规定的让与担保，人民法院应当向其释明，其应当根据原债权债务关系提起诉讼。经释明后当事人仍拒绝变更诉讼请求的，应当驳回其诉讼请求，但不影响其根据原债权债务关系另行提起诉讼。"

本条第2款规定，主要涉及《九民会议纪要》第71条规定："债务人或者第三人与债权人订立合同，约定将财产形式上转让至债权人名下，债务人到期清偿债务，债权人将该财产返还给债务人或第三人，债务人到期没有清偿债务，债权人可以对财产拍卖、变卖、折价偿还债权的，人民法院应当认定合同有效。合同如果约定债务人到期没有清偿债务，财产归债权人所有的，人民法院应当认定该部分约定无效，但不影响合同其他部分的效力。当事人根据上述合同约定，已经完成财产权利变动的公示方式转让至债权人名下，债务人到期没有清偿债务，债权人请求确认财产归其所有的，人民法院不予支持，但债权人请求参照法律关于担保物权的规定对财产拍卖、变卖、折价优先偿还其债权的，人民法院依法予以支持。债务人因到期没有清偿债务，请求对该财产拍卖、变卖、折价偿还所欠债权人合同项下债务的，人民法院亦应依法予以支持。"

本条主要根据以物抵债协议的法律性质，用来解决当事人在债务履行期限届满前达成的以物抵债协议在履行过程中出现的一些问题。

一、关于履行期届满前达成的以物抵债协议

（一）以物抵债的类型

根据债务履行期及债权债务关系的消灭为条件，可以分不同情形对以物抵债协议进行区分：

第一，根据缔约时债务是否以届清偿期为标准，可以将以物抵债协议分为债务已届履行期的以物抵债和尚未到期的以物抵债。（1）已届履行期的以物抵债包括代物清偿和折价清偿。以合同之外的他种给付来清偿债务的，构成代物清偿；《民法典》第410条和第807条均属于折价清偿，广义上也属于代物清偿的范畴。（2）未届清偿期的以物抵债协议，分为两种情形：债权已经实际受领抵债物的，构成让与担保；债权人未实际受领的，构成新债担保。

第二，以原债务是否因以物抵债协议的成立而消灭为标准，可以将以物抵债协议分为债务更新、新债清偿及债的担保三类。（1）以他种给付代替原给付的，原给付消灭的，构成债务更新；（2）以负担新债务作为履行原债务的方式，原债务不消灭的，构成新债清偿；（3）原给付继续存在，新设立的以物抵债仅作为原金钱债务担保的，构成债的担保，包括让与担保与新债担保。

从法律效果来看，已届履行期的以物抵债协议，债权人一旦受领，就会产生清偿效果；而未届清偿期的以物抵债协议，即使债权人已经实际受领抵债物，也不产生清偿效果，从而仅具事实上的担保功能。①

（二）以物抵债协议与"代物清偿协议"

我国现行法律没有规定"代物清偿制度"。笔者认为，不应当按照传统的代物清偿理论构建以物抵偿协议，主要原因有：

1. 混淆了"受领他种给付"与交付标的物的关系。代物清偿是债权人受领他种给付以原来给付进行消灭债的行为，而物（动产、不动产）的交付并不必然意味着所有权转移；

2. 混淆作为合同成立要件的交付行为。在代物清偿合同，代物清偿协议因物的交付而成立，也因物的交付（同时构成清偿）而消灭，并无债的效力存续；

3. 仅达成协议但尚未交付替代物的情况下，代物清偿协议不成立，对双方不具有约束力。在我国，以物抵偿协议属于诺成合同而非实践合同，不以抵债物的交付作为成立要件。②

（三）关于以物抵债与流押契约③的关系

关于以物抵债与流押契约的关系，存在不同观点：

观点一认为，以物抵债协议不同于流押契约。主要理由是：（1）是否存在担保不同。流押契约是担保合同中的条款；以物抵债协议不具有担保性质，是对债的履行的变更。（2）物不同。流押契约中的物为抵押或质押物；以物抵债协议中的代替物是债的履行标的。（3）物的价值与债权数额的关系。两者区分的关键在于合同是否排除了债权实现时对物的折价、清算程序。抵押物的价值高于债权数额法律并不禁止；而以物抵债协议中的物的价值等于债权数额。（4）合同目的。传统民法认为流押契约是债

---

① 贺小荣主编：《最高人民法院民事审判第二庭法官会议纪要》，人民法院出版社2019年版，第4~5页。

② 最高人民法院民事审判第二庭编著：《〈全国法院民商事审判工作会议纪要〉理解与适用》，人民法院出版社2019年版，第300~302页。

③ 关于流押契约的称法，也称为流押契约、流抵契约、流质契约、流担保条款等，由于学界的称谓不统一，有时概念分别对应抵押、质押而称为流押契约（流抵契约）、流质契约，有时候也在同一意义上使用流押契约、流质契约的概念。本文统一称为流押契约。参见景光强：《以物抵债疑难法律问题精释》，中国法制出版社2000年版，第195页。

权人利用优势地位获得大于债权的得益；而以物抵债协议是平等主体之间的合意，建立在意思表示自由、真实的基础上。①

观点二认为，以物抵债协议"类推适用"于流押契约。主要理由是：当事人约定代物清偿契约于债务人不履行原定给付时，始生效力者，是为附停止条件之代物清偿，与流质契约无殊，应认此项约定无效。若当事人约定，债务人不履行债务时，债权人或债务人得请求以特定标的物为代物清偿者，是为代物清偿之预约。其约定代物清偿权在债务人者，即成立任意之债，应认定有效；若约定债权人得请求为代物清偿者，仍应类推适用流质契约禁止之规定，认为其约定无效。代物清偿之预约，非要物契约，与代物清偿契约自属有间。②

观点三认为，当事人在履行期限届满前签订以物抵债协议，意味着放弃了期限利益，提前进行了清偿。将履行期限届满前签订的以物抵债协议认定为让与担保，《九民会议纪要》第45条采让与担保说。③ 即债务人或者第三人与债权人在债务履行期限届满前达成的以物抵债协议，往往是为了担保债权债务关系而订立的，仍然是有效的，其效力表现在，当债务人不履行债务时，债权人可以通过折价、拍卖、变卖抵债物等方式偿还债务。④

二、关于流押条款的法律效力问题

流押契约，又称绝押契约，是指当事人双方在设立抵押或质押时，在担保合同中规定，债务履行期限届满而担保人尚未受偿时，担保物的所有权移转为债权人所有。⑤

第一，关于流押。

流押是指抵押人和抵押权人事先约定，在债务清偿期届满而抵押人未受清偿时，抵押物的所有权移转给抵押权人所有。⑥ 根据《民法典》第401条规定："抵押权人在债务履行期限届满前，与抵押人约定债务人不履行到期债务时抵押财产归债权人所有的，只能依法就抵押财产优先受偿。"该条并未直接规定流押条款的效力，但从条文表述看，流押条款仍然是无效的。一方面，因为如果流押条款是有效的，抵押权人就可以直接根据约定享有抵押财产的所有权，而不是只能依法就抵押财产优先受偿。但从

---

① 刘琨：《以物抵债协议不宜认定为流质契约》，载《人民司法·案例》2014年第2期，第55页。
② 孙森焱：《民法债编总论》（下册），法律出版社2006年版，第853页。
③ 最高人民法院民法典贯彻实施工作领导小组主编：《中华人民共和国民法典合同编理解与适用》（二），人民法院出版社2020年版，第735页。
④ 最高人民法院民事审判第二庭编著：《〈全国法院民商事审判工作会议纪要〉理解与适用》，人民法院出版社2019年版，第307页。
⑤ 史尚宽：《物权法论》，中国政法大学出版社2000年版，第305页。
⑥ 王利明：《民商法研究》（第六辑），法律出版社2014年版，第291页。

另一方面,《民法典》第 401 条并未沿袭《物权法》第 186 条关于禁止流押的静态,而是认为流押条款仍会产生"依法就抵押财产优先受偿"的法律效果,而非归于无效。从解释论上说,应当认为,无效的流押条款已经转化为有效的清算型担保。①

第二,关于质押。

流质条款,是指债权人在质押合同时与出质人约定,债务人到期不履行债务时质押财产归债权人所有。②《民法典》第 428 条规定:"质权人在债务履行期限届满前,与出质人约定债务人不履行到期债务时质押财产归债权人所有的,只能依法就质押财产优先受偿。"质权性质上属于担保物权,质权人设立质权的目的在于支配质押财产的交换价值而使债权获得清偿,而不是取得质押财产的所有权。如果承认流质条款的效力,债务人届期不履行债务时,债权人不经任何清算程序从中获得质押财产的所有权,有违质权的担保物权的本质,应当否认质权人可以获得质押财产所有权实物约定的效力。③

关于法律禁止流质流押的主要原因,主要有:(1)为了体现民法上的公正原则;(2)防止债务人为经济所迫,以价值较高的抵押物担保小额债权而利益受损;(3)从债权人角度来看,抵押权设定后,抵押物价值下降,债权人直接取得抵押物所有权也可能不利;④(4)保护担保物权人以外的其他债权人。如果不进入拍卖、变卖程序,而由债权人直接取走担保物,则对于其他债权人是不利的;(5)使担保物权的实现方式更加透明和公正。⑤ 当事人在债务履行期限届满前约定,债务人不履行债务时,债权以约定的价格取得担保财产,笔者认为,折价作为担保物权的实现的方式,原则上,须是债务已届履行期限时对抵押物的折价,以缔约时的价格取得抵债物,本质上就是流质或流押条款,依法应当认定无效。⑥

三、关于按照原债权债务关系审理

(一)关于坚持基础法律关系审理原则

1. 债的担保是为了债的目的实现

债务人或者第三人与债权人在债务履行期届满前达成以物抵债协议属于债的担保。

---

① 最高人民法院民事审判第一庭编:《最高人民法院民事审判第一庭裁判观点》(民事合同卷,下),人民法院出版社 2023 年版,第 885 页。
② 黄薇主编:《中华人民共和国民法典物权编释义》,法律出版社 2020 年版,第 566 页。
③ 黄薇主编:《中华人民共和国民法典物权编释义》,法律出版社 2020 年版,第 567 页。
④ 曹士兵:《中国担保制度与担保方法》(第五版),中国法制出版社 2022 年版,第 328 页。
⑤ 王利明:《物权法研究》(第四版,下卷),中国人民大学出版社 2016 年版,第 1193 页。
⑥ 最高人民法院民事审判第二庭编著:《〈全国法院民商事审判工作会议纪要〉理解与适用》,人民法院出版社 2019 年版,第 308 页。

合同债的担保分为一般担保和特别担保。一般担保是指法律以债务人所有的全部财产担保合同债的履行。从债权来看，债的担保是为了确保债权的顺利实现；从债务来看，是为督促债务人自觉履行债务，无论是称为债权担保还是债务担保，都是指担保债的履行，即法律规定或当事人的约定，债的双方当事人采取一定措施推动债的目的实现。①

2. 作为新债担保处理

债务人或者第三人与债权人在债务履行期届满前达成以物抵债协议，抵债物尚未交付债权人的，债权人直接请求债务人交付抵债物的，人民法院不应予以支持。鉴定以物抵债在性质和功能上与买卖合同类似，双方签订的以物抵债协议，类似于买卖合同作为原金钱债务的担保，可以将其称为新债担保。此时可以参照适用《民间借贷司法解释》第23条规定②来处理，即该条适用于以物抵债协议，明确了作为履行依据的仍是原债，以物抵债协议仅是作为债权性质的担保。③"抵债财产已经交付或完成公示的，属于让与担保；尚未交付或尚未完成公示的，则属于买卖型担保"。④

3. 原债权债务并未消灭

抵押权，是指为担保债务的履行，债务人或者第三人不转移财产的占有，将该财产抵押给债权人，债务人不履行到期债务或者发生当事人约定的实现抵押权的情形，债权人有权就该财产优先受偿。⑤根据《民法典》第410条规定，抵押权行使的条件之一就是债务人不履行到期债务。所谓债务人到期不履行债务，是指债务人于债务履行期限届满而不履行债务的现象。它可以是债务人完全没有履行，也可以是部分没有履行。⑥

债务人或者第三人与债权人在债务履行期届满前达成以物抵债协议，抵债物尚未

---

① 王家福主编：《民法债权》，中国社会科学出版社2015年版，第98~99页。
② 《民间借贷司法解释》第23条规定："当事人以订立买卖合同作为民间借贷合同的担保，借款到期后借款人不能还款，出借人请求履行买卖合同的，人民法院应当按照民间借贷法律关系审理。当事人根据法庭审理情况变更诉讼请求的，人民法院应当准许。按照民间借贷法律关系审理作出的判决生效后，借款人不履行生效判决确定的金钱债务，出借人可以申请拍卖买卖合同标的物，以偿还债务。就拍卖所得的价款与应偿还借款本息之间的差额，借款人或者出借人有权主张返还或者补偿。"
③ 贺小荣主编：《最高人民法院民事审判第二庭法官会议纪要》，人民法院出版社2019年版，第8~10页。
④ 贺小荣主编：《最高人民法院第二巡回法庭法官会议纪要》（第三辑），人民法院出版社2022年版，第18页。
⑤ 胡康生主编：《中华人民共和国物权法释义》，法律出版社2007年版，第386页。
⑥ 崔建远：《中国民法典释评（物权编）》（下卷，第二版），中国人民大学出版社2021年版，第437页。

交付债权人的，在这种情况下，以物抵债协议成立后，原债权债务关系依然存在，并未因签订该协议而消灭，此时以物抵债协议不只是履行原债务的一种方法。只有在债务人不履行新债务时，才能请求履行旧债务。但债务人不履行新债务时，债权人完全可以请求债务人继续履行或承担相应的违约责任，不必诉诸旧债。

因此，债务人或者第三人与债权人在债务履行期届满前达成以物抵债协议，抵债物尚未交付债权人，债权人请求交付的，人民法院应当按照原债权债务关系审理。

（二）关于变更诉讼请求的处理

1. 参照《民间借贷》相关规定处理

根据抵债物是否未完成公示的不同，尚未完成公示，即动产尚未交付，不动产尚未完成可能性变更的。鉴于以物抵债在性质和功能上与买卖合同类似，双方签订的以物抵债协议，类似于签订买卖合同作为原金钱债务的担保，故此时，可以参照适用《民间借贷司法解释》的相关规定①处理，即此时，作为履行依据的仍然是原债，以物抵债协议仅作为债权性质担保，债权人并无优先受偿的效力。②

2. 关于当事人变更诉讼请求的

债务人或者第三人与债权人在债务履行期届满前达成以物抵债协议，抵债物尚未交付债权人，债权人请求交付的，人民法院应当按照原债权债务关系审理，但是，当事人根据法庭审理情况变更诉讼请求的，根据《民间借贷司法解释》第 23 条和 2019 年《民事证据规定》第 53 条规定，当事人根据法庭审理情况变更诉讼请求的，人民法院应当准许。即如果当事人主张双方之间是买卖合同关系的，人民法院应当将双方当事人之间争议的是民间借贷关系还是买卖合同关系作为焦点问题进行审理，保障当事人能够充分行使辩论权。当事人可以根据法庭审理情况变更诉讼请求，也可以坚持原来的诉讼请求不予变更。赋予当事人这种选择权，是民事诉讼处分原则的体现。如果当事人坚持原来的主张，人民法院不得要求当事人必须变更诉讼请求，应当根据当事人的诉讼请求作出相应的裁判。这并不妨碍当事人今后再以人民法院认定的法律关系

---

① 《民间借贷司法解释》第 23 条规定："当事人以订立买卖合同作为民间借贷合同的担保，借款到期后借款人不能还款，出借人请求履行买卖合同的，人民法院应当按照民间借贷法律关系审理。当事人根据法庭审理情况变更诉讼请求的，人民法院应当准许。按照民间借贷法律关系审理作出的判决生效后，借款人不履行生效判决确定的金钱债务，出借人可以申请拍卖买卖合同标的物，以偿还债务。就拍卖所得的价款与应偿还借款本息之间的差额，借款人或者出借人有权主张返还或者补偿。"

② 最高人民法院民事审判第二庭编著：《〈全国法院民商事审判工作会议纪要〉理解与适用》，人民法院出版社 2019 年版，第 308 页。

为基础另行起诉。①

四、关于申请拍卖以物抵债的标的物

(一) 关于不履行文书确定的金钱债务

按照原债权债务关系审理作出的法律文书生效后，债务人不履行该文书确定的金钱债务，债权人可以申请拍卖以物抵债协议的标的物，以偿还债务。

(二) 关于价款与应偿还债务的差额问题

关于坚持强制清算义务的原则。依据《民间借贷司法解释》第 23 条规定，按照民间借贷法律关系审理的判决生效后，借款人不履行生效判决确定的金钱债务，出借人可以申请拍卖买卖合同标的物，以偿还债务。就拍卖所得的价款与应偿还借款本息之间的差额，借款人或者出借人有权主张返还或者补偿，这是关于强制清算的规定。所谓"清算型"，是指债权人就标的物的份额和债权额之间的差额负担清算义务，即在债务人不能履行债务时，债权人不能直接取得标的物的所有权，应当对标的物进行清算，即通过拍卖、变价等方式进行处理，以所得的价款获得清偿，所得价款和债权额之间有差额的，进行相应处理。《民间借贷司法解释》第 23 条采用了"清算型"的模式。有鉴于此，本解释亦采取此类模式，按照原债权债务关系审理作出的法律文书生效后，债务人不履行该文书确定的金钱债务，债权人可以申请拍卖以物抵债协议的标的物，以偿还债务。就拍卖所得的价款与应偿还债务之间的差额，债务人或者债权人有权主张返还或者补偿。

【法律适用分歧】

一、关于让与担保在审判实践中的问题

在《民法典》没有规定让与担保作为物权种类的前提下，如何理解和把握让与担保这种非典型担保，需要特别注意以下两个方面的问题：

第一，要准确理解让与担保，要将其与财产权转让相区别

让与担保从形式上看，往往表现为财产权转让，但二者又性质有别，不可混淆。一方面，从合同目的看，财产权转让是当事人出于转让财产权目的而签订的协议，出卖人的主要义务是转让财产权，买受人的主要义务是支付转让款。而让与担保的目的在于为主债务提供担保，受让人通常无须为此支付对价，同时对于受让的财产，未届债务清偿期前"受让人"不得行使和处分。

---

① 最高人民法院民事审判第一庭编著：《最高人民法院新民间借贷司法解释理解与适用》，人民法院出版社 2021 年版，第 348~349 页。

另一方面，让与担保作为一种非典型担保，属于从合同范畴。与此相对应，往往还会存在一个主合同。而财产权转让一般不存在类似问题。因此，是否存在主合同是判断一个协议是财产权转让协议，还是让与担保的重要标准。

第二，要准确理解让与担保，还要将其与典型的担保物权，如抵押、质押区别

抵押、质押是法定的担保物权，而让与担保则是非典型担保，是否具有物权效力尚存争议。尽管根据《九民会议纪要》精神，已经完成公示的让与担保可以参照适用最相类似的动产质押、不动产抵押以及股权质押，但二者并非完全相同，主要表现在，在让与担保场合，存在表里不一的问题：

在内部关系上，根据当事人的真实意思表示，应当认定为担保。但是，在外部关系上，鉴于实质上的债权人形式上却是所有人或者股东，因而往往面临着其是否承担所有人或者股东权利义务等问题，且在其财产转让给他人时，还存在根据善意取得制度取得相应财产的问题。①

二、关于债的更新与债的变更的区别

第一，变更后的债与原债是否具有同一性不同。债的变更不会导致原债消灭，变更后的债权仍与原债具有同一性。债的更新，变更后的债与原债已经不具有同一性。

第二，方式不同。债的变更的主体是债的当事人，即债权与债务人通过约定对债的关系进行变更；而债的更新的当事人，既可以是债权人与债务人，也可以是债的当事人与第三人。

第三，因原债权债务关系而导致抗辩权是否继续存在不同。债的变更，因债权债务关系而产生的抗辩权仍继续有效；而债的更新，成立了新的债权债务关系，原当事人不能再主张原债权债务关系而产生的抗辩权。

第四，是否导致债的关系消灭不同。债的变更，并不导致债的关系消灭。而债的更新，将导致原债的关系消灭。②

【典型案例】

一、裁判规则：债务人或者第三人与债权人在债务履行期届满前达成以物抵债协议，抵债物尚未交付债权人，债权人请求交付的，人民法院应当按照原债权债务关系审理

【法院】

青海省高级人民法院

---

① 江必新编著：《民法典若干争议问题实录》，人民法院出版社2021年版，第124页。
② 王利明：《债法总则研究》（第二版），中国人民大学出版社2018年版，第791~792页。

【案号】

(2020) 青民终 133 号

【当事人】

上诉人（原审被告、反诉原告）：青海合某房地产开发有限公司湟某分公司（以下简称合某分公司）

上诉人（原审被告）：湟某公交运输有限责任公司等

【案由】

建设工程施工合同纠纷

【裁判观点】

根据《物权法》第 6 条"不动产物权的设立、变更、转让和消灭，应当依照法律规定登记"的规定，在其余房产既未办理房屋网签手续，也未由周某新或恒某公司确认已出售的情况下，无法证明案涉工程四层商铺除 2222.6㎡以外的房产已实际发生物权转移。参照《九民会议纪要》第 45 条"当事人在债务履行期届满前达成以物抵债协议，抵债物尚未交付债权人，债权人请求债务人交付的……人民法院应当向其释明，其应当根据原债权债务关系提起诉讼"的精神，恒某公司有权要求合某分公司支付剩余未交付房屋对应价值的工程款。合某分公司主张周某新将四层商铺抵押用以贷款，但办理抵押手续的主体仍为合某分公司，不能证明产权发生转移的事实。合某分公司主张已将四层商铺全部房产抵付工程款的上诉理由缺乏事实依据，不予支持。

二、裁判规则：债务人或者第三人与债权人在债务履行期届满前达成以物抵债协议，抵债物尚未交付债权人，人民法院应当向其释明，其应当根据原债权债务关系提起诉讼，经释明后当事人仍拒绝变更诉讼请求的，应当驳回其诉讼请求，但不影响其根据原债权债务关系另行提起诉讼

【法院】

北京市高级人民法院

【案号】

(2021) 京民终 387 号

【当事人】

上诉人（原审原告）：北京大某资本管理有限公司（以下简称大某公司）

被上诉人（原审被告）：王某某等

【案由】

合同纠纷

【裁判观点】

当事人在债务履行期届满前达成以物抵债协议，抵债物尚未交付债权人，债权人请求债务人交付的，人民法院应当向其释明，其应当根据原债权债务关系提起诉讼，经释明后当事人仍拒绝变更诉讼请求的，应当驳回其诉讼请求，但不影响其根据原债权债务关系另行提起诉讼。大某公司在与同某公司签订《借款合同》的同日又签订了《债转股协议》，即在各方当事人达成借款合意的同时，亦约定了以股抵债的清偿方式。本案债转股具有以物抵债的性质，且用于抵债的"同某公司的股份并未交付"，大某公司针对尚未交付的股份无权要求强制交付。而根据王某某与大某公司签订的《借款、保证合同等补充协议二》约定，王某某应当按照43元/股回购大某公司持有的同某公司股权。从股权回购条款可知，大某公司无意持有同某公司的股份，而仅系通过股权转让与回购的操作获得高额利息回报。此外，因大某公司并未取得同某公司的股权，故在客观上亦不存在"回购"一说。鉴于此，本案被一审法院认定为民间借贷法律关系。

【相关规定】

《民法典》第143条、第215条、第401条、第410条、第413条、第502条；《民间借贷司法解释》第23条；《民法典担保制度司法解释》第68条；《八民会议纪要》第17条；《九民会议纪要》

第二十九条 【向第三人履行的合同】

民法典第五百二十二条第二款规定的第三人请求债务人向自己履行债务的，人民法院应予支持；请求行使撤销权、解除权等民事权利的，人民法院不予支持，但是法律另有规定的除外。

合同依法被撤销或者被解除，债务人请求债权人返还财产的，人民法院应予支持。

债务人按照约定向第三人履行债务，第三人拒绝受领，债权人请求债务人向自己履行债务的，人民法院应予支持，但是债务人已经采取提存等方式消灭债务的除外。第三人拒绝受领或者受领迟延，债务人请求债权人赔偿因此造成的损失的，人民法院依法予以支持。

【条文主旨】

本条是有关向第三人履行的合同的规定。

【司法适用】

本条的法条是在《民法典》第 522 条基础上,对第三人行使撤销权、解除权、拒绝受领、受领迟延等情形进行了丰富和补充。

关于不真正的利益第三人合同与真正的利益第三人合同

根据法律规定,合同可以为第三人设定利益。涉他合同,又称涉及第三人的合同,主要包括利益第三人合同和由第三人履行的合同这两种类型。其中,《民法典》第 522 条规定的是利益第三人合同,而《民法典》第 523 条的规定是由第三人履行的合同。

向第三人履行的合同,又称第三人利益合同、利益第三人合同、涉他合同、利他合同,是指合同双方当事人为第三人设定了合同权利,由第三人取得利益的合同。系对合同相对性原则的突破。[1] 从历史发展来看,向第三人履行的合同是一个国家的法律制度为适应时代发展、商业繁荣和产业链条延伸的需要而设定的。从权利义务关系的角度来看,利益第三人合同,既不同于债权让与合同,也不同于债务转移合同,实际上是一种合同履行的特殊形式。"此种第三人利益契约,并非是独立的契约类型,而是于任何契约(包括双务契约及单务契约)均得为此第三人利益之约定。"[2] 第三人约款,这一合同制度改变了债权人与债务人之间合同上的给付义务的方向。而之所以设立利他合同的好处,就在于这一合同履行方式,可以大大缩短债权债务关系中的给付过程、减少交易流转环节和交易费用、实现扶助第三方的多项功能,因此,利他合同也广为各国民法所采用。

关于利他合同需要说明的是:

第一,关于合同约束力。利他合同的第三人不同于合同的缔约方,不需要在合同上签字或者盖章,也不需要通过代理人为其参与缔约。合同当事人的约定,不得为第三人增加负担,且双方当事人的约定不约束该第三人。[3]

第二,关于两类利他合同的区别。《民法典》第 522 条第 1 款所规定的不真正的利他合同的第三人,是纯粹的履行受领人,仅可以接受债务人的履行,不获得直接针对

---

[1] 最高人民法院民法典贯彻实施工作领导小组主编:《中华人民共和国民法典合同编理解与适用》(一),人民法院出版社 2020 年版,第 411 页。
[2] 王泽鉴:《民法学说与判例研究》(重排合订本),北京大学出版社 2018 年版,第 1066 页。
[3] 最高人民法院民法典贯彻实施工作领导小组编著:《中国民法典适用大全》(合同卷一),人民法院出版社 2022 年版,第 540 页。

债务人的合同履行请求权；根据合同相对性原则，合同履行请求仍属于合同当事人的债权人；而第 2 款所规定的真正的利他合同的第三人，虽然并非合同当事人，但由于合同效力可以拓展到非合同当事人的第三人，真正利他合同的第三人可以取得对债务人的履行请求权。

(一) 关于不真正的利益第三人合同

在利益第三人合同中，《民法典》第 522 条第 1 款规定："当事人约定由债务人向第三人履行债务，债务人未向第三人履行债务或者履行债务不符合约定的，应当向债权人承担违约责任。"属于不真正利益第三人合同；当事人可以约定由债务人向第三人履行债务，但并不因此改变债权人和债务人的权利义务关系，不突破合同相对性原则。"债务人有义务向第三人履行"不等于"第三人获得合同履行请求权"，① 不能因为第三人接受了债务履行即认定其加入债的关系而负有相应的返还义务，第三人作为履行受领人，仅是消极地接受债务人的履行，并不直接享有请求债务人履行的权利。第三人对履行不具有自己独立的法律利益，履行之中所包含的法律利益，仍是债权人的利益。受领履行的第三人所获得的只是一种纯粹事实性质的经济利益。②

(二) 关于真正的利益第三人合同

观察各国（地区）真正利益第三人合同制度，可归纳出两种第三人取得权利的规范模式：第一种是第三人同意模式，若合同约定第三人权利且第三人表示受益意思，则成立真正利益第三人合同，第三人取得合同约定的权利；第二种是直接取得模式，即若合同约定第三人权利，则第三人直接取得权利，除非第三人表示拒绝。根据我国《民法典》第 522 条规定，我国对真正利益第三人合同采取的是直接取得模式而非第三人同意模式。③

1. 关于第三人请求债务人向自己履行债务

真正的利益第三人合同，又称利他合同，是指根据合同当事人的约定，由债务人向第三人履行债务，并且根据法律的规定或者合同的约定，第三人可以直接请求债务人履行的合同。最主要的特点是第三人可以取得履行请求权。④《民法典》第 522 条第 2

---

① 薛军：《论〈中华人民共和国合同法〉第 64 条的定性与解释——兼与"利他合同论"商榷》，载《法学研究》2010 年第 2 期。
② 薛军：《不真正利他合同研究——以〈合同法〉第 64 条为中心而展开》，载《政治与法律》2008 年第 5 期。
③ 石佳友、李晶晶：《论真正利益第三人合同中的第三人权利》，载《湖南科技大学学报》（社会科学版）2022 年第 5 期。
④ 最高人民法院民法典贯彻实施工作领导小组主编：《中华人民共和国民法典合同编理解与适用》（一），人民法院出版社 2020 年版，第 415 页。

款规定:"法律规定或者当事人约定第三人可以直接请求债务人向其履行债务,第三人未在合理期限内明确拒绝,债务人未向第三人履行债务或者履行债务不符合约定的,第三人可以请求债务人承担违约责任;债务人对债权人的抗辩,可以向第三人主张。"

真正的利益第三人取得履行请求权,需要有法律明确的规定或当事人约定。(1) 关于法律的明确规定。例如,合同。因此,根据《民法典》第522条第2款的规定,第三人请求债务人向自己履行债务的,人民法院应予支持。

2. 关于第三人不是合同当事人

尽管第三人取得履行请求权,但是由于无论是利他合同,还是不真正利他合同,合同当事人都是债权人和债务人,但《民法典》第522条第2款规定的第三人不是合同当事人。从享有权利内容的角度来看,"第三人取得之权利亦仅止于此债权,其他若基于契约发生之撤销权、解除权等则不得行使",①"第三人虽然取得履行请求权,但由于其不是合同当事人,合同本身的权利,如解除权、撤销权等,第三人不得行使"。②因此,除法律另有规定外,第三人主张行使撤销权、解除权等民事权利的,人民法院不予支持。

3. 关于被撤销或解除的法律后果

根据《民法典》第522条真正利益第三人的基本原理,合同当事人仍然是债权人与债务人,第三人不是合同当事人,尽管其享有法律赋予的给付请求权和受领权,但也只是债权人与债务人之间的合同履行方式。相应地,如果债务人对于第三人的抗辩,应当仅限于利他合同本身所发生的抗辩,如债务人认为债的关系不成立,其可以单纯以债的关系不存在或单纯地否认债的关系来对抗第三人,但如果其是主张撤销权,或要求确定合同不成立、无效、不生效,债务人同债权人而非第三人主张。因此,从合同相对性基本原理的角度来看,结合《民法典》第157条规定:"民事法律行为无效、被撤销或者确定不发生效力后,行为人因该行为取得的财产,应当予以返还;不能返还或者没有必要返还的,应当折价补偿。有过错的一方应当赔偿对方由此所受到的损失;各方都有过错的,应当各自承担相应的责任。法律另有规定的,依照其规定。"故合同依法被撤销或者被解除,债务人请求债权人返还财产的,人民法院应予支持。

4. 关于第三人"拒绝受领"

(1) 关于对"第三人未在合理期限内明确拒绝"的理解。其一,从自愿原则来看,该表述实际上是规定了第三人的拒绝权,第三人在合理期限内可以拒绝,未在合理期

---

① 孙森焱:《民法债编总论》(下册),法律出版社2006年版,第702页。
② 黄薇主编:《中华人民共和国民法典释义》(中),法律出版社2020年版,第1000页。

限内明确拒绝的,第三人就取得了直接请求债务人履行的权利,可以直接请求债务人向其履行。其法理依据是利益第三人合同是为第三人的利益而设置,按照民法上的自愿原则,即使是为了他人赋予利益,他人也有权拒绝。① 其二,从意思表示来看,根据《民法典》第140条规定:"行为人可以明示或者默示作出意思表示。沉默只有在有法律规定、当事人约定或者符合当事人之间的交易习惯时,才可以视为意思表示。"原则上,纯粹的不作为不能视为当事人有意思表示。也就是说,与明示和默示原则上可以作为意思表示的方式不同,沉默原则上不得作为意思表示的方式。只有在有法律规定、当事人约定或者符合当事人之间交易习惯时,才可以视为意思表示。② 而《民法典》第522条第2款所规定的只要"第三人未在合理期限内明确拒绝",就意味着其对合同的接受,这是法律对于沉默视为意思表示的规定,也是第三人在合理期限内的沉默被法律推定为接受的意思表示。③ 而"明确拒绝",也即第三人用明示的方式表示拒绝接受权利的,不应强迫第三人接受此权利。

(2)关于"拒绝受领"。《民法典》第522条第2款只规定了"第三人未在合理期限内明确拒绝",只规定了"一半",对于第三人拒绝接受权利及其法律后果,法律没有明确规定。根据利他合同的基本原理,当事人的特定约定只能给第三人设定权利,不得为其设定义务;合同当事人虽可以为第三人设定权利,但不应强迫该第三人接受此权利;为第三人设定的权利,该第三人可以接受,也可以拒绝。在第三人明确拒绝的情况下,第三人应当是自始没有取得该权利。鉴于给付请求权本身系债权所享有,故解释上认为合同为第三人所设定的权利应当继续由为第三人利益订约的债权人自己享有。④ 既然真正利益的第三人并不是债的当事人和合同的当事人,其只是合同义务的"履行主体"和"履行辅助人",债务并没有发生转移,因此,"第三人不适当履行的行为,债务人应承担债不履行的法律责任,债权人也只能向债务人,而不是向第三人请求承担责任";⑤ 债务人按照约定向第三人履行债务,第三人拒绝受领,债权人请求债务人向自己履行债务的,人民法院应予支持。

5. 关于债务人请求债权人赔偿因此造成的损失

由于利他合同的当事人是债权人与债务人,因此,在真正的利益第三人明确拒绝

---

① 黄薇主编:《中华人民共和国民法典合同编释义》,法律出版社2020年版,第139页。
② 黄薇主编:《中华人民共和国民法典总则编释义》,法律出版社2020年版,第368页。
③ 王利明主编:《中国民法典释评》(合同编·通则),中国人民大学出版社2020年版,第305页。
④ 王利明主编:《中国民法典释评》(合同编·通则),中国人民大学出版社2020年版,第304~305页。
⑤ 王利明主编:《合同法研究》卷2(第3版),中国人民大学出版社2015年版,第225页。

接受权利、拒绝受领或者受领迟延等情形下，该第三人应当是自始没有取得该权利；鉴于给付请求权本身系债权人享有，故应当认为，合同为第三人所设定的权利，应当继续由为第三人利益订约的债权人自己享有，[1] 故在第三人拒绝受领或者受领迟延时，所产生的法律后果应当由债权人承担。因此，本条规定，第三人拒绝受领或者受领迟延，债务人请求债权人赔偿因此造成的损失的，人民法院依法予以支持。

6. 关于债务消灭

根据《民法典》第 118 条规定："民事主体依法享有债权。债权是因合同、侵权行为、无因管理、不当得利以及法律的其他规定，权利人请求特定义务人为或者不为一定行为的权利。"债权人享有请求给付的权利，当然也应当由其自行受领给付。在真正的利益第三人合同关系中，由于该第三人并不是合同当事人，根据合同相对性原则，债务人仍为合同当事人一方，"债务人按照约定履行，债权人及时受领，则构成清偿，债的关系消灭"，[2] 债务人已采取提存等方式消灭债务的，权利义务关系已经结束，因此，债权人无权再要求债务人向其履行债务。

【法律适用分歧】

关于真正的利益第三人合同下的举证责任分配问题

根据《民法典》第 522 条第 2 款的意旨，适用本款时，其举证责任分配如下：

第一，原告应当证明合同约定第三人可以直接请求债务人履行债务。债务人向第三人承担违约责任的前提条件是"法律规定或者当事人约定第三人可以直接请求债务人向其履行债务"，而法律的规定，并非民事诉讼的证明对象。因此，在法律没有规定而合同约定第三人取得履行请求权的情况下，原告应当对合同中存在相应内容进行证明。

第二，第三人已经拒绝之事实，应当由被告承担举证责任。第三人在合理期限内未拒绝的，其方能请求债务人承担违约责任。然而，第三人在特定时期内没有作出某行为乃是消极法律事实，无须也无法由第三人证明；相反，将第三人已经拒绝作为抗辩理由的被告，应就此承担举证责任。

第三，被告向第三人主张其对债权人的抗辩，应当由被告自己承担举证责任。[3]

---

[1] 王利明主编：《中国民法典释评》（合同编·通则），中国人民大学出版社 2020 年版，第 306 页。

[2] 王利明主编：《中国民法典释评》（合同编·通则），中国人民大学出版社 2020 年版，第 299 页。

[3] 谢鸿飞、朱广新主编：《民法典评注：合同编 通则》（第 1 册），中国法制出版社 2020 年版，第 482~483 页。

【典型案例】

一、裁判规则：当事人约定由债务人向第三人履行的，原债权人和债务人的合同关系不因此改变

【法院】

最高人民法院

【案号】

（2018）最高法民终 749 号

【当事人】

上诉人（一审原告）：清某市佰某房地产投资有限公司（以下简称佰某公司）

上诉人（一审被告）：广东清某高新技术产业开发区管理委员会（以下简称清某开发区管理委员会）

【案由】

合同纠纷

【裁判观点】

《民事诉讼法》第 132 条规定，必须共同进行诉讼的当事人没有参加诉讼的，人民法院应当通知其参加诉讼。本案系佰某公司基于《土地合作开发合同书》《土地合作开发补充合同》提起的合同纠纷诉讼，而《土地合作开发合同书》《土地合作开发补充合同》的双方当事人是佰某公司和清某开发区管理委员会，龙某镇政府不是该合同的主体。在合同关系中，当事人约定由债务人向第三人履行的，原债权人和债务人的合同关系不因此改变。虽然龙某镇政府实际收取了案涉 7000 万元款项，但该款项属于佰某公司根据合同约定的指示向龙某镇政府所支付的征地开发费用的一部分，龙某镇政府不由此成为合同当事人。因此，龙某镇政府不是本案必须参加诉讼的当事人，一审法院遵循合同相对性原则未追加龙某镇政府作为被告参加诉讼，符合法律规定。

二、裁判规则：当事人约定由第三人向债权人履行债务的，债务人未向第三人履行债务或者履行债务不符合约定，应当向债权人承担违约责任

【法院】

最高人民法院

【案号】

（2018）最高法民终 464 号

【当事人】

上诉人（原审被告）：刘某平

被上诉人（原审原告）：萍乡市万某小城镇开发有限公司（以下简称万某公司）等

【案由】

股权转让纠纷

【裁判观点】

《合同法》第 64 条规定，当事人约定由债务人向第三人履行债务的，债务人未向第三人履行债务或者履行债务不符合约定，应当向债权人承担违约责任。该规定系关于向第三人履行的规定。本案中，《股权转让合同》第 2 条第 7 项和第 4 条第 2 项关于万某公司无其他债权债务，刘某平、王某对该合同签订的公司资产负有担保义务的约定，属于刘某平、王某对于合同相对方的谢某才所作出的承诺，并非刘某平、王某向第三人万某公司履行义务的约定。原审判决基于上述约定，依据《合同法》第 64 条的规定，认定万某公司可以直接向刘某平、王某主张权利，适用法律不当，法院予以纠正。

【相关规定】

《民法典》第 522 条、第 523 条；原《合同法司法解释二》第 16 条

第三十条　【第三人代为清偿规则的适用】

下列民事主体，人民法院可以认定为民法典第五百二十四条第一款规定的对履行债务具有合法利益的第三人：

（一）保证人或者提供物的担保的第三人；

（二）担保财产的受让人、用益物权人、合法占有人；

（三）担保财产上的后顺位担保权人；

（四）对债务人的财产享有合法权益且该权益将因财产被强制执行而丧失的第三人；

（五）债务人为法人或者非法人组织的，其出资人或者设立人；

（六）债务人为自然人的，其近亲属；

（七）其他对履行债务具有合法利益的第三人。

第三人在其已经代为履行的范围内取得对债务人的债权，但是不得损害债权人的利益。

> 担保人代为履行债务取得债权后，向其他担保人主张担保权利的，依据《最高人民法院关于适用〈中华人民共和国民法典〉有关担保制度的解释》第十三条、第十四条、第十八条第二款等规定处理。

【条文主旨】

本条是关于第三人代为清偿规则的适用的规定。

【司法适用】

本条是有关具有合法利益的第三人的人员范围及其代为履行的规定，是对《民法典》第524条第1款规定的丰富和细化。由于《民法典》第524条虽然规定了具有合法利益的第三人代为履行制度，但对什么是"对债务履行具有合法利益的第三人"，该条"未作具体规定，需要根据实践情况的需要和发展进行判断并归纳总结"，[①] 本条即对《民法典》第524条，特别是对"对债务履行具有合法利益的第三人"的归纳总结，是对第三人代为清偿规则的推进与发展。

一、关于"对债务履行具有合法利益的第三人"的界定

根据《民法典》第524条规定，受到立法空间和实践经验的限制，未对"对履行该债务具有合法利益的"进行明示。本条第1款规定，采取"列举+兜底"的方式，明确了"对履行该债务具有合法利益的"。

1. 保证人或者提供物的担保的第三人。物上保证人之于担保债务、保证人之于被保证债务、合伙人之于合伙债务，均有代为清偿的权利；[②] 如《民法典》第700条规定："保证人承担保证责任后，除当事人另有约定外，有权在其承担保证责任的范围内向债务人追偿，享有债权人对债务人的权利，但是不得损害债权人的利益"；又如《民法典担保制度司法解释》第13条、第14条和第18条规定的情形，均属于具有合法利益的第三人情形。

2. 担保财产的受让人、用益物权人、合法占有人。物上保证人、抵押物受让人以及后顺位的抵押权人，亦属于具有合法利益的第三人范畴。[③] 担保财产的受让人、用益物权人、合法占有人，对债务人与第三人之间的债务关系予以清偿后，为具有合法利

[①] 黄薇主编：《中华人民共和国民法典合同编释义》，法律出版社2020年版，第142页。
[②] 邱智聪：《新订民法债编通则》（下），中国人民大学出版社2003年版，第446页。
[③] ［日］我妻荣：《新订债权总论》，王燚译，中国法制出版社2008年版，第216页。

益的第三人。

3. 担保财产上的后顺位担保权人。我国法律明文规定的第三人代为履行的情形有二：其一，是抵押物受让人之于债务；其二，是后顺位的抵押权人之于债务。一般认为，第三人对合同的履行具有利害关系应当是指，第三人会因债务人不履行合同而遭受利益上的损失，此种利益一般仅限于财产利益。[①] 例如，债务人与后顺位担保权人存在合作协议，当借款人贷款后未能按期偿还贷款，债权人依据合同约定向债务人催收贷款，债务人又向后顺位担保人催要款项时，后顺位担保权人为避免债务人向出借人承担违约责任，代为清偿了债务人的借款款项。因此，后顺位担保权人对于债务人享有追偿权。

4. 对债务人的财产享有合法权益且该权益将因财产被强制执行而丧失的第三人。例如，当事人张三以 100 万元的价格购买了李四的房屋，但李四因为另案被人民法院执行，执行法院查封了李四的房屋（张三向李四购买的案涉房屋），由于购房人张三在与售房人李四签订房屋买卖合同后，并已实际入住，为避免该房屋被法院执行，张三向执行法院（代李四）交纳执行款项合计 10 万元后，执行法院以履行完毕为由对该执行案件予以结案。当事人张三的代为清偿行为属于有合法利益的第三人。

5. 债务人为法人或者非法人组织的，其出资人或者设立人。股东或者合伙人由于与公司或合伙企业之间具有合法利益关系，对企业或者合伙企业欠第三方之间的债务代为清偿后，该股东或者合伙人代为清偿的行为，属于具有合法利益的第三人。

6. 债务人为自然人的，其近亲属。例如，债务人的近亲属，基于与债务人之间的特殊情感或关系，为避免债务人陷入生活不利的境地，或者想帮助债务人摆脱与第三方之间的债权债务关系的"锁链"受困状态，债务人的近亲属对债务人欠第三方的债务代为清偿后，属于具有合法利益的第三人。

7. 其他对履行该债务具有合法利益的第三人。本项是兜底条款。例如，根据《民法典》第719条规定："承租人拖欠租金的，次承租人可以代承租人支付其欠付的租金和违约金，但是转租合同对出租人不具有法律约束力的除外。次承租人代为支付的租金和违约金，可以充抵次承租人应当向承租人支付的租金；超出其应付的租金数额的，可以向承租人追偿。"次承租人具有稳定租赁关系、继续占有和使用租赁物的需要，属于对支付租金具有合法利益的第三人。又例如，A 公司将案涉房屋出租给 B 公司，B 公司又将房屋出租给张三等人，在 B 公司与张三等人的房屋租赁合同纠纷中，法院分别

[①] 谢鸿飞、朱广新主编：《民法典评注：合同编 通则》（第 1 册），中国法制出版社 2020 年版，第 490 页。

出具调解书和判决书，B公司需承担退还房租的费用及案件受理费。B公司未履行上述债务，A公司为配合法院执行代B公司支付张三等人执行款和案件受理费的，故A公司对B公司对张三等人的债务具有合法利益，A公司代B公司履行债务后，取得相应债权，故有权向B公司主张权利。再例如，张三依据A公司法定代表人李四的委托，代A公司向案外第三人陈某兵偿付货款后，张三可向A公司和李四行使前述款项追偿权。再例如，合伙人及连带债务人对外所负义务超过其自身对内份额，实质上是对他人的债务进行履行，因此，此类主体应当属于具有合法利益的第三人的范畴之内；① 等等。

二、关于"不得损害债权人的利益"

（一）代为履行的范围内

1. 关于债权人不得拒绝。第三人对债之履行有利害关系时，无须债务人或债权人同意，即可代为履行，债权人不得拒绝。这一规定是由债权的财产性决定的，债权人要满足其债权，没有必要必须限于债务人本人做出履行，只要给付可以满足债权的财产价值即可。

2. 法定的债权移转。《民法典》第524条第2款规定，是具有合法利益的第三人代为履行后，债权人的债权即转让给第三人，这是一种法定的债权移转。代为履行后，债权人与债务人之间的债权债务关系终止；债权人接受第三人履行后，其对债务人的债权转让给第三人。②

（二）不得损害债权人利益

第三人通过清偿代位取得债权人对债务人的权利，不得损害债权人的利益。否则，如果因此使债权人陷入较债务人清偿更为不利的境地，显然有失代位制度的目的。③ 因此，第三人在其已代为履行的范围内取得对债务人的债权，但是不得损害债权人的利益。

三、关于担保人代为履行

根据《民法典担保制度司法解释》第13条、第14条、第18条第2款的规定，担保人代为履行债务取得债权后，向其他担保人主张担保权利的，主要会涉及三个条款的内容：

（一）关于担保制度司法解释第13条的内容适用

1. 关于混合担保。根据《民法典》第392条规定："被担保的债权既有物的担保又

---

① 冉克平：《民法典编纂视野中的第三人清偿制度》，载《法商研究》2015年第2期。
② 黄薇主编：《中华人民共和国民法典合同编释义》，法律出版社2020年版，第143页。
③ 王利明主编：《中国民法典释评》（合同编·通则），中国人民大学出版社2020年版，第610页。

有人的担保的，债务人不履行到期债务或者发生当事人约定的实现担保物权的情形，债权人应当按照约定实现债权；没有约定或者约定不明确，债务人自己提供物的担保的，债权人应当先就该物的担保实现债权；第三人提供物的担保的，债权人可以就物的担保实现债权，也可以请求保证人承担保证责任。提供担保的第三人承担担保责任后，有权向债务人追偿。"《民法典担保制度司法解释》第13条规定坚持尊重立法原意的原则中，就担保人相互追偿的问题，明确了担保人之间原则上不能相互追偿，除非担保人之间存在相互分担担保责任的明确约定，或者通过其行为能够推定具有相互分担的意思联络。① 因此，关于混合担保共同担保人之间的代为履行及相互追偿权，可见《民法典担保制度司法解释》第13条第1款规定，"同一债务有两个以上第三人提供担保，担保人之间约定相互追偿及分担份额，承担了担保责任的担保人请求其他担保人按照约定分担份额的，人民法院应予支持；担保人之间约定承担连带共同担保，或者约定相互追偿但是未约定分担份额的，各担保人按照比例分担向债务人不能追偿的部分"。

2. 关于共同保证。关于保证人的追偿问题，保证人承担保证责任，对债权人与保证人之间的关系来说，形式上属于清偿自己的债务，但对于主债务人和保证人之间的关系来说，实质上仍然属于清偿他人（主债务人）的债务，自然有保证承担保证责任后向债务人追偿的必要。② 根据《民法典》第699条规定："同一债务有两个以上保证人的，保证人应当按照保证合同约定的保证份额，承担保证责任；没有约定保证份额的，债权人可以请求任何一个保证人在其保证范围内承担保证责任。"共同担保分为按份共同保证和连带共同保证。（1）按份共同保证，在保证人承担保证责任后，其只能依份额向债务人追偿；（2）连带共同保证中，可以分为真正连带与不真正连带的区别。

3. 关于连带共同保证。根据《民法典》第519条规定："连带债务人之间的份额难以确定的，视为份额相同。实际承担债务超过自己份额的连带债务人，有权就超出部分在其他连带债务人未履行的份额范围内向其追偿，并相应地享有债权人的权利，但是不得损害债权人的利益。其他连带债务人对债权人的抗辩，可以向该债务人主张。被追偿的连带债务人不能履行其应分担份额的，其他连带债务人应当在相应范围内按比例分担。"关于连带债务人追偿权的发生条件，主要是：（1）债务人实际承担了债务；（2）其他债务人因该债务人的实际承担而全部或部分消灭了债务；（3）债务人实际承

---

① 最高人民法院民事审判第二庭：《最高人民法院民法典担保制度司法解释理解与适用》，人民法院出版社2021年版，第185~186页。
② 黄薇主编：《中华人民共和国民法典合同编释义》，法律出版社2020年版，第514页。

担的债务超出了其承担的份额。① 连带债务人实际承担的债务须超过自己的债务份额，才能向其他连带债务人行使追偿权，并且，行使追偿权的范围仅限于实际承担债务超过自己份额的部分。连带债务人就超过部分在其他连带债务人未履行的份额内行使追偿权，即只能主张其他连带债务人各自应当承担的债务份额内未履行的部分，而不是就该超过部分，要求其他债务人承担连带责任。②

在共同保证情形下，担保人之间可以相互追偿的情形，主要包括以下三种：（1）担保人在合同中约定可以相互追偿的，该约定应当认定为有效，其中一个担保人所承担的责任超出其应承担的份额，可以依据合同约定向其他担保人追偿；（2）合同中明确约定系连带共同担保的，此时，可以参照《民法典》第519条的规定，向其他担保人追偿；（3）担保人虽然未在合同中明确可以相互追偿，但是担保人在同一份合同书中签字、盖章或者按指印，此时可以理解为担保人之间存在连带共同担保的意思联络，从而认定为连带共同担保，担保人之间可以追偿。③

（二）关于担保制度解释的第14条内容的适用

《民法典担保制度司法解释》第14条规定："同一债务有两个以上第三人提供担保，担保人受让债权的，人民法院应当认定该行为系承担担保责任。受让债权的担保人作为债权人请求其他担保人承担担保责任的，人民法院不予支持；该担保人请求其他担保人分担相应份额的，依照本解释第十三条的规定处理。"担保人受让债权后，其性质为承担担保责任。担保人此时享有向主债务人请求偿还的权利，即担保的人追偿权。担保人承担担保责任，对于债权人和担保人之间的关系而言，属于清偿担保人自己的债务，但是，对于主债务人和担保人的关系而言，实质上是清偿主债务人的债务，根据《民法典》第700条规定："保证人承担保证责任后，除当事人另有约定外，有权在其承担保证责任的范围内向债务人追偿，享有债权人对债务人的权利，但是不得损害债权人的利益。"担保人承担担保责任后，除当事人另有约定外，有权在其承担担保责任的范围内向债务人追偿。④

（三）关于担保制度第18条第2款的内容适用

担保人对债务人享有追偿权，在《民法典》保证合同和担保物权部分均有明确规

---

① 王利明主编：《中国民法典释评》（合同编·通则），中国人民大学出版社2020年版，第277页。
② 黄薇主编：《中华人民共和国民法典合同编释义》，法律出版社2020年版，第127页。
③ 最高人民法院民事审判第二庭：《最高人民法院民法典担保制度司法解释理解与适用》，人民法院出版社2021年版，第187页。
④ 最高人民法院民事审判第二庭：《最高人民法院民法典担保制度司法解释理解与适用》，人民法院出版社2021年版，第194~195页。

定,如《民法典》第392条、第700条;根据《民法典担保制度司法解释》第18条第2款规定:"同一债权既有债务人自己提供的物的担保,又有第三人提供的担保,承担了担保责任或者赔偿责任的第三人,主张行使债权人对债务人享有的担保物权的,人民法院应予支持。"第三人承担担保责任或者赔偿责任后,有权向债务人追偿,享有债权人对债务人的权利,其中包括对债务人财产的抵押权等担保物权,故第三人主张行使债权人对债务人享有的担保物权的,人民法院应予支持。其原因也是担保人承担担保责任实质上为主债务人履行债务,而非履行自身债务,自得向因其清偿而得利的主债务人追偿。①

【法律适用分歧】

第三人代为清偿与债务承担的区别问题

第三人代为清偿,即第三人未与债权人、债务人达成债权转让协议,而只是自愿代替债务人履行债务;债务承担,是基于债权人或债务人与第三人之间达成的协议,将债务移转给第三人承担。两者的区别在于:

1. 关于是否存在清偿协议。第三人代为清偿,第三人与债权人与债务人没有达成债务转让协议;债务承担,债权人、债务人与第三人达成债务转让协议。

2. 关于是否为当事人。第三人代为清偿,第三人只是履行主体,不是债的当事人;债务承担,第三人将完全代替债务人的地位,债务人退出原合同关系。

3. 关于违约责任承担。第三人代为清偿,对第三人不适当履行的行为,债务人应承担债不履行的民事责任,债权人也只能向债务人而不能向第三人请求承担责任;债务承担,第三人已经成为合同当事人,债权人可以直接请求其履行义务和承担违约责任。②

【典型案例】

一、裁判规则:债务人不履行债务,第三人对履行该债务具有合法利益的,第三人有权向债权人代为履行

【法院】

最高人民法院

---

① 最高人民法院民事审判第二庭:《最高人民法院民法典担保制度司法解释理解与适用》,人民法院出版社2021年版,第213~214页。
② 王利明:《合同法研究》卷2(第3版),中国人民大学出版社2015年版,第224~225页。

【案号】

最高人民法院发布 13 件人民法院贯彻实施民法典典型案例（第一批）之六：某物流有限公司诉吴某运输合同纠纷案①

【案由】

合同纠纷

【裁判观点】

某物流有限公司与吴某存在运输合同关系，在吴某未及时向货物承运司机结清费用，致使货物被扣留时，某物流有限公司对履行该债务具有合法利益，有权代吴某向承运司机履行。某物流有限公司代为履行后，承运司机对吴某的债权即转让给该公司，故依照《民法典》第 524 条规定，判决支持某物流有限公司请求吴某支付剩余运费的诉讼请求。

二、裁判规则：承担了担保责任或者赔偿责任的担保人，在其承担责任的范围内向债务人追偿的，人民法院应予支持。同一债权既有债务人自己提供的物的担保，又有第三人提供的担保，承担了担保责任或者赔偿责任的第三人，主张行使债权人对债务人享有的担保物权的，人民法院应予支持

【法院】

湖南省常德市中级人民法院

【案号】

（2021）湘 07 民终 2183 号

【当事人】

上诉人（原审被告）：常德万某广场投资有限公司

被上诉人（原审原告）：华某银行股份有限公司常德武陵支行

【案由】

金融借款合同纠纷

【裁判观点】

依照《民法典》第 392 条规定，被担保的债权既有物的担保又有人的担保的，债务人不履行到期债务或者发生当事人约定的实现担保物权的情形，债权人应当按照约定实现债权；没有约定或者约定不明确，债务人自己提供物的担保的，债权人应当先就该物的担保实现债权；第三人提供物的担保的，债权人可以就物的担保实现债权，

---

① 载最高人民法院网，https://www.court.gov.cn/zixun-xiangqing-347181.html，最后访问时间：2023 年 11 月 4 日。

也可以请求保证人承担保证责任。提供担保的第三人承担担保责任后，有权向债务人追偿。

【相关规定】

《民法典》第 524 条；《民法典担保制度司法解释》第 13 条、第 14 条、第 18 条第 2 款

第三十一条　【同时履行抗辩权与先履行抗辩权】

当事人互负债务，一方以对方没有履行非主要债务为由拒绝履行自己的主要债务的，人民法院不予支持。但是，对方不履行非主要债务致使不能实现合同目的或者当事人另有约定的除外。

当事人一方起诉请求对方履行债务，被告依据民法典第五百二十五条的规定主张双方同时履行的抗辩且抗辩成立，被告未提起反诉的，人民法院应当判决被告在原告履行债务的同时履行自己的债务，并在判项中明确原告申请强制执行的，人民法院应当在原告履行自己的债务后对被告采取执行行为；被告提起反诉的，人民法院应当判决双方同时履行自己的债务，并在判项中明确任何一方申请强制执行的，人民法院应当在该当事人履行自己的债务后对对方采取执行行为。

当事人一方起诉请求对方履行债务，被告依据民法典第五百二十六条的规定主张原告应先履行的抗辩且抗辩成立的，人民法院应当驳回原告的诉讼请求，但是不影响原告履行债务后另行提起诉讼。

【条文主旨】

本条是关于同时履行抗辩权与先履行抗辩权的规定。

【司法适用】

本条第 1 款是关于同时履行抗辩中履行主要义务与非主要义务的相关要求；本条第 2 款是关于人民法院在判决同时履行抗辩权时的有关判项的具体要求；本条第 3 款是关于人民法院在处理先履行抗辩权的抗辩时的程序要求及相应处理方案。

本条旨在将《民法典》第525条所规定的同时履行抗辩权和第526条所规定的先履行抗辩权，在原有规定的基础上，结合审判实践的需要，更加明确了非主要债务与合同目的的关系，同时履行抗辩成立与执行程序的衔接，先履行抗辩成立与先履行行为的程序衔接问题。

一、关于"非主要债务"与"主要债务"的对价关系

（一）关于互负债务的对价关系

同时履行抗辩权，是指双务合同的当事人在对方未为对待给付以前，可以拒绝自己的债务之权。① 同时履行抗辩权仅适用于双务合同，而不适用于单务合同或不真正的双务合同。从义务的角度来说，可主张同时履行抗辩权的，系基于同一双务合同的对待给付。"本来意义上的同时履行关系，只存在于对价关系的债务之间。"所谓对价关系，是指双方当事人互为给付，在主观上互相依存，互为因果而有报偿的关系。②

（二）关于主要债务与非主要债务的对价关系

《民法典》第525条规定："当事人互负债务，没有先后履行顺序的，应当同时履行。一方在对方履行之前有权拒绝其履行请求。一方在对方履行债务不符合约定时，有权拒绝其相应的履行请求。"在前半段中只要求"当事人互负债务"，在文义上并未明文要求当事人的债务系同一双务合同产生，也未要求两个债务必须都是主给付义务。③

1. 关于不履行非主要债务的抗辩原则

（1）关于主要债务与非主要债务之间是否可以成立同时履行抗辩权的问题。一般认为，主给付义务与附随义务之间不成立同时履行抗辩权。"主给付义务构成双务契约的对待给付，一方当事人于他方当事人未为对待给付前，得拒绝自己之给付。反之，附随义务原则上非属对待给付，不履行同时履行抗辩。"④ 原因是：附随义务保护的利益为固有利益，债务人违反附随义务侵害的是债权人的固有利益，债务人不履行主给付义务侵害的是债权人的期待利益或信赖利益，固有利益和期待利益之间不具有牵连性，固有利益和信赖利益之间亦然，所以，主给付义务与附随义务之间不成立同时履行抗辩权。附随义务的特性决定了当事人必须遵守，不得违反，即使相对人不履行给付义务给自己造成了损害，当事人一方也不得以不遵守附随义务为由对抗违约方，否

---

① 崔建远：《合同法总论》（中卷），中国人民大学出版社2016年版，第83页。
② 孙森焱：《民法债编总论》（下册），法律出版社2006年版，第663~664页。
③ 崔建远：《合同法总论》（中卷），中国人民大学出版社2016年版，第85页。
④ 王泽鉴：《债法原理》，中国政法大学出版社2001年版，第40页。

则,就违反了诚实信用原则。①

(2) 关于"对待给付互为前提"。主给付之间构成对待给付,主给付与从给付之间原则上不构成对待给付。② 同时履行抗辩权的目的,在于通过强调双方债务在履行顺序上的制衡关系,敦促欲获对待给付的当事人须先迈出一步。双方互负的债务,既系基于双方合同而发生(双务性),自然应要求双方债务之间具有对价性,原则上可立于对价关系的双方债务,应限于双方的主给付义务,通常不存在于主给付与从给付义务及附随义务之间。③ 两项债务间为对价关系,如果两项债务间无对价关系,不能有同时履行抗辩权。例如,违约金债务,为双务合同之从债务,与主债务无对价关系,因此,不能成立同时履行抗辩权。④

(3) 关于"等价"。根据同时履行抗辩权的适用条件之一的须发生在互为给付的双务有偿合同中,其中,对于"互为给付"的要求中,即要求双方所负的债务之间具有对价关系或牵连关系。但这种对价关系并非客观上的对价,不要求双方所负债务完全等值,当事人取得的财产要与其履行的财务义务之间在价值上大致相当,即可以视为"等价"。⑤ 基于这种对价和牵连关系的基本原理,对于主给付义务与附随义务之间,一方不履行主给付义务,另一方有权行使同时履行抗辩权,即拒绝履行自己的义务。正基于此,当事人互负债务,一方以对方没有履行非主要债务为由拒绝履行自己的主要债务的,人民法院不予支持。

2. 关于不履行非主要债务的抗辩例外

(1) 关于合同目的。合同中的主要义务与附随义务之间的关系,附随义务一般与主要义务不具有对价关系,但如果阶段义务的履行直接影响主要义务的履行、合同目的实现,则可以认为有对价关系。⑥ 或者说,一方单纯违反附随义务,但已履行主给付义务,另一方不得援用同时履行抗辩权。不过,"如果附随义务的履行与合同目的的实现具有密切关系,应认为该附随义务与对方的主给付义务之间具有牵连性和对价关系"。或者说,"在当事人违反附随义务的情况下,相对人若能够举证该项附随义务的违反致使自己的合同目的落实,则宜允许该相对人行使同时履行抗辩权"。⑦

---

① 崔建远:《合同法总论》(中卷),中国人民大学出版社2016年版,第86~87页。
② 王利明主编:《中国民法典释评》(合同编·通则),中国人民大学出版社2020年版,第318页。
③ 韩世远:《合同法总论》(第四版),法律出版社2018年版,第382~387页。
④ 王家福主编:《民法债权》,中国社会科学出版社2015年版,第350页。
⑤ 最高人民法院民法典贯彻实施工作领导小组主编:《中华人民共和国民法典合同编理解与适用》(一),人民法院出版社2020年版,第429页。
⑥ 王利明:《合同法研究》卷2(第3版),中国人民大学出版社2015年版,第59页。
⑦ 崔建远:《合同法总论》(中卷),中国人民大学出版社2016年版,第87页。

因此，在当事人互负债务，一方以对方没有履行非主要债务为由拒绝履行自己的主要债务的，人民法院不予支持的基本原则条件下，如果非主要债务的履行与合同目的的实现具有对价关系，或者说，"附随义务之未履行足以影响契约目的之达成者例外"，① 那么，就可以援用同时履行抗辩权，不能主张对方没有履行非主要债务为由拒绝履行自己的主要债务的履行，也即本条所规定的对方不履行非主要债务致使不能实现合同的除外。例如，根据《民法典》第595条规定："买卖合同是出卖人转移标的物的所有权于买受人，买受人支付价款的合同。"出卖人负有转移买卖物所有权的义务和《民法典》第209条、第214条及第215条规定中的房屋等不动产的物权变动以登记为生效要件的模式，房屋出卖人不协助办理移转登记手续，房屋所有人就不会移转给买受人，就意味着出卖人没有履行移转房屋所有权的义务。也就是说，出卖人协助办理移转登记手续的义务，在形式上为附随义务，实质上是移转买卖物所有权的主给付义务。于此场合，我们应当更加看重出卖人协助办理移转登记手续的实质，认定该项义务与买受人的付款义务形成同时履行，在出卖人怠于履行协助办理移转登记手续义务时，买受人有权行使同时履行抗辩权，拒付房款。②

（2）关于双方约定。同时履行抗辩权发生的前提条件是在同一双务合同中双方互负债务，其中，双方所负的债务之间具有相应性，根据《民法典》第525条所说的相应性，其中的根据之一，就是要根据当事人意志，也就是说要考虑双方的约定。如果当事人在合同中特定约定数项债务之间具有对应关系，应当认为两者之间具有对应关系。③ 即，在当事人具体明确地将某种附随义务约定为主给付义务时，无疑，应当尊重当事人的意思而将其认定为主给付义务。④

因此，除了前述当事人互负债务，一方以对方没有履行非主要债务为由拒绝履行自己的主要债务的，人民法院不予支持的基本原则以外，如果双方约定一方的非主要债务与另一方的主要债务之前是有对应关系、牵连关系，那么，就可以援用同时履行抗辩权，不能以对方没有履行非主要债务为由拒绝履行自己的主要债务，也即本条所规定的"当事人另有约定的除外"。

---

① 候国跃：《契约附随义务研究》，法律出版社2007年版，第320页。
② 参见崔建远：《合同法总论》（中卷），中国人民大学出版社2016年版，第88页。
③ 王利明：《合同法研究》卷2（第3版），中国人民大学出版社2015年版，第48页。
④ 最高人民法院民法典贯彻实施工作领导小组主编：《中华人民共和国民法典合同编理解与适用》（一），人民法院出版社2020年版，第429页。

二、关于"同时履行抗辩成立"

(一) 关于被告未反诉的

1. 关于主张抗辩。基于私法自治原则,无论是抗辩,还是抗辩权,都应当由当事人自行主张,而不能因构成要件的成就,自动发生对抗请求权的效力。法院或仲裁庭不得依职权主动适用抗辩权,并以之作为判断一方当事人免责的事由。①

2. 关于同时履行自己的债务。同时履行抗辩权的内涵应为:当一方不履行或不适当履行而要求对方作出履行时,对方有权拒绝其履行要求,它是对抗对方请求权的一种权利。② 或者说,只要证明双方没有履行先后顺序且对方没有履行或履行不符合约定,就可以拒绝进行相应的给付。一方当事人在请求对方进行给付时,也无须证明自己没有先为给付的义务或者已履行其给付义务。③ 基于同时履行抗辩权的关于同时履行这个基本原理,当事人一方起诉请求对方履行债务,被告依据《民法典》第 525 条的规定主张双方同时履行的抗辩且抗辩成立,被告未提起反诉的,人民法院应当判决被告在原告履行债务的同时履行自己的债务,与此同时,为贯彻同时履行的合同义务,为保证在民事执行阶段,同样能够保证同时履行原则的义务到位,因此,原告申请强制执行的,人民法院应当在原告履行自己的债务后对被告采取强制执行措施。

(二) 关于被告反诉的

基于同时履行抗辩权中的同时履行的要求,即未为对待给付以前,可拒绝履行自己的债务。因此,当事人一方起诉请求对方履行债务,被告依据《民法典》第 525 条的规定主张双方同时履行的抗辩且抗辩成立,被告提起反诉的,人民法院应当判决双方同时履行自己的债务,并在判项中明确任何一方申请强制执行的,人民法院应当在该当事人履行自己的债务后对对方采取强制执行行为。

三、关于"先履行抗辩成立"

先履行抗辩权,是指双务合同中应当先履行的一方当事人未履行或者履行债务不符合约定的,后履行的一方当事人享有拒绝对方履行请求或者拒绝对方相应履行请求的权利。④ 对于先履行抗辩权的构成要件来说,其中之一,就是要求双方所负债务已届清偿期、先履行一方到期未履行债务或未适当履行。其中包含这样的几层:

其一,关于违约。如果先履行的一方当事人已届履行期限,却不履行债务或不适

---

① 王利明主编:《中国民法典释评》(合同编·通则),中国人民大学出版社 2020 年版,第 315 页。
② 王利明:《合同法研究》卷 2(第 3 版),中国人民大学出版社 2015 年版,第 40 页。
③ 王利明主编:《中国民法典释评》(合同编·通则),中国人民大学出版社 2020 年版,第 320 页。
④ 黄薇主编:《中华人民共和国民法典合同编释义》,法律出版社 2020 年版,第 146 页。

当履行的,构成违约。

其二,关于抗辩权。应当先履行的当事人不履行义务,已到履行期的,后履行义务的一方当事人享有不履行合同的权利;应当先履行的当事人不适当履行合同,造成根本违约的,对方当事人享有不履行的权利;应当先履行的当事人不适当履行,构成部分履行,对方当事人有权就未履行部分拒绝给付,只对其相应给付。[1]

其三,关于抗辩。"如果先履行义务的一方在后履行义务的一方债务未届履行期时提出履行请求,则后履行义务的一方可以履行期未到,对方无履行请求权为由提出抗辩。"[2] 即,后履行义务的一方当事人的债务尚未到期,仍然享有期限利益,在后履行义务的一方当事人未放弃期限利益的情况下,负有先履行债务的一方当事人未依照合同约定履行债务,后履行债务的一方当事人为了保护自己的期限利益,或者说保证自己履行合同的条件,可以拒绝对方当事人请求自己履行。因此,由于先履行义务的一方当事人未能满足合同约定要求,债务尚未到期,其实体请求权不应予以支持。当然,(1)先履行抗辩权依存于合同的履行效力,不可能永久存续,当先履行一方纠正其违约行为,使合同的履行趋于正常,满足或基本满足另一方的履行利益时,先履行抗辩权消灭。[3] 在负有先履行义务的一方当事人在完成自己的先履行义务后,不妨碍其另行提起诉讼。(2)在当后履行义务的一方当事人的债务已经到期,已不存在期限利益的情形下,负有先履行义务的一方当事人基于其享有合同实体权利,亦可以另行提起诉讼。

【法律适用分歧】

一、发包方能否以承包未开具发票作为拒绝支付工程款的先履行抗辩事由问题

根据《民法典》第526条规定,先履行抗辩权,是指依照合同规定或法律规定,负有先履行义务的一方当事人,届期未履行义务或者履行义务严重不符合约定条件时,相对方为保护自己的期限利益或为保证自己履行合同的条件而中止履行合同的权利。先履行抗辩权本质上是对违约的抗辩,在这个意义上,先履行抗辩权可以成为违约救济权。

建设工程施工合同作为一种双务合同,依据其合同的本质,合同抗辩的范围仅限

---

[1] 胡康生主编:《中华人民共和国合同法释义》(第三版),法律出版社2013年版,第132页。
[2] 最高人民法院民法典贯彻实施工作领导小组主编:《中华人民共和国民法典合同编理解与适用》(一),人民法院出版社2020年版,第435页。
[3] 最高人民法院民法典贯彻实施工作领导小组主编:《中华人民共和国民法典合同编理解与适用》(一),人民法院出版社2020年版,第436页。

于对价义务，也就是说，一方不履行对价义务的，相对方才享有抗辩权。支付工程款义务与开具发票义务是两种不同性质的义务，前者是合同的主要义务，后者并非合同的主要义务，二者不具有对等关系。只有对等关系的义务，才存在先履行抗辩权的适用条件。如果不是对待关系的义务，就不能适用先履行抗辩权。

《民法典》第490条和第563条中都提及了"主要义务""主要债务"，主要义务，一般是指根据合同性质而决定的直接影响合同的成立及当事人订约目的的义务。例如，在买卖合同中，主要义务是一方交付标的物，另一方支付价款。合同中主要义务的特点在于，主要义务与合同的成立或当事人的缔约目的紧密相连，对主要义务的不履行将会导致债权人订立合同目的无法实现，债务人的违约行为会构成根本违约，债权人有权解除合同；在双务合同中如果一方不履行其依据合同所负有的主要义务，另一方有权行使抗辩权。《民法典》第788条第1款规定："建设工程合同是承包人进行工程建设，发包人支付价款的合同。"由此可知，建设工程施工合同的主要义务就是一方完成合同项下的建设工程，另一方依约支付工程款项。而开具发票的义务，显然不属于建设工程施工合同中的主要义务，一方当事人违反该义务，并不构成根本违约，另一方当事人不能仅仅因为未及时出具相应的发票而主张解除合同，也不能仅因此行使先履行抗辩权。

综上所述，在一方违反约定没有开具发票的情况下，另一方不能以此为由拒绝履行合同主要义务，即支付工程款。除非当事人明确约定：一方不及时开具发票，另一方有权拒绝支付工程款。这种情况就意味着双方将开具发票视为与支付工程款同等的义务。①

二、关于先履行抗辩权的行使是否需要明示的问题

对于先履行抗辩权的行使方式，是否必须采取明示的方式，存在争议。先履行抗辩权的行使是否需要明示，不宜一概而论，需要区分不同的情况：

1. 先履行一方不能履行、拒绝履行、迟延履行且未请求后履行一方履行时，后履行一方行使先履行抗辩权，无须明示。行使先履行抗辩权的表现是届期不履行债务，此时，应推定在先履行一方了解另一方是在行使自己的对抗权利。行使先履行抗辩权而未通知另一方，并不构成合同责任。

2. 在前述情形下，先履行一方请求后履行一方履行合同义务的，后履行一方应当对此作出回应，对是否行使履行抗辩权作出明确表示。

3. 当负有先履行义务的一方当事人的履行有重大瑕疵，或部分履行时，依诚信原

---

① 最高人民法院民事审判第一庭编著：《民事审判实务问答》，法律出版社2022年版，第79~80页。

则，后履行一方行使先履行抗辩权应当通知对方，给对方举证、解释、改正的机会，以防止损失扩大。①

【典型案例】

一、裁判规则：当事人互负债务，没有先后履行顺序的，应当同时履行。一方在对方履行之前有权拒绝其履行请求。一方在对方履行债务不符合约定时，有权拒绝其相应的履行请求

【法院】

陕西省高级人民法院

【案号】

（2021）陕民申353号

【当事人】

再审申请人（一审原告、反诉被告、二审上诉人）：王某荣

被申请人（一审被告、反诉原告、二审被上诉人）：韩某鹏等

【案由】

农村建房施工合同纠纷

【裁判观点】

同时履行抗辩权是指当事人互负债务，没有先后履行顺序的，应当同时履行。一方在对方履行之前有权拒绝其履行请求。一方在对方履行债务不符合约定时，有权拒绝其相应的履行请求。但本案合同约定为根据施工进度付款即完成工程进度后付款，合同约定并不符合同时履行抗辩权的构成要件，故王某荣所称行使同时履行抗辩权的理由，缺乏事实以及法律依据。

二、裁判规则：当事人互负债务，有先后履行顺序，应当先履行债务一方未履行的，后履行一方有权拒绝其履行请求

【法院】

上海市高级人民法院

【案号】

（2023）沪民终430号

---

① 最高人民法院民事审判第一庭编：《最高人民法院民事审判第一庭裁判观点》（民事合同卷·上），人民法院出版社2023年版，第363页。

【当事人】

上诉人（一审原告、一审反诉被告）：邦某（上海）网络技术有限公司（以下简称邦某公司）

被上诉人（一审被告、一审反诉原告）：广东某卡家居有限公司（以下简称某卡公司）

【案由】

计算机软件开发合同纠纷

【裁判观点】

根据《民法典》第 526 条的规定，当事人互负债务，有先后履行顺序，应当先履行债务一方未履行的，后履行一方有权拒绝其履行请求。先履行一方履行债务不符合约定的，后履行一方有权拒绝其相应的履行请求。涉案双务合同的双方当事人所承担的合同义务有先后履行顺序，邦某公司应当先开发完成符合合同约定要求的软件并向某卡公司进行交付，而某卡公司应在验收合格后向邦某公司支付相应开发费用。因邦某公司未能向某卡公司交付符合合同要求的软件，导致涉案软件开发合同的合同目的无法实现。因此，作为后履行一方，某卡公司基于其先履行抗辩权而拒绝邦某公司要求其履行支付剩余开发款项之请求，并不构成根本违约。原审法院由此对邦某公司相关诉请未予支持，并无不当。

【相关规定】

《民法典》第 525 条、第 526 条

第三十二条 【情势变更制度的适用】

合同成立后，因政策调整或者市场供求关系异常变动等原因导致价格发生当事人在订立合同时无法预见的、不属于商业风险的涨跌，继续履行合同对于当事人一方明显不公平的，人民法院应当认定合同的基础条件发生了民法典第五百三十三条第一款规定的"重大变化"。但是，合同涉及市场属性活跃、长期以来价格波动较大的大宗商品以及股票、期货等风险投资型金融产品的除外。

合同的基础条件发生了民法典第五百三十三条第一款规定的重大变化，当事人请求变更合同的，人民法院不得解除合同；当事人

一方请求变更合同，对方请求解除合同的，或者当事人一方请求解除合同，对方请求变更合同的，人民法院应当结合案件的实际情况，根据公平原则判决变更或者解除合同。

人民法院依据民法典第五百三十三条的规定判决变更或者解除合同的，应当综合考虑合同基础条件发生重大变化的时间、当事人重新协商的情况以及因合同变更或者解除给当事人造成的损失等因素，在判项中明确合同变更或者解除的时间。

当事人事先约定排除民法典第五百三十三条适用的，人民法院应当认定该约定无效。

【条文主旨】

本条是关于情势变更制度的适用的规定。

【司法适用】

本条系本《通则司法解释》中的重点条文之一。

1. 本条第1款是对《民法典》第533条中有关"重大变化"及其例外的细化规定。其中，"合同成立后，因政策调整或者市场供求关系异常变动等原因导致价格发生当事人在订立合同时无法预见的、不属于商业风险的涨跌，继续履行合同对于当事人一方明显不公平的，人民法院应当认定合同的基础条件发生了民法典第五百三十三条第一款规定的'重大变化'"，参考借鉴了2009年《民商事合同指导意见》第3条"人民法院要合理区分情势变更与商业风险。商业风险属于从事商业活动的固有风险，诸如尚未达到异常变动程度的供求关系变化、价格涨跌等。情势变更是当事人在缔约时无法预见的非市场系统固有的风险。人民法院在判断某种重大客观变化是否属于情势变更时，应当注意衡量风险类型是否属于社会一般观念上的事先无法预见、风险程度是否远远超出正常人的合理预期、风险是否可以防范和控制、交易性质是否属于通常的'高风险高收益'范围等因素，并结合市场的具体情况，在个案中识别情势变更和商业风险"的规定。

2. 本条第1款中的"合同涉及市场属性活跃、长期以来价格波动较大的大宗商品以及股票、期货等风险投资型金融产品的除外"，参考借鉴了2009年《民商事合同指导意见》第2条"人民法院在适用情势变更原则时，应当充分注意到全球性金融危机和国内宏观经济形势变化并非完全是一个令所有市场主体猝不及防的突变过程，而是一个逐步演变的过程。在演变过程中，市场主体应当对于市场风险存在一定程度的预见和判断。人民法院应当依法把握情势变更原则的适用条件，严格审查当事人提出的'无法预见'的主张，对于涉及石油、焦炭、有色金属等市场属性活泼、长期以来价格波动较大的大宗商品标的物以及股票、期货等风险投资型金融产品标的物的合同，更要慎重适用情势变更原则"的规定。

3. 本条第 2 款是规定存在情势变更时请求变更与请求解除的顺序问题及判断合同是否解除的细化规定；其中，第 2 款规定的"合同的基础条件发生了民法典第五百三十三条第一款规定的重大变化，当事人请求变更合同的，人民法院不得解除合同；当事人一方请求变更合同，对方请求解除合同的，或者当事人一方请求解除合同，对方请求变更合同的，人民法院应当结合案件的实际情况，根据公平原则判决变更或者解除合同"，参考借鉴了原《合同法司法解释二》第 26 条"合同成立以后客观情况发生了当事人在订立合同时无法预见的、非不可抗力造成的不属于商业风险的重大变化，继续履行合同对于一方当事人明显不公平或者不能实现合同目的，当事人请求人民法院变更或者解除合同的，人民法院应当根据公平原则，并结合案件的实际情况确定是否变更或者解除"的规定。

4. 本条第 2 款中的"根据公平原则判决变更或者解除合同"，参考借鉴了 2009 年《民商事合同指导意见》第 1 条"当前市场主体之间的产品交易、资金流转因原料价格剧烈波动、市场需求关系的变化、流动资金不足等诸多因素的影响而产生大量纠纷，对于部分当事人在诉讼中提出适用情势变更原则变更或者解除合同的请求，人民法院应当依据公平原则和情势变更原则严格审查"和第 4 条"在调整尺度的价值取向把握上，人民法院仍应遵循侧重于保护守约方的原则。适用情势变更原则并非简单地豁免债务人的义务而使债权人承受不利后果，而是要充分注意利益均衡，公平合理地调整双方利益关系"的规定。

5. 本条第 4 款是约定排除强制性规范的效力规定，即当事人是否可以约定排除适用法律规范及其效力。

一、关于情势变更

（一）关于合同的情势变更的背景

情势变更制度，是指合同依法成立后，客观情况发生了无法预见的重大变化，致使原来订立合同的基础丧失或者动摇，如继续履行合同则对一方当事人明显不公正，因此，允许变更或者解除以维持当事人之间的公平。① 这一制度通过赋予审判机构可以适当地直接干预合同关系，从而使民商法律关系的调整能够主动积极地适应社会变化，动态平衡当事人利益冲突，维护一个国家正常的经济流转。

关于情势变更原则在法律上的确定。之前，我国法律中并没有明文规定情势变更原则；1999 年《合同法》在最后通过时，删除了有关情势变更原则的有关条文。2009 年《合同法司法解释二》第 26 条首次以司法解释的形式规定了情势变更制度，该条规定"合同成立以后客观情况发生了当事人在订立合同时无法预见的、非不可抗力造成的不属于商业风险的重大变化，继续履行合同对于一方当事人明显不公平或者不能实现合同目的，当事人请求人民法院变更或者解除合同的，人民法院应当根据公平原则，并结合案件的实际情况确定是否变更或者解除"。

2009 年《民商事合同指导意见》第 1 条、第 2 条、第 3 条和第 4 条对于情势变更制度进行了细化性规定。《民法典》第 533 条在原《合同法司法解释二》第 26 条的基础上，在法律上明确地对情势变更进行了规定。其中：（1）原《合同法司法解释二》中规定的"合同成立以后客观情况"，《民法典》第 533 条修改为"合同成立后，合同的基础条件"；（2）删除了原《合同法司法解释二》第 26 条中有关情势变更的适用条件之"非不可抗力造成的"的规定；（3）将原《合同法司法解释二》第 26 条中的"一方当事人"，修改为《民法典》第 533 条中的"当事人一方"；（4）删除了原《合同法司法解释二》中规定的前提条件中的"或者不能实现合同目的"，修改和增加规定为"受不利影响的当事人可以与对方重新协商；在合理期限内协商不成的"；（5）将原《合同法司法解释二》第 26 条中的"当事人请求人民法院变更或者解除合同的"，修改和增加为"当事人可以请求人民法院或者仲裁机构变更或者解除合同"；（6）将原《合同法司法解释二》第 26 条规定中的"人民法院应当根据公平原则，并结合案件的实际情况确定是否变更或者解除"，修改并增加规定为"人民法院或者仲裁机构应当结合案件的实际情况，根据公平原则变更或者解除合同"。

（二）情势变更的适用条件

情势变更的适用情形具体适用应满足以下条件：

第一，在订立合同时无法预见的。预见的主体为因情势变更而遭受不利益的一方当事人。

第二，在合同成立后、履行完毕前，客观情况发生了重大变化。如果是在合同成立前或者履行完毕后，则情势变更与合同无关。重大变化既非不可抗力造成的，也不

---

① 黄薇主编：《中华人民共和国民法典合同编释义》，法律出版社 2020 年版，第 157~158 页。

属于商业风险。可以这样认为，合同的基础条件发生重大变化是在受不利影响的一方迟延履行后发生的，其不能请求变更或者解除合同。主要理由是《民法典》第 590 条第 2 款规定，当事人迟延履行后发生不可抗力的，不免除其违约责任。一般情况下，不可抗力比合同基础条件的重大变化对合同的影响程度更大。在迟延履行的情况下，当影响较大的不可抗力因素尚且不能免责的话，则影响较小的重大变化也不能主张变更或者解除合同，否则，不利于保护诚信守约方的利益。[①]

第三，不可归责性。客观情况的重大变化具有不可归责性，不属于当事人所能控制的，既不可归责于当事人，也不是当事人在订立合同时可以预见的。或者说，情势变更不属于受不利影响方所能控制。

第四，客观情况的重大变化导致继续履行合同对于一方当事人明显不公平，或者不能实现合同目的，即导致当事人之间的利益严重失衡。这是适用情势变更原则的实质性条件。

二、关于"重大变化"

（一）严格区分商业风险与情势变更

原《合同法司法解释二》第 26 条和《民法典》第 533 条都明确了适用情势变更的一个基础性前提条件是"重大变化"。这里主要是涉及商业风险与情势变更的"界限"问题。商业风险，是指商人在从事商业活动中所应承担的正常可能损失。从事商业活动，必定承担一定的商业风险。在一般情况下，物价的涨落、通货膨胀、货币贬值、政策调整、市场供求关系异常变动等都是商业风险的内容之一，但是，如果这种商业风险达到一定的程度，或者说如果继续履行会导致对当事人一方明显不公平的，也即合同的继续有效是建立在双方当事人"订立合同时"的情势的存在为前提的，而如果在"订立合同时"这一情势的存在因为"特殊情况"发生了重大变化或已不复存在了，如继续一味绝对地、僵化地坚持契约严守原则，不但会违反诚实信用原则，而且会导致双方当事人的权利义务关系发生严重失衡，违背了合同订立时的"合意"，那么，应当允许对"超越"双方当事人预见或者应当预见的商业风险界限"进入"情势变更范畴的理由，进行变更或解除合同。

因此，为了维护市场交易秩序和鼓励交易，防止当事人一方随意利用情势变更原则实质上或变相否定合同约束力，就需要严格区分商业风险与情势变更。从商业风险

[①] 最高人民法院研究室编著：《〈全国法院贯彻实施民法典工作会议纪要〉条文及适用说明》，人民法院出版社 2021 年版，第 51 页。

到情势变更是"一个量变到质变的过程,而转折点在实践中很难用一个确切的数值表达",① 由于正常的商业风险与情势变更之间法律无法划定统一的标准,在判断情势变更制度的适用中如何认定构成"重大变化",可以考虑以下六个方面:

第一,这种重大变化是一种客观情况,要达到足以动摇合同基础的程度。

第二,这种重大变化应发生在合同成立后至履行完毕前后期间内。

第三,这种重大变化应当是当事人在订立合同时无法预见的,也就是说,变更的程度已经超出了一个正常的从事商业活动的经营者所可以预料或应当预料的范围。

第四,这种重大变化不能属于商业风险。②

第五,风险损失与可能得到的营利之间的比例已经严重失调。

第六,变更结果导致一方得利,另一方损失严重。③ 一般认为,正常的价格变动是商业风险,但因政策变动或者供求关系的异常变动导致价格发生当事人在订立合同时无法预见的涨跌,按照原定价格继续履行合同将带来显失公平的结果,则应当认定发生了情势变更。这里有一个从量变到质变的过程。正常的价格变动是量变,是商业风险,但如果超出了量的积累,达到了质的变化,则应当认定为情势变更。所谓质的变化,要求价格的变化必须异常,从而使当事人一方依照合同的约定履行将导致明显不公平。④

结合上述因素,可以考虑因政策调整或者市场供求关系异常变动导致价格发生常人无法合理预见的涨跌,继续履行合同对于当事人一方明显不公平的,可以作为判断重大变化的一个标准。如当事人签订具有合作性质的长期性合同,因政策变化对当事人履行合同产生影响,但该变化不属于订立合同时无法预见的重大变化,按照变化后的政策要求予以调整亦不影响合同继续履行,且继续履行不会对当事人一方明显不公平,该当事人不能依据《民法典》第533条请求变更或者解除合同。该当事人请求终止合同权利义务关系,守约方不同意终止合同,但双方当事人丧失合作可能性导致合同目的不能实现的,属于《民法典》第580条第1款第2项规定的"债务的标的不适于强制履行",应根据违约方的请求判令终止合同权利义务关系并判决违约方承担相应

---

① 杨立新:《民法思维与司法对策》(上),北京大学出版社2017年版,第1165页。
② 黄薇主编:《中华人民共和国民法典合同编释义》,法律出版社2020年版,第160页。
③ 杨立新:《民法思维与司法对策》(上),北京大学出版社2017年版,第1165页。
④ 《准确适用民法典合同编通则 确保裁判尺度统一》——最高人民法院民二庭、研究室负责人就《最高人民法院关于适用〈中华人民共和国民法典〉合同编通则若干问题的解释》答记者问,载《人民法院报》2023年12月6日。

的违约责任。①

(二) 例外情形

当然，判断重大变化也存在"例外情形"。最高人民法院法函〔1992〕27号复函中指出，"在合同履行过程中，由于发生了当事人无法预见和防止的情事变更，即生产煤气表散件的主要原材料铝锭的价格，由签订合同时国家定价为每吨4400元至4600元，上调到每吨16000元，铝外壳的售价也相应由每套23.085元上调到41元，如果要求重庆检测仪表厂仍按原合同约定的价格供给煤气表散件，显失公平"。结合2009年《民商事合同指导意见》第2条规定："……市场主体应当对于市场风险存在一定程度的预见和判断。人民法院应当依法把握情势变更原则的适用条件，严格审查当事人提出的'无法预见'的主张，对于涉及石油、焦炭、有色金属等市场属性活泼、长期以来价格波动较大的大宗商品标的物以及股票、期货等风险投资型金融产品标的物的合同，更要慎重适用情势变更原则。"

因此，考虑到这些大宗商品自身长期以来价格波动较大的特殊性质、国际市场因素和其正常商业风险远远不同于国内其他一般性商品的属性，无法用一个统一的标准来划清正常商业风险和情势变更的区别。因此，为避免破坏和滥用情势变更原则和对信守合同原则的冲突，对合同涉及市场属性活泼、长期以来价格波动较大的大宗商品以及股票、期货等风险投资型金融产品的除外。

三、关于请求"变更"与"解除"的顺序

(一) 再交涉制度的前置程序

原《合同法司法解释二》第26条规定的是"……非不可抗力造成的不属于商业风险的重大变化，继续履行合同对于一方当事人明显不公平或者不能实现合同目的，当事人请求人民法院变更或者解除合同的……"而《民法典》第533条规定的是："……不属于商业风险的重大变化，继续履行合同对于当事人一方明显不公平的，受不利影响的当事人可以与对方重新协商；在合理期限内协商不成的，当事人可以请求人民法院或者仲裁机构变更或者解除合同……"其中增加了一个前提条件："受不利影响的当事人可以与对方重新协商；在合理期限内协商不成的。"尽管关于这种"再交涉义务"是权利还是义务存在一定的争议，但"本条则将重新协商作为一项法定的前置条件"。②"仅从本条文的安排上看，当事人再交涉是诉讼或仲裁之前的强制前置程序，只有合理

---

① 参见《最高人民法院发布民法典合同编通则司法解释相关典型案例》，载最高人民法院网站，https://www.court.gov.cn/zixun/xiangqing/419392.html，最后访问时间：2023年12月17日。

② 王利明主编：《中国民法典释评》(合同编·通则)，中国人民大学出版社2020年版，第345页。

期限内协商不成的，当事人才可以请求法院或仲裁机构变更或解除合同。"① 即《民法典》第 533 条引入"重新协商"（Renegotiation，"再交涉"）观念，就情势变更的法律后果，分为两个层次加以规定。第一个层次是由当事人进行的自律解决（"受不利影响的当事人可以与对方重新协商"）；第二个层次是由人民法院或者仲裁机构进行的他律解决（"人民法院或者仲裁机构变更或者解除合同"）。②

（二）关于"请求变更合同"的"优先性"

基于合同具有法律约束力，结合《民法典》第 533 条所规定的"再交涉义务"或者"再协商义务"，关于再交涉义务的履行标准，针对再交涉义务的履行，只要当事人依据诚信原则和公平原则进行了协商即可，并不要求当事人必须达成新合同或达到某一特定的结果，因此，该义务并非一种"结果义务"，而为"行为义务"。③

1. 关于重新协商

《民法典》第 533 条基于诚信原则增加了当事人再协商义务。在一方认为发生情势变更、自己履行合同权利义务受到严重损害的情况下，其应当及时向对方提出变更的请求，提出调整合同权利义务的具体方案，并说明提出请求的合理理由。对方当事人也要基于诚信、善意，根据自己对于合同基础条件变化及其对合同权利义务的影响的认识，对是否构成情势变更予以及时回应；在认可情势变更的情况下，应当认真研判对方提出的方案，并及时就相关内容与对方进行磋商。④

《民法典》合同编中主要体现为所有的规则设计，都应当尽可能地促成合同关系成立；都应该让成立的合同，尽可能地成为生效的合同；都应该让生效合同中的债权尽可能地得以圆满实现。如果这样的目标实现了，才能使得交易成为现实，鼓励交易的宗旨才能真实得到实现。⑤ 重新协商的立法目的，基于鼓励交易原则和诚实信用原则，尽可能地在维持原有合同效力的基础上，重新平衡当事人的利益关系的考量，从而稳定合同关系和社会经济秩序。

2. 重新协商不成的，应当首先请求变更合同

一般而言，从鼓励交易原则、维护社会经济秩序的稳定和尊重当事人意思自治的

---

① 谢鸿飞、朱广新主编：《民法典评注：合同编 通则》（第 1 册），中国法制出版社 2020 年版，第 529 页。
② 韩世远：《合同法学》（第二版），高等教育出版社 2022 年版，第 167 页。
③ 最高人民法院民法典贯彻实施工作领导小组主编：《中华人民共和国民法典合同编理解与适用》（一），人民法院出版社 2020 年版，第 487 页。
④ 王利明主编：《中国民法典释评》（合同编·通则），中国人民大学出版社 2020 年版，第 346 页。
⑤ 王轶：《民法典合同编理解与适用的重点问题》，载最高人民法院政治部编：《人民法院大讲堂：民法典重点问题解读》，人民法院出版社 2021 年版，第 156 页。

角度出发，人民法院应当优先考虑变更，唯有在仍无法解决利益失衡时方予以解除。① "如果未达到严重困难的程度，应当判断或裁判变更。"② 基于鼓励交易的考虑，法院或仲裁机构原则中应当通过变更合同来解决问题，即增减标的物的数量、同种类给付的变更、调整价款金额、将履行期延期或将一次履行变为分批履行、将先履行变为后履行等方式，变更原合同的内容，使原合同能够在公平的基础上得到履行。③ 因此，正是由于重新协商不成后应当首先请求合同变更，而不是协商不成就一律解除合同，而是尽可能地维护当事人的合同关系，故而，合同的基础条件发生了《民法典》第533条第1款规定的重大变化，当事人请求变更合同的，人民法院不得解除合同。

3. 关于"根据公平原则"

关于本条第2款中的"根据公平原则判决变更或者解除合同"中的"公平原则"。2009年《民商事合同指导意见》第1条规定："当前市场主体之间的产品交易、资金流转因原料价格剧烈波动、市场需求关系的变化、流动资金不足等诸多因素的影响而产生大量纠纷，对于部分当事人在诉讼中提出适用情势变更原则变更或者解除合同的请求，人民法院应当依据公平原则和情势变更原则严格审查。"第4条规定："在调整尺度的价值取向把握上，人民法院仍应遵循侧重于保护守约方的原则。适用情势变更原则并非简单地豁免债务人的义务而使债权人承受不利后果，而是要充分注意利益均衡，公平合理地调整双方利益关系。"

其一，基础条件。双方当事人签订合同后至履行完毕前，原先双方签订合同时的基础条件如果发生了异常变化，超出了签订合同时双方当事人可预见的法律后果，不符合订立合同时双方当事人的心理预期，需要到司法机关或仲裁机关对失衡状态进行一次调整，主要是基于民事法律关系当事人之间的对等原则上，注重实质意义上的平等，能够尽可能保持公平。

其二，意思自治。意思自治是合同法的基石，应当得到双方当事人的严格遵守，情势变更是为了实现合同正义，对意思自治所作的调整，但这种调整必须限制在非常必要的情形内。合同严守是原则，情势变更只能是例外。只有在继续履行合同对于一方当事人明显不公平时，才可能适用情势变更制度，对当事人之间的权利义务关系进行干预和调整。④

---

① 韩世远：《情势变更若干问题研究》，载《中外法学》2014年第3期。
② 谢鸿飞、朱广新主编：《民法典评注：合同编 通则》（第1册），中国法制出版社2020年版，第529页。
③ 史尚宽：《债法总论》，中国政法大学出版社2000年版，第456页。
④ 黄薇主编：《中华人民共和国民法典合同编释义》，法律出版社2020年版，第161页。

其三，鼓励交易。《民法典》合同编的立法宗旨是鼓励交易。[①]《民法典》的各个裁判规则的设计中都包含着鼓励交易的"因子"，尽可能地让成立的合同成为有效合同；尽可能地减少合同无效的情形；尽可能地促成合同变更而不是一味追求合同解除；尽可能地让生效合同的债权能够最大化实现，只有这样才能使交易便利实现，才有助于真正实现鼓励交易的立法宗旨。

四、关于"综合考虑"

（一）关于"合同基础条件发生重大变化的时间"

根据《民法典》第533条规定，变更的情势须发生在合同成立后到消灭前，在这个"时间段"内，需要考虑到合同基础条件的变化，主要是合同是在此基础上建立起来的，当事人的合理预期也是建立在合同基础条件上的。根据大陆法系国家确立情势变更原则的理论依据中的"法律行为基础说"，"就合同而言，合同的有效存续，应当以订立时特定环境的存续为条件，如果订立合同所依据的客观因素发生重大变化，合同的效力也应当作相应变更"。[②] 即随着基础条件的重大变化，订立之初的当事人此种预期被打破，则当事人之间的权利义务就会发生一定的失衡。这种失衡达到明显不公平的地步，基于诚实信用原则，就需要通过当事人的协商或公权力的介入重新调整当事人的权利义务关系或解除合同，以实现实质上的公平。[③]

（二）关于"重新协商情况"

根据《民法典》第533条所规定的重新协商，即再交涉义务，从契约严守的立场出发，法律首先倾向于最大限度地维持既有的法律关系，应当首先适用重新协商的方式对情势变更的合同进行调整，变更合同是在原合同的基础上，仅就合同不公正之点予以变更，使其双方的权利义务趋于平衡，只有在通过变更合同仍不足以排除不公正的后果时，扩张采取终止或消灭原合同的措施。[④]

（三）关于"解除给当事人造成的损失"

根据《民法典》第566条规定，合同解除和违约损害赔偿都是违约的救济措施，两者并行不悖，合同解除后，仍然可以请求违约损害赔偿，也即赔偿履行利益。[⑤] 因情

[①] 王轶：《民法典合同编理解与适用的重点问题》，载最高人民法院政治部编：《人民法院大讲堂：民法典重点问题解读》，人民法院出版社2021年版，第155页。
[②] 杨立新：《民法思维与司法对策》（上），北京大学出版社2017年版，第1167页。
[③] 王利明主编：《中国民法典释评》（合同编·通则），中国人民大学出版社2020年版，第345页。
[④] 江必新、何东宁等：《最高人民法院指导性案例裁判规则理解与适用》（合同卷一，第二版），中国法制出版社2018年版，第273页。
[⑤] 黄薇主编：《中华人民共和国民法典合同编释义》，法律出版社2020年版，第242页。

势变更而不能履行合同的一方,应当赔偿对方因此受到的损失,该赔偿应当使对方的财产状态达到若未发生情势变更、合同得到圆满履行的状态,在计算对方的履行利益时,应当依据情势变化达到区分商业风险与情势变更"临界状态"时的市场状况来确定。①

(四) 关于"明确合同变更或者解除的时间"

1. 关于情势变更中合同变更与解除请求权的法律性质。《民法典》第562条和第563条规定协商解除权、约定解除权和法定解除权,这些是当事人本身所享有的实体权利,即当事人所享有的实体请求权;而情势变更制度中的合同变更和解除权,并非民事实体法规定的实体请求权,仅仅是一种程序上的请求,即"仅是在程序上可以向法院或者仲裁机构提出要求,仅是对变更或者解除合同存有一种可能性,最终是否变更或者解除合同,是否有必要对当事人的权利义务进行调整及如何调整,由人民法院或者仲裁机构审酌判定"。②

2. 关于变更或解除合同的时间问题。变更合同,通常会对当事人的合同权利义务整体进行调整,既涉及已经履行的部分,也涉及将要履行的部分,在法院作出裁判时产生法律效力,一般不会产生理解上的分歧。但在判决解除合同时,因为解除的时间点是清算的基准点,直接影响恢复原状、采取其他补救措施及赔偿损失等后果的承担,对于当事人利益影响巨大,③因此,需要在判项中明确合同变更或者解除的时间。

(五) 关于"约定排除"无效

情势变更原则体现了国家通过司法权对合同自由的干预,因此,当事人事先约定排除情势变更原则适用的约定应被认定无效。④

【法律适用分歧】

关于适用情势变更的层报问题

原《合同法司法解释二》第26条⑤确立情势变更后,最高人民法院发布了《关于

---

① 王利明主编:《中国民法典释评》(合同编·通则),中国人民大学出版社2020年版,第348页。
② 黄薇主编:《中华人民共和国民法典合同编释义》,法律出版社2020年版,第161~162页。
③ 最高人民法院研究室编著:《〈全国法院贯彻实施民法典工作会议纪要〉条文及适用说明》,人民法院出版社2021年版,第51页。
④ 《准确适用民法典合同编通则 确保裁判尺度统一》——最高人民法院民二庭、研究室负责人就《最高人民法院关于适用〈中华人民共和国民法典〉合同编通则若干问题的解释》答记者问,载《人民法院报》2023年12月6日。
⑤ 原《合同法司法解释二》第26条规定:"合同成立以后客观情况发生了当事人在订立合同时无法预见的、非不可抗力造成的不属于商业风险的重大变化,继续履行合同对于一方当事人明显不公平或者不能实现合同目的,当事人请求人民法院变更或者解除合同的,人民法院应当根据公平原则,并结合案件的实际情况确定是否变更或者解除。"

正确适用〈中华人民共和国合同法〉若干问题的解释（二）服务党和国家的工作大局的通知》，要求对于在个案中确需适用情势变更制度的，应当由高级人民法院审核，必要时应报请最高人民法院审核。这一做法符合当时的实际情况。

在《民法典》正确确立情势变更制度之后，法官可以正常援引情势变更条文处理民事纠纷案件。但在调研过程中，部分法官认为在民法典时代，适用情势变更制度仍然要遵循此前的层报制度。笔者认为，情势变更制度已经是民法典正式确立的制度，只是应当适用民法典的案件，人民法院就可以直接援引民法典的有关条文进行裁判，但如果相关案件的法律适用问题属于疑难复杂的情形，则有必要依照相应规定进行请示。①

【典型案例】

一、裁判规则：情势变更制度适用目的是在合同订立后因客观情势发生重大变化、导致当事人之间权利义务严重失衡的情形下，通过变更或者解除合同，以消弭合同因情势变更所产生的不公平后果

【法院】

最高人民法院

【案号】

（2020）最高法民终629号

【当事人】

上诉人（一审被告、反诉原告）：中某二局建设有限公司

被上诉人（一审原告、反诉被告）：厦门滕某房地产开发有限公司

【案由】

股东出资纠纷

【裁判观点】

根据《民法典》第533条、《合同法司法解释二》第26条规定，此为情势变更制度的法律依据。该制度的适用目的是在合同订立后因客观情势发生重大变化、导致当事人之间权利义务严重失衡的情形下，通过变更或者解除合同，以消弭合同因情势变更所产生的不公平后果。

---

① 最高人民法院研究室编著：《〈全国法院贯彻实施民法典工作会议纪要〉条文及适用说明》，人民法院出版社2021年版，第49页。

二、裁判规则：合同的基础条件发生了当事人在订立合同时无法预见的、不属于商业风险的重大变化，继续履行合同对于一方明显不公平

【法院】

河南省高级人民法院

【案号】

（2022）豫知民终404号

【当事人】

上诉人（原审被告）：郑州小某教育科技有限公司

被上诉人（原审原告）：河南必某教育科技有限公司（以下简称必某公司）

【案由】

特许经营合同纠纷

【裁判观点】

双方在签订案涉合同时并不能够预见此后国家推行的"双减政策"，且"双减政策"不属于商业风险范畴。上述情况可以表明，案涉合同成立后，合同的基础条件发生了当事人在订立合同时无法预见的、不属于商业风险的重大变化，继续履行合同对于必某公司一方明显不公平。故一审法院支持必某公司解除合同的请求并无不当，法院予以维持。

【相关规定】

《民法典》第533条、第563条；原《合同法司法解释二》第26条；2009年《民商事合同指导意见》第1条、第2条、第3条、第4条

五、合同的保全

根据《民法典》合同编中的第一分编"通则"下的第五章"合同的保全"部分（第535条至第542条），本《通则司法解释》关于"五、合同的保全"部分，共有14条规定，分别是：

1. 第三十三条："怠于行使权利影响到期债权实现的认定。"本条是关于如何认定债务人怠于行使其到期债权或者与该债权有关的从权利，影响债权人的到期债权实现的规定，涉及的基础理论主要包括代位权理论、从权利理论等。

2. 第三十四条："专属于债务人自身的权利。"本条是关于如何认定专属于债务人自身的权利的规定，涉及的基础理论主要包括给付请求权等。

3. 第三十五条："代位权诉讼的管辖。"本条是关于如何认定债权人依据《民法典》第535条规定提起代位权诉讼时的管辖确定问题，涉及的基础理论主要包括专属管辖、协议管辖等。

4. 第三十六条："代位权诉讼与仲裁协议。"本条是关于如何认定代位权诉讼不受仲裁协议条款的约束的规定，涉及的基础理论主要包括仲裁协议、法院主管等。

5. 第三十七条："代位权诉讼中债务人、相对人的诉讼地位及合并审理。"本条是关于代位权诉讼中债务人、相对人的诉讼地位及合并审理、多个债权人受偿比例的规定，涉及的基础理论主要包括第三人理论、合并审理等。

6. 第三十八条："起诉债务人后又提起代位权诉讼。"本条是如何认定债权人起诉债务人之后又提起代位权诉讼的问题，涉及的基础理论主要包括地域管辖、诉的利益等。

7. 第三十九条："代位权诉讼中债务人起诉相对人。"本条是关于如何认定代位权诉讼中债务人起诉相对人的问题，涉及的基础理论主要包括民事诉讼处分原则、代位执行等。

8. 第四十条："代位权不成立的处理。"本条是关于如何认定在代位权诉讼中债权人不符合行使代位权条件时的处理规则，涉及的基础理论主要包括诉讼要件、权利保护要件、诉权理论等。

9. 第四十一条："代位权诉讼中债务人处分行为的限制。"本条是关于如何认定代位权诉讼中债务人处分应当受到限制的规定，涉及的基础理论主要包括债权保全理论、入库理论等。

10. 第四十二条:"债权人撤销权诉讼中明显不合理低价或者高价的认定。"本条是关于如何认定债权人撤销权诉讼中显明不合理低价或者高价认定规则的规定,涉及的基础理论主要包括债权诈害理论、责任财产理论等。

11. 第四十三条:"其他不合理交易行为的认定。"本条是关于债务人实施其他不合理交易行为损害债权人利益时,债权人可以依据《民法典》第 539 条规定请求撤销该行为的规定,涉及的基础理论主要包括互易财产、有偿处分行为等。

12. 第四十四条:"债权人撤销权诉讼的当事人、管辖和合并管理。"本条是如何认定债权人撤销权诉讼中债务人和相对人的诉讼地位、管辖和合并审理的规定,涉及的基础理论主要包括撤销权诉讼、适格当事人等。

13. 第四十五条:"债权人撤销权的效力范围及必要费用的认定。"本条是关于如何认定撤销权的行使范围及行使撤销权诉讼所产生的必要费用的范围的规定,涉及的基础理论主要包括行为标的等。

14. 第四十六条:"撤销权行使的法律后果。"本条主要是关于如何认定撤销权行使的法律后果和实现方式的规定,涉及的基础理论主要包括形式诉权、请求权理论等。

> **第三十三条　【怠于行使权利影响到期债权实现的认定】**
>
> 债务人不履行其对债权人的到期债务,又不以诉讼或者仲裁方式向相对人主张其享有的债权或者与该债权有关的从权利,致使债权人的到期债权未能实现的,人民法院可以认定为民法典第五百三十五条规定的"债务人怠于行使其债权或者与该债权有关的从权利,影响债权人的到期债权实现"。

【条文主旨】

本条是关于怠于行使权利影响到期债权实现的认定的规定。

【司法适用】

本解释第五部分"合同的保全"中的内容,许多源自原《合同法司法解释一》的内容。其中,本解释第32条至第39条中关于代位权制度的解释条文根源于原《合同法司法解释一》中"四、代位权"部分的第11条至第22条的内容;本解释第40条至第45条中关于撤销权制度的解释条文根源于原《合同法司法解释一》中"五、撤销权"部分的第23条至第26条,并在此基础上,结合《民法典》和《民法典会议纪要》中的有关条文修订而成。

本条规定是对《民法典》第535条第1款规定中的"因债务人怠于行使其债权或者与该债权有关的从权利,影响债权人的到期债权实现的"细化规定。本条来源于《民法典会议纪要》第8条和原《合同法司法解释一》第13条的规定。

1. 条文演变。《民法典会议纪要》第8条是关于债务人怠于行使权利影响债权人到期债权实现的认定,是由原《合同法司法解释一》第13条修改而来。并且,该条对标《民法典》第535条1款("因债务人怠于行使其债权或者与该债权有关的从权利,影响债权人的到期债权实现的")修改了原《合同法司法解释一》第13条中的有关表述,特别是删除了原条文("是指债务人不履行其对债权人的到期债务,又不以诉讼方式或者仲裁方式向其债务人主张其享有的具有金钱给付内容的到期债权……应当承担举证责任")对到期债权所作的"具有金钱给付内容"的限定。

2. 代位权的设立。债权人的代位权,是指债权人依法享有的为保全其债权,在债务人怠于行使自己的权利而妨害债权人债权实现时,依法以自己的名义代位行使属于债务人权利的权利。债权人的代位权是对传统债法理论和合同法理论中的合同相对性原则的突破，行使代位权，旨在保全债务人的财产，维护债权人的利益。我国 1999 年《合同法》第 73 条第 1 款规定，"因债务人怠于行使其到期债权，对债权人造成损害的，债权人可以向人民法院请求以自己的名义代位行使债务人的债权，但该债权专属于债务人自身的除外"，是首次在法律确立代位权制度。

原《合同法司法解释一》对《合同法》第 73 条规定的代位权诉讼的条件、专属债权、到期债权、诉讼管辖等进行详细解释，进一步完善了代位权制度。提起代位权诉讼的，一般认为，需要符合六个条件：（1）债权人对债务人的债权合法；即债务人对次债务人的到期债权还应当确定具有金钱给付内容，而不是债务人怠于主张其他权利，如物上请求权；（2）债务人怠于行使其到期债权，对债权人造成损害；（3）债权人对债务人的债权已经到期；（4）债务人的债权已到期；（5）债权人代债务人行使债权请求权；（6）债务人的债权不是专属于债务人自身的债权。

关于设立代位权制度的原因。在民事法律行为或者合同履行过程中，由于债权人不能支配债务人的财产，如果任由债务人随意处分财产、减少其责任财产的数量，就会当然影响到债权人的债权实现程度，所以，随着时代发展的需要和合同理论的发展，法律不再僵化地、固执地、绝对地理解和执行"合同相对性"原理，而是与时俱进，发挥法律作为上层建筑服务于经济基础的功能，在一定条件下，赋予债权人干预债务人处分其责任财产的权利。其中就包括，不管债务人是出于什么心态，当债务人消极怠于行使其权利，对于其责任财产的实质性减少"听之任之"，这必然会影响到债权人的债权能否实现以及实现的程度，通过设置代位权诉讼制度，可以让债权人"该出手时就出手"，去维持债务人的责任财产，从而最大限度地保全自己债权的顺利实现。当然，如果债务人"主动追求"其责任财产减少时，法律设置了撤销权制度，债权人可以通过行使撤销权的方式，恢复债务人的责任财产，从而有效地防止债务人责任财产的不当减少，最大限度地保全债权人的债权实现。

一、民法典上代位权制度的调整

《民法典》第 535 条"因债务人怠于行使其债权或者与该债权有关的从权利，影响债权人的到期债权实现的，债权人可以向人民法院请求以自己的名义代位行使债务人对相对人的权利，但是该权利专属于债务人自身的除外。代位权的行使范围以债权人的到期债权为限。债权人行使代位权的必要费用，由债务人负担。相对人对债务人的抗辩，可以向债权人主张"相较于原《合同法》第 73 条"因债务人怠于行使其到期债权，对债权人造成损害的，债权人可以向人民法院请求以自己的名义代位行使债务人的债权，但该债权专属于债务人自身的除外。代位权的行使范围以债权人的债权为限。

债权人行使代位权的必要费用，由债务人负担"来说，核心意旨在于扩大对债权人债权的保护力度和范围。

从微观角度来看，通过代位权制度可以有效保证债务人的责任财产不因一些债务人主观因素而不当减少，从而保证债权人的债权的实现；从中观角度来看，代位权制度作为民事执行制度的有力保障措施，有利于在化解债权债务纠纷的同时，保证债权的实质实现，从而发挥法律的制度保障作用；从宏观角度来看，代位权制度可以保证诚信原则的落实，抑制多角债务及恶意转移财产等不诚信现象，促进民事主体之间对物的流转和财产关系的调整，维护商品交换关系的有序推进，实现鼓励交易的市场目标，从而在整体上实现市场经济的健康发展。为了实现法的目的，这些代位权规定的法律调整，主要表现为"四扩大一限缩"：

一是客体范围的扩大。从"怠于行使到期债权"扩大为"怠于行使其债权或者与该债权有关的从权利"。"将代位权的客体限定为'债务人的债权'，范围过于狭窄，不利于保护债权人的债务"，故"把代位权所行使的标的从原先的债权扩大到与该有关的从权利。从权利主要指担保，包括人保和物权"。

二是行使要件的扩大。从"对债权人造成损害的"扩大为"影响债权人的到期债权实现的"。其一，"到期债权实现"较"造成损害"更为精确，更易实务操作；其二，"影响实现"较"造成损害"的范围更广，保护力度和范围更大；其三，需要与《民法典》第536条的"保存行为"相组合，一并构成完整的代位权适用范围。

三是次债权范围的扩大。从"行使债务人的债权"扩大为"行使债务人对相对人的权利"。即作为扩大代位权客体范围的一部分，由"相对人"取代了"次债务人"，原因是："'次债务人'指的是债务人的债务人，而不能包括为债务人的债权提供担保的抵押人、质押人、保证人等担保人，而使用'相对人'的概念则涵盖范围可以更广。"

四是除外条款范围的扩大。从"债权"扩大到"权利"，即从"但该债权专属于债务人自身的除外"扩大为"但是该权利专属于债务人自身的除外"。

五是"限缩"。从"代位权的行使范围以债权的债权为限"限缩为"代位权的行使范围以债权的到期债权为限"。即债务人怠于行使权利若不影响债权人的到期债权实现，则不发生代位权。

《民法典》通过第535条（代位权行使要件）、第536条（债权人的债权未到期情形下的保存行为）和第537条（代位权行使效果）共同组成代位权诉讼制度的完整保护体系。

二、代位权诉讼的法律特征

(一)关于债权人代位权的法律性质

主要包括：其一，债权人代位权是一种法定的权利，它非源自当事人的约定，而必须由法律明确加以规定。其二，代位权针对的是债务人的消极不行使权利的行为，即怠于行使权利的行为。其三，代位权属于实体上的权利，而非诉讼法上的权利。其四，代位权是债权人以自己的名义行使债务人的权利，旨在保护自己的债权。

(二)关于"两个到期债权"

第一个"到期债权"，是指债权人与债务人的债权到期。即债权人行使代位权的要件之一，是债务已陷于迟延履行。即"债务人的债务履行期限未届满的，债权人不能行使代位权。债务履行期限已届满，债务陷于迟延履行，债权人方可行使代位权"。在该债权到期之前，则不可以行使代位权，其主要原因在于："若债权人的债权尚未到期，仅债务人对相对人的权利可以行使，则债权人无权行使代位权要求债务人的相对人对其清偿债务，否则会导致债权人和债务人之间的债务被强制提前履行，这将过分干涉债务人的经济活动自由。"第二个"到期债权"，即债务人对次债务人存在合法有效的到期债权。

(三)关于行使方式

根据《民法典》第535条中所规定的"可以向人民法院请求"的要件，即债权人行使代位权的方式为民事诉讼，即向人民法院提起诉讼的方式来行使代位权，"代位权的行使必须通过诉讼的方式进行，而不能通过仲裁等诉讼外的其他方式来行使代位权"。合同法规定的代位权制度，其效力及于债权人、债务人之外的第三人，所以必须采取法律规定的提起诉讼的方式，而不能直接向第三人(次债务人)主张。

(四)关于实际效果

代位权制度实际上是在合同履行的"前端""提前"实现的自己债权，与"后端"的民事执行制度"异曲同工"，"当然，债权人也可以不行使代位权，直接向债务人提起诉讼再申请对债务人的债权进行执行。具体通过这两种途径的哪一种来保护自己的债权，给予了当事人选择的自由，由债权人视具体情况而定"。

债权人的代位权最初是出于弥补民事保全执行制度不完备而设立的。区别于民事执行制度，代位权制度的优势在于：(1)手续简便，可在取得执行名义前即达保全目的；(2)某些特定债权无代位权制度便无从保全，如不动产移转登记请求权、不动产利用权等；(3)财产上保存行为的代位，是民事执行程序不可替代的，如中断时效、登记请求权等；(4)代位权是一种积极权利，其行使可使纠纷于发生前得以解决，可预先达到止息纠纷的目的。

(五) 关于相对人的抗辩权

"相对人对债务人的抗辩,可以向债权人主张。"相对人对债务人所享有的抗辩包括:"权利不发生或消灭主张"、债权未到期或抵销的抗辩以及权利瑕疵的抗辩等。与此同时,债务人在代位诉讼中不是适格的当事人,债务人不得就同一债权另行向次债务人提起代位权诉讼人已经主张的诉讼。

三、行使代位权的范围

(一) 债权数额"就低不就高"原则

人民法院在代位权诉讼案件中认定并予以保护的债权请求数额应以两个债权数量较少的债权数额为准。对于债权人的请求数额超过两者中较少债权额的部分,人民法院是不予支持的。即两个债权的等量部分的债权债务关系同时消灭,超过部分的债权债务关系不消灭。(1) 当债权人的债权与债务人的债权一致时,债权人以自己的债权为限,也就是以债务人的债权为限,通过代位权诉讼,债权人与债务人、债务人与次债务人之间的相应的债权债务关系予以消灭;(2) 当债权人的债权大于债务人的债权时,以债权人的债权为限的范围内,消灭债权人与债务人"相应的债权债务关系",而超过债务人的债权的部分,将不会得到法院的支持;(3) 当债权人的债权小于债务人的债权时,以债务人的债权为限,债权人事实上只能以自己的债权为限提起代位权诉讼,在次债务人对债权人直接清偿后,则债权人与债务人之间的债权债务关系消灭。

(二) 不能超越债权额的限度

1. 以债权额为限

"债权人行使代位权的范围,以债务人的债权额和债权人的债权额为限,超越此范围,债权人不能行使。"如果从数额方面衡量的话,采取"最低额为准原则",即如果债务人对相对人的债权额低于债权人对债务人的债权额的,以前者债务人对相对人的债权额为准,即假设承包人对发包人的债权额为1000万元,低于实际施工人对承包人的债权额2000万元的,以最低额为准;如果债权人对债务人的债权额低于债务人对相对人的债权额的,以前者债权人对债务人的债权额为准。即如果实际施工人对承包人的债权额为500万元,低于承包人对发包人的债权额800万元的,以最低额为准。

2. 超出部分可以另行起诉

如果债务人在债权人提起的代位权诉讼中,对超过债权人代位权请求数额部分以次债务人为被告提起诉讼的,在符合起诉法定条件下,人民法院应当受理。

(三) 债务人与次债务人达成代物清偿协议未履行的,可以代位

债务人与次债务人双方协议以土地作价清偿的约定构成了代物清偿法律关系,依

据民法基本原理，代物清偿作为清偿债务的方法之一，是以他种给付代替原定给付的清偿，以债权人等有受领权的人现实地受领给付为生效条件。债务人与次债务人达成债权债务清算协议书并约定以"以地抵债"的代物清偿方式了结双方债务，但由于该代物清偿协议并未实际履行，因此，债务人与次债务人之间的金钱债务关系并未消灭，次债务人仍然对债务人负担金钱债务，仍然是债务人的债务人，进而是债权人的次债务人。在债务人未以诉讼方式向次债务人主张已到期债权，影响债权人的到期债权实现的，债权人有权代位行使债务人基于其与次债务人达成的债权债务清算协议而对次债务人享有的合法金钱债权。

（四）因被执行人到期债权的执行异议而提起的代位权诉讼

根据 2020 年《最高人民法院关于人民法院执行工作若干问题的规定（试行）》第 45 条规定："被执行人不能清偿债务，但对本案以外的第三人享有到期债权的，人民法院可以依申请执行人或被执行人的申请，向第三人发出履行到期债务的通知（以下简称履行通知）。履行通知必须直接送达第三人。履行通知应当包含下列内容：（1）第三人直接向申请执行人履行其对被执行人所负的债务，不得向被执行人清偿；（2）第三人应当在收到履行通知后的十五日内向申请执行人履行债务；（3）第三人对履行到期债权有异议的，应当在收到履行通知后的十五日内向执行法院提出；（4）第三人违背上述义务的法律后果。"同时，该规定第 47 条规定："第三人在履行通知指定的期间内提出异议的，人民法院不得对第三人强制执行，对提出的异议不进行审查。"因此，司法实践中有观点提出，"在被执行的第三人提出异议的情况下，债权人可以另行提起代位权诉讼"。

四、关于"债务人怠于行使其债权或者与该债权有关的从权利，影响债权人的到期债权实现"

债务人怠于行使其到期债权，对债权人造成损害的，是指债务人不履行其对债权人的到期债务，又不以诉讼方式或者仲裁方式向其债务人主张其享有的具有金钱给付内容的到期债权，致使债权人的到期债权未能实现。据此，债权人提起代位权诉讼须满足有保全债权的必要这一条件。

（一）关于行使方式：诉讼或仲裁方式

1. 不是对非诉方式的肯定

关于"债权人可以向人民法院请求以自己的名义代位行使债务人对相对人的权利"中的"债权人可以"，并不是指既"可以"，也"可以不"，而是指债权人有行使债权追索权的自由，即，既可以通过代位权诉讼或仲裁方式来主张自己的权利，实现自己的合法权益;也可以直接向债务人提起诉讼或仲裁方式来主张,再申请对债务人的债权进行执行,而不是对"非诉方式法律效果的肯定",① 即不是说可以通过非诉来实现债权人的代位权。

2. 诉讼或仲裁方式

根据原《合同法司法解释一》第 11 条的规定,因债务人怠于行使其到期债权,对债权人造成损害的,债权人可以向人民法院请求以自己的名义代位行使债务人的债权。债务人怠于行使到期债权为债权人向次债务人提起代位权之诉的条件之一。而对于如何认定怠于行使债权,上述司法解释第 13 条第 1 款又作了明确规定,即"合同法第七十三条规定的'债务人怠于行使其到期债权,对债权人造成损害的',是指债务人不履行其对债权人的到期债务,又不以诉讼方式或者仲裁方式向其债务人主张其享有的具有金钱给付内容的到期债权,致使债权人的到期债权未能实现"。也就是说债务人是否构成"怠于行使到期债权"的判断标准为其是否向次债务人采取诉讼或仲裁方式主张债权,只有采取诉讼或仲裁方式才能成为其对债权人行使代位权的法定抗辩事由,债务人采取其他私力救济方式向次债务人主张债权仍可视为怠于行使债权。即债务人未对相对人到期债权提起诉讼或者仲裁,符合司法解释规定的关于主债务人怠于行使到期债权的情形。

(二) 影响到期债权的实现

根据上述合同法及其司法解释关于债权人代位权行使条件的规定,次债权应当满足债务人怠于行使其到期债权、对债权人造成损害、次债权非专属于债务人自身的债权三方面条件。

1. 不以债权债务关系明确无争议为条件。债权人提起代位权之诉,并不以债务人与次债务人之间的债权债务关系明确无争议为条件,人民法院应当对债务人与次债务人之间的债权债务关系进行审理。

代位权制度的主要目的在于解决债务人怠于行使次债权时如何保护债权人权利的问题。债权人代位权的客体是债务人的到期债权,如果行使代位权需要以次债权确定为前提,在债务人怠于确定次债权的情况下,债权人就无法行使代位权,则代位权制度的目的将完全落空。因此,对于债权人而言,应当提供证据证明债务人对次债务人享有非专属于其自身的到期债权且怠于行使的初步证据,至于次债务人提出的抗辩是否成立,应是在代位权诉讼中予以解决的问题。

---

① 最高人民法院民法典贯彻实施工作领导小组主编:《中华人民共和国民法典合同编理解与适用》(一),人民法院出版社 2020 年版,第 503 页。

根据本条规定，债务人怠于行使其到期债权，对债权人造成损害的，是指债务人不履行其对债权人的到期债务，又不以诉讼方式或者仲裁方式向其债务人主张其享有的具有金钱给付内容的到期债权，致使债权人的到期债权未能实现。如果债权到期后，债务人未履行清偿义务，又亦未以诉讼或仲裁的方式向次债务人主张债权，致使债权人对债务人享有的债权未能实现，那么，就符合本条适用的条件。如果债务人的责任财产属于债权人享有的到期债权实现的范围，该债权已到期，债务人不享有依法可以延迟履行的抗辩权的，债务人是否仍有足以清偿欠款的其他财产不影响债权人行使代位权。

2. 关于次债务人的抗辩。代位权制度的主要目的在于解决债务人怠于行使次债权时如何保护债权人权利的问题。债权人代位权的客体是债务人的到期债权，如果行使代位权需要以次债权确定为前提，在债务人怠于确定次债权的情况下，债权人就无法行使代位权，则代位权制度的目的将完全落空。因此，对于债权人而言，应当提供证据证明债务人对次债务人享有非专属于其自身的到期债权且怠于行使的初步证据，至于次债务人提出的抗辩是否成立，应是在代位权诉讼中予以解决的问题。

（三）关于"怠于"的举证责任

该条文将债务人怠于行使权利的一般判断标准具化为"未提起诉讼或仲裁"，同时赋予次债务人以举证义务，对于解决"怠于行使权利"的举证难题具有积极意义。

债务人的相对人不认为债务人有怠于行使其到期债权情况的，应当承担举证责任，因此，如果当事人不能举证证明曾以诉讼或仲裁方式向相对人主张过到期债权，需承担举证不能的不利后果。

（四）关于次债务人的举证责任

原《合同法司法解释一》第13条第2款规定："次债务人（即债务人的债务人）不认为债务人有怠于行使其到期债权情况的，应当承担举证责任。"本解释未予再次吸纳。主要是《民事诉讼法》第67条和《民诉法司法解释》第90条、第91条已经明确了举证责任及其分配，根据举证责任的基本原理和上述法条规定，可以明确次债务人的举证责任。

【法律适用分歧】

一、关于次债权到期是否要求次债权确定问题

原《合同法司法解释一》第11条规定："债权人依照合同法第七十三条的规定提起代位权诉讼，应当符合下列条件：（一）债权人对债务人的债权合法；（二）债务人怠于行使其到期债权，对债权人造成损害；（三）债务人的债权已到期；（四）债务人

的债权不是专属于债务人自身的债权。"对照该法条规定的代位权构成要件，首先需要考虑的是"债务人的债权是否到期"，或者说"次债权到期"是否必然要求"次债权确定"的问题。

通常而言，"次债权到期"并不要求"次债权确定"，因为关于次债权数额的争议，可以在代位权诉讼中解决。但在有些特殊案件中，由于债权人、债务人与次债务人之间的债权债务关系极其复杂，涉及多方关系的多个合作项目；又由于多个法律关系中的付款时间的约定及其履行均导致债务人的债权到期时间具有不确定性，因此，实质上导致没有证据证明次债权已经到期的，不能认定符合代位权诉讼的条件。

二、关于银行资金流水的差额能够确认双方存在债权债务关系的问题

审判实践中，有的观点认为，凭借己方的《审计报告》、会计账簿和银行资金流水等，就能够确认债权人与债务人、债务人与次债务人的双方存在债权债务关系。显然，这样的观点，是把存在债权债务关系简单化，且把提供己方证据当成了证明标准。

关于债权债务关系的确定问题。在审判实践中，往往存在各种类型的"会议报告""审计报告""鉴定报告"，一般是鉴定机关受当事人或法院委托，业务目的往往是查清当事人一方的资金流水金额情况进行认定。首先，这些鉴定的目的在于查清资金流水，单单的流水单无法发挥债务存在的证明作用；其次，不能把查清一方当事人的资金流水情况，就想当然地等同于双方当事人必然存在尚未清偿的债权债务关系；最后，即使债权人的会计账簿虽有借款、还款的记载，或者债务人出具或收取的收据以及对应的银行回单中仅有部分做了借款、还款或货款等的记载，但是，如果未能提供证据证明基于何种基础法律关系，单单的会计账簿、"审计报告"等，也难以证明案涉债权的存在。而根据《民诉法司法解释》第90条第2款规定："在作出判决前，当事人未能提供证据或者证据不足以证明其事实主张的，由负有举证证明责任的当事人承担不利的后果。"当事人如果所举证据不足以认定存在到期债权的，并不具备行使代位权的条件。

【典型案例】

一、裁判规则：未以诉讼或者仲裁方式向债务人主张已到期债权，致使债权人的债权未能实现，已经构成"债务人怠于行使其到期债权，对债权人造成损害"

【法院】

最高人民法院

【案号】

（2011）民提字第210号

【当事人】

再审申请人（一审原告、二审上诉人）：成都市国土资源局某分局（以下简称某国土局）

被申请人：（一审被告、二审被上诉人）：招某（蛇口）成都房地产开发有限责任公司

【案由】

债权人代位权纠纷

【裁判观点】

招某局公司是成都港某公司的债务人，进而是某国土局的次债务人。根据《合同法》第73条以及《合同法司法解释一》第11条、第13条之规定，因为成都港某公司既未向某国土局承担注册资金不实的赔偿责任，又未以诉讼或者仲裁方式向招某局公司主张已到期债权，致使债权人某国土局的债权未能实现，已经构成《合同法》第73条规定的债务人怠于行使其到期债权，对债权人造成损害的情形。

二、裁判规则：次债务人（即债务人的债务人）不认为债务人有怠于行使其到期债权情况的，应当承担举证责任

【法院】

最高人民法院

【案号】

（2016）最高法民申429号

【当事人】

再审申请人（一审被告、二审被上诉人）：武汉天某置业集团有限公司（以下简称天某公司）

被申请人（一审原告、二审上诉人）：余某才

【案由】

债权人代位权纠纷

【裁判观点】

根据《合同法司法解释一》第13条规定，天某公司不能举证证明合某公司曾以诉讼或仲裁方式向天某公司主张过到期债权，因此合某公司需承担举证不能的不利后果。湖北高院以此认定合某公司未怠于行使到期债权，事实和法律依据充分，认定并无不当。

【相关规定】

《民法典》第535条；原《合同法司法解释一》第13条；《民法典会议纪要》第8条

> **第三十四条** 【专属于债务人自身的权利】
>
> 下列权利,人民法院可以认定为民法典第五百三十五条第一款规定的专属于债务人自身的权利:
>
> (一) 抚养费、赡养费或者扶养费请求权;
>
> (二) 人身损害赔偿请求权;
>
> (三) 劳动报酬请求权,但是超过债务人及其所扶养家属的生活必需费用的部分除外;
>
> (四) 请求支付基本养老保险金、失业保险金、最低生活保障金等保障当事人基本生活的权利;
>
> (五) 其他专属于债务人自身的权利。

【条文主旨】

本条是关于专属于债务人自身的权利的规定。

【司法适用】

本条是有关《民法典》第535条第1款中"该权利专属于债务人自身的除外"的细化规定;本条参考和借鉴了原《合同法司法解释一》第12条规定。

《民法典》第535条对原《合同法》第73条进行了适当修改。主要修改有以下几处:第一,扩大客体。将原《合同法》第73条中的"到期债权",调整为"债权";将原《合同法》第73条中的"债务人怠于行使其到期债权",调整为"债务人怠于行使其债权或者与该债权有关的从权利"。第二,扩大适用范围。将原《合同法》第73条中的"对债权人造成损害的",调整为"影响债权人的到期债权实现的";"影响债权人的到期债权实现",是指债务人的责任财产不足以保障债权人到期债权的实现,将原《合同法》的"损害"改为"影响",实质上概念外延更广泛,加大了对债权保护的力度和范围。① 第三,精准适用对象。将原《合同法》第73条中的"代位行使债务人的债权"调整为"代位行使债务人对相对人的权利",涵盖范围更广;并将原《合同法》第73条第1款中的"但该债权",调整为"但是该权利"。第四,限定债权。将原

---

① 最高人民法院民法典贯彻实施工作领导小组编著:《中国民法典适用大全》(合同卷一),人民法院出版社2022年版,第624页。

《合同法》第 73 条第 2 款中规定的"以债权人的债权为限",调整为"以债权人的到期债权为限"。第五,增加了第 3 款,即"相对人对债务人的抗辩,可以向债权人主张"。上述调整的主要目的,在于"盘活"代位权诉讼,给予当事人债权保护程序选择的自由,以提高该制度发挥应有作用。

一、关于"该权利专属于债务人自身的权利"的相关条款

(一)关于非属自身的权利

《民法典》第 535 条继续沿用了原《合同法》第 73 条中的表述,"但该债权专属于债务人自身的除外",并将该表述中的"债权"调整为"权利",调整后的表述为"但是该权利专属于债务人自身的除外"。专属于债务人自身的权利,一般认为,应当包括基于扶养关系、抚养关系、赡养关系、继承关系产生的给付请求权和劳动报酬、退休金、养老金、抚恤金、安置费、人寿保险、人身伤害赔偿请求权等权利。[①]

关于"该权利专属于债务人自身的权利"的表述,在《民法典》中,还有类似的条款,如《民法典》第 547 条规定:"债权人转让债权的,受让人取得与债权有关的从权利,但是该从权利专属于债权人自身的除外。受让人取得从权利不因该从权利未办理转移登记手续或者未转移占有而受到影响。"第 554 条规定:"债务人转移债务的,新债务人应当承担与主债务有关的从债务,但是该从债务专属于原债务人自身的除外。"

(二)关于"该权利专属于债务人自身的权利"

1. 关于代位权行使的限制性条件

债权人行使代位权的条件之一,需要"该债权不具有专属性,即该债权不专属于债权人自身"。[②]"债务人对第三人的债权尚需非专属于债务人本身的权利。"[③]一般认为,以下四项权利为专属于债务人本身的权利,不得由债权人代位行使:(1)非财产性权利;(2)主要为保护权利人无形利益的财产权;(3)不得让与的权利;(4)不得扣押的权利。[④]

2. 专属于债务人自身的权利

专属于债务人自身的权利,由于与债务人有不可分离的关系,因此,不宜也不能

[①] 最高人民法院民法典贯彻实施工作领导小组编著:《中国民法典适用大全》(合同卷一),人民法院出版社 2022 年版,第 624 页。

[②] 全国人大常委会办公厅、研究室、经济室编著:《中华人民共和国合同法释义及实用指南》,中国民主法制出版社 1999 年版,第 88 页。

[③] 胡康生主编:《中华人民共和国合同法释义》(第三版),法律出版社 2013 年版,第 137 页。

[④] 最高人民法院民事审判第二庭编:《合同案件审判指导》(修订版,上),法律出版社 2018 年版,第 285 页。

作为代位权的范围。其主要理由有:

(1) 人身权利的不可分离性。在民法理论上,一般将民事权利分为人身权和财产权,人身是以与权利人之人格或身份不能分离之利益为内容的权利。人身权又可分为人格权与身份权,人格权主要是指以人格的利益为内容的权利,如生命权、身体权、健康权、肖像权、名誉权等权利,身份权是指随人之身份即自然人在亲属法上之地位而发生的权利,如亲属权、配偶权、基于亲子关系的亲权等。

(2) 人权主体与客体的直接同一性。人格权的客体即生命、健康、身体,法律只是从消极地禁止他人侵害的意义上认可主体享有其权利,而不认可主体可以根据自由意志任意支配或者处分其权利客体。这是由人格主体与客体统一的特殊性所决定的,也是由现代社会禁止将人格整体作为可以自由支配的权利客体以及禁止将人格整体与其部分相分离而为任意处分的伦理观念和法律制度所决定的。①

(3) 生存权和人格利益应当受到法律的特别保护。不能仅仅为了追求债权债务关系而否定、限制,甚至剥夺当事人的生存权和人格利益,可以说,生存权和人格利益高于发展权。

(4) 对专属于债务人自身的权利而言,仅仅是为债务人的利益而存在,即使构成债务人的财产的一部分,亦不得用于清偿债务人所负担的普通债务。若债权人可以代位行使专属于债务人的权利,不仅直接损害债务人的专属利益,而且有悖于公共利益和善良风俗。诸如基于抚养关系、赡养关系、扶养关系、继承关系产生的给付请求权,基于劳动关系产生的退休金、养老金、抚恤金、安置费等给付请求权,基于保险契约而产生的人寿保险金给付请求权,以及基于侵权行为而发生的人身伤害赔偿请求权等权利,与债务人的生存和人格利益息息相关,应当受到法律的特别保护,不得被轻易"剥夺"②;因此,结合原《合同法司法解释一》第12条规定:"合同法第七十三条第一款规定的专属于债务人自身的债权,是指基于扶养关系、抚养关系、赡养关系、继承关系产生的给付请求权和劳动报酬、退休金、养老金、抚恤金、安置费、人寿保险、人身伤害赔偿请求权等权利",本条将专属于债务人自身的债权范围,概括为以下几点:(1) 抚养费、赡养费或者扶养费请求权。(2) 人身损害赔偿请求权。2020年《人身损害赔偿司法解释》第3条规定:"依法应当参加工伤保险统筹的用人单位的劳动者,因工伤事故遭受人身损害,劳动者或者其近亲属向人民法院起诉请求用人单位承

---

① 最高人民法院民事审判第一庭编著:《最高人民法院人身损害赔偿司法解释理解与适用》,人民法院出版社2022年版,第25~26页。

② 吴祖祥、李琴:《代位权法律制度研究》,吉林大学出版社2007年版,第332页。

担民事赔偿责任的，告知其按《工伤保险条例》的规定处理。因用人单位以外的第三人侵权造成劳动者人身损害，赔偿权利人请求第三人承担民事赔偿责任的，人民法院应予支持。"需要说明的是，其一，该条第2款规定肯定了受害人（赔偿权利人）对于侵权第三人有独立的赔偿请求权，未再规定保险机构的代位求偿权。其二，当第三人是侵权人时，司法解释采取了"兼得模式"，受害人既有权向侵权人主张侵权损害赔偿责任，也有权按照《工伤保险条例》的规定申请工伤保险。其三，包括此类案件中的丧葬补助金、供养亲属抚恤金、生活费、一次性工亡补助金、劳动关系补偿金、赔偿金等，就属于专属于债务人自身的债权。（3）劳动报酬请求权，但是超过债务人及其所扶养家属的生活必需费用的部分除外。（4）请求支付基本养老保险金、失业保险金、最低生活保障金等保障当事人基本生活的权利。（5）其他专属于债务人自身的权利。

二、不属于"专属于债务人自身的权利"的

原《合同法司法解释一》第12条规定："合同法第七十三条第一款规定的专属于债务人自身的债权，是指基于扶养关系、抚养关系、赡养关系、继承关系产生的给付请求权和劳动报酬、退休金、养老金、抚恤金、安置费、人寿保险、人身伤害赔偿请求权等权利。"专属于债务人自身的权利包括非财产性权利、主要为保护权利人无形利益的财产权、不得让与的权利和不得扣押的权利等四类；而对于财产分割请求权，名为"经济补偿"的债权债务关系，则不属于"专属于债务人自身的权利"。

【法律适用分歧】

一、关于建设工程价款优先受偿权是否属于债务人自身的权利，受让人是否应享有优先受偿权的问题

根据《民法典》第807条①和2020年《建设工程司法解释一》第35条②规定，关于工程款优先受偿权，是否属于债务人自身的权利，可否随工程款债权转让的问题。

关于是否属于与债务人自身的权利。应当说工程款优先受偿权是从属于建设工程款的权利，属于从权利。依照《民法典》第547条规定："债权人转让债权的，受让人取得与债权有关的从权利，但是该从权利专属于债权人自身的除外。受让人取得从权

---

① 《民法典》第807条规定："发包人未按照约定支付价款的，承包人可以催告发包人在合理期限内支付价款。发包人逾期不支付的，除根据建设工程的性质不宜折价、拍卖外，承包人可以与发包人协议将该工程折价，也可以请求人民法院将该工程依法拍卖。建设工程的价款就该工程折价或者拍卖的价款优先受偿。"

② 2020年《建设工程司法解释一》第35条规定："与发包人订立建设工程施工合同的承包人，依据民法典第八百零七条的规定请求其承建工程的价款就工程折价或者拍卖的价款优先受偿的，人民法院应予支持。"

利不因该从权利未办理转移登记手续或者未转移占有而受到影响。"而对于"专属于债权人自身的"权利，根据本条规定，建设工程价款优先受偿权涵盖的债权内容显然并不属于该条规定的基于人身权或者人身依附关系而产生的给付请求权范围。

虽然工程款债权的范围包括为建设工程应当支付的员工报酬等费用，但更多地表现为在进行工程建设中包括人工和建筑材料、机械费用等已经实际投入并物化在建设工程上的成本。

二、关于建设工程债权转让后，受让人是否享有优先受偿权的问题

关于建设工程债权转让后，受让人是否享有优先受偿权的问题，目前尚存在争议。

有的观点认为，可以享有优先受偿权。其主要理由是：（1）工程价款优先受偿权系从权利，应当随主权利变动；（2）有利于承包人权利的实质性的实现；（3）建设工程价款优先受偿权作为法定优先权，应当认为其是作为具有担保建设工程款优先实现的担保功能的财产性从权利，可以随工程款债权的转让而转让。

有的观点则认为，不可以享有优先受偿权。其主要理由是：（1）《民法典》第807条并没有明确规定建设工程价款优先受偿权，可以转让；（2）《民法典》第807条的"承包人"是狭义的，非广义的，不能将狭义的"承包人"泛化为其他受让人；（3）法律明确赋予承包人工程价款优先受偿权，主要是为了解决建筑工人的劳动报酬问题，而受让人并不涉及劳动报酬问题。

【典型案例】

一、裁判规则：不能因为建设工程价款中可能包含建筑工人工资，就得出其属于"专属于债务人自身的债权"结论

【法院】

最高人民法院

【案号】

（2020）最高法民再231号

【当事人】

再审申请人（一审被告、二审被上诉人）：贵州新某工程有限责任公司等（以下简称新某公司）

被申请人（一审原告、二审上诉人）：陈某光

一审被告、二审被上诉人：贵州中某矿业有限责任公司

【案由】

债权人代位权纠纷

【裁判观点】

根据《合同法司法解释一》第 12 条规定，该条司法解释规定的"专属于债务人自身的债权"，具有较强的人身属性，其中包括的劳动报酬类债权是与"退休金、养老金、抚恤金"并列、专属于被代位主体的劳动所得。通常诉讼主张的建设工程价款因可能包含建筑工人工资而具有一定劳动报酬色彩，但该劳动报酬系承包人或实际施工人需要支付给建筑工人的工资，最终受益主体并非本案被代位的实际施工人。故不能因为建设工程价款中可能包含建筑工人工资，就得出其属于《合同法》第 73 条第 1 款规定的"专属于债务人自身的债权"结论。即使宋某平所欠债务中包含法定优先保护的工人工资，也可以在执行程序中依法妥善处理。新某公司关于应收工程款专属于宋某平自身、陈某光不能提起代位权诉讼的主张，不能成立。

二、裁判规则：股权转让款不属于专属债务人自身的权利

【法院】

最高人民法院

【案号】

（2019）最高法民申 660 号

【当事人】

再审申请人（一审被告、二审上诉人）：湖北洲某房地产开发有限公司（以下简称洲某公司）

被申请人（一审原告、二审被上诉人）：李某红

【案由】

债权人代位权纠纷

【裁判观点】

本案李某飞对方某杰、洲某公司享有的债权系股权转让款，根据《合同法司法解释一》第 12 条关于"合同法第七十三条第一款规定的专属于债务人自身的债权，是指基于扶养关系、抚养关系、赡养关系、继承关系产生的给付请求权和劳动报酬、退休金、养老金、抚恤金、安置费、人寿保险、人身伤害赔偿请求权等权利"的规定，该债权不是专属于李某飞自身的债权。综上，原审法院认定李某红提起本案代位权诉讼符合法律规定的条件，并无不当。

【相关规定】

《民法典》第 535 条；原《合同法司法解释一》第 12 条

> **第三十五条　【代位权诉讼的管辖】**
>
> 债权人依据民法典第五百三十五条的规定对债务人的相对人提起代位权诉讼的，由被告住所地人民法院管辖，但是依法应当适用专属管辖规定的除外。
>
> 债务人或者相对人以双方之间的债权债务关系订有管辖协议为由提出异议的，人民法院不予支持。

【条文主旨】

本条是关于代位权诉讼的管辖的规定。

【司法适用】

本条第1款规定中的"债权人依据民法典第五百三十五条的规定对债务人的相对人提起代位权诉讼的，由被告住所地人民法院管辖"，参考借鉴原《合同法司法解释一》第14条"债权人依照合同法第七十三条的规定提起代位权诉讼的，由被告住所地人民法院管辖"的规定。

根据本条规定，当债权人依据我国《合同法》主张代位权时，其权利行使的方式已明确为诉讼，其依据我国《民事诉讼法》关于"原告就被告"的规定在被告住所地法院提起诉讼。我们可以说，债权人代位权的行使源于法律直接规定。如此设定的权利救济途径能够避免复杂的司法、仲裁管辖冲突问题，有利于保护债权人合法权益，提高债权债务依法清理的效率，促进法治营商环境的形成。

一、关于被告住所地人民法院管辖原则

本条规定，依据《民事诉讼法》第22条①关于原告就被告的一般原则和《民事诉讼法》第24条②关于合同纠纷的管辖原则，确立了代位权诉讼中的原告就被告的一般管辖原则。如果出现多个被告的情形时，各个被告住所地法院均有管辖权，出现住所

---

① 《民事诉讼法》第22条规定："对公民提起的民事诉讼，由被告住所地人民法院管辖；被告住所地与经常居住地不一致的，由经常居住地人民法院管辖。对法人或者其他组织提起的民事诉讼，由被告住所地人民法院管辖。同一诉讼的几个被告住所地、经常居住地在两个以上人民法院辖区的，各该人民法院都有管辖权。"

② 《民事诉讼法》第24条规定："因合同纠纷提起的诉讼，由被告住所地或者合同履行地人民法院管辖。"

地管辖冲突时，按照《民事诉讼法》第36条①的规定，由最先立案的人民法院管辖。

（一）关于合同相对人

《民事诉讼法》第24条规定，"因合同纠纷提起的诉讼，由被告住所地或者合同履行地人民法院管辖"，《民诉法司法解释》第18条对"合同履行地"作出进一步解释，分别依据标的物所在地、行为地、权利义务的主体所在地确定了合同履行地。根据该规定，争议标的为给付货币的，接收货币一方所在地为合同履行地。这里的"一方"应当指合同一方，即合同的权利义务主体，而不是任何其他依据合同主张权利的非合同当事人。否则，如允许非合同当事人也适用上述规则，合同履行地会陷入随时变动的状态。作为非合同当事人主张给付货币，若另有第三人也主张该合同权利，合同履行地将出现多个和无法确定的情况，这显然不符合逻辑。因此，《民诉法司法解释》第18条所规定的"一方"应仅指合同当事人。非合同一方作为原告依据合同提起给付货币的诉讼时，不应以其所在地作为合同履行地确定地域管辖。

（二）关于被告的主要办事机构

关于代位诉讼中，没有证据证明被告有其他可以确定的主要办事机构所在地，根据《民诉法司法解释》第3条"……法人或者其他组织的住所地是指法人或者其他组织的主要办事机构所在地。法人或者其他组织的主要办事机构所在地不能确定的，法人或者其他组织的注册地或者登记地为住所地"的规定，来确定被告住所地进行管辖。

二、关于合同履行地

《民事诉讼法》第24条规定："因合同纠纷提起的诉讼，由被告住所地或者合同履行地人民法院管辖。"《民诉法司法解释》第3条规定："公民的住所地是指公民的户籍所在地，法人或者其他组织的住所地是指法人或者其他组织的主要办事机构所在地。法人或者其他组织的主要办事机构所在地不能确定的，法人或者其他组织的注册地或者登记地为住所地。"第18条规定："合同约定履行地点的，以约定的履行地点为合同履行地。合同对履行地点没有约定或者约定不明确，争议标的为给付货币的，接收货币一方所在地为合同履行地；交付不动产的，不动产所在地为合同履行地；其他标的，履行义务一方所在地为合同履行地。即时结清的合同，交易行为地为合同履行地。合同没有实际履行，当事人双方住所地都不在合同约定的履行地的，由被告住所地人民法院管辖。"对"合同履行地"进一步作出了解释，明确了合同相对人之间因合同纠纷

---

① 《民事诉讼法》第36条规定："两个以上人民法院都有管辖权的诉讼，原告可以向其中一个人民法院起诉；原告向两个以上有管辖权的人民法院起诉的，由最先立案的人民法院管辖。"

提起诉讼的地域管辖规则。

关于《民诉法司法解释》第 18 条第 2 款规定的 "接收货币一方" 如何理解的问题。当事人没有约定管辖时，根据标的性质之不同，《民诉法司法解释》第 18 条第 2 款分别依据标的物所在地、行为地、权利义务的主体所在地确定了合同履行地。根据该规定，争议标的为给付货币的，接收货币一方所在地为合同履行地。这里的 "一方" 应当指合同一方，即合同的权利义务主体，而不是任何其他依据合同主张权利的非合同当事人。否则，如允许非合同当事人也适用上述规则，合同履行地会陷入随时变动的状态。作为非合同当事人主张给付货币，若另有第三人也主张该合同权利，合同履行地将出现多个和无法确定的情况，这显然不符合逻辑。因此，《民诉法司法解释》第 18 条所规定的 "一方" 应仅指合同当事人。非合同一方作为原告依据合同提起给付货币的诉讼时，不应以其所在地作为合同履行地确定地域管辖。

此种情况下，应当如何确定地域管辖更为适当，在一些类似情况下有一贯的处理原则，可以予以参考。例如，原《合同法司法解释一》第 14 条规定："债权人依照合同法第七十三条的规定提起代位权诉讼的，由被告住所地人民法院管辖。" 又如，《最高人民法院关于审理涉及金融资产管理公司收购、管理、处置国有银行不良贷款形成的资产的案件适用法律若干问题的规定》[①] 第 3 条规定："金融资产管理公司向债务人提起诉讼的，应当由被告人住所地人民法院管辖。原债权银行与债务人有协议管辖约定的，如不违反法律规定，该约定继续有效。" 上述代位权诉讼、债权受让人向债务人提起诉讼，均系非合同当事人诉请合同当事人给付货币。

债权人在同一法院起诉债务人和债务人的相对人的，如果违反债务人的相对人住所地法院管辖原则的，该法院不应受理债权人提起的代位权诉讼。[②]

三、关于与其他管辖制度的衔接

（一）关于协议管辖的衔接

按照本条规定精神，代位权诉讼排除了债权人与债务人、债务人与相对人之间、债权人与相对人之间的协议管辖、仲裁管辖，因此，债务人、相对人以存在协议管辖、仲裁管辖为由提出抗辩的，不予支持。

（二）关于依法适用专属管辖规定的除外

专属管辖，是指由法律直接规定某些特定类型的案件只能由特定的法院管辖，其

---

① 该文件已失效。
② 最高人民法院民事审判第二庭编著：《最高人民法院关于民事案件诉讼时效司法解释理解与适用》，人民法院出版社 2015 年版，第 310 页。

他法院均无权管辖，当事人也不得通过协议变更管辖法院。专属管辖的案件，不适用于一般地域管辖和特殊地域管辖的规定。①"基于专属管辖属于强行性规定，不允许当事人通过合意进行变通。"②

根据《民事诉讼法》第34条的规定③，案件应当适用专属管辖的，由于专属管辖是强制性规定，在被告住所地法院管辖与专属管辖存在冲突时，代位权诉讼应遵从专属管辖的规定，即代位权诉讼的地域管辖，应当让步于专属管辖。

根据本条规定，一般情况下，应由被告住所地人民法院管辖，如果代位权涉及法律关系为基于不动产纠纷而产生的，仍应遵守被告住所地管辖原则。

（三）破产管辖的冲突

根据本条规定，提起代位权诉讼的，由被告住所地人民法院管辖。《企业破产法》第21条规定，人民法院受理破产申请后，有关债务人的民事诉讼，只能向受理破产申请的人民法院提起。两者之间不一致，但本规定的原告就被告原则的重申，属一般规定，《企业破产法》第21条系对涉及破产债务人民事诉讼管辖的特别规定。根据特别法优于一般法的法律适用原则，应当适用《企业破产法》第21条确定案件管辖权。

【法律适用分歧】

关于建设工程施工合同纠纷中的仲裁管辖

关于发包人与承包人存在仲裁管辖约定，实际施工人是否可以根据2020年《建设工程司法解释一》第43条的规定，突破合同相对性向发包人提起诉讼主张权利，需要解决实际施工人是否受发包人与承包人在建设工程施工合同中约定的仲裁协议的约束的问题。对于这一审判实践问题，存在不同的观点。

第一种观点认为，实际施工人应受发包人与承包人之间仲裁协议的约束。实际施工人主张权利的基础法律关系是承包人与发包人之间的建设工程施工合同，在该合同明确约定仲裁管辖的情形下，合同项下工程价款的结算及支付应提交仲裁机构解决，实际施工人无权向发包人提起诉讼，否则可能造成实际施工人依据司法解释对其诉权

---

① 江必新主编：《新民事诉讼法条文理解与适用》（上），人民法院出版社2022年版，第138页。
② 最高人民法院民法典贯彻实施工作领导小组编著：《最高人民法院新民事诉讼法司法解释理解与适用》（上），人民法院出版社2022年版，第134页。
③ 《民事诉讼法》第34条规定："下列案件，由本条规定的人民法院专属管辖：（一）因不动产纠纷提起的诉讼，由不动产所在地人民法院管辖；（二）因港口作业中发生纠纷提起的诉讼，由港口所在地人民法院管辖；（三）因继承遗产纠纷提起的诉讼，由被继承人死亡时住所地或者主要遗产所在地人民法院管辖。"

赋予的特殊保护，而架空发包人与承包人之间的仲裁协议，使其设立没有实质意义，从而改变人民法院的主管范围。

第二种观点认为，司法解释赋予实际施工人突破合同相对性向发包人主张权利的特殊保护，不能简单理解为对承包人权利的承继。实际施工人并非发包人与承包人之间的建设工程施工合同的当事人，其无法依据该仲裁协议对发包人提起仲裁，也不应受发包人与承包人之间仲裁协议的约束。

第一，任何人不得为他人缔约。《仲裁法》第4条规定："当事人采用仲裁方式解决纠纷，应当双方自愿，达成仲裁协议。没有仲裁协议，一方申请仲裁的，仲裁委员会不予受理。"根据合同相对性原则，仲裁协议约束的是纠纷的主体而非纠纷本身，即仲裁协议系当事人之间对纠纷解决方式的特殊约定，只能约束签订仲裁协议的当事人，而非对特定纠纷本身的约束，原则上不能对仲裁协议之外的第三方产生约束力。实际施工人、承包人之间的转包合同与承包人、发包人之间的承包合同系不同的法律关系，分属独立合同。承包合同中的仲裁协议是发包人与承包人之间意思自治的产物，并不涉及实际施工人同意仲裁的意思表示，实际施工人亦无法申请仲裁解决其与发包人之间的纠纷。因此，将发包人与承包人之间的仲裁协议扩张适用于实际施工人，实质上损害了实际施工人意思自治的权利，故该仲裁协议不应约束实际施工人。

第二，参照代位权制度，发包人与承包人之间的仲裁协议亦不能约束实际施工人起诉发包人。实际施工人向发包人主张权利，与债权人行使代位权具有一定的相似性。根据《民法典》第535条规定，代位权是债的保全方式，债权人以自己的名义代位行使债务人的债权，其并非债务人与相对人债权债务关系的主体。除专属管辖外，代位权诉讼只能由相对人住所地管辖，排除债权人与债务人之间、债务人与相对人之间的管辖协议和仲裁协议，债务人、相对人不得以此进行管辖抗辩。因此，参照代位权制度的相关规定及精神，债务人与相对人之间的仲裁协议不能约束债权人行使代位权。同理，实际施工人向发包人主张权利时，亦不应受发包人与承包人之间仲裁协议的约束。

第三，司法解释赋予实际施工人突破合同相对性向发包人主张权利的特殊保护，如认定实际施工人向发包人主张权利受发包人与承包人之间仲裁协议的约束，将导致实际施工人既无法向发包人提起诉讼，亦因为其不是发包人与承包人之间仲裁协议的缔约主体，而无法申请仲裁解决其与发包人之间的纠纷，从而导致实际施工人对发包人享有的权利被实际阻断，与相关司法解释对实际施工人权利特殊保护的目的相悖。实践中，建设工程施工领域相关合同的签订不尽规范，发包人与承包人签订仲裁协议后，实际施工人无权向发包人主张工程款，显然社会效果不佳。如发包人希望相关施工合同纠纷通过仲裁一次性解决，其应当在与承包人签订施工合同后，对后续建设工程的转包、分包予以更多关注和约束，从而亦使得建设工程质量更有保证。

【典型案例】

  裁判规则：债权人依照规定提起代位权诉讼的，由被告住所地人民法院管辖

  【法院】
  最高人民法院

  【案号】
  （2018）最高法民监 42 号

  【当事人】
  申诉人（一审被告、二审上诉人、再审申请人）：安徽省霍某县人民政府（以下简称霍某县政府）

  申诉人（一审被告、再审申请人）：浙江大某交通工程有限公司

  【案由】
  债权转让合同纠纷

  【裁判观点】

  一审中，张某等追加霍某县政府及建设指挥部作为被告的理由是借款用于案涉项目，霍某县政府和建设指挥部与本案有直接利害关系，并未明确其诉请的法律依据为《合同法》第 73 条，一审亦未以此作为法律依据进行审理。二审直接依据该条法律规定进行审理错误。《合同法司法解释一》第 14 条规定，债权人依照《合同法》第 73 条的规定提起代位权诉讼的，由被告住所地人民法院管辖。根据该规定，本案即使属于张某、任某作为债权人依据《合同法》第 73 条提起代位权诉讼，亦应由被告也就是次债务人霍某县政府和建设指挥部住所地安徽省法院管辖，在当事人无特别约定的情况下，河南省法院对该代位权诉讼无管辖权。

【相关规定】

  《民法典》第 535 条；《仲裁法》第 5 条、第 26 条；原《合同法司法解释一》第 14 条、第 15 条；原《合同法司法解释二》第 17 条；《仲裁法司法解释》第 1 条

第三十六条 【代位权诉讼与仲裁协议】

债权人提起代位权诉讼后,债务人或者相对人以双方之间的债权债务关系订有仲裁协议为由对法院主管提出异议的,人民法院不予支持。但是,债务人或者相对人在首次开庭前就债务人与相对人之间的债权债务关系申请仲裁的,人民法院可以依法中止代位权诉讼。

【条文主旨】

本条是关于代位权诉讼与仲裁协议的规定。

【司法适用】

一、关于协议管辖

协议管辖,又称合意管辖、约定管辖,是指双方当事人在纠纷发生前后,以合意方式约定解决他们之间纠纷的管辖法院。[1] 根据《民事诉讼法》第35条规定:"合同或者其他财产权益纠纷的当事人可以书面协议选择被告住所地、合同履行地、合同签订地、原告住所地、标的物所在地等与争议有实际联系的地点的人民法院管辖,但不得违反本法对级别管辖和专属管辖的规定。"只有合同当事人或者其他财产权益纠纷的当事人可以协议管辖法院,主体仅限合同纠纷的当事人。[2] 非合同当事人不能适用协议管辖。亦即,协议管辖只能约束约定的当事人,并不约束"协议管辖约定"之外的当事人。

从有关代位权的规定看,合同当事人仅以存在管辖约定,包括仲裁协议为由,提出债权人代位权纠纷诉讼的管辖异议,人民法院应当依据上述法律规定,优先保护债权人代位诉讼的程序利益,不宜简单地以债务人、次债务人之间的管辖约定而剥夺债权人的诉权。

二、关于仲裁协议

当事人在争议发生前或者发生后,可以就争议的解决达成仲裁;仲裁协议的基本含义,是指仲裁机构只能受理有仲裁协议的当事人一方提交的,在仲裁协议中约定的,

---

[1] 全国人大常委会法制工作委员会民法室编著:《〈中华人民共和国民事诉讼法〉释解与适用》,人民法院出版社2012年版,第37页。

[2] 王胜明主编:《中华人民共和国民事诉讼法释义》(最新修正版),法律出版社2012年版,第55页。

依法律规定可仲裁的民商事争议。① 仲裁协议系当事人的真实意思表示，对当事人具有法律约束力。《仲裁法》第 16 条规定："仲裁协议包括合同中订立的仲裁条款和以其他书面方式在纠纷发生前或者纠纷发生后达成的请求仲裁的协议。仲裁协议应当具有下列内容：（一）请求仲裁的意思表示；（二）仲裁事项；（三）选定的仲裁委员会。"第 17 条规定："有下列情形之一的，仲裁协议无效：（一）约定的仲裁事项超出法律规定的仲裁范围的；（二）无民事行为能力人或者限制民事行为能力人订立的仲裁协议；（三）一方采取胁迫手段，迫使对方订立仲裁协议的。"关于仲裁协议的效力，主要包括以下几个方面：

其一，有效的仲裁协议是仲裁机构受理争议案件的前提和依据；没有仲裁协议或者仲裁协议无效，则仲裁机构无法受理申请仲裁案件。因此，仲裁协议是仲裁机构取得仲裁管辖权的依据，也是整个仲裁制度存在的一个必要前提和法律基础。仲裁协议的存在与否，关系到是适用仲裁程序还是诉讼程序，以及适用仲裁程序是否具有正当性的问题。根据《仲裁法》的规定，当事人采用仲裁方式解决纠纷，应当双方自愿，达成仲裁协议。（1）没有仲裁协议，一方申请仲裁的，仲裁委员会不予受理；（2）仲裁协议必须符合法定的形式和要求，其中包括合同中订立有仲裁条款和以其他书面方式在纠纷前或者纠纷后达成的请求仲裁的协议；（3）仲裁协议应当合法，不能存在不成立、无效、失效、内容不明确无法执行等情形；如果仲裁条款或者仲裁协议不成立、无效、失效、内容不明确无法执行的，一方向人民法院起诉的，人民法院应当受理。

其二，根据或裁或审规则，仲裁协议具有排除司法管辖权的效力。或裁或审规则，是指争议发生前或者发生后，当事人有权选择解决争议的途径，或者双方达成仲裁协议，将争议提交仲裁解决，或者向人民法院提起诉讼，通过诉讼途径解决；② 如果当事人订有仲裁协议，则法院就不能受理该项争议。《民事诉讼法》第 127 条规定："人民法院对下列起诉，分别情形，予以处理：……（二）依照法律规定，双方当事人达成书面仲裁协议申请仲裁、不得向人民法院起诉的，告知原告向仲裁机构申请仲裁……"《民诉法司法解释》第 215 条规定："依照民事诉讼法第一百二十七条第二项的规定，当事人在书面合同中订有仲裁条款，或者在发生纠纷后达成书面仲裁协议，一方向人民法院起诉的，人民法院应当告知原告向仲裁机构申请仲裁，其坚持起诉的，裁定不予受理，但仲裁条款或仲裁协议不成立、无效、失效、内容不明确无法执行的除外。"《民事诉讼法》第 288 条规定："涉外经济贸易、运输和海事中发生的纠纷，当事

---

① 唐德华、孙秀君主编：《仲裁法及配套规定新释新解》，人民法院出版社 2003 年版，第 56 页。
② 唐德华、孙秀君主编：《仲裁法及配套规定新释新解》，人民法院出版社 2003 年版，第 62 页。

人在合同中订有仲裁条款或者事后达成书面仲裁协议,提交中华人民共和国涉外仲裁机构或者其他仲裁机构仲裁的,当事人不得向人民法院起诉。当事人在合同中没有订有仲裁条款或者事后没有达成书面仲裁协议的,可以向人民法院起诉。"依照《仲裁法》和《民事诉讼法》的相关规定,当事人就不得再向人民法院起诉。一方起诉到人民法院的,人民法院应告知原告向仲裁机构申请仲裁;如果当事人一方不遵守仲裁协议的约定,向人民法院提起诉讼的,另一方当事人可以依据有效的仲裁协议,向人民法院提出管辖权异议。

其三,仲裁协议是使仲裁裁决具有强制执行力的法律前提。

(一)合同效力不影响仲裁协议的独立性

《民法典》第507条规定:"合同不生效、无效、被撤销或者终止的,不影响合同中有关解决争议方法的条款的效力。"《仲裁法》第19条规定:"仲裁协议独立存在,合同的变更、解除、终止或者无效,不影响仲裁协议的效力。仲裁庭有权确认合同的效力。"仲裁条款是仲裁协议的一种表现形式,是当事人在合同中约定的用仲裁方式解决双方争议的条款。我国对合同争议采取"或仲裁或诉讼"的制度,仲裁条款有排除诉讼管辖的效力。如果当事人在合同中订有仲裁条款,则当事人在发生争议时,不能向人民法院提出诉讼。[1]

(二)仲裁协议约定排除管辖

仲裁协议,不仅是当事人提交仲裁的意愿表示,也是仲裁机构取得仲裁管辖权的依据,还是排除法院对该纠纷的管辖权的依据,因此,仲裁协议必须在仲裁管辖权与法院管辖权之间有明确的选择。[2]《仲裁法司法解释》第7条规定的"当事人约定争议可以向仲裁机构申请仲裁也可以向人民法院起诉的,仲裁协议无效",是指当事人在同一份合同中既约定仲裁又约定起诉,而不包括双方当事人对合同内容的修改。当双方约定法院管辖在前,约定仲裁管辖在后时,应当认定后面的约定仲裁条款是对之前签订的约定管辖条款进行了修改,在没有证据证明该意思表示违反自愿、合法的原则,应认定是当事人真实意思表示,对签约双方均有约束力。由于约定仲裁的合同签订后,双方对因合同履行引起的争议事项的管辖没有新的约定,所以,凡是因履行该合同产生的争议,应提交仲裁委员会仲裁解决。《民事诉讼法》第127条规定:"人民法院对下列起诉,分别情形,予以处理:……(二)依照法律规定,双方当事人达成书面仲

---

[1] 黄薇主编:《中华人民共和国民法典合同编释义》,法律出版社2020年版,第105页。
[2] 最高人民法院研究室编:《民事诉讼法司法解释理解与适用》(第二版),法律出版社2011年版,第850页。

裁协议申请仲裁、不得向人民法院起诉的，告知原告向仲裁机构申请仲裁……"《民诉法司法解释》第215条规定："依照民事诉讼法第一百二十七条第二项的规定，当事人在书面合同中订有仲裁条款，或者在发生纠纷后达成书面仲裁协议，一方向人民法院起诉的，人民法院应当告知原告向仲裁机构申请仲裁，其坚持起诉的，裁定不予受理，但仲裁条款或者仲裁协议不成立、无效、失效、内容不明确无法执行的除外。"

(三) 关于债务人的相对人的管辖抗辩

审判实践中，对于债务人与债务人的相对人之间存在仲裁条款的，债权人行使代位权诉讼是否应当受到仲裁限制，存在不同的观点。有的观点认为，应当受到限制。有的观点则认为，不应当受到限制。

1. 关于法定权利

根据《民法典》第535条规定及本条规定，债权人代位权是基于债权的保全权能而生成的一项法定权利，起诉的依据是法律规定，无须以当事人间存在协议约定为前提条件或限制条件。

根据本解释第36条规定，从代位权法律规制的初衷看，特征之一便是由债权人敦促债务人及时、妥善处置其的债权债务关系，不能因其怠于行使合法权利（无论是约定诉讼还是约定仲裁）而损害其他债权人债权的实现。主债务人未对次债务人到期债权提起诉讼或者仲裁，符合司法解释规定的关于主债务人"怠于行使到期债权"的情形，债务人与次债务人之间未对到期债权提起诉讼或仲裁，属于怠于行使债权的行为。债务人是否构成"怠于行使到期债权"的判断标准为其是否向次债务人采取诉讼或仲裁方式主张债权，只有采取诉讼或仲裁方式才能成为其对债权人行使代位权的法定抗辩事由，债务人采取其他私力救济方式向次债务人主张债权仍可视为"怠于行使到期债权"。

从审判实践看，债权人往往难以获知债务人与次债务人之间是否存在真实、有效的仲裁管辖约定，如要求债权人提前"预知"他人之间的仲裁管辖约定主张代位之权利，无形中增加债权人实现债权的难度，降低债权法律保护的效率，间接助长债务人通过个别受偿、设置障碍达到恶意拖延、逃避债务的不良风气，使得善良债权人难以维权。

2. 关于实体法权利

债权人代位权并非诉讼法上的权利，而是实体法上的权利。因此，所谓的"间接诉权""代位诉权"，并非准确用语。[①] 正是基于《民法典》第535条赋予债权人代位权的实体请求权，因此，需要正确区分民事实体权利和民事诉讼权利。我国合同法设

---

① 韩世远：《合同法总论》（第四版），法律出版社2018年版，第336页。

置债权人代位权制度的目的,旨在保持债务人的责任财产,以保障债权人的债权,并非意在保障债权人的诉权。即使债务人与次债务人发生民事纠纷,且债务人未诉诸法院,债权人也不能以此为由而行使代位权,否则,不符合设立代位权制度的目的。更何况,债务人在提起诉讼以后,未必能够胜诉,其不提起诉讼本身并不会必然对债权人造成损害,因此,诉权在通常情况下,不能代位行使。当然,在某些例外情形下,因债务人不行使申请强制执行等诉讼权利造成其责任财产减少的,债权人可以行使代位权。① 正是基于这一实体权利,债权人以自身名义身份行使债权请求权,也不是基于债务人地位的继受。据此,代位权诉讼的提起不受涉案债务人与债务人相对人中约定的仲裁条款约束。

3. 仲裁条款约束主体的有限性

根据《仲裁法》第2条、第3条规定,仲裁在本质上是当事人之间解决争议的一种合同性安排,只有当事人可以自由处分,只有当事人才有权选择解决争议的方式;仲裁的事项仅涉及当事人双方的利益或者主要牵涉双方当事人的利益,如果仲裁的事项在很大程度上对他人或者社会公众产生影响或者涉及他人和公众的利益,他人和社会公众不是仲裁协议的当事人,这类争议应当由法院来处理,而不是通过仲裁解决。②

《仲裁法》第4条规定:"当事人采用仲裁方式解决纠纷,应当双方自愿,达成仲裁协议。没有仲裁协议,一方申请仲裁的,仲裁委员会不予受理。"仲裁管辖遵从自愿、约定原则。当事人所约定的仲裁条款,应当在该合同的双方当事人之间产生约束力。若要求其他合同以外的不特定债权人亦按上述合同关于管辖的约定向合同以内的一方当事人主张代位权,有悖自愿达成仲裁协议的立法宗旨。因此,仲裁协议不对合同以外的当事人发生效力。从权利义务关系的角度来说,代位权诉讼并不属于债权人、债务人与债务人相对人作为"合同当事人"之间产生的纠纷,提起代位权诉讼也不是当事人因上述合同权利义务关系而直接产生。

4. 关于行使方式

根据原《合同法司法解释一》第14条的规定,代位权的行使应通过诉讼的方式进行。《民法典》第535条第1款规定,"债权人可以向人民法院请求以自己的名义代位行使债务人对相对人的权利",根据《民法典》的要求,债权人行使代位权必须向人民

---

① 王闯:《最高人民法院关于适用〈中华人民共和国合同法〉若干问题的解释(一)的理解与适用》,载最高人民法院研究室编:《民事诉讼法司法解释理解与适用》(第二版),法律出版社2011年版,第41页。

② 最高人民法院研究室、最高人民法院民事审判第四庭编著:《最高人民法院仲裁法司法解释的理解与适用》,人民法院出版社2017年版,第31页。

法院提起诉讼，请求法院保全其债权，而不能通过诉讼外的请求方式来行使代位权，这一规定有利于防止当事人以保全债权为名，采取不正当的手段抢夺债务人的财产，影响社会的安定。①

三、关于中止代位权诉讼

对于相对人在一审法庭辩论终结前对债务人申请仲裁，或者向管辖协议约定的人民法院提起诉讼，并主张代位权诉讼中止审理的，由于涉及债务人与债务人的相对人之间的仲裁协议处理，以及债务人与债务人的相对人的债权债务关系是否确定及数额多少的问题。因此，根据《民事诉讼法》第153条规定，"有下列情形之一的，中止诉讼……（五）本案必须以另一案的审理结果为依据，而另一案尚未审结的……中止诉讼的原因消除后，恢复诉讼"，需要待债务人的相对人与债务人仲裁结束后，再行恢复代位权诉讼。

事实上，现有法律并未剥夺合同当事人按意思自治进行债权债务的处理，即法院管辖与代位权中当事人意思自治之间并非完全对立：就案件受理而言，法院对代位权纠纷具有管辖权；就案件审理而言，可中止诉讼，等待正在进行的仲裁案件审理结果。也就是说，当存在其他债权人的情况下，当事人的意思自治就应受到一定限制，以便在公平与效率之间找到最佳平衡点：或及时主张权利，使债权债务明晰，或让管辖的约定置于法定之后，由法院行使管辖权。

1. 关于提起本案后的抗辩

债权人提起代位权诉讼后，债务人未对债务人的相对人到期债权提起诉讼或者仲裁，符合司法解释规定的关于主债务人"怠于行使到期债权"的情形。债务人在债权人提出的仲裁程序中提起反请求，如果系发生在债权人提起本案债权人代位权诉讼之后，不影响该代位权的行使。

2. 关于程序处理

如合同当事人抗辩称已有另案诉讼或仲裁处理其纠纷，受理代位权纠纷的人民法院也不应立即作出不予受理的裁定，而应先中止本案审理，等待另案处理结果，等中止事由消失后继续本案的审理。

3. 关于适用空间

代位权诉讼与仲裁管辖存在冲突，因此，对于正在进行的仲裁或诉讼并不适用。债务人与次债务人如需行使约定管辖的权利，须在法院受理债权人代位权诉讼之前主张。

---

① 王利明：《合同法研究》（第二卷），中国人民大学出版社2015年版，第88~89页。

【法律适用分歧】

实际施工人向发包人主张权利是否受到发包人与承包人之间约定仲裁限制

根据 2020 年《建设工程司法解释一》第 43 条第 2 款规定："实际施工人以发包人为被告主张权利的，人民法院应当追加转包人或者违法分包人为本案第三人，在查明发包人欠付转包人或者违法分包人建设工程价款的数额后，判决发包人在欠付建设工程价款范围内对实际施工人承担责任。"此时，如果发包人与承包人之间有仲裁条款约定的，实际施工人是否可以向发包人主张权利，存在不同的观点：观点一认为，受到限制，实际施工人无权向发包人主张权利；观点二认为，不受限制，实际施工人有权向发包人主张权利。

事实上，2020 年《建设工程司法解释一》第 43 条第 2 款规定的实际施工人直接向发包人提起诉讼主张权利，是在一定时期及时代背景下为及时解决拖欠农民工工资问题的一种特殊制度安排，实际施工人向发包人主张权利，不能简单地理解为对承包人权利的承继。虽然发包人与承包人约定了仲裁条款，但实际施工人并非建设工程施工合同的当事人，实际施工人无法依据该仲裁条款对发包人提起仲裁，也不应受发包人与承包人之间仲裁条款的约束。实际施工人可以依据 2020 年《建设工程司法解释一》第 43 条第 2 款的规定向发包人主张权利。①

【典型案例】

一、裁判规则：债务人与债务人的相对人是否约定仲裁，不影响债权人提起代位权诉讼

【法院】

广东省高级人民法院

【案号】

（2016）粤民辖终 257 号

【当事人】

上诉人（原审被告）：诺某投资股份有限公司

被上诉人（原审原告）：张某某

【案由】

代位权纠纷管辖权异议

---

① 最高人民法院民事审判第一庭编著：《最高人民法院新建设工程施工合同司法解释（一）理解与适用》，人民法院出版社 2021 年版，第 449~450 页。

【裁判观点】

张某某以其对成都广某绿色工程开发有限公司享有到期债权,而成都广某绿色工程开发有限公司却怠于行使对诺某投资股份有限公司的债权为由,请求判令诺某投资股份有限公司直接向其支付成都广某绿色工程开发有限公司应偿还的借款本息及违约金共计5620.75万元。因此,本案是债权人代位权纠纷。根据《合同法司法解释一》第14条的规定,本案应由诺某投资股份有限公司住所地人民法院管辖。诺某投资股份有限公司董事会于2015年11月24日发出《关于办公地址变更的公告》,内容为:"为满足公司战略及业务发展的需要,提高办公效率,即日起公司总部搬迁至新址办公,现将公司总部新的办公地址及联系方式公告如下:办公地址:深圳市南山区深南大道……"根据《民诉法司法解释》第3条"……法人或者其他组织的住所地是指法人或者其他组织的主要办事机构所在地……"的规定,诺某投资股份有限公司的住所地应为深圳市南山区。因此,原审法院作为被告住所地法院,对本案具有管辖权。原审裁定正确,应予维持。至于诺某投资股份有限公司与成都广某绿色工程开发有限公司是否约定仲裁,不影响张某某依法提起本案代位权诉讼。诺某投资股份有限公司认为其住所地为吉林省长春市,且已提起仲裁,故原审法院对本案无管辖权的上诉理由缺乏事实和法律依据,法院不予支持。

二、裁判规则:债权人以自身名义直接向债务人行使债权人代位诉讼是依据法律规定,而不是以其债务人的身份行使债权请求权

【法院】

广东省高级人民法院

【案号】

(2019)粤民辖终207号

【当事人】

上诉人(原审被告):广州芳村恒某房地产发展有限公司(以下简称恒某公司)

被上诉人(原审原告):广州康某投资咨询有限公司(以下简称康某公司)

【案由】

债权人代位权纠纷管辖权异议

【裁判观点】

首先,康某公司主张其债务人荔某房地产总公司对恒某公司享有所谓的到期债权,虽然是依据荔某房地产总公司与兴某公司签订的《合作合同》及《补充合同(之一)》《补充合同(之二)》,但康某公司、恒某公司均不是该系列合同的当事人,本

案争议亦不是当事人因上述合同权利义务关系而直接产生的纠纷。其次,根据《合同法》第 73 条第 1 款的规定,康某公司以自身名义直接向恒某公司行使债权人代位诉讼是依据法律规定,而不是以其债务人荔某房地产总公司代理人的身份行使债权请求权,也不是基于涉案《合作合同》及《补充合同(之一)》《补充合同(之二)》所约定的债权转让后对荔某房地产总公司法律地位的继受。最后,根据《合同法司法解释一》第 14 条的规定,代位权的行使应通过诉讼的方式进行。据此,本案的提起不受涉案《合作合同》中约定的仲裁条款约束。

【相关规定】

《民法典》第 535 条;《民事诉讼法》第 35 条、第 127 条第 2 项、第 278 条;《仲裁法》第 4 条、第 5 条;原《合同法司法解释一》第 14 条、第 15 条、第 16 条;《民诉法司法解释》第 30 条、第 215 条;《仲裁法司法解释》第 7 条

第三十七条 【代位权诉讼中债务人、相对人的诉讼地位及合并审理】

债权人以债务人的相对人为被告向人民法院提起代位权诉讼,未将债务人列为第三人的,人民法院应当追加债务人为第三人。

两个以上债权人以债务人的同一相对人为被告提起代位权诉讼的,人民法院可以合并审理。债务人对相对人享有的债权不足以清偿其对两个以上债权人负担的债务的,人民法院应当按照债权人享有的债权比例确定相对人的履行份额,但是法律另有规定的除外。

【条文主旨】

本条是关于代位权诉讼中债务人、相对人的诉讼地位及合并审理的规定。

【司法适用】

本条是有关代位权诉讼中债务人、相对人的诉讼地位及是否合并审理的规定。本条的法条来源为原《合同法司法解释一》第 16 条[①],并在此基础上进行相应的调整和

---

① 原《合同法司法解释一》第 16 条规定:"债权人以次债务人为被告向人民法院提起代位权诉讼,未将债务人列为第三人的,人民法院可以追加债务人为第三人。两个或者两个以上债权人以同一次债务人为被告提起代位权诉讼的,人民法院可以合并审理。"

丰富。第2款关于按比例清偿的内容，参考和丰富了《民法典》第560条。①

一、关于必须追加当事人

（一）关于追加当事人的相关规定

《民事诉讼法》第55条规定："当事人一方或者双方为二人以上，其诉讼标的是共同的，或者诉讼标的是同一种类、人民法院认为可以合并审理并经当事人同意的，为共同诉讼。共同诉讼的一方当事人对诉讼标的有共同权利义务的，其中一人的诉讼行为经其他共同诉讼人承认，对其他共同诉讼人发生效力；对诉讼标的没有共同权利义务的，其中一人的诉讼行为对其他共同诉讼人不发生效力。"第135条规定："必须共同进行诉讼的当事人没有参加诉讼的，人民法院应当通知其参加诉讼。"《民诉法司法解释》第73条规定："必须共同进行诉讼的当事人没有参加诉讼的，人民法院应当依照民事诉讼法第一百三十五条的规定，通知其参加；当事人也可以向人民法院申请追加。人民法院对当事人提出的申请，应当进行审查，申请理由不成立的，裁定驳回；申请理由成立的，书面通知被追加的当事人参加诉讼。"第325条规定："必须参加诉讼的当事人或者有独立请求权的第三人，在第一审程序中未参加诉讼，第二审人民法院可以根据当事人自愿的原则予以调解；调解不成的，发回重审。"

（二）关于查清事实的需要追加的

1. 查清事实。《九民会议纪要》引言部分中指出，"通过穿透式审判思维，查明当事人的真实意思，探求真实法律关系""实际权利人与名义权利人的关系，应注重财产的实质归属，而不单纯地取决于公示外观"，因此，"在准确揭示交易模式的基础上，探究当事人真实交易目的，根据真实权利义务关系认定交易的性质与效力。在仅有部分当事人就其中的某一交易环节提起诉讼，如在融资性买卖中，当事人仅就形式上的买卖合同提起诉讼的情况下，为方便查明事实、准确认定责任，人民法院可以依职权追加相关当事人参加诉讼"。② 因此，人民法院在审理案件过程中，发现当事人之间的合同仅是交易链条中的一个环节，且离开整个交易链条无法查明案件事实并难以对当事人之间真实的法律关系及其效力作出认定的，应当告知原告将参与交易的其他当事

---

① 《民法典》第560条规定："债务人对同一债权人负担的数项债务种类相同，债务人的给付不足以清偿全部债务的，除当事人另有约定外，由债务人在清偿时指定其履行的债务。债务人未作指定的，应当优先履行已经到期的债务；数项债务均到期的，优先履行对债权人缺乏担保或者担保最少的债务；均无担保或者担保相等的，优先履行债务人负担较重的债务；负担相同的，按照债务到期的先后顺序履行；到期时间相同的，按照债务比例履行。"

② 最高人民法院民事审判第二庭编著：《〈全国法院民商事审判工作会议纪要〉理解与适用》，人民法院出版社2019年版，第69页。

人追加为共同被告。

2. 法官释明。要强化程序保障，防止机械地适用"不告不理"的原则，仅就当事人的诉讼请求进行审理，而应发挥司法的能动性，向原告释明变更或者追加诉讼请求，或者向被告释明提出抗辩或者反诉，尽可能一次性解决纠纷。[①] 并根据2019年《民事证据规定》第53条第1款规定"诉讼过程中，当事人主张的法律关系性质或者民事行为效力与人民法院根据案件事实作出的认定不一致的，人民法院应当将法律关系性质或者民事行为效力作为焦点问题进行审理。但法律关系性质对裁判理由及结果没有影响，或者有关问题已经当事人充分辩论的除外"，对于原告拒绝追加的，人民法院应当驳回诉讼请求，但是不影响其另行提起诉讼。

二、债务人列为第三人

根据代位权诉讼的基本原理，在代位权诉讼中，"债务人"的诉讼地位为第三人。

（一）"可以追加"调整为"应当追加"

当事人没有选择权。原《合同法司法解释一》第16条第1款规定，"债权人以次债务人为被告向人民法院提起代位权诉讼，未将债务人列为第三人的，人民法院可以追加债务人为第三人"，本条调整为"债权人以债务人的相对人为被告向人民法院提起代位权诉讼，未将债务人列为第三人的，人民法院应当追加债务人为第三人"，即从"可以追加"，调整为"应当追加"，即遇到债权人以债务人的相对人为被告向人民法院提起代位权诉讼时，就需要依职权追加债务人为本案第三人，被申请人对案件的债务人是否追加，并不享有选择权；如果未依法将债务人列为当事人，属于漏列当事人。

（二）关于可以合并审理

1. 根据《民法典》第535条和本条规定，债权人提起代位权诉讼，应以主债权和次债权的成立为条件。

2. 符合条件的，可以列为共同原告。根据本条规定，多名债权人对同一被告提起代位权诉讼，人民法院可以将多名债权人列为共同原告，被告对此提出程序违法的，于法无据，则不予支持。

3. 不是必须合并审理。根据多个债权人以同一次债务人为被告提起代位权诉讼的，可以合并审理，但并非必须合并审理。如果当事人主张未合并审理，属于严重违反法定程序的，与本条规定不符，不予采纳。

[①] 参见2019年7月3日刘贵祥在全国法院民商事审判工作会议上的讲话，载最高人民法院民事审判第二庭编著：《〈全国法院民商事审判工作会议纪要〉理解与适用》，人民法院出版社2019年版，第74页。

4. 非同一种类的，不可以合并。普通共同诉讼是诉的主体合并，指当事人一方或者双方为 2 人以上，其诉讼标的是同一种类，人民法院认为可以合并审理并经当事人同意而进行的共同诉讼。普通共同诉讼是可分之诉，符合普通共同诉讼的要件的两个以上的诉讼是可以分开审理的，且在诉讼中，其中一人的诉讼行为对其他共同诉讼人不发生效力。如果在本案中系不同的多个法律主体，且其多个法律主体的诉讼标的也不相同，不属于法律关于普通共同诉讼的规定情形，故应由多个法律主体作为独立的诉讼主体依法分别提起诉讼。

三、关于两个或者两个以上债权人以债务人的同一相对人为被告的

《民法典会议纪要》中关于合同保全的部分规定明确，除本纪要第 8 条、第 9 条规定的内容外，原《合同法司法解释一》和原《合同法司法解释二》关于代位权诉讼的规定总体上有参考适用的价值。具体适用思路有："（5）债权人以债务人的相对人为被告向人民法院提起代位权诉讼，未将债务人列为第三人的，人民法院可以追加债务人为第三人。两个或者两个以上债权人以债务人的同一相对人为被告提起代位权诉讼的，人民法院可以合并审理。"[1]

（一）关于不同债权人不属于本案的第三人

有独立请求权的第三人相当于原告的诉讼地位，是在他人已经开始的诉讼中就诉讼标的的全部或部分提出独立诉讼请求，以本诉的原、被告为共同被告。若有独立请求权的第三人未参加诉讼的，可以通过第三人撤销之诉或审判监督程序寻求救济。

而代位权诉讼作为债权保全方式，是债权人代替债务人行使债务人的债权，代位权在清偿程序上具有优先性。代位权成立，将判决相对人直接向债权人履行义务，从而使行使代位权的债权人相对于其他债权人具有清偿时的优先性。在先起诉的债权人债权实现后，其他债权人不得再次就债务人的债权向次债务人提起诉讼。因此，其他债权人对在先债权人提起的诉讼来说，不属于有独立请求权的第三人。

根据本条规定，两个或者两个以上债权人以同一次债务人为被告提起代位权诉讼的，人民法院应当作为两个案件合并审理，而不是将其中一个债权人作为有独立请求权的第三人纳入一个案件进行审理。因此，其他债权人不是第三人。

（二）关于债务人的同一相对人与债务人的不同的相对人

根据《民法典》第 535 条的代位权诉讼模式，每一个代位权诉讼案件应涉及两个债权的三方当事人，即前位债权的双方当事人（债权人与债务人）、后位债权的双方当事人（前

---

[1] 最高人民法院研究室编著：《〈全国法院贯彻实施民法典工作会议纪要〉条文及适用说明》，人民法院出版社 2021 年版，第 45 页。

位的债务人即后位的债权人,与后位债权债务关系的债务人,债务人的相对人)。

在司法实践中,既可能出现同一债务人因多种民商事法律关系,从而存在多个债权人的情形;也可能出现同一债权人可能因多种民商事法律关系,从而存在多个债务人的情形;还会出现同一债权人下的同一债务人,因多种民商事法律关系,存在多个债务人的相对人的情形。因此,在上述情况下,会有多种情形:

第一,同一债务人+同一债务人的相对人的情形。债权人甲与债务人乙,对同一债务人丙享有合法债权,该同一债务人丙对同一债务人的相对人丁享有到期债权,影响债权人的到期债权实现的,债权人甲和债权人乙可以向人民法院请求以自己的名义代位行使债务人对相对人的权利。根据本解释第36条规定,由被告住所地人民法院管辖。如果同一法院受理的两起案件,合并为一个案件审理,有利于节约诉讼成本,也有利于统一法律适用的,两个或者两个以上债权人以债务人的同一相对人为被告提起代位权诉讼的,人民法院可以合并审理。

第二,同一债权人+不同债务人+同一债务人的相对人的情形。债权人甲对债务人A和债务人B享有到期债权,而债务人A和债务人B分别对其债务人(债务人的相对人)C"怠于行使其债权或者与该债权有关的从权利,影响债权人的到期债权实现的",根据本条规定,人民法院可以合并审理。

第三,不同债权人+不同债务人+同一债务人的相对人的情形。债权人甲对债务人A享有到期债权,债权人乙对债务人B享有到期债权,而债务人A的债务人(债权人的相对人)和债务人B的债务人(债务人的相对人)均是C,则根据本条规定,两个或者两个以上债权人以债务人的同一相对人为被告提起代位权诉讼的,人民法院可以合并审理。

第四,同一债权人+同一债务人+不同债务人的相对人的情形。债权人甲对债务人乙享有到期债权,而债务人乙对不同的债务人(债务人的相对人)A、债务人(债务人的相对人)B、债务人(债务人的相对人)C"怠于行使其债权或者与该债权有关的从权利,影响债权人的到期债权实现的",则此类案件无法合并审理,原因在于:"代位权诉讼主要规范的是债权人与次债务人之间的诉讼法律关系,同一债权人与不同的次债务人之间形成的是不同的诉讼法律关系,因此,对于次债务人不相同的案件,人民法院不能合并审理。"①

四、关于《民法典》不足以清偿时的按比例受偿

(一)关于明确了债务抵充的顺序

根据《民法典》第560条规定的数项债务的清偿抵充规则,其适用的前提条件是:

---

① 最高人民法院民事审判第二庭编著:《最高人民法院关于民事案件诉讼时效司法解释理解与适用》,人民法院出版社2015年版,第304页。

其一，要求债务人同一债权人负担数项债务；其二，要求债务人负担的数项债务的种类相同；其三，要求债务人的给付不足以清偿全部债务。[①] 关于抵充的顺序先后，应当分别是：(1) 已到期债务；(2) 没有担保的债务；(3) 担保最少的债务；(4) 债务人负担较重的债务；(5) 先到期的债务；(6) 情况相同、到期时间相同的，按照债务比例履行。

（二）关于按照比例清偿

原《合同法司法解释二》第 20 条规定："债务人的给付不足以清偿其对同一债权人所负的数笔相同种类的全部债务，应当优先抵充已到期的债务；几项债务均到期的，优先抵充对债权人缺乏担保或者担保数额最少的债务；担保数额相同的，优先抵充债务负担较重的债务；负担相同的，按照债务到期的先后顺序抵充；到期时间相同的，按比例抵充。但是，债权人与债务人对清偿的债务或者清偿抵充顺序有约定的除外。"《民法典》第 560 条规定："债务人对同一债权人负担的数项债务种类相同，债务人的给付不足以清偿全部债务的，除当事人另有约定外，由债务人在清偿时指定其履行的债务。债务人未作指定的，应当优先履行已经到期的债务；数项债务均到期的，优先履行对债权人缺乏担保或者担保最少的债务；均无担保或者担保相等的，优先履行债务人负担较重的债务；负担相同的，按照债务到期的先后顺序履行；到期时间相同的，按照债务比例履行。"

虽然《民法典》的相关规定及司法解释认为债权人行使代位权成立的，可以由次债务人直接向债权人履行清偿义务，但并不认为在先主张代位权的债权人就次债权享有优先受偿权。在债务人对外负有多笔债务尚未清偿的情况下，单一债权人行使代位权实质在于进行债的保全，若次债务人将次债权全部向任一债权人直接清偿，则必将损害到其他债权人的合法权益。根据债权平等原则，在次债权被全部执行完毕之前，其他债权人取得代位权诉讼的生效判决的，仍与在先取得执行依据的其他债权人处于同一清偿顺位，各债权人就次债权未清偿余额，应当依据各自债权比例进行分配。

【法律适用分歧】

关于"到期债权"的法律分歧

司法实践中，经常会出现债权人认为其与债务人之间的债权到期问题，债务人则抗辩未到期，如何认定债权是否到期的问题。即债权人与债务人之间存在"多笔"债权债务关系时（例如，存在"股权转让定金""借款合同"等），而债务人归还的某"一笔"款项又没有注明是源于什么法律关系时如何处理的问题。例如，债权人主张

[①] 黄薇主编：《中华人民共和国民法典释义》（中），法律出版社 2020 年版，第 1069 页。

"股权转让定金"已经到期，但债务人又不承认对于返还股权转让定金作出过约定或达成过一致意见，债权人提供的证据仅仅是显示"往来款"，并没有注明"股权转让定金"时，根据《民法典》第560条规定，可以证明其中的一笔债权债务关系（例如，借款合同关系）事实清楚，而债权人主张的另外一笔（例如，股权转让定金）并无证据证明形成债务并已到期的，则根据我国《民事诉讼法》第67条和《民诉法司法解释》第90条、第91条规定处理。

【典型案例】

一、裁判规则：数项债务均到期的，均无担保或者担保相等的，优先履行债务人负担较重的债务

【法院】

最高人民法院

【案号】

（2021）最高法民申925号

【当事人】

再审申请人（一审原告、二审被上诉人）：黄某某

被申请人（一审被告、二审上诉人）：石家庄某房地产开发有限公司（以下简称某房地产公司）

【案由】

民间借贷纠纷

【裁判观点】

双方当事人之间存在工程施工债权债务关系、借款关系，并且双方当事人之间付款凭证中存在大量标注款项用途为"工程款"字样的情况下，二审判决认定"未注明款项用途"的转款不能排除用于偿还借款或者支付工程款两种情形，并不缺乏理据。因某房地产公司对黄某某负有支付工程款之债和偿还借款之债，该两种债务均属于金钱之债，应认定为相同种类的债务。黄某某认为借款和工程款产生的合同基础不同，法律关系不同，不属于相同种类的债务，没有法律依据。某房地产公司在二审庭审中陈述未注明转款用途的款项一共是47笔，共计35647707元，而黄某某认可其中43笔，该转款金额不足以偿还某房地产公司对黄某某的全部欠款。对于上述未注明转款用途的款项，某房地产公司在清偿时未指定抵充顺序，黄某某也未举证证明双方当事人对抵充顺序有约定，且借款债务和工程欠款债务均已到期，两者的差别是债务到期的时间存在先后。根据《合同法司法解释二》第20条规定，这一规定明确了债务抵充的顺

序，黄某某提出的应当偿还先到期的工程款债务与上引司法解释的规定不符，法院不予支持。根据案涉2014年1月17日《协议书》第5条约定，某房地产公司对于清偿借款、工程欠款一并提供了土地抵押和保证担保。故二审判决在认定案涉借款债务、工程欠款均已到期且两者担保数额相同的基础上，选择优先冲抵负担较重的债务。而负担较重的债务，是指能够使得债务人因清偿而获益最多的债务，二审判决综合比较了工程款债务和借款债务的本金、利息和违约金，认定借款债务属于负担较重的债务，适用法律并无不当。黄某某提出对于某房地产公司而言，工程款债务属于负担较重的债务，会引发小业主违约索赔、拖欠农民工工资、支付逾期违约金没有法律依据，法院不予支持。

二、裁判规则：债务人对相对人享有的债权不足以清偿其对两个或者两个以上债权人负担的债务的，人民法院应当按照债权人享有的债权比例确定相对人的履行份额

【法院】

黑龙江省高级人民法院

【案号】

（2018）黑民终522号

【当事人】

上诉人（原审原告）：车某某

被上诉人（原审被告）：任某某等

【案由】

债权人代位权纠纷

【裁判观点】

关于债权人车某某、李某某、冯某某所享有代位债权的数额分配问题。车某某、李某某、冯某某代位权案件在法院同时审理中，经审查三人代位权成立，但均针对次债权部分，法院先判决哪一起案件均损害其他债权人的权益。现代位权人车某某、李某某、冯某某均申请按债权比例受偿，依据《合同法司法解释一》第16条及第20条的规定，车某某、李某某、冯某某的申请系对自身权利的处分且不违反法律强制性规定，法院予以确认。

【相关规定】

《民法典》第560条；《民事诉讼法》第55条、第143条；《企业破产法》第43条；《民诉法司法解释》第81条；原《合同法司法解释一》第16条；原《合同法司法解释二》第20条

第三十八条 【起诉债务人后又提起代位权诉讼】

债权人向人民法院起诉债务人后，又向同一人民法院对债务人的相对人提起代位权诉讼，属于该人民法院管辖的，可以合并审理。不属于该人民法院管辖的，应当告知其向有管辖权的人民法院另行起诉；在起诉债务人的诉讼终结前，代位权诉讼应当中止。

【条文主旨】

本条是关于起诉债务人后又提起代位权诉讼的规定。

【司法适用】

本条是有关债权人起诉债务人后，又提起代位权诉讼的程序处理规定。本条的法条来源为原《合同法司法解释一》第 15 条。

一、关于可以同时直接诉讼与代位权诉讼

债权人向债务人提起诉讼后，又根据《民法典》第 535 条的规定，提起代位权诉讼的，是否违反本解释第 36 条的规定的问题，一般认为，提起代位权诉讼，并不以根据合同相对性提起向债务人的诉讼为前提。代位权诉讼并不以实体审判为前提，有初步证据证明债务人与次债务人之间存在债权债务关系且债务人怠于主张到期债权的行为有可能损害到债权人的到期债权即可。

原《合同法司法解释一》第 11 条规定："债权人依照合同法第七十三条的规定提起代位权诉讼，应当符合下列条件：（一）债权人对债务人的债权合法；（二）债务人怠于行使其到期债权，对债权人造成损害；（三）债务人的债权已到期；（四）债务人的债权不是专属于债务人自身的债权。"依据上述规定，债权人提起代位权诉讼，应以主债权和次债权的成立为条件。而"债权成立"不仅指债权的内容不违反法律、法规的规定，而且要求债权的数额亦应当确定。这种确定既可以表现为债务人、次债务人对债权的认可，也可经人民法院判决或仲裁机构的裁决加以确认。因此，债权人在提起本案代位权诉讼之前，以向人民法院提起诉讼的方式确认其对债务人享有合法的债权，表明其并未放弃自己的权利。

2020 年《诉讼时效司法解释》第 16 条规定："债权人提起代位权诉讼的，应当认定对债权人的债权和债务人的债权均发生诉讼时效中断的效力。"该规定亦表明，债权人提起代位权诉讼，同时引起两个债权的诉讼时效中断，即债权人对债务人的债权和债务人对次债务人的债权,两个债权均应属于受人民法院保护的诉讼时效期间内的债权。

1. 仅仅是受理,代位权诉讼仍要符合管辖规定。根据本解释第36条的规定,债权人代位权纠纷应依照债务人的相对人住所地确定管辖。如果不是本案被告住所地的法院,无法行使代位权诉讼的管辖权。

2. 关于起诉债务人的管辖与代位权管辖的冲突问题。第一种情况是,不同法院的。债权人在债务人所在地(A地)起诉债务人以后,又向外地(B地)的另外一家法院对债务人的相对人提起代位诉讼的。第二种情况是,同一家法院的。债权人向次债务人提起的代位权诉讼,又向债务人提起诉讼,不符合本条规定的,应当告知债权人向有管辖权的人民法院另行起诉。

二、本诉进入执行程序的,可否行使代位权诉讼

关于案件已进入执行程序并对本案涉案款项进行保全的情况下,是否可以提起诉讼的问题。债权人起诉了债务人,判决生效后,进入了执行程序并对本案涉案款项进行保全。后债权人又向次债务人提起代位权诉讼的。根据本条规定,不违反相关法律规定。

债权人为实现其债权可以选择申请生效判决进入执行程序,也可以选择向次债务人代位求偿。虽债权人与债务人的案件进入了执行程序,但并不影响本案的诉讼。若债权人在本案诉讼过程中,又同时对本案涉案款项的保全申请执行,次债务人可以通过提出执行异议的方式救济。认为既然申请了保全,就无权再提起诉讼,该抗辩意见是没有法律依据的,也不属于重复起诉,法院应立案受理。

三、关于中止代位权诉讼

根据《民法典》第535条和原《合同法司法解释一》第11条规定,①"债权合法"是提起代位权诉讼的首要条件。如果债权人的"债权"经审查后被确认不合法,其就不享有代位权。"债权合法"不仅指债权的内容不违反法律、法规的规定,而且要求债权之数额亦应当确定无误。这种"确定无误"可以表现为已经过人民法院判决或者仲裁机构的仲裁裁决所确认的债权,也可以由债务人本人表示了认可,没有异议。如果债权人对债务人主张债权而提起的诉讼正在人民法院审理过程之中,则受理代位权诉

---

① 原《合同法司法解释一》第11条规定:"债权人依照合同法第七十三条的规定提起代位权诉讼,应当符合下列条件:(一)债权人对债务人的债权合法;(二)债务人怠于行使其到期债权,对债权人造成损害;(三)债务人的债权已到期;(四)债务人的债权不是专属于债务人自身的债权。"

讼的人民法院应中止代位权诉讼案件的审理。①

【法律适用分歧】

关于债权人对债务人的相对人提起代位权诉讼，是否对债务人的相对人发生诉讼时效中断的效力

关于债权人对债务人的相对人提起代位权诉讼，是否对债务人的相对人发生诉讼时效中断的效力的问题，存在争议。

观点一认为，具有诉讼时效中断的效力。

观点二则认为，不具有诉讼时效中断的效力。

根据2020年《诉讼时效司法解释》第16条规定："债权人提起代位权诉讼的，应当认定对债权人的债权和债务人的债权均发生诉讼时效中断的效力。"一般认为，"两债权同时中断"。主要理由有：

第一，根据《民法典》第535条规定"因债务人怠于行使其债权或者与该债权有关的从权利，影响债权人的到期债权实现"的法定条件，债权人依法取得了以自己的名义（代位债务人）向债务人的相对人主张债权的权利。该诉讼行为足以向债务人的相对人明示，债权人向其主张诉权的合法性。

第二，在代位权诉讼中，"债务人"的诉讼地位是第三人。正因为参与本案诉讼，因此，债务人足以知悉其权利是否受到侵害的情形；且债权人代债务人行使诉讼的权利，满足了引起债务人与债务人的相对人之间的债权诉讼时效中断的法定条件。

第三，在实体权利方面，债务人可以对抗债权人及债务人的相对人的不当请求及不合理的抗辩，从而保证了债务人在实现债权方面享有平等的司法救济机会。②

【典型案例】

一、裁判规则：债权人向人民法院起诉债务人以后，又向同一人民法院对债务人的相对人提起代位权诉讼，符合《民事诉讼法》第122条规定的，应当立案受理

【法院】

最高人民法院

---

① 最高人民法院民事审判第二庭编著：《最高人民法院关于民事案件诉讼时效司法解释理解与适用》，人民法院出版社2015年版，第304页。

② 参见最高人民法院民事审判第二庭编著：《最高人民法院关于民事案件诉讼时效司法解释理解与适用》，人民法院出版社2015年版，第306页。

【案号】

(2017) 最高法民辖终 25 号

【当事人】

上诉人（一审原告）：某银行股份有限公司青岛分行（以下简称某银行青岛分行）

被上诉人（一审被告）：某国有资产控股运营集团有限公司（以下简称某国资控股集团）

【案由】

债权人代位权纠纷

【裁判观点】

债权人某银行青岛分行向山东省高级人民法院起诉债务人山西普某煤业集团有限公司及担保人某煤机公司金融借款合同纠纷一案后，再向山东省高级人民法院起诉次债务人某国资控股集团。根据《合同法司法解释一》第14条、第15条规定，本案系由债权人某银行青岛分行提起的代位权诉讼，应由被告即次债务人某国资控股集团住所地人民法院管辖。某银行青岛分行向山东省高级人民法院提起诉讼，不符合《合同法司法解释一》第14条的规定，山东省高级人民法院对本案没有管辖权。次债务人某国资控股集团住所地位于河南省郑州市，本案诉讼标的额达到河南省高级人民法院级别管辖标准，河南省高级人民法院对案件有管辖权。山东省高级人民法院在立案受理某银行青岛分行提起的债权人代位权诉讼后，发现案件不属于山东省高级人民法院管辖，将案件移送有管辖权的河南省高级人民法院，并无不当。

二、裁判规则：债权人代位权诉讼和普通的债权债务诉讼可以同时存在

【法院】

最高人民法院

【案号】

(2020) 最高法民申 1050 号

【当事人】

再审申请人（一审被告、二审上诉人）：河南永某建工集团有限公司

被申请人（一审原告、二审被上诉人）：张某

【案由】

民间借贷纠纷

【裁判观点】

根据《合同法司法解释一》第15条第1款规定，债权人可以同时向债务人提起普

通的债权债务诉讼和向次债务人提起代位权诉讼,即债权人代位权诉讼和普通的债权债务诉讼可以同时存在。

三、裁判规则:提起的代位权诉讼不必然导致债权人失去向债务人另行起诉的诉权

【法院】

最高人民法院

【案号】

(2019)最高法民终1591号

【当事人】

上诉人(原审原告):中国华某资产管理股份有限公司(以下简称华某资产公司)

被上诉人(原审被告):山西省代县白某里矿山冶炼有限公司等

【案由】

借款合同纠纷

【裁判观点】

债权人的代位权是指债务人怠于行使自己的到期债权,因此对债权人造成损害时,债权人为保全自己的债权,可以诉请法院以自己的名义行使债务人对第三人享有的债权。《合同法司法解释一》第15条规定,债权人可以同时向债务人提起普通的债权债务诉讼和向次债务人提起代位权诉讼,即债权人代位权诉讼和普通的债权债务诉讼可以并存。某银行忻州支行提起的代位权诉讼不必然导致华某资产公司失去向债务人另行起诉的诉权。

【相关规定】

《民事诉讼法》第122条、第153条;原《合同法司法解释一》第14条、第15条;《民法典会议纪要》

第三十九条 【代位权诉讼中债务人起诉相对人】

在代位权诉讼中,债务人对超过债权人代位请求数额的债权部分起诉相对人,属于同一人民法院管辖的,可以合并审理。不属于同一人民法院管辖的,应当告知其向有管辖权的人民法院另行起诉;在代位权诉讼终结前,债务人对相对人的诉讼应当中止。

【条文主旨】

本条是关于代位权诉讼中债务人起诉相对人的规定。

【司法适用】

本条主要是规定了代位权诉讼中债务人起诉相对人的权利及程序如何处理。其中：

1. 本条规定中的"在代位权诉讼中，债务人对超过债权人代位请求数额的债权部分起诉相对人，属于同一人民法院管辖的，可以合并审理。不属于同一人民法院管辖的，应当告知其向有管辖权的人民法院另行起诉"，参考、借鉴并"升级"了原《合同法司法解释一》第22条第1款规定："债务人在代位权诉讼中，对超过债权人代位请求数额的债权部分起诉次债务人的，人民法院应当告知其向有管辖权的人民法院另行起诉。"

2. 本条规定中的："在代位权诉讼终结前，债务人对相对人的诉讼应当中止"，参考借鉴了原《合同法司法解释一》第22条第2款规定："债务人的起诉符合法定条件的，人民法院应当受理；受理债务人起诉的人民法院在代位权诉讼裁决发生法律效力以前，应当依法中止。"

一、关于债务人起诉的限制性条件

（一）关于禁止双重起诉

《民法典》第535条的规定赋予了债权人在代位权诉讼中作为当事人的正当性根据，据此，在债权人对次债务人提起代位权诉讼后，债务人另行对次债务人提起诉讼的情形中，由于债务人之诉的诉讼标的与债权人代位权之诉的诉讼标的相同，债务人的债权请求权已为债权人所代替行使，债务人不得就同一债权再另行向次债务人提起代位权人已经主张过的诉讼。否则，可能会导致对次债务人履行债务的双重判决进而导致双重给付的问题。

依据民事诉讼中的既判力基本理论，为了维护生效裁判的稳定性和权威性，根据《民诉法司法解释》第247条的规定，[①] 在民事诉讼中，人民法院的终局判决确定后，当事人的诉权已经消耗，无论该判决结果如何，当事人及法院均受判决内容的拘束。当事人不得就该判决的内容再进行相同的主张，人民法院也不得就该判决的内容作出

[①] 《民诉法司法解释》第247条规定："当事人就已经提起诉讼的事项在诉讼过程中或者裁判生效后再次起诉，同时符合下列条件的，构成重复起诉：（一）后诉与前诉的当事人相同；（二）后诉与前诉的诉讼标的相同；（三）后诉与前诉的诉讼请求相同，或者后诉的诉讼请求实质上否定前诉裁判结果。当事人重复起诉的，裁定不予受理；已经受理的，裁定驳回起诉，但法律、司法解释另有规定的除外。"

相矛盾的判断，不得再行提起诉讼，否则构成重复起诉。

（二）受到债权额度限制

1. 关于债权人的债权额度。其一，债权人的诉权。《民法典会议纪要》要求：债权人向人民法院起诉债务人以后，又向同一人民法院对债务人的相对人提起代位权诉讼，符合《民事诉讼法》第119条①规定的起诉条件的，应当立案受理；未向被告住所地人民法院起诉的，告知债权人向有管辖权的人民法院另行起诉。② 其二，债权人的债权额度限制。根据《民法典》第535条规定的代位权行使要件的要求，债权人行使代位权的范围，以债务人的债权额度和债权人的债权额度为限，超越此范围，债权人不能行使。③

2. 关于债务人的债权额度。债权人提起代位权诉讼，实质上是代位债务人行使权利，如果债权人提起代位权诉讼后，债务人仍有权就债权人代位请求数额的债权部分再行提起诉讼，则代位权诉讼制度将失去其法律效用，且诉讼程序的稳定性和严肃性也将受到损害，故在债权人已提起代位权诉讼的情况下，债务人的诉讼实施权应受限制，即其只能就超过债权人代位请求数额的债权部分起诉次债务人，而不能就债权人代位请求的债权部分再提起诉讼。因此，债务人仅有权就超过债权人代位请求数额的债权部分，向相对人主张债权。债务人对相对人的债权数额超出债权人行使代位权请求数额的，就超出部分，债务人仍然可以向有管辖权的人民法院另行起诉相对人。④《民法典会议纪要》关于合同保全部分中规定，除该纪要第8条、第9条的内容外，原《合同法司法解释一》和原《合同法司法解释二》中关于代位权诉讼的规定总体上有参考适用的价值，具体适用思路有："（8）在代位权诉讼中，债权人行使代位权的请求数额超过债务人所负债务额或者超过相对人对债务人所负债务额或者有关从权利对应的债务额的，对超出部分，人民法院不予支持。"⑤

---

① 现《民事诉讼法》第122条规定："起诉必须符合下列条件：（一）原告是与本案有直接利害关系的公民、法人和其他组织；（二）有明确的被告；（三）有具体的诉讼请求和事实、理由；（四）属于人民法院受理民事诉讼的范围和受诉人民法院管辖。"

② 最高人民法院研究室编著：《〈全国法院贯彻实施民法典工作会议纪要〉条文及适用说明》，人民法院出版社2021年版，第45页。

③ 黄薇主编：《中华人民共和国民法典释义》（中），法律出版社2020年版，第1026页。

④ 黄薇主编：《中华人民共和国民法典释义》（中），法律出版社2020年版，第1027页。

⑤ 最高人民法院研究室编著：《〈全国法院贯彻实施民法典工作会议纪要〉条文及适用说明》，人民法院出版社2021年版，第46页。

(三) 债权转让，亦受本条限制

根据《民法典》第 547 条的规定①，债权人转让权利的，受让人取得与债权有关的从权利。既然是从权利，当然受主权利范围的限制。债务人在提起债权人代位权诉讼后，也只能对超过债权人代位请求数额的债权部分起诉相对人。

二、关于合并审理

为了在民事诉讼中准确查明事实、实质化解纠纷，就需要发挥审判职能作用，防止程序"空转""倒转""多轮转"，就需要力求用最少的环节实现定分止争，从而实现维护社会秩序、解决纠纷的民事诉讼目的。当事人选择和利用诉讼的目的主要还是维护实体权益，是解决问题的，绝不是来"走程序"的。因此，为了实现事实认定符合客观真相、办案结果符合实体公正、办案程序符合程序公正的要求，在民商事审判中，为防止"形式主义"和"机械主义"地适用民事程序，防止程序"走了一大圈""案结"事未了的现象，在符合法律规定的情况下尽可能地减少发回重审的适用频率，应当适时用好、用足民事诉讼中的"诉的合并"这一机制，最大可能一次性、一揽子解决纠纷，由于在代位权诉讼中，债务人对超过债权人代位请求数额的债权部分起诉相对人，属于同一人民法院管辖的，可以合并审理。

三、关于中止审理

根据《民事诉讼法》第 153 条规定②的"（五）本案必须以另一案的审理结果为依据，而另一案尚未审结的"，债务人的诉讼请求数额受制于代位权的结果，因此，受理债务人起诉的人民法院在代位权诉讼终结前，应当依法中止审理。《民法典会议纪要》要求，受理代位权诉讼的人民法院在债权人起诉债务人的诉讼裁决发生效力以前，应当依照《民事诉讼法》第 150 条③第 1 款第 5 项的规定中止代位权诉讼。④ 而债权人提起的代位权诉讼，并不因为债务人向相对人提起诉讼而中止，应当继续进行，无须中止。

---

① 《民法典》第 547 条规定："债权人转让债权的，受让人取得与债权有关的从权利，但是该从权利专属于债权人自身的除外。受让人取得从权利不因该从权利未办理转移登记手续或者未转移占有而受到影响。"
② 《民事诉讼法》第 153 条规定："有下列情形之一的，中止诉讼：（一）一方当事人死亡，需要等待继承人表明是否参加诉讼的；（二）一方当事人丧失诉讼行为能力，尚未确定法定代理人的；（三）作为一方当事人的法人或者其他组织终止，尚未确定权利义务承受人的；（四）一方当事人因不可抗拒的事由，不能参加诉讼的；（五）本案必须以另一案的审理结果为依据，而另一案尚未审结的；（六）其他应当中止诉讼的情形。中止诉讼的原因消除后，恢复诉讼。"
③ 对应现《民事诉讼法》第 153 条。
④ 最高人民法院研究室编著：《〈全国法院贯彻实施民法典工作会议纪要〉条文及适用说明》，人民法院出版社 2021 年版，第 45 页。

《民法典会议纪要》关于合同保全部分中规定,除该纪要第 8 条、第 9 条的内容外,原《合同法司法解释一》和原《合同法司法解释二》中关于代位权诉讼的规定总体上有参考适用的价值,具体适用思路有:"(9)债务人在代位权诉讼中,对超过债权人代位请求数额的债权部分起诉债务人的相对人的,人民法院应当告知其向有管辖权的人民法院另行起诉。债务人的起诉符合法定条件的,人民法院应当受理;受理债务人起诉的人民法院在代位权诉讼裁判发生法律效力以前,应当中止审理。"①

【法律适用分歧】

关于债务人的相对人对债权人主张诉讼时效抗辩的问题

审判实践中,债权人向债务人的相对人提起代位权诉讼的,涉及债务人的相对人能否提出诉讼时效抗辩的问题。

根据《民法典会议纪要》中有关合同保全部分的规定,除本纪要第 8 条、第 9 条的内容外,原《合同法司法解释一》和原《合同法司法解释二》关于代位权诉讼的规定总体上有参考适用的价值,具体适用思路有:"(1)债权人依照民法典第 535 条的规定提起代位权诉讼,应当符合下列条件:一是债权人对债务人的债权合法;二是债务人怠于行使其债权或者与该债权有关的从权利;三是债务人怠于行使权利的行为影响债权人到期债权的实现;四是债务人的权利不是专属于债务人自身的权利。"由此可知,债权人提起代位权诉讼,应以债权人与债务人之间的"主债权"和债务人与债务人的相对人之间的"次债权"的成立为条件,而债权成立不仅是指债权的内容不违反法律、行政法规的规定,而且要求债权的数额亦应当确定,这种确定既可以表现为债务人与债务人的相对人对债权的认可,也可经人民法院判决或仲裁机构的裁决加以确认。同时,债权人行使代位权的范围,以债务人的债权额和债权人的债权额为限,超越此范围,债权人不能行使。

关于"主债权"与"次债权"的诉讼时效。根据《诉讼时效司法解释》第 16 条规定:"债权人提起代位权诉讼的,应当认定对债权人的债权和债务人的债权均发生诉讼时效中断的效力。"该规定表明,债权人提起代位权诉讼,同时引起两个债权的诉讼时效中断。即债权人对债务人的债权和债务人对债务人的相对人的债权("次债权"),两个债权均应属于人民法院保护的诉讼时效期间内的债权。而且,"债权人行使代位权,债务人的相对人的地位不受影响,债务人的相对人对债务人的抗辩(不限于抗辩权),如同时履行抗辩权、后履行抗辩权、时效届满的抗辩、虚假表示可撤销的抗辩

---

① 最高人民法院研究室编著:《〈全国法院贯彻实施民法典工作会议纪要〉条文及适用说明》,人民法院出版社 2021 年版,第 46 页。

等,同样可以对抗债权人"。①

由于代位权的法律性质不是债权请求权,而是债权人为保全债权而代债务人行使其权利,是基于债权的保全权能而产生的一项从权利,是债权的一项法定权能。质言之,债权人对债务人的相对人并不享有债权,而是代债务人对债务人的相对人的权利,也就谈不上债权人应当何时向债务人的相对人主张权利从而开始计算诉讼时效的问题。因此,在代位权诉讼中,应审查债权人对债务人的诉讼时效,以及债务人对债务人的相对人的诉讼时效,而不存在代位权本身的诉讼时效问题。

从另外一个角度来看,根据《诉讼时效司法解释》第16条规定的"双中断"规则,也进一步证实了代位权诉讼不存在其本身的诉讼时效问题。否则,如果代位权本身有"独立的"诉讼时效,则代位权所中断的,就应当是代位权本身的诉讼时效,而不是"主债权""次债权"这两个债权的"双中断"的诉讼时效。②

【典型案例】

一、裁判规则:债务人对超过债权人代位请求数额的债权部分起诉相对人的,可以另行起诉

【法院】

江西省南昌市中级人民法院

【案号】

(2019) 赣01民初185号

【当事人】

原告:博某投资集团有限公司(以下简称博某公司)

被告:褚某某等

【案由】

民间借贷纠纷

【裁判观点】

根据《合同法司法解释一》第22条之规定,原告在某某公司行使代位权后就超过某某公司代位请求数额的债权部分对被告褚某某、熊某某另行起诉,有事实和法律依据,法院依法予以受理。截至2017年7月6日,博某公司尚欠某某公司本金1.2亿元及利息108626.02元(共计120105626.02元),褚某某尚欠博某公司本金110724999.94

---

① 黄薇主编:《中华人民共和国民法典释义》(中),法律出版社2020年版,第1027页。
② 最高人民法院民事审判第二庭编:《合同案件审判指导》(修订版,上),法律出版社2018年版,第295~299页。

元及利息 72857049.23 元（共计 183582049.17 元）。因此，截至 2017 年 7 月 6 日，在扣除博某公司欠某某公司的本息 120105626.02 元后，被告褚某某欠博某公司的款项为 63473423.15 元（183582049.17 元-110724999.94 元）。自 2017 年 7 月 7 日起，博某公司欠某某公司的利息是以 1.2 亿元本金为基数按年利率 24% 计算至借款还清之日止，而褚某某欠博某公司的利息是以 110724999.94 元本金为基数按年利率 24% 计算至借款还清之日止，之间的利息差额应以本金差额 9275000.06 元（1.2 亿元-110724999.94 元）为基数自 2017 年 7 月 7 日起按年利率 24% 计算至被告褚某某、熊某某还清（2017）赣 01 民初 318 号民事判决中的欠款本息之日止。

二、裁判规则：代位权的行使范围以债权人的债权为限

【法院】

浙江省温州市中级人民法院

【案号】

（2014）浙温商终字第 433 号

【当事人】

上诉人（原审第三人）：温州市驼某鞋业有限公司

被上诉人（原审原告）：温州市益某鞋材有限公司

被上诉人（原审被告）：温州乐某进出口有限公司

【案由】

代位权纠纷

【裁判观点】

债权人对债务人享有合法的到期债权，因债务人怠于行使其到期债权，对债权人造成损害的，债权人可以向人民法院请求以自己的名义代位行使债务人的债权，代位权的行使范围以债权人的债权为限。现第三人温州市驼某鞋业有限公司已向原告温州市益某鞋材有限公司开具对账单，确认账单金额为 145600 元，第三人至今未向原告支付该笔款项显属违约。因原告与第三人未就货款支付时间进行约定，原告主张自 2013 年 8 月 22 日起计算逾期利息没有依据，逾期利息应自原告起诉之日起算。被告温州乐某进出口有限公司尚欠第三人温州市驼某鞋业有限公司到期货款 185679.36 元，事实清楚、证据充分。虽第三人称被告尚未向其支付的货款金额约为 60 万元，但对超过债权人代位请求数额的货款，可由第三人另行向被告主张。

【相关规定】

《民法典》第 537 条；《民事诉讼法》第 22 条、第 122 条、第 153 条；原《合同法

司法解释一》第20条、第21条、第22条;《民法典会议纪要》第8条

> **第四十条 【代位权不成立的处理】**
> 代位权诉讼中,人民法院经审理认为债权人的主张不符合代位权行使条件的,应当驳回诉讼请求,但是不影响债权人根据新的事实再次起诉。
> 债务人的相对人仅以债权人提起代位权诉讼时债权人与债务人之间的债权债务关系未经生效法律文书确认为由,主张债权人提起的诉讼不符合代位权行使条件的,人民法院不予支持。

【条文主旨】

本条是关于代位权不成立的处理的规定。

【司法适用】

本条的法条参考借鉴原《合同法司法解释一》第18条,[①] 并丰富《民法典》第535条的法律后果。

一、关于代位权成立

根据本条规定,人民法院在审理代位权纠纷中,应首先审查该代位权行使的前提,即债权人与债务人之间的债权是否成立,也即债权人对债务人的债权合法,是行使债权人代位权的首要条件。债权人对债务人的债权应当确定。根据谁主张谁举证的举证责任规则,债权人应当提供证据证明其对债务人享有合法且确定的债权。在代位权行使的前提债权并不存在异议的情况下,人民法院应重点审查次债务人对债务人是否有抗辩及该抗辩能否成立。

---

① 原《合同法司法解释一》第18条规定:"在代位权诉讼中,次债务人对债务人的抗辩,可以向债权人主张。债务人在代位权诉讼中对债权人的债权提出异议,经审查异议成立的,人民法院应当裁定驳回债权人的起诉。"

另外,根据《民事诉讼法》第 127 条①和《民诉法司法解释》第 208 条②规定中的"立案后发现不符合起诉条件或者属于民事诉讼法第一百二十七条规定情形的,裁定驳回起诉",上述法律及司法解释明确了人民法院应当裁定驳回起诉的一般情形。如果债权人提起本案诉讼,并不存在上述法律和司法解释规定的应当驳回起诉的情形的,人民法院已经受理本案之后,应对债权人的诉讼请求进行实体审理,并以实体判决的形式对本案进行裁判。

《民法典会议纪要》关于合同保全的规定中明确,除本纪要第 8 条、第 9 条的内容外,原《合同法司法解释一》和原《合同法司法解释二》关于代位权诉讼的规定总体上有参考适用的价值,具体适用思路有:"(7)债务人在代位权诉讼中对债权人债权的存在或已到期提出异议,经审查异议成立的,人民法院应当裁定驳回债权人的起诉。这里要注意:不是异议成立都应驳回起诉,只有足以否定债权人代位权行使的异议成立,如债权不存在或未到期等,才能驳回起诉。"③

二、不能混淆起诉要件与实质要件

(一)提起本案诉讼符合起诉条件,即应受理

根据《民事诉讼法》第 122 条和《民法典》第 545 条规定,该条是关于债权人向人民法院起诉行使代位权时,人民法院进行实体判断标准的规定。债权人需要向人民法院提交其与本案具有利害关系的初步证据,即其对债务人享有到期债权,及债务人与相对人之间存在债权的初步证据。债权人在起诉时明确列明了被告、提出了具体的诉讼请求和事实、理由,且属于人民法院受理民事诉讼的范围和一审法院管辖案件,债权人提起本案诉讼符合《民事诉讼法》第 122 条关于起诉条件的规定,人民法院应

---

① 《民事诉讼法》第 127 条规定:"人民法院对下列起诉,分别情形,予以处理:(一)依照行政诉讼法的规定,属于行政诉讼受案范围的,告知原告提起行政诉讼;(二)依照法律规定,双方当事人达成书面仲裁协议申请仲裁、不得向人民法院起诉的,告知原告向仲裁机构申请仲裁;(三)依照法律规定,应当由其他机关处理的争议,告知原告向有关机关申请解决;(四)对不属于本院管辖的案件,告知原告向有管辖权的人民法院起诉;(五)对判决、裁定、调解书已经发生法律效力的案件,当事人又起诉的,告知原告申请再审,但人民法院准许撤诉的裁定除外;(六)依照法律规定,在一定期限内不得起诉的案件,在不得起诉的期限内起诉的,不予受理;(七)判决不准离婚和调解和好的离婚案件,判决、调解维持收养关系的案件,没有新情况、新理由,原告在六个月内又起诉的,不予受理。"

② 《民诉法司法解释》第 208 条规定:"人民法院接到当事人提交的民事起诉状时,对符合民事诉讼法第一百二十二条的规定,且不属于第一百二十七条规定情形的,应当登记立案;对当场不能判定是否符合起诉条件的,应当接收起诉材料,并出具注明收到日期的书面凭证。需要补充必要相关材料的,人民法院应当及时告知当事人。在补齐相关材料后,应当在七日内决定是否立案。立案后发现不符合起诉条件或者属于民事诉讼法第一百二十七条规定情形的,裁定驳回起诉。"

③ 最高人民法院研究室编著:《〈全国法院贯彻实施民法典工作会议纪要〉条文及适用说明》,人民法院出版社 2021 年版,第 27 页。

当对债权人的诉讼请求进行实体审理。

(二) 立案阶段不能"代行"实体审判权

在立案阶段的审查过程中，认为债权人未提供充分的证据证明其对债务人享有真实合法的债权和债务人存在怠于行使到期债权的情形，实质上对于债权人是否享有《民法典》第535条规定的代位权进行了实体审理并作出了判断。在此基础上，人民法院应对债权人的诉讼请求以判决的形式作出认定处理，而不能以裁定的形式认定债权人的起诉不符合起诉条件。如果以裁定驳回债权人的起诉，则适用法律错误。

(三) 不能混淆驳回起诉与判决驳回诉讼请求

1. 关于诉讼成立要件和权利保护要件的区别

《民事诉讼法》第122条规定的起诉要件为诉讼成立要件，系判断当事人提起诉讼能否成立的形式要件。如果原告起诉不符合该条规定的起诉要件，人民法院应以原告之诉不合法为由，通过裁定形式驳回起诉。

在代位权诉讼中，债权人突破合同相对性，为保全其债权而向债务人的相对人主张权利。其必要的前提条件是此债权人与债务人之间存在债权关系，这一前提条件是代位权诉讼的成立要件，而并不是代位权的主张能否获得支持的权利保护要件。如果债权人与债务人之间的债权债务关系并不存在，根据《民事诉讼法》第122条规定，人民法院应当以起诉不合法为由，通过裁定的形式驳回起诉。

2. 代位权诉讼中的判决驳回诉讼请求

在代位权诉讼的过程中，(1) 如果债务人没有明确提出债权人的债权不存在的异议，那么，人民法院既需要审查债权人与债务人之间的债权债务关系，又需要审查债务人与相对人之间的债权关系。(2) 如果债务人没有明确提出异议，但债务人的相对人提出异议的，人民法院要审查债务人的相对人的异议抗辩能否成立。如果相对人的抗辩成立，则支持债务人的相对人的抗辩主张。因此，能否支持债务人的相对人的抗辩主张，涉及债权人的权利保护要件是否成立，涉及当事人的诉讼请求是否符合民事实体法的规定，涉及人民法院在对案件进行实体审理之后加以判断。

第一，关于权利保护要件。对于债务人的相对人提出的抗辩权利保护要件，如果经过实体审理，人民法院发现债权人所提起的诉讼请求，缺乏权利保护要件，不符合民事实体法的规定，诉讼请求不能成立。那么，人民法院应以债权人的诉讼请求不能得到支持为由，通过判决的形式驳回其诉讼请求，是通过实体判决的形式加以判断，而不应当以民事程序法为依据，当事人并无诉权为由驳回起诉。

第二，关于驳回起诉。根据上述情形，人民法院如果以民事裁定书的形式驳回起诉，从实质上来说，就是剥夺当事人起诉的权利，而在程序上采取裁定驳回当事人的起诉的方式,等于是否定当事人就本案争议提起诉讼的权利,驳回起诉的处理方式意味着实质上并未对当事人的请求和争议进行实体审理和裁判。那么,从诉讼程序的"产业链"上来说,当事人只能针对一审裁定驳回起诉提起的上诉,二审法院原则上只能对当事人是否具有诉权进行判断,而不能进行实体审理并进行纠正。否则,"二审终审"就变成了"一审终审",根据《民事诉讼法》第 175 条规定,① 等于是剥夺了当事人通过启动二审程序对案件实体处理进行纠正的权利,不符合《民事诉讼法》第 8 条所规定的"应当保障和便利当事人行使诉讼权利"。

(四)法律关系的认定不一致

根据 2019 年《民事证据规定》第 53 条规定,即便当事人起诉所主张的法律关系的性质或者民事法律行为的效力与人民法院根据案件事实作出的认定不一致,人民法院在此情况下应向当事人释明,由当事人变更诉讼请求;如果当事人经人民法院释明后,仍然坚持不变更诉讼请求的,人民法院应当将法律关系性质或者民事行为效力作为焦点问题进行审理,在此判断基础上也应以实体判决的形式对当事人的诉讼请求进行判断,而不能以裁定驳回当事人起诉的形式认定当事人并无诉权。

三、新的事实,可再次起诉

既判力,是指确定判决在实体上对于当事人和法院所具有的强制性通用力,表现为判决确定后,当事人不得就该判决确定的法律关系另行起诉,也不得在其他诉讼中就同一法律关系提出与本案诉讼相矛盾的主张,同时,法院亦不得作与该判决的内容相矛盾的判断。② 即,"确定判决对后诉的拘束力"。③ 总的来看,大陆法系既判力的效力主要包括三个方面的内容:一是禁止当事人重复申请诉讼;二是禁止法院重复审理;三是在前诉判决认定的事实是后诉判决的基础时,后诉应当以前诉判决为依据进行裁决。④

(一)既判力对法院和当事人具有拘束力的原因

其一,对法院产生效力,是由法院审判权行使的统一性原则所决定的。同一法院以及不同法院之间对同一或者相关联的诉讼标的的裁判不能相互矛盾。其二,对当事人产生效力,是由于对当事人之间的争议,法院以当事人双方在诉讼过程受到了充分

---

① 《民事诉讼法》第 175 条规定:"第二审人民法院应当对上诉请求的有关事实和适用法律进行审查。"
② 江伟主编:《民事诉讼法专论》,中国人民大学出版社 2005 年版,第 77 页。
③ [日]中村英郎:《新民事诉讼法讲义》,陈刚、林剑锋、郭美松译,常怡审校,法律出版社 2001 年版,第 229 页。
④ 胡军辉:《美国民事既判力理论研究》,北京师范大学出版社 2015 年版,第 187 页。

的程序保障、法律所赋予的攻击防御手段得到了充分行使为基础作出生效裁判，表明当事人之间的民事争议在法律上已经得到最终的解决，因此，既判力对当事人产生效力。①

(二) 既判力的客观范围

根据民事诉讼中辩论主义的基本原理，其一，直接决定法律效果发生或者消灭的必要事实必须在当事人的辩论中出现，没有在当事人辩论中出现的事实不能作判决的基础和依据，换句话说，法院不能将当事人没有主张过的事实作为判决的事实依据。其二，法院应将当事人之间无争议的事实作为判决的事实依据。其三，法院对证据的调查只限于当事人双方在辩论中所提出来的事实。对于当事人没有在言词辩论中主张的事实，即使法院通过职权调查已得到心证，仍然不能作为裁判的基础。② 因此，基于既判力理论与辩论主义理论，既判力的客观范围限于已经裁判的实体法律关系，"未经裁判的法律关系就不产生判决既判力的问题"。③

(三) 关于"新的事实"

结合《民事诉讼法》第127条第5项、第7项，④ 第158条，⑤ 第182条，⑥《民诉法司法解释》第248条规定："裁判发生法律效力后，发生新的事实，当事人再次提起诉讼的，人民法院应当依法受理。"在判决发生法律效力后，发生新的事实，法律允许当事人再次提起诉讼，以解决争议，而对于当事人基于新的事实而提起的诉讼，人民法院应当依法受理。因此，代位权诉讼中，人民法院经审理认为债权人的主张不符合《民法典》第535条规定的代位权行使条件的，应当驳回诉讼请求，但是不影响债权人根据新的事实再次起诉。

---

① 邓辉辉、向忠诚：《既判力理论与民事诉讼再审程序研究》，中国政法大学2019年版，第6页。
② 张卫平：《诉讼构架与程式——民事诉讼的法理分析》，清华大学出版社2002年版，第154~155页。
③ 邓辉辉：《既判力理论研究》，中国政法大学出版社2005年版，第120页。
④ 《民事诉讼法》第127条规定："人民法院对下列起诉，分别情形，予以处理：（一）依照行政诉讼法的规定，属于行政诉讼受案范围的，告知原告提起行政诉讼；（二）依照法律规定，双方当事人达成书面仲裁协议申请仲裁、不得人民法院起诉的，告知原告向仲裁机构申请仲裁；（三）依照法律规定，应当由其他机关处理的争议，告知原告向有关机关申请解决；（四）对不属于本院管辖的案件，告知原告向有管辖权的人民法院起诉；（五）对判决、裁定、调解书已经发生法律效力的案件，当事人又起诉的，告知原告申请再审，但人民法院准许撤诉的裁定除外；（六）依照法律规定，在一定期限内不得起诉的案件，在不得起诉的期限内起诉的，不予受理；（七）判决不准离婚和调解和好的离婚案件，判决、调解维持收养关系的案件，没有新情况、新理由，原告在六个月内又起诉的，不予受理。"
⑤ 《民事诉讼法》第158条规定："最高人民法院的判决、裁定，以及依法不准上诉或者超过上诉期没有上诉的判决、裁定，是发生法律效力的判决、裁定。"
⑥ 《民事诉讼法》第182条规定："第二审人民法院的判决、裁定，是终审的判决、裁定。"

关于新的事实，从既判力的基本原理的角度来看，既判力有其主观范围、客观范围和时间范围，并不是漫无边际地进行拘束，在既判力所拘束的范围之外，并不应受到既判力原理的约束，原因是"确定判决仅对基准时之前发生的事项具有既判力，对基准时之后的事项没有既判力。裁判发生法律效力后发生的新的事实，为既判力基准时之后发生，并未被生效判决所确认，不在诉讼系属中，亦不应受既判力的拘束。因发生了新的事实，从而使确定判决所认定的权利发生变动，当事人基于该事实再次提起诉讼，不适用一事不再审原则，法院对此应予受理"。①

【法律适用分歧】

如何正确区分法定抵销权与代位权诉讼

根据《民法典》第793条和2020年《建设工程司法解释一》第43条的规定，建设工程施工合同无效，承包人可请求发包人参照合同关于工程价款的约定折价补偿，这一请求权基础是折价补偿请求权，该请求权非根据合同原因，而是直接源于《民法典》第157条、第793条，2020年《建设工程司法解释一》第43条等法律明确规定。质言之，该建设工程施工合同法律关系下产生的债务性质为建设工程合同中的一种特殊法定债务，不同于借款合同项下的一般约定债务，两者因债务性质不同，属于《民法典》第568条规定的依据法律规定或者按照合同性质不得抵销的涵射范围。

应当正确区分法定抵销权与代位权诉讼。在当事人和审理法院并未以《民法典》第535条和2020年《建设工程司法解释一》第44条作为法律依据的前提条件和作为解决纠纷的"通道"的情况下，实际施工人对发包人欠付范围内的工程价款请求权，其法律性质并非代位权，是基于《民法典》第157条、第793条，2020年《建设工程司法解释一》第43条的法律规定，是基于实际施工人与发包人之间已经全面实际履行了发包人与承包人之间的合同并形成了事实上的权利义务关系而产生的法定债权。当事人如果主张将建设工程施工合同中的工程价款与借款合同项下的一般约定债务相抵，不但混淆了《民法典》第568条所规定的法定抵销制度和第535条的代位权制度，也与《民法典》第157条、第793条和2020年《建设工程司法解释一》第43条的规定精神相悖，损害了第三人的利益，存在损害实际施工人利益的问题。

---

① 最高人民法院民法典贯彻实施工作领导小组编著：《最高人民法院新民事诉讼法司法解释理解与适用》（上），人民法院出版社2022年版，第523页。

【典型案例】

一、裁判规则：债权人的主张不符合《民法典》第 535 条规定的代位权行使条件的，应当驳回诉讼请求

【法院】

最高人民法院

【案号】

（2020）最高法民终 604 号

【当事人】

上诉人（一审原告）：庆某农业生产资料集团有限责任公司（以下简称庆某集团）

被上诉人（一审被告）：锦州某海洋实业有限公司等（以下简称某海洋实业公司）

【案由】

债权人代位权纠纷

【裁判观点】

根据《合同法司法解释一》第 18 条规定，但是，就本案一审法院所审理案件的情况来看，宇某公司并未对其与庆某集团之间的债权债务关系提出异议。而在代位权行使的前提债权并不存在异议的情况下，人民法院应重点审查次债务人对债务人是否有抗辩及该抗辩能否成立。故就本案争议的代位权纠纷而言，应重点围绕次债务人某海洋实业公司所提出的抗辩能否成立进行审理。而从一审法院查明的事实来看，并不存在适用《合同法司法解释一》第 18 条第 2 款关于"债务人在代位权诉讼中对债权人的债权提出异议，经审查异议成立的，人民法院应当裁定驳回债权人的起诉"规定的情形。

二、裁判规则：债权人对债务人的债权不合法的，不符合代位权诉讼适用条件

【法院】

最高人民法院

【案号】

（2020）最高法民申 1229 号

【当事人】

再审申请人（一审原告、二审上诉人）：黄某某

被申请人（一审被告、二审上诉人）：何某某等

【案由】

债权人代位权纠纷

【裁判观点】

案涉股东会决议通过的股权转让款分配方案分配的并不是公司的利润，而是公司财产收入，违反了《公司法》的规定，且有可能损害公司及公司债权人的合法权益，黄某某不能依据该股权转让款分配方案享有对童某物业公司的债权。《合同法司法解释一》第18条第2款规定："债务人在代位权诉讼中对债权人的债权提出异议，经审查异议成立的，人民法院应当裁定驳回债权人的起诉。"二审裁定驳回黄某某的起诉，事实及法律依据充分，并无不当。

【相关规定】

《民法典》第535条；《民事诉讼法》第122条、第127条、第157条；《民诉法司法解释》第212条、第248条；原《合同法司法解释一》第18条

第四十一条 【代位权诉讼中债务人处分行为的限制】

债权人提起代位权诉讼后，债务人无正当理由减免相对人的债务或者延长相对人的履行期限，相对人以此向债权人抗辩的，人民法院不予支持。

【条文主旨】

本条是关于代位权诉讼中债务人处分行为的限制的规定。

【司法适用】

相较于通则司法解释"征求意见稿"来说，本条是新增加条文。

债权人撤销权这一债权保全制度的法律规定，该项制度的立法目的，在于通过特别允许债权人干涉债务人对其财产的自由处分，旨在防止债务人的责任财产不当减少，以确保没有特别担保的一般债权得以清偿，使债务人的责任财产维持在适当状态，以保障债权得以实现。但与此同时，债权人撤销权制度突破了传统的合同相对性规则，将债权人的债权效力延展到债务人之外的第三人，是对债务人与第三人之间法律关系的一种突破。适用不当，可能对交易安全构成威胁，并在一定程度上限制债务人的经营决策自由，从而影响到私法自治的基本原则。因此，债权人权利、债务人自治以及第三人交易安全这三者之间的平衡保护，是理解适用债权人撤销权法律制度的关键。

一、代位权行使要件中的"影响债权人的到期债权实现"

（一）关于"影响债权人的到期债权实现"的含义。是指债务人的责任财产不足以

保障债权人到期债权的实现。《民法典》将原《合同法》第73条所规定的"损害"调整为"影响",实质上概念外延更广泛,加大了对债权保护的力度和范围。①《民法典会议纪要》第8条规定:"民法典第五百三十五条规定的'债务人怠于行使其债权或者与该债权有关的从权利,影响债权人的到期债权实现的',是指债务人不履行其对债权人的到期债务,又不以诉讼方式或者仲裁方式向相对人主张其享有的债权或者与该债权有关的从权利,致使债权人的到期债权未能实现。相对人不认为债务人有怠于行使其债权或者与该债权有关的从权利情况的,应当承担举证责任。"

(二)关于债务人的相对人的抗辩。根据《民法典》第535条第3款规定:"相对人对债务人的抗辩,可以向债权人主张。"此处的"抗辩",实质上是在诉讼程序中的抗辩,在种类上不限于实体法上的抗辩权,既有程序法上的抗辩,也有实体上的权利不发生或消灭、债权未到期或者抵销、权利存在瑕疵等抗辩。②

二、关于无偿处分行为

(一)债权人行使撤销权的构成要件

债权人撤销权的立法目的在于通过特别允许债权人干涉债务人对其财产的自由处分,使债务人的责任财产维持在适当状态,以保障债权人的债权得以实现。基于这一立法目的,应当认为债务人的行为导致其责任财产不当减少,妨碍债权人实现的,即可成为撤销权行使的对象。债权人提起代位权诉讼后,债务人无正当理由减免相对人的债务或者延长相对人的履行期限,具有减少责任财产的法律效果,可能影响债权人的债权实现。根据《民法典》第538条,债务人无偿处分财产的行为下,债权人行使撤销权的构成要件,主要包括:

其一,债权人与债务人之间存在合法有效的债权,即"债权人的债权"。一般认为,债权人撤销权的成立要求,首先是债权人对债务人的债权合法、确定。这里的"确定",主要是指债权人和债务人之间对于债权的存在和内容不存在争议,或者该债权已经被生效裁决所确定。即债权人撤销权的发生以真实、明确的债权存在为前提。如果债权人提交的证据不足以证明其与债务人之间有明确、无争议的债权存在,故对主张不予支持,如原《合同法司法解释一》第18条第2款关于"债务人在代位权诉讼中对债权人的债权提出异议,经审查异议成立的,人民法院应当裁定驳回债权人的起诉"的规定。

---

① 最高人民法院民法典贯彻实施工作领导小组编著:《中国民法典适用大全》(合同卷一),人民法院出版社2022年版,第624页。
② 最高人民法院民法典贯彻实施工作领导小组编著:《中国民法典适用大全》(合同卷一),人民法院出版社2022年版,第626页。

其二，债务人实施了一定的无偿处分行为，即"债务人以放弃其债权、放弃债权担保、无偿转让财产等方式无偿处分财产权益，或者恶意延长其到期债权的履行期限"。

其三，债务人的行为要影响到债权人的债权实现。例如，债务人将其所有的公司50%的股权无偿转让给相对人的行为客观上降低了债务人的偿债能力，影响债权人债权的实现，债权人可以请求人民法院撤销债务人无偿转让财产的行为；反之，如果债务人减免相对人的全部租金金额仅占债权的5%-10%，并未影响债权人实现债权的，则不符合撤销权的要件。

根据《民法典》第538条所规定的"债务人以放弃其债权、放弃债权担保、无偿转让财产等方式无偿处分财产权益"中的"等"的理解问题。即用"等"字涵盖其他各种无偿处分财产的行为，同样也包括"减免相对人的债务"。对于无偿处分财产的行为，不问债务人的主观动机如何，均可予以撤销。①

（二）关于"延长相对人的履行期限"

1. 构成诈害行为

债务人"无正当理由减免相对人的债务或者延长相对人的履行期限"这样的处分其债权的行为，是以逃避债务为目的的诈害行为，还是以维护自身财产权益为目的的正常交易行为。债务人延长其到期债权的"这种时间利益让步的无益性相对于实体权益放弃而言，显非同一层次，有时是正常的商业交易或合乎情理的需要，有的并不对债权的实现造成实质性的损害，故在债权人撤销权的构成要件上需要债务人主观上有明显的恶意，从而平衡债务人权利处分行为"。②

2. 关于"恶意延长"到"无正当理由延长"

从《民法典》第538条中规定的"恶意延长其到期债权的履行期限"中的"恶意延长"，到本条规定中的"无正当理由延长相对人的履行期限"中的"无正当理由延长"。"恶意"是指债务人知道其延长到期债权的行为会影响债权人的债权实现仍然实施。③ 恶意延长到期债权的履行期限，看似没有对债权本项进行处分，但其实质上是对已到期债权的现实利益的延后，在牺牲债务人自身利益的同时，没有获得任何对待给付，因此，也属于无偿处分行为。④

---

① 黄薇主编：《中华人民共和国民法典释义》（中），法律出版社2020年版，第1034页。
② 郭锋、陈龙业、周伦军等编著：《中华人民共和国民法典条文精释与实务指南》（合同编·上册），中国法制出版社2021年版，第220页。
③ 黄薇主编：《中华人民共和国民法典释义》（中），法律出版社2020年版，第1034页。
④ 郭锋、陈龙业、周伦军等编著：《中华人民共和国民法典条文精释与实务指南》（合同编·上册），中国法制出版社2021年版，第658页。

从"恶意延长"到"无正当理由延长"的变化会涉及举证责任的变化,根据《民诉法司法解释》第90条和第91条所规定的举证责任基本原理,对于债权人行使撤销权的积极要件事实"恶意延长其到期债权的履行期限"来说,债权人作为主张者应当提供证据予以证明;而本条中的"无正当理由延长相对人的履行期限"的举证责任,也即证明"有正当理由延长"的举证责任是分配给债务人来承担的,如果债务人没有证据证明其在"债权人提起代位权诉讼后"有正当理由延长,则应当推定债权人所主张的债务人无正当理由延长相对人的举证期限成立。

(三)关于"减免相对人的债务"

对于债务人减损财产权益损害债权人利益的诈害行为,既可以违反《民法典》第538条关于撤销权人撤销权的法律规定,亦可能违反《民法典》第154条关于行为与相对人恶意串通,损害他人合法权益的民事法律行为无效的规定。按照《民法典》第155条、第157条的规定,恶意串通行为无效与诈害处分财产行为被撤销两项制度的法律后果基本相同:无效的或者被撤销的民事法律行为自始没有法律约束力;民事法律行为无效、被撤销或者确定不发生法律效力后,行为人因该行为取得的财产,应当予以返还;不能返还或者没有必要返还的,应当折价补偿。虽然两项制度在权利主体范围、主客观因素、权利客体范围等权利构成要件上都有较大区别,但某些时候债务人的诈害行为会在两项制度上发生竞合,此时应允许债权人可以自由选择权利救济路径,无论当事人选择何种权利,人民法院都应当依法予以保护。无效诈害行为要件上的要求是债权人要证明行为人与相对人具有恶意串通的故意和行为,债权人对诈害行为的撤销,只需要债权人证明债务人处分财产权益的诈害行为影响其债权实现即可获得支持。①

三、关于正当理由的内容

债权人撤销权这一债权保全制度的立法目的,在于通过特别允许债权人干涉债务人对其财产的自由处分,使债务人的责任财产维持在适当状态,以保障债权得以实现。但与此同时,债权人撤销权制度突破了传统的合同相对性规则,将债权人的债权效力延展到债务人之外的第三人,是对债务人与第三人之间法律关系的一种突破。适用不当,可能对交易安全构成威胁,并在一定程度上限制债务人的经营决策自由,从而影响到私法自治的基本原则。因此,债权人权利、债务人自治以及第三人交易安全这三者之间的平衡保护,是理解适用债权人撤销权法律制度的关键。

基于《民法典》第538条所规定的"影响债权人的债权实现"的前提条件,对于

---

① 最高人民法院民法典贯彻实施工作领导小组编著:《中国民法典适用大全》(合同卷一),人民法院出版社2022年版,第662页。

债务人处分其债权的行为，需要考察是否实质性损害申请人债权实现。如果属于以逃避债务为目的的诈害行为，债务人的相对人知情或应当知情的，应当认为属于无正当目的；如果属于以维护自身财产权益为目的的正常交易行为，债务人的相对不知情或不应当知情的，则应当属于有正当目的。

四、关于无正当理由

从"恶意延长其到期债权的履行期限"中的"恶意"，到本条所规定的"无正当理由延长相对人的履行期限"中的"无正当理由"，显然有意在扩大这一撤销权制度的适用范围。其法理逻辑是：其一，债权人已提起代位权诉讼的前提是"因债务人怠于行使其债权或者与该债权有关的从权利，影响债权人的到期债权实现的"，债权人为实现自己的债权已在追索的"前进道路上"了，"提起诉讼"也就意味着债务人不可能不知道债权人意在实现自己的债权；其二，除了债务人与债务人的相对人进行正常的商业交易行为以外，债务人"无正当理由减免相对人的债务或者延长相对人的履行期限"这一行为本身可以推定债务人存在诈害行为；其三，"无正当理由减免相对人的债务或者延长相对人的履行期限"需要满足诈害行为影响债权人债权的实现的程度，或者说是否构成债务人"无资力"状态。

【法律适用分歧】

关于责任主体的财产不足同时满足刑事行政和民事责任时，民事优先原则的原因

在特定情况下，某一责任主体的财产不足以同时满足承担罚款、罚金及没收财产等行政或刑事责任，以及民事赔偿责任时，根据《民法典》第187条规定："民事主体因同一行为应当承担民事责任、行政责任和刑事责任的，承担行政责任或者刑事责任不影响承担民事责任；民事主体的财产不足以支付的，优先用于承担民事责任。"应当坚持民事责任优先原则，优先承担民事赔偿责任。其主要原因是：

第一，实现法的价值的需要。不缴纳罚款、罚金等行政、刑事责任不会使国家发生经济上的困难，但如果不履行民事赔偿责任，即可能使个体陷入极大的困难乃至绝境。民事责任优先原则更能体现法律的人道和正义，人道和正义是法的社会功能的体现，也是法所追求的主要价值所在。

第二，维护市场经济秩序和交易安全的需要。如当事人享有的损害赔偿无法实现，必然造成当事人在以后的民事活动中投入一定的注意力审核对该当事人是否存在违法或犯罪行为，必然影响当事人之间进行交易的信心和速度，也不符合市场经济秩序和交易安全应具有法律保障性的要求。

第三，体现补偿性。民事责任目的在于弥补权利人因他人的民事违法行为而给其造成的经济损失,这种补偿性的责任一旦不能承担,权利人的权利则难以实现。

第四,责任的目的和功能不同。民事责任的主要目的是对受害人补偿损失、恢复其权利,如果财产不足以承担两种以上的责任时,民事责任的目的就无法实现。①

【典型案例】

裁判规则:恶意延长其到期债权的履行期限,影响债权人的债权实现的,债权人可以请求人民法院撤销债务人的行为

【法院】

湖北省武汉市中级人民法院

【案号】

(2022)鄂01民终147号

【当事人】

上诉人(原审被告):王甲

被上诉人(原审原告):吴某胜等

【案由】

合同纠纷

【裁判观点】

对姚某启是否构成"恶意"的判断标准,仍然以是否对债权人吴某胜造成损害的客观事实作为主要判断标准。从形式标准上看,在债权已经形成时,姚某启明知自己须偿付吴某胜债务,却仍将其对王甲的债务延期;从实质标准上看,吴某胜对姚某启的债权经执行程序而无法受偿,结合形式标准和实质标准,基于债权受损的客观事实可以推定姚某启主观上认知具有恶意。

【相关规定】

《民法典》第535条、第538条、第539条;原《合同法司法解释一》第13条;原《合同法司法解释二》第18条;《民法典会议纪要》第8条

---

① 黄薇主编:《中华人民共和国民法典总则编释义》,法律出版社2020年版,第496~498页。

第四十二条　【债权人撤销权诉讼中明显不合理低价或者高价的认定】

对于民法典第五百三十九条规定的"明显不合理"的低价或者高价，人民法院应当按照交易当地一般经营者的判断，并参考交易时交易地的市场交易价或者物价部门指导价予以认定。

转让价格未达到交易时交易地的市场交易价或者指导价百分之七十的，一般可以认定为"明显不合理的低价"；受让价格高于交易时交易地的市场交易价或者指导价百分之三十的，一般可以认定为"明显不合理的高价"。

债务人与相对人存在亲属关系、关联关系的，不受前款规定的百分之七十、百分之三十的限制。

【条文主旨】

本条是关于债权人撤销权诉讼中明显不合理低价或者高价的认定的规定。

【司法适用】

本条参考借鉴了《民法典会议纪要》第 9 条的内容。

一、债权人撤销权的成立要件

债权人撤销权是指当债务人无偿处分或者以不合理的对价交易导致其财产权益减少或责任财产负担不当加重，对债权人的债权实现有影响时，债权人可以请求人民法院撤销债务人所实施行为的一项民事权利。

债权人对债务人无偿处分财产权益行为的撤销权应具备以下构成要件：

1. 债权人对债务人存在合法有效的债权

有效的债权是撤销权的前提和基础，没有合法有效的债权，撤销权无从发生。债权人对债务人须存在合法有效的债权，即债权应当在债务人行使时就已经存在。

基于合同保全的基本原理，债权人行使撤销权的目的在恢复债务人的责任财产而保全债权，以及突破合同相对性原则下平衡保护债务人利益的考量，为保护社会秩序的相对稳定和交易安全，行使撤销的范围受到一定的限制，根据《民法典》第 540 条规定，"撤销权的行使范围以债权人的债权为限"。

2. 债务人存在诈害行为

债务人的诈害行为,主要包括:"以明显不合理的低价转让财产、以明显不合理的高价受让他人财产或者为他人的债务提供担保",正是由于债务人的诈害行为,损害债权人债权实现,"至于如何认定影响债权人债权实现,要结合债权人的债权状况、债务人的财产状况等在个案中予以判断。此外,不管债务人的行为是影响债权人的到期债权实现,还是影响债权人的未到期债权将来实现的,债权人均可以行使撤销权"。①

3. 债务人的相对人主观上存在恶意

即债务人的相对人知道或者应当知道债务人的行为影响债权人的债权实现。该要件的举证责任由行使撤销权的债权人承担。如果债务人的相对人在主观上并不存在恶意,对债务人的有偿行为或者债务人提供担保的行为影响债权人的债权实现并不知情,那么,债权人也就不得撤销债务人的行为。②

4. 债权人需在除斥期间内行使撤销权

撤销权自债权人知道或者应当知道撤销事由之日起 1 年内行使。根据《民法典》第 541 条规定,③ 撤销权自债务人的行为发生之日起 5 年内没有行使撤销权的,该撤销权消灭。该项规定的两个期间均为除斥期间,不适用诉讼时效中止、中断及延长的规定。

二、关于"交易当地一般经营者"

(一) 关于"交易当地"

本条规定的"交易当地",即"交易行为地"。④ 由于财产转让中的财产的性质、种类、特性、位置等均存在差异性,因此,在案件审理过程中,需要根据市场流通、交易惯例、关税区域等情形,综合因素进行判定。

(二) 关于"一般经营者"

法律和司法解释没有明确什么是"一般经营者",通常情况,可以从正向和反向的

---

① 黄薇主编:《中华人民共和国民法典释义》(中),法律出版社2020年版,第1036页。
② 黄薇主编:《中华人民共和国民法典释义》(中),法律出版社2020年版,第1036页。
③ 《民法典》第541条规定:"撤销权自债权人知道或者应当知道撤销事由之日起一年内行使。自债务人的行为发生之日起五年内没有行使撤销权的,该撤销权消灭。"
④ 最高人民法院研究室编著:《最高人民法院关于合同法司法解释(二)理解与适用》,人民法院出版社2009年版,第147页。

不同侧面进行理解。关于正向理解，可以"常人"①或者"理性人"②的判断来理解；关于反向理解，即可以采用反向排除的方法，排除"非经营者"，即排除不从事经营活动的人；排除违反常理常识的"个性化判断"等。

（三）关于"明显不合理的低价""明显不合理的高价"认定

"明显不合理的低价"是一个"不确定概念"，也可以理解是立法者赋予司法者的自由裁量权。对于"明显不合理的低价"认定问题，应该具体问题具体分析，这是解决此类问题的最为妥当的方法。

三、关于"一般可以认定"

由于人类社会中存在的物品和财产的多样性，转让财产的行为的复杂性，很难用一个固定化的标准予以衡量，但基于法官不得拒绝裁判原则，又需要对转让财产中的正当性作出判断，需要对《民法典》第539条规定的"明显不合理的低价""明显不合理的高价"作出判断，因此，本条以"市场交易价或者指导价百分之七十"和"交易时交易地的市场交易价或者指导价百分之三十"作为一个一般的参考示范标准。需要注意的是，不能机械理解，仅以此作为"唯一标准"。

【法律适用分歧】

关于债权人与代位权能否同时行使

在《民法典》编纂过程中，针对债权人提起撤销权诉讼的同时，是否可以一并提起代位权诉讼，存在争议。

"肯定说"认为，第一，可以同步解决因债务人的行为被撤销后的返还财产问题；第二，以债权人的名义直接获得债务人相对人的财产有利于促进债权的实现。

"否定说"则认为，第一，撤销权诉讼与代位权诉讼的构成要件存在诸多差异；第二，过于保护债权人一方的利益，忽视债务人利益的保护；第三，存在债权请求权与物权请求权不能"兼容"的问题。

---

① 《民法典会议纪要》第7条规定："提供格式条款的一方对格式条款中免除或者减轻其责任等与对方有重大利害关系的内容，在合同订立时采用足以引起对方注意的文字、符号、字体等特别标识，并按照对方的要求以常人能够理解的方式对该格式条款予以说明的，人民法院应当认定符合民法典第四百九十六条所称'采取合理的方式'。提供格式条款一方对已尽合理提示及说明义务承担举证责任。"

② 《九民会议纪要》第76条规定："告知说明义务的履行是金融消费者能够真正了解各类高风险等级金融产品或者高风险等级投资活动的投资风险和收益的关键，人民法院应当根据产品、投资活动的风险和金融消费者的实际情况，综合理性人能够理解的客观标准和金融消费者能够理解的主观标准来确定卖方机构是否已经履行了告知说明义务。卖方机构简单地以金融消费者手写了诸如'本人明确知悉可能存在本金损失风险'等内容主张其已经履行了告知说明义务，不能提供其他相关证据的，人民法院对其抗辩理由不予支持。"

尽管《民法典》并未在条文中规定撤销权与代位权一并提起的制度。但从审判实践需要的角度来看，从现行的撤销权和代位权的法律规定的空间角度来看，需要说明的是：第一，对于债务人无偿转让财产、以明显不合理低价转让财产，以及债务人放弃的债权未到期，显然，不符合代位权的标的需为到期债权的条件，不能行使代位权。第二，对于债务人放弃的"到期债权"（符合《民法典》第535条规定，因债务人怠于行使其债权或者与该债权有关的从权利，影响债权人的到期债权实现的），因债权人撤销权成立则该放弃行为自始没有法律约束力，不管债权人是否行使撤销权，均可行使代位权。第三，对于债务人以明显不合理高价受让他人财产，因债权人撤销权成立则产生债务人就已付价款对相对人的返还请求权，这个返还请求权的时点，从逻辑上应回溯到支付时，且亦为债权，故债权人应可以在行使撤销权的同时，行使代位权。①

【典型案例】

一、裁判规则：转让价格未达到交易时交易地的市场交易价或者指导价70%的，一般可以认定为明显不合理的低价

【法院】

最高人民法院

【案号】

（2020）最高法民申1231号

【当事人】

再审申请人（一审被告、二审上诉人）：李某平等

被申请人（一审原告、二审上诉人）：李某军

【案由】

股权转让纠纷

【裁判观点】

《合同法司法解释二》第19条第2款规定，转让价格达不到交易时交易地的指导价或者市场交易价70%的，一般可以视为明显不合理的低价。案涉股权价值在原审中经专业评估机构鉴定的最低评估值为181961122.38元，案涉股权转让价仅为股权评估价最低值的63%左右。据此原审法院根据《合同法司法解释二》第19条第2款规定，认定11600万元股权转让款为明显不合理低价、显失公平，符合法律规定。

---

① 最高人民法院民法典贯彻实施工作领导小组主编：《中华人民共和国民法典合同编理解与适用》（一），人民法院出版社2020年版，第554页。

二、裁判规则：明显不合理的低价或者高价，人民法院应当以交易当地一般经营者的判断，并参考交易时交易地的市场交易价或者物价部门指导价予以认定

【法院】

最高人民法院

【案号】

（2018）最高法民申 1212 号

【当事人】

再审申请人（一审被告、二审上诉人）：深圳市万某房地产开发集团有限公司（以下简称万某集团）

被申请人（一审原告、二审被上诉人）：人某投资控股股份有限公司（以下简称人某公司）

【案由】

合同纠纷

【裁判观点】

判断是否以明显不合理的低价转让，应以交易当时、当地情况进行判断，结合其他因素进行考虑。股权是一种无形的、抽象的、综合性的权利，股权价值的判断，按照一般的经济生活习惯，公司净资产价值是公司股权价格的最直接参考标准。本案中，首先，根据人某公司提交的证据北京鼎某德房地产土地评估有限公司作出的《土地评估报告》可知，天某公司名下的三块待开发土地评估价为 140857.36 万元，本案当事人均无提供案涉股权转让时，天某公司有对外负债的证据。万某集团一审提供的证据银信评估报告载明，2012 年 10 月 31 日天某公司的净资产评估值为 8.25 亿元。因此，天某公司的净资产评估值为 8.25 亿元可以作为案涉股权价值的参考标准，股权转让价格 4 亿元，没有达到交易时交易地的指导价 8.25 亿元的 70%，即 5.775 亿元。根据以上事实，二审法院认为本案股权价值不论是以公司净资产价值，还是以案涉股权质押时的作价作为参考标准，该股权转让价格均不足其实际价格的 70%，系明显不合理的低价，该认定并无不当，最高人民法院予以维持。其次，2012 年实某集团发生突发事件，金融债权人宣布借款提前到期，发生了大量金融债权诉讼案件，实某集团及关联公司名下的财产被查封。在此情况下，案涉股权未经评估，即约定以 4 亿元的价格转让给万某集团，并用 8 亿元债权抵顶股权转让价款。据此，二审法院认定实某集团以明显不合理的低价转让财产，对其债权人人某公司造成了损害，该认定并无不当，最高人民法院予以维持。最后，2012 年 7 月 2 日万某集团与鑫某公司签订的《债权转让协议书》

约定，万某集团已受让的奥地利银行对实某集团、北京实某商务物流有限公司等享有的部分债权1.9亿元，则说明万某集团明知实某集团尚有其他债权人。实某集团以明显不合理的低价处分其财产，致使其本可用于偿还债权人的财产缩水、灭失，当然损害债权人的求偿权，故实某集团低价处分财产侵害到其债权人的权益，且万某集团知道该情形。综上，二审法院认定实某集团以明显不合理的超低价格转让案涉股权，对其债权人人某公司造成损害，并且受让人万某集团知道该情形，人某公司请求撤销鑫某公司转让案涉股权的行为应予支持，该认定并无不当，最高人民法院予以维持。

【相关规定】

《民法典》第539条；《商品房买卖合同司法解释》第12条；原《合同法司法解释二》第19条；《民法典会议纪要》第9条

第四十三条 【其他不合理交易行为的认定】

债务人以明显不合理的价格，实施互易财产、以物抵债、出租或者承租财产、知识产权许可使用等行为，影响债权人的债权实现，债务人的相对人知道或者应当知道该情形，债权人请求撤销债务人的行为的，人民法院应当依据民法典第五百三十九条的规定予以支持。

【条文主旨】

本条是关于其他不合理交易行为的认定的规定。

【司法适用】

原《合同法》第74条第1款规定："因债务人放弃其到期债权或者无偿转让财产，对债权人造成损害的，债权人可以请求人民法院撤销债务人的行为。债务人以明显不合理的低价转让财产，对债权人造成损害，并且受让人知道该情形的，债权人也可以请求人民法院撤销债务人的行为。"其中，涉及"债务人有偿行为"的内容"债务人以明显不合理的低价转让财产，对债权人造成损害，并且受让人知道该情形的，债权人也可以请求人民法院撤销债务人的行为"，在《民法典》编纂修改时，扩大和调整为第539条规定，"债务人以明显不合理的低价转让财产、以明显不合理的高价受让他人财产或者为他人的债务提供担保，影响债权人的债权实现，债务人的相对人知道或者应当知道该情形的，债权人可以请求人民法院撤销债务人的行为"，即在原《合同法》第74条的基础上，增加了

"以明显不合理的高价受让他人财产或者为他人的债务提供担保"的情形,以及将第74条规定的"对债权人造成损害",调整为"影响债权人的债权实现",将第74条规定的"受让人知道该情形的",调整为"债务人的相对人知道或者应当知道该情形的"。

本条是明确"其他不合理交易行为"时,相对人知道或应当知道该情形时的法律后果的规定,结合长期审判实践经验的总结,扩大了《民法典》第539条所规定的债权人撤销有权行为的范围。本条中的"明显不合理的价格,实施互易财产、以物抵债、出租或者承租财产、知识产权许可使用等行为",系对《民法典》第539条规定中的"债务人以明显不合理的低价转让财产、以明显不合理的高价受让他人财产或者为他人的债务提供担保"的扩张性和细化性规定。

一、关于债务人的有偿行为的界定

(一) 债权人撤销权制度的立法目的

债权人撤销权制度的立法目的,在于恢复债务人的责任财产,使债务人的责任财产维持在适当状态,以保障债权人的债权得以实现。[①] 而《民法典》第539条中规定的债务人有偿行为,只"列举式"地规定了三类行为:"以明显不合理的低价转让财产""以明显不合理的高价受让他人财产""或者为他人的债务提供担保"。民法理论上通常认为以下行为也可以成为债权人撤销权的对象:(1) 以法律行为而论,有单独行为,如免除债务、遗赠;有契约行为,如债权让与、债务承担或加入;有经营行为,如设立公司、合伙企业等。(2) 准法律行为,如催告、为中断时效而作的债务承认,债权让与的通知等导致债务人责任财产减少的准法律行为。(3) 诉讼中的法律行为,如诉讼上的和解、抵销以及请求的放弃、承认等。[②]

(二) 关于有偿行为的"目的性扩张"

为了债权人撤销权目的的实现,最大限度地保障责任财产。因此,对于债务人诈害行为,应当尽可能地涵盖进来,覆盖到所有诈害行为,也就是说,"只要债务人的行为减少了责任财产,并害及债权人的债权,均应成为撤销权的对象",[③] 为了能够实现这样的制度理论,"为此,应通过目的性扩张的方法",[④] 对《民法典》第539条所规定的内容加以补充。

---

① 最高人民法院研究室编著:《最高人民法院关于合同法司法解释(二)理解与适用》,人民法院出版社2009年版,第136页。
② 参见最高人民法院民法典贯彻实施工作领导小组主编:《中华人民共和国民法典合同编理解与适用(一)》,人民法院出版社2020年版,第526页。
③ 韩世远:《合同法总论》(第四版),法律出版社2018年版,第462页。
④ 崔建远主编:《合同法》(修订版),法律出版社2000年版,第131页。

其一，债权人撤销权的立法目的在于通过特别允许债权人干涉债务人对其财产的自由处分，使债务人的责任财产维持在适当状态，以保障债权人的债权得以实现。基于这一立法目的，应当认为债务人的行为导致其责任财产不当减少，对债权人的债权实现造成重大影响，即可成为撤销权行使的对象。

其二，由于这三类法律行为的表述具有高度抽象性。(1) 至于何谓"明显不合理的低价""明显不合理的高价"需要结合具体交易情况，在个案中作具体判断。(2) 对于如何认定"影响债权人的债权实现"，要结合债权人的债权情况、债务人的责任财产状况等在个案中予以具体判断；① 即高度抽象性的表述更需在具体的法律行为中判断。原《合同法司法解释二》第19条规定："对于合同法第七十四条规定的'明显不合理的低价'，人民法院应当以交易当地一般经营者的判断，并参考交易当时交易地的物价部门指导价或者市场交易价，结合其他相关因素综合考虑予以确认。转让价格达不到交易时交易地的指导价或者市场交易价百分之七十的，一般可以视为明显不合理的低价；对转让价格高于当地指导价或者市场交易价百分之三十的，一般可以视为明显不合理的高价。债务人以明显不合理的高价收购他人财产，人民法院可以根据债权人的申请，参照合同法第七十四条的规定予以撤销。"《民法典会议纪要》第9条规定："对于民法典第五百三十九条规定的明显不合理的低价或者高价，人民法院应当以交易当地一般经营者的判断，并参考交易当时交易地的物价部门指导价或者市场交易价，结合其他相关因素综合考虑予以认定。转让价格达不到交易时交易地的指导价或者市场交易价百分之七十的，一般可以视为明显不合理的低价；对转让价格高于当地指导价或者市场交易价百分之三十的，一般可以视为明显不合理的高价。当事人对于其所主张的交易时交易地的指导价或者市场交易价承担举证责任。"

其三，从债务人诈害行为的实质性标准的角度来看，债务人的行为是否有害于债权，不应作简单的算术上的判断，而应综合主客观相关情况。比如，应当考虑债务人是否具备行为目的动机的正当性、是否具备行为手段的妥当性等，具体判断。② 因此，考虑到审判实践中的多发案件样态，本条规定了债务人以明显不合理的低价或者高价实施互易财产、以物抵债、设定用益物权、出租或者承租财产等行为，这样有利于法官在债权人撤销权案件中具体识别债务人的诈害行为。

其四，不管债务人的行为是影响债权人的到期债权实现，还是影响债权人的未到

---

① 黄薇主编：《中华人民共和国民法典合同编释义》，法律出版社2020年版，第179页。
② 参见韩世远：《合同法总论》（第四版），法律出版社2018年版，第465页。

期债权实现，债权人都可以行使撤销权。① 因此，无论是互易财产、以物抵债、设定用益物权、出租或者承租财产等诈害行为，影响债权人的到期债权实现，还是影响债权人的未到期债权实现，债权人均可行使撤销权。当然，上述行为还须符合"债务人的相对人主观上存在恶意"等撤销债务人有偿行为的其他要件的规定。

需要注意的是，本条此处所使用的"等行为"，即指除上述"列举式"的诈害行为外，在今后的审判实践中，出现其他诈害行为时，便于将本条作为法律适用依据，依法进行裁判。

（三）关于"实施互易财产、以物抵债、出租或者承租财产、知识产权许可使用等行为"

1. 关于"实施互易财产""出租或者承租财产"

根据《民法典》第 539 条规定的"以明显不合理的低价转让财产、以明显不合理的高价受让他人财产或者为他人的债务提供担保"，通过完全列举的方式，只列举了上述三类行为，法条中并没有使用"等"字的表述，一般在理解上，是未将其他有偿处分行为列入。但在审判实践中，确实存在除了上述三种有偿处分行为之外的"其他不合理交易行为"，对于符合债权人撤销有偿行为的立法目的的，非常有必要予以撤销。例如，在互易合同中，债务人将自己明显更有价值的奔驰轿车与第三人的捷达轿车互易；在租赁合同中，债务人将自己的别墅以超低价格出租给第三人；在运输合同中，承运人以明显不合理的低价承运第三人的货物等。在以上情形中，明显失衡的互易合同实际上相当于以明显不合理低价转让财产或以明显不合理高价受让他人财产，大概率会对债务人的清偿能力造成消极影响，如果能够证明债务人的相对人知晓或应当知晓这一情况的，应允许债务人类推适用《民法典》第 539 条行使撤销权。在上述租赁的情形中，如果能够证明租金价格远远不足以弥补别墅本身的消耗成本，且债务人的相对人对此知晓或者应当知晓，则应允许债权人类推适用《民法典》第 539 条对债务人的不合理低价出租行为予以撤销。在上述运输的情形中，如果能够证明运输价格远远低于承运成本，则明显会降低承运人的清偿能力，如果债务人的相对人知道或者应当知道该情形的，亦应允许债权人类推适用《民法典》第 539 条规定，对债务人以不合理低价承运第三人货物的行为予以撤销。②

---

① 黄薇主编：《中华人民共和国民法典合同编释义》，法律出版社 2020 年版，第 179 页。
② 最高人民法院民法典贯彻实施工作领导小组编著：《中国民法典适用大全》（合同卷一），人民法院出版社 2022 年版，第 673~674 页。

2. 关于"以物抵债"

一般情况下，当事人以物抵债是为了及时还清债务。但在有些情况下，审判实践中也存在通过以物抵债恶意逃避债务，损害第三人合法权益的情况。而从本质上看，以物抵债也属于有偿处分行为，因此，当债务人与其相对人达成以物抵债合意，损害债权人的债权，而相对人知道或者应当知道这一情形的，也应允许债权人行使撤销权。①

3. 关于"等行为"

根据《民法典》第 539 条所规定的以明显不合理的高价受让他人财产，"以明显不合理的高价受让他人财产"和"以明显不合理的低价转让财产"，在效果上同样具有降低债务人清偿能力的极大可能性，根据《民法典会议纪要》第 9 条第 2 款规定："转让价格达不到交易时交易地的指导价或者市场交易价百分之七十的，一般可以视为明显不合理的低价；对转让价格高于当地指导价或者市场交易价百分之三十的，一般可以视为明显不合理的高价。当事人对于其所主张的交易时交易地的指导价或者市场交易价承担举证责任。"在审判实务上，不论是以明显不合理低价转让财产，还是以明显不合理高价受让他人财产，都是指处分财产的行为本身，而不包括处分行为履行的结果；债务人通过设定用益物权的行为，债务人自身的清偿能力无疑将会受到极大的影响，其影响程度甚至不亚于"以明显不合理的低价转让财产"的情形。因此，应当属于撤销权的范围之列。②

二、关于"债务人的相对人知道或者应当知道"

（一）主观要件

1. 知道或者应当知道。根据《民法典》第 539 条规定，债务人的行为是有偿的情形下，撤销权的成立要件中包括"债务人的相对人主观上存在恶意"，③ 即对于有偿行为，《民法典》要求受让人"知道"债务人转让财产的行为对债权人造成损害的情形，受让人的"知道"，便是此处所说的相对人的恶意。换言之，（1）相对人的恶意，指相对人取得财产或受有利益时，知道债务人所为的行为有害于债权的事实，并非指相对人具有故意损害债权人的意图，其构成也不要求相对人与债务人恶意串通。④（2）如果受让人知道债务人通过不合理价格与自己进行交易，更知道该行为会影响债权人债权

---

① 最高人民法院民法典贯彻实施工作领导小组编著：《中国民法典适用大全》（合同卷一），人民法院出版社 2022 年版，第 674 页。
② 最高人民法院民法典贯彻实施工作领导小组编著：《中国民法典适用大全》（合同卷一），人民法院出版社 2022 年版，第 671~672 页。
③ 黄薇主编：《中华人民共和国民法典合同编释义》，法律出版社 2020 年版，第 179 页。
④ 韩世远：《合同法总论》（第四版），法律出版社 2018 年版，第 462 页。

的实现，则其不再是善意，没有给予保护的必要，应允许债权人行使撤销权。①

2. 不知道或者不应当知道。（1）关于善意受让人不知道或者不应当知道的。在有偿处分行为下，受益人取得财产支付了对价，仅凭借不合理价格本身难以对有偿处分进行价值评判，善意受让人代表了整个交易秩序的安全，应该对其善意予以保护。只要债务人和受让人实施了互相认可对价的法律行为，且受让人不知道或者不应当知道该行为会影响债权人债权实现，就不应被动辄撤销。②（2）关于受让人又转售的他人不知道或不应当知道的。倘若债务人与直接受益的第三人以有偿行为诈害债权，第一取得人又将取得的财物以公平的价格转售他人，或者第一取得人虽又以廉价转售，但他人主观上没有过错，债权人只能向债务人和直接受益人行使撤销权，不能追及善意取得人。③

（二）举证责任

债务人的相对人在主观上存在恶意，指债务人的相对人知道或者应当知道债务人的行为影响债权人的债权实现，该要件的举证责任由行使撤销权的债权人承担。④

【法律适用分歧】

一、关于行使撤销权与请求确认无效的选择行使问题

对于债务人减损财产权益损害债权人利益的诈害行为，既可能违反《民法典》第538条债权人撤销权的法律规定，亦可能违反《民法典》第154条关于行为人与相对人恶意串通，损害他人合法权益的民事法律行为无效的规定，按照《民法典》第155条、第157条的规定，恶意串通行为无效与诈害处分财产被撤销两项制度的法律后果基本相同：无效的或者被撤销的民事法律行为自始没有法律约束力；民事法律行为无效、被撤销或者确定不发生效力后，行为人因该行为取得的财产，应当予以返还；不能返还或者没有必要返还的，应当折价补偿。

虽然两项制度在权利主体范围、主客观因素、权利客体范围等权利构成要件上都有较大区别，但某些时候债务人的诈害行为会在两项制度上发生竞合，此时，应允许债权人可以自由选择权利救济的路径，无论当事人选择何种权利，人民法院都应当依法予以保护。

---

① 最高人民法院民法典贯彻实施工作领导小组编著：《中国民法典适用大全》（合同卷一），人民法院出版社2022年版，第673页。
② 最高人民法院民法典贯彻实施工作领导小组编著：《中国民法典适用大全》（合同卷一），人民法院出版社2022年版，第673页。
③ 胡康生主编：《中华人民共和国合同法释义》（第三版），法律出版社2013年版，第140~141页。
④ 黄薇主编：《中华人民共和国民法典合同编释义》，法律出版社2020年版，第179~180页。

无效诈害行为要件上的要求是债权人要证明行为与相对人之间具有恶意串通的故意和行为，债权对诈害行为的撤销只需债权人证明债务人处分财产权益的诈害行为影响其债权实现，即可获得支持。①

二、债权人撤销权之诉的管辖

参照原《合同法司法解释一》第 23 条规定："债权人依照合同法第七十四条的规定提起撤销权诉讼的，由被告住所地人民法院管辖。"债权人撤销权之诉由被告住所地法院管辖。应当注意的是：

第一，该规定依据《民事诉讼法》第 22 条关于原告就被告的一般原则和第 24 条关于合同纠纷的管辖原则，确定了撤销权诉讼原告就被告的一般原则。如果多个被告的，各被告住所地法院均有管辖权，发生冲突时，按照《民事诉讼法》第 36 条规定，由最先立案的法院管辖。

第二，按照原《合同法司法解释一》第 23 条规定的精神，撤销权诉讼排除了债权人与债务人之间、债务人与相对人之间的协议管辖、仲裁管辖，债务人、相对人不能以此为由进行管辖抗辩。

第三，因专属管辖是强制性规定，在被告住所地法院管辖与专属管辖之间发生冲突时，撤销权诉讼亦应遵从专属管辖规定。

第四，被告系境外当事人时，撤销权诉讼应按《民事诉讼法》第 276 条规定确定管辖法院。

第五，在债务人存在多笔债务的情况下，如果某一个债权人向债务人提出撤销权诉讼以后，其他债权人也针对同一债务人的同一行为提起撤销权之诉，按照原《合同法司法解释一》第 25 条第 2 款规定："两个或者两个以上债权人以同一债务人为被告，就同一标的提起撤销权诉讼的，人民法院可以合并审理。"原则上应合并审理，以便对撤销权的构成要件、范围限制等问题作出综合判断。

【典型案例】

裁判规则：债务人的行为导致其责任财产不当减少，妨碍债权人实现的，即可成为撤销权行使的对象；债务人为他人提供担保的行为属于债权人行使撤销权的对象

【法院】

最高人民法院

---

① 最高人民法院民事审判第一庭编著：《最高人民法院民事审判第一庭裁判观点》（民事诉讼卷），人民法院出版社 2023 年版，第 324 页。

【案号】

(2020) 最高法民申 2757 号

【当事人】

再审申请人（一审第三人）：周某某

被申请人（一审原告、二审上诉人）：投资 2234 海外第×号基金公司

二审被上诉人（一审被告）：南京长某实业有限公司等

【案由】

债权人撤销权纠纷

【裁判观点】

周某某认为，债权人撤销权的范围仅限于《合同法》第 74 条、《合同法司法解释二》第 18 条规定的行为，债务人提供担保不在此列，不应撤销。但法律不可能完全列举债务人损害债权人债权的所有形式。列举不全导致实务中出现问题后，在总结审判实践成功经验的基础上，最高人民法院形成填补法律漏洞的对策，制定了《合同法司法解释二》，新增"债务人放弃其未到期的债权""放弃债权担保""恶意延长到期债权的履行期"三种情形。从司法解释的补充规定可以看出，既有规定对债权人行使撤销权的情形系不完全列举，而非完全列举。

根据《民法典》第 539 条规定，尽管《民法典》尚未开始施行，但其在《合同法》第 74 条的基础上增加"为他人的债务提供担保"这一债权人行使撤销权的情形，说明债务人为他人的债务提供担保的行为，是债权人撤销权的题中之义。债权人撤销权的立法目的在于通过特别允许债权人干涉债务人对其财产的自由处分，使债务人的责任财产维持在适当状态，以保障债权人的债权得以实现。基于这一立法目的，应当认为债务人的行为导致其责任财产不当减少，妨碍债权人债权实现的，即可成为撤销权行使的对象。债务人为他人的债务提供担保，增加了自己的债务负担，具有减少责任财产的法律效果，可能影响债权人的债权实现。因此债权人可以依据《合同法》第 74 条的规定，请求人民法院撤销债务人的担保行为。原判决适用《合同法》第 74 条规定审理本案，并无不当。

【相关规定】

《民法典》第 538 条、第 539 条；原《合同法司法解释二》第 18 条、第 19 条；《民法典会议纪要》第 9 条

第四十四条 【债权人撤销权诉讼的当事人、管辖和合并审理】

债权人依据民法典第五百三十八条、第五百三十九条的规定提起撤销权诉讼的，应当以债务人和债务人的相对人为共同被告，由债务人或者相对人的住所地人民法院管辖，但是依法应当适用专属管辖规定的除外。

两个以上债权人就债务人的同一行为提起撤销权诉讼的，人民法院可以合并审理。

【条文主旨】

本条是关于债权人撤销权诉讼的当事人、管辖和合并审理的规定。

【司法适用】

一、本条适用的空间范围

本条第1款规定中的"应当以债务人和债务人的相对人为共同被告，由债务人或者相对人的住所地人民法院管辖"，参考借鉴了原《合同法司法解释一》第23条规定中的"债权人依照合同法第七十四条的规定提起撤销权诉讼的，由被告住所地人民法院管辖"。

本条第2款规定中的"两个以上债权人就债务人的同一行为提起撤销权诉讼的，人民法院可以合并审理"，参考借鉴了原《合同法司法解释一》第25条第2款规定中的"两个或者两个以上债权人以同一债务人为被告，就同一标的提起撤销权诉讼的，人民法院可以合并审理"。

二、关于"共同被告"

(一) 关于债务人的相对人的范围

关于债务人的相对人的范围问题。受益的第三人包括直接受益人和间接受益人，直接受益的第三人称为第一取得人，第一取得人又将该物转给他人受益，受益的他人为间接受益的第三人，间接受益人又称转得人，转得人可以是第二取得人、第三取得人以至更后的取得人。[①]

(二) 关于以"债务人和债务人的相对人为共同被告"

根据《民事诉讼法》第55条规定，当事人一方或者双方为二人以上的诉讼为共同

---

① 胡康生主编：《中华人民共和国合同法释义》（第三版），法律出版社2013年版，第139~140页。

诉讼。共同诉讼是诉讼主体的合并。共同诉讼分为必要的共同诉讼和普通的共同诉讼。必要的共同诉讼，是当事人一方或者双方为二人以上，其诉讼标的是共同的；普通的共同诉讼，是当事人一方或者双方为二人以上，其诉讼标的为同一种类，人民法院认为可以合并经当事人同意的诉讼。①

根据《民法典》第538条和第539条"债务人以放弃其债权、放弃债权担保、无偿转让财产等方式无偿处分财产权益，或者恶意延长其到期债权的履行期限，影响债权人的债权实现的"和"债务人以明显不合理的低价转让财产、以明显不合理的高价受让他人财产或者为他人的债务提供担保"的规定，影响债权人的债权实现的，无论是有偿处分，还是无偿处分，对于债务人和债务人的相对人来说，结合《民诉法司法解释》第296条"第三人提起撤销之诉，人民法院应当将该第三人列为原告，生效判决、裁定、调解书的当事人列为被告"的基本法理，"在涉及双方行为的撤销权诉讼中，往往还需要作为第三人的受益人返还财产。在这种情况下，将债务人和受益人列为被告更为合理"。②

三、关于"由债务人或者相对人的住所地人民法院管辖"

根据《民事诉讼法》第22条③规定的"被告住所地原则"、第29条规定的"因侵权行为提起的诉讼，由侵权行为地或者被告住所地人民法院管辖"和原《合同法司法解释一》第23条规定的"债权人依照合同法第七十四条的规定提起撤销权诉讼的，由被告住所地人民法院管辖"，本条规定了"应当以债务人和债务人的相对人为共同被告，由债务人或者相对人的住所地人民法院管辖"，即债权人依据《民法典》第538条、第539条的规定提起撤销权诉讼的，应当以债务人和债务人的相对人为共同被告，由债务人或者相对人的住所地人民法院管辖。

由于撤销权制度的规范目的在于恢复债务人的责任财产，④而债务人积极处分其权利的情形，无论是"以放弃其债权、放弃债权担保、无偿转让财产等方式无偿处分财产权益，或者恶意延长其到期债权的履行期限"，还是"以明显不合理的低价转让财

---

① 全国人大常委会法制工作委员会民法室编著：《〈中华人民共和国民事诉讼法〉释解与适用》，人民法院出版社2012年版，第64页。

② 谢鸿飞、朱广新主编：《民法典评注：合同编 通则》（第2册），中国法制出版社2020年版，第46页。

③ 《民事诉讼法》第22条规定："对公民提起的民事诉讼，由被告住所地人民法院管辖；被告住所地与经常居住地不一致的，由经常居住地人民法院管辖。对法人或者其他组织提起的民事诉讼，由被告住所地人民法院管辖。同一诉讼的几个被告住所地、经常居住地在两个以上人民法院辖区的，各该人民法院都有管辖权。"

④ 王利明：《合同法研究》卷2（第3版），中国人民大学出版社2015年版，第78页。

产、以明显不合理的高价受让他人财产或者为他人的债务提供担保",无论是无偿处分行为,还是有偿处分行为,这些行为都可能实际影响到债权人债权的实现,而采取"由债务人或者相对人的住所地人民法院管辖",不但有利于传唤被告出庭应诉、采取财产保全和先予执行措施,而且有利于人民法院调查核实证据、迅速查清案件事实、正确处理民事纠纷。

四、关于"可以合并审理"

(一)普通共同诉讼

普通的共同诉讼,是指当事人一方或者双方为二人以上,其诉讼标的为同一种类,人民法院可以合并审理,并经当事人同意的诉讼。其特点是:共同诉讼的一方当事人对诉讼标的没有共同的权利义务,是一种可分之诉,只是因为他们的诉讼标的属于同一种类,人民法院为审理方便,才将他们作为共同诉讼审理。[1] 在撤销权诉讼中,从诉讼主体的角度来看,两个或两个以上债权人构成属于普通共同诉讼要求的主体条件;从诉讼标的的角度来看,两个或者两个以上的债权人虽然是对债务人同一行为提起撤销权诉讼,但是两个或者两个以上的债权人对诉讼标的没有共同的权利义务,是可分之诉,不属于必要的共同诉讼,既不属于基于同一物权或者连带债权债务关系,也不属于基于同一事实和法律上原因产生(非同一事实和法律上的原因产生的共同权利义务关系)。

对于普通的共同诉讼,由于两个或两个以上的债权人之间并没有共同的利害关系,可以将他们作为各自独立的诉讼分别审理,也可以作为共同诉讼审理。如果作为共同诉讼审理的,应当符合以下几个条件:

第一,共同的被告必须在同一个人民法院的司法管辖权范围内。如果某一个被告并不在同一个法院的司法管辖区内的,那么,该法院不能将其列为共同被告。

第二,必须属于同一诉讼程序。如果有的案件需要适用普通程序进行审理,而有的案件仅需要适用简单程序进行审理的,不能作为共同诉讼审理。

第三,当事人同意作为共同诉讼审理。

第四,必须符合合并审理的设定目的。即两个或两个以上债权人就债务人同一行为提起撤销权诉讼的,有利于简化民事诉讼程序,有利于节省诉讼时间和诉讼成本,有利于当事人进行诉讼,否则应当分别审理。

(二)不属于重复起诉

依据本条规定,两个或者两个以上债权人以同一债务人为被告,就同一标的提起

---

[1] 全国人大常委会法制工作委员会民法室编著:《〈中华人民共和国民事诉讼法〉释解与适用》,人民法院出版社2012年版,第64~65页。

撤销权诉讼的，人民法院可以合并审理。多个债权人，均有权对债务人的行为行使债权人撤销权，不存在重复撤销问题，对主张主体不适格及存在重复撤销情形的，应当不予支持。

【法律适用分歧】

债权保全中的撤销权与可撤销合同①中一方当事人所享有的撤销权的根本区别

根据《民法典》第538条规定："债务人以放弃其债权、放弃债权担保、无偿转让财产等方式无偿处分财产权益，或者恶意延长其到期债权的履行期限，影响债权人的债权实现的，债权人可以请求人民法院撤销债务人的行为。"第539条规定："债务人以明显不合理的低价转让财产、以明显不合理的高价受让他人财产或者为他人的债务提供担保，影响债权人的债权实现，债务人的相对人知道或者应当知道该情形的，债权人可以请求人民法院撤销债务人的行为。"债权保全中的撤销权与可撤销合同中一方当事人所享有的撤销权，在行使撤销权后的后果上大体相似，都会溯及既往地导致民事行为自始不发生效力。

原《合同法司法解释一》第25条第1款规定："债权人依照合同法第七十四条的规定提起撤销权诉讼，请求人民法院撤销债务人放弃债权或者转让财产的行为，人民法院应当就债权人主张的部分进行审理，依法撤销的，该行为自始无效。"所以，行使债的保全的撤销权也会发生与撤销意思表示不真实的行为一样的法律效果。但两种撤销权是存在根本性差异的，主要表现在：

（1）立法目的不同。两种制度分属合同效力制度与债的保全制度。合同效力制度中的可撤销权，设立的目的是贯彻意思自治原则，使撤销权人针对意思表示不真实的行为请求撤销，从而实现撤销权人的意志和利益；而债的保全制度中的撤销权，设立的目的是保全债权人的债权实现，防止债务人的财产不当减少，它并不在于保障当事人实现其真实的意思。

（2）主体不同。合同效力制度中的可撤销权的撤销权主体一般是意思表示不真实

---

① 《民法典》第147条规定："基于重大误解实施的民事法律行为，行为人有权请求人民法院或者仲裁机构予以撤销。"第148条规定："一方以欺诈手段，使对方在违背真实意思的情况下实施的民事法律行为，受欺诈方有权请求人民法院或者仲裁机构予以撤销。"第149条规定："第三人实施欺诈行为，使一方在违背真实意思的情况下实施的民事法律行为，对方知道或者应当知道该欺诈行为的，受欺诈方有权请求人民法院或者仲裁机构予以撤销。"第150条规定："一方或者第三人以胁迫手段，使对方在违背真实意思的情况下实施的民事法律行为，受胁迫方有权请求人民法院或者仲裁机构予以撤销。"第151条规定："一方利用对方处于危困状态、缺乏判断能力等情形，致使民事法律行为成立时显失公平的，受损害方有权请求人民法院或者仲裁机构予以撤销。"

的合同当事人或受害人；而债的保全制度中，撤销权的主体是债权人。

（3）对象不同。合同效力制度中的可撤销权的撤销权人请求撤销的是他与另一方当事人之间的合同，即撤销的是自己的行为；而债的保全制度中的债权人行使撤销权，旨在撤销债务人与第三人之间的民事行为，撤销的是他人的行为。

（4）效力不同。合同效力制度中的可撤销权只在当事人之间发生效力。而在债的保全制度中撤销权突破了债的相对性，对第三人也有拘束力。

（5）期间不同。虽然两种撤销权行使都要求从撤销权人知道或者应当知道撤销事由之日起一年内行使。但合同保全制度中，"自债务人的行为发生之日起五年内没有行使撤销权的，该撤销权消灭"；该规定并不适用于合同效力制度中的可撤销权。[①]

【典型案例】

一、裁判规则：因侵犯专利权行为提起的诉讼，由侵权行为地或者被告住所地人民法院管辖，以制造者与销售者为共同被告起诉的，销售地人民法院有管辖权

【法院】

最高人民法院

【案号】

（2022）最高法知民辖终411号

【当事人】

上诉人（原审原告）：深圳市杉某智能科技有限公司

被上诉人（原审被告）：青岛鲁某本草健康科技有限公司

【案由】

撤销权纠纷

【裁判观点】

《民事诉讼法》第29条规定："因侵权行为提起的诉讼，由侵权行为地或者被告住所地人民法院管辖。"《最高人民法院关于审理专利纠纷案件适用法律问题的若干规定》第2条规定："因侵犯专利权行为提起的诉讼，由侵权行为地或者被告住所地人民法院管辖。侵权行为地包括：被诉侵犯发明、实用新型专利权的产品的制造、使用、许诺销售、销售、进口等行为的实施地；专利方法使用行为的实施地，依照该专利方法直接获得的产品的使用、许诺销售、销售、进口等行为的实施地；外观设计专利产品的制造、许诺销售、销售、进口等行为的实施地；假冒他人专利的行为实施地。上述侵

[①] 王利明：《民法疑难案例研究》（增订版），中国法制出版社2013年版，第195~196页。

权行为的侵权结果发生地。"该司法解释第 3 条第 1 款规定："原告仅对侵权产品制造者提起诉讼，未起诉销售者，侵权产品制造地与销售地不一致的，制造地人民法院有管辖权；以制造者与销售者为共同被告起诉的，销售地人民法院有管辖权。"根据上述法律和司法解释的规定，因侵害发明专利权行为提起的诉讼，被诉侵权产品的制造、销售、许诺销售、进口等行为的实施地以及实施者的住所地法院均具有管辖权，原告可以择一提起诉讼。

二、裁判规则：法律关系性质相同，人民法院可以将其分割为不同的诉讼，也可以在法定条件下合并审理，是为普通共同诉讼

【法院】

最高人民法院

【案号】

（2016）最高法民终 337 号

【当事人】

上诉人（原审被告）：运城市鑫某超市有限公司等（以下简称福某特超市）

被上诉人（原审原告）：运城市关某小额贷款有限责任公司等（以下简称关某小额贷款公司）

【案由】

民间借贷纠纷

【裁判观点】

诉讼标的共同为共同诉讼人对诉争的实体法律关系有共同的权利和义务，具有不可分性，决定了所有权利人、义务人必须一同应诉或起诉，是为必要共同诉讼；诉讼标的同一种类是指共同诉讼人与对方当事人所争议的法律关系为同一种类，即法律关系性质相同，人民法院可以将其分割为不同的诉讼，也可以在法定条件下合并审理，是为普通共同诉讼。

本案中存在两个主法律关系以及与此相应的两个从法律关系，其一为 5000 万元民间借贷法律关系及其对应的保证法律关系，民间借贷法律关系主体为债权人关某小额贷款公司与债务人福某特超市，保证法律关系中的保证人为李某狮、博某木业公司、凯某包装公司、鑫某家居公司、鑫某材料公司；其二为 2500 万元民间借贷法律关系及其对应的保证法律关系，民间借贷法律关系主体为债权人关某小额贷款公司与债务人福某特超市，保证法律关系中的保证人为李某狮、博某木业公司、凯某包装公司、鑫某家居公司。两个民间借贷法律关系的主体相同，将两者进行合并审理仅为诉的客体

的合并而非诉的主体的合并，而对于诉讼主体相同、法律关系为同一种类的两个诉进行合并审理，从司法经济的角度看，既能提高审判效率，避免产生矛盾的裁判结果，也不会对当事人实体权利义务产生不利影响。又根据《民事诉讼法》第38条规定，上级人民法院有权审理下级人民法院管辖的第一审民事案件，这既不影响当事人程序权利和实体权利，也不违反法律规定之精神。

【相关规定】

《民法典》第538条、第539条；《民事诉讼法》第55条；原《合同法司法解释一》第23条、第25条

> **第四十五条　【债权人撤销权的效力范围及"必要费用"的认定】**
>
> 在债权人撤销权诉讼中，被撤销行为的标的可分，当事人主张在受影响的债权范围内撤销债务人的行为的，人民法院应予支持；被撤销行为的标的不可分，债权人主张将债务人的行为全部撤销的，人民法院应予支持。
>
> 债权人行使撤销权所支付的合理的律师代理费、差旅费等费用，可以认定为民法典第五百四十条规定的"必要费用"。

【条文主旨】

本条是关于债权人撤销权的效力范围及"必要费用"的认定的规定。

【司法适用】

本条是有关债权人撤销权的效力范畴在被撤销行为的标的为可分和不可分时的处理规定，本条系在原《合同法司法解释一》第25条基础上的细化性规定。

1. 结合《民法典》第517条规定的"标的可分"条件，在原《合同法司法解释一》第25条基础上，在确定债权人撤销权的效力范围时，应当注意以被撤销行为的标的是否可分作为标准，[①] 增加了"标的可分"的条件，并以"标的可分"为前提条件，

[①] 最高人民法院民法典贯彻实施工作领导小组主编：《中华人民共和国民法典合同编理解与适用（一）》，人民法院出版社2020年版，第553页。

区分为"被撤销行为的标的可分"和"被撤销行为的标的不可分"。

2. 原《合同法司法解释一》第 25 条所规定的"就债权人主张的部分进行审理"外,对"标的不可分"的情形未作规定,为了在逻辑上周延,本条增加了"被撤销行为的标的不可分"的情形下的司法处理。

3. 将原《合同法司法解释一》第 25 条规定的"债权人主张的部分",修改完善为"当事人主张在受影响的债权范围内"。

一、关于标的可分

(一) 债的标的分类

现代民法关于多数人之债的理论体系,主要是借助于两种类型化方案:一种是基于债的标的(给付)视角,根据是否可侵害,区分为可分之债与不可分之债;另一种是基于债的主体视角,根据复数主体(数个债权人或者债务人)之间的牵连程度,区分按份之债、连带之债和协同之债等。[①] 由于可分之债与不可分之债,并不具有终局的实践意义,只是确定多数人之债实现方式的中间辅助手段,实用价值有限,而审判实践中按份之债和连带之债是最终多数人之债的主要方式,如果在立法上规定按份之债和连带之债之外,再同时并行规定同一逻辑层次上的可分之债与不可分之债,逻辑上存在缺陷,可能造成混乱,为以债的实现方式为导向进行类型化,故《民法典》在合同编通则的合同履行部分,根据当事人之间的权利义务不同状态,并列规定了按份之债与连带之债两种多数人之债。[②]

(二) 债的标的可分的法律意义

《民法典》第 517 条规定了多数人之债中的按份之债,在《民法通则》基础上,专门增加"标的可分"这四个字。所谓标的可分,是指该债的标的经分割后并不损害其性质或价值。实质上增加"标的可分"这四个字对于整个债的履行来说是有重大意义的。根据债的标的是否可分,无论是对单一之债,还是多数人之债都具有法律上的重要意义。在单一之债,只有一个债务人与一个债权人,如果债务标的是可分的,有可能适用部分履行、部分解除、部分无效或部分撤销规则来处理案件;如果债务标的是不可分的,只能通过整体履行、整体解除、整体无效或整体撤销处理。可见,债务标的可分或不可分,在债的履行上会有不同的处理规则,在多数人之债情形下意义更大,

---

① 李中原:《多数人之债的类型建构》,载《法学研究》2019 年第 2 期。
② 郭锋、陈龙业、周伦军等编著:《中华人民共和国民法典条文精释与实务指南》(合同编·上册),中国法制出版社 2021 年版,第 151 页。

直接关涉债的实现方式。① 例如，根据《民法典》第517条规定，如果债的标的是不可分的，则当事人之间不可能按一定份额分享权利或分担义务；而根据按份之债的原理，债权人只能就各自的份额请求债务人为给付的债权，无权请求债务人向自己履行全部债务，否则，接受超过自己份额的给付，则构成不当得利。因此，区分可分与不可分的法律意义在于这些方面：

1. 保障第三人的交易安全。"在被撤销行为的标的物是可分物的场合，仅应在债务人不能清偿的债权数额范围内撤销债务人的部分行为，而其他部分则仍然有效，以保障债务人的经济自由和对第三人的交易安全。"②

2. 保障债务人的财产处分自由。就债权人不能以其债权实现受到影响为由，撤销债务人所有的非对价处分行为，从而避免债权撤销权的行使不当干涉债务人处分财产权益的自由。③

（三）标的可分

在确定债权人撤销权的效力范围时，应当注意以被撤销行为的标的是否可分作为标准。在被撤销行为的标的物是可分物的场合，仅应在债权人不能清偿的债权数额范围内撤销债务人的部分行为，而其他部分则仍然有效，以保障债务人的经济自由和对第三人的交易安全。在债务人分别从事了几项处分其财产的民事法律行为时，仅仅是债权人所主张撤销的债务人行为无效，债务人其他处分财产的行为，尤其是交易行为仍然是有效的。④

二、关于"在受影响的债权范围内"

根据《民法典》第540条"撤销权的行使范围以债权人的债权为限"的规定，撤销权的行使范围限于"债权人的债权"，即债权人行使撤销权的范围不宜过宽，应以自己的债权为限。所谓以自己的债权为限，是指债权人的债权可能不能清偿部分的数额，而不是指提起撤销权之诉的债权人的全部债权数额。⑤ 也即债权人行使撤销权时请求撤

---

① 吴兆祥：《民法典合同编通则理解与适用》，载最高人民法院政治部编：《人民法院大讲堂：民法典重点问题解读》，人民法院出版社2021年版，第637~638页。
② 郭锋、陈龙业、周伦军等著：《中华人民共和国民法典条文精释与实务指南》（合同编·上册），中国法制出版社2021年版，第233~234页。
③ 最高人民法院民法典贯彻实施工作领导小组编著：《中国民法典适用大全》（合同卷一），人民法院出版社2022年版，第686页。
④ 最高人民法院民法典贯彻实施工作领导小组主编：《中华人民共和国民法典合同编理解与适用（一）》，人民法院出版社2020年版，第553页。
⑤ 最高人民法院民法典贯彻实施工作领导小组主编：《中华人民共和国民法典合同编理解与适用》（一），人民法院出版社2020年版，第542页。

销的诈害行为所减损的债务人财产数额必须与债权人不能获得清偿的债权数额相一致。①

这一要求的立法旨意和法理依据，在于限制债权人撤销权的范围，尽可能地降低撤销权给交易安全带来的负面影响，②也对《民法典》所确定的鼓励交易原则产生不利影响。

三、关于被撤销行为的标的不可分

（一）全部撤销的立法目的

根据《民法典》第155条规定，无效的合同或者被撤销的合同自始没有法律约束力。合同部分无效，不影响其他部分效力的，其他部分仍然有效。例如，股权转让协议，如果双方恶意串通的结果，意图损害他人利益的，标的属于不可分的，可一并撤销。

1. 保护债权人的债权

"债权人行使撤销权是通过撤销债务人积极减少财产的不当行为来达到债权保全的目的"，③在被撤销行为的标的物是不可分物的场合，为保护债权人的债权，实现撤销权制度的立法目的，应当认定被撤销行为全部无效。④如果债务人的行为无法分割，即使债务人减少责任财产的数额超过了债权人的债权数额，债权人也可以撤销。撤销后的法律后果按照《民法典》的相关规定予以处理。

2. 交易安全和交易秩序的稳定

撤销权的行使范围以债权人的债权为限，意在尽可能小地影响交易安全。如果以未行使撤销权的全体债权人的债权总额作为撤销权的债权数额，这种不确定性将无限度地损害债务人的利益，并影响交易秩序的稳定。⑤不过，在诈害行为的标的物为一栋房屋之类的不可分物场合，仅限于债权额主张撤销并要求返还，已不可能，宜认为可就不可分物整体主张撤销。

---

① 最高人民法院民法典贯彻实施工作领导小组编著：《中国民法典适用大全》（合同卷一），人民法院出版社2022年版，第686页。

② 参见郭锋、陈龙业、周伦军等编著：《中华人民共和国民法典条文精释与实务指南》（合同编·上册），中国法制出版社2021年版，第227页。

③ 黄薇主编：《中华人民共和国民法典合同编释义》，法律出版社2020年版，第176页。

④ 郭锋、陈龙业、周伦军等编著：《中华人民共和国民法典条文精释与实务指南》（合同编·上册），中国法制出版社2021年版，第234页。

⑤ 最高人民法院民法典贯彻实施工作领导小组编著：《中国民法典适用大全》（合同卷一），人民法院出版社2022年版，第685页。

（二）关于被撤销行为的标的不可分的处理

在确定债权人撤销权的效力范围时，应当注意以被撤销行为标的是否可分作为标准。如果债务人的行为是无法分割的，即使债务人减少责任财产的数额超过了债权的债权额，债权人也可以撤销。① 或者说，在被撤销行为的标的物是不可分物的场合，为保护债权人的债权，实现撤销权制度的立法目的，应当认定被撤销行为全部无效。② 因此，如果被撤销行为的标的不可分，债权人主张将债务人的行为全部撤销的，人民法院应予支持。

四、关于"必要费用"

参考原《合同法司法解释一》第26条"债权人行使撤销权所支付的律师代理费、差旅费等必要费用，由债务人负担；第三人有过错的，应当适当分担"和《最高人民法院关于进一步推进案件繁简分流优化司法资源配置的若干意见》（法发〔2016〕21号）第22条"引导当事人诚信理性诉讼。加大对虚假诉讼、恶意诉讼等非诚信诉讼行为的打击力度，充分发挥诉讼费用、律师费用调节当事人诉讼行为的杠杆作用，促使当事人选择适当方式解决纠纷。当事人存在滥用诉讼权利、拖延承担诉讼义务等明显不当行为，造成诉讼对方或第三人直接损失的，人民法院可以根据具体情况对无过错方依法提出的赔偿合理的律师费用等正当要求予以支持"及《民法典》第540条"撤销权的行使范围以债权人的债权为限。债权人行使撤销权的必要费用，由债务人负担"之规定。

债权人行使撤销权所支付的合理的律师代理费、差旅费等费用，可以认定为《民法典》第540条规定的"必要费用"。债权人行使撤销权的必要费用除律师代理费、差旅费外，还应包括为对转让或受让财产估值而发生的评估费用、针对相对人采取财产保全措施的费用、为查明债务人诈害行为所支出的调查取证费用、债权人为保存相对人返还的财产而支出的费用等。③

【法律适用分歧】

关于债权人提起撤销权诉讼的同时可以一并提起代位权诉讼

在《民法典》编纂过程中，关于债权人提起撤销权的同时，是否可以一并提起代

---

① 黄薇主编：《中华人民共和国民法典合同编释义》，法律出版社2020年版，第180页。
② 最高人民法院民法典贯彻实施工作领导小组主编：《中华人民共和国民法典合同编理解与适用》（一），人民法院出版社2020年版，第553页。
③ 郭锋、陈龙业、周伦军等著：《中华人民共和国民法典条文精释与实务指南》（合同编·上册），中国法制出版社2021年版，第229页。

位权诉讼的问题,存在不同的观点。

立法机关经研究认为,删除代位权之诉与撤销权之诉可以一并提起的规定,在《民法典》第542条①中仅规定了债务人行为被撤销的法律效果。需要注意的是,对该问题仍有观点认为,对于债务人无偿转让财产以明显不合理低价转让财产,以及债务人放弃的债权未到期,显然不符合代位权的标的需要到期债权的条件,不能行使代位权;对于债务人债权,因债权人撤销权成立则该放弃行为自始没有法律约束力,无论债权人是否行使撤销权,均可行使代位权;对于债务人以明显不合理高价受让他人财产,因债权人撤销权成立则产生债务人就已支付价款对相对人的返还请求权,这个返还请求权的时点从逻辑上应回溯到支付时,且亦为债权,故债权人应可在行使撤销权的同时行使代位权。②

【典型案例】

一、裁判规则:在被撤销行为的标的不可分的情况下,为了实现撤销权制度的目的,保护债权人的债权,应当认定被撤销行为全部无效

【法院】

福建省高级人民法院

【案号】

(2016)闽民终972号

【当事人】

上诉人(原审被告):黄某震

被上诉人(原审原告):林某

【案由】

债权人撤销权纠纷

【裁判观点】

根据《合同法》第74条第2款的规定"撤销权的行使范围以债权人的债权为限",因此,林某于一审审理过程中变更诉讼请求为在其享有的3000万元债权范围部分撤销《承包合同转让协议书》,符合法律规定。本案中,黄某震转让给阮某尧的系其享有的《承包合同转让协议书》项下的权利义务,本案各方当事人对于该权利义务属于不可分的事实均无异议,在被撤销行为的标的不可分的情况下,为了实现撤销权制度的目的,

---

① 《民法典》第542条规定:"债务人影响债权人的债权实现的行为被撤销的,自始没有法律约束力。"

② 江必新编著:《民法典若干争议问题实录》,人民法院出版社2021年版,第177~178页。

保护债权人的债权，应当认定被撤销行为全部无效。一审法院认为黄某震的转让行为不可部分撤销，判决转让行为整体无效，不属于判非所诉。

二、裁判规则：在债权人撤销权诉讼中，被撤销行为的标的可分，当事人主张在受影响的债权范围内撤销债务人的行为的，人民法院应予支持

【法院】

新疆维吾尔自治区高级人民法院

【案号】

（2020）新民终 137 号

【当事人】

上诉人（原审原告、反诉被告）：深圳某投资企业（有限合伙）

被上诉人（原审被告、反诉原告）：新疆某畜牧生物工程股份有限公司（以下简称某畜牧生物工程公司）

【案由】

股权转让纠纷

【裁判观点】

无独立请求权的第三人，是指对他人之间争议的诉讼标的没有独立的实体权利，只是参加到诉讼中，以维护自己利益的人。某畜牧生物工程公司与大某广告公司的 36 名股东达成的股权转让协议，虽然在同一份合同中进行约定，但每人股权比例、支付方式均不同，故该股权转让协议标的可分。一审仅判令撤销合同中涉及前某公司与某畜牧生物工程公司的股权转让内容，并不涉及其他股东权利义务，其他股东未参与本案诉讼亦不影响对本案事实的查明，法院对大某广告公司其他股东要求作为无独立请求权第三人参加诉讼的请求不予准许。

【相关规定】

《民法典》第 156 条、第 517 条、第 538 条、第 539 条、第 540 条；原《合同法司法解释一》第 25 条、第 26 条；原《合同法司法解释二》第 19 条；《民法典会议纪要》第 9 条；《九民会议纪要》第 42 条；《最高人民法院关于进一步推进案件繁简分流优化司法资源配置的若干意见》第 22 条

第四十六条 【撤销权行使的法律效果】

债权人在撤销权诉讼中同时请求债务人的相对人向债务人承担返还财产、折价补偿、履行到期债务等法律后果的，人民法院依法予以支持。

债权人请求受理撤销权诉讼的人民法院一并审理其与债务人之间的债权债务关系，属于该人民法院管辖的，可以合并审理。不属于该人民法院管辖的，应当告知其向有管辖权的人民法院另行起诉。

债权人依据其与债务人的诉讼、撤销权诉讼产生的生效法律文书申请强制执行的，人民法院可以就债务人对相对人享有的权利采取强制执行措施以实现债权人的债权。债权人在撤销权诉讼中，申请对相对人的财产采取保全措施的，人民法院依法予以准许。

【条文主旨】

本条是关于撤销权行使的法律效果的规定。

【司法适用】

债权人撤销权，是指债权人依法享有的为保全其债权，对债务人无偿或者低价处分作为债务履行资力的现有财产，请求法院予以撤销的权利。责任财产，是指债的关系成立后，债务人的财产成为债权的一般担保。① 债权人撤销权的目的，主要是保全债务人的责任财产，否定债务人不当减少责任财产的行为，当债务人实施减少其责任财产或者放弃其到期债权而影响债权人的债权实现的民事行为时，债权人可以依法行使这一权利，请求法院对该民事行为予以撤销，使已经处分了的责任财产恢复原状，以保证债权人债权实现的物质基础。

一、关于债务人与相对人的主观恶意问题

诈害行为，是指债务人有危害债权的行为。害及债权，是指因债务人的行为，致使债权不能得到满足。债务人积极减少财产，如移转所有权、设定他物权、让与债权、免除债务等，或消极增加债务，如承担债务，保证他人债务、为债权人中之一人增设抵押权等行为，使自己陷于无资力，即不能清偿所有债权，且此种状态持续至撤销权

---

① 王家福主编：《民法债权》，中国社会科学出版社2015年版，第167页。

行使时仍然存在着，即可视为害及债权。①

（一）关于债务人的主观恶意

1. 债务人无偿处分行为

根据《民法典》第538条规定，并不要求债务人必须有损害债权的主观过错，从强化对债权实现的保护力度出发，只要是债务人的行为在客观上影响到债权人债权的实现，就可以行使撤销权。② 也就是说，在债务人无偿行为的情形下，债权人撤销权的成立，不要求债务人的相对人知情，不需要债务人的相对人知晓债务人放弃债权、放弃债权担保、无偿转让财产或者恶意延长到期债权的履行期限，从而影响债权人债权实现的情形，债权人均可请求人民法院撤销债务人的无偿处分行为。

2. 债务人有偿处分行为

根据《民法典》第539条规定，对于债务人有偿处分行为，债权人行使撤销权是以债务人的相对人知情为行使要件，即针对债务人以不合理价格进行交易，从而影响债权人债权实现的情形，只有在债务人的相对人知晓或应当知晓时，方可行使撤销权。"债务人、第三人若以有偿行为诈害债权，则以债务人实施行为时明知损害债权和第三人受益时明知其情形为限"，③ 其法理依据是，为了保障整个社会的交易秩序的稳定性和有序性，不是所有的交易行为都可以被随意撤销，如果债务人的相对人与债务人是正常交易行为，不知道或者不应当知道该行为会影响债权的实现，就不应当被无理由地随意撤销，最大限度地确保债务人与债务人的相对人的交易与权利不被过分干涉；而如果债务人的相对人知道或者应当知道债务人通过不合理价格与自己进行交易，知道或者应当知道会影响债权人债权的实现，则债务人的相对人不再是善意，既然其主观心态是非善意的，则无进一步实施保护的必要，为保障债务人财产，应当允许债权人行使撤销权。

（二）关于债务人的相对人的主观恶意

债务人的相对人在主观上存在恶意，是指债务人的相对人知道或者应当知道债务人的行为影响债权人的债权实现。债务人的相对人在主观上存在恶意这一行为要件的举证责任由行使撤销权的债权人承担。④

1. 债务人的无偿处分行为

对第三人的恶意要求，仅表现在有偿转让中，即在"债务人以明显不合理的低价

---

① 王家福主编：《民法债权》，中国社会科学出版社2015年版，第172~173页。
② 黄薇主编：《中华人民共和国民法典释义》（中），法律出版社2020年版，第1034页。
③ 胡康生主编：《中华人民共和国合同法释义》（第三版），法律出版社2013年版，第139页。
④ 黄薇主编：《中华人民共和国民法典合同编释义》，法律出版社2020年版，第179~180页。

转让财产，对债权人造成损害，并且受让人知道该情形的"情况下，对第三人的主观恶意有要求。如果受让人不知道上述情形，即为善意受让人，这种情况下，债权人不享有撤销该转让行为的权利。① 因此，在债务人的无偿处分行为中，由于是债务人对权利的抛弃，属于单方行为。因此，并不涉及相对人的主观恶意问题，或者说，"无偿行为不问第三人的主观动机，均得撤销""债务人若以无偿行为诈害债权，第三人无论主观上是否有过错，无论是直接受益人，还是受益人，债权人均有权撤销其行为，恢复财产原状，保护债务人的责任财产"。②

2. 债务人的有偿处分行为

根据《民法典》第 539 条规定，将债务人的相对人主观上存在恶意作为该情形下撤销权的成立要件。债务人的相对人在主观上存在恶意，是指债务人的相对人知道或者应当知道债务人的行为影响债权人的债权实现，该要件的举证责任由行使撤销权的债权人承担。如果债务人的相对人在主观上并不存在恶意，对债务人的有偿行为或者债务人提供担保的行为影响债权人的债权实现的情况并不知情的，那么，债权人也不得撤销债务人的行为。③

二、关于债务人相对人的诉讼主体资格及法律责任

（一）关于债务人的相对人主体资格的不同观点

关于在撤销权制度下的债务人相对人是什么诉讼地位，存在不同的观点：

观点一，"区分情况说"认为，当债务人的行为为单独行为时，应以债务人为被告；债务人的行为为双方行为时，应以债务人及其相对人为被告；兼为财产返还请求的，应以债务人、相对人及受益人为被告。④

观点二，"依诉之性质决定说"认为：（1）有谓以受益人一人为被告者，其理由为撤销原则上应向相对人为之。（2）有谓应以受益人或转得人为被告，无论如何，债务人不为被告；其理由有以撤销权为财产返还请求权（债权说），或有以撤销之效力为物权的相对无效，即唯对于债权人与受益人或债权人与转得人之间发生效力。（3）有谓以行为之当事人为被告，即在单独行为以债务人为被告，契约以债务人及相对人为被告。无论如何，转得人不为被告，原因是以撤销之诉为绝对形成之诉的当然结论。

---

① 唐德华、孙秀君主编：《合同法及司法解释条文释义》（上），人民法院出版社 2004 年版，第 327 页。
② 胡康生主编：《中华人民共和国合同法释义》（第三版），法律出版社 2013 年版，第 139~140 页。
③ 黄薇主编：《中华人民共和国民法典释义》（中），法律出版社 2020 年版，第 1036 页。
④ 王家福主编：《民法债权》，中国社会科学出版社 2015 年版，第 174 页。

（4）有谓应以债务人受益人为共同被告。如有转得人时，其转得人亦为共同被告。该观点为撤销之诉为形成之诉及给付之诉的主张。（5）有主张撤销之诉仅为形成之诉时，以行为当事人为被告。兼有给付之诉时，并以受益人或转得人为被告。即仅撤销债务人之行为者，单独行为以债务人为被告，双方行为以债务人及债务之相对人为被告。双方行为以债务人及债务人之相对人与受益人或转得人为被告（最后恶意之转得人）。[1]

观点三，"扩张说"认为，债权人撤销之诉指向受益人的实体利益或受让人的财产，为充分保护受益人或受让人的诉讼权利，他们也应可作为被告。其理由是，对债权人撤销之诉形式上的标的是债务人的行为，实质上指向的是诈害行为处分的财产权益。谁可以作为被告的问题，除涉及受益人或受让人的抗辩外，还涉及撤销权行使与成立的效果等问题，扩张说似乎更合理。[2]

观点四，"第三人说"认为，原《合同法司法解释一》第24条规定："债权人依照合同法第七十四条的规定提起撤销权诉讼时只以债务人为被告，未将受益人或者受让人列为第三人的，人民法院可以追加该受益人或者受让人为第三人。"债权人依照《民法典》第538条、第539条提起撤销权诉讼时，只以债务人为被告，未将债务人的相对人列为第三人的，人民法院可以追加为第三人。[3]

（二）关于"同时请求债务人的相对人向债务人承担返还财产、折价补偿、履行到期债务等法律后果"

1. 法律性质

根据《民法典》有关撤销权的基本理论，虽然债权人不能请求债务人的相对人向其直接给付或返还财产，但法律规定撤销权作为债权人为其债权实现而对债务人的权利进行保全的一项措施，其本质系对债务人的财产权益进行保全，撤销权诉讼所审查判断的核心是债务人的诈害行为及该行为所涉及的财产权益，如不对债务人的相对人进行限制，而任由其处置标的债权或财产，债权人撤销制度保全债权的目的将无法实现，撤销权诉讼亦无法进行，故撤销权一经债权人诉讼行使亦应具有相应程序效力，对债务人、债务人的相对人的相应权利进行限制：债务人不能对其相对人所享有的权利再行处分，相对人不能将所获得的财产再行处置，并以其没有相应的权利或义务为由进行抗辩。同理，为了保障债权人对债务人的财产权益进行保全的顺利实现，避免

---

[1] 史尚宽：《债法总论》，中国政法大学出版社2000年版，第496~497页。
[2] 最高人民法院民法典贯彻实施工作领导小组主编：《中华人民共和国民法典合同编理解与适用》（一），人民法院出版社2020年版，第530~531页。
[3] 最高人民法院研究室编著：《〈全国法院贯彻实施民法典工作会议纪要〉条文及适用说明》，人民法院出版社2021年版，第46页。

出现"空档""制度漏洞",保证债务人财产权益不至于因实质减少或财产负担加重导致债权人债权及时实现和实质实现,尽快实现债务人的相对人及时向债务人返还财产,避免撤销后,债务人与债务人的相对人均对涉案财产听之任之"不管不问",涉案财产"不知去向"等情形,且如让债务人请求债务人相对人主张返还财产如果不起诉如何处理等技术性问题,变相影响或实质影响债权人债权的实现。因此,为保证一揽子解决纠纷,维护裁判之间的协调性、统一性和稳定性的需要,债权人在撤销权诉讼中同时请求债务人的相对人向债务人承担返还财产、折价补偿、履行到期债务等法律后果的,人民法院依法予以支持。

2. 相关法理依据

关于"同时请求债务人的相对人向债务人承担返还财产、折价补偿、履行到期债务等法律后果",还可以从以下不同视角的法理依据进行分析:

(1) 关于返还财产和折价补偿。根据《民法典》第157条规定:"民事法律行为无效、被撤销或者确定不发生效力后,行为人因该行为取得的财产,应当予以返还;不能返还或者没有必要返还的,应当折价补偿。有过错的一方应当赔偿对方由此所受到的损失;各方都有过错的,应当各自承担相应的责任。法律另有规定的,依照其规定。"第542条规定:"债务人影响债权人的债权实现的行为被撤销的,自始没有法律约束力。"债务人已经向相对人给付的或者已经互相给付的,债务人、债务人的相对人负有返还财产、恢复原状的义务,不能返还的,应当折价补偿。由于民事法律行为被撤销后,"行为人对所取得的财产已没有合法占有的根据,双方的财产状况应当恢复到民事法律行为实施前的状态"①。

根据撤销权制度的《民法典》第538条、第539条和第542条"债务人影响债权人的债权实现的行为被撤销的,自始没有法律约束力"及《民法典》第157条"民事法律行为无效、被撤销或者确定不发生效力后,行为人因该行为取得的财产,应当予以返还;不能返还或者没有必要返还的,应当折价补偿。有过错的一方应当赔偿对方由此所受到的损失;各方都有过错的,应当各自承担相应的责任。法律另有规定的,依照其规定"之规定。

(2) 不能使不诚信的当事人因被撤销而获益。《九民会议纪要》第32条规定,"在确定合同不成立、无效或者被撤销后财产返还或者折价补偿范围时,要根据诚实信用原则的要求,在当事人之间合理分配,不能使不诚信的当事人因合同不成立、无效或者被撤销而获益"。第33条中规定:"双务合同不成立、无效或者被撤销后,双方因该

---

① 黄薇主编:《中华人民共和国民法典释义》(上),法律出版社2020年版,第310页。

合同取得财产的,应当相互返还。"

（3）关于不当得利。从《民法典》的结构体系上来说,"自始没有法律效力"的行为,可以适用关于民事法律行为无效或被撤销后相关条件,以进一步清理债权人行使撤销权之后相关当事人之间的法律关系,甚至还要结合物权请求权（撤销之后可能涉及标的物返还问题）和不当得利制度（债务人与相对人的合同被撤销的,可能涉及给付不当得利的返还问题）。① 债权人行使撤销权的目的,不仅在于消灭债务人与债务人的相对人之间的法律关系,更在于要求债务人的相对人返还财产,否则,撤销权的目的就没有实现。② 因此,依据《民法典》第157条规定请求相对人向债务人承担该行为被撤销后的民事责任的,人民法院依法予以支持。

3. 关于履行到期债务

根据《民法典》第118条规定:"民事主体依法享有债权。债权是因合同、侵权行为、无因管理、不当得利以及法律的其他规定,权利人请求特定义务人为或者不为一定行为的权利。"债是特定当事人之间请求为或者不为一定行为的法律关系,债权人行使债权,只能通过请求债务人为或者不为一定行为得以实现。③ 债务人应当向债权人全面履行债务,债权人受领后,则会产生债务消灭的法律后果。由于债权人行使撤销权,双方的财产状况应当恢复到民事法律行为实施前的状态,仅仅是解决了保全债务人责任财产的问题,撤销权制度并不涉及债权人与债务人之间的债权债务是否解决的问题。而实际上,债权人与债务人之间债权债务关系依然存在,根据《民法典》有关债法、合同法的基本原理,《民法典》第118条规定:"民事主体依法享有债权。债权是因合同、侵权行为、无因管理、不当得利以及法律的其他规定,权利人请求特定义务人为或者不为一定行为的权利。"《民法典》第509条第1款规定:"当事人应当按照约定全面履行自己的义务。"《民事诉讼法》第122条规定:"起诉必须符合下列条件:（一）原告是与本案有直接利害关系的公民、法人和其他组织;（二）有明确的被告;（三）有具体的诉讼请求和事实、理由;（四）属于人民法院受理民事诉讼的范围和受诉人民法院管辖。"因此,债权人同时请求债务人向其履行到期债务的,人民法院依法予以支持。

（三）关于可以合并审理

在债权人撤销权诉讼中,债权人请求撤销债务人与相对人的行为并主张相对人向

---

① 谢鸿飞、朱广新主编:《民法典评注:合同编 通则》（第2册）,中国法制出版社2020年版,第66页。
② 最高人民法院民法典贯彻实施工作领导小组编著:《中国民法典适用大全》（合同卷一）,人民法院出版社2022年版,第657页。
③ 黄薇主编:《中华人民共和国民法典释义》（上）,法律出版社2020年版,第233页。

债务人返还财产的,人民法院依法予以支持。① 根据原《合同法司法解释一》第 25 条规定:"债权人依照合同法第七十四条的规定提起撤销权诉讼,请求人民法院撤销债务人放弃债权或转让财产的行为,人民法院应当就债权人主张的部分进行审理,依法撤销的,该行为自始无效。两个或者两个以上债权人以同一债务人为被告,就同一标的提起撤销权诉讼的,人民法院可以合并审理。"根据《民法典》第 540 条规定,"撤销权的行使范围以债权人的债权为限",两个或者两个以上债权人同时提起撤销权诉讼,请求撤销债务人的行为的,人民法院可以合并审理,以各债权人为原告,债务人为被告,此时撤销权的行使范围以作为原告的各债权人的债权总和为限。如果债权人人数众多,也可以通过代表人诉讼的形式行使撤销权。《民事诉讼法》第 56 条规定:"当事人一方人数众多的共同诉讼,可以由当事人推选代表人进行诉讼。代表人的诉讼行为对其所代表的当事人发生效力,但代表人变更、放弃诉讼请求或者承认对方当事人的诉讼请求,进行和解,必须经被代表的当事人同意。"依据该规定,多个债权人可以推选代表人进行诉讼,此时,撤销权诉讼的行使范围以推选代表人的各个债权人的债权总和为限。② 故债权人请求受理撤销权诉讼的人民法院一并审理其与债务人之间的债权债务关系,属于该人民法院管辖的,可以合并审理。当然,不属于该人民法院管辖的,应当告知其向有管辖权的人民法院另行起诉。

同理,为尽可能一揽子解决纠纷,实质解决纠纷,避免对同一事实产生不同的判决结果,避免分案处理可能造成的诉讼拖延和效率低下,应当充分发挥能动司法作用,通过程序正义来保障实体正义,用尽用足民事诉讼中的合并审理制度,因此债权人请求受理撤销权诉讼的人民法院一并审理其与债务人之间的债权债务关系,属于该人民法院管辖的,可以合并审理。

三、关于撤销权行使中的执行问题

1. 执行依据。2020 年《执行工作规定》第 2 条规定:"执行机构负责执行下列生效法律文书:(1)人民法院民事、行政判决、裁定、调解书,民事制裁决定、支付令,以及刑事附带民事判决、裁定、调解书,刑事裁判涉财产部分;(2)依法应由人民法院执行的行政处罚决定、行政处理决定;(3)我国仲裁机构作出的仲裁裁决和调解书,人民法院依据《中华人民共和国仲裁法》有关规定作出的财产保全和证据保全裁定;(4)公证机关依法赋予强制执行效力的债权文书;(5)经人民法院裁定承认其效力的

---

① 参见《最高人民法院发布民法典合同编通则司法解释相关典型案例》,载最高人民法院网站,https://www.court.gov.cn/zixun/xiangqing/419392.html,最后访问时间:2023 年 12 月 17 日。
② 黄薇主编:《中华人民共和国民法典释义》(中),法律出版社 2020 年版,第 1037 页。

外国法院作出的判决、裁定,以及国外仲裁机构作出的仲裁裁决;(6)法律规定由人民法院执行的其他法律文书。"

2. 关于债权人对相对人申请执行。根据《民事诉讼法》第247条规定:"发生法律效力的民事判决、裁定,当事人必须履行。一方拒绝履行的,对方当事人可以向人民法院申请执行,也可以由审判员移送执行员执行。调解书和其他应当由人民法院执行的法律文书,当事人必须履行。一方拒绝履行的,对方当事人可以向人民法院申请执行。"故债权人依据其与债务人的诉讼、撤销权诉讼产生的生效法律文书申请强制执行的,人民法院可以就债务人对相对人享有的权利采取强制执行措施以实现债权人的债权。

3. 关于执行范围。依据前款规定获得胜诉生效法律文书后,债权人在不超过其债权数额的范围内,对相对人申请强制执行并用于实现其债权的,人民法院应予支持。

4. 关于多个债权人对同一被执行人的执行。根据2020年《执行工作规定》第55条规定:"多份生效法律文书确定金钱给付内容的多个债权人分别对同一被执行人申请执行,各债权人对执行标的物均无担保物权的,按照执行法院采取执行措施的先后顺序受偿。多个债权人的债权种类不同的,基于所有权和担保物权而享有的债权,优先于金钱债权受偿。有多个担保物权的,按照各担保物权成立的先后顺序清偿。一份生效法律文书确定金钱给付内容的多个债权人对同一被执行人申请执行,执行的财产不足清偿全部债务的,各债权人对执行标的物均无担保物权的,按照各债权比例受偿。"其中,第3款"一份生效法律文书确定金钱给付内容的多个债权人对同一被执行人申请执行,执行的财产不足清偿全部债务的,各债权人对执行标的物均无担保物权的,按照各债权比例受偿"规定一份法律文书内确定的多个债权人之间对被执行人财产应当按比例受偿。其理由是:执行法院在一个案件中采取财产保全措施或执行措施,一般是将若干个权利人视为一个整体进行的。在处分财产时多个权利人之间不应有差别待遇,应处于平等地位。当然,这一原则并不能绝对适用,如果在法律文书中已经明确规定了各个债权人之间受偿顺序上的差别的话,则应当按照法律文书确定的顺序清偿。

5. 关于对相对人的财产采取保全措施。根据《民事诉讼法》第103条第1款"人民法院对于可能因当事人一方的行为或者其他原因,使判决难以执行或者造成当事人其他损害的案件,根据对方当事人的申请,可以裁定对其财产进行保全、责令其作出一定行为或者禁止其作出一定行为;当事人没有提出申请的,人民法院在必要时也可以裁定采取保全措施"和《民诉法司法解释》第152条至第168条的规定,保全是人民法院根据申请人的申请采取的一种紧急的强制性措施。申请人申请财产保全的目的是在法院判决之前使财物完好地保存下来，待胜诉实现自己的权利，也即民事诉讼法规定了诉前保全和诉讼保全，目的在于防止债务人转移财产以利于将来判决的执行。债权人在撤销权诉讼中，申请对相对人的财产采取保全措施的，人民法院依法予以准许。

【法律适用分歧】

关于第三人侵害债权

（一）第三人侵害债权的构成要件

第三人侵害，存在多种不同的说法。英美法系侵权法中相对应的概念是"干涉合同权利或合同关系"。在我国，一般认为，"不法侵害债权，是指第三人以故意损害他人债权为目的，妨碍债务人履行债务的行为"①。或者说，"侵害债权是指债的关系以外的第三人故意实施或与债务人恶意通谋旨在侵害债权人债权的行为并造成债权人的损害"②。第三人侵害债权制度是为保护债权而设立的一个补充性的制度。

第三人侵害债权作为一种特殊的侵权制度，其构成要件包括以下几个方面：第一，主体要件。侵权人通常应为债的关系以外的第三人，例外的情况下，可以为与第三人恶意串通的债务人。第二，客体要件。侵权行为的客体为已经存在且合法有效的债权。第三，主观要件。应限定为故意，且为直接故意。第四，行为人实施了侵害债权的行为。侵害行为给债权人造成损害。该损害结果一般表现为财产及财产利益的损失，既包括直接财产损失，也包括因债权不能实现而导致的预期利益损失。③

（二）第三人侵害的侵害行为

关于第三人实施了侵害债权的行为，即加害人实施了不法的侵害行为，在他人的合同履行方面设置法律上的或实质上的障碍，主要有两种表现形式：（1）第三人为使债务人对债权人的义务之履行成为不可能或困难而与债务人缔结与原契约不能相容的契约；（2）第三人对债务人实施肉体上的强制、胁迫等行为，导致债务人不能自主、自由地行动，从而使债务人在客观上不能履行契约。④ 从第三人实施的侵害行为分类上来说，侵害债权的行为可以分为两类，即直接侵害和间接侵害。直接侵害包括：（1）

---

① 王家福主编：《中国民法学·民法债权》，法律出版社1991年版，第136页。
② 王利明：《论第三人侵害债权的责任》，载《民商法研究》（第三辑），法律出版社1999年版，第763页。
③ 江必新、何东宁等：《最高人民法院指导性案例裁判规则理解与适用》（合同卷二）（第二版），中国法制出版社2018年版，第151页。
④ 张民安：《第三人契约性侵权责任研究》，载《中山大学学报》（社会科学版）1997年第4期，第37页。

第三人就债权为处分行为或行使债权，直接导致债权消灭；（2）因第三人之行为直接侵害债权导致债权丧失。例如，将他人之无记名证券出让，设定质权或毁损；（3）因第三人介入他人生活之适法行为，使债权消灭。间接侵害分为：（1）因第三人侵害债务人的生命或健康，而导致债权消灭或债的给付不能的结果，间接地使请求权消灭；（2）第三人之行为，致债权人所为请求权之行使不能，因而使请求权消灭；（3）因第三人之行为，致债务人履行迟延，债权人受领迟延或其他致债权人不能依债权本旨而履行。①

【典型案例】

一、裁判规则：合同被撤销后由此双方产生缺失物权变动需要的合同有效要件，因该转让行为取得的财产，双方应予返还

【法院】

甘肃省高级人民法院

【案号】

（2020）甘民终220号

【当事人】

上诉人（原审原告、执行案外人）：孔某清

被上诉人（原审被告、申请执行人）：金某军

【案由】

执行异议之诉

【裁判观点】

根据《执行异议和复议司法解释》第24条的规定，李某严与孔某清之间转让案涉房屋的行为，已于2018年5月25日经兰州市城关区人民法院（2018）甘0102民初1361号生效民事判决撤销。根据《民法总则》第155条、第157条和《物权法》第28条规定，据此，李某严与孔某清之间转让案涉房屋的行为被依法撤销，自判决生效时，双方签订的《兰州市存量房买卖合同》的效力归于消灭，由此双方产生缺失物权变动需要的合同有效要件，因该转让行为取得的财产，双方应予返还。

二、裁判规则：债务人以明显不合理的低价转让财产，影响债权人的债权实现，债务人的相对人知道或者应当知道该情形的，债权人可以请求人民法院撤销债务人的行为

【法院】

最高人民法院

---

① 史尚宽：《债法总论》，中国政法大学出版社2000年版，第142页。

【案号】

(2018)最高法民申 401 号

【当事人】

再审申请人(一审被告、二审上诉人):万某集团有限公司(以下简称万某集团)

被申请人(一审原告、二审被上诉人):人某投资控股股份有限公司等(以下简称人某公司)

【案由】

合同纠纷

【裁判观点】

实某集团以明显不合理的低价处分其财产,致使其本可用于偿还债权人的财产缩水、灭失,当然损害债权人的求偿权,故实某集团低价处分财产侵害到其债权人的权益,且万某集团知道该情形。综上,二审法院认定实某集团以明显不合理的超低价格转让案涉股权,对其债权人人某公司造成损害,并且受让人万某集团知道该情形,人某公司请求撤销鑫某公司转让案涉股权的行为应予支持,该认定并无不当,法院予以维持。

【相关规定】

《民法典》第 157 条、第 538 条、第 539 条、第 540 条;原《合同法司法解释一》第 24 条、第 25 条;原《合同法司法解释二》第 18 条、第 19 条;《民法典会议纪要》第 10 条;《九民会议纪要》第 32 条、第 42 条;2020 年《执行工作规定》第 55 条

六、合同的变更和转让

根据《民法典》合同编中的第一分编"通则"下的第六章"合同的变更和转让"部分（第543条至第556条），本《通则司法解释》关于"六、合同的变更和转让"部分，共有5条规定，分别是：

1. 第四十七条："债权债务转让纠纷的诉讼第三人。"本条是关于如何认定债权债务转让纠纷的第三人的规定，涉及的基础理论主要包括债权转让、第三人、概括转让等。

2. 第四十八条："债权转让通知。"本条是关于如何认定债权转让通知的规定，涉及的基础理论主要包括债权转让通知、观念通知等。

3. 第四十九条："表见让与、债务人确认债权存在。"本条是关于如何认定债权表见让与、债务人确认债权真实存在的规定，涉及的基础理论主要包括意思表示、表见让与、禁反言等。

4. 第五十条："债权的多重让与。"本条是关于如何认定债权多重让与的规定，涉及的基础理论主要包括权利瑕疵担保、善意等。

5. 第五十一条："债务加入人的追偿权及其他权利。"本条是关于如何认定债务加入的第三人履行债务后对债务人享有的相应的请求权的规定，涉及的基础理论主要有并存的债务承担、不真正连带责任、追偿权等。

> **第四十七条　【债权债务转让纠纷的诉讼第三人】**
>
> 　　债权转让后，债务人向受让人主张其对让与人的抗辩的，人民法院可以追加让与人为第三人。
>
> 　　债务转移后，新债务人主张原债务人对债权人的抗辩的，人民法院可以追加原债务人为第三人。
>
> 　　当事人一方将合同权利义务一并转让后，对方就合同权利义务向受让人主张抗辩或者受让人就合同权利义务向对方主张抗辩的，人民法院可以追加让与人为第三人。

【条文主旨】

本条是关于债权债务转让纠纷的诉讼第三人的规定。

【司法适用】

本条的参考借鉴了原《合同法司法解释一》第27条、第28条和第29条的内容。

一、关于"列为第三人"

（一）第三人的概念

1. 第三人的分类

根据《民事诉讼法》第59条第1款、第2款规定[①]，民事诉讼的第三人，是指对当事人争议的诉讼标的具有独立的请求权，或者虽无独立的请求权，但案件处理结果同他有法律上的利益关系，从而参加到他人已开始的诉讼中去的人。有独立请求权的第三人，是指对当事人之间争议的诉讼标的的全部或者一部分，以独立的实体权利人的资格，提出诉讼请求而参加诉讼的人；无独立请求权的第三人，是指对他人之间争议的诉讼标的没有独立的实体权利，只是参加到诉讼中，以维护自己利益的人。无独立请求权的第三人对原被告争议的诉讼标的没有独立的请求权，因此，他无权承认、变更或者放弃原被告争议的诉讼请求，无权请求对原被告争议实行和解。但是，无独立请求权的第三人同诉讼结果有法律上的利害关系，诉讼可能涉及他的实体权利，因

[①] 《民事诉讼法》第59条第1款、第2款规定："对当事人双方的诉讼标的，第三人认为有独立请求权的，有权提起诉讼。对当事人双方的诉讼标的，第三人虽然没有独立请求权，但案件处理结果同他有法律上的利害关系的，可以申请参加诉讼，或者由人民法院通知他参加诉讼。人民法院判决承担民事责任的第三人，有当事人的诉讼权利义务。"

此，其参加诉讼，有权委托诉讼代理人，提供证据，对涉及自己利益的事实和证据进行辩论，如果法院判决他承担民事责任，他即有当事人的一切诉讼权利和义务。①

2. 关于设置第三人的立法宗旨

关于设置第三人的立法宗旨主要有：（1）查明案情。能够扩大一次性解决纠纷的程序容量。（2）提供程序保障。即原被告之间的判决效力可能会给第三人此后的权利义务关系或法律地位带来某些实质性影响，第三人要在影响自己实体权益的诉讼结果出来之前参与诉讼，通过主张、举证和辩论等活动寻求对处理过程的影响，为其提供基本的程序保障。②（3）维护案外利害关系人的合法权益。（4）节省司法资源。（5）防止法院作出相互矛盾的裁判。③

3. 关于无独立请求权第三人的法律地位

关于无独立请求权第三人的法律地位，理论上存在争议，存在从不同的理论视角对第三人进行界分的不同观点，有的侧重从实体上进行区分，有的侧重从程序上进行区分。

第一种观点认为，无独立请求权第三人可分为两类：（1）准独立第三人。对本诉的诉讼标的享有权利或负有义务，因此具有当事人的诉讼地位。（2）辅助参加第三人。在其辅助本诉当事人向其提出独立的诉讼请求时，该第三人不得对主当事人主张本诉判决对其无拘束力，主当事人却可以依本诉判决对抗第三人的请求。第三人辅助参加的作用在于产生参加的效力。④

第二种观点认为，无独立请求权第三人可分为两类：（1）第三方被告。具有当事人性质。（2）辅助第三人。从传统的无独立请求权第三人中，分离出第三方被告后剩余下来的，是真正的无独立请求权第三人。⑤

第三种观点认为，可以将无独立请求权第三人分为三种类型：（1）义务性关系型，即假如无独立请求权第三人所支持的一方当事人败诉，那么，他就对该当事人负有某种实体法上的义务。（2）权利性关系型，即对诉讼中一方当事人享有权利，如果该当事人败诉，无独立请求权第三人就可以对该当事人主张权利；如果该当事人胜诉，无独立请求权第三人则不能对该当事人主张权利。（3）权利义务性关系型，即对一方当

---

① 全国人大常委会法制工作委员会民法室编著：《〈中华人民共和国民事诉讼法〉释解与适用》，人民法院出版社2012年版，第80页。
② 王亚新、陈杭平、刘君博：《中国民事诉讼法重点讲义》，高等教育出版社2017年版，第167页。
③ 毕玉谦、谭秋桂、杨路：《民事诉讼研究及立法论证》，人民法院出版社2006年版，第175页。
④ 江伟：《民事诉讼法》，中国人民大学出版社2000年版，第123页。
⑤ 王宇华：《无独立请求权第三制度若干基本问题之研讨》，载曹建明：《程序公正与诉讼制度改革》，人民法院出版社2002年版，第388页。

事人既享有权利,又承担一定义务。①

第四种观点认为,可以将无独立请求权第三人分为三类:(1) 权利—义务型的无独立请求权第三人。即由于第三人自身的实体权利和义务都会受到原被告之间诉讼进行的结果影响。(2) 义务型的无独立请求权第三人。即被告如果被法院判令承担违约责任,其一定会转而要求第三人负责,因此案件的处理结果同样与第三人有法律上的利害关系。(3) 权利型的无独立请求权第三人。即所依附的一方当事人如果败诉,法院判决支持另一方当事人的话,则其拥有的实体权利就会受到极大的影响,甚至完全落空;或者说如果主动参加诉讼,则可被列为对诉讼标的有独立请求权的第三人。因此,原《合同法司法解释一》第27条、第28条、第29条中规定的第三人,可以与比较方便地列入"权利型""义务型""权利—义务型"等分类相对应。②

(二) 法律上的利害关系

根据《民诉法司法解释》第81条规定:"根据民事诉讼法第五十九条的规定,有独立请求权的第三人有权向人民法院提出诉讼请求和事实、理由,成为当事人;无独立请求权的第三人,可以申请或者由人民法院通知参加诉讼。第一审程序中未参加诉讼的第三人,申请参加第二审程序的,人民法院可以准许。"我国民事诉讼中无独立请求权的第三人同案件处理结果有法律上的利害关系,应是指诉讼的判决或调解书认定的事实或结果将直接或间接地影响第三人的民事权益或者法律地位。第三人同案件处理结果存在法律上的利害关系,可能是直接的,也可能是间接的。直接影响第三人法律上利害关系的案件处理,可能是判决或调解书所认定的事实,也可能是判决或调解书的结果;间接影响到第三人法律的案件处理结果,一般是判决或调解书所认定的事实。③

(三) 关于法院对第三人的审查

第三人参加诉讼的目的往往是避免未能提出对自己有利的主张或证据,却受到裁判结果的制约或影响,即旨在获得程序保障。因此,人民法院要对这些参加申请是否准许进行审查判断。其一,应当把为第三人提供程序保障的必要性作为根据或基础;其二,考虑有无一次性地解决各方已有或潜在的纠纷;其三,是否有助于查明案情。

---

① 蒋有为:《论无独立请求权的第三人》,载曹建明:《程序公正与诉讼制度改革》,人民法院出版社2002年版,第410页。

② 王亚新、陈杭平、刘君博:《中国民事诉讼法重点讲义》,高等教育出版社2017年版,第167~169页。

③ 最高人民法院民法典贯彻实施工作领导小组编著:《最高人民法院新民事诉讼法司法解释理解与适用》(上),人民法院出版社2022年版,第229页。

上述因素既可以独立考虑,又可以综合考虑,原则上,只要其中一项根据成立,人民法院就应当准许其参加诉讼。①

(四) 关于无独立请求权第三人的权利

根据《民诉法司法解释》第 82 条规定:"在一审诉讼中,无独立请求权的第三人无权提出管辖异议,无权放弃、变更诉讼请求或者申请撤诉,被判决承担民事责任的,有权提起上诉。"无独立请求权第三人在诉讼中的权利是受到一定限制的,即一审诉讼中,无权提出管辖异议,无权放弃、变更诉讼请求或者申请撤诉。但其在诉讼中有权了解原告起诉、被告答辩的事实和理由,并向人民法院递交陈述意见书,陈述自己对该争议的看法。开庭审理时,人民法院应当用传票传唤其出庭。在庭审中,无独立请求权第三人可以陈述意见、提供证据、参加法庭辩论。如果经过两次合法传唤,无独立请求权第三人无正当理由拒不到庭的,人民法院可以缺席判决。②

二、债务转移后,追加原债务人为第三人的问题

1. 债务转移,是指不改变债务的内容,债务人将债务全部或者部分转移给第三人。分为两种情况:一种情况是债务的全部转移,在这种情况下,新的债务人完全取代了原债务人,新的债务人负责全面履行债务;另一种情况是债务的部分转移,即原债务人和新债务人负有按份债务。③ 根据《民法典》第 553 条规定:"债务人转移债务的,新债务人可以主张原债务人对债权人的抗辩;原债务人对债权人享有债权的,新债务人不得向债权人主张抵销。"所谓债务人基于原债的关系而享有的对抗债权人的抗辩事由,是指原债务人就其与债权人之间的法律关系,可以对债权人主张的抗辩事由,它主要包括债权无效的事由(如合同无效)、债权消灭的事由(如超过诉讼时效)、拒绝给付的事由(如同时履行抗辩权)等。④

2. 在债务转移过程中,涉及原债务人的法律上的利害关系。(1) 原债务人不履行债务的法律上的利害关系。债务人不论转移的是全部债务,还是部分债务,都需要征得债权人的同意。未经债权人同意,债务人转移债务的行为不发生效力。债权人有权拒绝第三人(新债务人)向其履行,同时有权要求债务人履行义务,并承担不履行或者迟延履行债务的法律责任。⑤ (2) 协议无效的法律上的利害关系。免责的债务承担

---

① 王亚新、陈杭平、刘君博:《中国民事诉讼法重点讲义》,高等教育出版社 2017 年版,第 172 页。
② 最高人民法院民法典贯彻实施工作领导小组著:《最高人民法院新民事诉讼法司法解释理解与适用》(上),人民法院出版社 2022 年版,第 233 页。
③ 黄薇主编:《中华人民共和国民法典合同编释义》,法律出版社 2020 年版,第 199~200 页。
④ 郑玉波:《民法债编总论》,中国政法大学出版社 2004 年版,第 452 页。
⑤ 黄薇主编:《中华人民共和国民法典合同编释义》,法律出版社 2020 年版,第 200 页。

中，对于债权人与第三人（债务承担人、新债务人）之间订立的协议，如果协议一旦成立，第三人将作为新债务人取代、代替原债务人，原债务人被免除了债务偿还的义务。但是，同时会涉及"如果此种协议被宣告无效或被撤销，则第三人（新债务人）不负清偿债务的义务，而仍应由原债务人履行债务"的情形。①

3. 原债务人的正当理由。在债权人与第三人（新债务人）达成债务承担的协议后，债务人基于正当理由请求宣告该协议无效，此类正当理由具体包括：一是该协议最终将会给债务人造成损害；二是债权人和债务人之间的债务本身是不确定的，第三人（新债务人）不必代债务人作出履行；三是由于债权人也构成违约等原因，债务人享有对债权人的履行抗辩权，第三人不得放弃其可以享有的债务人对债权人的抗辩权。一旦这些理由成立，也可以影响债权人与第三人（新债务人）之间的协议效力。②

该条款不是人民法院应当依职权追加当事人的强制性条款，当事人在诉讼过程中也未申请追加的，未追加让与人，符合法律规定。

三、关于追加让与人为第三人的问题

关于债权转让中的第三人，是三方当事人，两个法律关系，本诉法律关系中，债务人与债权转让中受让人之间的法律关系，债权转让中受让人与让与人之间的实体法律关系。这种法律上的利害关系实质上是一种牵连关系，是法律上的牵连关系，而非事实上的牵连关系，是指两个民事法律关系在主体、客体及内容方面具有牵连关系，一方当事人权利、义务的实现对第三方权利义务的实现，具有直接的影响或关系。③

（一）债务人的抗辩权不因债权的转让而消灭

《民法典》第548条规定："债务人接到债权转让通知后，债务人对让与人的抗辩，可以向受让人主张。"根据该条规定，债务人可以向受让人主张其对让与人的抗辩。债务人接到债权转让通知后，可以行使抗辩权来保护自己的利益，债务人的抗辩并不随债权的转让而消失。在债权转让的情况下，债务人可以向作为新债权人的受让人行使该权利。这些抗辩权利，主要是指：阻止或者排斥债权的成立、存续或者行使的所有事由产生的一切实体抗辩和程序抗辩，包括但不限于：（1）诉讼时效完成的抗辩；（2）债权不发生的抗辩；（3）债权因清偿、提存、免除、抵销等而消灭的抗辩；（4）同时履行抗辩权；（5）后履行抗辩权；（6）不安抗辩权；（7）先诉抗辩权；（8）程序上的抗辩；④

---

① 周林彬主编：《比较合同法》，兰州大学出版社1989年版，第301页。
② 王利明：《合同法研究》卷2（第3版），中国人民大学出版社2015年版，第228页。
③ 肖建华：《民事诉讼当事人研究》，中国政法大学出版社2002年版，第274~275页。
④ 黄薇主编：《中华人民共和国民法典合同编释义》，法律出版社2020年版，第196页。

(9) 债权无效的抗辩;① (10) 债权让与后，债务人还可能因某项事实产生新的抗辩，如附解除条件的合同权利转让后，合同规定的解除条件成就时，债务人可以向受让人提出终止的抗辩;② (11) 法定事由的抗辩，如不可抗力；(12) 在实际订立合同以后，发生的可据以对抗原债权人的一切事由。③

(二) 第三人参加诉讼方式

1. 申请或追加。根据《民事诉讼法》第 59 条的规定，无独立请求权第三人对原被告双方当事人的诉讼标的，没有独立的请求权，但案件处理结果同其具有法律上的利害关系，因此，其无权通过起诉的方式参加诉讼。无独立请求权的第三人参加诉讼的途径有两条：一是可以根据自己的请求申请参加诉讼；二是可以根据当事人的申请通知其参加诉讼或由人民法院依职权通知其参加诉讼。④

2. 可以追加。根据《民诉法司法解释》第 81 条规定："根据民事诉讼法第五十九条的规定，有独立请求权的第三人有权向人民法院提出诉讼请求和事实、理由，成为当事人；无独立请求权的第三人，可以申请或者由人民法院通知参加诉讼。第一审程序中未参加诉讼的第三人，申请参加第二审程序的，人民法院可以准许。"从法院方面来说，为了避免相互有牵连关系的诉讼作出互相矛盾或对立的判断，有必要将对一个诉讼中有牵连关系的民事主体引进诉讼，通过其陈述或举证抗辩，从而获得解决本案更多的证据材料，有利于查明案件事实，作出公正的判断。这样，通过一次诉讼，将多个当事人的纠纷一次性解决，可以减少诉讼成本，提高诉讼效益。⑤ 因此，为查明案件事实的需要，可以经当事人申请或依职权追加为本案第三人。具体到债权转让案件中，当事人一方在债权转让案件审理期间，向人民法院申请追加让与人作为本案第三人参加诉讼的，经人民法院对提出的申请予以审查后，结合审理查明当事人债务转移的事实情况，为查明案件事实，决定追加为第三人参与诉讼。

此处说的追加，即可以追加，但非必须追加。人民法院可以依照案情决定是否追加原债权人作为第三人参加诉讼，但并非必须追加原债权人作为第三人参加诉讼。如

---

① 谢鸿飞、朱广新主编：《民法典评注：合同编 通则》（第 2 册），中国法制出版社 2020 年版，第 99 页。
② 全国人民代表大会常务委员会法制工作委员会编：《中华人民共和国合同法释义》，法律出版社 1999 年版，第 136 页。
③ 最高人民法院民法典贯彻实施工作领导小组主编：《中华人民共和国民法典合同编理解与适用》（一），人民法院出版社 2020 年版，第 571 页。
④ 全国人大常委会法制工作委员会民法室编著：《〈中华人民共和国民事诉讼法〉释解与适用》，人民法院出版社 2012 年版，第 80 页。
⑤ 肖建华：《民事诉讼当事人研究》，中国政法大学出版社 2002 年版，第 264 页。

果当事人一方认为人民法院未追加让与人参加诉讼属程序违法的，那么，该理由不能成立。

此处说的追加第三人，在法律地位上限为第三人，而不是被告，即不可以追加为被告，如果当事人申请追加为第三人，却追加为让与人为被告的，应当依法予以纠正。如当事人一方在债权转让案件审理期间，向人民法院申请追加让与人作为本案被告参与诉讼的，应当进行释明，结合审理查明当事人债务转移的事实情况，决定是否追加让与人为第三人参与诉讼。

3. 也可以不追加。在以下情况下，也可以考虑不追加为本案第三人。（1）事实清楚。在根据相关证据能够查明案件事实的情况下，无须追加原债务人为第三人的。（2）合同已履行完毕的，只是就受让债权是否合法问题提出抗辩的，可不予追加。（3）不符合追加债务人为第三人的条件。并未追加原债务人为第三人符合法律规定，予以确认。（4）如果债务人并未对债权人的权利提出抗辩，而只是对受让人履行合同的问题提出抗辩，则不宜将债权人列为第三人。①

【法律适用分歧】

诉讼程序中的第三人和提起撤销之诉的第三人的区别问题

从《民事诉讼法》第 59 条②规定来看，诉讼程序中的第三人与提起撤销之诉的第三人在概念上完全相同，但从第三人参加诉讼和第三人提起撤销之诉的立法目的和司法实务来看，两者存在以下根本区别：

第一，立法目的。第三人参加诉讼制度，是为了一次性解决纠纷，提高诉讼效率和保证裁判之间的一致性。第三人只要符合《民事诉讼法》第 59 条第 1 款和第 2 款规定，均可以作为第三人参加诉讼，在其范围上不宜作限制。第三人撤销之诉制度，是为了保护因客观原因未参加前诉讼程序而受生效裁判损害的第三人的程序权利和实体权利。《民事诉讼法》第 59 条第 3 款规定多项起诉程序条件和实体条件，在其范围上

---

① 最高人民法院民法典贯彻实施工作领导小组主编：《中华人民共和国民法典合同编理解与适用》（一），人民法院出版社 2020 年版，第 571 页。

② 《民事诉讼法》第 59 条规定："对当事人双方的诉讼标的，第三人认为有独立请求权的，有权提起诉讼。对当事人双方的诉讼标的，第三人虽然没有独立请求权，但案件处理结果同他有法律上的利害关系的，可以申请参加诉讼，或者由人民法院通知他参加诉讼。人民法院判决承担民事责任的第三人，有当事人的诉讼权利义务。前两款规定的第三人，因不能归责于本人的事由未参加诉讼，但有证据证明发生法律效力的判决、裁定、调解书的部分或者全部内容错误，损害其民事权益的，可以自知道或者应当知道其民事权益受到损害之日起六个月内，向作出该判决、裁定、调解书的人民法院提起诉讼。人民法院经审理，诉讼请求成立的，应当改变或者撤销原判决、裁定、调解书；诉讼请求不成立的，驳回诉讼请求。"

予以严格限制，其目的就在于避免第三人撤销之诉的适用范围不当扩大。

第二，程序功能。第三人参加诉讼，是一种事先的权利保护程序；其条件相对宽松，只要与案件有法律上的利害关系，即可以参加诉讼。第三人撤销之诉适用条件非常严格，除与案件有利害关系外，还必须具备生效裁判内容错误且损害其民事权益的实体性要件，比第三人参加诉讼的标准要高。

第三，实务操作。第三人参加诉讼，要尽可能地将符合条件的第三人追加进诉讼，从而避免生效判决作出后，第三人再提起第三人撤销之诉，从而维护生效判决的安定性，有利于提高诉讼效率。①

【典型案例】

一、裁判规则：人民法院可以将债权人列为第三人，也可以不将债权人列为第三人，是否列为第三人，由人民法院根据案件的具体情形，依职权确定

【法院】

最高人民法院

【案号】

(2013) 民二终字第61号

【当事人】

上诉人（原审原告）：天津光电瑞某商贸有限公司（以下简称光电瑞某公司）

被上诉人（原审被告）：天津宏某发展有限责任公司（以下简称宏某公司）

【案由】

普通破产债权确认纠纷

【裁判观点】

光电瑞某公司以《合同法司法解释一》第27条有关的规定为据，认为一审法院未依职权将雄某工程公司追加为本案第三人参与诉讼，属于程序违法。但根据该条规定，人民法院可以将债权人列为第三人，也可以不将债权人列为第三人，是否列为第三人，由人民法院根据案件的具体情形，依职权确定。本案中，光电瑞某公司能否证明涉案债权的存在，取决于光电瑞某公司能否提供合法有效的证据证明雄某工程公司与宏某公司之间存在债权债务关系，而不取决于雄某工程公司是否参加本案诉讼。因此，一审法院未追加雄某工程公司作为第三人参加诉讼，并不违反法律规定。

---

① 最高人民法院民事审判第一庭编著：《最高人民法院民事审判第一庭裁判观点》（民事诉讼卷），人民法院出版社2023年版，第325~326页。

二、裁判规则：当事人一方将合同权利义务一并转让后，法院可以将出让方列为第三人

【法院】

贵州省高级人民法院

【案号】

（2015）黔高民终字第142号

【当事人】

上诉人（原审被告）：遵义世某房地产开发有限公司（以下简称世某公司）

被上诉人（原审原告）：重庆君某房地产开发有限公司等（以下简称君某公司）

【案由】

建设用地使用权转让合同纠纷

【裁判观点】

根据《合同法司法解释一》第29条规定，本案中，民某公司经世某公司同意将其在《联合开发协议书》中的权利义务一并转让给君某公司。现世某公司与君某公司因履行合同发生纠纷诉至法院，世某公司就权利义务提出抗辩。上述事实与《合同法司法解释一》第29条规定的情形完全相同，但该条规定法院可以将出让方列为第三人，而不是必须。也就是说本案是否有必要将出让方即民某公司列为第三人，由人民法院根据案件审理的需要作出决定。经审查，由于本案在一审程序时是与民某公司作为被告之一参加诉讼的（2014）遵市法民二初字第41号合并审理，分案判决，故是否追加民某公司为本案第三人并不影响案件事实的查明和案件结果的处理，一审法院未通知民某公司作为本案第三人参加诉讼并无不妥。

【相关规定】

《民法典》第545条、第546条、第547条、第548条、第553条、第554条、第555条、第556条、第557条；原《合同法司法解释一》第27条、第28条、第29条

第四十八条　【债权转让通知】

债务人在接到债权转让通知前已经向让与人履行，受让人请求债务人履行的，人民法院不予支持；债务人接到债权转让通知后仍然向让与人履行，受让人请求债务人履行的，人民法院应予支持。

> 让与人未通知债务人，受让人直接起诉债务人请求履行债务，人民法院经审理确认债权转让事实的，应当认定债权转让自起诉状副本送达时对债务人发生效力。债务人主张因未通知而给其增加的费用或者造成的损失从认定的债权数额中扣除的，人民法院依法予以支持。

【条文主旨】

本条是关于债权转让通知的规定。

【司法适用】

本条是对《民法典》第546条的细化规定。

一、关于"通知债务人"

（一）关于通知的法律性质

1. 债权人与受让人之间的意思表示。债权让与契约因让与人与受让人之间意思合致而发生债权移转之效力。[1]

2. 对债务人的观念通知。债权让与之通知，系将债权已由让与人移转于受让人之事实，通知债务之意。债权让与通知的法律性质是观念通知。[2] 或者说，并不是以债务人同意不同意、承诺不承诺作为前置条件，即无论债务人是否同意、是否承诺该债权让与行为，都不影响债权让与法律行为的效力。

3. 不需要征得债务人同意。债权人可以将合同权利全部或者部分转让给第三人，转让只需通知到债务人即可而无须征得债务人的同意。因此，转让行为一经完成，原债权人即不再是合同权利主体，亦即丧失以自己的名义作为债权人向债务人主张合同权利的资格。[3]

4. 受通知人。债权转让通知的受通知人为债务人。由于社会关系的复杂性和交易类型的多样性，"债务人"为多种形态。例如，其一，不可分债务场合，须向不可分债务全体进行通知；其二，连带债务场合，亦须向全体债务人通知；其三，（一般）保证

---

[1] 孙森焱：《民法债编总论》（下册），法律出版社2006年版，第789页。
[2] 孙森焱：《民法债编总论》（下册），法律出版社2006年版，第789页。
[3] 《最高人民法院公报》2006年第12期案例：《大连远东房屋开发有限公司与辽宁金利房屋实业公司、辽宁澳金利房地产开发有限公司国有土地使用权转让合同纠纷案》，最高人民法院（2005）民一终字第95号民事裁定书。

债务场合,向主债务人作了通知,即可以对抗保证人(保证债务的从属性)。①

5. 通知的效力。例如,2000年《金融资产管理公司条例》(国务院令第297号)第13条规定:"金融资产管理公司收购不良贷款后,即取得原债权人对债务人的各项权利。原借款合同的债务人、担保人及有关当事人应当继续履行合同规定的义务。"在债权为现实存在,且全部让与的场合,该债权由原债权人(让与人)移转于受让人,让与人脱离原债的关系,受让人取代让与人的法律地位而成为新的债权人。②

(二) 关于通知作为前提性条件

债权人转让权利的,应当通知债务人。通知到达债务人时,转让行为生效。未经通知,该转让行为对债务人不发生效力。即"债权之让与非经让与人或受让人通知债务人,对于债务人不生效力"③,但是这一要件,并不要求债权转让需要经债务人同意。④ 由于同时考虑到保护双方当事人的利益平衡,为保护债务人的合法权益,避免在其毫不知情的情况下所可能遭受的利益损失,因此,《民法典》第546条规定,未通知债务人,该转让对债务人不发生效力。基于这一结论,如果从债务履行的角度来说:

其一,由于不对债务人发生效力,因此,即使受让人取得了债权,债务人也有权拒绝受让人的履行请求。亦即,在通知以前,债权让与契约仅于让与人与受让人之间发生效力,债务人即使知悉其事实,受让人亦不得对债务人主张债权,因而,债务人对受让人得拒绝给付⑤。

其二,由于不对债务人发生效力,因此,此时债务人向债权人(让与人)履行债务的,发生债权消灭的法律后果。⑥ 在让与通知以前,债务人对让与人之清偿或者其他免责行为,或让与人对于债务人所为免除或抵销等处分行为,仍属有效。⑦ 法律之所以规定在通知债务人前,债务人对让与人清偿亦为有效,主要是出于保护债务人的合法权益,以及降低成本的考虑,在债务人不知债权转移而误向让与人清偿的情况下,其债务消灭,且不承担债务不履行责任,这样,成本也最低。⑧

其三,由于不对债务人发生效力,因此,债务人并无向受让人履行义务的法律依

---

① 韩世远:《合同法总论》(第四版),法律出版社2018年版,第613页。
② 崔建远:《债权:借鉴与发展》(修订版),中国人民大学出版社2014年版,第152页。
③ 孙森焱:《民法债编总论》(下册),法律出版社2006年版,第790页。
④ 黄薇主编:《中华人民共和国民法典合同编释义》,法律出版社2020年版,第565页。
⑤ 孙森焱:《民法债编总论》(下册),法律出版社2006年版,第790页。
⑥ 黄薇主编:《中华人民共和国民法典合同编释义》,法律出版社2020年版,第193页。
⑦ 孙森焱:《民法债编总论》(下册),法律出版社2006年版,第790页。
⑧ 高润恒:《保理合同中的应收账款债权转让研究》,清华大学法学院2006年博士学位论文,第94~95页,转引自崔建远:《债权:借鉴与发展》(修订版),中国人民大学出版社2014年版,第154页。

据,因此,债务人因未接到债权转让通知而已经向让与人履行,受让人请求债务人履行的,人民法院不予支持。

(三) 区分债权归属与债权让与对债务人发生效力

在意思主义下,在现实债权让与的场合,让与人和受让人达成债权让与合意,债权就发生移转,成为受让人的责任财产①。亦即,债权让与因当事人达成合意即可发生效力,故其合同一旦成立,债权即随之移转,原债权人脱离债权人地位,而新债权人承继其地位,亦即取得同一债权(债权的同一性并不丧失);债权部分让与时,让与人和受让人共同享有债权。②

债务人同意与否,并不影响债权让与合同的成立。③ 根据《民法典》第143条的意思表示、第465条的合同相对性,受让人取得转让债权,并不以通知债务人作为条件,债权转让合同效力不因未通知债务人而受影响。④ 债权因让与人与受让人的让与合意而转移,就已经对债务人发生了效力,只不过该效力不齐备,受让人的债权仅有给付受领权和给付保有权,有时欠缺给付请求权。⑤

(四) 关于通知后的履行行为效力

基于"未通知债务人的,该转让对债务人不发生效力"的基本原理,如果债权转让通知了债务人,则债权转让对债务人发生效力,此时,基于受让人取代原债权人的地位,成为新的债权人的事实,债务人就应当对受让人负履行合同义务,而不是向债权人(让与人)履行合同义务,"不得再行让与人为清偿或其他免责行为";⑥ 反过来,如果债权人(让与人)要求债务人履行的,债务人有权以此为由拒绝债权人(让与人)的履行请求。与此同时,根据合同相对性的基本原理,受让人为新债权人,债务人理应向受让人履行义务,而如果债务人没有向受让人履行合同义务,而是仍然向让与人(原债权人)履行义务的,则不能发生债权消灭的法律后果。否则,就变成了债务人既向受让人履行义务,又向原债权人履行义务,逻辑上会出现"二次"履行合同义务,这既不符合合同相对性的基本原理,也不符合"债务人不会因为债权人变换而处于不

---

① 崔建远:《债权:借鉴与发展》(修订版),中国人民大学出版社2014年版,第153页。
② 韩世远:《合同法总论》(第四版),法律出版社2018年版,第607~608页。
③ 王家福主编:《民法债权》,中国社会科学出版社2015年版,第83页。
④ 黄薇主编:《中华人民共和国民法典合同编释义》,法律出版社2020年版,第192页。
⑤ 高润恒:《保理合同中的应收账款债权转让研究》,清华大学法学院2006年博士学位论文,第94~95页,转引自崔建远:《债权:借鉴与发展》(修订版),中国人民大学出版社2014年版,第153页。
⑥ 孙森焱:《民法债编总论》(下册),法律出版社2006年版,第790页。

利地位"① 平衡保护债务人的制度设计。

正因如此,债务人接到债权转让通知后仍向让与人(原债权人)履行,并不能发生债权消灭的法律后果,债务人与受让人之间的债权债务关系仍然存在,因此,受让人请求债务人履行的,人民法院依法予以支持。至于债务人接到债权转让通知后仍向让与人(原债权人)履行,债务人如何救济该履行行为,可依民事实体法的规定,即让与人不得再向债务人请求给付,债务人亦不得再向让与人履行债务,否则,前者将构成不当得利,后者则不构成债的履行,②可另诉解决。

二、关于通知的形式:司法文书等证据

(一) 通知人

债权转让的通知人,既可以是债权人,也可以是受让人,"可以允许债权的受让人成为通知的主体",③ 除了有助于促进交易便捷以外,还可以解决债权人让与债权后,可能不再关心后续的债的履行情况,受让人获得清偿的渠道就只是对债务人的通知,在让与人怠于通知的情况下,不利于债权尽快实现清偿的问题。④

(二) 通知的形式

债权让与合同为不要式合同,债权人与第三人对债权让与达成合意即可成立,无须何种特定形式,无论是书面形式,还是口头形式,均无不可⑤。因此,"通知"本身为"不要式",形式可以多样化,不拘形式,可以但不限于以下的形式:(1) 债权转让通知文件已实际送达债务人的;(2) 债权转让通知以邮寄形式实际送达债务人的;(3) 债权转让的发票标注转让事宜并债务人收到的;(4) 三方共同签订债权转让协议的;(5) 债权转让的公证书实际送达债务人的⑥或"就《催收欠款通知书》的内容及送达过程专门进行了公证"⑦;(6) 债权让与字据提示债务人的;⑧(7) 刊登于报纸的形式。"债权人在该报纸上登报通知债务人及担保人债权转让的事实,不违反法律法规的强制

---

① 谢鸿飞、朱广新主编:《民法典评注:合同编 通则》(第2册),中国法制出版社2020年版,第92页。
② 王家福主编:《民法债权》,中国社会科学出版社2015年版,第88页。
③ 最高人民法院民法典贯彻实施工作领导小组主编:《中华人民共和国民法典合同编理解与适用》(一),人民法院出版社2020年版,第566页。
④ 申建平:《论债权让与通知的主体》,载《河南省政法管理干部学院学报》2009年第5期。
⑤ 王家福主编:《民法债权》,中国社会科学出版社2015年版,第83页。
⑥ 黄薇主编:《中华人民共和国民法典合同编释义》,法律出版社2020年版,第193页。
⑦ 《最高人民法院公报》2006年第12期案例:《大连远东房屋开发有限公司与辽宁金利房屋实业公司、辽宁澳金利房地产开发有限公司国有土地使用权转让合同纠纷案》,最高人民法院(2005)民一终字第95号民事裁定书。
⑧ 孙森焱:《民法债编总论》(下册),法律出版社2006年版,第789页。

性规定，应认定债权人已将债权转让的事实告知债务人及担保人，并无不妥"等。①

（三）关于通知的"特殊形式"

首先，受让人和让与人均可以作为通知人。"如果让与人未发出转让通知，而受让人发出，债务人对债权转让予以确认的，基于'禁反言'的价值考量，此时，债务人的确认也发生与债权转让通知同等的效力。"② 其次，"通知"本身的形态可以是多样化的，为"不要式"的，同样，司法文书等能够确认债权转让事实的证据，亦可以发挥通知作用。因此，让与人未通知债务人，受让人通知债务人并提供确认债权转让事实的生效法律文书、经公证的债权转让合同等能够确认债权转让事实的证据的，人民法院应当认定受让人的通知发生法律效力。

三、关于起诉状副本送达时间

基于《民法典》第546条对于"通知"的形式，并没有具体明确，既可以口头，也可以书面，既可以由债权人通知，也可以由受让人通知，为保护债务人的合法权益，在特定情形下，特别是来不及通知或其他收到通知存在障碍的情况下，相关司法文书亦可以作为通知的一种具体形式，即只要实施了有效的通知行为，债权转让就应对债务人发生法律效力。因此，受让人起诉债务人请求履行债务，但是没有证据证明债权人或者受让人已经通知债务人，其主张起诉状副本送达时发生债权转让通知的效力的，人民法院依法予以支持。因此产生的诉讼费用，由受让人负担。

四、关于因未通知而给债务人增加的费用

根据《民法典》第511条第6项规定，"当事人就有关合同内容约定不明确，依据前条规定仍不能确定的，适用下列规定：……（六）履行费用的负担不明确的，由履行义务一方负担；因债权人原因增加的履行费用，由债权人负担"。合同法规定，履行费用的负担不明确的，由履行义务的一方负担履行费用。为了平衡债权人与债务人之间的利益，合同编在确立以履行义务一方负担履行费用为原则的基础上，增加规定，因债权人原因增加的费用，由债权人负担。

同时，根据《民法典》第550条规定："因债权转让增加的履行费用，由让与人负担。"因债权转让而额外增加的债务人的履行费用，有约定的，按照约定处理；没有约定的，基于保护债务人利益的考虑，当然不应由债务人自行负担，债务人有权在受让人要求履行时相应地依法主张抵销或者行使履行抗辩权。债务人或者受让人先负担了

---

① 《最高人民法院公报》2004年第4期案例：《何荣兰诉海科公司等清偿债务纠纷案》，最高人民法院（2003）民一终字第46号民事判决书。
② 黄薇主编：《中华人民共和国民法典合同编释义》，法律出版社2020年版，第193页。

增加的履行费用的，除另有规定外，可以要求让与人最终负担该增加的履行费用。因此，债务人主张因未通知而给其增加的费用或者造成的损失从认定的债权数额中扣除的，人民法院应依法予以支持。

【法律适用分歧】

关于经过生效裁判确认或者判决的债权转让问题

笔者认为，经过生效裁判确认或者判决的债权在本质上仍然是债权，有关债权转让的规则，就应当适用本条的规定。但是，此债权受让人能否主张后续的诉讼权利的问题，这涉及诉讼秩序的问题，不可简单理解为一般的债权转让。对此，《最高人民法院关于判决生效后当事人将判决确认的债权转让债权受让人对该判决不服提出再审申请人民法院是否受理问题的批复》（法释〔2011〕2号）明确规定："判决生效后当事人将判决确认的债权转让，债权受让人对该判决不服提出再审申请的，因其不具有申请再审人主体资格，人民法院应依法不予受理。"①

【典型案例】

一、裁判规则：未经通知债务人，并不意味着债权转让本身无效，而是指对债务人不发生效力

【法院】

山西省高级人民法院

【案号】

（2021）晋执复225号

【当事人】

复议申请人（被执行人）：太原市高某环保锅炉厂有限公司（以下简称高某公司）

申请执行人：中国东某资产管理股份有限公司等（以下简称东某资产公司）

【案由】

合同纠纷

【裁判观点】

太原中院查明，东某资产公司与晋某企业于2021年6月9日在《山西经济日报》刊登债权转让暨债务催收联合公告，6月11日，采取公证邮寄送达的方式通知相关债务人及担保人。东某资产公司已履行了债权转让的告知义务。但事实上，东某资产公

---

① 最高人民法院民法典贯彻实施工作领导小组主编：《中华人民共和国民法典合同编理解与适用》（一），人民法院出版社2020年版，第563页。

司即使未向债务人高某公司履行债权转让的告知义务，也并不影响债权转让本身的效力。《民法典》第546条规定，债权人转让债权，未通知债务人的，该转让对债务人不发生效力。据此，债权人转让债权应当通知债务人，但是该通知并非债权转让本身发生效力的条件。未经通知债务人，并不意味着债权转让本身无效，而是指对债务人不发生效力，其意义在于当债务人因未经通知而仍然向原债权人清偿的，法律认可其债务清偿的法律效果，避免债权受让人要求债务人重复清偿，以保护债务人合法权益。故，高某公司以案涉债权转让未通知其为由，主张债权转让不符合法律规定，进而要求撤销太原中院关于变更申请执行人的裁定，于法无据，法院不予支持。

二、裁判规则：债权人转让债权，通知债务人的，该转让对债务人发生效力

【法院】

陕西省高级人民法院

【案号】

（2021）陕民终847号

【当事人】

上诉人（原审原告）：张某绪

上诉人（原审被告）：陕西佳某房地产开发有限公司（以下简称陕西佳某公司）

【案由】

合作开发房地产合同纠纷

【裁判观点】

第三人宝鸡盛某公司与被告陕西佳某公司签订《联合开发合同》及《补充协议》后，因情势变更导致合同终止，为追回其投资及收益，2017年11月14日，第三人宝鸡盛某公司与原告张某绪签订《债权转让协议书》，将其持有与陕西佳某公司联合开发的房地产合同项下的债权转让给张某绪。并于2017年12月20日向陕西佳某公司发出债权转让通知，2018年1月17日，以EMS方式向被告陕西佳某公司送达转让债权通知。2018年5月2日，宝鸡盛某公司与原告张某绪再次签订《债权转让协议书》，由宝鸡盛某公司法定代表人罗某签字确认。该行为是对第一份债权转让协议的确认。第三人宝鸡盛某公司与原告张某绪的债权转让行为系双方的真实意思表示。依据《民法典》第545条规定，债权人可以将债权的全部或者部分转让给第三人；第546条规定，债权人转让债权，未通知债务人的，该转让对债务人不发生效力。第三人宝鸡盛某公司在联合开发合同已终止的前提下，将《案涉联合开发合同》及《补充协议》的投资及收益的追讨权利转让给原告张某绪符合上述法律规定，且已经以EMS特快专递方式向被

告陕西佳某公司送达了债权转让通知，故债权转让协议已发生法律效力，对被告具有约束力。原告张某绪作为案涉联合开发合同权利义务受让人以案涉联合开发合同向被告陕西佳某公司主张权利符合法律规定，故原告张某绪的本案主体适格。

【相关规定】

《民法典》第 546 条、第 547 条、第 548 条、第 549 条

第四十九条 【表见让与、债务人确认债权存在】

债务人接到债权转让通知后，让与人以债权转让合同不成立、无效、被撤销或者确定不发生效力为由请求债务人向其履行的，人民法院不予支持。但是，该债权转让通知被依法撤销的除外。

受让人基于债务人对债权真实存在的确认受让债权后，债务人又以该债权不存在为由拒绝向受让人履行的，人民法院不予支持。但是，受让人知道或者应当知道该债权不存在的除外。

【条文主旨】

本条是关于表见让与、债务人确认债权存在的规定。

【司法适用】

本条是对《民法典》第 546 条的细化规定。

一、债权转让通知的法律效力

关于债权人转让权利通知的效力，可以分为对内效力和对外效力。其中，对外效力，是指合同权利义务转让对债务人所具有的法律效力。合同权利转让在生效以后对债务人产生如下效力：

1. 债务人不得再向转让人即原债权人履行债务。如果债务人仍然向原债权人履行债务，则不构成债务履行，更不应使合同终止。如果债务人向原债权人履行，造成受让人的损害，债务人应负损害赔偿的责任，同时因原债权人接受此种履行，已构成不当得利，则受让人和债务人均可请求其返还。

2. 债务人应负有向受让人即新债权人作出履行的义务，同时免除其对原债权人所负的责任。如果债务人向受让人作出履行以后，债权让与合同因各种原因被宣告无效或者撤销，但债务人出于善意，则债务人向受让人作出履行的义务仍然有效。

3. 债务人在合同权利转让时已经享有的对抗原债权人的抗辩权，在合同权利转让后，仍然可以对抗新债权人。①

（一）关于"未通知债务人的"

根据《民法典》第546条第1款的规定，"债权人转让债权，未通知债务人的，该转让对债务人不发生效力"，即明确了债权转让通知是对债务人发生效力的条件，而非债权人与受让人之间债权转让合同生效的条件。

（二）关于"已通知债务人的"

根据《民法典》第546条规定，债权人转让其债权应当符合相应的法定条件，其中，条件之一就是债权转让须通知债务人。也即"只需通知债务人原则"，债权转让的通知到达债务人时，转让行为生效，转让行为一经完成，受让人取得与债权有关的权利；原债权人即不再是合同权利主体，亦即丧失以自己名义向债务人主张合同权利的资格。②

既然债权转让通知到达债务人时转让行为有效，原债权人亦不再是合同权利主体，因此，债务人接到债权转让通知后，让与人以债权转让合同不成立、无效、被撤销或者确定不发生效力为由请求债务人向其履行的，此时合同主体已不是让与人，因此，人民法院不予支持。

（三）关于"该债权转让通知被依法撤销的除外"

根据《民法典》第546条第2款规定："债权转让的通知不得撤销，但是经受让人同意的除外。"如果允许债权人撤销该通知，会导致已经转让的权利处于不稳定的状态。而且一旦债权人向债务人作出债权转让的通知，该债权转让就已经对债务人发生了效力，在此协议已经生效的情况下，让与人当然不能再撤销该通知。但从意思自治的角度出发，如果受让人同意债权人撤销，则可以允许撤销该债权转让的通知。债权转让对受让人的利益影响较大，所以，该条规定了除非得到受让人的同意，否则不得撤销该债权转让的通知。③

根据《民法典》第155条规定："无效的或者被撤销的民事法律行为自始没有法律约束力。"民事法律行为一旦无效或者被撤销后，双方的权利义务状态应当恢复到这一行为实施之前，已经履行的，应当恢复原状。无效的民事法律行为除自始无效外，还

---

① 唐德华主编：《合同法理解适用》，人民法院出版社2000年版，第327~328页。
② 最高人民法院民法典贯彻实施工作领导小组编著：《中国民法典适用大全》（合同卷一），人民法院出版社2022年版，第243页。
③ 郭锋、陈龙业、周伦军等编著：《中华人民共和国民法典条文精释与实务指南》（合同编·上册），中国法制出版社2021年版，第244页。

应当是当然无效、绝对无效。① 因此，"该债权转让通知被依法撤销的除外"。

二、关于债务人对债权真实存在的确认

（一）债权让与协议生效

债权让与会引起合同权利和义务关系的一系列变化。原债权人被新债权人替代或者新债权人的加入使原债权人已不能完全享有原债权。让与人与受让人之间的债权让与协议一旦达成，该协议即在他们之间发生效力，在让与人和受让人之间，债权已经转让，任何一方违反协议，都应当承担相应的违约责任。②

（二）关于债务人确认受让后又以债权不存在为由拒绝的

审判实践中，有的债权人与债务人通过虚构"业务往来"形成虚假债权，债权人现将该债权转让给受让人，受让人向债务人主张权利时，债务人往往以该债权不存在、不真实为由进行抗辩，拒绝履行债务。

事实上，当事人从事民事活动，应当遵循诚信原则，秉持诚实，恪守承诺，如果允许明知转让虚假债权的债务人以转让债权不存在来抗辩，则明显有违诚信原则等民法基本原则。双方当事人通谋所为的虚假意思表示，在当事人之间发生绝对无效的法律后果，但在虚假表示的当事人与第三人之间并不当然无效。当第三人不知道当事人之间的虚假意思表示时，该意思表示的无效不得对抗善意第三人；③ 即受让人基于债务人对债权真实存在的确认受让债权后，债务人又以该债权不存在为由拒绝向受让人履行的，人民法院不予支持。

（三）关于"受让人知道或者应当知道该债权不存在的除外"

在上述情况下，当第三人知道该当事人之间的虚假意思表示时，虚假表示无效，可以对抗该第三人，即对于虚构债权的转让，受让人知道该债权为虚构的，债务人以通谋虚假意思表示无效为由进行抗辩，人民法院应予支持；受让人不知道的，该虚假意思表示的无效不得对抗善意第三人。

【法律适用分歧】

关于债权转让是否具有无因性

理论上，对于债权转让是否具有无因性存在不同的观点。但在审判实务界，一般

---

① 黄薇主编：《中华人民共和国民法典总则编释义》，法律出版社2020年版，第412页。
② 郭锋、陈龙业、周伦军等编著：《中华人民共和国民法典条文精释与实务指南》（合同编·上册），中国法制出版社2021年版，第244页。
③ 最高人民法院民法典贯彻实施工作领导小组编著：《中国民法典适用大全》（合同卷一），人民法院出版社2022年版，第732~733页。

不认可其无因性，如果债权转让合同无效，则根据债权转让合同已经履行的债务应该返还。例如，《最高人民法院关于审理涉及金融不良债权转让案件工作座谈会纪要》第7条中已有相关规定。在已生效的判例中也有观点认为，债权人转让权利并通知了债务人，但依据债权转让协议制作的民事调解书因一方欺诈被人民法院撤销后，债权转让协议也失去了法律效力，基于债权转让权利取得的利益应当返还。①

【典型案例】

裁判规则：当事人为实现真实发生的债权债务而订立的还款协议及担保协议等，应当认定为有效，以维护正常交易秩序，平衡当事人利害关系

【法院】

最高人民法院

【案号】

（2020）最高法民终537号

【当事人】

上诉人（原审原告）：中国华某资产管理股份有限公司云南省分公司（以下简称华某公司）

上诉人（原审被告）：昆明呈某工贸有限责任公司等（以下简称呈某公司）

【案由】

借款合同纠纷

【裁判观点】

戴某系呈某公司的法定代表人，明知中某公司与华某公司之间为规避法律强制性效力性规定而订立名为债权转让实为融资的借款合同，仍然与华某公司签订保证协议。崔某华与戴某系夫妻关系，崔某华签订保证协议时，知晓中某公司与华某公司之间名为债权转让实为借款关系，具有高度盖然性。戴某、崔某华在中某公司取得9600万元借款并支付部分本金及利息后，又主张借款关系及担保合同无效，违反诚实信用原则，具有过错。戴某、崔某华应就呈某公司偿还华某公司借款，按照保证协议约定承担保证责任。

【相关规定】

《民法典》第546条、第547条、第548条、第549条

---

① 最高人民法院民法典贯彻实施工作领导小组编著：《中国民法典适用大全》（合同卷一），人民法院出版社2022年版，第728页。

> **第五十条　【债权的多重转让】**
>
> 让与人将同一债权转让给两个以上受让人，债务人以已经向最先通知的受让人履行为由主张其不再履行债务的，人民法院应予支持。债务人明知接受履行的受让人不是最先通知的受让人，最先通知的受让人请求债务人继续履行债务或者依据债权转让协议请求让与人承担违约责任的，人民法院应予支持；最先通知的受让人请求接受履行的受让人返还其接受的财产的，人民法院不予支持，但是接受履行的受让人明知该债权在其受让前已经转让给其他受让人的除外。
>
> 前款所称最先通知的受让人，是指最先到达债务人的转让通知中载明的受让人。当事人之间对通知到达时间有争议的，人民法院应当结合通知的方式等因素综合判断，而不能仅根据债务人认可的通知时间或者通知记载的时间予以认定。当事人采用邮寄、通讯电子系统等方式发出通知的，人民法院应当以邮戳时间或者通讯电子系统记载的时间等作为认定通知到达时间的依据。

【条文主旨】

本条是关于债权的多重转让的规定。

【司法适用】

本条参考借鉴了《民法典》第768条关于保理中应收账款重复转让的规定。

一、关于债权转让中的"多重转让"行为的法律性质

（一）现行规定

基于债权的财产属性和可转让性，从鼓励交易、增加社会财富的角度出发，应当允许绝大多数合同债权能够被转让，只要不违反法律和社会公共道德，均应允许其转让。①《民法典》第545条确立了债权自由转让原则，并明确规定了三种不得让与的债权作为例外情形。《民法典》第546条规定了债权让与通知，只需要"通知"到债务

---

① 黄薇主编：《中华人民共和国民法典合同编释义》，法律出版社2020年版，第320页。

人，但无须征得债务人的同意。仅仅规定了债权人（让与人）——第三人（受让人）——债务人这种"单一转让"下的合同效力问题。而审判实践中，经常会发生同一债权连续向两个或者两个以上的受让人作出让与的情形。在此情形下，各个环节的受让人，谁有权获得优先保护，也即在债权"二重让与""多重让与"时，权利归属于哪一方主体的问题，存在不同的理论观点，我国《民法典》对此没有明确规定。

以下规定，对于"二重让与""多重让与"制度存在相关的规定：

1. 2009 年《关于审理涉及金融不良债权转让案件工作座谈会纪要》第 5 条规定："关于国有企业的诉权及相关诉讼程序……国有企业债务人提出的不良债权转让合同无效诉讼被受理后，对于受让人的债权系直接从金融资产管理公司处受让的，人民法院应当将金融资产管理公司和受让人列为案件当事人；如果受让人的债权系金融资产管理公司转让给其他受让人后，因该受让人再次转让或多次转让而取得的，人民法院应当将金融资产管理公司和该转让人以及后手受让人列为案件当事人。"

2. 2019 年《应收账款质押登记办法》（中国人民银行令〔2019〕第 4 号）第 6 条规定："在同一应收账款上设立多个权利的，质权人按照登记的先后顺序行使质权。"第 34 条规定："权利人在登记公示系统办理以融资为目的的应收账款转让登记，参照本办法的规定。"

3.《民法典》第 768 条规定："应收账款债权人就同一应收账款订立多个保理合同，致使多个保理人主张权利的，已经登记的先于未登记的取得应收账款；均已经登记的，按照登记时间的先后顺序取得应收账款；均未登记的，由最先到达应收账款债务人的转让通知中载明的保理人取得应收账款；既未登记也未通知的，按照保理融资款或者服务报酬的比例取得应收账款。"虽然保理合同规定了应收账款"二重让与""多重让与"时的登记优先规则，但该规定仅限于《民法典》"第三编合同"的"第二分编典型合同"的"第十六章保理合同"中，而并非在"第一分编通则"中，说明该规定仅限于该有名合同的保理合同中，而不适用于通则项下的所有的债权让与行为中。

（二）法律属性

由于债权转让涉及合同相对方的利害关系，因此，关于债权转让存在三种立法例，即"自由转让主义""债务人同意主义"和"通知主义"，我国民法典采纳了"通知主义"，在"通知主义"项下，关于通知的效力，又有三种不同的观点：第一，未经通知，不生效力；第二，未经通知，依然有效；第三，未经通知，不能对抗债务人及其他第三人。在我国，学者大多主张这一观点，[①] 即《民法典》第 546 条采取了"债权转

[①] 王利明：《合同法研究》卷 2（第 3 版），中国人民大学出版社 2015 年版，第 205~206 页。

让只需要通知债务人的原则"①。该原则的主要含义是：

第一，"通知"不是作为债权转让的要件之一。不能将债权让与的合同生效要件，与债权让与的内外部效力相混淆，债权人（转让人）与第三人（受让人）之间的合同效力是内部效力，而债权让与行为对债务人而言是外部效力，不能混淆转让只需要通知到债务人即可，无须征得债务人的同意。②只不过，"通知"是债权让与对债务人生效的条件。

第二，就合同权利转让而言，它构成一个单独的合同关系，即债权人作为转让人与第三人即受让人之间产生转让合同关系，该合同依法成立即具有法律拘束力，通知债务人应当是履行合同的问题，即通知本身不影响合同权利转让合同的成立和有效。③

第三，通知不是债权让与的构成要件。是否通知，并不影响债权让与合同的效力，一旦达成债权让与协议，即在当事人之间产生效力，债权人（转让人）不得以没有通知而否定债权转让的效力。④

（三）"多重让与"

原《合同法》和《民法典》均没有规定债权的"二重让与""多重让与"。债权人将同一债权转让给两个以上受让人，且债务人均未履行的，优先保护哪一个债权转让行为，存在不同的观点：一是"让与时间优先规则"；二是"让与登记优先规则"；三是"通知优先规则"。

"让与时间优先规则"以德国为典型代表，依照《德国民法典》第398条、第407条和第408条的规定，根据其认为债权让与的准物权行为说，债权让与合同订立后债权即转移至受让人，债权让与合同具有对抗债务人及第三人的效力。该说认为，与物权转让不同，债权让与并不需要现实交付，只要当事人的债权让与合同生效，债权让与效力即可发生。因此，在债权多重让与的情形下，原则上应当按照债权让与的先后顺序确定优先顺序，也就是说，仅第一受让人可以取得债权，让与人在转让债权后再次订立债权让与合同的，不能产生债权让与的效果。即在债权多重让与的情形下，应当适用"先发生的权利优先"规则，债权让与合同仅依当事人的意思表示即可发生效力，因此，债权让与合同一旦生效，债权让与即发生效力。如果债权人违反债权转让协议

---

① 黄薇主编：《中华人民共和国民法典合同编释义》，法律出版社2020年版，第192页。
② 最高人民法院民法典贯彻实施工作领导小组主编：《中华人民共和国民法典合同编理解与适用》（一），人民法院出版社2020年版，第565页。
③ 唐德华主编：《合同法理解适用》，人民法院出版社2000年版，第325页。
④ 王利明：《合同法研究》卷2（第3版），中国人民大学出版社2015年版，第209页。

拒绝转让债权，或将债权再次转让他人，受让人有权要求其承担违约责任。①

"让与登记优先规则"以美国为典型代表，美国《统一商法典》第九章对债权让与的多重让与中的权利归属进行了规定，该说认为，以登记的先后顺序来确定债权让与的归属，谁登记谁获得债权，未登记的无法获得债权；均未登记的，以合同成立时间确定债权让与的最后归属。

"通知优先规则"以日本为典型代表，认为优先为让与通知的受让人获得债权，通知的先后顺序可以突破让与时间的先后顺序，即第二受让人的债权让与通知优先于第一受让人的，则该债权由第二受让人获得。若债务人已经向第一受让人清偿，第二受让人要对第一受让人请求不当得利返还。②《日本民法典》第467条规定："只有经让与人通知债务人或经债务人承诺，债权让与才能产生对抗债务人或者其他第三人的法律效力。"英国通过迪尔诉霍尔案（Dearle V. Hall）确定了让与通知优先规则在债权二重让与中的适用规则，其内容是：在第二受让人是善意的，并不知晓在先让与存在的情形下，如果每个受让人与让与人订立的债权让与合同合法有效，且平等享有债权，则应当按照各受让人对债务人作出让与通知的时间确定债权归属。③

关于"通知优先规则"，特别是"已经向最先通知的受让人履行"的主要优势在于：

第一，保护交易安全。从债权让与的角度来看，保护债务人也就是保护交易安全或者善意第三人，如果两次的债权让与均通知了债务人，则以先到达债务人的通知优先。如果第二让与的通知先到达债务人，同样也使第二受让人可以受领清偿，虽然按照"先来后到"之规则，他并非真正债权人，这纯粹是出于保护债务人的考虑。④

第二，不损及债务人利益。根据《民法典》第548条规定，"债务人接到债权转让通知后，债务人对让与人的抗辩，可以向受让人主张"。债权人转让债权，不需要经债务人同意，因此，债务人的利益不应因债权人转让权利的行为而遭受损害，受让人所享有的权利也不应优于让与人曾经享有的权利，而是享有和让与人同样的权利。债权人的变化，不影响债务人所享有的抗辩和其他权利，以保证债务人不会因为债权转让致使其应当行使的抗辩和其他权利无法行使。⑤

---

① 王利明：《合同法研究》卷2（第3版），中国人民大学出版社2015年版，第211页。
② [日]我妻荣：《中国民法债编总则论》，洪锡恒译，中国政法大学出版社2003年版，第253页。
③ [美] A.L. 科宾著：《科宾论合同》（一卷版·下卷），王卫国、徐国栋译，法律出版社1998年版，第33页。
④ 韩世远：《合同法总论》（第四版），法律出版社2018年版，第624页。
⑤ 黄薇主编：《中华人民共和国民法典合同编释义》，法律出版社2020年版，第196页。

第三，体现债权价值。无论是第一让与人，还是第二让与人，最先到达债务人的通知，既有利于鼓励债权人积极发出通知，也方便债务人及时了解债权让与情况，及时了解真正的债权人，及时顺利地履行给付行为。

第四，采用最先到达债务人的转让通知这一权利外观，相对登记主义和时间主义，更具有公示效力，权利归属更加明确，也更有利于法官审判时的甄别与识别。

因此，本条规定让与人将同一债权转让给两个以上受让人，债务人以已经向最先通知的受让人履行为由主张其不再履行债务的，人民法院应予支持。

二、关于"请求让与人承担违约责任"

关于债权转让的合意的效力。债权让与合同仅依当事人的意思表示即可发生效力，因此，债权让与合同一旦生效，债权让与即发生效力。相关内容主要包括：

（一）关于合同相对性下的法律责任

1. 关于"债务人以已经向最先通知的受让人履行为由主张其不再履行债务的"

根据债权转让的基本原则，债权人因为出让人将债权转让给第三人（受让人），对于债权全部转让的，受让人取代原债权人的法律地位，又根据《民法典》第546条第1款规定："债权人转让债权，未通知债务人的，该转让对债务人不发生效力。"根据前述"通知优先规则"，"最先通知的受让人"为合同相对人，债务人向合同相对人"最先通知的受让人"履行合同义务，符合合同相对性和债权债务关系消灭的基本原理，根据《民法典》第465条和第557条规定，因此，让与人将同一债权转让给两个以上受让人，债务人以已经向最先通知的受让人履行为由主张其不再履行债务的，人民法院应予支持。其一，在于债权转让存在于债权人与受让人之间，债务人难以知晓真正权利人；其二，债务人只需要关注债权转让通知达到自己的时间；其三，债务人可通过向最先到达的转让通知载明的受让人履行债务，从而完成自己负担的债务；其四，其他受让人又要求债务人履行债务的，人民法院不予支持。

2. 关于"最先通知的受让人请求债务人继续履行债务"

根据合同相对性和受让人取代原债权人的法律地位成为新的债权人，因此，债务人应当向受让人履行合同义务，而且根据通知优先主义是向最先通知的受让人履行合同义务，也就是说，最先通知的受让人具备了优先获得债权的权利和地位，债务人明知道接受履行的受让人不是最先通知的受让人，反而向不是最先通知的受让人履行合同义务，属于未向最先通知的受让人履行合同义务，从债权债务关系消灭的角度来看，债务人的履行并不能发生债务消灭的法律后果，最先通知的受让人仍然有权请求债务人继续履行，即根据合同应当履行的基本原理，最先通知的受让人可以请求债务人继续履行债务，人民法院应予支持。

3. 关于"最先通知的受让人请求接受履行的受让人返还其接受的财产的"

可以分两个不同的层面来理解：

其一，由于债权转让的非公示性，任一受让人并不知晓是否存在或存在多少其他受让人。为了保障正常的交易安全性，及时确立交易秩序，最先通知的受让人无权要求接受履行的受让人返还财产。建立这样一条规则有利于保护接受履行的受让人受领的权利，维护市场主体对正常交易流转秩序的安排。

其二，关于明知。关于接受履行的受让人明知该债权在其受让前已经转让给其他受让人中的"明知"问题，在于确定值得保护的受让人范围，也即如果该受让人明知还存在其他的受让人，却依然与出让人签订转让协议，根据权利义务相一致原则，其风险自担。由于债务未消灭，最先通知的受让人可要求债务人继续履行。

(二) 关于请求让与人承担违约责任

根据《民法典》第577条规定，债权人不履行合同义务或者履行合同义务不符合约定的，要承担法律后果，包括继续履行、采取补救措施或者赔偿损失等违约责任。由于债权人违反合同约定，债权人将同一债权转让给两个以上受让人，在债务人均未履行时，由最先到达债务人的转让通知中载明的受让人获得合同履行的权利，那么，造成其他受让人在与债权人签订的债权转让协议中，实际上是履行不能，依《民法典》合同编中违约责任的严格责任，债权人应当承担违约责任。

(三) 关于"通知到达时间"

1. 关于通知时间。由于社会生活的复杂性和经济流转类型的多样化，也为了防止审判实践中经常出现的"倒签"现象，因此，判断"通知"时间，应当采纳综合判断标准。即前款所称最先通知的受让人，是指最先到达债务人的转让通知中载明的受让人。当事人之间对通知到达时间有争议的，人民法院应当结合通知的方式等因素综合判断，而不能仅根据债务人认可的通知时间或者通知记载的时间予以认定。

2. 关于通知到达时间。在债权多重转让的情况下，通知不是债权转让的生效要件，不能以通知作为债权是否转让以及向哪一个受让人转让的一个标准。① 根据本条规定，人民法院应当结合通知的方式等因素综合判断，而不能仅根据债务人认可的通知时间或者通知记载的时间予以认定。

3. 关于客观认定标准。关于通知的方式，我国《民法典》未有明确规定，通知的方式既有口头形式，也有书面形式，关于当事人对通知到达时间的证明，可依《民事

---

① 王利明，《合同法研究》卷2（第3版），中国人民大学出版社2015年版，第211页。

诉讼法》《民诉法司法解释》中有关高度盖然性的证明标准，予以确定。

4. 关于时间查明的特殊规则。随着当今时代的发展，也为了方便、快捷地识别发出通知的行为，及时固定证据，防止存在道德风险，当事人采用邮寄、通讯电子系统等方式发出通知的，人民法院应当以邮戳时间或者通讯电子系统记载的时间等作为认定通知到达时间的依据。

【法律适用分歧】

一、债权转让中债务人参考受让人抗辩产生的时间点问题

债权人转让合同权利，不需要经债务人同意。权利的受让人成为新的债权人，享有与原债权人同样的权利，债务人向新债权人履行合同义务。为了保障债权人转让权利的行为不损害债务人的利益，德国、意大利、日本等国家的法律以及许多国际性合同法文件都规定了债权人的变化，不影响债务人享有的抗辩和其他权利，以保证债务人不会因为债权转让致使其应当行使的抗辩权和其他权利无法行使。

但关于债务人对受让人享有的抗辩产生的时间问题，则有不同的立法例：第一种模式中，将抗辩限制在债务人接到转让通知时，可以向让与人主张的抗辩；第二种模式中，不限制抗辩产生的时间点，只要是债务人可以对让与人主张的抗辩，均可以向受让人主张。

立法机关经研究认为，如果采纳第一种模式，则可能会产生不合理的结果。最终，原《合同法》第82条和《民法典》第548条都采纳了第二种模式。①

二、债务人明知债权转让事实是否等同于债权转让通知

债权转让何种情形下对债务人发生效力，不少国家采主客观混合模式，即未经通知，债权转让对债务人不发生效力，但是债务人明知该债权转让给受让人的除外。我国民法典采纳了纯粹客观模式，即未通知债务人的，债权转让对债务人不发生效力。显然，是排除了债务人明知债权转让即对债务人发生效力。②

---

① 江必新编著：《民法典若干争议问题实录》，人民法院出版社2021年版，第178页。
② 最高人民法院民法典贯彻实施工作领导小组编著：《中国民法典适用大全》（合同卷一），人民法院出版社2022年版，第744页。

【典型案例】

一、裁判规则：如果受让人的债权系金融资产管理公司转让给其他受让人后，因该受让人再次转让或多次转让而取得的，人民法院应当将金融资产管理公司和该转让人以及后手受让人列为案件当事人

【法院】

最高人民法院

【案号】

（2014）民四终字第 45 号

【当事人】

上诉人（一审原告）：南某化工集团股份有限公司

被上诉人（一审被告）：中国东某资产管理公司北京办事处等

【案由】

债权转让纠纷

【裁判观点】

根据《民事诉讼法》第 56 条第 2 款及最高人民法院《关于审理涉及金融不良债权转让案件工作座谈会纪要》第 5 条第 2 款规定，该纪要并没有对"后手受让人"作出特别限定，南某公司认为该纪要规定的受让人仅指国有企业，债务人提出不良债权转让合同无效诉讼时的最后受让人而不包括起诉后债权再行转让的受让人，与该纪要规定的文义和精神不符，也没有法律依据，法院不予支持。

二、裁判规则：应当参加本案诉讼的当事人未参加诉讼，系遗漏当事人

【法院】

河南省高级人民法院

【案号】

（2017）豫民终 842 号

【当事人】

上诉人（原审原告）：甲公司

被上诉人（原审被告）：中国信某资产管理股份有限公司河南省分公司等

【案由】

确认合同效力纠纷

【裁判观点】

根据最高人民法院《关于审理涉及金融不良债权转让案件工作座谈会纪要》（法发

〔2009〕19号）第5条规定，和本案甲公司请求确认无效的2006年1月16日《不良贷款债权转让合同》，系中国信某资产管理股份有限公司河南省分公司将不良债权转让给银某国际资产管理有限公司后，银某国际资产管理有限公司委托中国信某资产管理股份有限公司河南省分公司处置该资产，再次转让而形成，应当参加本案诉讼的当事人是：甲公司、中国信某资产管理股份有限公司河南省分公司、银某国际资产管理有限公司、河南佳某商务咨询有限公司。应当参加本案诉讼的当事人银某国际资产管理有限公司未参加诉讼，系遗漏当事人。

【相关规定】

《民法典》第545条、第546条、第548条、第768条；《应收账款管理办法》第34条；2009年《关于审理涉及金融不良债权转让案件工作座谈会纪要》第5条

第五十一条 【债务加入人的追偿权及其他权利】

第三人加入债务并与债务人约定了追偿权，其履行债务后主张向债务人追偿的，人民法院应予支持；没有约定追偿权，第三人依照民法典关于不当得利等的规定，在其已经向债权人履行债务的范围内请求债务人向其履行的，人民法院应予支持，但是第三人知道或者应当知道加入债务会损害债务人利益的除外。

债务人就其对债权人享有的抗辩向加入债务的第三人主张的，人民法院应予支持。

【条文主旨】

本条是关于债务加入人的追偿权及其他权利的规定。

【司法适用】

债务加入为《民法典》新增内容，本条亦为新增加的内容，也是本解释中的重点条文之一。

一、关于债务加入的第三人的追偿权

（一）关于并存的债务承担

并存的债务承担，学理上又称为债务加入，是指原债务人不脱离债务关系，而第三人又加入了债务关系，与债务人共同承担债务。实践中，往往是第三人以担保债

履行为目的加入债务而与原债务人就同一债务负全部清偿责任。① 债务加入或者说并存的债务承担在法律性质上属于法定的连带债务。法定的连带债务,是指"法律明确规定各个债务人应当对某一债务负担连带责任的债务"。②

1. 关于文字表述。根据原债务人是否脱离债务关系,债务承担可以分为:(1) 免责的债务承担;(2) 并存的债务承担。《民法典》第 552 条与本条所指的是"并存的债务承担"。在文字表述上,《民法典》第 552 条与本条均使用了"加入(债务)"的表述,没有继续使用《民法典》第 551 条中的"(债务)转移"的表述。

2. 关于债权人同意与否。关于债务加入是否必须征得债权人同意为条件的问题:

第一,关于加入方式。根据《民法典》第 552 条规定,需要第三人与债务人就债务承担达成合意,可以分为几种方式:(1) 第三人与债务人约定,约定由第三人(加入人)与债务人共同向债权人承担债务,并通知了债权人;(2) 第三人、债务人和债权人共同约定,由第三人(加入人)与债务人共同向债权人承担债务;(3) 第三人与债权人签订债务加入的协议,约定由第三人(加入人)承担或者与债务人共同承担债务;(4) 第三人直接单方向债权人表示加入,约定由第三人(加入人)承担或者债务人共同承担债务。

第二,关于是否征得债权人同意。根据《民法典》第 552 条中的"债权人未在合理期限内明确拒绝的"条件规定,也即债务承担并不需要以债权人的明确同意作为前提条件,"加入意味着原债务人没有从原债中解脱,第三人成为债务关系中的新的一员",③ 在债务加入情形下,原债务人并不能全部或者部分免除承担债务的责任,在此基础上增加一个第三人对债权人履行债务,不仅对债权人没有风险,反而增加了债权实现的安全性。因此,在债务加入的情况下,无须征得债权人同意④。而《民法典》第 551 条规定的债务转移,债务人不论转移的是全部债务,还是部分债务,都必须征得债权人的同意。

关于不需要征得债权人同意的法理依据,主要在于:其一,意思表示。按照意思自治原则,当事人应有权自由约定债务承担的方式,即当事人可以约定,第三人加入债的关系,与债务人共同负担债务。⑤ 其二,法律效果。从法律效果来看,债务加入对

---

① 王家福主编:《民法债权》,中国社会科学出版社 2015 年版,第 94 页。
② 王利明:《债法总则研究》(第二版),中国人民大学出版社 2018 年版,第 791~792 页。
③ 谢鸿飞、朱广新主编:《民法典评注:合同编 通则》(第 2 册),中国法制出版社 2020 年版,第 110 页。
④ 最高人民法院民法典贯彻实施工作领导小组主编:《中华人民共和国民法典合同编理解与适用》(一),人民法院出版社 2020 年版,第 581 页。
⑤ 王利明:《合同法研究》卷 2(第 3 版),中国人民大学出版社 2015 年版,第 231 页。

于债权人实现债权更为有利，正常情况下，符合债权人得到债权实现的意思表示，类似《民法典》第697条第2款规定："第三人加入债务的，保证人的保证责任不受影响。"其法理依据是，由于第三人加入债务，原债务人还是债务人，因此，保证人的权益不仅没有受到任何损害，反而因第三人加入，有可能增加债务人履约财产，最终使担保人的责任减轻。即使加入的第三人没有任何财产，也不会给保证人带来不利影响。①

第三，关于"同意"与"未在合理期限内明确拒绝的"。

（1）"同意"与"未在合理期限内明确拒绝"是有区别的。在民法上，将债务的转移区分为免责的债务承担与并存的债务承担，很大程度上，就是在是否需要取得债权人的同意方面不同，因为在免责的债务承担时，有原债务人退出和替换的问题，所以必须以债权人的同意为要件。而在并存债务承担的情况下，不发生原债务人退出的问题，而只是新债务人的加入，且新债务人与原债务人之间对债权人承担连带责任，不会对债权人的利益产生不利影响。所以，并存的债务承担的设立对债权人并无任何不利，在一般情况下，无须经债权人同意。②

（2）关于同意。根据《民法典》第551条规定，债权的同意可以采取明示的方式进行，无论转移的是全部债务，还是部分债务，都需要征得债权人同意，默示的形式原则上不能作为债权人同意的形式。③而第552条中规定的是"未在合理期限内明确拒绝的"，即无须债权人明确同意，但是应当通知债权人，债权人有权在接到通知后的合理期限内对此予以拒绝。④对于债权人的拒绝，必须以明确的方式作出，对于债权人接受利益的，可以通过默示推定，⑤即未在合理期限内明确拒绝的，推定为债权人同意债务加入。

（3）关于"表示"。"第三人向债权人表示愿意加入债务"中的"表示"，构成一个单方允诺。现代民法认可第三人与债权人的承担关系，也可以通过单方行为完成，即第三人向债权人作出承担债务的意图，债权人接受债务人的允诺，不需要进行明确同意的意思表示，只要不拒绝即可，因为在债务加入的情况下，不会损害到债权人的

---

① 最高人民法院民法典贯彻实施工作领导小组主编：《中华人民共和国民法典合同编理解与适用》（二），人民法院出版社2020年版，第1373页。
② 王利明：《合同法研究》卷2（第3版），中国人民大学出版社2015年版，第235页。
③ 最高人民法院民法典贯彻实施工作领导小组主编：《中华人民共和国民法典合同编理解与适用》（一），人民法院出版社2020年版，第579~580页。
④ 王利明主编：《中国民法典释评》（合同编·通则），中国人民大学出版社2020年版，第422页。
⑤ 江必新、夏道虎主编：《中华人民共和国民法典重点条文实务详解》（上），人民法院出版社2020年版，第318页。

利益，也不会改变债务人的地位。①

（4）关于债权人有权拒绝。根据意思自治原则，任何人均有权拒绝获利，且债务加入也可能会增加债权人的不便，因此，债权人有权在合理期限内对此予以明确拒绝。②债权人明确拒绝第三人履行的，债权人有权要求债务人继续履行合同义务，债务人不履行合同义务或者迟延履行的，应当承担相应的法律责任。

第四，关于"合理期限"。关于《民法典》第552条所规定的"合理期限"标准，法律没有明文规定。需要根据不同类型的合同，结合立法本意作出判断。

（二）关于债务人与第三人的连带责任

根据《民法典》第178条第3款规定，"连带责任，由法律规定或者当事人约定"，结合《民法典》第552条规定的"承担连带债务"，因此，原债务人与承担人之间的法律关系为连带债务；而并非像早期观点认为的"不真正连带债务关系"或"单纯的不真正连带债务关系"。③

并存的债务承担，债务人与第三人之间成立连带关系，他们共为连带债务人。《民法典》第552条规定，"债权人可以请求第三人在其愿意承担的债务范围内和债务人承担连带债务"。明确了债务人与第三人为连带债务的关系，也即，构成债务加入后，除另有约定外，第三人和债务人负有同一内容的债务，但债务人并不因此而免责，而是与第三人一起对债权人负有连带债务，当然，连带债务的范围应当限制在第三人愿意承担的债务范围内。④

（三）关于加入债务的第三人对债务人的追偿权

连带责任，是指依照法律的直接规定或者当事人的约定，两个以上的责任主体向权利人连带承担全部赔偿责任，权利人有权要求连带责任人中的一人或数人承担全部责任，而一人或数人在承担全部赔偿责任后，将免除其他责任人的赔偿责任的民事责任形态。⑤依债务人与第三人为连带债务关系的立场，"本法关于连带债务的规定应当在债务加入中被适用"。⑥

关于追偿权。债务的消灭系由第三人的清偿或其他方式（如抵销）引起时，则在

---

① 谢鸿飞、朱广新主编：《民法典评注：合同编 通则》（第1册），中国法制出版社2020年版，第112页。
② 黄薇主编：《中华人民共和国民法典合同编释义》，法律出版社2020年版，第203页。
③ ［日］我妻荣：《新订债权总论》，王燚译，中国法制出版社2008年版，第509页。
④ 黄薇主编：《中华人民共和国民法典合同编释义》，法律出版社2020年版，第203页。
⑤ 最高人民法院民法典贯彻实施工作领导小组主编：《中华人民共和国民法典总则编理解与适用》（下），人民法院出版社2020年版，第887~888页。
⑥ 黄薇主编：《中华人民共和国民法典合同编释义》，法律出版社2020年版，第203页。

第三人与债务人之间发生求偿关系。① 根据《民法典》第519条规定，明确了连带债务人的"追偿"概念，为连带债务人享有的权利准确定性。② 连带债务的追偿权，是指一个连带债务人因履行债务、抵销债务等使连带债务人对债权人的债务在一定范围内消灭的，该连带债务人享有向其他连带债务人追偿的权利。③ 该追偿权的功能，旨在实现"公平"，即防止部分债务人"不幸"被债权人选中而过多地承担债务，而其他债务人因未被债权人主张债权而逃脱责任。④ 根据《民法典》第178条、第519条⑤、第520条⑥规定，连带债务人实际承担的债务超过自己的债务份额，才能向其他连带债务人行使追偿权，并且行使追偿权的范围限于实际承担债务超过自己份额的部分。连带债务追偿权的实现要件，主要包括：（1）向债权人承担了债务；（2）超出其份额承担了债务；（3）追偿对象未向债权人承担自己份额的债务。⑦ 因此，加入债务的第三人依据《民法典》第552条规定向债权人履行债务后，请求按照其与债务人的约定向债务人追偿的，人民法院应依法予以支持。

二、关于对加入债务的第三人履行债务没有约定的

根据加入债务的第三人与债务人为连带债务的基本原理，负有连带义务的每个债务人，都负有清偿全部债务的义务，履行了义务的人，有权要求其他负有连带债务的人偿付他应当承担的份额。⑧ 结合《民法典》第178条第2款规定："连带责任人的责任份额根据各自责任大小确定；难以确定责任大小的，平均承担责任。实际承担责任

---

① 王家福主编：《民法债权》，中国社会科学出版社2015年版，第94~95页。

② 最高人民法院民法典贯彻实施工作领导小组编著：《中国民法典适用大全》（合同卷一），人民法院出版社2022年版，第517页。

③ 黄薇主编：《中华人民共和国民法典合同编释义》，法律出版社2020年版，第126页。

④ 谢鸿飞、朱广新主编：《民法典评注：合同编 通则》（第1册），中国法制出版社2020年版，第435页。

⑤ 《民法典》第519条规定："连带债务人之间的份额难以确定的，视为份额相同。实际承担债务超过自己份额的连带债务人，有权就超出部分在其他连带债务人未履行的份额范围内向其追偿，并相应地享有债权人的权利，但是不得损害债权人的利益。其他连带债务人对债权人的抗辩，可以向该债务人主张。被追偿的连带债务人不能履行其应分担份额的，其他连带债务人应当在相应范围内按比例分担。"

⑥ 《民法典》第520条规定："部分连带债务人履行、抵销债务或者提存标的物的，其他债务人对债权人的债务在相应范围内消灭；该债务人可以依据前条规定向其他债务人追偿。部分连带债务人的债务被债权人免除的，在该连带债务人应当承担的份额范围内，其他债务人对债权人的债务消灭。部分连带债务人的债务与债权人的债权同归于一人的，在扣除该债务人应当承担的份额后，债权人对其他债务人的债权继续存在。债权人对部分连带债务人的给付受领迟延的，对其他连带债务人发生效力。"

⑦ 谢鸿飞、朱广新主编：《民法典评注：合同编 通则》（第1册），中国法制出版社2020年版，第437~438页。

⑧ 韩世远：《合同法总论》（第四版），法律出版社2018年版，第636页。

超过自己责任份额的连带责任人,有权向其他连带责任人追偿。"

其中,关于确定"实际承担责任超过自己责任份额"的规定,立法机关采纳了在《民法典》立法过程中,有关"应当依法分担责任或者承担连带责任"不明晰、需要具体化的建议;有关将"分担责任"修改为"承担按份责任"的建议;有关进一步规定按份责任和连带责任的含义的建议①。根据《民法典》第178条"超过自己责任份额的连带责任人,有权向其他连带责任人追偿"及《民法典》第519条第2款"实际承担债务超过自己份额的连带债务人,有权就超出部分在其他连带债务人未履行的份额范围内向其追偿,并相应地享有债权人的权利,但是不得损害债权人的利益。其他连带债务人对债权人的抗辩,可以向该债务人主张"的规定,在一个或者数个连带责任人清偿了全部责任后,实际承担责任的人有权向其他连带责任人清偿。

当然,"行使追偿权的前提是连带责任人实际承担了超出自己责任的份额,没有超出自己责任的份额,不得行使追偿权"②和《民法典》第520条第1款规定:"部分连带债务人履行、抵销债务或者提存标的物的,其他债务人对债权人的债务在相应范围内消灭;该债务人可以依据前条规定向其他债务人追偿。"因此,基于上述原理,加入债务的第三人依据《民法典》第552条规定向债权人履行债务后:(1)加入债务的第三人与债务人有追偿的,按照约定处理;(2)没有约定追偿的,第三人在履行债务的范围内请求债务人返还所获利益的,人民法院依法予以支持。

与此同时,根据《民法典》第519条第2款规定:"实际承担债务超过自己份额的连带债务人,有权就超出部分在其他连带债务人未履行的份额范围内向其追偿,并相应地享有债权人的权利,但是不得损害债权人的利益。其他连带债务人对债权人的抗辩,可以向该债务人主张。"本条的适用前提条件是,加入债务的第三人为善意加入,如果是恶意加入,知道或者应当知道加入债务会损害债务人利益的,加入债务的第三人主张追偿的,不予支持。

三、债务人向债务加入的第三人主张抗辩的

(一)关于加入债务人第三人的抗辩权

根据《民法典》第552条规定的债务加入制度的基本原理,《民法典》第553条③

---

① 杜涛主编:《民法总则的诞生》,北京大学出版社2017年版,第181页。
② 黄薇主编:《中华人民共和国民法典合同编释义》,法律出版社2020年版,第468页。
③ 《民法典》第553条规定:"债务人转移债务的,新债务人可以主张原债务人对债权人的抗辩;原债务人对债权人享有债权的,新债务人不得向债权人主张抵销。"

关于债务转移中新债务人抗辩和抵偿的规定，以及《民法典》第554条①关于债务转移中新债务人承担从债务的规定，"债务加入中，也应当适用"。② 关于并存的债务承担人对债权人享有怎样的抗辩权问题，基于"同一理论"，可以原债务人基于该债务关系所具有的抗辩权主张，这是因为，承担人所负担之债务与原债务人所负债务为同一债务③。

（二）关于对债务加入第三人的抗辩

1. 关于"享有债权人的权利"。根据《民法典》第519条第2款规定，"实际承担债务超过自己份额的连带债务人，有权就超出部分在其他连带债务人未履行的份额范围内向其追偿，并相应地享有债权人的权利"，我国《民法典》赋予了行使追偿权的连带债务人"债权人"的权利，即连带债务人有权就超过部分在其他连带债务人未履行的份额范围内向其追偿，并"相应地"享有债权人权利。关于"相应地"享有债权人的权利，主要包括以下几个方面的内容：

（1）在法律性质上，不属于债权的法定移转。主要理由是，连带债务人求偿权的主要功能是解决连带债务人之间的内部关系，同时确定各个连带债务人的内部分担数额，从而实现债务人之间债务的公平分担，如果某一连带债务人承担了其不应承担的债务份额，显然有失公平，其应当有权向其他债务人求偿；这种求偿权的产生是基于法律的规定，而非债权移转的结果。④

（2）在债权方面，并不使债权人的其他债务人的债权消灭。

（3）关于权利范围。"相应"的含义，并非债权人的债权全部转移给追偿权人。一方面，追偿权人只能就其实际承担的债务主张其应当承担的份额的部分行使；另一方面，针对特定的债务人，由于追偿权所对应的都是按份债务，追偿权人也只能在各债务人主张的份额内分别行使，而不能以"相应地享有债权人的权利"为由，主张各债务人就其追偿权承担连带债务。⑤

（4）关于附属权利。相应地享有债权人对其他连带债务人债权上的担保权；即在第三人对某一债务承担担保责任的情况下，追偿权人只能就该债务人承担的份额主张担保责任。

---

① 《民法典》第554条规定："债务人转移债务的，新债务人应当承担与主债务有关的从债务，但是该从债务专属于原债务人自身的除外。"
② 黄薇主编：《中华人民共和国民法典合同编释义》，法律出版社2020年版，第204页。
③ [日] 我妻荣：《新订债权总论》，王燚译，中国法制出版社2008年版，第509页。
④ 王利明：《债法总则研究》，中国人民大学出版社2015年版，第199页。
⑤ 王利明主编：《中国民法典释评》（合同编·通则），中国人民大学出版社2020年版，第279页。

（5）关于诉讼时效。"其诉讼时效自该连带债务人超额履行债务并知道追偿对象时开始计算"。①

2. 关于对连带债务人的抗辩。根据《民法典》第519条第2款规定："实际承担债务超过自己份额的连带债务人，有权就超出部分在其他连带债务人未履行的份额范围内向其追偿，并相应地享有债权人的权利，但是不得损害债权人的利益。其他连带债务人对债权人的抗辩，可以向该债务人主张。"行使追偿权的连带债务人享有债权人的权利。"为了平衡享有追偿权的连带债务人与其他连带债务人之间的利益"，该条规定其他连带债务人对债权人的抗辩，可以向该债务人主张。"比如，（1）其他连带债务人对债权人的债权数额有异议的，本可以向债权人提出抗辩的，现就可以向享有追偿权的连带债务人提出抗辩；再如，（2）实际承担债务的连带债务人甲向其他连带债务人乙追偿，并行使债权人对连带债务人乙所享有的抵押权时，为债权人设定抵押权的连带债务人乙认为抵押权未依法成立、已经变更或者消灭的，本可以向债权人提出抗辩，现就可以向进行追偿的连带债务人甲主张。"② 因此，基于上述原理，本条规定，债务人就其对债权人享有的抗辩向加入债务的第三人主张的，人民法院依法予以支持。

【法律适用分歧】

一、无充分证据证明同意债务转移的，一般应认定为债务加入

合同外的第三人向合同中的债权人承诺承担债务人义务的，如果没有充分的证据证明债权人同意债务转移给该第三人或者债务人退出合同关系，不宜轻易认定构成债务转移，一般应认定为债务加入。第三人向债权人表明债务加入的意思后，即使债权人未明确表示同意，但只要其未明确表示反对或未以行为表示反对，仍应当认定为债务加入成立，债权人可以依照债务加入关系向该第三人主张权利。③

二、债权人以第三人为被告，并以第三人构成债务承担为诉请承担债务的行为，应当认定第三人构成债务加入

第三人在给债权人的书面材料中表示其认可债务人的债务，并制订了还款计划。由上可见，第三人有承担债务人所涉债务的意思表示。债权人虽未明确对第三人所作

---

① 谢鸿飞、朱广新主编：《民法典评注：合同编 通则》（第1册），中国法制出版社2020年版，第444页。

② 最高人民法院民法典贯彻实施工作领导小组编著：《中国民法典适用大全》（合同卷一），人民法院出版社2022年版，第519~520页。

③ 《最高人民法院公报》2012年第5期案例：《广东达宝物业管理有限公司与广东中岱企业集团有限公司、广东中岱电讯产业有限公司、广州市中珊实业有限公司股权转让合作纠纷案》，最高人民法院（2010）民提字第153号民事判决书。

出的债务承担的意思表示进行承诺，但其在一审期间，以第三人作为被告，并以其构成债务承担为由诉请其承担本案债务的行为表明，其对第三人债务承担的意思表示予以接受，故应认定当事人双方对债务承担达成合意。由于第三人与债权人并未表示第三人承担债务后债务人退出债权债务关系，故该债务承担应为债务人加入。①

三、关于"债务加入"与"保证"的判断标准

债务加入与保证在从属性、保证期间、追偿和分类等方面均存在不同。在审判实践中，如何具体判断是属于"债务加入"还是"保证"，可以考虑以下几个方面：

1. 从文义上判断。债务加入较保证属于更为严厉的责任形式，因此，债务加入要有明确的意思表示，出具的承诺文件叫"债务加入函"或在函件中有"债务加入"字样的，一般可以认定为债务加入。载明"共同承担责任""承担连带责任"字样的，需要具体分析，不能一概而论。

2. 从独立责任判断。在债务加入的场合，自加入之日起，加入债务的第三人承担的就是独立的债务，行为人承担的责任在范围（是否包括违约金、损害赔偿金等附属债权）和数额上与债务人不一致的，往往属于债务加入；而在保证场合，基于从属性原理，保证人承担的责任范围一般与主债务相同。

3. 从直接利益判断。要看行为人是否对原债权债务关系具有直接利益来区分债务加入与保证。

4. 从追偿权判断。在作出初步判断后，还要从行为人是否享有追偿权、是否受保证期间制度保护等方面对初步结论进行验证，看是否符合保证或债务加入的特征。

5. 从推定规则判断。运用前述方法仍难以认定债务加入和保证，在相当长的一段时间内，为优先保护债权人利益，秉持的是"存疑推定为债务加入"规则，但随着《民法典》在担保问题上从优先保护债权人利益逐渐转向更加注重保护担保人利益，在法律解释上自然要倾向于、作有利于行为人的解释。可见，在《民法典》背景下，前述推定规则不再有适用的余地，故《民法典担保制度司法解释》第36条第3款规定一改此前做法，改采"存疑推定为保证"规则。②

四、债务加入（并存的债务承担）与第三人代位清偿的区别

并存的债务承担与第三人代位清偿存在制度上和适用上的差异，主要表现在：

1. 法律地位不同。并存的债务承担中，债务人将部分债务转移给加入人后，债务

---

① 参见《甲贸易总公司与乙汽车工业贸易集团股份有限公司拖欠货款纠纷案》，最高人民法院（2009）民二终字第18号民事裁定书。

② 麻锦亮编著：《民法典担保注释书》，中国民主法制出版社2023年版，第39~40页。

人并不退出其与债权人之间的债的关系;第三人清偿中,第三人的身份并不是"债务人",而是与债务清偿存在利害关系的人(合伙人、担保人等)。

2. 法律后果不同。并存的债务承担下,加入人(第三人)与原债务人之间的关系,按照他们之间的法律关系处理;第三人代位清偿下,发生法定的债权转移。

3. 债权人的请求对象不同。并存的债务承担下,债权人可以直接向第三人请求履行;第三人代位清偿下,债权人并不享有请求第三人履行债务的权利。

4. 责任承担不同。并存的债务承担下,第三人与债务人共同向债权人承担违约责任;第三人代位清偿下,债务人无权要求第三人承担违约责任。①

【典型案例】

一、裁判规则:第三人向债权人提供的承诺文件,具有加入债务或者与债务人共同承担债务等意思表示的,人民法院应当认定为《民法典》第552条规定的债务加入

【法院】

北京市高级人民法院

【案号】

(2021)京民终851号

【当事人】

上诉人(原审被告):兴仁县国某煤矿(以下简称国某煤矿)

被上诉人(原审原告):甲重机集团股份有限公司(以下简称甲公司)

【案由】

追偿权纠纷

【裁判观点】

债务加入是指第三人与债务人约定加入债务并通知债权人,或者第三人向债权人表示愿意加入债务,债权人未在合理期限内明确拒绝的,债权人可以请求第三人在其愿意承担的债务范围内和债务人承担连带债务。根据《民法典担保制度司法解释》第36条规定,据此,久某公司的承诺应属于债务加入行为,而非保证担保,其应作为共同债务人承担国某煤矿承租债务的连带责任,甲公司有权对久某公司主张追偿权。

---

① 王利明:《合同法研究》卷2(第3版),中国人民大学出版社2003年版,第227页。

二、裁判规则：保证人承担保证责任后，有权向债务人追偿。在当事人意思表示不明时，应斟酌具体情况综合判断，如主要为原债务人的利益而为承担行为，可以认定为保证，承担人有直接和实际的利益时，可以认定为债务加入

【法院】

最高人民法院

【案号】

（2018）最高法民终867号

【当事人】

上诉人（原审被告）：某城建公司

被上诉人（原审原告）：安某信托股份有限公司

【案由】

营业信托纠纷

【裁判观点】

根据《担保法》第6条规定，在当事人意思表示不明时，应斟酌具体情况综合判断，如主要为原债务人的利益而为承担行为，可以认定为保证，承担人有直接和实际的利益时，可以认定为债务加入。本案中，鉴于某城建公司基于何种目的负担回购义务、是否具有实际利益，其是否向河南某城建公司享有求偿权及求偿范围如何，均不甚清晰，难以径直认定成立连带保证责任。综上，综合判断《承诺函》的出具过程及约定内容，认定某城建公司构成债务加入更为适宜。

【相关规定】

《民法典》第307条、第518条、第519条、第520条、第552条、第553条；《民法典担保制度司法解释》第12条、第36条；《九民会议纪要》第23条、第91条

七、合同的权利义务终止

根据《民法典》合同编中的第一分编"通则"下的第七章"合同的权利义务终止"部分（第557条至第576条），本《通则司法解释》关于"七、合同的权利义务终止"部分，共有7条规定，分别是：

1. 第五十二条："协商解除的法律适用。"本条是关于如何认定协商解除的法律适用问题，涉及的基础理论主要包括协商解除制度、法定解除等。

2. 第五十三条："通知解除合同的审查。"本条是关于如何认定通知解除合同的审查问题，涉及的基础理论主要包括合同解除的异议期、形成权理论等。

3. 第五十四条："撤诉后再次起诉解除时合同解除时间的认定。"本条是关于如何认定一方当事人在撤诉后再次起诉解除时合同解除时间认定的问题，涉及的基础理论主要包括形式之诉等。

4. 第五十五条："抵销权行使的效力。"本条是关于如何认定抵销权行使的效力的规定，涉及的基础理论主要包括抵销理论、溯及力理论等。

5. 第五十六条："抵销参照适用抵充规则。"本条是关于如何认定抵销参照适用抵充规则的规定，涉及的基础理论主要包括清偿抵充制度等。

6. 第五十七条："侵权行为不得主张抵销的情形。"本条是关于如何认定债权之债是否适用抵销的规定，涉及的基础理论主要包括侵权行为之债、人身损害理论等。

7. 第五十八条："已过诉讼时效债权的抵销。"本条是关于如何认定已过诉讼时效的抵销的规定，涉及的基础理论主要包括诉讼时效理论、主动债权、被动债权等。

> **第五十二条　【协商解除的法律适用】**
>
> 当事人就解除合同协商一致时未对合同解除后的违约责任、结算和清理等问题作出处理，一方主张合同已经解除的，人民法院应予支持。但是，当事人另有约定的除外。
>
> 有下列情形之一的，除当事人一方另有意思表示外，人民法院可以认定合同解除：
>
> （一）当事人一方主张行使法律规定或者合同约定的解除权，经审理认为不符合解除权行使条件但是对方同意解除；
>
> （二）双方当事人均不符合解除权行使的条件但是均主张解除合同。
>
> 前两款情形下的违约责任、结算和清理等问题，人民法院应当依据民法典第五百六十六条、第五百六十七条和有关违约责任的规定处理。

【条文主旨】

本条是关于协商解除的法律适用的规定。

【司法适用】

一、关于协商解除

（一）关于合同的法律约束力

协商解除，又称事后协商解除，是指合同产生法律约束力后，当事人以解除合同为目的，经协商一致，订立一个解除原来合同的协议。[1] 或者说，合同成立以后，在未履行或未完全履行之前，当事人双方协议解除合同，使合同效力消灭的行为。[2] 其一，根据合同严守原则，合同作为双方当事人意思自治的产物，双方均需严格按照合同履行各自的义务，进而实现合同目的，故不得随意改变、解除或废除。根据《民法典》第465条规定，对依法成立之合同，缔约双方应按照约定履行各自义务，不得擅自变更或解除合同。即当事人必须尊重该合同，并通过自己的行为全面履行合同所设定的义

---

[1] 黄薇主编：《中华人民共和国民法典释义》（中），法律出版社2020年版，第1072页。
[2] 王利明：《合同法研究》卷2（第3版），中国人民大学出版社2015年版，第328页。

务。根据《民法典》第509条的规定，这时的法律约束力对当事人来说，"既包括全面积极地履行合同所设定的义务，也包括不擅自解除或者变更合同的不作为义务"。其二，当事人一方不履行合同或者履行合同义务不符合约定的，根据《民法典》第577条的相关规定，对方当事人有权请求其承担继续履行、采取补救措施或者赔偿损失等违约责任。除非当事人另有约定或者法律另有规定，不允许任何一方当事人擅自解除或者变更合同。其三，作为"契约必须严守"的例外，在合同履行过程中主观或客观情形发生意想不到的变化时，如果继续遵循严守合同则很可能导致违背意思自治与合同自由理论，背离市场和价值规律。因此，允许有合同解除制度作为例外，合同解除规则的主要条件：一是原则上只能是对严守方的救济；二是符合法律规定的合同解除条件或原因；三是必须严格按照法定方式进行；四是遵循法定的合同解除后果。

（二）协商解除的方式

解除权是形成权，解除通知到达时即解除。由于协议解除合同，必须通过双方的协商一致，才能发生合同解除的效力，并不因一方通知解除而当然发生合同解除的效力，因此，从严格意义上来讲，协议解除的合同解除权仅限于单方解除。[①]

关于协议解除的法理依据。合同解除的效力应尊重当事人意志。在当事人有约定的情况下，只要这种约定没有损害国家利益和社会公共利益，就应尊重当事人的这种约定。[②] 在协商解除中，最为重要的是当事人具有解除的明确意思表示，如果双方都明确同意解除，即使双方未就协商解除后的法律后果作出约定，只要双方解除合同的意思表示是明确一致的，一般也可以认为构成协商解除，除非协商解除的意思表示以解除后果形成一致意思为前提。[③]

二、合同的权利义务关系终止，不影响合同中结算和清理条款的效力

（一）协商解除的程序

协商解除，无须履行通知程序。因合同解除系以合同的形式进行，因而同样需要具备合同的生效要件，如意思表示真实，不违反法律、行政法规的强制性规定以及不违背公序良俗等。[④] 在合同履行过程中，违约方的违约行为并不构成根本性违约，合同没有达到实质性违约的程度，但双方一致同意解除合同的，可予以支持。

[①] 参见江必新、何东宁等：《最高人民法院指导性案例裁判规则理解与适用》（合同卷一）（第二版），中国法制出版社2018年版，第359页。
[②] 王利明：《合同法研究》卷2（第3版），中国人民大学出版社2015年版，第319页。
[③] 黄薇主编：《中华人民共和国民法典释义》（中），法律出版社2020年版，第1073页。
[④] 最高人民法院民法典贯彻实施工作领导小组主编：《中华人民共和国民法典合同编理解与适用》（一），人民法院出版社2020年版，第632页。

(二) 关于是否以"对合同解除后的违约责任、结算和清理等问题"作为前提条件

关于是否以"对合同解除后的违约责任、结算和清理等问题"作为前提条件，存在不同的观点。观点一认为，只要双方有协商同意解除合同这个想法或意愿的，即使双方没有就"对合同解除后的违约责任、结算和清理等问题"作出约定，也可以协商解除。观点二认为，除双方之间存在协商同意解除合同这个意愿和想法外，还必须附加上"对合同解除后的违约责任、结算和清理等问题"，解除想法加上法律后果处理"一揽子"都协商好了，才可以构成"协商解除"。

事实上，从合同解除制度本身的设计理念上来说，观点一更符合司法规律。其一，在协商解除中，最为重要的是当事人具有解除的明确意思表示，如果双方都明确同意解除，即使双方未就协商解除后的法律后果作出约定，只要双方解除合同的意思表示是明确形成一致的，一般也可以认为构成协商解除，除非协商解除的意思表示是以解除后果形成一致意见为前提。①

其二，未约定合同解除后的赔偿损失等问题的，不能当然视为当事人放弃对赔偿损失主张权利。双方在达成解除合同的合意时，没有就各自或一方的赔偿问题作为索赔主张，也不宜认为当事人事后向法院或仲裁机构提出的索赔主张，一概不应得到支持。② 即使双方当事人"对合同解除后的违约责任、结算和清理等问题"未作出约定或处理的，只要双方对解除合同约定一致的，解除亦可成立。

其三，根据《民法典》第567条规定，合同的权利义务终止，不影响合同中结算和清理条款的效力。合同中约定了合同解除或终止后的结算条款，在合同解除后仍然有效，应作为赔偿金计算依据。

其四，合同因违约解除的，无论是守约方行使约定解除权或法定解除权解除合同，还是双方合意解除合同，除当事人另有约定外，合同中关于违约责任的约定并不因合同解除而失效。守约方可以根据合同约定的违约责任条款要求对方承担违约责任。如此不仅可以体现当事人意志，而且能减轻诉累，节约司法资源。

三、关于不符合合同解除条件，但当事人同意的处理

(一) 关于可以解除

在协商解除中，最为重要的是当事人具有解除的明确意思表示，如果双方都明确同意解除，即使双方未就协商解除后的法律后果作出约定，只要双方解除合同的意思

---

① 黄薇主编：《中华人民共和国民法典释义》（中），法律出版社2020年版，第1073页。
② 最高人民法院民法典贯彻实施工作领导小组主编：《中华人民共和国民法典合同编理解与适用》（一），人民法院出版社2020年版，第633页。

是明确一致的，一般也认为可以构成协商解除，除非协商解除的意思表示以解除后果形成一致意见为前提。① 因此，当事人一方主张行使法律规定或者合同约定的解除权，经审理认为不符合解除权行使条件，但是其仍然主张解除合同，对方也同意的，除当事人一方另有意思表示外，人民法院可以认定合同解除：（1）当事人一方主张行使法律规定或者合同约定的解除权，经审理认为不符合解除权行使条件但是对方同意解除；（2）双方当事人均不符合解除权行使的条件但是均主张解除合同。

（二）关于"当事人一方另有意思表示外"

根据自愿原则，当事人在法律规定的范围内享有自愿解除合同的权利。根据自愿原则，当事人约定解除合同的情形包括两种情况：一是协商解除；二是约定解除。反过来，如果当事人不自愿、不同意解除的，则不能适用约定解除。因此，如果当事人一方有明确的意思表示，不自愿、不同意或在之前已明确约定在"不符合解除权行使条件"下排除适用合同解除的，则应当尊重当事人的自愿和意思表示。

【法律适用分歧】

一、当事人能否在合同中约定享有任意解除权

当事人在合同中约定一方或双方享有任意解除权，对此类约定应否加以限制，存在不同的理解。一般认为，除委托合同等基于人身信赖关系订立的合同，当事人可以约定任意解除权外，其他类型的合同中，原则上不应允许当事人作出此类约定，否则，既容易造成社会资源的浪费，也不符合当事人缔约的真实目的。

二、发包人是否享有解除建设工程施工合同的权利问题

不宜认定发包人享有建设工程施工合同的任意解除权。其主要理由有：

第一，从体系解除上来看，《民法典》第 808 条规定："本章没有规定的，适用承揽合同的有关规定。"《民法典》合同编第十八章已经就发包人在何种情况下享有解除权作了规定，故关于发包人的解除权问题应当适用《民法典》合同编第十八章的规定。

第二，从立法目的上来看，《民法典》第 787 条规定定作人在承揽人完成工作前可以随时解除合同，主要目的是减少损失、防止浪费。承揽合同约定的定作物是为满足定作人的特定需求，如果由于情况变化定作人不再需要定作物，就没有必要继续制作定作物，及时解除合同有利于减少当事人损失，避免更大的浪费。但建设工程施工合同并不存在这一情况。实践中，签订建设工程施工合同后，发包人不需要再建设合同约定工程的情况十分少见。如果由于规划变化等原因导致建设工程没有继续施工必要

---

① 黄薇主编：《中华人民共和国民法典释义》（中），法律出版社 2020 年版，第 1073 页。

的，发包人可通过情势变更原则行使合同解除权。相反，承包人准备施工、进场和退场都会带来高昂的成本。如果允许发包人随时解除合同，反而会造成更大的损失，与定作人任意解除合同制度的立法目的正好相悖。①

【典型案例】

一、裁判规则：双方诉讼请求及反诉请求均不涉及解除合同，审理过程中双方当事人均表示同意解除的，可依法予以确认

【法院】

最高人民法院

【案号】

（2020）最高法民申6720号

【当事人】

再审申请人（一审被告、反诉原告、二审上诉人）：四川宜宾长某运业有限责任公司（以下简称长某公司）

被申请人（一审原告、反诉被告、二审被上诉人）：四川省天某置业有限责任公司（以下简称天某公司）

【案由】

国有土地使用权转让纠纷

【裁判观点】

关于合同解除的相关问题②。审理过程中双方当事人均表示同意解除《联合开发住

---

① 最高人民法院民事审判第一庭编：《民事审判指导与参考》（总第87辑），人民法院出版社2022年版，第254页。

② 二审法院认为："关于案涉合同解除的原因问题。长某公司认为，本案合同解除系因为天某公司资金不足、迟延履行合同义务，导致合同目的不能实现，长某公司系合法行使法定解除权。本院认为长某公司的该项主张不能成立。首先，天某公司已按照合同约定足额缴纳了600万元保证金，并在合同签订后签订了《建设工程设计合同》，且在后续的补充协议中载明，因项目用地问题设计工作停止，该事实与2012年案涉土地取得国有土地使用权证相吻合，而不能及时交付土地权证的原因系案涉土地被查封。2013年8月22日，三江口区域因整体打造进行城市设计及控规修编，案涉项目不能办理相关项目建设的审批手续，直到2015年1月10日以后。故，天某公司迟延开展项目建设工作的原因系长某公司未能及时交付土地权证以及政府对案涉土地区域进行控规修编等，并非天某公司的原因。其次，在2015年1月以后，为履行合同，天某公司取得《企业投资项目备案通知书》《建设工程规划许可证》《建设用地规划许可证》《防雷装置设计核准意见书》《防空地下室易地建设许可证》，办理《建设工程施工许可证》所需的人防费、白蚁防治费等，并于2015年11月建成项目售楼部。以上事实均能证明天某公司在积极履行其义务，并无违约的行为。至于合同解除的原因，系因长某公司在天某公司拒绝其超出约定范围的要求后，在天某公司并无违约情况下发出《解除合同通知书》，正式解除与天某公司的合作关系，该单方解除合同的行为构成违约。"参见四川省高级人民法院（2020）川民终344号民事判决书。

房兼商业房合同书》,一审法院就此已依法予以确认。

二、裁判规则:合同的权利义务终止,不影响合同中结算和清理条款的效力

【法院】

最高人民法院

【案号】

(2020)最高法知民终300号

【当事人】

上诉人(原审原告、原审反诉被告):北京市建某新建材开发中心(以下简称建某开发中心)

被上诉人(原审被告、原审反诉原告):重庆泓某建材有限公司(以下简称泓某公司)

【案由】

技术合同纠纷

【裁判观点】

《合同法》第98条规定:"合同的权利义务终止,不影响合同中结算和清理条款的效力。"当事人一方在合同履行过程中,不履行合同义务或者履行合同义务不符合约定的,应当承担违约责任,包括赔偿损失等。即使此后合同因某种原因而终止,违约方也并不因此而被免除其违约责任,合同相对方仍然有权依照合同中有关结算和清理条款的约定主张违约赔偿。涉案合同虽被判令解除,但并不影响建某开发中心、于某安、闫某华基于涉案合同关于泓某公司违约责任的约定向其主张违约金。

【相关规定】

《民法典》第557条第2款、第562条、第565条、第566条、第567条、第577条、第585条;《买卖合同司法解释》第20条;《九民会议纪要》第36条、第49条;2009年《民商事合同指导意见》第8条

第五十三条 【通知解除合同的审查】

当事人一方以通知方式解除合同,并以对方未在约定的异议期限或者其他合理期限内提出异议为由主张合同已经解除的,人民法院应当对其是否享有法律规定或者合同约定的解除权进行审查。经审查,享有解除权的,合同自通知到达对方时解除;不享有解除权的,不发生合同解除的效力。

【条文主旨】

本条是关于通知解除合同的审查的规定。

【司法适用】

本条规定参考借鉴《九民会议纪要》第 46 条规定。

一、关于当事人享有的解除权

关于审慎适用合同解除。《九民会议纪要》指出,"要根据诚实信用原则,合理解释合同条款、确定履行内容,合理确定当事人的权利义务关系,审慎适用合同解除制度,依法调整过高的违约金,强化对守约者诚信行为的保护力度,提高违法违约成本,促进诚信社会构建"。

(一) 前提条件:必须具备法定的解除条件

解除权的性质属于形成性。只有享有解除权的人发出的解除通知,才能产生合同解除的后果。《九民会议纪要》第 42 条规定,"合同解除、违约责任都是非违约方寻求救济的主要方式,人民法院在认定合同应否解除时,要根据当事人有无解除权、是约定解除还是法定解除等不同情形,分别予以处理"。第 46 条规定:"审判实践中,部分人民法院对合同法司法解释(二)第 24 条的理解存在偏差,认为不论发出解除通知的一方有无解除权,只要另一方未在异议期限内以起诉方式提出异议,就判令解除合同,这不符合合同法关于合同解除权行使的有关规定。对该条的准确理解是,只有享有法定或者约定解除权的当事人才能以通知方式解除合同。不享有解除权的一方向另一方发出解除通知,另一方即便未在异议期限内提起诉讼,也不发生合同解除的效果。人民法院在审理案件时,应当审查发出解除通知的一方是否享有约定或者法定的解除权来决定合同应否解除,不能仅以受通知一方在约定或者法定的异议期限届满内未起诉这一事实就认定合同已经解除。"

《民法典》第 562 条第 2 款和第 563 条分别对约定解除权和法定解除权作出规定,根据上述规定,只有当事人在实体上享有解除权,具备合同解除的条件时,才享有解除权,而不必经对方同意,只需要对方作出解除合同的意思表示。需要重点强调的是:"不具备上述条件,当事人即不享有解除权,自然不能行使解除权而单方解除合同,即使解除通知到达对方,对方未提出异议,也不发生合同解除的效果。"[①]《最高人民法院研究室对〈关于适用《中华人民共和国合同法》若干问题的解释(二)〉第 24 条理解与适用的请示的答复》(法研〔2013〕79 号)规定:"当事人根据合同法第九十六条

---

① 黄薇主编:《中华人民共和国民法典释义》(中),法律出版社 2020 年版,第 1085 页。

的规定通知对方要求解除合同的,必须具备合同法第九十三条①或者第九十四条②规定的条件,才能发生解除合同的法律效力。"因此,当事人一方通知对方解除合同的,如果不具备《民法典》第562条或第563条规定的解除合同条件的,该通知不发生解除合同的法律效力。即合同一方当事人以通知形式行使合同解除权的,须以享有法定或者约定解除权为前提。不享有解除权的一方向另一方发出解除通知,另一方即便未在合理期限内提出异议,也不发生合同解除的效力。③

(二)关于"不能实现合同目的"是法定解除的实质性条件

法定解除,是指合同生效后未履行或者未履行完毕前,当事人在法律规定的解除事由出现时,通过行使解除权而使合同关系归于消灭。从形式上,法定解除的事由由法律直接规定,只要发生法律规定的具体情形,当事人即可主张解除合同,而无须征得对方当事人同意。法定解除赋予当事人单方消灭合同的权利,故需由法律明确规定解除的正当化事由以示尊重。当法定事由发生时,当事人一方即可行使解除合同的权利。原《合同法》第94条吸收两大法系和相关国际条约的立法经验,将"合同目的不达"或"不能实现合同目的"作为允许解除合同的基础,并以"具体列举+概括规定"的立法技术,对合同法定解除的一般事由作出明确规定。《民法典》第563条吸收了原《合同法》第94条规定的立法成果,并在后期基础上予以完善,即增加不定期继续性合同得随时终止作为《民法典》第563条第2款。④

(三)关于依职权审查

关于是否具备合同解除的条件,需要进行职权审查。关于是否需要审查实质性的解除权条件,存在不同观点。有观点认为,请求合同解除的一方当事人向合同相对方送达解除合同通知书后,请求方作为合同一方的当事人是否有解除权,解除合同是否有效,相对方收到解除合同通知书后应在异议期内请求人民法院确认解除合同的效力,但请求方没有提起确认解除合同是否有效的确认之诉,如果人民法院再对解除合同是

---

① 《民法典》第562条规定:"当事人协商一致,可以解除合同。当事人可以约定一方解除合同的事由。解除合同的事由发生时,解除权人可以解除合同。"

② 《民法典》第563条规定:"有下列情形之一的,当事人可以解除合同:(一)因不可抗力致使不能实现合同目的;(二)在履行期限届满前,当事人一方明确表示或者以自己的行为表明不履行主要债务;(三)当事人一方迟延履行主要债务,经催告后在合理期限内仍未履行;(四)当事人一方迟延履行债务或者有其他违约行为致使不能实现合同目的;(五)法律规定的其他情形。以持续履行的债务为内容的不定期合同,当事人可以随时解除合同,但是应当在合理期限之前通知对方。"

③ 参见《最高人民法院发布民法典合同编通则司法解释相关典型案例》,载最高人民法院网站,https://www.court.gov.cn/zixun/xiangqing/419392.html,最后访问时间:2023年12月17日。

④ 最高人民法院民事审判第一庭编:《最高人民法院民事审判第一庭裁判观点》(民事合同卷·上),人民法院出版社2023年版,第19~20页。

否符合法定情形进行实质性审查，将使《民法典》第 565 条的规定形同虚设，导致解除合同的效力长期处于不确定和不稳定状态，这与合同法立法目的相违背。另有观点认为，只有享有法定或约定解除权的当事人才能以通知方式解除合同。

《九民会议纪要》第 46 条规定："审判实践中，部分人民法院对合同法司法解释（二）第 24 条的理解存在偏差，认为不论发出解除通知的一方有无解除权，只要另一方未在异议期限内以起诉方式提出异议，就判令解除合同，这不符合合同法关于合同解除权行使的有关规定。对该条的准确理解是，只有享有法定或者约定解除权的当事人才能以通知方式解除合同。不享有解除权的一方向另一方发出解除通知，另一方即便未在异议期限内提起诉讼，也不发生合同解除的效果。人民法院在审理案件时，应当审查发出解除通知的一方是否享有约定或者法定的解除权来决定合同应否解除，不能仅以受通知一方在约定或者法定的异议期限届满内未起诉这一事实就认定合同已经解除。"

（四）关于不享有解除权的，不予支持

尽管《民法典》第 563 条规定了法定解除的具体情形，《民法典》第 565 条只规定了"应当通知"及以后的法律后果，在法定情形与通知之间出现了一个空档——是否只要具备这些条件的"形式"就可以通知，还是必须具备这些条件的"实质"内容，才可以行使。一般认为，只有具备法定解除条件，或者说，需要对法定条件进行审查后，方可"通知"解除，而如果并不具备法定解除条件的，自己"认为"有解除条件，随意可以"通知"合同相对方解除的，不予支持。

（五）关于"以对方未在约定的异议期限或者其他合理期限内提出异议为由主张合同已经解除的"

审判实践中，许多情况是一方没有合同解除权，认为继续履行合同对自己不利；有的甚至已经违约，为规避违约责任发出解除合同的通知，属于典型的"恶人先告状"。此时，如果法院仅仅以异议期间经过为由就认定合同解除，而不去审查发出解除通知的一方是否享有合同解除权，就判令合同解除，不利于保护守约人的合法权益。

根据法定解除制度，对发出通知的形式未作出明确的要求，但对于受领通知的一方要以异议方式，即只能通过诉讼或者仲裁的方式来提出异议。相比之下，发出解除通知的成本是很小的，而以诉讼或仲裁的方式提出异议，则需要投入相对高昂的人力、物力、财力。为弥补此种权利义务的不均衡、不对等，有必要提高对发出通知一方的资格要求，在合同解除的场合，就是要享有合同解除权。否则，如果对不享有合同解除权的一方甚至是违约一方发出的解除通知，也要求受通知方以诉讼或者仲裁的方式提出异议，其结果只能是让遵守合同效力的一方的利益受损，不符合诚实信用原则。

故笔者认为，如果发出通知的一方不享有解除权，则无论是否经过约定或法定的异议期限，合同都不能解除。而如果发出通知的一方确实享有解除权的，则合同从解除通知到达另一方解除。因此，人民法院在审查合同是否解除时，需要审查发出解除通知的一方是否享有合同解除权，不能仅以约定或者法定异议期届满而受通知一方未起诉表示异议就认定合同已经解除。[①] 即不能以未在合理期限内提出异议主张解除。

另外，在现行的司法解释中存在法定解除权消灭的一个例外情形，即根据2020年《商品房买卖合同司法解释》第11条规定："根据民法典第五百六十三条的规定，出卖人迟延交付房屋或者买受人迟延支付购房款，经催告后在三个月的合理期限内仍未履行，解除权人请求解除合同的，应予支持，但当事人另有约定的除外。法律没有规定或者当事人没有约定，经对方当事人催告后，解除权行使的合理期限为三个月。对方当事人没有催告的，解除权人自知道或者应当知道解除事由之日起一年内行使。逾期不行使的，解除权消灭。"法定解除权消灭，是指由于某些法定事由，使当事人一方取得的合同解除权归于消灭。设立这种合同解除权消灭制度的意义在于：其一，有利于保护交易安全和秩序。一旦出现债权人享有法定解除权时，合同的约束力有随时被打破的危险。可以说，在解除权行使前，合同关系处于不确定状态。如果长期不行使，使债务人选择变得相当困难。所以，从兼顾交易安全的角度出发，有必要对解除的消灭的问题作出规定。其二，规定解除权消灭制度有利于公正地保护债务人的利益。法律在赋予债权人解除权的同时，寻求利益平衡，也应赋予债务人一定手段，以保护自己的利益。解除权消灭制度就是为促使债权人更好地行使法定解除权，避免解除权的滥用，从这个角度来说，这亦是公平原则及诚实信用原则之要求。[②]

二、关于单方行使解除权的方式

根据《民法典》第565条规定，为了维护合同非解除权方的利益以及防止合同一方滥用解除权，合同法在赋予一方享有解除权的同时，赋予了合同另一方异议权，即在解除通知到达对方当事人后，如果对方当事人对解除合同的效力有异议的，可以提起确认之诉。但若相对方不及时行使异议权，则会使解除合同的效力长期处于不确定或不稳定状态，既不利于对合同解除权人合法权益的及时有效保护，也不利于维护合同交易的安全和稳定。

由于我国没有采用"当然解除"的立法模式，故即使具备合同解除的条件，合同

[①] 贺小荣主编：《最高人民法院民事审判第二庭法官会议纪要》，人民法院出版社2019年版，第220~222页。

[②] 参见最高人民法院民事审判第一庭编著：《最高人民法院关于审理商品房买卖合同纠纷案件司法解释的理解与适用》，人民法院出版社2015年版，第204~205页。

也不能自然解除。具备合同解除的条件只是行使合同解除权的前提，欲发生合同解除的法律效果，还需实际解除合同的行为。此行为既可以表现为当事人双方协商一致而解除合同，也可以表现为享有解除权的一方当事人以行使解除权的意思表示而解除合同。

无论当事人行使约定解除权，还是法定解除权，都必须使对方知悉其解除合同的意思。根据《民法典》第 565 条规定，可以通过两种方式让对方当事人知悉解除合同的意思：一是通知对方当事人；二是直接向法院提起诉讼或向仲裁机构申请仲裁，由法院或仲裁机构将起诉状副本或者仲裁申请书副本送达对方。对于第一种方式，《民法典》没有规定通知的具体方式，当事人可以选择口头通知、纸质信件、电子邮件、微信或手机短信等方式作出解除合同的意思表示，而不以书面形式的通知为限。但因在合同纠纷案件中，主张合同关系解除的一方当事人对引起合同关系变动的事实承担举证责任，故解除权人应注意保留向对方作出解除合同意思表示的证据。①

【法律适用分歧】

非解除权主体是否可以行使

解除权人通过委托律师事务所发出解除合同的律师函的方式，尽管函件可能未加解除权人的公章，但解除通知的函件中明确载明受解除权人的委托所拟，且解除权人作为委托人对此予以认可，因此，该行为并未违反我国合同法的相关规定，不能以该函件未加盖解除权人的公章而认定无效。

【典型案例】

一、裁判规则：当事人一方通知对方解除合同的，如果不具备法定的解除合同条件的，该通知不发生解除合同的法律效力

【法院】

最高人民法院

【案号】

（2018）最高法民申 4673 号

【当事人】

再审申请人（一审原告、反诉被告、二审上诉人）：广州市白某第二建筑工程有限公司（以下简称白某公司）

---

① 最高人民法院民事审判第一庭编：《最高人民法院民事审判第一庭裁判观点》（民事合同卷·上），人民法院出版社 2023 年版，第 33 页。

被申请人（一审被告、反诉原告、二审上诉人）：广东某房地产开发有限公司（以下简称某房地产公司）

【案由】

建设用地使用权转让合同纠纷

【裁判观点】

《最高人民法院研究室对〈关于适用《中华人民共和国合同法》若干问题的解释（二）〉第24条理解与适用的请示的答复》（法研〔2013〕79号）规定："当事人根据合同法第九十六条的规定通知对方要求解除合同的，必须具备合同法第九十三条或者第九十四条规定的条件，才能发生解除合同的法律效力。"因此，当事人一方通知对方解除合同的，如果不具备《合同法》第93条或第94条规定的解除合同条件的，该通知不发生解除合同的法律效力。同理，参照该规定，债务的抵销对当事人会产生重大影响，从平等保护合同各方当事人合法权益的目的出发，为防止抵销权的滥用，其亦应满足行使抵销权的法定条件，即《合同法》第99条规定的债务均已到期，债务的标的物种类、品质相同。因此，虽然白某公司未在上述第24条规定的三个月异议期间内对某房地产公司的抵销主张提出异议，但并不必然产生债务抵销的效果，人民法院仍应依据《合同法》第99条对某房地产公司向白某公司发出的《付款函》是否构成对剩余1413万元土地使用转让款的抵销进行实质性审查。二审法院在"本院认为部分"对某房地产公司主张抵销的债务一一进行了审查，并非系径行认定某房地产公司欠付的剩余土地款在抵销通知送达时视为支付完毕，白某公司的该项再审理由不成立。

二、裁判规则：解除权人应拥有约定解除权或者法定解除权

【法院】

最高人民法院

【案号】

（2016）最高法民终590号

【当事人】

上诉人（原审被告、反诉原告）：某钢铁集团某矿业有限公司（以下简称某矿业公司）

被上诉人（原审原告、反诉被告）：山西京某实业有限公司（以下简称山西京某公司）

【案由】

股权转让纠纷

【裁判观点】

某矿业公司发出解除合同通知函后，双方曾就解除合同事宜进行协商，但未达成一致意见。某矿业公司主张，山西京某公司、丰镇鑫某公司、丰镇丰某公司未在法定期限三个月内提起异议之诉，解除合同通知发生效力。根据《合同法》第96条、《合同法司法解释二》第24条的规定，这是对合同解除的异议期间及其法律后果的解释。合同的解除会对当事人产生重大影响，故而从平等保护合同各方当事人合法权益的目的出发，为防止合同解除权的滥用，其行使要符合合同解除的约定或法定条件，即解除权人应拥有约定解除权或者法定解除权。2013年6月4日，最高人民法院研究室曾针对《合同法司法解释二》第24条理解与适用的请示作出答复（法研〔2013〕79号）："当事人根据合同法第九十六条的规定通知对方要求解除合同的，必须具备合同法第九十三条或者第九十四条规定的条件，才能发生解除合同的法律效力。"根据本案查明的事实，某矿业公司发出解除合同通知函，主要是依据《转让合同》第5条第1款第2项关于办证期限的约定。如前所述，合同约定的办证期限并非一个明确的期限，某矿业公司不具备约定合同解除权。因此，某矿业公司上诉主张山西京某公司、丰镇鑫某公司、丰镇丰某公司未在合理期限内行使异议权、合同已经解除，缺乏事实和法律依据，不能成立。一审法院关于某矿业公司解除合同告知函不发生解除合同效力的认定，并无不当，法院予以维持。

【相关规定】

《民法典》第562条、第563条、第565条；《民法典时间效力司法解释》第10条；原《合同法司法解释二》第24条；《九民会议纪要》"三、关于合同纠纷案件的审理"

第五十四条 【撤诉后再次起诉解除时合同解除时间的认定】

当事人一方未通知对方，直接以提起诉讼的方式主张解除合同，撤诉后再次起诉主张解除合同，人民法院经审理支持该主张的，合同自再次起诉的起诉状副本送达对方时解除。但是，当事人一方撤诉后又通知对方解除合同且该通知已经到达对方的除外。

【条文主旨】

本条是关于撤诉后再次起诉解除时合同解除时间的认定的规定。

【司法适用】

本条是对《民法典》第565条中衍生出来的撤诉后再次起诉解除时合同解除时间的细化规定。

一、撤诉后诉权仍然存在

根据《民事诉讼法》第148条的规定，当事人可以另行起诉。申请撤诉是当事人对自己诉讼权利的处分，只表明其不要求人民法院在本案中对其实体法律关系继续审理并作出裁判，并不表明其放弃与之相关的实体权利。① 根据《民诉法司法解释》第214条和第238条的规定，当事人提起民事诉讼后又撤诉或者人民法院按照撤诉处理的，当事人的诉权并未消失，其实体权利并不受影响，当事人仍然可以同一诉讼请求再次起诉。②

二、关于解除时间的确定

解除权是一种形成权。形成权是单方法律行为，因一方行为人的意思表示就能成立。单方法律行为的效力只能源于当事人的意思表示，与相对人无关。因此，在当事人具有解除权的情况下，解除合同的意思表示到达对方即发生解除合同的效力，只需要对方知悉，不需要对方表示同意。

我国对合同解除时间的确定采用通知到达的立法模式，即对方知晓解除权人解除合同的意思表示的时间，即为合同解除的时间。以通知方式行使解除权的，合同自通知到达对方时解除；以提起诉讼或申请仲裁的方式行使解除权的，合同自起诉状副本或者仲裁申请书副本送达对方时解除。当然，上述解除时间的确定，是以当事人在表达解除合同的意思表示时享有解除权，即以约定或法定的解除条件已经成就为前提。倘若当事人通知对方解除合同时，解除条件并未成就，对方当事人表示异议，后一方提起诉讼或申请仲裁，在起诉状或者仲裁申请书副本送达对方时合同解除的条件已经成就，则合同自起诉状副本或者仲裁申请书副本送达对方时解除。

解除合同的通知，因意思表示生效而发生解除效果，且基于对相对人合理信赖的保护，一般具有不可撤销性。解除条件已经成就，解除权人将解除通知送达对方，对方收悉后未予答复。后解除权人又重新发出一份更改后的解除通知，而对方主张合同

---

① 江必新主编：《新民事诉讼法条文理解与适用》（上），人民法院出版社2022年版，第675页。
② 最高人民法院民法典贯彻实施工作领导小组编著：《最高人民法院新民事诉讼法司法解释理解与适用》（上），人民法院出版社2022年版，第465页、第506页。

已被前一份通知解除的，应认定自第一次通知到达对方时解除。[①]

三、关于撤诉后又起诉主张解除合同的

根据《民法典》第565条的规定，如果以解除权人是否通知为标准，可以分为：未通知的方式和通知的方式。而相应的合同解除时间为：（1）未通知的方式"合同自起诉状副本或者仲裁申请书副本送达对方时解除"；（2）通知的方式"合同自通知到达对方时解除"+（特定情形下的）"合同自通知载明的期限届满时解除"。

根据上述解除方式的分类和相应的法律后果，相应地，在撤诉后再次起诉解除合同时，也可以分为两类情况：

（1）未通知的情形下：撤诉后再次起诉主张解除合同，人民法院经审理支持该主张的，合同自再次起诉的起诉状副本送达对方当事人时解除。

（2）通知的情形下：撤诉后，解除权人又通知对方解除合同，且该通知已经到达对方的，根据《民法典》第565条的规定，其法律后果是，"合同自通知到达对方时解除"+（特定情形下的）"合同自通知载明的期限届满时解除"。

【法律适用分歧】

关于"不得单方面解除合同的约定"是否可以限制任意解除权

关于双方在合同中有明确约定，在双方履行合同的过程中不得解除合同的，是否可以排除任意解除权的行使。在审判实践中，存在不同的观点：支持观点认为，不能排除任意解除权的行使；否定观点认为，可能排除任意解除权的行使。关于双方在合同中约定限制任意解除权的条款，对行使解除权进行限定的，可以从以下三个方面考虑：

第一，立法本意。任意解除权是法律赋予合同双方当事人的权利，可以随时行使，因此，即使双方有明确的约定限制的，当事人仍可以随时行使，并不能因为有这种提前在"合同中的明确限定条款"，就阻却法定任意解除权的行使。

第二，实际效果。尽管在有偿合同或商事合同中，如果允许这种约定限定任意解除权的条款无效，可能不利于保护被解除权的合法权益，但可以肯定，限制任意解除权的约定，并不能真正阻却任意解除权的行使。

第三，能否执行。此类不得单方面解除合同的约定并不适于强制执行，因此，对于一方当事人主张任意解除权的，应当认定行使任意解除权的行为有效，而不能否定

[①] 最高人民法院民事审判第一庭编：《最高人民法院民事审判第一庭裁判观点》（民事合同卷·上），人民法院出版社2023年版，第33~34页。

行使效果。参考《民法典》第 933 条相关规定："有偿委托合同的解除方应当赔偿对方的直接损失和合同履行后可以获得的利益。"在当事人双方约定限制任意解除权的情况下，不论该约定是否有效，解除方因任意解除行为给另一方当事人造成损失的，另一方当事人不仅可以要求解除方赔偿直接损失，还能主张可得利益损失，基本上能够实现对解约方任意解除权的制约。①

【典型案例】

一、裁判规则：在符合解除条件的情况下，合同应自含有解除意思表示的起诉状副本送达时解除

【法院】

最高人民法院

【案号】

（2017）最高法民申 1047 号

【当事人】

再审申请人（一审被告、反诉原告、二审上诉人）：朱某峰

被申请人（一审原告、反诉被告、二审被上诉人）：卢某强等

【案由】

房屋租赁合同纠纷

【裁判观点】

根据《合同法》第 96 条的规定，当事人一方依照本法第 93 条第 2 款、第 94 条的规定主张解除合同的，应当通知对方。合同自通知到达对方时解除。本案舜某公司以朱某峰未按约支付租金为由起诉要求解除合同，在符合解除条件的情况下，合同应自含有解除意思表示的起诉状副本送达给朱某峰时解除。

二、裁判规则：起诉解除合同后又申请撤诉，再次起诉解除合同，合同目的已无法实现，法院可直接判决解除合同，并将起诉时间确定为合同解除时间

【法院】

江苏省宿迁市中级人民法院

【案号】

（2019）苏 13 民终 4869 号

---

① 最高人民法院民事审判第一庭编：《最高人民法院民事审判第一庭裁判观点》（民事合同卷·下），人民法院出版社 2023 年版，第 1206 页。

【当事人】

上诉人（原审原告）：盛某军

上诉人（原审被告）：宿迁华某酒都经营管理有限公司等（以下简称华某公司）

【案由】

租赁合同纠纷

【裁判观点】

本案是双方违约，虽然违约方不享有单方解除合同的权利，但是在房屋租赁合同履行过程中，考虑到盛某军不愿意继续履行合同，盛某军和华某公司已形成合同僵局，租赁合同目的已无法实现，法院可以盛某军的起诉直接判决解除租赁合同，并将盛某军的起诉时间确定为合同解除时间。盛某军虽曾于2017年3月28日起诉解除合同，但在一审法院审理过程中，盛某军又申请撤诉。盛某军于2018年11月13日再次起诉解除合同，法院将盛某军2018年11月13日的起诉时间作为涉案租赁合同的解除时间。对于盛某军的经营损失和装修损失，因盛某军和华某公司双方均有违约行为，故判决盛某军和华某公司各承担50%责任。

【相关规定】

《民法典》第565条；《民事诉讼法》第148条；《民诉法司法解释》第214条、第238条、第336条、第408条

第五十五条　【抵销权行使的效力】

当事人一方依据民法典第五百六十八条的规定主张抵销，人民法院经审理认为抵销权成立的，应当认定通知到达对方时双方互负的主债务、利息、违约金或者损害赔偿金等债务在同等数额内消灭。

【条文主旨】

本条是关于抵销权行使的效力的规定。

【司法适用】

为解决抵销的适用问题，需要结合《民法典》及相关司法解释关于抵销的适用规则，充分考量是否有利于简化债的清偿、减少当事人的诉累，是否有利于人民法院提高诉讼效率、公平保护双方当事人的合法权益，遵循合理、适度的原则进行审查和裁量。

一、关于抵销权成立

抵销,是指双方当事人互负债务,各以其债权充抵债务的履行,双方各自的债权和对应的债务应在对等额内消灭。用于抵销的债权,一般称为主动债权、抵销债权、反对债权;被抵销的债权称为被动债权、受动债权、主债权。抵押因其产生原因的根据不同,可分为法定抵销和约定抵销。① 另外,根据《民法典》第549条②的规定,还存在一种让与抵销,可以说是约定抵销与法定抵销制度下的一种特殊的表现形态,"从严格意义上来说,并不能称为一种单独的抵销制度"。③

(一)关于抵销权的性质

抵销权在性质上属于形成权,所谓形成权,是指权利人得依其单方意思表示引起法律关系变动的权利。形成权的行使方式包括单纯的形成权和形成诉权。形成诉权是指只能通过诉讼或仲裁方式行使,经法院或仲裁方式行使形成权,是形成权行使的例外情形,只有在法律有明确规定的情况下,才能依据此种方式行使。对于抵销权的行使,应当认为权利人既可以在诉讼程序外以单方意思表示的方式行使,也可以通过提起诉讼或者申请仲裁的方式行使。应当区分两种不同的行使方式:一是权利人已在诉讼程序外以通知的方式行使形成权,但对方当事人有异议,并据此提起诉讼的,此时,该诉讼在性质上属于确认之诉,即确认权利人是否享有形成权以及该形成权行使方式是否符合法律规定;二是权利人直接提起诉讼,请求撤销或解除合同,此时,该诉讼性质上属于形成之诉。④

(二)关于抵销权的行使条件

根据抵销的条件要求,需要关注的是:

1. 关于被抵销一方的债务已经到期

无论是约定抵销,还是法定抵销,均明确了主张抵销的主动债权必须到期,否则不满足法定抵销条件。而如果在主动债权不确定、抵销的性质无法达成一致的情况下,即便主动债权方和被动债权方均具有抵销的意思表示,也不能直接进行债务抵销,但可以另行起诉。例如,主动债权方与被动债权方之间存在的持续性合同关系仍然存续,

---

① 黄薇主编:《中华人民共和国民法典释义》(中),法律出版社2020年版,第1093页。
② 《民法典》第549条规定:"有下列情形之一的,债务人可以向受让人主张抵销:(一)债务人接到债权转让通知时,债务人对让与人享有债权,且债务人的债权先于转让的债权到期或者同时到期;(二)债务人的债权与转让的债权是基于同一合同产生。"
③ 最高人民法院执行局编著:《最高人民法院关于人民法院办理执行异议和复议案件若干问题规定理解与适用》,人民法院出版社2015年版,第235页。
④ 最高人民法院民事审判第二庭编著:《〈全国法院民商事审判工作会议纪要〉理解与适用》,人民法院出版社2019年版,第297页。

且无法确定将要存续的具体时间，导致被动债权方对主动债权方享有的债权始终未到期、无法确定，虽然主动债权方对被动债权方享有的债权已届清偿期，主动债权方主动提出抵销诉请，被动债权方亦提出抵销抗辩，但是由于主动债权何时届满清偿期无法确定，不能满足法定抵销的条件，因此，无法直接进行抵销。

2. 关于约定抵销的意思自治

约定抵销，需要遵循当事人意思自治原则。主动债权方与被动债权方需要就抵销债务的性质、金额等各种关键事实达成一致；而如果主动债权方与被动债权方之间仅仅是表达出一种"抵销合意"，但并未就抵销债务的标的物种类、品质、数额等具体事实形成一致意见的，则应视为未能形成抵销的意思表示，不能适用约定抵销规则，但不妨碍主动债权当事人通过另案诉讼方式主张其权利。

二、关于抵销权的行使方式

（一）关于是否必须以书面方式进行通知的问题

当事人主张抵销的，必须以意思表示为之，但"并未要求必须采取书面形式，适用意思表示的一般规则，非对话方式作出的意思自到达对方时生效"。[1] 根据《九民会议纪要》第43条的规定，当事人主张抵销的，必须以意思表示为之，以更好地体现自愿原则，同时使债权债务关系更为明确。该意思表示无须对方当事人同意，也并未要求必须采取书面形式，适用意思表示的一般规则，非对话方式作出的意思表示自到达对方时生效。[2]

（二）关于是否必须采取诉讼或仲裁方式

根据《民法典》第568条规定精神，抵销权未施加此种限制，应当认为权利人既可以在诉讼外，以单方意思表示的方式行使，也可以通过提起诉讼或者申请仲裁的方式行使（同步包含抵销抗辩）。[3]

单就"当事人主张抵销的，应当通知对方。通知自到达对方时生效"来说，可以认为，当事人通过起诉、反诉或者抗辩的方式主张抵销的，人民法院应当认定起诉状、反诉状副本送达或者抗辩意见到达时发生通知到达的效力。

（三）关于以反诉的方式抵销

1. 关于存在法律上的牵连关系

根据《九民会议纪要》第43条的规定："抵销权既可以通知的方式行使，也可以

---

[1] 黄薇主编：《中华人民共和国民法典释义》（中），法律出版社2020年版，第1096页。
[2] 黄薇主编：《中华人民共和国民法典释义》（中），法律出版社2020年版，第1096页。
[3] 最高人民法院民事审判第二庭编著：《〈全国法院民商事审判工作会议纪要〉理解与适用》，人民法院出版社2019年版，第297页。

提出抗辩或者提起反诉的方式行使。"结合《民事诉讼法》第 54 条规定:"原告可以放弃或者变更诉讼请求。被告可以承认或者反驳诉讼请求,有权提起反诉。"第 143 条规定:"原告增加诉讼请求,被告提出反诉,第三人提出与本案有关的诉讼请求,可以合并审理。"《民诉法司法解释》第 233 条第 2 款规定:"反诉与本诉的诉讼请求基于相同法律关系、诉讼请求之间具有因果关系,或者反诉与本诉的诉讼请求基于相同事实的,人民法院应当合并审理。""若以反诉的方式主张抵销,尚需满足反诉与本诉存在法律上的牵连关系这一条件,即'反诉与本诉的诉讼请求基于相同的法律关系、诉讼请求之间具有因果关系,或者反诉与本诉的诉讼请求基于相同事实'。"[1]

2. 关于反诉抵销与抗辩抵销

当事人在诉讼过程中提出抵销的,法院应当根据双方债务的具体情况决定是抗辩抵销还是反诉抵销。《民法典》第 568 条第 2 款规定当事人享有法定抵销权,"当事人主张抵销的,应当通知对方。通知自到达对方时生效",但在诉讼中被告应通过抗辩方式,还是反诉方式,抑或另行起诉行使抵销权,并未明确规定。《九民会议纪要》对该问题进行了明确,"抵销权既可以通知的方式行使,也可以提出抗辩或者提起反诉的方式行使。抵销的意思表示自到达对方时生效",也即:(1)"抗辩抵销",当事人既可以抗辩形式提出抵销;(2)"反诉抵销",也可以反诉形式提出抵销。

关于"抗辩抵销"与"反诉抵销"的区别,应当根据具体情况判定:如果主动债权方对被动债权方所负的债务确定,被动债权方以抗辩方式主张抵销的,符合法定抵销的条件,当然应予支持。如果主动债权方对被动债权方所负的债务不确定,由于抵销权的行使,需要依实体法的规定以实体审理为前提,这种情况下需要被动债权方提出明确的诉讼请求,形成独立的诉请,而这是"抗辩抵销"无法完成的,而是需要以"反诉抵销"的方式来主张权利;而如果被动债权方在法庭辩论终结前并未提起反诉的,应当告知被动债权方就该债务另行起诉解决。

三、关于抵销的效力

(一)关于主动债权与被动债权的范围

关于主动债权与被动债权的范围,一般认为,第一,主动债权与被动债权互为相等的,产生债权债务消灭的法律后果;第二,主动债权大于被动债权的,不能完全消灭主动债权的全部,只是在被动债权的相应范围内,使主动债权的部分消灭;第三,主动债权小于被动债权的,可以消灭全部主动债权;被动债权中未被抵销的部分,可继续主张。

---

[1] 最高人民法院民事审判第一庭编:《最高人民法院民事审判第一庭裁判观点》(民事合同卷·上),人民法院出版社 2023 年版,第 18 页。

(二) 关于"同等数额"

抵销，是指当事人双方互负债务，各以其债权充抵债务的履行，双方各自的债权和对应的债务在对等额内消灭。① 在当事人双方债权债务互为相等的情况下，抵销产生债权债务消灭的法律后果。如果债务的数额大于抵销额，抵销不能全部消灭，而只是在抵销范围内使债务部分消灭。② 由于当事人双方互负的包括主债务、利息、违约金或者损害赔偿金等在内的债务，在债务的标的物种类、品质具有相同性，不存在"根据债务性质、按照当事人约定或者依照法律规定不得抵销"的情形，因此，可在同等数额内消灭。

(三) 关于"通知到达对方时的效力"

抵销的意思表示是有相对人的意思表示，如果抵销的意思表示以非对话方式作出，根据《民法典》第568条第2款的规定："当事人主张抵销的，应当通知对方。通知自到达对方时生效。抵销不得附条件或者附期限。"通知自到达对方时生效。根据《民法典》第137条③的规定，则自相对人知道其内容时，抵销意思表示生效。是故，当事人通过起诉、反诉或者抗辩的方式主张抵销的，人民法院应当认定起诉状、反诉状副本送达或者抗辩意见到达时发生通知到达的效力。

四、关于抵销事项

(一) 关于抵销顺序

根据《九民会议纪要》第43条的规定，双方互负的债务数额，是截至抵销条件成就之时各自负有的包括主债务、利息、违约金、赔偿金等在内的全部债务数额。行使抵销权一方享有的债权不足以抵销全部债务数额，当事人对抵销顺序又没有特别约定的，可以根据本解释第56条④的规定进行处理。⑤

---

① 黄薇主编：《中华人民共和国民法典释义》(中)，法律出版社2020年版，第1093页。
② 黄薇主编：《中华人民共和国民法典合同编释义》，法律出版社2020年版，第249页。
③ 《民法典》第137条规定："以对话方式作出的意思表示，相对人知道其内容时生效。以非对话方式作出的意思表示，到达相对人时生效。以非对话方式作出的采用数据电文形式的意思表示，相对人指定特定系统接收数据电文的，该数据电文进入该特定系统时生效；未指定特定系统的，相对人知道或者应当知道该数据电文进入其系统时生效。当事人对采用数据电文形式的意思表示的生效时间另有约定的，按照其约定。"
④ 《通则司法解释》第56条规定："行使抵销权的一方负担的数项债务种类相同，但是享有的债权不足以抵销全部债务，当事人因抵销的顺序发生争议的，人民法院可以参照民法典第五百六十条的规定处理。行使抵销权的一方享有的债权不足以抵销其负担的包括主债务、利息、实现债权的有关费用在内的全部债务，当事人因抵销的顺序发生争议的，人民法院可以参照民法典第五百六十一条的规定处理。"
⑤ 参见最高人民法院民事审判第一庭编：《最高人民法院民事审判第一庭裁判观点》(民事合同卷·上)，人民法院出版社2023年版，第199页。

（二）关于债权抵销

根据《民法典》第549条的规定，即权利和义务一并转让时，债务人对让与人享有的符合该条规定的债权情形，债务人可以向受让人主张抵销。同时，依据《民法典》第553条的规定："债务人转移债务的，新债务人可以主张原债务人对债权人的抗辩；原债务人对债权人享有债权的，新债务人不得向债权人主张抵销。"在合同权利义务概括转让的情形下，对于原债务人对债权人享有的债权，受让人不得向债权人主张抵销。[①]

（三）关于民事执行程序的抵销抗辩处理

审判实践中，经常会遇到债务人提出的抗辩，即以债的发生原因行为无效、得撤销、债权数额不确定为由的抗辩。可以分为以下不同情况处理：

1. 被执行人同意抵销的

其一，如果申请执行人对被执行人主张用于抵销的自动债权本身没有异议，仅以该自动债权未经诉讼确认等理由，主张不能抵押执行债权的，执行机构应允许被执行人抵销；其二，如果申请执行人对被执行人主张用于抵销的自动债权部分有异议，对没有异议的部分，可先为抵销，有异议的部分，告知被执行人另行通过诉讼等相关程序予以确认。

2. 被执行人未主张抵销或不同意抵销的

根据《执行异议和复议司法解释》第19条的规定："当事人互负到期债务，被执行人请求抵销，请求抵销的债务符合下列情形的，除依照法律规定或者按照债务性质不得抵销的以外，人民法院应予支持：（一）已经生效法律文书确定或者经申请执行人认可；（二）与被执行人所负债务的标的物种类、品质相同。"在民事案件的执行过程中，申请执行人申请在执行中抵销的到期债务虽经法院生效判决予以确认，但被执行人并未申请执行或请求抵销，因此，申请执行人主张抵销其与被执行人互负的债权债务，不符合司法解释规定的在"双方互负到期债务的情况下，被执行人请求抵销的"前提条件，即申请执行人与被执行人之间债权债务无法完成抵销。

【法律适用分歧】

关于债务无争议，是否是债务抵销的前提条件

审判实践中，当事人往往以债务尚存在争议、尚未完全结算等理由，主张不能适用抵销。

根据《民法典》第549条、第568条的规定，法定的债务抵销的条件是"债务到

[①] 最高人民法院民事审判第一庭编：《最高人民法院民事审判第一庭裁判观点》（民事合同卷·上），人民法院出版社2023年版，第272~273页。

期",而不是"债务无争议"。"债务到期"与"债务无争议"是完全不同的概念。债务是否到期是客观的,而债务是否存在争议包括债务是否存在、金额为多少、履行期限是否届满等是双方当事人对债务认识的分歧,是主观的。不能以债务有争议而否定抵销的权利。双方当事人对主张用于抵销的债务存在的争议,可以在诉讼中解决。而如果以到期债权等的债权金额、履行期限均不确定或双方当事人对债务抵销的范围亦未达成一致为由,认为不宜以抵销债务的方式予以处理的,属于法律适用有误。

【典型案例】

一、裁判规则:抵销的意思表示既可以通知的方式行使,也可通过提出抗辩或者反诉的方式行使

【法院】

最高人民法院

【案号】

(2019)京民终 1524 号

【当事人】

上诉人(原审原告):中某国际贸易有限公司(以下简称中某公司)

上诉人(原审被告):光某财富(北京)投资基金管理有限公司(以下简称光某投资公司)

【案由】

企业借贷纠纷

【裁判观点】

依据《合同法》第 99 条第 1 款的规定,根据《九民会议纪要》第 43 条的规定,该笔 800 万元借款已经到期,中某公司亦未予偿还。关于光某投资公司是否行使以及何时行使抵销权的问题:抵销的意思表示既可以通知的方式行使,也可通过提出抗辩或者反诉的方式行使。本案中,光某投资公司在一审庭审中就该笔 800 万元借款提出过抵销的抗辩,应当认定其已经行使了抵销权。故,该笔 800 万元应当从光某投资公司需向中某公司返还的借款本金中抵销。抵销完成后,光某投资公司应向中某公司支付的款项为 2514 万元。

二、裁判规则:抵销一经生效,其效力溯及自抵销条件成就之时,双方互负的债务在同等数额内消灭

【法院】

最高人民法院

【案号】

(2020) 最高法民终 642 号

【当事人】

上诉人（一审原告）：明某企业集团有限公司（以下简称明某公司）

被上诉人（一审被告）：某银行股份有限公司等

【案由】

股东名册记载纠纷

【裁判观点】

金某公司与明某公司股权转让纠纷一案未就股权转让款利息进行处理，金某公司虽在本案一审中撤回主张股权转让款利息的反诉，但在明某公司主张返还分红款时，仍以明某公司应当支付的股权转让款占用利息进行抵销作为抗辩，符合《九民会议纪要》第 43 条的规定，不存在程序违法的情形。但明某公司是否应赔偿亿某公司、金某公司损失并非本案审理范围，一审法院直接予以认定并作为驳回明某公司返还分红款诉请的理由，于法无据，法院予以纠正。

【相关规定】

《民法典》第 520 条第 1 款、第 530 条、第 549 条、第 553 条、第 568 条；《企业破产法》第 40 条、第 41 条；《信托法》第 18 条；《执行异议和复议司法解释》第 19 条；《诉讼时效司法解释》第 11 条；《九民会议纪要》第 43 条

第五十六条 【抵销参照适用抵充规则】

行使抵销权的一方负担的数项债务种类相同，但是享有的债权不足以抵销全部债务，当事人因抵销的顺序发生争议的，人民法院可以参照民法典第五百六十条的规定处理。

行使抵销权的一方享有的债权不足以抵销其负担的包括主债务、利息、实现债权的有关费用在内的全部债务，当事人因抵销的顺序发生争议的，人民法院可以参照民法典第五百六十一条的规定处理。

【条文主旨】

本条是关于抵销参照适用抵充规则的规定。

【司法适用】

本条第1款规定，主要是对于"债务种类相同"情况下，民法典规定的清偿抵充规则在抵销权制度中的具体落实或者说"参照"适用《民法典》第560条。本条第2款规定，主要是对于"非种类相同的债务"（负担的包括主债务、利息、实现债权的有关费用以及违约金或者损害赔偿金等在内的全部债务）情况下，《民法典》规定的清偿抵充规则在抵销权制度中的具体落实或者说"参照"适用《民法典》第561条。

一、关于"债务种类相同"抵销的顺序发生争议时的处理

（一）前提条件

本条的适用前提是"行使抵销权的一方负担的数项债务种类相同"和"享有的债权不足以抵销全部债务"。即本条适用所具备的前提条件有：（1）要求债务人对同一债权负担数项债务；（2）要求债务人负担的数项债务的种类相同；（3）要求债务人的给付不足以清偿全部债务。

根据《民法典》第560条第1款的规定可见，债务人在清偿时由其指定履行债务的前提条件是"债务人对同一债权人负担的数项债务种类相同，债务人的给付不足以清偿全部债务的"情形下所产生的债的清偿抵充顺序，而如果双方当事人系双方互负债务，互享债权，故不适用《民法典》第560条第1款的规定，即当事人无权指定其所欠债务的履行顺序。

（二）抵销顺序

当债务人的给付不足以清偿数项债务时，或者说当事人关于抵销的顺序发生争议时，根据《民法典》第560条的规定，需要明确处理的顺序：第一，约定优先。即"当事人另有约定"优先，有约定，从约定。第二，无约定，从指定。即"由债务人在清偿时指定其履行的债务"。第三，无约定，从法定。法定的抵充顺序，应更多地考虑债权人的利益，采"债权人利益优先、兼顾债务人利益"[1]的原则。在适用法定抵充进行清偿时，抵充的顺序为：（1）已到期的债务；（2）债务均到期的，没有担保的债务；（3）债务均到期的，担保最少的债务；（4）债务均到期的，债务人负担较重的债务；（5）债务均未到期，先到期的债务；（6）以上情况均相同，到期时间也相同的债务，则按债务比例履行。[2]

---

[1] 黄薇主编：《中华人民共和国民法典释义》（中），法律出版社2020年版，第1070页。
[2] 最高人民法院民法典贯彻实施工作领导小组主编：《中华人民共和国民法典合同编理解与适用》（一），人民法院出版社2020年版，第625页。

(三) 关于"不足以抵销"

抵销权的行使使双方在同等数额内所互负的债务发生消灭。对于未被抵销的部分，债权人仍然有权向债务人请求清偿，因此，并不是凡行使抵销权都导致债权债务关系的全部消灭，其只是在双方同等的数额内导致互负的债务消灭。在双方所互负的债权债务并不完全相等的情况下，并不发生债权债务的完全消灭，而只是部分消灭。①

因此，（1）根据《民法典》第560条的规定，行使抵销权的一方负担数项种类相同的债务，但享有的债权不足以抵销全部债务，当事人因抵销的顺序发生争议的，人民法院可以参照适用此条的规定。（2）根据《民法典》第561条和本解释第56条的规定，行使抵销权的一方享有的债权不足以抵销其负担的包括主债务、利息、实现债权的有关费用以及违约金或者损害赔偿金等在内的全部债务，当事人因抵销的顺序发生争议的，人民法院可以参照适用此两条的规定。

二、关于"非种类相同的债务"的清偿抵充顺序

关于非种类相同的债务，包括主债务、利息、实现债权的有关费用以及违约金或者损害赔偿金等在内的全部债务，根据《民法典》第561条的规定，②债权一经抵销，双方互负的债务数额在同等范围内消灭。双方互负的债务数额，指的是截至抵销成就之时各自负有的包括主债务、利息、违约金、赔偿金在内的全部数额。结合本解释第56条规定，行使抵销权一方享有的债权不足以抵销其负担的包括主债务、利息、实现债权的有关费用以及违约金或赔偿金等在内的全部债务，当事人对抵销顺序没有特别约定的，应根据《民法典》第561条的规定，确定债务人的履行顺序：（1）实现债权的有关费用；（2）违约金或者损害赔偿金；（3）利息；（4）主债务。即据以行使抵销权的债权不足以抵销其全部债务，应当按照实现债权的有关费用、利息、主债务的顺序进行抵销。③

三、关于参照适用抵充规则

《民法典》第568条和第569条虽然规定了抵销制度，但对于债权不足以抵销全部债务时如何处理，并未明确予以规定。立法者认为，《民法典》第560条和第561条规定了清偿抵充顺序。应当注意的是，在抵销中，也涉及抵销抵充，此时，可参照第560

---

① 王利明：《合同法研究》卷2（第3版），中国人民大学出版社2015年版，第288页。
② 《民法典》第561条规定："债务人在履行主债务外还应当支付利息和实现债权的有关费用，其给付不足以清偿全部债务的，除当事人另有约定外，应当按照下列顺序履行：（一）实现债权的有关费用；（二）利息；（三）主债务。"
③ 参见《最高人民法院发布民法典合同编通则司法解释相关典型案例》，载最高人民法院网站，https://www.court.gov.cn/zixun/xiangqing/419392.html，最后访问时间：2023年12月17日。

条和第 561 条规定抵充①，结合《九民会议纪要》第 43 条"行使抵销权一方享有的债权不足以抵销全部债务数额，当事人对抵销顺序又没有特别约定的，应当根据实现债权的费用、利息、主债务的顺序进行抵销"的规定精神，即可以"参照"适用抵充制度。为了加强确定性，本条十分明确地规定，债权不足以抵销全部债务时，可以参照适用抵充制度。即"享有的债权不足以抵销全部债务，当事人因抵销的顺序发生争议的，人民法院可以参照民法典第五百六十条的规定处理"。

（一）抵充的意思表示形式

关于债权人与债务人对债务抵充的意思表示，默示形式、口头形式、书面形式均可，核心在于双方的真实意思表示。

（二）关于"种类相同"

根据《民法典》第 560 条规定的"债务人对同一债权人负担的数项债务种类相同"，费用、利息和主债务应当同属同种类债务。只有"种类相同"，才产生债务清偿抵充的法律效果；如果不是"种类相同"，则不适用《民法典》第 561 条的规定。

（三）对于费用、利息和主债务的清偿抵充不适用于指定抵充

根据《民法典》第 561 条规定的"除当事人另有约定外"的旨意，排除了债务人的指定抵充的权利，即债务人不能先指定抵充主债务，再去指定抵充费用和利息。其原理是先抵充主债务和先抵充费用、利息的结果，即抵充数额不同，产生实质上的不公平。当然，如果"当事人另有约定"，对于前述的抵充顺序作出了明确或专门的约定，根据意思自治原则，理应按照双方约定的抵充顺序进行抵充。

【法律适用分歧】

缔约过失是否是一项独立的请求权及其请求权基础

关于缔约过失是否为一项独立请求权，以及该请求权的基础是什么，存在有："法律行为说""侵权行为说""法律规定说""诚实信用说""其他债说"等。

一般认为：其一，缔约过失的请求权基础为"法律规定说"；其二，基于缔约过失存在一项独立的请求；其三，能够优先适用合同上的请求权或者侵权上的请求权的，则不必适用缔约过失请求权，即"只有在合同上的请求权或侵权上的请求权不成立时，或不能更有效保护其利益时，才应当适用缔约过失的请求权"；② 其四，从损害赔偿的范围看，缔约过失责任仅仅只是赔偿信赖利益的损失，既不包括履行利益的损失，也

---

① 黄薇主编：《中华人民共和国民法典释义》（中），法律出版社 2020 年版，第 1069 页。
② 参见王利明：《合同法研究》（第一卷），中国人民大学出版社 2002 年版，第 317 页。

不能包括全部损失。①

【典型案例】

一、裁判规则：双方未能就还款事项达成一致，应当按照先息后本的顺序抵扣案涉借款

【法院】

江苏省泰州市中级人民法院

【案号】

（2023）苏12民终825号

【当事人】

上诉人（原审被告）：贺某炼

被上诉人（原审原告）：张某发

【案由】

民间借贷纠纷

【裁判观点】

关于上述两笔还款抵扣顺序的问题，《民法典》第561条规定，债务人在履行主债务外还应当支付利息和实现债权的有关费用，其给付不足以清偿全部债务的，除当事人另有约定外，应当按照下列顺序履行：（1）实现债权的有关费用；（2）利息；（3）主债务。因双方未能就还款事项达成一致，应当按照先息后本的顺序抵扣案涉借款。上诉人贺某炼认为上述还款均为偿还本金的理由因无证据佐证，法院不予支持。

二、裁判规则：在双方对还款没有约定的情况下，债务人偿还的债务应当由债务人指定

【法院】

江苏省泰州市中级人民法院

【案号】

（2023）苏12民终391号

【当事人】

上诉人（原审被告）：上海华某产城企业管理有限公司

被上诉人（原审原告）：江苏兴某兴业地产集团有限公司等（以下简称兴某集团）

---

① 江必新、何东宁等：《最高人民法院指导性案例裁判规则理解与适用》（合同卷二）（第二版），中国法制出版社2018年版，第40页。

【案由】

追偿权纠纷

【裁判观点】

《民法典》第560条第1款规定:"债务人对同一债权人负担的数项债务种类相同,债务人的给付不足以清偿全部债务的,除当事人另有约定外,由债务人在清偿时指定其履行的债务。"依据该规定,即使兴某集团和某银行上海分行存在多笔债务,在双方对还款没有约定的情况下,债务人偿还的债务也应当由债务人指定。兴某集团偿还案涉5000万元款项时已经明确指定系解除编号为HPDB202000××抵押担保合同项下余欠本金,应认定兴某集团已代诗某公司向某银行上海分行偿还银行承兑汇票本金5000万元。

【相关规定】

《民法典》第549条、第560条、第561条、第568条;原《合同法司法解释二》第20条、第21条;《九民会议纪要》第43条

第五十七条　【侵权行为不得主张抵销的情形】

因侵害自然人人身权益,或者故意、重大过失侵害他人财产权益产生的损害赔偿债务,侵权人主张抵销的,人民法院不予支持。

【条文主旨】

本条是关于侵权行为不得主张抵销的情形的规定。

【司法适用】

本条是对《民法典》第568条的细化和补充规定。

一、抵销成立

根据《民法典》第568条的规定,在法定抵销的案件中,首先需要考察的是,是否能够满足法定抵销的应当具备的条件,即:"(1)当事人双方互负有效的债务、互享有效的债权;(2)被抵销一方的债务已经到期;(3)债务的标的物种类、品质相同。"[1]如果从债权债务主体看,当事人一方主体对相对方并不负有债务,双方之间并

---

[1] 黄薇主编:《中华人民共和国民法典释义》(中),法律出版社2020年版,第1095页。

不存在互负债务的情形,没有适用法定抵销的条件,并且双方之间并无相应抵扣的约定时,自然亦无适用约定抵销的条件。

二、不得抵销的范围

当事人互负债务,该债务的标的物种类、品质相同的,任何一方均可以将自己的债务与对方的到期债务抵销,但下列情况除外:(1)根据债务性质不得抵销的;(2)按照当事人约定不得抵销的;(3)依照法律规定不得抵销的。

(一)关于"根据债务性质不得抵销的"

关于"根据债务性质不得抵销的",主要包括以下情形:(1)必须履行的债务不得抵销;(2)具有特定人身性质或者依赖特定技能未完成的债务,以及相互提供劳务的债务,不得抵销;(3)"不作为"债务不得相互抵销;(4)故意侵权所产生的债务;(5)约定应当向第三人履行的债务,债务人不得以自己对于对方当事人享有的债权而主张抵销;(6)相互出资的义务不得抵销;①(7)公法上的债务,不得抵销;②(8)根据债务性质不得抵销的债务,如相互出资的义务不得抵销,即使仅存两个出资人;③(9)负有抗辩权的债务不得抵销,原因是如果允许抵销,则等于凭空剥夺了债务人的抗辩权,使法律设定此种抗辩权以保护债务的立法宗旨无法实现。④ 因此:其一,"侵害自然人人身权益",就属于上述"故意侵权所产生的债务"的范畴;从而避免债权人故意侵犯债务人的人身权利和财产权利,这种债务如果允许抵销,则会引发道德风险,有违公序良俗。其二,"故意、重大过失侵害他人财产权益产生的损害赔偿债务",属于"必须履行的债务"的范畴。

(二)按照当事人约定不得抵销的

关于按照当事人约定不得抵销,是《民法典》第568条在原《合同法》第99条的基础上"新增加"的内容,体现了私法自治原则。经研究,当事人之间特别约定不得抵销的,基于自愿原则,应当承认此种约定的效力⑤;其审判实践来源主要是原《合同法司法解释二》第23条规定:"对于依照合同法第九十九条的规定可以抵销的到期债权,当事人约定不得抵销的,人民法院可以认定该约定有效。"

(三)依照法律规定不得抵销的

本项内容主要保护主动债权人的利益,并以促进市场交易、降低交易成本为制度

---

① 黄薇主编:《中华人民共和国民法典释义》(中),法律出版社2020年版,第1095页。
② 王利明:《债法总则》,中国人民大学出版社2016年版,第449页。
③ 黄薇主编:《中华人民共和国民法典释义》(中),法律出版社2020年版,第1095页。
④ 韩世远:《合同法总论》,法律出版社2018年版,第705页。
⑤ 黄薇主编:《中华人民共和国民法典释义》(中),法律出版社2020年版,第1095页。

目的。可见，抵销制度追求的价值更倾向于"效率"。因此，在某些情形下，为"公平"起见，法律有必要限制抵销的适用①。例如《企业破产法》第40条，《企业破产法司法解释二》第44条、第46条，《信托法》第18条，《证券投资基金法》第6条，《民事诉讼法》第243条，等等。

（四）仍可主张抵销的范围

1. 根据对本条"侵害自然人人身权益"的理解。即凡是侵害自然人的人身权益的，不论是出于故意还是过失，侵权人一概不得主张抵销。

2. 根据对本条"故意、重大过失侵害他人财产权益"的理解。即"侵害财产权益"的，仅限于"故意""重大过失"情形，并不反对或禁止因为"一般过失"侵害他们财产权益所产生的债务，即此情形下，允许侵权人实施抵销。

3. 根据对本条"侵权人主张抵销的"的理解。即原则上，不允许侵权人实施抵销，并不反对、或者说允许被侵权人主张抵销。

三、关于新债务人不得向债权人主张抵销

根据《民法典》第549条的规定，债务人接到债权转让通知时，债务人对让与人享有债权，且债务人的债权先于转让的债权到期或者同时到期的，债务人可以向受让人主张抵销。债务人的债权与转让的债权是同一合同产生时，债务人也可以向受让人主张抵销。也即权利义务一并转让时，债务人对让与人享有的符合该条规定的债权情形，债务人可以向受让人主张抵销。同时，依据《民法典》第553条的规定，在合同权利义务概括转让的情形下，对于原债务人对债权人享有的债权，受让人不得向债权人主张抵销。②

【法律适用分歧】

关于诉讼审理程序中抵销权的行使不应与执行程序中公平分配原则相冲突

关于被告主张以其从案外人处受让的对原告的债权抵销被告对原告的债务的问题。

首先，人民法院应当对当事人提出的抵销诉求进行审查。被告在一审中提出的债务抵销主张属于以行使抵销权的方式对原告的债权请求权进行抗辩，也即诉讼抵销抗辩。一般情况下，被告在诉讼过程中提出诉讼抵销抗辩在法律上并无不当，为了实现诉讼经济目标及免除个案中当事人另行起诉的诉累，人民法院应当在案件中对被告提

---

① 最高人民法院民事审判第一庭编：《最高人民法院民事审判第一庭裁判观点》（民事合同卷·下），人民法院出版社2023年版，第863页。

② 最高人民法院民事审判第一庭编：《最高人民法院民事审判第一庭裁判观点》（民事合同卷·上），人民法院出版社2023年版，第273页。

出的诉讼抵销抗辩予以审查处理，确定这一抗辩是否成立。一审法院以原告与案外人之间的债权债务关系与本案不属于同一法律关系，且原告不同意将其与案外人之间的债务与被告所欠债务抵销为由，对被告的抵销主张不予审查存在不当。

其次，抵销权的行使不应损害第三人的合法权益。抵销权作为合同法规定的一项实体权利，债务人可通过行使抵销权免除自己的债务，实现自己的债权，但抵销权的行使，不得损害第三人的合法权益。为此，我国《企业破产法》在承认抵销权的同时，又对用来抵销的主动债权进行了限制，特别规定了债务人的债务人在破产申请受理后取得他人对债务人的债权，或者已知债务人有不能清偿到期债务或者破产申请的事实而对债务人取得债权的，不允许抵销。

该制度的主要目的在于防止债务人资不抵债时，债务人的债务人通过新取得的债权来主张抵销，使自己新取得的债权得到优先清偿、使自己的债务得以免除，而损害其他债权人利益。与此同时，在我国目前没有自然人破产法的司法现状、诉讼审理程序和执行程序存在关联的情形下，出现个人债务人不能清偿到期债务的情况时，应当防止损害第三人特别是个人债务人的其他债权人的合法权益。由于原告已是多起执行案件的被执行人，这些案件中的债权均因黄明缺乏可供执行财产而未得到清偿，若在本案中径行准予被告以受让的债权抵销债务，将导致原告的可供执行财产的直接减损，并损害涉及原告的其他执行案件中的其他债权人的合法利益。

再次，诉讼审理程序中抵销权的行使不应与执行程序中公平分配原则相冲突。在一般情况下，有效的诉讼抵销抗辩在经法院审查后可以获得支持，但当存在诉讼审理程序中抵销权行使与执行程序参与分配有关联的情形下，抵销权的行使应受到一定限制。本案中，原告作为多起执行案件的被执行人一直无法履行债务，被告受让并主张用以抵销的主动债权即来自其中的一起执行案件，且该债权原本便存在因黄明无可供执行的财产而被迫终止执行的情况。在本案中径行准予被告以受让的债权抵销债务，这就意味着源自案外的未能通过执行受偿的债权，反而以此种方式间接地较原告的其他债权人得到优先受偿，与执行程序参与分配制度的公平分配原则直接冲突。

最后，人民法院应根据诚实信用原则确认是否支持抵销权的行使。对于债权转让情形下债务人以受让取得的债权主张抵销的，且取得的债权在执行程序中无法实现时，人民法院应当对诉讼抵销抗辩予以审慎的实质审查。即，人民法院应根据诚实信用原则审查用于抵销的主动债权的取得情况，以保护善意抵销权的同时不损害第三人的合法权益。本案中，在被告明知原告作为多起案件被执行人缺乏可供执行财产的情形下，依然在一审庭审之后受让债权并主张抵销的行为，违反了诚实信用原则。此外，当被告能举证证明原告事实上仍存在其他可供执行财产，诉讼抵销抗辩事实上不会损害被执行人的其他案外债权人利益的，对于此类诉讼抵销抗辩，法院仍可予以支持。但被告未能提出有效证据证明原告仍有充分的其他可供执行财产，亦未能证明其诉讼抵销抗辩不会在结果上损害黄明案外的其他债权人利益。因此，对于被告的诉讼抵销抗辩，法院不予支持。①

【典型案例】

一、裁判规则：行使抵销权需要具备当事人互负债务及债务标的物种类、品质相同的前提条件

【法院】

吉林省通化市中级人民法院

【案号】

（2022）吉05民终858号

【当事人】

上诉人（原审被告）：通化县寰某物流有限公司（以下简称寰某物流公司）

被上诉人（一审原告）：王某斌

【案由】

劳务合同纠纷

【裁判观点】

抵销权行使的方式有三个，即通知抵销、提出抗辩、提起反诉。无论在本案一审阶段还是另案中，寰某物流公司在王某斌主张债权时提出拒绝给付的抗辩理由之一均为王某斌存在"罚款"，则人民法院应当对于该项抵销抗辩予以审查处理，以确定寰某物流公司抵销的抗辩理由是否成立。根据《民法典》第568条、第569条规定可见，行使抵销权需要具备当事人互负债务及债务标的物种类、品质相同的前提条件。由于寰某物流公司二审时提交的其与其他经营者签订的合作协议与本案无关联性；甲物流公司管理条例、乙物流公司管理规范及微信截图、罚款明细表均为复印件，且罚款明细系案外人吉林省津某供应链管理有限公司、通化市彪某快运有限公司提供，不具备客观性；前述证据不具有客观性、关联性，亦未获对方当事人认可，故不予采信，不能作为认定本案案件事实的依据。即便确有王某斌应负担的"罚款"，由于当事人对该款的真实性、数额、性质均有异议，无法确定"罚款"的数额、性质、义务人，因此该款与寰某物流公司应负担的派件费不属于标的物种类、品质相同，亦即寰某物流公

---

① 《最高人民法院公报》2022年第6期案例：《黄明与陈琪玲、陈泽峰、福建省丰泉环保集团有限公司民间借贷纠纷案》，最高人民法院（2019）最高法民终218号民事判决书。

司的抵销权尚未成立，尚不具备行使的前提条件，故其有关王某斌的派件费与"罚款"抵销的主张无法支持，其上诉理由不能成立。

二、裁判规则：虽然互负到期的债务不属于同一法律关系，但法律规定并未要求债务属于同一法律关系的方可抵销

【法院】

最高人民法院

【案号】

（2021）最高法执监530号

【当事人】

申诉人（申请执行人）：陕西中某置业有限公司（以下简称中某公司）

被执行人：张某

【案由】

建设工程合同纠纷

【裁判观点】

根据《民法典》第568条的规定，本案中，首先，中某公司与张某互负的到期债务已经生效法律文书确定，到期债务的种类均属于金钱债务且金额确定，并无当事人之间约定或者法律规定不得抵销的情形，虽然互负到期的债务不属于同一法律关系，但法律规定并未要求债务属于同一法律关系的方可抵销，因此，中某公司提出债权债务抵销申请符合《民法典》的规定。其次，执行程序是民事诉讼程序的最后阶段，已经生效法律文书确定的到期债务，双方当事人依照法律规定均可申请抵销，在不违反约定和法律规定的前提下，抵销请求应予以认可。本案中，中某公司作为申请执行人，张某作为被执行人，中某公司主动提出其另案债务抵销张某的债权，即可实现生效法律文书确定的义务，因此，该院作出11号裁定确定双方当事人互负债务抵销符合法律规定。综上所述，张某的异议请求不成立，最高人民法院不予支持。

【相关规定】

《民法典》第568条、第569条；原《合同法司法解释二》第21条；《执行异议和复议司法解释》第19条；《九民会议纪要》第43条

> **第五十八条　【已过诉讼时效债权的抵销】**
> 当事人互负债务，一方以其诉讼时效期间已经届满的债权通知对方主张抵销，对方提出诉讼时效抗辩的，人民法院对该抗辩应予支持。一方的债权诉讼时效期间已经届满，对方主张抵销的，人民法院应予支持。

【条文主旨】

本条是关于已过诉讼时效债务的抵销的规定。

【司法适用】

本条是《诉讼时效司法解释》第19条结合民法典所规定的抵销部分，就主动债权、被动债权及期限利益所作的规定。

本条所规定的"一方以其诉讼时效期间已经届满的债权通知对方主张抵销，对方提出诉讼时效抗辩的"，参考借鉴了2020年《诉讼时效司法解释》第19条第1款规定："诉讼时效期间届满，当事人一方向对方当事人作出同意履行义务的意思表示或者自愿履行义务后，又以诉讼时效期间届满为由进行抗辩的，人民法院不予支持。"

一、关于放弃诉讼时效利益

（一）关于期限利益的放弃

期限利益，是指在履行期限届满以前，债务人履行或者债权人要求履行而会使相对人失去的利益。"当期限利益归属于债权人时，债权人可以抛弃期限利益接受债务人提前履行，但债务人不能要求债权人抛弃期限利益提前受领，除非债权人放弃其期限利益。"①

（二）主动债权与被动债权的诉讼时效利益放弃

如果主动债权与被动债权的诉讼时效在诉讼时效期间存在重合的，即双方债务各自从履行期开始，至诉讼时效期间届满的时间段，如果存在"时间叠加"现象的，关于主动债权与被动债权分别涉及诉讼时效利益放弃的，可以分不同情况进行处理：

其一，对于"时间叠加"的两个债权均未超过诉讼时效，符合抵销的，予以支持。

其二，如果主动债权超过了诉讼时效，或者说主动债权的诉讼时效期间已经届满，被动债权方主张抵销的，抵销主张应予支持。

---

① 最高人民法院民法典贯彻实施工作领导小组主编：《中华人民共和国民法典合同编理解与适用》（一），人民法院出版社2020年版，第457页。

其三，如果被动债权超过了诉讼时效，或者说被动债权的诉讼时效期间已经届满，主动债权方主张抵销的，抵销主张应予支持。

其四，如果主动债权与被动债权均超过了诉讼时效，或者说主动债权的诉讼时效已经届满，并且被动债权的诉讼时效也已经届满，双方提出的抵销主张，应予支持。

二、关于诉讼时效抗辩

（一）诉讼时效已过，不认可抵销的

当事人一方以其诉讼时效期间已经届满的债权主张抵销，对方提出诉讼时效抗辩的，即发出抵销的意思表示时的诉讼时效期间已经经过，对方亦不认可其有债务抵销的意思表示，则对诉讼时效的抗辩，予以支持。

（二）已过诉讼时效的债权不得作为主动债权主张抵销

由于抵销是单方法律行为，主张抵销一方只要为抵销的意思表示，就发生抵销的法律效力，故对被抵销的一方而言，抵销具有强制性。若允许一方用自然债权抵销对方的债权，则将产生强制履行自然债务的结果，从而导致法律体系内部发生冲突。因此，已过诉讼时效的债权不得作为主动债权主张抵销。但已过诉讼时效的债权可以作为被动债权抵销，此时可认为自然债权的债务人放弃了期限利益。应当指出的是，是否已过诉讼时效的判断时点，应以两项债权适于抵销之时为准，一方因行使抵销权而获得的既得利益应予尊重，不因事后债权罹于时效而受影响。①

三、关于抵销的溯及力问题

根据《民法典》第568条第2款"当事人主张抵销的，应当通知对方。通知自到达对方时生效。抵销不得附条件或者附期限"的规定，法律并未对抵销有无溯及力问题进行规定。从法理上看，抵销行为作为法律行为，原则上不应溯及既往，但如抵销的意思表示仅向将来发生效力，在两个债权的迟延损害赔偿金的比例不同时，将会导致不公平的结果。因此《九民会议纪要》第43条规定，抵销的效力溯及自抵销条件成就之时。

主动债权履行期迟于被动债权的，主动债权履行期限届满之日即为抵销条件成就之时。主动债权履行期限早于被动债权，主动债权人主张抵销，除非被动债权人放弃期限利益，否则抵销条件不成就。鉴于抵销的意思表示不得附期限，因此，不生抵销的法律效果。只有在被动债权已届履行期，被动债权人提出抵销，或者此时主动债权人再次提出抵销时，方生抵销的效力。可见，在两个债权异时履行期限的情况下，除

---

① 最高人民法院民事审判第一庭编：《最高人民法院民事审判第一庭裁判观点》（民事合同卷·上），人民法院出版社2023年版，第18页。

非在后履行一方主动放弃期限利益,否则,原则上,应以在后履行一方的履行期限届满之日作为抵销条件成就之日。①

四、超过诉讼时效后双方达成新的协议的效力

依据《最高人民法院关于超过诉讼时效期间后债务人向债权人发出确认债务的询证函的行为是否构成新的债务的请示的答复》(〔2003〕民二他字第59号)的规定:"对债务人于诉讼时效期间届满后主动向债权人发出询证函核对贷款本息行为的法律后果问题可参照本院上述《关于超过诉讼时效期间借款人在催款通知单上签字或者盖章的法律效力问题的批复》的规定进行认定和处理。"依据《最高人民法院关于超过诉讼时效期间借款人在催款通知单上签字或者盖章的法律效力问题的批复》(法释〔1999〕7号)的规定:"债务人在该通知单上签字或者盖章的,应当视为对原债务的重新确认,该债权债务关系应受法律保护。"因此,对超过诉讼时效期间的债权债务给予保护,需债权人和债务人对债权债务的履行达成新的合意。如果债务人在诉讼时效届满后主动发出债务通知的,应当认定债务人对原债务的重新确认,诉讼时效重新起算。

根据《诉讼时效司法解释》第19条的规定:"诉讼时效期间届满,当事人一方向对方当事人作出同意履行义务的意思表示或者自愿履行义务后,又以诉讼时效期间届满为由进行抗辩的,人民法院不予支持。当事人双方就原债务达成新的协议,债权人主张义务人放弃诉讼时效抗辩权的,人民法院应予支持。超过诉讼时效期间,贷款人向借款人发出催收到期贷款通知单,债务人在通知单上签字或者盖章,能够认定借款人同意履行诉讼时效期间已经届满的义务的,对于贷款人关于借款人放弃诉讼时效抗辩权的主张,人民法院应予支持。"根据《民法典》第568条的规定,债务抵销均以通知到达相对方发生效力,而并非以相对方同意为生效前提;故当事人主张债务抵销不成立的理由不能成立。

需要注意的是,如果当事人一方并没有同意履行债务的意思表示的,即未能对债务的履行达成合意的,不构成对债务的重新确认,不引起诉讼时效重新计算的法律后果。

【法律适用分歧】

一、义务人的相关收发人员在没有载明邮件内容的信封上签收,该签收行为能否认定为义务人放弃诉讼时效抗辩权

义务人的相关收发人员在没有载明邮件内容的信封上签收,收发人员的职责是收

---

① 最高人民法院民事审判第二庭编著:《〈全国法院民商事审判工作会议纪要〉理解与适用》,人民法院出版社2019年版,第298页。

发信件,在其未看到催收通知文书的内容,仅系在信封上签收或者仅是登记签收信件的情形下,不属于《最高人民法院关于超过诉讼时效期间借款人在催款通知单上签字或者盖章的法律效力问题的批复》规定的情形①,不应认定债务人同意履行诉讼时效期间已过的债务重新确认原债务。

二、关于诉讼时效的法官释明问题

对于诉讼时效,特别是当事人一方未提出诉讼时效抗辩时,人民法院能否主动对诉讼时效进行释明的问题。

由于法律没有明文规定,因此,存在不同的认识和观点:

支持者认为,应当允许法官主动进行释明。既有利于保护当事人的实体权利,又有利于查清案件事实。

反对者认为,不应当允许法官主动进行释明。理由是如果人民法院主动对诉讼时效进行释明,则无异于提醒和帮助一方当事人,特别是义务人逃避债务,也违背法官居中裁判的中立地位。《诉讼时效司法解释》第2条规定:"当事人未提出诉讼时效抗辩,人民法院不应对诉讼时效问题进行释明。"

鉴于该问题在审判实践中仍有较大争议,《民法典》中没有明确规定人民法院是否可以主动行使释明权。宜待理论界再作深入探讨、实践,进一步摸索成熟后进行规定。②

【典型案例】

裁判规则:"双方债务均已到期"之条件即已成就,即使此后抵销权行使之时主动债权已经超过诉讼时效,亦不影响该条件的成立;当事人一方以其诉讼时效期间已经届满的债权主张抵销,对方提出诉讼时效抗辩的,人民法院对该抗辩应予支持

【法院】

最高人民法院(公报案例)

【案号】

(2018)最高法民再51号

【当事人】

再审申请人(一审原告、二审上诉人):厦门源某房地产开发有限公司

---

① 《最高人民法院关于超过诉讼时效期间借款人在催款通知单上签字或者盖章的法律效力问题的批复》(法释〔1999〕7号)规定:"根据《中华人民共和国民法通则》第四条、第九十条规定的精神,对于超过诉讼时效期间,信用社向借款人发出催收到期贷款通知单,债务人在该通知单上签字或者盖章的,应当视为对原债务的重新确认,该债权债务关系应受法律保护。"

② 黄薇主编:《中华人民共和国民法典合同编解读》,中国法制出版社2020年版,第643~644页。

被申请人（一审被告、二审上诉人）：海南悦某集团有限公司等

【案由】

委托合同纠纷

【裁判观点】

就权利形成的积极条件而言，法定抵销权要求双方互负债务，双方债务均已到期，且标的物种类、品质相同。其中，双方债务均已到期之条件当作如下理解：首先，双方债务均已届至履行期即进入得为履行之状态。其次，双方债务各自从履行期届至，到诉讼时效期间届满的时间段，应当存在重合的部分。亦即，就诉讼时效在先届满的债权而言，其诉讼时效届满之前，对方的债权当已届至履行期；就诉讼时效在后届满的债权而言，其履行期届至之时，对方债权诉讼时效期间尚未届满。在上述时间段的重合部分，双方债权均处于没有时效抗辩的可履行状态，"双方债务均已到期"之条件即已成就，即使此后抵销权行使之时主动债权已经超过诉讼时效，亦不影响该条件的成立。反之，上述时间段若无重合部分，即一方债权的诉讼时效期间届满时对方之债权尚未进入履行期，则在前债权可履行时，对方可以己方债权尚未进入履行期为由抗辩；在后债权可履行时，对方可以己方债权已过诉讼时效期间为由抗辩。如此，则双方债权并未同时处于无上述抗辩之可履行状态。即使在此后抵销权行使之时，在后债务已进入履行期，亦难谓满足该条件。因被动债权诉讼时效的抗辩可由当事人自主放弃，故可认定，在审查抵销权形成的积极条件时，应当重点考察主动债权的诉讼时效，即主动债权的诉讼时效届满之前，被动债权进入履行期的，应当认为满足双方债务均已到期之条件；反之则不得认定该条件已经成就。

【相关规定】

《民法典》第 188 条、第 192 条、第 568 条；《诉讼时效司法解释》第 19 条

八、违约责任

根据《民法典》合同编中的第一分编"通则"下的第八章"违约责任"部分（第577条至第594条），本《通则司法解释》关于"八、违约责任"部分，共有10条规定，分别是：

1. 第五十九条："合同终止的时间。"本条是根据《民法典》第580条第2款规定的当事人请求终止合同权利义务关系时，如何认定合同终止时间的规定，涉及的基础理论主要包括合同僵局、司法终止制度等。

2. 第六十条："可得利益损失的计算。"本条是关于可得利益的计算的一般规定，涉及的基础理论主要包括完全赔偿原则、可得利益、填平原则等。

3. 第六十一条："持续性定期合同中可得利益的赔偿。"本条是关于如何认定持续性定期合同中可得利益损失计算的规定，涉及的基础理论主要包括替代交易、履约成本等。

4. 第六十二条："无法确定可得利益时的赔偿。"本条是关于在无法确定可得利益且违约方因违约行为获得时可得利益的计算方法，涉及的基础理论主要包括违约赔偿损失、获得返还等。

5. 第六十三条："违约损害赔偿数额的确定。"本条是关于如何认定违约损失额计算的规定，涉及的基础理论主要包括可预见性规则、过失相抵规则、动态系统论等。

6. 第六十四条："请求调整违约金的方式和举证责任。"本条是关于如何认定请求调整违约金的方式和举证责任的规定，涉及的基础理论主要包括举证责任分配等。

7. 第六十五条："违约金的司法酌减。"本条是关于如何认定违约金数额司法酌减的规定，涉及的基础理论主要包括违约金司法酌减规则、违约损失赔偿责任等。

8. 第六十六条："违约金调整的释明与改判。"本条是关于如何认定违约金调整的释明与改判，涉及的基础理论主要包括释明权理论、实质正义等。

9. 第六十七条："定金规则。"本条是关于如何认定定金类型及相应的法律适用规则的规定，涉及的基础理论主要包括定金、实践合同等。

10. 第六十八条："定金罚则的法律适用。"本条是关于如何认定定金罚则的法律适用规则，涉及的基础理论主要包括根本违约、比例原则等。

> **第五十九条 【合同终止的时间】**
>
> 当事人一方依据民法典第五百八十条第二款的规定请求终止合同权利义务关系的,人民法院一般应当以起诉状副本送达对方的时间作为合同权利义务关系终止的时间。根据案件的具体情况,以其他时间作为合同权利义务关系终止的时间更加符合公平原则和诚信原则的,人民法院可以以该时间作为合同权利义务关系终止的时间,但是应当在裁判文书中充分说明理由。

【条文主旨】

本条是关于合同终止时间的规定。

【司法适用】

本条系对《民法典》第580条有关合同权利义务关系终止时间的细化规定。其中:

1. 关于《民法典》第580条第2款"有前款规定的除外情形之一,致使不能实现合同目的的,人民法院或者仲裁机构可以根据当事人的请求终止合同权利义务关系,但是不影响违约责任的承担"是《民法典》新增的关于合同僵局终止的规定。

2. 本条中的请求终止合同权利义务关系的主张,延续《民法典》第580条第2款规定中的"可以根据当事人的请求终止合同权利义务关系"。

3. 本条中的"一般应当以起诉状副本送达对方的时间为合同权利义务关系终止的时间",参考借鉴《民法典》第565条规定中的"人民法院或者仲裁机构确认该主张的,合同自起诉状副本或者仲裁申请书副本送达对方时解除"。

一、关于合同终止与合同解除的关系

(一)合同终止

合同终止,亦称解约告知,乃当事人本有终止权,使继续的契约关系向将来消灭的一方的意思表示。主要包括三层意思:(1)是当事人一方的意思表示;(2)是使继续的合同关系向将来消灭的意思表示;(3)须该当事人本有终止权的意思表示。[①]

关于合同终止与合同解除的区别。合同终止与合同解除之间有相同点,也有不同点。相同点是:(1)双方均为形成权。(2)均为一方意思表示。不同点是:(1)对象

---

① 郑玉波:《民法债编总论》(修订二版),陈荣隆修订,中国政法大学出版社2004年版,第341~342页。

不同。合同终止的对象为继续的合同关系；合同解除的对象为双务合同。（2）效力不同。合同终止的效力是合同关系向将来消灭；合同解除的效力是使合同效力溯及的消灭。（3）结果不同。合同终止的结果是不发生恢复原状的问题；而合同解除的结果则是会发生恢复原状的问题。①

（二）我国的合同终止

在许多大陆法系国家，合同终止与合同解除都只是合同消灭的部分事由，两者是相并列的制度。我国没有采纳这一立法模式，而是采用了一个广义终止概念。合同终止，是指合同关系在客观上不复存在，合同一旦终止，当事人不再受合同关系的拘束，合同的权利义务关系归于消灭。② 我国《合同法》第六章（原《合同法》第91条③）把终止概念用来概括合同的权利义务因履行、解除、抵销、提存、免除、混合而归于消灭的情形。因此，合同终止是对合同权利义务消灭的概括，而不仅仅是单方终止合同权利义务关系。④ 也即，凡是导致合同权利义务消灭的一切事由，均属于合同终止的原因；合同解除仅仅是合同终止的一个原因，除了合同解除外，合同终止还包括清偿、抵销等原因，可以看出，合同终止是合同解除的上位概念。⑤

二、关于确定合同终止时间的必要性

（一）关于终止合同

根据《民法典》第580条第2款的规定，可以认为：（1）终止合同。"该款旨在赋予不履行方申请终止合同关系的救济"⑥ "……由于债权人已经无法请求债务人继续履行，合同继续存在并无实质意义。当事人均可申请人民法院或者仲裁机构终止合同，最终由人民法院或仲裁机构结合案件的实际情况根据公平原则决定终止合同的权利义务关系，在保障债权人合理利益的前提下，有利于使双方当事人重新获得交易的自由，

---

① 郑玉波：《民法债编总论》（修订二版），陈荣隆修订，中国政法大学出版社2004年版，第342页。
② 王利明：《合同法研究》卷2（第3版），中国人民大学出版社2015年版，第249页。
③ 原《合同法》第91条规定："有下列情形之一的，合同的权利义务终止：（一）债务已经按照约定履行；（二）合同解除；（三）债务相互抵销；（四）债务人依法将标的物提存；（五）债权人免除债务；（六）债权债务同归于一人；（七）法律规定或者当事人约定终止的其他情形。"《民法典》第557条规定："有下列情形之一的，债权债务终止：（一）债务已经履行；（二）债务相互抵销；（三）债务人依法将标的物提存；（四）债权人免除债务；（五）债权债务同归于一人；（六）法律规定或者当事人约定终止的其他情形。合同解除的，该合同的权利义务关系终止。"
④ 谢鸿飞、朱广新主编：《民法典评注：合同编 通则》（第2册），中国法制出版社2020年版，第348页。
⑤ 王利明：《合同法研究》卷2（第3版），中国人民大学出版社2015年版，第248页。
⑥ 王利明主编：《中国民法典释评》（合同编·通则），中国人民大学出版社2020年版，第584页。

提高整体的经济效益。"① （2）非解除权。该款是本次《民法典》在原《合同法》第110条基础上新增的条款，即违约方终止合同，实际上是违约方解除合同的制度。②

（二）终止时间的必要性

1. 合同僵局的终止。《民法典》第580条第2款是《民法典》编纂过程中新增加的内容。主要是赋予违约方申请终止合同权利义务的权利。通过明确违约方起诉请求法院解除合同，有利于破解合同僵局，实现实质正义，促进市场经济发展，对于不能履行的交易，以鼓励交易为名义强制履行，并不是鼓励交易的真义，应当按照诚实信用原则，交易双方都要善意行使权利，在合同履行不能时，应当允许违约方起诉请求解除合同。③ 需要注意的是，第2款规定，并没有直接赋予违约方解除合同的形成权，只不过是违约方可以提出申请，最终合同权利义务关系是否终止，是由人民法院或者仲裁机构来决断的。④

2. 根据《民法典》第580条第2款的规定，"可以根据当事人的请求终止合同权利义务关系"，但未明确合同权利义务终止的时间，而设定这个终止时间是很有必要的，原因是：

第一，涉及合同终止后法律后果的起算点的问题。即从何时起无须进行给付，从何时起债权人的对待给付随之消灭。

第二，有些合同的履行费用过高，或者存在债权人在合理期限内未请求履行导致不能请求继续履行的情形。"当违约方继续履行合同所需的财力、物力已超过双方基于合同履行所能获得的收益时，应允许违约方解除合同，用赔偿损失来代替继续履行。"⑤

第三，可能会存在对方当事人不行使解除权的情形。在合同不能履行、债务不适于强制履行、履行费用过高等场合，债务人虽然已构成违约，债权人本有解除权，即有意不行使的情形下，虽然债务人可以抗辩债权人的履行请求，但是合同依然存在，形成僵局。此时债务人仍然持续性地负担给付义务，乃至违约责任，可能会发生极其

---

① 黄薇主编：《中华人民共和国民法典合同编释义》，法律出版社2020年版，第273页。
② 吴兆祥：《民法典合同编通则理解与适用》，载最高人民法院政治部编：《人民法院大讲堂：民法典重点问题解读》，人民法院出版社2021年版，第622页。
③ 最高人民法院民事审判第二庭编著：《〈全国法院民商事审判工作会议纪要〉理解与适用》，人民法院出版社2019年版，第317页。
④ 最高人民法院民法典贯彻实施工作领导小组编著：《中国民法典适用大全》（合同卷二），人民法院出版社2022年版，第1023页。
⑤ 顾全：《合同法上强制履行的适用条件分析》，载《人民司法·案例》2012年第24期。

不公平的结果。①

第四，当事人的既得利益不因合同解除而减少。根据原《合同法》第 110 条的规定，有违约行为的一方当事人请求解除合同，没有违约行为的一方当事人要求继续履行合同，当违约方继续履约所需的财力、物力超过合同双方履行所能获得的利益，合同已不具备继续履行的条件时，为衡平双方当事人利益，可以允许违约方解除合同，但必须由违约方向对方承担赔偿责任，以保证对方当事人的现实既得利益不因合同解除而减少。②

第五，守约方和违约方行使解除权并无实质区别。因为承认违约方有解除权，并不会对违约方造成实质损害。对于存在履行障碍、陷入履行不能的合同，使双方均无再继续受其拘束的实质意义，相当于合同约定的权利义务已无拘束力，此时任何一方行使解除权，都可以使双方从已僵死的合同中解脱出来。③

三、关于在"一般应当以起诉状副本送达对方的时间作为合同权利义务关系终止的时间"

（一）合同解除的时间

根据《民法典》第 565 条第 2 款的规定："当事人一方未通知对方，直接以提起诉讼或者申请仲裁的方式依法主张解除合同，人民法院或者仲裁机构确认该主张的，合同自起诉状副本或者仲裁申请书副本送达对方时解除。"因此，当事人一方在没有通知对方的情况下，直接以提起民事诉讼的方式主张合同解除的，人民法院确认该主张的，合同自起诉状副本送达对方时解除。

（二）合同权利义务终止的时间

1. 司法终止权

合同权利义务终止时间的认定权是司法终止权。当事人根据《民法典》第 580 条所享有的仅仅是申请司法终止的权利，而非终止合同的权利，第 2 款"人民法院或者仲裁机构可以根据当事人的请求终止合同权利义务关系"所规定的并非当事人的终止权或者形成诉权，而是司法终止权。④

---

① 最高人民法院民法典贯彻实施工作领导小组编著：《中国民法典适用大全》（合同卷二），人民法院出版社 2022 年版，第 1023 页。
② 参见《最高人民法院公报》2006 年第 6 期。
③ 黄金龙、毛彦：《合同履行不能时的裁判解除》，载刘贵祥主编：《最高人民法院第一巡回法庭精选案例裁判思路解析（一）》，法律出版社 2016 年版，第 180 页。
④ 黄薇主编：《中华人民共和国民法典合同编释义》，法律出版社 2020 年版，第 274 页。

2. 关于依据《民法典》第 565 条确定终止时间

根据《民法典》第 580 条第 2 款的规定，如果对方当事人依法行使了解除权，则债务人之后依据第 2 款规定请求人民法院或者仲裁机构依法终止合同的，人民法院或者仲裁机构可以依据《民法典》第 565 条的规定，确定合同解除以及解除的时间。①

根据《民法典》第 565 条的规定，可以通过两种方式让对方知悉解除合同的意思：一是通知对方当事人，合同自通知到达对方时解除；二是直接向法院提起诉讼或者向仲裁机构申请仲裁，由法院或仲裁机构将起诉状副本或者仲裁申请书副本送达对方；合同自起诉状副本或者仲裁申请书副本送达对方时解除。《民法典》第 565 条第 2 款规定："当事人一方未通知对方，直接以提起诉讼或者申请仲裁的方式依法主张解除合同，人民法院或者仲裁机构确认该主张的，合同自起诉状副本或者仲裁申请书副本送达对方时解除。"故而，人民法院依据《民法典》第 580 条第 2 款的规定支持当事人一方终止合同权利义务关系的主张的，应当以起诉状副本送达对方的时间为合同权利义务关系终止的时间。

3. 关于"一般应当"的理解

（1）本条规定的"一般应当"，并非"应当"。相对于以"判决时间"有可能导致的当事人故意拖延诉讼而产生的道德风险和由法官根据案件审理情况确定所可能产生的自由裁量权过大且无法统一法律适用标准的问题。以"起诉状副本送达对方的时间"更符合《民法典》第 580 条第 2 款的立法旨意，且符合《民法典》所贯彻的契约自由和意思自治原则。

（2）关于案件的其他相关因素。关于本解释所规定的根据案件的具体情况，以其他时间作为合同权利义务关系终止的时间更加符合公平原则和诚信原则，主要考虑到《民法典》第 580 条第 2 款可能会涉及的不同案件事实发生和持续的时间不同、当事人恶意利用诉讼技巧谋取"不正当利益"的可能性、违约方恶意违约等情形。因此，为了便于法官操作，原则上，规定了一条基本的标准，即"一般应当以起诉状副本送达对方的时间"。此外，《民法典》第 580 条第 2 款也赋予了人民法院对于判断在有些情形下合同终止时间的自由裁量权，以期发挥人民法院的能动司法作用，稳妥处理双方的权利义务关系，与司法终止制度能够形成一个完整的闭环。

（3）"作为权利义务关系终止的时间"并不等于自动解释。因为其还有一个前提条件，即当事人一方"请求终止合同权利义务关系的"，如果人民法院经过审理，符合司法终止条件的，起诉状副本送达对方的时间可以作为权利义务关系终止的时间；如果

---

① 黄薇主编：《中华人民共和国民法典合同编释义》，法律出版社 2020 年版，第 273 页。

经过审理,发现并不符合司法终止条件的,起诉状副本送达对方的时间不能作为合同权利义务关系终止的时间。

(4) 权利义务关系终止并不代表不承担相应的民事责任。违约方依然要根据相关法律规定承担相应的民事责任。

【法律适用分歧】

一、当事人未提出解除合同诉请的,人民法院不能依职权直接判决解除

合同解除权是形成权。形成权的行使,必须基于权利人的意思表示。当事人在诉讼中若想达成解除合同的目的,必须提出相应的诉讼请求,人民法院也须基于该请求作出相应裁判。如果当事人并没有提出解除合同的诉讼请求,人民法院不能依职权裁判解除合同。[①]

二、当事人仅主张解除合同,法院应否一并处理合同解除的法律后果

定分止争,是当事人进行民事诉讼活动的重要目的,也是社会主义法治追求的重要价值目标。为了有效化解社会矛盾,减少当事人诉累,对不告不理原则的理解不能过于机械。当事人请求解除合同的,原则上,应当一并处理解除后的责任等相关后果。至于合同解除后的损失赔偿、违约责任承担问题,法院应向当事人释明,如果当事人坚持不提出要求,可以在裁判文书中指出通过另行诉讼的方式予以解决,以便尊重当事人的民事诉讼权利。[②]

三、合同解除对预查封执行效力的影响

房屋预告登记保全,是预告权利人未来请求实现不动产物权的权利,是对预告登记期间预告登记义务人处分房屋效力的排斥。预查封的效力实为冻结不动产物权登记簿的登记,以限制预告登记人未来对标的物的处分。通过预查封固定的是预告登记本身以及本登记完成之后对房屋的查封,不包括通过执行程序对标的物进行拍卖、变卖、折价等。预查封的执行效果取决于预告登记能否符合本登记的条件。房屋买卖合同解除后,房屋买受人不再享有相应的物权期待权,预告登记效力消灭。房屋出卖人有权向人民法院申请解除预查封,排除执行。[③]

[①] 最高人民法院民法典贯彻实施工作领导小组编著:《中国民法典适用大全》(合同卷二),人民法院出版社2022年版,第910页。

[②] 最高人民法院民事审判第二庭编著:《〈全国法院民商事审判工作会议纪要〉理解与适用》,人民法院出版社2019年版,第319页。

[③] 贺小荣主编:《最高人民法院民事审判第二庭法官会议纪要》(第一辑),人民法院出版社2019年版,第177页。

【典型案例】

一、裁判规则：有法定情形之一致使不能实现合同目的的，人民法院或者仲裁机构可以根据当事人的请求终止合同权利义务关系

【法院】

最高人民法院

【案号】

（2020）最高法知民终1911号

【当事人】

上诉人（原审原告、反诉被告）：北京因某科技有限公司（以下简称因某公司）

上诉人（原审被告、反诉原告）：广东豪某曼智能机器有限公司（以下简称豪某曼公司）

【案由】

计算机软件开发合同纠纷

【裁判观点】

豪某曼公司享有向人民法院请求解除合同的权利。根据《民法典时间效力司法解释》第11条，《民法典》第580条第1款、第2款的规定，本案中，因某公司与豪某曼公司于2019年1月21日签订涉案合同，合同成立在《民法典》施行前。其一，豪某曼公司履行的并不只是金钱债务。涉案合同为计算机软件开发合同，根据合同约定，豪某曼公司除了需要履行支付合同款项（软件开发费用）的义务外，还需为软件开发提供项目、接口、指定开发语言、开发工具、开发环境，提供设计素材，并对因某公司的项目进展情况进行监督，最终接受开发成果。其二，涉案合同标的不适于强制履行。涉案合同的标的为电商APP，软件开发内容涉及APP的UI设计、用户前端和系统管理（PC版）的功能模块开发，合同的履行有赖于作为委托方的豪某曼公司与作为开发方的因某公司之间的密切协作，合同完成必须得到豪某曼公司的积极配合。另外，电商平台竞争激烈，电商APP具有时效性强、开发时间短的特点，涉案合同附件中记载双方预计涉案项目总工期为55个工作日，涉案合同签订日（2019年1月21日）到原审法院立案日（2019年11月21日）历时10个月，考虑到时间因素对电商平台竞争的重要影响，软件开发完成日期延后不仅将导致电商平台商品上线的时间延迟，同时，延后交付的软件也可能出现开发的功能模块不能满足已经变化的市场竞争需求。上述因素均构成导致合同目的不能实现的合理理由。基于此，根据上述司法解释的特别规定，关于合同能否解除的问题，本案应适用《民法典》的相关规定。根据《民法典》

第 580 条第 2 款的规定，并结合前述事实，豪某曼公司有权向人民法院请求解除涉案合同。

二、裁判规则：合同解除的终止日期可以判决为合同解除之日

【法院】

最高人民法院

【案号】

（2013）民提字第 233 号

【当事人】

抗诉机关：中华人民共和国最高人民检察院

申诉人（一审本诉原告、反诉被告、二审被上诉人）：新会江某信息产业有限公司

被申诉人（一审本诉被告、反诉原告、二审上诉人）：爱某生（中国）有限公司等

【案由】

合同纠纷

【裁判观点】

关于损失赔偿额的计算，《合同法》第 113 条第 1 款规定："当事人一方不履行合同义务或者履行合同义务不符合约定，给对方造成损失的，损失赔偿额应当相当于因违约所造成的损失，包括合同履行后可以获得的利益，但不得超过违反合同一方订立合同时预见到或者应当预见到的因违反合同可能造成的损失。"由于本案所涉打印机销售受爱某生方供货计划的影响，且存在市场风险，此外，本案诉讼历时已久，如以江某方 2005—2007 年 3 年之间销售额和利润的平均数为基础计算截至判决生效之日的利润损失，将有失公平。

【相关规定】

《民法典》第 564 条、第 565 条、第 580 条；《九民会议纪要》第 48 条

第六十条　【可得利益损失的计算】

人民法院依据民法典第五百八十四条的规定确定合同履行后可以获得的利益时，可以在扣除非违约方为订立、履行合同支出的费用等合理成本后，按照非违约方能够获得的生产利润、经营利润或者转售利润等计算。

> 非违约方依法行使合同解除权并实施了替代交易，主张按照替代交易价格与合同价格的差额确定合同履行后可以获得的利益的，人民法院依法予以支持；替代交易价格明显偏离替代交易发生时当地的市场价格，违约方主张按照市场价格与合同价格的差额确定合同履行后可以获得的利益的，人民法院应予支持。
>
> 非违约方依法行使合同解除权但是未实施替代交易，主张按照违约行为发生后合理期间内合同履行地的市场价格与合同价格的差额确定合同履行后可以获得的利益的，人民法院应予支持。

【条文主旨】

本条是关于可得利益损失的计算的规定。

【司法适用】

本条系对可得利益的不同情形进一步明确的规定，系对《民法典》第584条的细化性规定，并参考《民商事合同指导意见》第9条和第10条，以及《民法典会议纪要》第11条规定。

一、关于可得利益的范围

（一）关于可得利益的意义

违约损失赔偿是指违约方因不履行或不完全履行合同义务给对方造成的损失，根据法律规定或者合同约定应承担的向受害人支付一定数额的金钱以弥补其损失的一种责任方式。关于违约损害赔偿的范围问题。只有存在损害，才有损害赔偿责任。损害是指受损害方现在的利益状态与假如损害事件不存在时的利益状态之间的差额。损害赔偿请求权的目的是恢复到假如损害事件不存在时受害人所处的状态。[1] 违约损害赔偿的目的，在于补偿受害人的损害，使其受到的损害能够恢复到合同前未受损害的状态。

关于可得利益的类型，根据《民商事合同指导意见》第9条规定，根据交易的性质、合同的目的等因素，可得利益损失主要分为生产利润损失、经营利润损失和转售利润损失等类型。生产设备和原材料等买卖合同违约中，因出卖人违约而造成买受人

---

[1] 王利明主编：《中国民法典释评》（合同编·通则），中国人民大学出版社2020年版，第601页。

的可得利益损失，通常属于生产利润损失。承包经营、租赁经营合同以及提供服务或劳务的合同中，因一方违约造成的可得利益损失，通常属于经营利润损失。先后系列买卖合同中，因原合同出卖方违约而造成其后的转售合同出售方的可得利益损失，通常属于转售利润损失。

审判实践中，合同一方违约后，守约方请求解除合同，并请求赔偿可得利益损失，如果能够得到司法判决的支持，则有利于发挥债务不履行损失赔偿的补偿和惩罚功能，也有利于维持双方当事人的利益平衡，鼓励诚信交易，维护公平的市场经济交易秩序。但是，可得利益属于当事人通过履行合同的履行方可获得的财产增值利益，而在违约行为发生时或合同解除时并未被守约方所实际享有，因此，具有预期性和不确定性。[①]

(二) 关于可得利益赔偿额的限制性规则

违约损害赔偿，不仅要保护守约方，还应该为当事人从事交易活动提供鼓励，谋求社会共同生活的增进。而过于沉重的赔偿责任，不利于当事人积极从事交易，有必要对完全赔偿原则进行一定的限制。在认定可得利益的赔偿额方面，应当采用如下几个限制性规则：

第一，关于可预见性规则。可得利益不应超过违约方在订立合同时预见或应当预见的损失。在这里，可预见的主体以违约方为准。预见的时间是双方订约时而不是违约时。预见的内容中，一个合理人可以预见到的损失是一般损失，违约方应当赔偿，守约方在特殊情况下产生的损失是特殊损失，这只有在违约方订立合同时知道或者应当知道，才能够获得赔偿。可预见性的举证责任方面，违约方的预见能力若高于社会一般人的话，可以按照违约方的实际预见能力来确定赔偿范围，但该特殊预见能力应该由守约方来举证。

第二，关于减轻损害规则。按照诚实信用原则的要求，守约方不得就其本可以采取合理措施予以避免的损失获得赔偿。对于守约方采取的措施是否合理，首先，应根据守约方采取减损行为时的情况加以判断；其次，要看行为人的主观方面，而不应拘泥于客观结果。守约方为采取合理的减损措施所支出的费用应由违约方承担。

第三，关于损益相抵原则。守约方因对方的违约行为而获得利益时，其所能请求的实际赔偿额为损失减去该利益的差额。在计算损失时可以扣除的利益通常有两种，其一是因标的物的毁损而发生的差额；其二是原应支出，即因损害事故的发生而免予支出的费用，如税收等，这些不能计入赔偿。

[①] 贺小荣主编：《最高人民法院民事审判第二庭法官会议纪要》（第一辑），人民法院出版社2019年版，第19页。

第四,关于过失相抵原则。是指受损方对损失的发生也有过错时,其应对自己的过错行为所造成的损失部分承担责任,法院应在该范围内减轻违约方的赔偿责任,但是受损方的过失行为必须是损害发生或扩大的共同原因。

总的来说,在具体案件中,确定可得利益赔偿额一般要经过如下步骤:第一步,确定受害人的可得利益损失额,受损人对此负举证责任;第二步,确定这些可得利益损失哪些是违约方在订约时可以预见的,对此法院可酌情裁量;第三步,确定受损人对损失是否有过错,对此违约方负举证责任,如果受损人有过错,则应承担相应的责任;第四步,确定受损人是否因违约而获有不当得利,如有,则应从损失中扣除;第五步,确定受损人没有采取合理措施减少损失,对此,违约方负举证责任;第六步,考察受损人获取可得利益的能力和条件,确定合理的赔偿额,对此,法院有自由裁量权。

法院在认定可得利益时,还应当注意,要求赔偿的可得利益必须是纯利润,不应包括为取得这些利益所支出的费用,同时要考虑各种因素(如市场价格、原材料供应、生产条件等)对利润取得的影响,对可得利益损失一般不宜强调全部赔偿。此外,还应根据受损人具体情况的不同,而有所区别。比如,新成立的企业,其可得利益损失赔偿在同等条件下,一般应低于各方面条件都较为成熟的企业。[①]

二、关于可得利益的扣减因素

(一)可得利益的计算公式

总的来看,可得利益的基本计算公式为:可得利益损失赔偿额=可得利益损失总额-不可预见的损失-扩大的损失-受害方因违约获得的利益-必要的成本[②]。

(二)扣除履约成本

根据《民商事合同指导意见》第9条、第10条和《民法典会议纪要》第11条的规定,要注意把握《民法典》第584条规定的"损失"的认定标准。人民法院在认定《民法典》第584条规定的"因违约所造成的损失"时,应当综合运用可预见规则、减损规则、损益相抵规则以及过失相抵规则等,从非违约方主张的合同履行后可以获得的利益总额中扣除违约方订立合同时不可预见或者不应当预见到的因违约所造成的损失、非违约方不当扩大的损失、非违约方因违约获得的利益、非违约方亦有过失所造成的损失以及必要的交易成本。[③] 因此,人民法院依据《民法典》第584条的规定确定

---

① 参见宋晓明:《聚焦合同法律适用问题,推动商事司法审判发展》,载最高人民法院民事审判第二庭编:《合同案件审判指导》(修订版·上),法律出版社2018年版,第579~580页。
② 王闯:《当前人民法院审理商事合同案件适用法律若干问题》,载《法律适用》2009年第9期。
③ 最高人民法院研究室编著:《〈全国法院贯彻实施民法典工作会议纪要〉条文及适用说明》,人民法院出版社2021年版,第33页。

合同履行后可以获得的利益时，应当扣除非违约方为订立、履行合同支出的费用等履约成本。

（三）扣除获益

对违约赔偿数额的限制，除可预见性规则、《民法典》第591条"当事人一方违约后，对方应当采取适当措施防止损失的扩大；没有采取适当措施致使损失扩大的，不得就扩大的损失请求赔偿。当事人因防止损失扩大而支出的合理费用，由违约方负担"和第592条"当事人都违反合同的，应当各自承担相应的责任。当事人一方违约造成对方损失，对方对损失的发生有过错的，可以减少相应的损失赔偿额"之外，在审判实践中，还可以考虑损益相抵，即当守约方因损失发生的同一违约行为而获有利益时，应当从损失赔偿额中扣除该部分利益。可以扣除的利益包括：中间利息、因违约实际减少的受害人的某些税负、商业保险金、社会保险金、以新替旧中的差额、毁损物件的残余价值、原应支付却因损害事故而免予支付的费用、原本无法获得却因损害事故的发生而获得的利益等。① 与此同时，还要扣除一些不必提供给付而节省的费用，即在合同被解除的场合，由于解除并不使合同溯及既往地归于无效，当事人仍有权要求履行利益的损害赔偿，只不过需要减去因合同解除后不必提供给付而节省的费用。②

三、关于替代交易

关于可得利益赔偿数额的计算。赔偿数额计算有主观计算方法与客观计算方法两种方法。主观计算方法又称具体计算方法，是根据受害人具体遭受的损失、支出的费用来计算损害额；客观计算方法又称抽象计算方法，是按照当时社会的一般情况来确定损害额，而不考虑受害人的特定情况。在客观计算时，首先可以考虑支付替代交易。债权人依法解除合同并在合理期限内以合理的方式进行了替代交易的，有权请求赔偿合同价款与替代交易价款之间的差额以及其他损失。③

根据违约损害赔偿的范围，可以将损害分为迟延损害和填补损害。填补损害，又称代替给付的损害、代替履行的损害，是指在未实际履行的情况下，通过损害赔偿使债权人达到与债务履行同等的地位。在履行不能或者继续履行失败的情形下，受损害方可以请求代替给付的损害赔偿。④ 关于替代交易，在《联合国国际货物销售公约》

---

① 黄薇主编：《中华人民共和国民法典合同编释义》，法律出版社2020年版，第285页。
② 王利明主编：《中国民法典释评》（合同编·通则），中国人民大学出版社2020年版，第604页。
③ 黄薇主编：《中华人民共和国民法典合同编释义》，法律出版社2020年版，第286页。
④ 王利明主编：《中国民法典释评》（合同编·通则），中国人民大学出版社2020年版，第603页。

（CISG）第 75 条、第 76 条①中也有明确的规定。

（一）关于合同解除后赔偿损失的范围

关于合同解除后赔偿损失的范围，应坚持赔偿可得利益说。主要理由是：合同解除场合的损失赔偿请求权，是因合同解除之前的违约行为而发生的，并非因合同解除才产生，损失赔偿的对象是因违约行为而产生的损失，合同解除与损失赔偿都是违约的救济措施。对于违约损失赔偿，我国合同法规定的是赔偿可得利益，因而在合同解除与违约损失赔偿可以并存的情况下，损失赔偿的范围应为可得利益，即合同正常履行时，当事人可以获得的利益，包括当事人的缔约费用、履约准备费用等必要交易成本（信赖利益）以及合同履行后可以获得的利益②。如《融资租赁司法解释》第 11 条规定："出租人依照本解释第五条的规定请求解除融资租赁合同，同时请求收回租赁物并赔偿损失的，人民法院应予支持。前款规定的损失赔偿范围为承租人全部未付租金及其他费用与收回租赁物价值的差额。合同约定租赁期间届满后租赁物归出租人所有的，损失赔偿范围还应包括融资租赁合同到期后租赁物的残值。"

（二）关于合同解除中的替代交易

1. 关于计算方法。一方构成违约，守约方行使法定解除权解除合同，返还实际投入并请求赔偿损失的，损失赔偿的范围包含可得利益损失。在合同因违约解除而未实际履行情况下，精确计算合同履行后可以获得的利益，往往十分困难。因此，人民法院在确定守约方可以获得的赔偿损失数额时，可以根据案件的具体情况，采取"差额法""类比法""估算法""综合裁量法"等方法来确定守约方的可得利益③。

在法定的违约赔偿数额的计算中，有主观计算方法和客观计算方法，关于客观计算方法，就是指按照当时社会的一般情况来确定损害额，而不考虑受害人的特定情况。

---

① 《联合国国际货物销售公约》第 75 条规定："如果合同被宣告无效，而在宣告无效后一段合理时间内，买方已以合理方式购买替代货物，或者卖方已以合理方式把货物转卖，则要求损害赔偿的一方可以取得合同价格和替代货物交易价格之间的差额以及按照第七十四条规定可以取得的任何其他损害赔偿。"第 76 条规定："（1）如果合同被宣告无效，而货物又有时价，要求损害赔偿的一方，如果没有根据第七十五条规定进行购买或转卖，则可以取得合同规定的价格和宣告合同无效时的时价之间的差额以及按照第七十四条规定可以取得的任何其它损害赔偿。但是，如果要求损害赔偿的一方在接收货物之后宣告合同无效，则应适用接收货物时的时价，而不适用宣告合同无效时的时价。（2）为上一款的目的，时价指原应交付货物地点的现行价格，如果该地点没有时价，则指另一合理替代地点的价格，但应适当地考虑货物运费的差额。"

② 最高人民法院民事审判第二庭编著：《〈全国法院民商事审判工作会议纪要〉理解与适用》，人民法院出版社 2019 年版，第 323 页。

③ 贺小荣主编：《最高人民法院民事审判第二庭法官会议纪要》（第一辑），人民法院出版社 2019 年版，第 18 页。

在计算方法上以客观方法为主,有助于计算的便利;同时,在客观计算时,可以考虑替代交易。债权人依法解除合同,并在合理期限内以合理的方式进行替代交易的,有权请求赔偿合同价款与替代交易价款之间差额以及其他损失。①

2. 替代交易的合理性。由于替代交易目的是弥补合同的损失,因此:

其一,受损害方或非违约方应当坚持诚实信用原则,代替交易不能偏离合同目的,即替代交易要具有一定的合理性,以"合理的方式"来实现,即"受损害方在合理期间内以合理方式订立一项替代性合同"。②

其二,受损害方应当有证据证明其替代交易的真实性、合理性、合法性和急迫性;对于替代交易不具有合理性的,或者违约方有证据证明替代交易不具有合理性的,就超出了替代交易本身设立的目的,超越合理部分的不应当获得支持;由于替代交易具有一定的"紧迫性",可能无法与对方再行协商,同时,参照《民法典》第591条减损规则的精神,应当及时采取措施防止损失的扩大,因此,如果非违约方能够证明不进行替代交易将导致损失扩大的,应当予以支持。

其三,关于替代交易的反证。如果违约方有证据证明替代交易价格偏离市场价格,偏离市场价格的部分,应当不予采纳;而未偏离市场价格的部分,即违约行为发生时合同履行地的市场价格与合同约定价格的差额确定合同履行后可以获得的利益的,应当依法予以支持。

3. 关于违约后的替代交易。关于替代交易,根据《民法典》第591条③的规定,债权人能够在合理期限内以合理的方式进行替代交易的,应当采取此种替代交易避免损失扩大。债权人本无须付出重大努力或花费高额费用即可进行合理的替代交易,而仍然坚持不合理的实际履行人,不得要求债务人赔偿因此而增加的损失。④

(三)关于未实施替代交易的

在进行赔偿数额中的客观计算时,还可以考虑市场价格;债权人依法解除合同,且没有进行替代交易,但存在履行市价的,债权人有权请求赔偿合同价款与解除后合理期间时的市场价款之间的差额以及其他损失。⑤ 同样地,非违约方未实施替代交易,主张按照违约行为发生时合同履行地的市场价格与合同约定价格的差额确定合同履行

---

① 黄薇主编:《中华人民共和国民法典释义》(中),法律出版社2020年版,第1129页。
② 王利明主编:《中国民法典释评》(合同编·通则),中国人民大学出版社2020年版,第606页。
③ 《民法典》第591条规定:"当事人一方违约后,对方应当采取适当措施防止损失的扩大;没有采取适当措施致使损失扩大的,不得就扩大的损失请求赔偿。当事人因防止损失扩大而支出的合理费用,由违约方负担。"
④ 黄薇主编:《中华人民共和国民法典释义》(中),法律出版社2020年版,第1144页。
⑤ 黄薇主编:《中华人民共和国民法典释义》(中),法律出版社2020年版,第1129页。

后可以获得的利益的，人民法院依法予以支持。其原理在于"如果受损害方未采用替代性交易，但同类交易有市价的，合同中的价格与合同解除时的市价之差，可推定为损失"。① 即非违约方主张按照违约行为发生后合理期间内合同履行地的市场价格与合同价格的差额确定合同履行后可以获得的利益的，人民法院依法予以支持。②

（四）关于"市场价格"与合同价格的差额

在计算可得利益的赔偿数额时，可以考虑市场价格。市场价格是指在合同应当履行的地点、对应当交易的货物或应提供的服务在可比的情况下，通常收取的价格，或者如果该地无市价，可合理参照另一地市价。债权人依法解除合同，且没有进行替代交易，但存在履行市价的，债权人有权请求赔偿合同价款与解除后合理期间的市场价款之间的差额以及其他损失③。结合这一原理，本条规定替代交易价格明显偏离替代交易发生时当地的市场价格，违约方主张按照市场价格与合同价格的差额确定合同履行后可以获得的利益的，人民法院应予支持。

四、关于可得利益的举证责任分配

（一）关于要件事实

根据《民事诉讼法》第67条，《民诉法司法解释》第90条、第91条的规定，确定了我国民事诉讼的举证责任规范。根据这些举证责任规范，即使是在法律要件存在与否不明确的情况下，法院也不得拒绝裁判，而需要根据举证责任要件事实来确定当事人的请求能否得到支持。对于可得利益损失赔偿案件来说，根据上述举证责任规范，守约方应当对可得利益损失赔偿请求权产生的法律要件事实承担举证责任，包括：（1）违约方存在违约行为；（2）守约方存在可得利益的损失（数额）；（3）所受损失和违约行为之间存在因果关系。

而违约方要对可得利益损失赔偿数额应予限制或者减少的抗辩承担举证责任，比如减轻损失规则、损失相抵规则、合理预见规则的适用。④（1）关于合理预见规则。对于违约人在合同订立时所不能预见的损失，则不应予以赔偿。（2）关于过失相抵规则。对于守约人也有过错的，计算可得利益损失赔偿数额时则应相应减轻违约方的责任，违约方应当对守约方的过错承担举证责任。（3）关于减轻损失规则。守约方应当采取必要

---

① 王利明主编：《中国民法典释评》（合同编·通则），中国人民大学出版社2020年版，第607页。
② 参见《最高人民法院发布民法典合同编通则司法解释相关典型案例》，载最高人民法院网站，https://www.court.gov.cn/zixun/xiangqing/419392.html，最后访问时间：2023年12月17日。
③ 黄薇主编：《中华人民共和国民法典合同编释义》，法律出版社2020年版，第286页。
④ 贺小荣主编：《最高人民法院民事审判第二庭法官会议纪要》（第一辑），人民法院出版社2019年版，第26页。

的措施防止损失的扩大,如果其没有采取必要措施导致损失扩大的,不应就扩大的损失部分要求违约方承担赔偿;违约方应当对守约方没有采取必要措施承担相应的举证责任。

(二)关于证明责任分配

参考2009年《民商事合同指导意见》第11条规定:"人民法院认定可得利益损失时应当合理分配举证责任。违约方一般应当承担非违约方没有采取合理减损措施而导致损失扩大、非违约方因违约而获得利益以及非违约方亦有过失的举证责任;非违约方应当承担其遭受的可得利益损失总额、必要的交易成本的举证责任。对于可以预见的损失,既可以由非违约方举证,也可以由人民法院根据具体情况予以裁量。"可以考虑以下的举证责任分配:(1)因违约行为的发生,守约方遭受了哪些可得利益损失,包括生产利润损失、经营利润损失、转售利润损失等,由守约方负举证责任。(2)守约方所遭受的可得利益损失中,哪些是违约方在订约时可以预见的,守约方负举证责任;至于不可预见的损失,既可以由守约方举证,也可以由人民法院自由裁量。(3)守约方是否因违约而获有利益,如规避了市场风险、少支出了费用等,由违约方负举证责任。(4)守约方是否存在没有采取合理减损措施而导致损失扩大的情形,违约方负举证责任。(5)守约方取得利益需要支出的成本,守约方负举证责任。即违约方一般应承担非违约方没有采取合理减损措施而导致损失扩大、非违约方因违约而获得利益,以及非违约方亦有过失的举证责任;非违约方应当承担其遭受的可得利益损失总额、必要的交易成本的举证责任。①

【法律适用分歧】

关于当事人所主张的可得利益,是否必然支持和是否全部支持的问题

当事人关于赔偿可得利益损失的主张,并不必然获得支持,还要受到可预见性规则、减轻损失规则、过失相抵规则以及损益相抵规则等限制。以房屋买卖合同为例,房屋买卖合同履行期间,房屋市场价格上涨,出卖人拒不履行交付房屋的合同义务,致买受人的合同目的无法实现,由此造成的房屋市场价格与合同约定价格之间的差价属于买受人的可得利益损失范畴。

但是,个案中在确定具体损失数额时,还应考虑可预见性规则、减轻损失规则、损益相抵规则、过失相抵规则,斟酌合同约定、违约原因、时间长短等综合因素,不

---

① 王闯:《关于审理买卖合同纠纷案件的若干重要问题——解读〈关于审理买卖合同纠纷案件适用法律问题的解释〉》,载最高人民法院民事审判第二庭编:《合同案件审判指导》(修订版·上),法律出版社2018年版,第582页。

能简单地以价格之差确定买受人的购房损失数额。

【典型案例】

裁判规则：在"一房二卖"纠纷中，前买受人基于房价上涨产生的房屋差价损失，属于可得利益损失，可以依法主张赔偿

【法院】

最高人民法院

【案号】

检例第 156 号：郑某安与某物业发展公司商品房买卖合同纠纷再审检察建议案

【裁判观点】

根据《合同法》第 113 条规定，"一房二卖"纠纷中，出卖人先后与不同买受人订立房屋买卖合同，后买受人办理房屋产权过户登记手续的，前买受人基于房价上涨产生的房屋差价损失，属于可得利益损失，可以依法主张赔偿。同时，在计算和认定可得利益损失时，应当综合考虑可预见规则、减损规则、损益相抵规则等因素，合理确定可得利益损失数额。

【相关规定】

《民法典》第 584 条、第 585 条；《融资租赁司法解释》第 11 条；《民法典会议纪要》第 11 条；2009 年《民商事合同指导意见》第 9 条、第 10 条、第 11 条

第六十一条 【持续性定期合同中可得利益的赔偿】

在以持续履行的债务为内容的定期合同中，一方不履行支付价款、租金等金钱债务，对方请求解除合同，人民法院经审理认为合同应当依法解除的，可以根据当事人的主张，参考合同主体、交易类型、市场价格变化、剩余履行期限等因素确定非违约方寻找替代交易的合理期限，并按照该期限对应的价款、租金等扣除非违约方应当支付的相应履约成本确定合同履行后可以获得的利益。

非违约方主张按照合同解除后剩余履行期限相应的价款、租金等扣除履约成本确定合同履行后可以获得的利益的，人民法院不予支持。但是，剩余履行期限少于寻找替代交易的合理期限的除外。

【条文主旨】

本条是关于持续性定期合同中可得利益的赔偿的规定。

【司法适用】

本条是《民法典》第 584 条、《九民会议纪要》第 49 条和《民法典会议纪要》第 11 条的细化规定,本条限长期性合同。

一、关于长期性合同中可得利益的必要性

(一)客观情况发生变化

在房屋租赁等长期性合同中,一方因经济形势的变化、履约能力等原因,导致不可能履行长期合同,需要提前解除,而另一方拒绝解除合同。在出现合同僵局的情形下,允许违约方向法院提起诉讼,请求法院通过裁判终结合同,从而使当事人从难以继续履行的合同中脱身,有利于充分发挥物的价值,减少财产浪费,有效利用资源。[①]

(二)继续履约显失公平

如果继续履行合同可以给守约方带来一定的利益,但此种利益与给违约方造成的损失相比,明显不对等,尤其是在违约方能够赔偿守约方因合同解除而遭受的损失时,当事人之间的利益失衡更加明确。[②]

二、关于合同解除后确定赔偿损失范围

合同解除后赔偿损失的范围如何界定,存在赔偿信赖利益和赔偿可得利益两种观点。可得利益,是合同履行后当事人才能获得的利益,既然当事人选择了合同解除,就说明当事人不愿意继续履行合同,因此,守约方也就不应该得到合同履行后才能获得的履行利益。主要理由是:合同解除场合的损失赔偿请求权,是因合同解除之前的违约行为而发生的,并非因合同解除才产生,损失赔偿的对象是因违约行为而产生的损失,合同解除与损失赔偿都得违约的救济措施。对于违约损失赔偿,我国合同法规定的是赔偿可得利益,因而在合同解除与违约损失赔偿可以并存的情况下,损失赔偿的范围应为可得利益,即合同正常履行时,当事人可以获得的利益,包括当事人缔约费用、履约准备费用等必要交易成本(信赖利益),以及合同履行后可以获得的利益。[③]

[①] 最高人民法院民事审判第二庭编著:《〈全国法院民商事审判工作会议纪要〉理解与适用》,人民法院出版社 2019 年版,第 316 页。

[②] 最高人民法院民事审判第二庭编著:《〈全国法院民商事审判工作会议纪要〉理解与适用》,人民法院出版社 2019 年版,第 317 页。

[③] 最高人民法院民事审判第二庭编著:《〈全国法院民商事审判工作会议纪要〉理解与适用》,人民法院出版社 2019 年版,第 322~323 页。

三、关于替代交易的考量因素

根据本解释第 63 条的规定，在长期性合同履行过程中，在出现无法履行或无法全部履行的情况下，亦可采用替代交易方式履行。在考查替代交易时，人民法院应当需要对以下因素进行考量：

1. 关于背景因素。参考合同主体、交易类型、市场价格变化、剩余履行期限等因素；在以持续履行的债务为内容的定期合同中，由于合同约定的内容、主体、履行等与其他传统的民商事合同存在较大差异，因此，是法官自由裁量的一项重要背景因素和价值衡量因素。

2. 关于非违约方寻找替代交易的合理期限。众所周知，在以持续履行的债务为内容的定期合同中，由其履行合同的内容和事项所决定的，一旦涉及合同解除，必然会涉及搬迁、转场、寻找场地、适合地域等实际问题，而这些问题的解决，是需要有一定的时间作为解决替代交易的支出，否则在短时间内，是无法完成替代交易的，还可能会造成"二次伤害"。

3. 关于可预见性规则。根据《民法典》第 584 条的规定，"不得超过违约一方订立合同时预见到或者应当预见到的因违约可能造成的损失"，持续性定期合同的履行方式，远不同于一般的常规合同，其履行期限一般为长期，如果以剩余履行期限相应的价款、租金等扣除履约成本来确定合同履行后的可得利益，不但有违双方当事人的预见范围，也与人们日常生活中的逻辑法则和经验法则不符。

4. 减损规则。根据 2009 年《民商事合同指导意见》第 10 条的规定："人民法院在计算和认定可得利益损失时，应当综合运用可预见规则、减损规则、损益相抵规则以及过失相抵规则等，从非违约方主张的可得利益赔偿总额中扣除违约方不可预见的损失、非违约方不当扩大的损失、非违约方因违约获得的利益、非违约方亦有过失所造成的损失以及必要的交易成本。存在合同法第一百一十三条第二款规定的欺诈经营、合同法第一百一十四条第一款规定的当事人约定损害赔偿的计算方法以及因违约导致人身伤亡、精神损害等情形的，不宜适用可得利益损失赔偿规则。"按照该期限对应的租金、价款或者报酬等扣除非违约方应当支付的相应履约成本后确定合同履行后可以获得的利益。

根据《民法典》第 591 条的规定，在审判实践中，还可以考虑损益相抵，即守约方因损失发生的同一违约行为而获有利益时，应当从损失赔偿额中扣除该部分的利益。可以扣除的利益包括中间利息、因违约减少的受害人的某些税负、商业保险金、社会保险金、以新替旧中的差额、毁损物件的残余价值、原应支付却因损害事故而免予支付的费用、原本无法获得却因损害事故的发生而获得的利益等。因此，对于可得利益而言，可得利益的法定损失赔偿额＝可得利益损失总额－不可预见的损失－扩大的损失－受害方自己过错造成的损失－受害方因违约获得的利益－必要的成本。[①] 根据这一可得利益的计算方法，结合之前的适用前提，在以持续履行的债务为内容的定期合同中，一方不履行支付价款、租金等金钱债务，对方请求解除合同，人民法院经审理认为合同应当依法解除的，可以根据当事人的主张，参考合同主体、交易类型、市场价格变化、剩余履行期限等因素，确定非违约方寻找替代交易的合理期限。

第一，关于合理期限，可以结合《民法典》第142条、第466条、第510条、第511条和本通则司法解释第1条规定，根据不同的案件事实情况，由法官自由裁量权来确定具体案件中多少时间为合理期限。

第二，关于具体数额。其一，"总额"。以该期限对应的价款、租金等作为可得利益的总额；其二，"扣除额度"。非违约方应当支付的相应履约成本；即可得利益＝（当事人的主张＋参考合同主体、交易类型、市场价格变化、剩余履行期限等因素＋确定非违约方寻找替代交易的合理期限）按照该期限对应的价款、租金等非违约方应当支付的相应履约成本。

第三，解决纠纷的需要。我国合同法对于合同解除效果的整体态度，是体现"惩罚违约、鼓励守约、鼓励交易、创造财富"的目的，从而有利于实现合同目的，有利于合同纠纷迅速、便捷地解决；[②] 与此同时，既要考虑到以持续履行的债务为内容的定期合同纠纷的实际情况，也要防止通过诉讼手段谋利或通过合同解除的方式达到一些其他目的，不但造成纠纷久拖不决，而且可能会引发"衍生诉讼"或"连环诉讼"等诉讼外问题，因此，不能单纯地、机械地、纯粹字面式地以简单算法来主张可得利益，应当考虑"合同解除后剩余履行期限相应的价款、租金"与"履约成本"之外的综合性因素，如合同主体、交易类型、市场价格变化、履行期限等，如非违约方寻找替代交易的合理期限等，即可得利益损失的主张，除受到可预见性规则的限制外，还受到减轻损失规则、过失相抵规则以及损益相抵规则等的限制，需要斟酌合同约定、违约原因、时间长短等综合因素，"不能简单地以价格之差确定损失数额"，不能简单地做机械的、形式上的、纯粹的"算法"，否则，既背离了我国现行法律对可得利益的规定，也与审判实践和人们的日常生活经验不符，不利于纠纷的实质性解决，故，非违

[①] 黄薇主编：《中华人民共和国民法典合同编释义》，法律出版社2020年版，第85页。
[②] 最高人民法院民事审判第二庭编著：《〈全国法院民商事审判工作会议纪要〉理解与适用》，人民法院出版社2019年版，第322页。

约方主张按照合同解除后剩余履行期限相应的价款、租金等扣除履约成本确定合同履行后可以获得的利益的，人民法院不予支持。当然，如果剩余履行期限少于寻找替代交易的合理期限的，应当基于实质性解决的需要，按照相关法律规定处理。

【法律适用分歧】

仅主张解除合同的是否一并处理解除后的法律后果

审判实践中，当事人仅主张解除合同，法院是否应当一并处理合同解除后的法律后果，存在不同的观点和做法。

一般认为，定分止争是当事人进行民事诉讼活动的重要目的，也是社会主义法治追求的重要价值目标。为了有效化解社会矛盾，减少当事人诉累，对不告不理原则的理解不应过分机械。当事人请求解除合同的，原则上，应当一并处理解除后的责任承担等相关后果。例如，对于房屋租赁合同而言，一旦认定合同应当解除，就应当对返还财产、腾让房屋等事宜一并作出处理。必要时，应当及时组织当事人办理房屋交接手续，这样既可以减少当事人的经济损失，也便于法院对案件的审理，同时有利于化解纠纷，减少诉累。至于合同解除后的损失赔偿、违约责任承担问题，法院应当向当事人释明，如果当事人坚持不提出请求，可以在裁判文书中指出通过另行诉讼的方式予以解决，以便尊重当事人的民事诉讼权利。①

【典型案例】

一、裁判规则：租赁合同属长期性合同，履行中因合同条文理解发生争议，协商时间长达两年，可认定双方形成合同僵局

【法院】

山西省高级人民法院

【案号】

（2020）晋民申1531号

【当事人】

再审申请人（一审被告、二审上诉人）：某石化阳泉石油分公司

被申请人（一审原告、二审被上诉人）：甲县石油化工经销公司

【案由】

租赁合同纠纷

---

① 最高人民法院民事审判第二庭编著：《〈全国法院民商事审判工作会议纪要〉理解与适用》，人民法院出版社2019年版，第318~319页。

【裁判观点】

参照《九民会议纪要》第48条，本案双方签订《租赁合同》属长期性合同，履行中因合同条文理解发生争议，协商时间长达两年，可认定双方形成合同僵局。没有证据显示甲县石油化工经销公司存在恶意违约的情形；甲县石油化工经销公司目前已经完成改造工程，如双方不能就租金适度上调达成一致，则继续履行合同必然造成显失公平的后果，某石化阳泉石油分公司如不同意调整租金，则可认定违反诚实信用原则。原审判决解除双方之间《租赁合同》符合上述司法政策精神。再审审查中，再审申请人称，案涉加油站已被第三人善意取得，故案涉《租赁合同》缺乏继续履行的现实性。如上所述，原审判决解除双方之间《租赁合同》并无不当，故再审申请人关于原审判决认定基本事实缺乏证据证明、适用法律错误的主张法院不予采纳。

二、裁判规则：一些长期性合同履行过程中双方形成合同僵局，在法定条件下，违约方起诉请求解除合同的，人民法院依法予以支持

【法院】

最高人民法院

【案号】

（2020）最高法民再102号

【当事人】

再审申请人（一审被告、二审上诉人）：长春市成某汽车销售服务有限公司

被申请人（一审原告、二审被上诉人）：吉林省陆某投资咨询有限公司（以下简称陆某公司）

【案由】

合同纠纷

【裁判观点】

《合同法》第8条规定的合同严守原则应当遵循，但根据公平原则和诚实信用原则，在一些长期性合同履行过程中，双方形成合同僵局，一概不允许违约方通过起诉的方式解除合同，有时对双方都不利。在此前提下，符合下列条件，违约方起诉请求解除合同的，人民法院依法予以支持：违约方不存在恶意违约的情形；违约方继续履行合同，对其显失公平；守约方拒绝解除合同，违反诚实信用原则……在本案现有情形下，权衡是否判决解除合同对案涉合同守约方和违约方的影响，不支持违约方解除合同，维护守约方的正当权益，继续恪守合同严守原则，总体上更为公平，也更符合诚实信用原则。违约方陆某公司不能以合同僵局为由主张解除合同。

【相关规定】

《民法典》第563条、第584条；2009年《民商事合同指导意见》第9条、第10条、第11条；《九民会议纪要》第49条；《民法典会议纪要》第11条

第六十二条　【无法确定可得利益时的赔偿】

非违约方在合同履行后可以获得的利益难以根据本解释第六十条、第六十一条的规定予以确定的，人民法院可以综合考虑违约方因违约获得的利益、违约方的过错程度、其他违约情节等因素，遵循公平原则和诚信原则确定。

【条文主旨】

本条是关于无法确定可得利益时的赔偿的规定。

【司法适用】

本条系本解释第60条、第61条的兜底条款。

一、"获利返还"理论的适用

（一）历史发展

以所获得的利益作为赔偿损失的标准，有一个立法发展的过程。原2001年《最高人民法院关于确定民事侵权精神损害赔偿责任若干问题的解释》第10条规定："精神损害的赔偿数额根据以下因素确定：……（四）侵权人的获利情况……"2014年《最高人民法院关于审理利用信息网络侵害人身权益民事纠纷案件适用法律若干问题的规定》第18条第2款规定："被侵权人因人身权益受侵害造成的财产损失或者侵权人因此获得的利益无法确定的，人民法院可以根据具体案情在50万元以下的范围内确定赔偿数额。"原《侵权责任法》第20条规定，"被侵权人的损失难以确定，侵权人因此获得利益的，按照其获得的利益赔偿"。一些侵害人身权益的行为财产损失难以确定，在总结我国审判经验的基础上，当侵害他人人身权益、财产损失难以确定的情况下，《侵权责任法》第20条明确侵权人因此获得的利益的，按照其获得的利益赔偿。① 《民法

---

① 全国人大常委会法制工作委员会民法室编：《中华人民共和国侵权责任法条文说明、立法理由及相关规定》，北京大学出版社2010年版，第75页。

典》第1182条吸纳了该第20条的规定,规定"侵害他人人身权益造成财产损失的,按照被侵权人因此受到的损失或者侵权人因此获得的利益赔偿"。

(二) 扩大适用

在合同法领域内,也存在像上述侵权法领域内的违约方利用违约行为获益,而守约人缺乏相应的立法保护的情形,基于司法实践经验的总结,本条将获利返还制度应用于合同法领域,可依合同违约方的违约行为的获得利益确定守约方的损失。

(三) 前置条件

根据本条规定的"非违约方在合同履行后可以获得的利益难以根据本解释第六十条、第六十一条的规定予以确定的"前置条款,应当首先满足该适用条件后,才涉及"获利返还"理论的应用问题。

二、关于可得利益赔偿的"综合考虑"

可得利益,即所失利益,受害人在合同履行中本可以获得的,但因违约而无法获得的利益,是未来的,期待的利益的损失,又被称为消极损失。可得利益必须是将来通常情形下可以得到的利益,这要求可得利益的赔偿应当考量发生的概率程度。①

在审判实践中,确定可得利益的方法之一,就是综合衡量法。即根据获利情况、当事人的过错情况及合同履行时的经济形势等因素综合判断。对于综合裁量方法的运用,需要结合差额法、约定法、类比法和估算法,以差额原则为基础,以考虑守约方因违约方违约遭受的实际损失或可能遭受的实际损失为基础进行裁量。还需要注意的是,综合裁量法应是一种补充的计算方法,系无法根据差额法、类比法、约定法、估算法等方法予以计算可得利益损失的情况下所采纳的方法。该方法往往是守约方已经能够证明违约方构成根本违约,但无法根据上述几种方法证明其遭受的可得利益损失数额的情况下,法官基于内心确认所适用的计算方法②。因此,非违约方在合同履行后可以获得的利益难以根据本解释第60条、第61条的规定予以确定的,人民法院可以综合考虑违约方因违约获得的利益、违约方的过错程度、其他违约情节等因素,遵循公平原则和诚信原则确定。

三、关于违约获得的利益

关于按照违约行为发生时合同履行地的市场价格与合同约定价格的差额确定合同履行后可以获得的利益。2009年《民商事合同指导意见》第9条规定:"在当前市场主

---

① 黄薇主编:《中华人民共和国民法典合同编释义》,法律出版社2020年版,第1127页。
② 贺小苏主编:《最高人民法院第二巡回法庭法官会议纪要》(第一辑),人民法院出版社2019年版,第23页。

体违约情形比较突出的情况下，违约行为通常导致可得利益损失。根据交易的性质、合同的目的等因素，可得利益损失主要分为生产利润损失、经营利润损失和转售利润损失等类型。生产设备和原材料等买卖合同违约中，因出卖人违约而造成买受人的可得利益损失通常属于生产利润损失。承包经营、租赁经营合同以及提供服务或劳务的合同中，因一方违约造成的可得利益损失通常属于经营利润损失。先后系列买卖合同中，因原合同出卖方违约而造成其后的转售合同出售方的可得利益损失通常属于转售利润损失。"

四、关于遵循公平原则和诚信原则

根据《民法典会议纪要》第 11 条的规定："民法典第五百八十五条第二款规定的损失范围应当按照民法典第五百八十四条规定确定，包括合同履行后可以获得的利益，但不得超过违约一方订立合同时预见到或者应当预见到的因违约可能造成的损失。当事人请求人民法院增加违约金的，增加后的违约金数额以不超过民法典第五百八十四条规定的损失为限。增加违约金以后，当事人又请求对方赔偿损失的，人民法院不予支持。当事人请求人民法院减少违约金的，人民法院应当以民法典第五百八十四条规定的损失为基础，兼顾合同的履行情况、当事人的过错程度等综合因素，根据公平原则和诚信原则予以衡量，并作出裁判。约定的违约金超过根据民法典第五百八十四条规定确定的损失的百分之三十的，一般可以认定为民法典第五百八十五条第二款规定的'过分高于造成的损失'。当事人主张约定的违约金过高请求予以适当减少的，应当承担举证责任；相对人主张违约金约定合理的，也应提供相应的证据。"所谓"综合因素"把握可得利益损失，该会议纪要仅列举了两个因素：一是合同履行情况，包括瑕疵履行的严重程度、迟延履行的时间长短、部分履行对合同的影响等；二是应当兼顾过错程度。对于当事人恶意违约的场合，人民法院在调整违约金时也要充分考虑到双方违约程度的大小、主观恶性的大小。需要特别注意的是，这里的"综合因素"不限于列举的两种情形，还包括其他因素，由法官根据具体情况考虑；① 除此之外，在具体考量上述因素的同时，应当遵循公平原则和诚信原则。

---

① 最高人民法院研究室编著：《〈全国法院贯彻实施民法典工作会议纪要〉条文及适用说明》，人民法院出版社 2021 年版，第 32 页。

【法律适用分歧】

在订立合同时已预见到合同履行不能,是否有权主张可得利益损失

根据《民法典》第584条①的规定,其中"合同履行后可以获得的利益"即是可得利益。结合2009年《民商事合同指导意见》第9条②规定,可得利益是指合同有效成立后,当事人基于合同的完全履行能够获得的财产收益,主要分为生产利润、经营利润和转售利润等。可得利益的赔偿符合完全赔偿原则,即违约方应赔偿非违约方因其违约行为而遭受的全部损失,包括实际损失和可得利益损失。2009年《民商事合同指导意见》第10条③和《买卖合同司法解释》第22条④对可得利益损失的范围等进行了具体界定。

可得利益是基于合同的履行而获得的利益,如果当事人在订立合同时已经知晓合同不能履行的法律后果,而仍然签订合同的,则无权主张可得利益损失,这也符合公平原则。根据《民法典》第591条⑤的规定,这一规定便是减损规则。合同一方当事人违约后,守约方应当积极地采取措施防止损失扩大。守约方能够采取有效措施防止损失的扩大,却未积极采取相应的措施,违约方对由此扩大的损失不承担赔偿责任,根据减损规则,亦无权主张可得利益损失。根据《民法典》第592条的规定:"当事人都违反合同的,应当各自承担相应的责任。当事人一方违约造成对方损失,对方对损失

---

① 《民法典》第584条规定:"当事人一方不履行合同义务或者履行合同义务不符合约定,造成对方损失的,损失赔偿额应当相当于因违约所造成的损失,包括合同履行后可以获得的利益;但是,不得超过违约一方订立合同时预见到或者应当预见到的因违约可能造成的损失。"

② 2009年《民商事合同指导意见》第9条规定:"在当前市场主体违约情形比较突出的情况下,违约行为通常导致可得利益损失。根据交易的性质、合同的目的等因素,可得利益损失主要分为生产利润损失、经营利润损失和转售利润损失等类型。生产设备和原材料等买卖合同违约中,因出卖人违约而造成买受人的可得利益损失通常属于生产利润损失。承包经营、租赁经营合同以及提供服务或劳务的合同中,因一方违约造成的可得利益损失通常属于经营利润损失。先后系列买卖合同中,因原合同出卖方违约而造成其后的转售合同出售方的可得利益损失通常属于转售利润损失。"

③ 2009年《民商事合同指导意见》第10条规定:"人民法院在计算和认定可得利益损失时,应当综合运用可预见规则、减损规则、损益相抵规则以及过失相抵规则等,从非违约方主张的可得利益赔偿总额中扣除违约方不可预见的损失、非违约方不当扩大的损失、非违约方因违约获得的利益、非违约方亦有过失所造成的损失以及必要的交易成本。存在合同法第一百一十三条第二款规定的欺诈经营、合同法第一百一十四条第一款规定的当事人约定损害赔偿的计算方法以及因违约导致人身伤亡、精神损害等情形的,不宜适用可得利益损失赔偿规则。"

④ 2020年《买卖合同司法解释》第22条规定:"买卖合同当事人一方违约造成对方损失,对方主张赔偿可得利益损失的,人民法院在确定违约责任范围时,应当根据当事人的主张,依照民法典第五百八十四条、第五百九十一条、第五百九十二条、本解释第二十三条等规定进行认定。"

⑤ 《民法典》第591条规定:"当事人一方违约后,对方应当采取适当措施防止损失的扩大;没有采取适当措施致使损失扩大的,不得就扩大的损失请求赔偿。当事人因防止损失扩大而支出的合理费用,由违约方负担。"

的发生有过错的,可以减少相应的损失赔偿额。"这一规定便是过失相抵规则,当事人明知合同不能履行,仍然坚持订立合同,其对合同不能履行负有过错,根据过失相抵规则,其对主张的可得利益损失亦不应支持。①

【典型案例】

一、裁判规则:土地出让方违约将土地另行出让案外人,另行出让价款与原出让价款的差额可以作为考量可得利益的因素

【法院】

最高人民法院

【案号】

(2020)最高法民再230号

【当事人】

再审申请人(一审原告、二审上诉人):怀化市神某房地产开发有限公司(以下简称神某公司)

被申请人(一审被告、二审上诉人):某县自然资源局等

【案由】

建设用地使用权出让合同纠纷

【裁判观点】

根据《合同法》第113条第1款的规定,根据原审查明的事实,某县自然资源局另行出让44.56亩土地的均价为110.37万元/亩,神某公司取得案涉土地的单价为26万元/亩,各方对此均未提出异议,则某县自然资源局另行出让44.56亩土地的溢价收益约为3759.53万元[(110.37万元/亩-26万元/亩)×44.56亩],此属合同履行后可获利益范畴。神某公司至今未交纳44.56亩土地的出让金,亦没有取得国有土地使用权证和进行开发建设。一审法院结合本案的具体情况以及过错程度,酌定某县自然资源局按获得利益40%的范围承担违约赔偿责任,并无不当,法院予以维持。

二、裁判规则:不能简单将当年已经停工解除合同条件成就时主张的可得利益,等同于数年后的项目竣工销售后可能获得的收益

【法院】

最高人民法院

---

① 最高人民法院第一巡回法庭编著:《最高人民法院第一巡回法庭民商事主审法官会议纪要》(第一卷),中国法制出版社2020年版,第12~14页。

【案号】

（2016）最高法民再 152 号

【当事人】

抗诉机关：中华人民共和国最高人民检察院

申诉人（一审原告、二审上诉人）：某市建筑工程总公司西区工程处（以下简称西区工程处）

被申诉人（一审被告、二审被上诉人）：珠海经济特区科某化工股份有限公司

【案由】

合作开发房地产合同纠纷

【裁判观点】

本案诉讼跨越 16 载，历经两次发回重审、申请再审和检察机关抗诉。本案中，西区工程处诉请赔偿损失的范围为预期可得利益，而预期可得利益理应在 2004 年西区工程处向法院第一次提起诉讼时便固定。但西区工程处主张赔偿损失的数额随着近年来房地产市场的变化不断递增，从最初的估算约为人民币 400 万元到 1956 万余元，直至本次再审中的 13440 万元。从龙某大厦停工到销售殆尽历经 20 余年，不能简单将 1993 年 10 月就已经停工解除合同条件成就时主张的可得利益等同于 20 多年后的今天涉案项目竣工销售后可能获得的收益。在本案合作合同已经解除的情况下，本次再审中西区工程处主张按照涉案项目竣工销售后 20% 的收益，即 13440 万元作为赔偿经济损失的数额没有事实和法律依据，法院不予支持。

【相关规定】

《民法典》第 566 条、第 577 条、第 580 条；2009 年《民商事合同指导意见》第 9 条、第 10 条、第 11 条；《九民会议纪要》第 48 条

第六十三条　【违约损害赔偿数额的确定】

在认定民法典第五百八十四条规定的"违约一方订立合同时预见到或者应当预见到的因违约可能造成的损失"时，人民法院应当根据当事人订立合同的目的，综合考虑合同主体、合同内容、交易类型、交易习惯、磋商过程等因素，按照与违约方处于相同或者类似情况的民事主体在订立合同时预见到或者应当预见到的损失予以确定。

> 除合同履行后可以获得的利益外，非违约方主张还有其向第三人承担违约责任应当支出的额外费用等其他因违约所造成的损失，并请求违约方赔偿，经审理认为该损失系违约一方订立合同时预见到或者应当预见到的，人民法院应予支持。
>
> 在确定违约损失赔偿额时，违约方主张扣除非违约方未采取适当措施导致的扩大损失、非违约方也有过错造成的相应损失、非违约方因违约获得的额外利益或者减少的必要支出的，人民法院依法予以支持。

【条文主旨】

本条是关于违约损害赔偿数额的确定的规定。

【司法适用】

本条是根据可预见性规则和减损规则基本原理，参酌了相关司法解释相关条款的规定，作为通则条款。

对违约损害赔偿的计算问题主要落实关于"以保护产权、维护契约、统一市场、平等交换、公平竞争、有效监管为导向"的政策要求，通过完善违约损害赔偿计算规则，强化对守约方的保护，旗帜鲜明地体现保护交易安全、弘扬契约精神、促进公平交易的工作思路①。

一、关于"预见的判断标准"

根据《民法典》第584条所规定的："违约一方订立合同时预见到或者应当预见到的因违约可能造成的损失"，其中：

1. 关于预见主体的预见标准。违约方是否预见到或者是否应当预见到，须由受害方承担举证责任。裁判者通常应当依据相对客观的标准进行判断，仅在特定情形下，需要依据主观标准进行判断。依据相对客观的标准进行判断，就是指以社会一般人的预见能力为标准进行判断，也就是说以抽象的"理性人""常人"之类标准进行判断。特定情形下，需要依据主观标准进行判断，在具体个案中也需要基于当事人的身份、

---

① 参见《准确适用民法典合同编通则 确保裁判尺度统一》——最高人民法院民二庭、研究室负责人就《最高人民法院关于适用〈中华人民共和国民法典〉合同编通则若干问题的解释》答记者问，载《人民法院报》2023年12月6日。

职业及相互之间的了解情况等，考虑违约方的特殊预见能力。如果违约方的预见能力高于一般人的预见能力，就应当按照其实际的预见能力来确定损害赔偿的范围。如果受害人不能举证证明违约方具备高于一般人的预见能力时，则应以社会一般人的预见能力为准。① 也即人民法院应当根据当事人订立合同的目的，综合考虑合同主体、合同内容、交易类型、交易习惯、磋商过程等因素，按照与违约方处于相同或者类似情况的民事主体在订立合同时预见到或者应当预见到的损失予以确定。

2. 关于违约方的预见标准。根据《民法典》第584条的规定，违约赔偿的数额不得超过违反合同一方订立合同时预见或者应当预见到的因违反合同可能造成的损失，这不仅适用于对可得利益的限制，也适用于对实际损失的限制；对于债务人在订立合同时无法预见的损失，其就不可能实现采取足够的预防措施，通过可预见性限制赔偿数额，有助于双方沟通信息，并以此为基础评估风险采取预防措施，避免损失发生②。反之，除合同履行后可以获得的利益外，根据预见性规则，非违约方主张还有其向第三人承担违约责任应当支出的额外费用等其他因违约所造成的损失，并请求违约方赔偿，经审理认为该损失系违约一方订立合同时预见到或者应当预见到的，人民法院应予支持。

3. 关于减损规则。根据《民法典》第591条的规定："当事人一方违约后，对方应当采取适当措施防止损失的扩大；没有采取适当措施致使损失扩大的，不得就扩大的损失请求赔偿。当事人因防止损失扩大而支出的合理费用，由违约方负担。"减损义务，是债权人在债务不履行造成损害之后，采取适当措施避免损失扩大的义务。而违反该义务的后果是义务遭受不利益，即就损失扩大的部分丧失损害赔偿请求权。债权人为防止损失扩大而支出的合理费用，属于损害的范畴。③ 从该条的法律后果来看，减损规则是非违约方在违约方发生违约行为后，未能采取适当措施防止损失的扩大，致使损失扩大，违约方对扩大的损失不承担赔偿责任。例如，当事人一方违约后，对方没有采取适当措施致使损失扩大的，不得就扩大的损失请求赔偿。承租人已经通过多种途径向出租人作出了解除合同的意思表示，而出租人一直拒绝接收房屋，造成涉案房屋的长期空置，不得向承租人主张全部空置期内的租金④。故而，在确定违约损失赔

---

① 最高人民法院民法典贯彻实施工作领导小组编著：《中国民法典适用大全》（合同卷二），人民法院出版社2022年版，第1063页。
② 黄薇主编：《中华人民共和国民法典合同编释义》，法律出版社2020年版，第284页。
③ 王利明主编：《中国民法典释评》（合同编·通则），中国人民大学出版社2020年版，第632页。
④ 参见《最高人民法院发布民法典合同编通则司法解释相关典型案例》，载最高人民法院网站，https://www.court.gov.cn/zixun/xiangqing/419392.html，最后访问时间：2023年12月17日。

偿额时，违约方主张扣除非违约方未采取适当措施导致的扩大损失、非违约方也有过错造成的相应损失、非违约方因违约获得的额外利益或者减少的必要支出的，人民法院依法予以支持。

4. 关于过错相抵规则。根据《民法典》第592条的规定："当事人都违反合同的，应当各自承担相应的责任。当事人一方违约造成对方损失，对方对损失的发生有过错的，可以减少相应的损失赔偿额。"过错相抵规则，又称与有过失、混合过错、过失相抵原则，是指受损害一方对于损害结果的发生存在过错的，在计算损失赔偿额时应当予以相应减少。违约责任采取无过错责任原则，仅仅是不依据违约方是否具有过错使得违约方承担违约责任，但与有过错解决的是对方的过错导致损失发生时，是否能够减少违约方的损失赔偿额，与无过错归责原则之间并不矛盾。①

关于过失相抵规则的适用条件，主要包括：（1）受损失方因对方违约受有损害；（2）双方均有过错；（3）双方过错与损害之间有因果关系。因而违约方有权主张扣减相应的损失赔偿额。因此，本条规定，在确定违约损失赔偿额时，违约方主张扣除非违约方未采取适当措施导致的扩大损失、非违约方也有过错造成的相应损失、非违约方因违约获得的额外利益或者减少的必要支出的，人民法院依法予以支持。

5. 关于继续履行与损害赔偿的适用。关于继续履行与损害赔偿的适用，一般应坚持以下原则：一是继续履行是应当优先保护的履行方式，因为继续履行能够使守约方获得原合同约定的利益，并能防止违约方通过违约投机，获取不正当利益。从举证责任来看，守约方主张继续履行的方式可以避免承担对违约损失的举证责任。实践中，一些损失是难以确定的，守约方在举证上存在事实上的难度。二是继续履行对守约方的实际损失，应当按照全面赔偿的原则，实现合同订立时的预期利益。即继续履行后，可以并用损害赔偿。除非违约方已经赔偿了守约方在合理正常履行状态下所应获得的全部利益，且守约方不宜主张要求继续履行，否则，损害赔偿和继续履行是可以并用的。②

二、关于违约金请求权与损害赔偿请求权的关系

（一）违约金的确定方式

违约金，是指由当事人通过协商预先确定的或法律明确规定的，在违约发生后独立于履行行为之外的给付。关于违约金的数额，一般通过两种方式予以确定：第一，

---

① 黄薇主编：《中华人民共和国民法典合同编释义》，法律出版社2020年版，第304页。
② 最高人民法院民法典贯彻实施工作领导小组编著：《中国民法典适用大全》（合同卷二），人民法院出版社2022年版，第1048页。

当事人在合同中明确约定一旦发生违约，包括迟延履行、瑕疵履行、拒绝履行、履行不能时，违约一方向守约一方支付确定数额的违约金。第二，双方当事人没有在合同中明确约定违约金的具体数额，仅约定违约金的计算方法。①

（二）两者关系

在债务人违约的情况下，根据《民法典》第585条的规定，有可能同时产生违约金请求权与损害赔偿请求权，此时，债权人可否同时主张，还是选择其一主张，或先后行使，法律上并没有明文规定。在理论界存在不同的观点：有的观点认为，有违约金约定的，应优先适用违约金条款；有的观点认为，违约金条款并不具有优先适用的法理基础。

一般认为，法律允许当事人自由约定违约金，但在约定违约金时，债务人往往过于自信或者对于将来的履行情况并未慎重考虑，故在出现违约时，法律不得不对违约金与损害赔偿的关系予以权衡，并兼顾债务人利益的保护。原则上，在出现违约的情况下，违约金请求权与损害赔偿请求权是可能同时发生效力的。在此前提下，依据两个请求权指向利益是否同一判断债权人是否同时主张；若指向利益并非同一，债权人自得同时主张；若指向利益是同一的，则不能同时主张。在二者指向利益同一的情况下，即产生债权人是否自由选择行使这两个请求权的问题，对此，原则应予允许。

但在债权人选择了违约金请求权的情况下，基于不当得利的原理，违约金得计入损害赔偿，作为最低损害赔偿额。损害小于违约金数额的，也不能缩减违约金请求权。损害赔偿请求权并不因债权人选择了违约金而丧失，对于超出违约金的损害，债权人仍得主张赔偿，只是必须对损害赔偿构成进行证明。

相反，在债权人首先要求损害赔偿的情况下，违约金的数额超过损害赔偿数额的，债权人仍得请求超出损害部分的违约金数额。基于契约自由，当事人可以约定违约金仅具有履约担保功能，不作为最低损害赔偿计入损害赔偿请求范围，此时当事人既可以主张支付违约金，也可以主张损害赔偿，但违约金请求权应受制于违约金酌减条款。而在当事人约定违约金完成代替损害赔偿的情况下，则其又转化为一种损害赔偿总额的限制性规则。②

（三）关于逾期付款损失之外的损失赔偿

逾期付款损失，主要表现为利息损失，但并不以利息损失为限，如当事人有证据

---

① 江必新、何东宁等：《最高人民法院指导性案例裁判规则理解与适用》（合同卷二）（第二版），中国法制出版社2018年版，第435页。

② 参见王洪亮：《违约金请求权与损害赔偿请求权的关系》，载《法学》2013年第5期；最高人民法院民事审判第一庭编：《最高人民法院民事审判第一庭裁判观点》（民事合同卷·下），人民法院出版社2023年版，第1273~1274页。

证明利息损失外，还存在其他损失，例如，为追讨欠款而支出了合理的费用等，也可以主张赔偿。①

在民间借贷合同纠纷中，关于逾期付款损失之外的损失赔偿问题，根据《民间借贷司法解释》第29条②中的"其他费用"，主要涉及的是出借人和借款人所约定的服务费、咨询费、管理费等，上述费用从性质上看，仍属于借款人为获得借款而支付的必要成本。当事人同时约定的逾期利息、违约金此类费用，性质上均与利率无异，分开约定仅是为了规避利率的上限。正是为了防止当事人通过变相的方式提高借款利率，司法解释才将包括服务费、咨询费、管理费等发生的其他费用的保护范围限定在超过合同成立时一年期贷款市场报价利率4倍之内。而且，律师费用、诉讼费用等权利人为保护自己合法权益而发生的费用，与借款人为获得借款而支付的成本之性质截然不同，不应将律师费用、诉讼保全费用等归入"其他费用"之范畴。③

【法律适用分歧】

关于提前返还借款是否须经贷款人同意以及利息如何计算的问题

对于借款人提前归还借款的，是否需要经过贷款人同意以及利息如何计算，存在不同的观点。立法机关经研究认为，对于提前还款应当按照以下原则确定双方的权利义务：④

1. 当事人可以在借款合同中对提前还款问题进行约定，按照约定确定是否须经贷款人同意以及利息如何计算等问题。实际履行中发生提前还款的，按照约定执行。

2. 当事人在合同中没有对提前还款进行约定的，提前还款不损害贷款人利益的，可以不经贷款人同意，利息按照实际借款期间计算；提前还款损害贷款人利益的，贷款人有权拒绝借款人提前还款的请求。贷款人同意提前还款的，相当于贷款人同意变更合同的履行期。此时，借款人应当按照变更后的期间向贷款人支付利息。由此表明，提前还款行为在性质上不属于违约行为。

3. 原《合同法》第208条与《民法典》第677条均规定了除当事人另有约定外，

---

① 最高人民法院民事审判第二庭编著：《最高人民法院关于买卖合同司法解释理解与适用》，人民法院出版社2018年版，第393页。

② 《民间借贷司法解释》第29条规定："出借人与借款人既约定了逾期利率，又约定了违约金或者其他费用，出借人可以选择主张逾期利息、违约金或者其他费用，也可以一并主张，但是总计超过合同成立时一年期贷款市场报价利率四倍的部分，人民法院不予支持。"

③ 最高人民法院民事审判第一庭编著：《民事审判实务问答》，法律出版社2022年版，第46~47页。

④ 黄薇主编：《中华人民共和国民法典合同编解读》（上册），中国法制出版社2020年版，第724~725页；胡康生主编：《中华人民共和国合同法释义》（第三版），法律出版社2013年版，第339页。

借款人可提前返还借款并按照实际借款的期间计算利息。

【典型案例】

一、裁判规则：违约行为发生在2019年8月20日之后的，人民法院可以违约行为发生时中国人民银行授权全国银行间同业拆借中心公布的一年期贷款市场报价利率（LPR）标准为基础，加计30%—50%计算逾期付款损失

【法院】

最高人民法院

【案号】

（2021）最高法知民终1224号

【当事人】

上诉人（原审被告）：南京某健康智慧商城有限公司（以下简称南京某公司）

被上诉人（原审原告）：大连多某德信息科技有限责任公司（以下简称多某德公司）

【案由】

计算机软件开发合同纠纷

【裁判观点】

本案虽为计算机软件开发合同纠纷，但逾期付款可以参照上述买卖合同的相关规定，即南京某公司应以欠付款项544073元为基数，自2018年3月9日起按照以中国人民银行同期同类人民币贷款基准利率为基础参照逾期罚息利率标准向多某德公司支付逾期付款违约金，现多某德公司主张自2018年3月9日起按照中国人民银行同期同类人民币贷款基准利率计付符合法律规定，原审法院予以准许。二审维持原判。

二、裁判规则：违约方理应赔偿守约方因其违约行为遭受的损失，应当依据法律规定确定守约方因违约方违约行为遭受损失的范围

【法院】

最高人民法院

【案号】

（2020）最高法知民终220号

【当事人】

上诉人（原审原告）：朱某颂

上诉人（原审被告）：上海宏某商标代理有限公司（以下简称宏某公司）

【案由】

专利代理合同纠纷

【裁判观点】

根据《合同法》第 107 条之规定，宏某公司违反合同约定，应当承担相应的违约责任，赔偿朱某颂因此所遭受的损失。同时，《合同法》第 113 条规定用于确定合同一方当事人违约所应当赔偿损失的范围，并不是确定当事人是否需要赔偿损失的规定。也正是因为本案中当事人在涉案专利代理合同中并无损害赔偿之约定，依据《合同法》第 107 条之规定，本案中，宏某公司因其违约行为理应赔偿朱某颂因此所遭受的损失。进而才应当依据《合同法》第 113 条确定宏某公司应当赔偿朱某颂因此所遭受的损失的范围。所以，宏某公司该上诉理由，并无事实基础和法律依据，法院不予支持。

【相关规定】

《民法典》第 577 条、第 579 条、第 583 条、第 584 条、第 591 条、第 592 条；《买卖合同司法解释》第 18 条；《民间借贷司法解释》第 25 条、第 28 条；《民法典会议纪要》第 11 条

第六十四条 【请求调整违约金的方式和举证责任】

当事人一方通过反诉或者抗辩的方式，请求调整违约金的，人民法院依法予以支持。

违约方主张约定的违约金过分高于违约造成的损失，请求予以适当减少的，应当承担举证责任。非违约方主张约定的违约金合理的，也应当提供相应的证据。

当事人仅以合同约定不得对违约金进行调整为由主张不予调整违约金的，人民法院不予支持。

【条文主旨】

本条是关于请求调整违约金的方式和举证责任的规定。

【司法适用】

本条系有关请求调整违约金的方式和举证责任的规定，是对《民法典》第 585 条的细化规定。

1. 本条第 1 款所规定的"反诉或者抗辩的方式"，参考借鉴了原《合同法司法解释二》第 27 条规定："当事人通过反诉或者抗辩的方式，请求人民法院依照合同法第一

百一十四条第二款①的规定调整违约金的，人民法院应予支持。"

2. 本条第 3 款中所规定的"当事人仅以合同约定不得对违约金进行调整为由主张不予调整违约金的"，系对《民法典》第 143 条、第 153 条和《民法典》第 585 条第 1 款"当事人可以约定一方违约时应当根据违约情况向对方支付一定数额的违约金"的细化性规定。

3. 本条第 2 款中所规定的"违约方主张约定的违约金过分高于违约造成的损失，请求予以适当减少的，应当承担举证责任"，参考借鉴了《民法典会议纪要》第 11 条第 3 款"当事人主张约定的违约金过高请求予以适当减少的，应当承担举证责任；相对人主张违约金约定合理的，也应提供相应的证据"的规定。

一、关于违约金的调整问题

（一）"违约金"名义的实质性

审判实践中，经常会遇到，双方当事人在合同中约定了未履行合同时，要对违约方进行"罚款"，因此，当事人抗辩认为，双方当事人在合同中约定了罚款，罚款是行政法上的概念，不是违约金；一般认为，虽然双方合同使用了"罚款"一词，但从性质上看，该"罚款"同双方约定的逾期付款利息均属于违约金性质。

（二）关于"当事人一方通过反诉或者抗辩的方式"

1. 前提条件。当事人提出违约金调整的请求，必须以违约金请求权存在为前提条件。只有对方的行为构成了违约，而且该违约又是在违约金保证的情况下，违约金请求权才能产生效力，"皮之不存，毛将焉附"，在此基础上，才会存在应通过何种方式（反诉还是仲裁）主张调整违约金的问题。根据《民法典》第 585 条第 2 款的规定，既可以"请求予以增加"，也可以"请求予以减少"。

2. 提出方式。关于调整违约金应当通过何种程序主张，在原《合同法司法解释二》出台前曾有不同见解。（1）有的观点认为，应当通过反诉的方式主张。（2）有的观点认为，当事人既可以通过反诉也可以通过反请求的方式主张。（3）还有的观点认为，可以通过抗辩的方式主张。原《合同法司法解释二》制定时采取了第三种主张，主要考虑在于："如果要求一生中可能只打一次官司的当事人必须弄清只能通过反诉或者反

---

① 原《合同法》第 114 条、现《民法典》第 585 条规定："当事人可以约定一方违约时应当根据违约情况向对方支付一定数额的违约金，也可以约定因违约产生的损失赔偿额的计算方法。约定的违约金低于造成的损失的，人民法院或者仲裁机构可以根据当事人的请求予以增加；约定的违约金过分高于造成的损失的，人民法院或者仲裁机构可以根据当事人的请求予以适当减少。当事人就迟延履行约定违约金的，违约方支付违约金后，还应当履行债务。"

请求的方式来调整违约金，过于苛刻。"① 原《合同法司法解释二》第 27 条规定便于人民群众开展诉讼活动，在司法实践中仍然可以遵循。②

根据《民法典会议纪要》第 11 条精神，原《合同法司法解释二》第 27 条③规定了请求调整违约金的方式，仍然具有指导价值。起诉、反诉及抗辩，均是提出违约金调整之诉的形式，特别是在债务以抗辩方式提出酌减的情况下，其无须书面说明任何涉及违约金合理性的建议，抗辩为已足，甚至单纯的否认亦可。④ 也就是说，当事人通过反诉或者抗辩的方式，请求人民法院依照《民法典》第 585 条第 2 款的规定调整违约金的，人民法院依法予以支持。

与此同时，调整违约金应以当事人提出反诉或抗辩为前提，法院不得主动审查。如果没有提交证据证明其已通过反诉或者抗辩的方式，请求原审人民法院调整违约金数额的，主张支持其申请调整违约金数额主张的，不成立。

(三) 关于合同无效抗辩中已包含调整违约金主张

审判实践中，当事人一方以合同无效为由，对支付保证金的利息、违约金等诉讼请求提出了抗辩，虽然当事人并没有明确提出调整违约金，但是在当事人以合同无效为由并对保证金的利息、违约金等诉讼请求进行抗辩，完全不同意支付保证金利息、违约金等的情况下，可以视为当事人的诉讼主张已经包含调整违约金的要求，因此，依据 2019 年《民事证据规定》第 53 条第 1 款的规定："诉讼过程中，当事人主张的法律关系性质或者民事行为效力与人民法院根据案件事实作出的认定不一致的，人民法院应当将法律关系性质或者民事行为效力作为焦点问题进行审理。但法律关系性质对裁判理由及结果没有影响，或者有关问题已经当事人充分辩论的除外。"人民法院在以法律关系性质和民事行为效力作为判断的基础上，调整相应违约金，不属于人民法院违反法律规定主动减少违约金。

(四) 尊重适用惩罚性违约金

违约金是按照当事人约定或者法律直接规定，一方当事人违约的，应向另一方支付的金钱，具有以补偿为主、惩罚为辅的双重性质。适度的惩罚性违约金，有助于维

---

① 最高人民法院研究室编著：《最高人民法院关于合同法司法解释（二）理解与适用》，人民法院出版社 2009 年版，第 206 页。
② 参见最高人民法院研究室编著：《〈全国法院贯彻实施民法典工作会议纪要〉条文及适用说明》，人民法院出版社 2021 年版，第 47~48 页。
③ 原《合同法司法解释二》第 27 条规定："当事人通过反诉或者抗辩的方式，请求人民法院依照合同法第一百一十四条第二款的规定调整违约金的，人民法院应予支持。"
④ 最高人民法院民法典贯彻实施工作领导小组编著：《中国民法典适用大全》（合同卷二），人民法院出版社 2022 年版，第 1077 页。

系稳定的合同制度，保护当事人的合理预期，促进交易安全。在违约金的数额符合法律规定的前提条件下应当予以支持。民商事主体应当承担与其预期收益相对应的、谨慎的、合理的注意义务，应有深入的市场参与度、敏锐的市场洞察力、充分的风险预估能力，双方对违约金的约定应当予以尊重并适用。

（五）关于二审提出调减违约金的认定

从审判实践情况来看，二审法院应当区分一审法院是否向当事人作出释明，并作不同处理。（1）在一审诉讼中，如果法院向当事人明确释明是否主张违约金调整，当事人明确表示不要求调整违约金，在一审宣判后，该当事人又以合同约定的违约金标准过高为由提出上诉的，二审法院可不予支持；（2）如果一审法院未向当事人作出释明，当事人提出上诉请求调整的，二审法院可以考虑实际损失、合同的履行情况、当事人的过错程度等因素，根据公平原则和诚信原则，酌情予以调整。①

二、增加、减少违约金的举证责任

（一）关于违约金的举证责任分配

在违约方请求减少过高的违约金时，应当按照"谁主张，谁举证"原则，由违约方承担证明违约金过高的举证责任。但是，鉴于衡量违约金是否过高的最重要标准是违约造成的损失，守约方因更了解违约造成损失的事实和相关证据而具有较强的举证能力，因此，违约方的举证责任也不能绝对化，守约方也要提供相应的证据。具体来说：

1. 关于违约金低于损失的。对于违约金低于损失，守约方要求增加违约金的情形。只有守约方有确切的证据证明了实际损失，违约金才是可以调整的，增加到能够证明的实际损失为止。也即在违约金低于损失、守约方要求增加违约金，应按照《民诉法司法解释》第90条和第91条规定的要求，由守约方承担举证责任；违约方不负担举证责任。

2. 关于违约金过分高于损失的。违约金过分高于损失，违约方提出要求减少违约金的情形。违约方请求人民法院调整违约金数额时：（1）需要由其提供违约金过高的初步证据来证明"过分高于损失"，即违约方需提供盖然性证据能够证明实际损失远低于违约金数额，守约方如果认为违约方的上述观点并不成立，需要对违约金并不高于损失、违约金大概等同于损失，甚至违约金低于损失的事实提供证据予以证明。（2）根据证据距离理论与举证责任转移理论，违约方能够提供守约方实际发生损失的相关线索，并

---

① 最高人民法院民事审判第一庭编：《最高人民法院民事审判第一庭裁判观点》（民事合同卷·下），人民法院出版社2023年版，第1274页。

要求守约方证明其损失的，根据《民诉法司法解释》第 90 条和第 91 条的规定，守约方有义务提供证据证明其发生相关损失的证据材料。（3）对于符合证明妨碍和书证提出义务的，按照相关规定办理。《民诉法司法解释》第 112 条规定："书证在对方当事人控制之下的，承担举证证明责任的当事人可以在举证期限届满前书面申请人民法院责令对方当事人提交。申请理由成立的，人民法院应当责令对方当事人提交，因提交书证所产生的费用，由申请人负担。对方当事人无正当理由拒不提交的，人民法院可以认定申请人所主张的书证内容为真实。"2019 年《民事证据规定》第 95 条规定："一方当事人控制证据无正当理由拒不提交，对待证事实负有举证责任的当事人主张该证据的内容不利于控制人的，人民法院可以认定该主张成立。"

（二）关于法官释明

实务中，违约方往往以合同不成立、合同未生效、合同无效或者不构成违约进行免责抗辩而未提出违约金调整要求的，人民法院能否就当事人是否需要主张违约金过高问题进行释明。2009 年《民商事合同指导意见》第 8 条规定："为减轻当事人诉累，妥当解决违约金纠纷，违约方以合同不成立、合同未生效、合同无效或者不构成违约进行免责抗辩而未提出违约金调整请求的，人民法院可以就当事人是否需要主张违约金过高问题进行释明。人民法院要正确确定举证责任，违约方对于违约金约定过高的主张承担举证责任，非违约方主张违约金约定合理的，亦应提供相应的证据。合同解除后，当事人主张违约金条款继续有效的，人民法院可以根据合同法第九十八条的规定进行处理。"对于已经向违约方进行释明，但违约方坚持不提出调整违约金请求的，人民法院应当遵循合同法意思自治原则，一般不予主动调整。但是按照约定违约金标准判断将严重违反公序良俗原则、诚信原则和公正原则并导致利益严重失衡的，人民法院可以根据《民法典》第 585 条第 2 款规定进行调整。①

三、关于仅以合同约定不得对违约金进行调整为由主张不予调整违约金的

1. 关于意思自治，根据《民法典》第 6 条"民事主体从事民事活动，应当遵循公平原则，合理确定各方的权利和义务"和《民法典会议纪要》第 11 条"当事人请求人民法院减少违约金的，人民法院应当以民法典第五百八十四条规定的损失为基础，兼顾合同的履行情况、当事人的过错程度等综合因素，根据公平原则和诚信原则予以衡量，并作出裁判"规定，违约金调整规则旨在在意思自治、形式自由的基础上，对合同实质正义原则和个案公平原则进行协调，是对民事法律行为的自愿原则、公平原则、

---

① 最高人民法院民事审判第一庭编：《最高人民法院民事审判第一庭裁判观点》（民事合同卷·下），人民法院出版社 2023 年版，第 1271 页。

诚实信用原则的关系的动态平衡；根据意思自治原则，双方约定不得对违约金进行调整的，根据《民法典》第 6 条、第 143 条、第 153 条和《民法典》第 585 条第 1 款"当事人可以约定一方违约时应当根据违约情况向对方支付一定数额的违约金"规定，应当予以尊重。

2. 关于"约定不得对违约金进行调整"。违约兼具赔偿与惩罚的双重功能，违约金与损失相等的部分，体现的是违约金的赔偿功能；违约金超出损失的部分，体现的是违约金的惩罚功能。审判实践中，违约金数额与损失数额的大体一致，是商品交换等价原则在民商事法律上的体现和反映，也是合同自由原则和合同正义原则的重要内容之一。如果双方约定了过高的违约金，不调整违约金将会导致显失公平的，任由当事人以约定有效、约定优先、"约定不得对违约金进行调整"、意思自治等表面"合理理由"予以支持，则无异于"鼓励""变相鼓励""怂恿""变相怂恿"当事人通过不正当的方式获得"暴利"或"非法利益"，使不合法手段获得的利益大于通过合法手段获得的利益，且可能"促使""鼓励""支持"一方当事人为了获取"显失公平的违约金"而引诱对方当事人违约，不但严重破坏了合同自由原则、鼓励交易原则、公平原则和诚实信用原则，而且容易引发赌博性约定隐藏的道德风险。因此，为避免出现对一方当事人在"表面合理"的情形下利益过度保护，而对另一方当事人惩罚过于严厉的裁判结果，使"违约方"从高额且"显失公平"的违约金责任的束缚中解脱出来，因此，对明显违反公平原则的情形，予以调整。对方以合同约定不得对违约金进行调整为由主张不应予以调整，经审查不调整违约金将导致显失公平的，人民法院对该主张不予支持。

【法律适用分歧】

一、违约责任的构成是否要求违约方具有过错

我国《民法典》对违约责任采纳的是严格责任。违约责任强调的是对因违约行为造成损害的补偿，不必以违约方存在过错为前提。但存在以下例外：

第一，如果当事人约定违约金的成立以一方当事人过错为要件的，依其约定。

第二，在《民法典》合同编分则以及单行法规中特别规定违约责任为过错责任场合，违约金的成立应当要求过错要件。

第三，在惩罚性违约金情形下，由于其目的在于给债务人心理上制造压力，促使其积极履行债务，同时在债务不履行的情况下，表现对过错的惩罚，因而要求以债务

人的过错作为其承担惩罚性违约金的要件。①

二、协议承诺高额违约金未履行的是否调整

当事人在自愿基础上达成的损失赔偿额，除存在无效或可撤销的情形外，一方当事人以损失赔偿金数额过高或过低为由请求调整的，人民法院应当区分当事人是一般民事主体还是商事主体。商事主体与民事主体在违约金酌减问题上应当有所区别，商事主体在诉讼中自愿给对方出具和解协议并承诺高额违约金，但在没有正当理由的情形下，未依和解协议约定履行后续给付义务，属于主观上具有严重的恶意，此种情形约定的违约金应视为惩罚性违约金，可不予酌减。惩罚性违约金抑或赔偿性违约金区分应以损失填补为主要标准。②

【典型案例】

一、裁判规则：已明确抗辩违约金约定过高的，可向法院提出调整请求

【法院】

最高人民法院

【案号】

（2019）最高法民终438号

【当事人】

上诉人（原审本诉被告、反诉原告）：某经济技术开发区管理委员会等

被上诉人（原审本诉原告、反诉被告）：广西博某隆建设工程有限公司等（以下简称博某隆公司）

【案由】

合同纠纷

【裁判观点】

根据《合同法》第114条的规定，本案中，博某隆公司已明确抗辩违约金约定过高，并向一审法院提出调整请求。原审法院根据公平原则，将违约金标准调整为以博某隆公司应付未付款金额为基数，按中国人民银行同期同类贷款利率上浮30%计算，并无不当。

---

① 最高人民法院民事审判第一庭编：《最高人民法院民事审判第一庭裁判观点》（民事合同卷·下），人民法院出版社2023年版，第1271~1272页。

② 李玉林：《约定损失赔偿金的调整应区分不同情形》，载《人民司法·案例》2014年第10期。

二、裁判规则：人民法院应当以《民法典》第584条规定的损失为基础，兼顾合同主体、交易类型、合同的履行情况、当事人的过错程度、履约背景等因素，遵循公平原则和诚信原则进行衡量，并作出裁判

【法院】

最高人民法院

【案号】

（2016）最高法民终82号

【当事人】

上诉人（一审原告）：北京东某大地地基基础技术开发有限公司（以下简称东某大地公司）

被上诉人（一审被告）：巴州俊某房地产开发有限责任公司等（以下简称俊某公司）

【案由】

合资、合作开发房地产纠纷

【裁判观点】

根据《合同法司法解释二》第29条的规定，最高人民法院（2013）民一终字第110号判决在认定俊某公司构成根本违约的基础上，已判令俊某公司承担违约金200万元。本案中，一方面，东某大地公司根据合同约定投资500万元款项的用途仅为弥补俊某公司办理前期证件手续出现的资金缺口。另一方面，在案涉工程进入冬季停工期、东某大地公司将工作人员撤出项目部，案涉工程已经由俊某公司单独组织施工并实际建设完成，且东某大地公司对于其实际损失并未举证证明。一审法院综合考虑合同履行情况、当事人的过错程度以及逾期利益等综合因素，根据公平原则和诚实信用原则，在东某大地公司已经获得200万元违约金前提下，对于其主张的赔偿投资损失9700554.4元不予支持并无不当。

【相关规定】

《民法典》第6条、第143条、第153条、第585条；《买卖合同司法解释》第20条；原《合同法司法解释二》第27条、第29条；《民法典会议纪要》第11条

> **第六十五条　【违约金的司法酌减】**
>
> 当事人主张约定的违约金过分高于违约造成的损失，请求予以适当减少的，人民法院应当以民法典第五百八十四条规定的损失为基础，兼顾合同主体、交易类型、合同的履行情况、当事人的过错程度、履约背景等因素，遵循公平原则和诚信原则进行衡量，并作出裁判。
>
> 约定的违约金超过造成损失的百分之三十的，人民法院一般可以认定为过分高于造成的损失。
>
> 恶意违约的当事人一方请求减少违约金的，人民法院一般不予支持。

【条文主旨】

本条是关于违约金的司法酌减的规定。

【司法适用】

本条参考借鉴了《合同法司法解释二》第 29 条①和《民法典会议纪要》第 11 条。

一、关于以损失为基础的综合考虑因素

（一）关于"违约造成的损失"

根据《民法典》第 585 条第 2 款的文义表述，"违约造成的损失"是法律规定最为明确且最为重要的衡量违约金高低的标准，此为衡量违约金是否过高的基础标准。根据《民法典》第 584 条的规定："当事人一方不履行合同义务或者履行合同义务不符合约定，造成对方损失的，损失赔偿额应当相当于因违约所造成的损失，包括合同履行后可以获得的利益；但是，不得超过违约一方订立合同时预见到或者应当预见到的因违约可能造成的损失。"在审判实践中，人民法院应当根据上述规定，查明因违约造成的损失。在这个基础上，再结合合同履行情况、当事人的过错程度以及预期利益等综合因素加以确定。简单地按照民间借贷利率标准确定违约造成的损失，尽管减轻了查

---

① 原《合同法司法解释二》第 29 条规定："当事人主张约定的违约金过高请求予以适当减少的，人民法院应当以实际损失为基础，兼顾合同的履行情况、当事人的过错程度以及预期利益等综合因素，根据公平原则和诚实信用原则予以衡量，并作出裁决。当事人约定的违约金超过造成损失的百分之三十的，一般可以认定为合同法第一百一十四条第二款规定的'过分高于造成的损失'。"

清损失的困难,但也往往不适当地扩大了违约方的违约责任。①

(二) 关于违约过错的判断标准

关于过错判断标准存在不同的立法和学说。通说认为,过错分为故意或过失,并依据过错程度,将过失区分为重大过失、一般过失。故意,是指当事人明知其行为违反合同而故意为此行为;重大过失,是指当事人的行为未达到社会的一般要求,未能尽到普通人的注意标准;一般过失,是指当事人的行为未达谨慎和勤勉的注意义务,即未达到较高的注意要求。在具体案件中,判断当事人的过错程度时,依照公平原则和诚信原则来确定。②

(三) 综合因素

根据《民商事合同指导意见》第 6 条的规定,"在当前企业经营状况普遍较为困难的情况下,对于违约金数额过分高于违约造成损失的,应当根据合同法规定的诚实信用原则、公平原则,坚持以补偿性为主、以惩罚性为辅的违约金性质,合理调整裁量幅度,切实防止以意思自治为由而完全放任当事人约定过高的违约金",即在涉及个案的违约金高低时,应当充分考虑相关的包括诚实信用原则、公平原则等在内的综合因素。

根据《民法典》第 585 条的规定,约定的违约金过分高于造成的损失的,人民法院或者仲裁机构可以根据当事人的请求予以适当减少。判断违约金是否过高,一般应当以违约造成的损失为基础进行判断,除借款合同外的双务合同,履行作为对价的价款或者报酬的给付之债,并非等同于借款合同项下的还款义务,不能以受法律保护的民间借贷利率上限作为判断违约金是否过高的标准,而应当兼顾合同履行情况、当事人过错程度以及预期利益等因素综合确定。

需要综合考查以下因素:

其一,合同履行情况。在合同履行瑕疵较为轻微时,例如,违约时间很短,可以适用调整违约金的数额。

其二,当事人过错程度。债务人主观过错较小或债权人也有过错时,可以适当调整违约金。

其三,预期利益。预期利益实现的可能性较大时,酌减违约金应当更为审慎。

其四,当事人的主体身份。如果债务人是商事主体,其对违约风险的预见和控制

---

① 最高人民法院民事审判第一庭编:《最高人民法院民事审判第一庭裁判观点》(民事合同卷·上),人民法院出版社 2023 年版,第 333~334 页。

② 最高人民法院民事审判第一庭编:《最高人民法院民事审判第一庭裁判观点》(民事合同卷·下),人民法院出版社 2023 年版,第 1154 页。

能力更强。

其五，其他因素。如债务人给付约定违约金达到了可能严重影响债务人生存的程度的等。

人民法院或者仲裁机构应当根据公平原则和诚实信用原则，对上述因素予以综合权衡，避免简单地采用固定比例等"一刀切"，防止机械司法而可能造成的实质不公平。①

（四）关于不支持恶意违约方

任何人不能非法获利。根据《民法典》设定违约金的基本原理和价值定位，恶意违约的当事人一方请求减少违约金的，人民法院一般不予支持。

二、关于司法酌减规则的适用

（一）启动

根据《民法典》第585条第2款规定的旨意，司法酌减适用的前提条件是约定的违约金过分高于造成的损失，由债务人提出申请，并进行举证。

（二）基准：实际损失

司法适用中关于违约金的数额与损失的大体一致，是商品交换原则的要求在法律上的反映，也是合同正义的重要内容和合同法追求的理想之一。如果任由当事人约定过高的违约金且以意思表示为由予以支持，在一些情况下，无异于鼓励当事人通过不正当的方式取得暴利，也促使一方为取得高额违约金而故意引诱对方违约。因此，人民法院可以对不合理的违约金数额进行调整，以维护民法的公平的诚信原则，并使违约方从高额且不合理的违约金责任的束缚中解脱出来，防止赌博性约定隐藏的道德风险，避免出现对一方利益保护过度，而对另一方当事人过于严厉的裁量结果。②

【法律适用分歧】

一、关于是否同时规定严格责任原则与过失相抵规则的问题

关于在合同编中的违约责任规定了严格责任，是否同步规定过失相抵规则，存在争议。

一般认为，我国原合同法对违约责任采取的是无过错原则，我国《民法典》第577条延续了这一归责原则，同时又规定了违约责任的免除和减轻、具体合同类型中的特殊归责和免责事由、允许当事人约定免责或者限制责任，但对是否规定过失相抵争议较大。

---

① 黄薇主编：《中华人民共和国民法典合同编释义》，法律出版社2020年版，第291~292页。
② 最高人民法院民法典贯彻实施工作领导小组编著：《中国民法典适用大全》（合同卷二），人民法院出版社2022年版，第1076页。

过失相抵，又称混合过错、与有过失，是指合同中作为受害人的一方对损害的发生也有过错的，应违约方之请求，应当扣减相应的损失赔偿额。混合过错原则是公平原则的具体化。对原《合同法》是否规定了过失相抵规则，理论界存在争议。1999年合同法仅规定了减损归责，没有规定过失相抵规则。但是，2012年《买卖合同司法解释》第30条"买卖合同当事人一方违约造成对方损失，对方对损失的发生也有过错，违约方主张扣减相应的损失赔偿额的，人民法院应予支持"明确规定了买卖合同中过错相抵规则，限定了违约损害赔偿的范围。

立法机关经研究认为，违约责任采取无过错责任原则，仅是不依据违约方是否具有过错使违约方承担违约责任，但过失相抵解决的是对方的过错导致损失发生时，是否能够减少违约方的损失赔偿额，与无过错归责原则之间并不矛盾。从2012年《买卖合同司法解释》第30条规定的过失相抵规则实践来看，效果比较理想，符合公正原则，避免债权人对因自己过错导致发生的损失的部分获得赔偿，有利于双方共同努力避免损失的发生。最终，《民法典》第592条①明确规定了过失相抵规则。

与此同时，需要注意的是，《民法典》第592条所规定的过失相抵规则，与《民法典》第591条规定的防止损失扩大的减损义务存在区别。过失相抵解决的是损失发生阶段的问题，而减损规则解决的是损失扩大阶段的问题。② 即《民法典》第591条、第592条第2款将减损规则与过失相抵规则作为两个单独的规则分别立法。从法律构造内容看，二者明显存在差异。减损规则是一方当事人在对方违约行为发生后，未能采取适当的措施防止损失的扩大，致使损害扩大，违约方对扩大的损失不承担赔偿责任；而过失相抵规则是合同当事人的违约行为同时发生，或即使存在先后顺序，但其先后顺序不存在逻辑上的联系。而且，两种规则所导致的法律后果也不相同。减损规则系根据当事人是否采取合理的措施来判断责任承担，受损害方不一定承担损失过大的责任；而过失相抵规则按照双方当事人的过错大小划分责任承担范围，双方均承担责任。③

二、借款合同中对逾期利息和违约金表述接近，致使两者难以区分时如何认定

若借贷双方在借贷合同中对逾期还款的民事责任表述不明，不能直接判断属于逾期利息，还是违约金时，如何判断？

比如，双方约定"若借款人不能及时还款，则每逾期一日，按照……的利率向出

---

① 《民法典》第592条规定："当事人都违反合同的，应当各自承担相应的责任。当事人一方违约造成对方损失，对方对损失的发生有过错的，可以减少相应的损失赔偿额。"
② 江必新编著：《民法典若干争议问题实录》，人民法院出版社2021年版，第187~188页。
③ 最高人民法院民事审判第一庭编：《最高人民法院民事审判第一庭裁判观点》（民事合同卷·下），人民法院出版社2023年版，第967页。

借人支付逾期违约金",其中,既有利率的表述,又有违约金的提法。如果认定为逾期利息,则可按照《民间借贷司法解释》第 28 条①予以认定;如果认定为违约金,则涉及出借人能否再主张逾期利息的问题。在此种情形下,虽然名为逾期违约金,但明确约定了利率,约定了按照逾期天数每天支付一定数额,其形式上和性质上更接近于利息,不宜认为违约金。②

【典型案例】

一、裁判规则:人民法院应当以法律规定的损失为基础,兼顾合同主体、交易类型、合同的履行情况、当事人的过错程度、履约背景等因素,遵循公平原则和诚信原则进行衡量,并作出裁判

【法院】

最高人民法院

【案号】

(2017)最高法民终 162 号

【当事人】

上诉人(一审被告、反诉原告):四川泰某会所管理有限责任公司(以下简称泰某公司)

被上诉人(一审原告、反诉被告):北京通某日坛俱乐部有限公司(以下简称通某公司)

【案由】

合同纠纷

【裁判观点】

一审判决仅调低合同约定的解除违约金,遗漏认定通某公司没收泰某公司施工建设费用构成违约金且属于违约金过高的情形,适用法律有误,法院予以纠正。综合考虑本案所涉合同的预期利益、履行情况、违约实际损失以及通某公司亦存在怠于加盖

---

① 《民间借贷司法解释》第 28 条规定:"借贷双方对逾期利率有约定的,从其约定,但是以不超过合同成立时一年期贷款市场报价利率四倍为限。未约定逾期利率或者约定不明的,人民法院可以区分不同情况处理:(一)既未约定借期内利率,也未约定逾期利率,出借人主张借款人自逾期还款之日起参照当时一年期贷款市场报价利率标准计算的利息承担逾期还款违约责任的,人民法院应予支持;(二)约定了借期内利率但是未约定逾期利率,出借人主张借款人自逾期还款之日起按照借期内利率支付资金占用期间利息的,人民法院应予支持。"

② 最高人民法院民事审判第一庭编:《最高人民法院民事审判第一庭裁判观点》(民事合同卷·上),人民法院出版社 2023 年版,第 459 页。

《租赁合同》印章的违约行为等因素，结合本案已经支持通某公司逾期竣工违约金、租金滞纳金、逾期支付押金违约金、逾期腾退赔偿金诉请的事实，根据公平原则和诚实信用原则，法院酌定《合作协议》《租赁合同》解除违约金总计 2200 万元，超过部分不予支持。

二、裁判规则：当事人约定的违约金超过《民法典》第 584 条规定确定的损失的 30%的，一般可以认定为《民法典》第 585 条第 2 款规定的"过分高于造成的损失"

【法院】

最高人民法院

【案号】

（2022）最高法知民终 93 号

【当事人】

上诉人（原审被告）：河南鼎某电器科技发展有限公司（以下简称河南鼎某公司）

被上诉人（原审原告）：上海多某油烟净化设备有限公司（以下简称上海多某公司）

【案由】

发明专利实施许可合同纠纷

【裁判观点】

根据《合同法司法解释二》第 29 条的规定，违约金除具有补偿性外，还带有一定的惩罚性功能，根据上述规定，在能够确定实际损失的前提下，违约金可以适当超过实际损失，但不能超过损失的 30%。本案中，原审法院根据涉案合同的履行情况、许可方式自动变更的约定，以及双方当事人的过错程度，认定上海多某公司的实际损失为合同前两年按生产数量提成计费的专利许可使用费 405 万元，并无不当。扣除该部分损失，河南鼎某公司因迟延履行承担的违约金并未过分高于其造成的损失，河南鼎某公司的该项主张不能成立，法院不予支持。

【相关规定】

《民法典》第 584 条、第 585 条；原《合同法司法解释二》第 29 条；《九民会议纪要》第 50 条；《民法典会议纪要》第 11 条

> **第六十六条　【违约金调整的释明与改判】**
>
> 当事人一方请求对方支付违约金，对方以合同不成立、无效、被撤销、确定不发生效力、不构成违约或者非违约方不存在损失等为由抗辩，未主张调整过高的违约金的，人民法院应当就若不支持该抗辩，当事人是否请求调整违约金进行释明。第一审人民法院认为抗辩成立且未予释明，第二审人民法院认为应当判决支付违约金的，可以直接释明，并根据当事人的请求，在当事人就是否应当调整违约金充分举证、质证、辩论后，依法判决适当减少违约金。
>
> 被告因客观原因在第一审程序中未到庭参加诉讼，但是在第二审程序中到庭参加诉讼并请求减少违约金的，第二审人民法院可以在当事人就是否应当调整违约金充分举证、质证、辩论后，依法判决适当减少违约金。

【条文主旨】

本条是关于违约金调整的释明与改判的规定。

【司法适用】

本条系审判经验的总结与升华。

1. 《民商事合同指导意见》第8条规定："为减轻当事人诉累，妥当解决违约金纠纷，违约方以合同不成立、合同未生效、合同无效或者不构成违约进行免责抗辩而未提出违约金调整请求的，人民法院可以就当事人是否需要主张违约金过高问题进行释明。人民法院要正确确定举证责任，违约方对于违约金约定过高的主张承担举证责任，非违约方主张违约金约定合理的，亦应提供相应的证据。合同解除后，当事人主张违约金条款继续有效的，人民法院可以根据合同法第九十八条的规定进行处理。"首次就"违约方以合同不成立、合同未生效、合同无效或者不构成违约进行免责抗辩而未提出违约金调整请求的"问题作出明确规定。

2. 2012年《买卖合同司法解释》第27条规定："买卖合同当事人一方以对方违约为由主张支付违约金，对方以合同不成立、合同未生效、合同无效或者不构成违约等为由进行免责抗辩而未主张调整过高的违约金的，人民法院应当就法院若不支持免责抗辩，当事人是否需要主张调整违约金进行释明。一审法院认为免责抗辩成立且未予释明，二审法院认为应当判决支付违约金的，可以直接释明并改判。"2020年《买卖合同司法解释》保留了该条的内容，仅将序号调整为第21条。

3.《民法典会议纪要》第11条规定："民法典第五百八十五条第二款规定的损失范围应当按照民法典第五百八十四条规定确定，包括合同履行后可以获得的利益，但不得超过违约一方订立合同时预见到或者应当预见到的因违约可能造成的损失。当事人请求人民法院增加违约金的，增加后的违约金数额以不超过民法典第五百八十四条规定的损失为限。增加违约金以后，当事人又请求对方赔偿损失的，人民法院不予支持。当事人请求人民法院减少违约金的，人民法院应当以民法典第五百八十四条规定的损失为基础，兼顾合同的履行情况、当事人的过错程度等综合因素，根据公平原则和诚信原则予以衡量，并作出裁判。约定的违约金超过根据民法典第五百八十四条规定确定的损失的百分之三十的，一般可以认定为民法典第五百八十五条第二款规定的'过分高于造成的损失'。当事人主张约定的违约金过高请求予以适当减少的，应当承担举证责任；相对人主张违约金约定合理的，也应提供相应的证据。"并明确指出："由于该解释（《买卖合同司法解释》第21条）只适用于买卖合同领域，对于其他合同也同样存在类似情形。一般认为，此时可以参照买卖合同的规定。"①

一、关于调整违约金的释明权问题

我国的民事诉讼模式采以当事人主义为原则，以职权主义为补充，在民事证据制度上采"以当事人主义为原则，职权探知主义为例外和补充"。② 在民事实体法上，基于《民法典》第133条、第137条、第143条、第472条、第502条等规定，人民法院应当尊重当事人的合同约定，一般不宜使用公权力干预私权利的行使。但任何权利都不是无限制的，民事诉讼的空间也不是绝对的当事人主义，应当充分考虑民事诉讼解决纠纷的定位和功能，同时，还应充分考虑在我国国情条件下，当事人是否能够认识得到自己权利的圆满行使和保护，真正能够定分止争。

其一，当事人未及时提出调整违约金的客观实际。基于违约金的从属性，根据《民法典》第585条的规定，当事人违反合同约定的合同义务时，需要承担相应的违约金；当合同义务不存在时，则不存在违约金问题。即"因合同无效、被撤销或者确定不发生效力而导致该合同义务不存在，则就不可能产生违约金请求权"。③ 在审判实践中，经常会存在当事人一方，不论是主观故意还是过失，只提出"以合同不成立、未

---

① 最高人民法院研究室编著：《〈全国法院贯彻实施民法典工作会议纪要〉条文及适用说明》，人民法院出版社2021年版，第34页。
② 江必新主编：《新民事诉讼法条文理解与适用》，人民法院出版社2022年版，第277页。
③ 黄薇主编：《中华人民共和国民法典释义》（中），法律出版社2020年版，第1131页。

生效、无效、确定不发生效力、不构成违约或者非违约方不存在损失等抗辩理由"而主张免责,将其诉讼争议焦点只集中在是否存在违约行为方面;并未意识到或提及调整违约金的主张,而"诉讼过程中,当事人主张的法律关系性质或者民事行为效力与人民法院根据案件事实作出的认定不一致的",① 则人民法院需要解决违约金高低的问题,即"为避免讼累,人民法院通常也会就当事人是否需要主张违约金过高问题进行释明"。②

其二,当事人解决纠纷的实质正义需要。当事人提起民事诉讼的主要目的,是想通过国家公权力来对他们当事人之间存在的权属纷争或者不明的法律状态作出具有法律效果的裁判。而公正是人民法院审判的根本要求。首先是实体公正,要切实避免简单的"依法办案","依法办案"只是底线要求,法定自由裁量范围内,要在法律空间中寻求最佳处理效果,让人民群众充分感受到公平正义。感受公平正义的主体是人民群众,不是我们自己。要重视程序公正。"老百姓到法院是为了解决问题的,绝不是来'走程序'的。程序合乎规范,同时能实质解决问题,案结事了,才是诉讼的目的、才能体现诉讼的价值。"③ 如果违约方并未提出调整违约金的申请,根据"不告不理"和民事诉讼"辩论主义"原理,人民法院自然仅就当事人是否违约作出裁判,而不对调整违约金作出裁判,这样一来,裁判作出后,当事人意识到或者再行主张违约金调整问题,则由于前面的有关当事人是否违约的民事裁判已经作出,此时的解决办法,只能是当事人另行单独提出调整违约金的民事诉讼,也即,原本可以"一次性解决"的纠纷,因为"传统的机械主义的做法",而"不得不"人为地"变成"了二次或多次纠纷,既增加了当事人的诉累和诉讼成本,人为增加了人民法院的诉讼案件数量,而且不利于纠纷的顺利化解,更不利于人民法院的司法公信力。因此,"在当事人仅纠缠于是否构成违约而未对违约金高低进行主张权利时,人民法院应当行使释明权"。④

但是,应当说,法官行使释明权,不是取代或"强制"当事人作出实体选择或程

---

① 2019年《民事证据规定》第53条规定:"诉讼过程中,当事人主张的法律关系性质或者民事行为效力与人民法院根据案件事实作出的认定不一致的,人民法院应当将法律关系性质或者民事行为效力作为焦点问题进行审理。但法律关系性质对裁判理由及结果没有影响,或者有关问题已经当事人充分辩论的除外。存在前款情形,当事人根据法庭审理情况变更诉讼请求的,人民法院应当准许并可以根据案件的具体情况重新指定举证期限。"

② 黄薇主编:《中华人民共和国民法典释义》(中),法律出版社2020年版,第1133页。

③ 《促公正提效率,答好人民满意的时代问卷——深入学习贯彻习近平总书记重要讲话和全国两会精神系列评论之三》,载中国法院网,https://www.chinacourt.org/article/detail/2023/03/id/7211066.shtml,最后访问时间:2023年12月15日。

④ 最高人民法院研究室编著:《最高人民法院关于合同法司法解释(二)理解与适用》,人民法院出版社2009年版,第215页。

序选择，只是基于鼓励交易、公平交易和减轻诉累的考虑，协助当事人决定是否行使提出违约金调整申请，至于当事人在法官释明后知晓这一违约金调整的法律制度后，是否去行使属于当事人意思自治范围。即只有当事人可以提出调整违约金的主张，在当事人没有提出调整违约金请求的前提条件下，人民法院不得依职权主动调整违约金。

其三，违约金制度的定位。根据《民法典》第585条的规定，我国违约金制度，采以赔偿性的违约金为原则、惩罚性的违约金为辅助的立法价值取向，司法审判方式中也要体现这一基本的定位，从而发挥违约金制度对促进市场公平交易的积极作用。从"约定的违约金过分高于造成的损失的，人民法院或者仲裁机构可以根据当事人的请求予以适当减少"的立法旨意来看，目的在于"以在意思自治、形式自由的基础上协调实质正义、个案公正，平衡自愿原则和公平、诚信原则之间的关系"。[①]

关于降低的幅度，根据《民法典会议纪要》第11条的规定，当事人请求人民法院减少违约金的，人民法院应当以《民法典》第584条规定的损失为基础，兼顾合同的履行情况、当事人的过错程度等综合因素，根据公平原则和诚信原则予以衡量，并作出裁判。约定的违约金超过根据《民法典》第584条规定确定的损失的30%的，一般可以认定为《民法典》第585条第2款规定的"过分高于造成的损失"。当事人主张约定的违约金过高请求予以适当减少的，应当承担举证责任；相对人主张违约金约定合理的，也应提供相应的证据。

其四，诉讼目的多元性。我国的民事诉讼目的是多元的，并不仅仅限于私权保护说、私法秩序维护说、纠纷解决说、程序保障说等学说中的一元目的。"既从国家的角度考虑设立民事诉讼的目的，同时，民事诉讼毕竟涉及当事人私人利益，当事人选择和利用诉讼程序来解决其利益之争也必然存在其目的追求。"[②] 人民法院在解决民事诉讼纠纷时，需要兼顾当事人的实体利益和程序利益，既要考虑到当事人的实体权利的行使是否能够理解法律赋予其实体权利的意图，从而探求民事诉讼中的实质正义，而非"纯粹浪费程序"的"形式正义"，也要考虑到当事人是否真正享有和行使程序选择性和程序利益，从而维护社会关系和经济秩序的稳定，发挥法律制度对于整个社会的"稳定器"作用。

二、关于二审法院是否可以直接释明

关于一审法院未就违约金过高问题向当事人释明的程序处理问题，在2012《买卖

[①] 黄薇主编：《中华人民共和国民法典释义》（中），法律出版社2020年版，第1133页。
[②] 唐力：《民事诉讼构造研究——以当事人与法院作用分担为中心》，法律出版社2006年版，第67~68页。

合同司法解释》起草过程中，就存在争议，主要争议点在于是否作发回重审处理的问题。

根据本条规定，第一审人民法院经审理认为抗辩不成立，但是未予释明并判决按照合同约定赔偿违约金，或者第一审人民法院认为抗辩成立故未予释明，但是第二审人民法院经审理认为应当判决支付违约金的，第二审人民法院可以直接释明并根据当事人的请求依法判决适当减少违约金数额。

其主要理由是：

其一，法官释明不属于事实问题。发回重审也未必能够解决，且有程序重复的嫌疑。

其二，法官是否释明不属于我国民事诉讼法法定的发回重审的事由，且民事诉讼法修改的一项重要立法价值就是限制发回重审的适用。

其三，即使一审法官未予释明，也可以通过二审法院的改判来解决，并未妨碍当事人的实体权利的救济，程序权利可以通过抗辩、申请调查取证等方式进行补正。

同理，被告在第一审程序中未到庭参加诉讼，但是在第二审程序中到庭参加诉讼并请求减少违约金的，第二审人民法院可以依法判决适当减少违约金数额。

【法律适用分歧】

双方都同意解除，但未就协商解除后的法律后果形成一致意见的，此时合同是否解除

对于此问题，存在不同的观点：审判实践中有观点认为，双方虽然表示同意解除，但对于合同解除后的结算和清理事项，并未形成一致的意思表示，故双方解除合同的合意并未有效成立。

事实上，这里涉及合意解除的意思表示的解释问题：如果合意解除的意思表示以对结算清理事项形成一致意见为前提，则该前提未成就的情况下，当然不能推导出合意解除的意思表示；如果合意解除的意思表示已经非常清晰，即使未就结算清理事项形成一致合意，仍然可以认为构成合意解除，合同被解除，而解除后的结算清理事项依据法律规定予以确定，这更为方便，也更具有效率。因此，只要双方合意解除的意思表示是明确的，推定为构成合意解除，除非协商解除的意思表示以对解除后果形成一致意见为前提。①

---

① 王利明主编：《中国民法典释评》（合同编·通则），中国人民大学出版社2020年版，第467~468页。

【典型案例】

一、裁判规则：进行免责抗辩而未主张调整过高的违约金的，人民法院应当就法院若不支持免责抗辩，当事人是否需要主张调整违约金进行释明

【法院】

最高人民法院（公报案例）

【案号】

（2019）最高法知民终394号

【当事人】

上诉人（原审原告）：北京朗某生物科技有限公司（以下简称朗某公司）

被上诉人（原审被告）：北京汇某生物科技有限公司（以下简称汇某公司）

【案由】

专利权转让合同纠纷

【裁判观点】

根据《合同法》第114条第2款、第174条，《买卖合同司法解释》第27条，《合同法司法解释二》第29条的规定，汇某公司在原审中认为涉案专利系刘某霞擅自转让，与汇某公司无关，未提出违约金过高予以调整的请求，二审中根据上述审理买卖合同纠纷的解释的相关规定，法院向汇某公司释明后，汇某公司提出朗某公司并未因违约行为受到损失，涉案合同约定的违约金过高请求法院予以调整。由于朗某公司亦未提交充分证据证明其除专利权本身价值外实际受到损失的具体情况，法院认为涉案合同约定的违约金明显过高应予调整。考虑汇某公司擅自转让专利的主观过错，酌情确定朗某公司应当就其擅自转让涉案专利承担违约金15万元。

二、裁判规则：经法院多次释明，当事人坚持按照自己主张的法律关系主张权利，并表示不变更诉讼请求，无法查清案件事实的，对其诉讼请求不予支持

【法院】

最高人民法院

【案号】

（2020）最高法民终1210号

【当事人】

上诉人（原审原告）：瑞某物流有限公司成都分公司（以下简称瑞某公司）

被上诉人（原审被告）：四川中某信实业有限公司（以下简称中某信公司）

【案由】

买卖合同纠纷

【裁判观点】

对于瑞某公司、中某信公司以虚假的意思表示隐藏的法律行为的效力，应依照有关法律规定进行认定。综合现有证据，中某信公司与瑞某公司之间更有可能是基于融资需要而发生的借贷关系或者其他法律关系。本案中，经一审法院多次释明，瑞某公司坚持依据买卖合同法律关系主张权利，并表示不变更诉讼请求，亦未提供其与上游中某信公司及下游公司之间的账目往来明细，且主债务人中某信公司未参加一、二审诉讼，故难以查清案涉法律关系的性质，进而无法依照有关法律规定认定隐藏的法律行为的效力。即便按照借贷法律关系进行审理，因缺乏当事人之间账目往来明细，难以查清当事人之间款项往来、利息计算、有无逾期等借贷关系基本事实。综合本案情况，一审法院对瑞某公司的诉讼请求不予支持，并无不当。瑞某公司可就其与中某信公司之间形成的真实法律关系，另行主张权利。

【相关规定】

《民法典》第 584 条、第 585 条、第 646 条；《买卖合同司法解释》第 21 条；原《合同法司法解释二》第 29 条；《九民会议纪要》第 50 条；《民法典会议纪要》第 11 条；《最高人民法院关于当前形势下审理民商事合同纠纷案件若干问题的指导意见》第 8 条

第六十七条 【定金规则】

当事人交付留置金、担保金、保证金、订约金、押金或者订金等，但是没有约定定金性质，一方主张适用民法典第五百八十七条规定的定金罚则的，人民法院不予支持。当事人约定了定金性质，但是未约定定金类型或者约定不明，一方主张为违约定金的，人民法院应予支持。

当事人约定以交付定金作为订立合同的担保，一方拒绝订立合同或者在磋商订立合同时违背诚信原则导致未能订立合同，对方主张适用民法典第五百八十七条规定的定金罚则的，人民法院应予支持。

> 当事人约定以交付定金作为合同成立或者生效条件，应当交付定金的一方未交付定金，但是合同主要义务已经履行完毕并为对方所接受的，人民法院应当认定合同在对方接受履行时已经成立或者生效。
>
> 当事人约定定金性质为解约定金，交付定金的一方主张以丧失定金为代价解除合同的，或者收受定金的一方主张以双倍返还定金为代价解除合同的，人民法院应予支持。

【条文主旨】

本条是关于定金规则的规定。

【司法适用】

本条是对《民法典》定金制度①的细化性规定：

关于《民法典》定金部分、《民法典担保制度司法解释》与本解释定金规则的关系。由于《民法典担保制度司法解释》没有对定金内容作出规定，而原《担保法司法解释》又被废止了，那么，是否可以沿用《担保法司法解释》中有关定金规则的问题。应当这样认为，原《担保法司法解释》关于定金的内容未规定在《民法典》当中，并不是因为其与《民法典》存在冲突或矛盾而被"废除"，之所以未将其规定在《民法典担保制度司法解释》中，其原因是定金虽然也被规定为债权的担保方式（《民法典》第586条②），但考虑到定金与违约金的关系更为密切，且《民法典》也是将定金规定于《民法典》合同编关于违约责任的部分，所以，《民法典担保制度司法解释》起草小组决定留待由《民法典》合同编的相关司法解释作出规定。在《民法典》合同编相关司法解释就定金的法律适用作出明确规定前，原《担保法司法解释》关于定金的规定

---

① 《民法典》第587条规定："债务人履行债务的，定金应当抵作价款或者收回。给付定金的一方不履行债务或者履行债务不符合约定，致使不能实现合同目的的，无权请求返还定金；收受定金的一方不履行债务或者履行债务不符合约定，致使不能实现合同目的的，应当双倍返还定金。"第588条规定："当事人既约定违约金，又约定定金的，一方违约时，对方可以选择适用违约金或者定金条款。定金不足以弥补一方违约造成的损失的，对方可以请求赔偿超过定金数额的损失。"

② 《民法典》第586条规定："当事人可以约定一方向对方给付定金作为债权的担保。定金合同自实际交付定金时成立。定金的数额由当事人约定；但是，不得超过主合同标的额的百分之二十，超过部分不产生定金的效力。实际交付的定金数额多于或者少于约定数额的，视为变更约定的定金数额。"

对《民法典》施行后的担保行为引起的民事纠纷案件，如果不与《民法典》相冲突的，则审理时可以沿袭原来的审理思路，如原《担保法司法解释》第115条（需要区分拒绝订立合同的原因）、第116条、第117条（说理时适用《合同法》应相应改为适用《民法典》）、第118条、第122条①；如果与《民法典》相冲突的，则不得沿袭原来的审理思路，如原《担保法司法解释》第119条（已被《民法典》第586条吸收和修改）、第120条②（第1款被《民法典》第587条吸收、第2款被《民法典》第587条否定）、第121条（被《民法典》第586条吸收）等。③

一、关于未约定定金性质的

根据原《担保法司法解释》第118条的规定："当事人交付留置金、担保金、保证金、订约金、押金或者订金等，但没有约定定金性质的，当事人主张定金权利的，人民法院不予支持。"由于符合《民法典》的精神，可以沿袭原来的审理思路。

二、关于违约定金

《民法典》第587条规定："债务人履行债务的，定金应当抵作价款或者收回。给付定金的一方不履行债务或者履行债务不符合约定，致使不能实现合同目的的，无权请求返还定金；收受定金的一方不履行债务或者履行债务不符合约定，致使不能实现合同目的的，应当双倍返还定金。"

三、关于立约定金

立约定金，是指当事人约定以交付定金作为订立主合同担保的，给付定金的一方拒绝订立主合同的，无权要求返还定金，收受定金的一方拒绝订立合同的，应当双倍返还定金。④应当认为，立约定金在性质上是预约合同的违约定金，也就是说，如果当事人之间约定的是立约定金，就意味着当事人之间已经达成了一个预约合同，而立约定金就是该预约合同的违约定金。根据《民法典》规定的预约合同，《民法典》第495条规定："当事人约定在将来一定期限内订立合同的认购书、订购书、预订书等，构成预约合同。当事人一方不履行预约合同约定的订立合同义务的，对方可以请求其承担

---

① 原《担保法司法解释》第122条规定："因不可抗力、意外事件致使主合同不能履行的，不适用定金罚则。因合同关系以外第三人的过错，致使主合同不能履行的，适用定金罚则。受定金处罚的一方当事人，可以依法向第三人追偿。"

② 原《担保法司法解释》第120条规定："因当事人一方迟延履行或者其他违约行为，致使合同目的不能实现，可以适用定金罚则。但法律另有规定或者当事人另有约定的除外。当事人一方不完全履行合同的，应当按照未履行部分所占合同约定内容的比例，适用定金罚则。"

③ 参见最高人民法院民事审判第二庭：《最高人民法院民法典担保制度司法解释理解与适用》，人民法院出版社2021年版，第642~690页。

④ 黄薇主编：《中华人民共和国民法典释义》（中），法律出版社2020年版，第1136页。

预约合同的违约责任。"因此，当事人就预约合同约定的违约定金，也应予以承认。①

原《担保法司法解释》第115条规定："当事人约定以交付定金作为订立主合同担保的，给付定金的一方拒绝订立主合同的，无权要求返还定金；收受定金的一方拒绝订立合同的，应当双倍返还定金。"该条规定的就是立约定金，根据意思自治原则，由于符合《民法典》的精神，可以沿袭原来的审理思路。需要注意的是，"拒绝"的原因，如果非因当事人的原因，如因不可抗力不能订立主合同，则不应适用定金罚则，此时，应当依据《民法典》第587条中"致使不能实现合同目的的"，才能适用定金罚则的规定处理。

因此，本条规定，当事人约定以交付定金作为订立合同的担保，一方不履行订立合同的义务的，人民法院应当依据《民法典》第587条②的规定适用定金罚则。

四、关于成约定金

成约定金，是指当事人约定以交付定金作为订立主合同成立或者生效要件的，给付定金的一方虽未支付定金，但主合同已经履行或者已经履行主要部分的，不影响主合同的成立或生效。③成约定金的设立及对主合同成立的影响，应由当事人特别约定。成约定金的效力是，定金的交付使主合同成立，不交付则主合同不成立，也不适用定金罚则。在主合同履行以后，成约定金应当全部返还。④原《担保法司法解释》第116条规定："当事人约定以交付定金作为主合同成立或者生效要件的，给付定金的一方未支付定金，但主合同已经履行或者已经履行主要部分的，不影响主合同的成立或者生效。"由于符合《民法典》的精神，可以沿袭原来的审理思路。其主要理由是：

其一，关于书面形式。参照《民法典》第490条"当事人采用合同书形式订立合同的，自当事人均签名、盖章或者按指印时合同成立。在签名、盖章或者按指印之前，当事人一方已经履行主要义务，对方接受时，该合同成立。法律、行政法规规定或者当事人约定合同应当采用书面形式订立，当事人未采用书面形式但是一方已经履行主要义务，对方接受时，该合同成立"的基本原理，一方面，法律、行政法规或当事人约定合同应当采用书面形式订立，当事人就应当采用书面形式，但并不能根据该条理

---

① 最高人民法院民事审判第二庭：《最高人民法院民法典担保制度司法解释理解与适用》，人民法院出版社2021年版，第644页。
② 《民法典》第587条规定："债务人履行债务的，定金应当抵作价款或者收回。给付定金的一方不履行债务或者履行债务不符合约定，致使不能实现合同目的的，无权请求返还定金；收受定金的一方不履行债务或者履行债务不符合约定，致使不能实现合同目的的，应当双倍返还定金。"
③ 黄薇主编：《中华人民共和国民法典释义》（中），法律出版社2020年版，第1136页。
④ 王利明：《合同法研究》卷2（第3版），中国人民大学出版社2015年版，第725页。

由反推认定，只要当事人未采用书面形式的，合同就一定不成立。另一方面，"合同成立的核心要素是双方当事人意思表示一致。如果一个以合同书形式订立的合同已经履行，而仅仅是没有签名、盖章或者按指印，就认定合同不成立，则违背了当事人的真实意愿。既然当事人已经履行主要义务，对方也接受了，那么合同当然成立"。①

其二，定金变更。根据《民法典》第586条第2款的规定："定金的数额由当事人约定；但是，不得超过主合同标的额的百分之二十，超过部分不产生定金的效力。实际交付的定金数额多于或者少于约定数额的，视为变更约定的定金数额。"因为当事人没有交付定金而直接履行主合同或者主合同的主要部分，也应视为当事人通过行为变更了合同约定的成立条件或者生效条件。

因此，本条规定，当事人约定以交付定金作为合同成立或者生效条件，应当给付定金的一方未支付定金，但是合同主要义务已经履行完毕，并为对方所接受的，人民法院应当认定合同已经成立或者生效。

五、关于解约定金

解约定金，是指定金交付后，交付定金的一方可以按照合同的约定以丧失定金为代价而解除合同，收受定金的一方可以双倍返还为代价而解除合同。② 解约定金是一种特殊的违约定金，根据合同自由原则，自应得到承认。原《担保法司法解释》第117条规定："定金交付后，交付定金的一方可以按照合同的约定以丧失定金为代价而解除主合同，收受定金的一方可以双倍返还定金为代价而解除主合同。对解除主合同后责任的处理，适用《中华人民共和国合同法》的规定。"由于符合《民法典》的精神，可以沿袭原来的审理思路。仅需要对"适用《中华人民共和国合同法》的规定"，调整为"适用《中华人民共和国民法典》的规定"。

因此，本条规定，当事人约定定金性质为解约定金，交付定金的一方主张以丧失定金为代价解除合同，或者收受定金的一方主张以双倍返还定金为代价解除合同的，人民法院依法予以支持。

【法律适用分歧】

关于"定金"超出主合同标的额20%部分的处理

超过主合同标的额20%部分，不属于定金的范畴。但对于超出部分如何处理未作规定。审判实务中，一般将超出部分作为已给付的合同价款。

---

① 黄薇主编：《中华人民共和国民法典释义》（中），法律出版社2020年版，第940页。
② 黄薇主编：《中华人民共和国民法典释义》（中），法律出版社2020年版，第1136页。

法院认为，当事人可以约定一方向对方给付定金作为债权的担保。债务人履行债务后，定金应当抵作价款或收回。给付定金的一方不履行约定的债务的，无权要求返还定金；收受定金的一方不履行约定的债务的，应当双倍返还定金。关于定金罚则的规定适用于不履行，也适用于不完全履行。行纪合同约定的定金未超出合同总价款20%的部分视为合法定金，适用定金罚则，已超出合同总价款20%的部分视为预付货款。①

【典型案例】

一、裁判规则：当事人约定以交付定金作为主合同成立或者生效要件的，给付定金的一方未支付定金，但主合同已经履行或者已经履行主要部分的，不影响主合同的成立或者生效

【法院】

最高人民法院

【案号】

（2018）最高法民申5992号

【当事人】

再审申请人（一审被告、二审被上诉人）：勾某礼等

被申请人（一审原告、二审上诉人）：任某海

【案由】

房屋买卖合同纠纷

【裁判观点】

根据任某海与周某武签订的《房屋买卖合同》，周某武支付定金100万元，与任某海确定买卖关系。勾某礼向任某海支付195万元可视为周某武的履约行为，《房屋买卖合同》亦未违反法律、行政法规的强制性规定，原审法院认定《房屋买卖合同》成立并生效，具有事实与法律依据。任某海收到勾某礼支付的195万元后，将房屋的产权进行分割，合同已经履行主要部分，原审法院依据《担保法司法解释》第116条关于"当事人约定以交付定金作为主合同成立或者生效要件的，给付定金的一方未支付定金，但主合同已经履行或者已经履行主要部分的，不影响主合同的成立或者生效"的规定，判决周某武继续履行《房屋买卖合同》，适用法律没有错误。

---

① 参见最高人民法院（2006）民二终字第226号民事判决书。

二、裁判规则：解约定金须在合同中作出约定，否则应将其视为违约定金

【法院】

最高人民法院

【案号】

（2019）最高法民终 120 号

【当事人】

上诉人（一审原告）：绿某集团海口置业有限公司（以下简称绿某公司）

上诉人（一审被告）：锐某股权投资有限公司等（以下简称锐某公司）

【案由】

股权转让纠纷

【裁判观点】

锐某公司、国某公司主张涉案定金是解约定金，其已向绿某公司双倍返还定金，《股权转让框架合同》即解除。根据《担保法》第 89 条、《担保法司法解释》第 117 条的规定，《担保法》规定的是以违约定金作为原则性定金。解约定金须在合同中作出约定，否则应将其视为违约定金。《股权转让框架合同》第 4 条第 2 项（1）定金约定，一方未按本协议履行导致另一方无法实现合同目的的，适用定金罚则，对于另一方遭受的实际损失，违约方承担赔偿责任；如非绿某公司自身拖沓不积极等不作为因素，锐某公司、国某公司未按本合同履行应尽义务的，锐某公司、国某公司应向绿某公司双倍返还定金。从合同内容看，双方并未就收取定金一方双倍返还定金即可解除合同作出明确约定。锐某公司、国某公司主张本案定金的性质是解约定金，缺乏事实和法律依据。因此，法院对锐某公司、国某公司关于其已向绿某公司双倍返还定金、合同已实际解除的主张不予支持。

【相关规定】

《民法典》第 586 条、第 587 条；原《担保法司法解释》第 115 条、第 116 条、第 117 条、第 118 条、第 119 条

第六十八条 【定金罚则的法律适用】

双方当事人均具有致使不能实现合同目的的违约行为，其中一方请求适用定金罚则的，人民法院不予支持。当事人一方仅有轻微违约，对方具有致使不能实现合同目的的违约行为，轻微违约方主张适用定金罚则，对方以轻微违约方也构成违约为由抗辩的，人民法院对该抗辩不予支持。

当事人一方已经部分履行合同，对方接受并主张按照未履行部分所占比例适用定金罚则的，人民法院应予支持。对方主张按照合同整体适用定金罚则的，人民法院不予支持，但是部分未履行致使不能实现合同目的的除外。

因不可抗力致使合同不能履行，非违约方主张适用定金罚则的，人民法院不予支持。

【条文主旨】

本条是关于定金罚则的法律适用的规定。

【司法适用】

本条第1款、第2款参酌原《担保法司法解释》第120条；本条第3款，参酌原《担保法司法解释》第122条。

定金，是指合同双方当事人约定的，为保证合同的履行，由一方预先向对方给付的一定数量的货币或其他代替物。[①] 定金的构成要件，一般是指一方当事人具有根本违约的行为，应当适用定金罚则。

一、关于定金罚则

相较于原《合同法》第115条"当事人可以依照《中华人民共和国担保法》约定一方向对方给付定金作为债权的担保。债务人履行债务后，定金应当抵作价款或者收回。给付定金的一方不履行约定的债务的，无权要求返还定金；收受定金的一方不履

---

① 王利明：《合同法研究》卷2（第3版），中国人民大学出版社2015年版，第722页。

行约定的债务的，应当双倍返还定金"的规定，根据《民法典》第587条的规定，① 在适用定金罚则的条件上增加了"或者履行债务不符合约定，致使不能实现合同目的的"的限制性条件。主要变化有两点：一是适用条件变化，由原适用条件"不履行约定的债务"的一项，调整为"不履行债务或者履行债务不符合约定"的二项；二是增加了适用目的，即增加了"致使不能实现合同目的的"。

（一）必须根本违约，才可适用

根本违约，是指一方的违约致使另一方订约目的不能实现。② 合同目的不能实现，实际是指违约行为严重影响订立合同时当事人所期待的利益。③ 定金罚则只能适用于根本违约情形，一旦迟延就要加倍返还定金，或者一旦有瑕疵就要加倍返还定金，那便对债务人过于苛刻，也违背了定金条款的目的。④ 原《担保法司法解释》第120条第1款规定："因当事人一方迟延履行或者其他违约行为，致使合同目的不能实现，可以适用定金罚则。但法律另有规定或者当事人另有约定的除外。"正是基于此：基于《民法典》第587条增加了"致使不能实现合同目的"的限制性表述，那么，也就排除了"履行债务虽然不符合约定，但是不导致合同上目的不实现的情形"，⑤ 即该情形不能适用定金罚则，也即，如果不会导致双方合同目的无法实现，双倍返还定金的主张，不予支持。

（二）关于双方根本违约

定金罚则的目的是促使双方都积极履行合同义务，一旦双方都违约，定金目的没有实现，自然失去定金罚则的基础。在双方均有违约行为的情况下，无论责任大小，收受定金的一方都应返还定金⑥。因此，双方当事人均具有《民法典》第587条规定的根本违约情形，其中一方请求适用定金罚则的，人民法院不予支持。

（三）关于未达根本违约程度

根据《民法典》第587条规定的定金罚则适用前提条件"致使不能实现合同目的的"。一般认为，如果一方具有重大违约行为，而另一方只具有轻微违约行为时，是否

---

① 《民法典》第587条规定："债务人履行债务的，定金应当抵作价款或者收回。给付定金的一方不履行债务或者履行债务不符合约定，致使不能实现合同目的的，无权请求返还定金；收受定金的一方不履行债务或者履行债务不符合约定，致使不能实现合同目的的，应当双倍返还定金。"
② 王利明：《合同法研究》卷2（第3版），中国人民大学出版社2015年版，第228页。
③ 赵文杰：《〈合同法〉第94条（法定解除）评注》，载《法学家》2019年第4期。
④ 王利明、崔建远：《合同法新论总则》，中国政法大学出版社2000年版，第696页。
⑤ 王利明主编：《中国民法典释评》（合同编·通则），中国人民大学出版社2020年版，第621页。
⑥ 最高人民法院民法典贯彻实施工作领导小组主编：《中华人民共和国民法典合同编理解与适用》（二），人民法院出版社2020年版，第801~802页。

适用定金制裁的问题，需要考虑在特定案件中，一方当事人的轻微违约行为是否符合诚实信用的要求，如果不能将这种轻微违约行为等同于违约行为，也仍然不能适用定金罚则。① 也就说，在不存在法律另有规定或者当事人另有约定的情形下，适用定金罚则的前提条件是，当事人一方不履行债务或者履行债务不符合约定，并且该违约行为要达到致使合同目的不能实现，即根本违约的程度。虽然有违约行为，但比较轻微，未达到不能实现合同目的的程度时，也就不能或者全部适用定金罚则。② 因此，当事人一方构成根本违约，对方仅有轻微违约，轻微违约方主张适用定金罚则，根本违约方以对方也有违约行为为由进行抗辩的，人民法院对该抗辩不予支持。

二、关于部分履行的定金

1987年《最高人民法院关于在审理经济合同纠纷案件中具体适用〈经济合同法〉的若干问题的解答》第8条第3项规定："关于不完全履行合同是否适用定金罚则的问题。《农副产品购销合同条例》第十七条第六款和第十八条第六款规定，供方不完全履行预购合同的，应加倍偿还不履行部分的预付定金；需方不完全履行预购合同的，无权收回未履行部分的预付定金。其他允许给付定金的各类经济合同不完全履行的，也可以照此办理。"原《担保法司法解释》第120条规定："因当事人一方迟延履行或者其他违约行为，致使合同目的不能实现，可以适用定金罚则。但法律另有规定或者当事人另有约定的除外。当事人一方不完全履行合同的，应当按照未履行部分所占合同约定内容的比例，适用定金罚则。"同时，根据《民法典》第587条的意旨，"如果当事人一方不完全履行合同的，在能够区分比例的情况下，应当按照未履行部分所占合同约定的比例，适用定金罚则"。③

因此，结合上述《民法典》第587条的意旨，本条规定，当事人一方已经部分履行合同，对方同意接受并主张按照未履行部分所占比例适用定金罚则的，人民法院依法予以支持。对方主张按照合同整体适用定金罚则的，人民法院不予支持，但是部分未履行致使不能实现全部合同目的的除外。

三、关于不可抗力除外

原《担保法司法解释》第122条规定："因不可抗力、意外事件致使主合同不能履行的，不适用定金罚则……"《民法典》第590条规定："当事人一方因不可抗力不能履行合同的，根据不可抗力的影响，部分或者全部免除责任，但是法律另有规定的除

---

① 王利明：《合同法研究》卷2（第3版），中国人民大学出版社2015年版，第736页。
② 黄薇主编：《中华人民共和国民法典释义》（中），法律出版社2020年版，第1137~1138页。
③ 黄薇主编：《中华人民共和国民法典合同编释义》，法律出版社2020年版，第296页。

外。因不可抗力不能履行合同的,应当及时通知对方,以减轻可能给对方造成的损失,并应当在合理期限内提供证明。当事人迟延履行后发生不可抗力的,不免除其违约责任。"

同时,根据《民法典》第587条的意旨,"违约方必须要因违约行为承担违约责任的,才能适用定金罚则。如果违约方因不可抗力而免责,则也不能适用定金罚则"。①因此,本条第3款增加规定"因不可抗力致使合同不能履行,非违约方主张适用定金罚则的,人民法院不予支持"。

【法律适用分歧】

关于违约金与定金的区别问题

《民法典》第586条②、第587条③规定,关于双方以完成工作为条件,完不成工作就约定没收"信誉保证金"的性质为定金。其主要理由是:

第一,双方合同有关信誉保证金的约定,本质上就是将信誉保证金作为合同一方当事人要求相对方完成约定工作的这项债权的担保,而且符合"债务人履行债务的,定金应当抵作价款或者收回"和"给付定金的一方不履行债务或者履行债务不符合约定,致使不能实现合同目的的,无权请求返还定金"的法律特征。

第二,信誉保证金在缔约后先于履行行为即已交付,符合定金特点;此时尚不存在任何履行行为的违约事实,遑论"先行支付违约金"。

第三,一方当事人依约已经支付了信誉保证金,符合定金合同成立的要求。

第四,尽管合同没有约定接受定金一方违约,应当双倍返还定金;但定金合同成立后,任何一方违约,致使不能实现合同目的的,都可以适用定金罚则。

综上,双方约定在履行前已经支付、合同约定如若不能完成任务就没收的"信誉保证金"的法律性质是定金,而不是违约金。④

---

① 黄薇主编:《中华人民共和国民法典合同编释义》,法律出版社2020年版,第296页。
② 《民法典》第586条规定:"当事人可以约定一方向对方给付定金作为债权的担保。定金合同自实际交付定金时成立。定金的数额由当事人约定;但是,不得超过主合同标的额的百分之二十,超过部分不产生定金的效力。实际交付的定金数额多于或者少于约定数额的,视为变更约定的定金数额。"
③ 《民法典》第587条规定:"债务人履行债务的,定金应当抵作价款或者收回。给付定金的一方不履行债务或者履行债务不符合约定,致使不能实现合同目的的,无权请求返还定金;收受定金的一方不履行债务或者履行债务不符合约定,致使不能实现合同目的的,应当双倍返还定金。"
④ 最高人民法院民事审判第一庭编著:《民事审判实务问答》,法律出版社2022年版,第35~36页。

【典型案例】

一、裁判规则：定金为债权的担保，适用定金罚则的前提若为收受定金方不履行约定债务，法律结果是应当双倍返还定金

【法院】

最高人民法院

【案号】

（2015）民申字第 2726 号

【当事人】

再审申请人（一审原告、反诉被告、二审上诉人）：江苏满某矿产资源有限公司（以下简称江苏满某公司）

被申请人（一审被告、反诉原告、二审被上诉人）：恒某贸易有限公司（以下简称恒某公司）

【案由】

买卖合同纠纷

【裁判观点】

根据《合同法》第 115 条之规定，定金为债权的担保，适用定金罚则的前提若为收受定金方不履行约定债务，法律结果是应当双倍返还定金。《担保法司法解释》第 120 条第 1 款规定，因当事人一方迟延履行或者其他违约行为，致使合同目的不能实现，可以适用定金罚则。本案中，江苏满某公司构成根本违约，落入定金罚则的规制范围内，恒某公司一方面依据《合同法》的规定，主张解除合同；另一方面依据《合同法》及《担保法司法解释》的规定，请求适用定金罚则，于法有据。

二、裁判规则：因当事人一方迟延履行或者其他违约行为，致使合同目的不能实现，可以适用定金罚则

【法院】

最高人民法院

【案号】

（2017）最高法民终 607 号

【当事人】

上诉人（一审被告、反诉原告）：郭某军

被上诉人（一审原告、反诉被告）：上海泓某世纪投资发展有限公司（以下简称泓某公司）

【案由】

股权转让纠纷

【裁判观点】

《合同法》第 8 条第 1 款规定，依法成立的合同，对当事人具有法律约束力。当事人应当按照约定履行自己的义务，不得擅自变更或解除合同。《合同法》第 108 条规定，当事人一方明确表示或者以自己的行为表明不履行合同义务的，对方可以在履行期限届满之前要求其承担违约责任。泓某公司在不享有解除权的情况下，擅自向郭某军发出解除通知，明确表示不履行合同，有违法律规定，构成根本违约。《担保法司法解释》第 120 条第 1 款规定，因当事人一方迟延履行或者其他违约行为，致使合同目的不能实现，可以适用定金罚则。但法律另有规定或者当事人另有约定的除外。泓某公司的违约行为符合前述司法解释关于定金罚则的适用条件，郭某军上诉主张泓某公司无权要求返还 3.75 亿元定金，于法有据，法院予以支持。郭某军向第三方转让股权，虽亦属违约，应承担相应的违约责任，但并未导致合同目的不能实现，不符合定金罚则的适用条件，泓某公司要求郭某军返还定金，法院不予支持。

【相关规定】

《民法典》第 563 条、第 580 条、第 586 条、第 587 条、第 590 条；原《担保法司法解释》第 120 条、第 122 条

九、附　则

第六十九条　【司法解释生效时间和溯及力】
本解释自 2023 年 12 月 5 日起施行。
民法典施行后的法律事实引起的民事案件，本解释施行后尚未终审的，适用本解释；本解释施行前已经终审，当事人申请再审或者按照审判监督程序决定再审的，不适用本解释。

【条文主旨】

本条是关于司法解释施行日期和溯及力的规定。

【司法适用】

关于本解释的施行时间，充分考量了人民法院贯彻实施《民法典》的整体情况、前期已出台的《总则编司法解释》《民法典担保制度司法解释》《建设工程司法解释一》等多部司法解释的情况，2023 年 5 月 23 日最高人民法院审判委员会第 1889 次会议通过，自 2023 年 12 月 5 日起施行。

《立法法》第 61 条规定："法律应当明确规定施行日期。"时间效力是司法解释施行中的重大问题，延后施行，可以大大地提高法律规范和司法解释规范的指导、预警、提示和示范功能，维护社会生活的正常生产生活秩序，避免因"新的规则"贸然出现给市场经济条件下交易主体和社会大众的正常预期造成"突袭"和引起不适反应。

一、关于法律溯及力

法律的溯及力，即法律溯及既往的效力，是指法律颁布后对它生效以前的行为和事件是否适用的问题。① 由于法不溯及既往是现代法治国家公认的基本原则，因此，法不溯及既往是法律适用的一般原则，法溯及既往是例外。《立法法》第 104 条规定："法律、行政法规、地方性法规、自治条例和单行条例、规章不溯及既往，但为了更好

---

① 李龙主编：《法理学》，武汉大学出版社 1996 年版，第 358 页。

地保护公民、法人和其他组织的权利和利益而作的特别规定除外。"《最高人民法院关于司法解释工作的规定》第25条第3款规定:"司法解释自公告发布之日起施行,但司法解释另有规定的除外。"基于法的安定性和信赖保护原则,我国法律坚持"法律不溯及既往"的基本原则;但为了更好地保护公民、法人和其他组织的合法权益,也存在例外情形,即有条件地溯及既往。

法不溯及既往的法理基础是:(1)法律是由国家创制的调整人们行为的社会规范,具有指导性。任何法律只要尚未失效,人们就应当将其作为行为依据。(2)法的安定性和信赖利益保护原则,成为法不溯及既往原则的理论渊源,最直接的是信赖利益保护原则。[1](3)社会主体基于对法律规范的有效性和安定性的正当信赖而通过一定法律事实获得合法利益;该信赖利益的获得是正当的,应当受到法律保护,不应因法律的变更而失去保护,新的法律不能剥夺社会成员基于原有法律而产生的正当信赖,否则,法律会有失公正。[2]由此,法不溯及既往原则,意味着法律效力向后发生,因此,对于因法律和司法解释颁布实施后的行为或者事件所引发的纠纷,应当适用新法或新司法解释的规定。

(一)司法解释的溯及力问题

我国《立法法》等法律规定和司法解释并没有明确规定司法解释的溯及力制度。《最高人民法院关于司法解释工作的规定》第5条规定:"最高人民法院发布的司法解释,具有法律效力。"第27条规定:"司法解释施行后,人民法院作为裁判依据的,应当在司法文书中援引。人民法院同时引用法律和司法解释作为裁判依据的,应当先援引法律,后援引司法解释。"《最高人民法院、最高人民检察院关于适用刑事司法解释时间效力问题的规定》第1条规定:"司法解释是最高人民法院对审判工作中具体应用法律问题和最高人民检察院对检察工作中具体应用法律问题所作的具有法律效力的解释,自发布或者规定之日起施行,效力适用于法律的施行期间。"第3条规定:"对于新的司法解释实施前发生的行为,行为时已有相关司法解释,依照行为时的司法解释办理……"但对于民事司法解释是否具有溯及力尚没有专门的统一规定。

对于如何理解司法解释在适用时是否具有溯及力,也存在不同的认识。就司法解释是否具有溯及力产生争议,本质上是对司法解释到底是解释法律,还是填补法律漏洞的争议,因为这直接关系着当事人是否存在需要保护的预期利益。就司法解释溯及

---

[1] 杨登峰:《民事、行政司法解释的溯及力》,载《法学研究》2007年第2期。
[2] 最高人民法院民事审判第二庭编著:《最高人民法院关于民事案件诉讼时效司法解释理解与适用》,人民法院出版社2015年版,第365~366页。

力应用作好两个区分：一是区分解释法律类司法解释和填补法律漏洞类司法解释；二是区分民事法律行为（或事件）和诉讼法律行为（或事件）。[①]《最高人民法院关于司法解释工作的规定》第 25 条第 3 款规定："司法解释自公告发布之日起施行，但司法解释另有规定的除外。"通说认为，"司法解释是对现行立法的解释，故自公布之日起，对于人民法院尚未审结的一审、二审案件均应适用"。其主要理由是：

其一，立法规定。根据《立法法》第 119 条第 1 款的规定："最高人民法院、最高人民检察院作出的属于审判、检察工作中具体应用法律的解释，应当主要针对具体的法律条文，并符合立法的目的、原则和原意。遇有本法第四十八条第二款规定情况的，应当向全国人民代表大会常务委员会提出法律解释的要求或者提出制定、修改有关法律的议案。"最高人民法院对于审判过程中如何具体适用法律有权进行解释。

其二，司法解释规定。《民法典会议纪要》第 13 条第 1 款规定："正确适用《时间效力规定》，处理好新旧法律、司法解释的衔接适用问题。坚持'法不溯及既往'的基本原则，依法保护当事人的合理预期。民法典施行前的法律事实引起的民事纠纷案件，适用当时的法律、司法解释的规定，但《时间效力规定》另有规定的除外。"

其三，法律释明。基于司法解释主要针对具体的法律条文，如本解释主要针对《民法典》"第三编合同"的"第一分编通则"部分（第 463 条至第 594 条），《民法典》已于 2021 年 1 月 1 日起施行，本解释是在《民法典》施行后制定，可被视为解释《民法典》的一部分，在生效后就应适用于审判实践，有利于发挥解释的规范作用。

其四，指引作用。司法解释，是国家最高司法机关在法律适用过程中对具体应用法律问题所做的解释，其主要功能除了及时解决审判实践中迫切需要解决的实践困惑外，还有助于填补法律漏洞，统一法律适用标准。

在已于 2021 年 1 月 1 日起施行的《民法典》基础上，本解释自 2023 年 12 月 5 日起施行，有助于人们在本解释施行之前了解哪些民事法律行为是允许和有效的，哪些民事法律行为是禁止和无效的，对人们的民事法律行为起到一个指引和警示作用，既有利于人们的信赖利益保护，发挥《民法典》鼓励交易的作用，又有助于社会经济秩序和社会秩序的稳定。

（二）本条采取的溯及方式

由于司法解释溯及力涉及的问题比较多样和复杂，因此，在我国民商事司法解释关于溯及力的规定中，不同的民商事司法解释关于溯及力的规定并不一致，有多种规

[①] 最高人民法院执行局编著：《〈最高人民法院关于人民法院强制执行股权若干问题的规定〉理解与适用》，人民法院出版社 2023 年版，第 326~327 页。

定方式，主要包括：（1）只规定生效时间，不对司法解释的溯及力问题进行规定；（2）规定生效时间的同时，规定司法解释不溯及适用于已经终审的案件；（3）规定生效时间的同时，规定司法解释溯及适用于尚未审结的案件；（4）规定生效时间的同时，规定司法解释适用于其施行后新受理的案件；（5）对司法解释溯及力作出特殊规定；（6）规定生效时间的同时，规定司法解释溯及适用于其施行后尚未审结的一审、二审案件；（7）规定生效时间的同时，规定司法解释对其施行前的法律不溯及使用。① 其中，就包括"只规定生效时间，不对司法解释的溯及力问题进行规定"的模式。例如，《物权编司法解释一》第21条规定："本解释自2021年1月1日起施行。"本解释采取规定生效时间的同时，规定司法解释溯及适用于尚未审结的案件的做法。

（三）既判力优先于溯及力

从法的安定性的角度来看，从审判实践来看，新司法解释施行后尚未审结的一审、二审案件一般适用解释，而施行前已经终审、施行后当事人申请再审或者按照审判监督程序决定再审的案件不适用解释。其法理依据是，案件裁判的既判力应当优先于司法解释的溯及力，即不得以个案的裁判理由不同于司法解释的规定为由，推翻已经生效的裁判。因为即使允许司法解释在有限情形下溯及既往，也要以不违反法的安定性和信赖利益保护原则为前提，而维护裁判的既判力也是法的安定性的一项基本需求，如果溯及力优先于既判力，可能会引起大量的裁决被推翻，从而给司法裁判的权威性带来负面影响。②

从遵从司法规律的角度来看，通常情况下，最高人民法院的司法解释会在条文的最后明确规定司法解释生效后，尚未终审的一、二审案件应适用该解释，但当事人申请再审或依照审判监督程序再审的案件，不应适用该解释。（1）尚未终审的一、二审案件之所以要适用该解释，是因为案件所涉法律事实虽然发生在司法解释生效前，但发生在被解释的法律施行后，自应适用该被解释的法律，在最高人民法院已对法律的适用作出明确规定的情况下，各级人民法院应根据最高人民法院对法律的理解来适用法律，而不能再依据自己对法律的理解来适用法律。（2）当事人申请再审及依照审判监督程序再审的案件不适用该司法解释，是因为司法解释生效前，审理该案的人民法院已经根据自己对法律的理解对案件作出终审判决，如果再因为司法解释的发布否定已经生效的判决，则不仅会影响到司法的权威性，从而引发大规模的再审申请，更为

---

① 最高人民法院民法典贯彻实施工作领导小组编著：《最高人民法院民法典总则编司法解释理解与适用》，人民法院出版社2022年版，第531~533页。

② 最高人民法院民事审判第一庭编著：《最高人民法院新建设工程施工合同司法解释（一）理解与适用》，人民法院出版社2021年版，第466页。

重要的是，这种以现在的理解否定过去的理解的做法，既不符合司法的规律，也不符合认识的规律，这也是既判力优于溯及力的道理所在。[①]

二、司法解释的施行时间

（一）相关司法解释的施行时间规定

我国的司法解释根据不同的情况，规定了不同的施行时间。通常情况下，施行时间的确定，是由司法解释的具体性质和审判实践需要决定的，主要包括但不限于以下情形：（1）自公布之日起立即生效；（2）自公布一段时间后的某日起施行；（3）在一项司法解释中规定若干个施行时间。

（二）《民法典》施行情况

《民法典》第1260条规定："本法自2021年1月1日起施行……"自施行以来，运转情况良好，已为广大群众所接受和认可。而其中的"合同编"部分内容，已在人民法院审判实践中发挥了很好的法律效果和社会效果。

考虑到《民法典》从公布之日至2023年12月5日这一时间段，人民群众已有了一个学习、宣传、理解和贯彻的过程，社会公众和司法从业人员都有了一个理解和接受的过程，各级人民法院已能够理解和掌握民法典的相关规定，因此，本《通则司法解释》自2023年12月5日发布之日起同步施行，有助于四级法院的法官在审判实践中正确适用相关规定，也有助于《民法典》的相关条款落地生根，积极保障当事人的合法权益。根据《民法典会议纪要》第19条的规定："要结合民法典立法精神和规定，将权利保护理念融入审判执行工作各环节，切实保护人民群众的人身权利、财产权利以及其他合法权益，不断增进人民福祉、促进人的全面发展……"

本解释自公布之日起施行，即采取了明确规定具体实施日期的做法。主要的考虑有：（1）《民法典》于2021年1月1日起正式施行后，已有一段时间，社会各界对于《民法典》的基本内容也已经基本掌握，本解释自发布之日起施行，实际上在落实与《民法典》的实施相关工作；（2）及时与《民法典》的相关配套法律规范进行衔接，特别是妥善地与《民法典》相关的司法解释相衔接，如《总则编司法解释》《民法典时间效力司法解释》《民法典会议纪要》等，进一步保障法律适用的统一性和严肃性；（3）本解释系对原《合同法司法解释一》、原《合同法司法解释二》、《九民会议纪要》、《民法典会议纪要》等进行的补充、修改、编纂和完善，结合审判实践中遇到的疑难问题制定。因此，无须为本解释再留出相应的准备和衔接工作时间，也能更好地

[①] 刘贵祥：《民法典适用的几个重大问题》，载最高人民法院政治部编：《人民法院大讲堂：民法典重点问题解读》，人民法院出版社2021年版，第1055页。

保证《民法典》在审判实践中全面、正确、充分地实施。

（三）不存在与法律相冲突的内容

有的司法解释之所以对溯及力作出"与解释相抵触的，以本解释为准"的规定，是由于前后法律规定和司法解释之间存在法律条文之间的内容冲突，而本解释并不存在这种情况。

（四）与《民法典时间效力司法解释》相衔接

《民法典时间效力司法解释》第1条规定："民法典施行后的法律事实引起的民事纠纷案件，适用民法典的规定。民法典施行前的法律事实引起的民事纠纷案件，适用当时的法律、司法解释的规定，但是法律、司法解释另有规定的除外。民法典施行前的法律事实持续至民法典施行后，该法律事实引起的民事纠纷案件，适用民法典的规定，但是法律、司法解释另有规定的除外。"

【相关规定】

《民法典》第1260条；《总则编司法解释》第39条；《物权编司法解释一》第21条

图书在版编目（CIP）数据

《最高人民法院关于适用〈中华人民共和国民法典〉合同编通则若干问题的解释》条文释解与审判实务 / 李明著 . —北京：中国法制出版社，2024.1

ISBN 978-7-5216-3374-0

Ⅰ．①最… Ⅱ．①李… Ⅲ．①合同法-法律解释-中国②合同法-法律适用-中国 Ⅳ．①D923.65

中国国家版本馆CIP数据核字（2023）第068733号

策划编辑/责任编辑：黄会丽　　　　　　　　　　　　　　　封面设计：杨泽江

《最高人民法院关于适用〈中华人民共和国民法典〉合同编通则若干问题的解释》
条文释解与审判实务
《ZUIGAO RENMIN FAYUAN GUANYU SHIYONG〈ZHONGHUA RENMIN GONGHEGUO MINFADIAN〉
HETONGBIAN TONGZE RUOGAN WENTI DE JIESHI》TIAOWEN SHIJIE YU SHENPAN SHIWU

著者/李明
经销/新华书店
印刷/应信印务(北京)有限公司
开本/787毫米×1092毫米　16开　　　　　　　　　　印张/ 36.25　字数/ 565千
版次/2024年1月第1版　　　　　　　　　　　　　　　2024年1月第1次印刷

中国法制出版社出版
书号 ISBN 978-7-5216-3374-0　　　　　　　　　　　　定价：128.00元

北京市西城区西便门西里甲16号西便门办公区
邮政编码：100053　　　　　　　　　　　　　　　　　传真：010-63141600
网址：http://www.zgfzs.com　　　　　　　　　　　　编辑部电话：010-63141785
市场营销部电话：010-63141612　　　　　　　　　　　印务部电话：010-63141606

（如有印装质量问题，请与本社印务部联系。）